Alexander vom Stein

CREATIO

CIP-Titelaufnahme der Deutschen Bibliothek

vom Stein, Alexander:
CREATIO / Alexander vom Stein – 1. Auflage, Lychen: Daniel-Verlag, 2005
email des Autors: bruecke12@gmx.de

1. Auflage 2005
2. Auflage 2014
3. Auflage 2016
© 2005 Daniel-Verlag – Alle Rechte vorbehalten
Umschlaggestaltung: Buchhandlung Bühne GmbH, Lucian Binder
Fotos Umschlag: Turmfalke © by Gabriel Ozon.
Alle weiteren Fotos © by pixabay.com
Layout: Daniel-Verlag
Druck: CPI books, Ulm
ISBN 978-3-935955-40-9

Inhaltsverzeichnis

Anhang

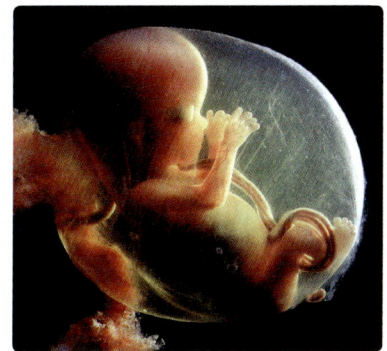

Hinweis zur Verwendung der DVD

Am Ende jedes Kapitels wird durch das DVD-Zeichen auf weitere Fachbeiträge bzw. weiterführendes Material zu dem jeweiligen Thema verwiesen. Darüber hinaus ist das gesamte Buch im pdf-Format auf der DVD abgelegt.

Bibelzitate

Als Bibelübersetzung wurde die Überarbeitete Elberfelder Bibel verwendet. Davon abweichende Übersetzungen wurden angegeben.
Die Abkürzungen der Bibelbücher lauten:

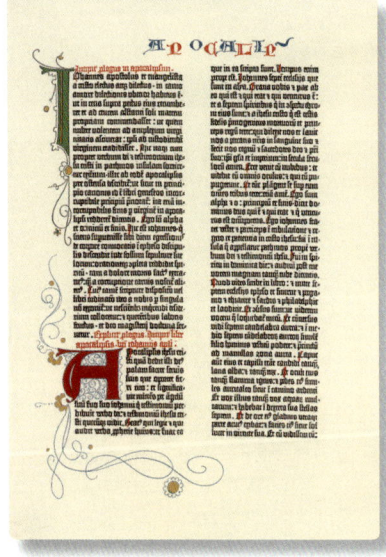

Altes Testament:	Jes – Jesaja	Apg – Apostelgeschichte
1Mo – 1. Mose	Jer – Jeremia	Röm – Römer
2Mo – 2. Mose	Klg – Klagelieder	1Kor – 1. Korinther
3Mo – 3. Mose	Hes – Hesekiel	2Kor – 2. Korinther
4Mo – 4. Mose	Dan – Daniel	Gal – Galater
5Mo – 5. Mose	Hos – Hosea	Eph – Epheser
Jos – Josua	Joel – Joel	Phil – Philipper
Ri – Richter	Am – Amos	Kol – Kolosser
Rt – Ruth	Ob – Obadja	1Thes – 1. Thessalonicher
1Sam – 1. Samuel	Jona – Jona	2Thes – 2. Thessalonicher
2Sam – 2. Samuel	Mi – Micha	1Tim – 1. Timotheus
1Kön – 1. Könige	Nah – Nahum	2Tim – 2. Timotheus
2Kön – 2. Könige	Hab – Habakuk	Tit – Titus
1Chr – 1. Chronika	Zeph – Zephanja	Phm – Philemon
2Chr – 2. Chronika	Hag – Haggai	Heb – Hebräer
Esr – Esra	Sach – Sacharja	Jak – Jakobus
Neh – Nehemia	Mal – Maleachi	1Pet – 1. Petrus
Est – Esther		2Pet – 2. Petrus
Hi – Hiob	**Neues Testament:**	1Joh – 1. Johannes
Ps – Psalmen	Mt – Matthäus	2Joh – 2. Johannes
Spr – Sprüche	Mk – Markus	3Joh – 3. Johannes
Pred – Prediger	Lk – Lukas	Jud – Judas
Hld – Hohelied	Jh – Johannes	Offb – Offenbarung

Aufbau und Struktur des Buches:

28 Kapitel und zahlreiche Anhänge

Viele treffende Zitate zum Thema

Über 150 Abbildungen

Über 150 Grafiken und Tabellen

Kapitelangaben für schnelles Suchen

Fließtext klar gegliedert

weiterführendes Material auf DVD – über 300 Artikel

«Kompakt»: Zusammenfassung

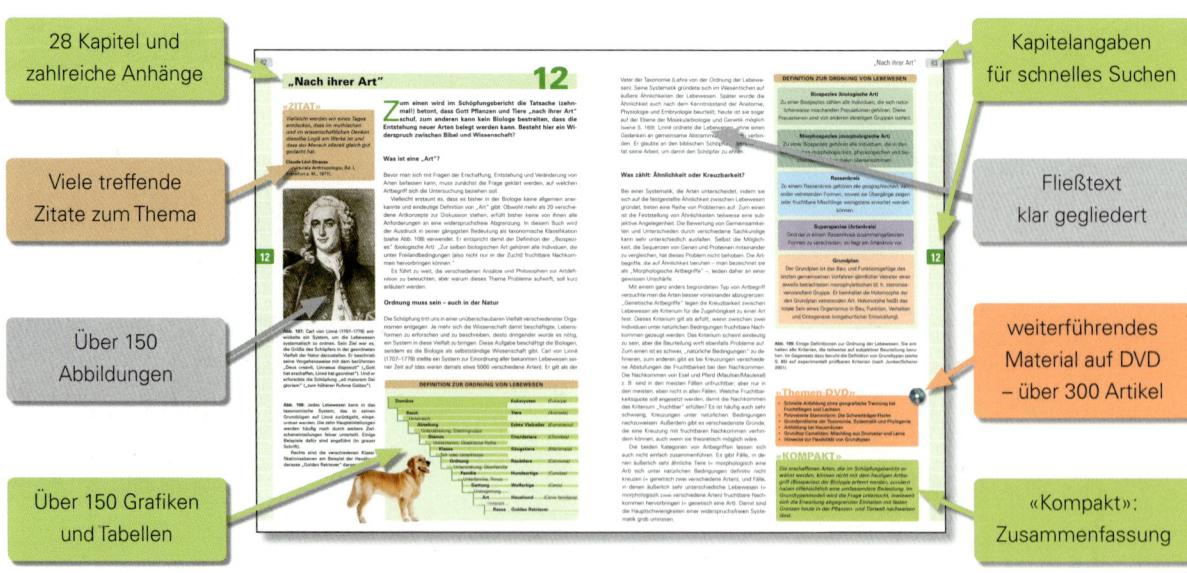

Einleitung

Drei große Fragen

Woher komme ich?
Die Frage nach dem Ursprung
Wohin gehe ich?
Die Frage nach der Zukunft
Wozu lebe ich?
Die Frage nach dem Sinn des Lebens

Mit diesen Fragen setzt sich jeder denkende Mensch irgendwann einmal auseinander.

Hier geht es um die erste Frage – und von der Antwort, die wir darauf finden, hängen auch die Antworten auf die beiden anderen Fragen ab. Ist die Herkunft und Entwicklung aller Dinge ein zufälliger Prozess, so kann die Frage nach der Zukunft aller Dinge nicht beantwortet werden. Und in zufälligen Abläufen kann auch kein Sinn und Ziel zu finden sein.

Deshalb ist die Antwort auf diese Frage wichtig für jeden Menschen – denn davon hängt ab, ob wir nach einem Sinn in unserem Leben suchen.

Abb. 1: Jeder „Denker" stößt irgendwann auf die „drei großen Fragen des Menschen".

Die Frage nach dem Ursprung

Woher kommt das Universum, woher kommt das Leben, woher kommt der Mensch?

Bis vor etwa 150 Jahren herrschte im Abendland allgemein die Ansicht vor, dass alle Dinge durch eine göttliche Schöpfung „ins Dasein gerufen" wurden. So lehrt es die Bibel, so lehrte es die Kirche, und auch in der Wissenschaft war dies nur wenig angefochten.

Die Bibel hat sich nicht verändert. In der Theologie und der Religionspädagogik wird unter Schöpfung aber heute meist etwas ganz anderes verstanden.

Die Auslegung der Bibel wurde den Erkenntnissen der modernen Wissenschaft angepasst, die zu der Weltsicht einer allgemeinen Evolution führen.

CREATIO ist lateinisch und bedeutet SCHÖPFUNG. Das Ziel dieses Buches ist es, die Aussagen der Bibel über Schöpfung und Frühgeschichte vorzustellen und zu zeigen, dass diese Berichte heute noch ihre volle Gültigkeit haben.

Wissenschaftstheorie

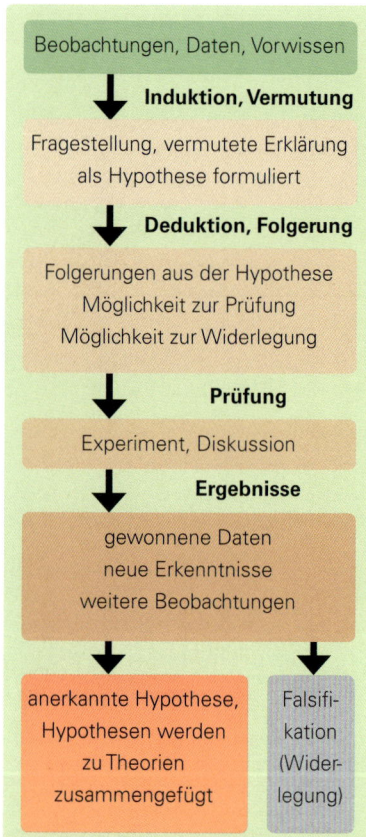

Beobachtungen, Daten, Vorwissen

↓ Induktion, Vermutung

Fragestellung, vermutete Erklärung als Hypothese formuliert

↓ Deduktion, Folgerung

Folgerungen aus der Hypothese
Möglichkeit zur Prüfung
Möglichkeit zur Widerlegung

↓ Prüfung

Experiment, Diskussion

↓ Ergebnisse

gewonnene Daten
neue Erkenntnisse
weitere Beobachtungen

anerkannte Hypothese, Hypothesen werden zu Theorien zusammengefügt | Falsifikation (Widerlegung)

Abb. 2: Die Entstehung einer naturwissenschaftlichen Theorie. Wissenschaft wird auf der Grundlage verschiedener Voraussetzungen betrieben. Einige sind so selbstverständlich, dass wir sie normalerweise gar nicht wahrnehmen (z. B. das Kausalitätsprinzip: Ursache Wirkung), andere gehören in den Bereich der Weltanschauungen.

«ZITAT»

Es ist ein kapitaler Fehler, Theorien aufzustellen, bevor man Fakten besitzt. Man beginnt unmerklich Fakten zurechtzubiegen, damit die Theorie passt, statt mit der Theorie die Fakten zu erklären.

Sir Arthur Conan Doyle alias Sherlock Holmes

Da die wissenschaftlichen Theorien über den Ursprung von Universum, Leben und Menschen heute allgemein ein hohes Ansehen genießen und vielen als „bewiesene Tatsachen" erscheinen, lohnt sich ein Blick auf die Methoden der Naturwissenschaft. Wie funktioniert Naturwissenschaft und was kann sie leisten?

Wissenschaften arbeiten mit Theorien

1. Ausgangspunkt ist vorhandenes Wissen, vorliegende Daten und Beobachtungen.

   Beispiel: Alle Lebewesen stammen von Lebewesen ab. Alle Lebewesen bestehen aus Zellen.

2. Ein Wissenschaftler formuliert dann eine konkrete Fragestellung.

   Beispiel: Wie kann die erste lebende Zelle entstanden sein?

   Wer diese Fragestellung verfolgt, kann schon nicht mehr völlig „neutral" sein. Der Wissenschaftler hat dabei schon eine bestimmte Vorstellung, ein Ziel. In unserem Beispiel: Wer an die Erschaffung des Lebens glaubt, fragt nicht nach dessen natürlicher Entstehung, sondern versucht, Belege für dessen schöpferischen Ursprung zu finden. Wissenschaft kann niemals vollkommen objektiv und neutral sein, weil sie von Menschen betrieben wird.

3. Dann stellt er eine Hypothese auf, das ist die Antwort, die er vermutet.

   Beispiel: Durch chemische Reaktionen entstanden auf der Urerde alle Moleküle, die zum Leben notwendig sind. Sie organisierten sich zu den Vorläufern lebender Zellen.

   Auf welchem Weg der Forscher zu seiner Hypothese kommt, ist egal. Wichtig ist, dass sie sich prüfen lässt. Eine Hypothese, die nicht prüfbar und widerlegbar ist, bleibt Spekulation und trägt nichts zum wissenschaftlichen Fortschritt bei.

4. Um diese Hypothese zu prüfen, denkt er sich Experimente aus und versucht, dadurch weitere Daten zu gewinnen.

   Beispiel: Er simuliert in einem Modell die angenommenen Verhältnisse auf der Urerde und beobachtet, welche chemischen Reaktionen möglich sind.

5. Wenn die gewonnenen Daten seine Hypothese stützen, hat sich diese bewährt. Zusammen mit weiteren Hypothesen werden komplexe Theorien entwickelt.
   Wenn ein Experiment seine Hypothese ganz eindeutig widerlegt, so hat er sie damit falsifiziert. Sie muss dann neu geändert, neu formuliert oder ganz verworfen werden. (Mehr zu unserem Beispiel, der „Entstehung des Lebens", auf Seite 130.)

Dieser Ablauf in fünf Schritten, von den Beobachtungen und Daten hin zu einer Theorie, ist allerdings stark idealisiert. In der Praxis ist es oft so, dass nicht aus den vorliegenden Fakten eine Theorie gebastelt wird, sondern dass der Wissenschaftler zuerst Hypothesen aufstellt und dann nach den Daten sucht, die sie belegen sollen.

Spielt das Gewissen in der Wissenschaft eine Rolle?

„Gewissengeleitetes Denken ist eine Voraussetzung des Denkens. In solche Voraussetzungen ist der Mensch als dem Schöpfer ebenbildliches Geschöpf gestellt. Er kann solche Voraussetzungen leugnen. Dieses Leugnen nimmt die feinsinnigsten Züge an. Die massivste Form ist die falsch gestellte Ursprungsfrage.

Aber um der Wissenschaft willen muss man doch so fragen! Trugschluss! Um des Schöpfers und seines Geschöpfes willen ist die Ursprungsfrage beantwortet!

Dessen behaftet uns der Schöpfer im Gewissen bei falsch gestellten Fragen. Auf Folgen weist uns der Apostel Paulus im ersten Kapitel des Briefes an die Römer unmissverständlich hin. Wissenschaften ist nicht neutral! Wissenschaften tut der Mensch mit Gewissen. Schon die Begriffs- und Sprachverfälschung kann Sünde sein, Leugnung des Schöpfers!" (H.W. Beck, Biblische Universalität und Wissenschaft, 1987, S. 213).

Kann die Naturwissenschaft etwas „beweisen"?

Normalerweise haben wir es in den Naturwissenschaften mit Vorgängen zu tun, die immer wieder beobachtet werden können (man spricht von reproduzierbaren Vorgängen). So kann auch eine Theorie immer wieder überprüft werden. Das führt bei manchen Theorien dazu, dass sie sehr gut bestätigt sind.

Bei der Behandlung von Ursprungsfragen werden meistens Vorgänge untersucht, die in der Vergangenheit geschehen sind und nicht wiederholbar sind. Der Urknall und die kosmische Evolution, die Entstehung des Lebens auf der Erde, die biologische Evolution vom Einzeller zum Menschen und die kulturelle Evolution vom Höhlenbewohner zum Weltraumfahrer wären als einmalige und unwiederholbare Ereignisse anzusehen.

Angenommen, dem Forscher in unserem Beispiel gelänge ein unglaublicher Durchbruch und am Ende des Experiments würden kleine Einzeller in seinem Reaktionsansatz schwimmen, was hätte er damit erreicht? Er hätte zweifellos seine Hypothese gut untermauert und ein sehr starkes Argument dafür gewonnen, dass das Leben auf der Erde auf diese Weise entstanden sein könnte. Er hätte allerdings nicht bewiesen, dass es in der Vergangenheit so entstanden ist.

Ein Beweis kann, streng genommen, in keiner Naturwissenschaft geführt werden. Beweise gibt es nur in der Mathematik (innerhalb eines formalen Systems).

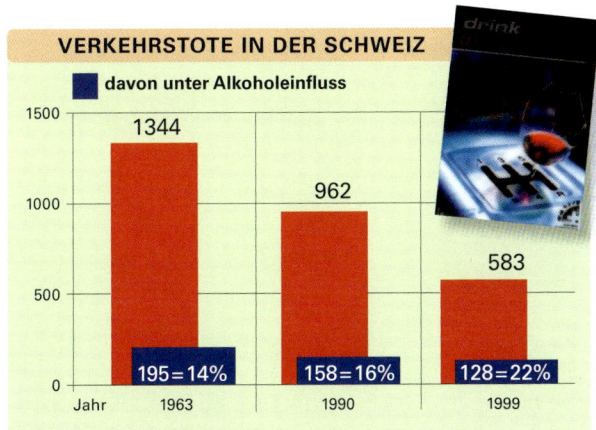

VERKEHRSTOTE IN DER SCHWEIZ

■ davon unter Alkoholeinfluss

Jahr	1963	1990	1999
	1344	962	583
	195 = 14%	158 = 16%	128 = 22%

Abb. 3: Die Originalgrafik trug den Untertitel: „Diese Zahlen sprechen für sich!" Tun sie das wirklich? Wenn ich nur die Zahlen sprechen lasse, komme ich zu folgender Interpretation: Fahr niemals nüchtern, das ist lebensgefährlich! Über 80% der Todesopfer starben, ohne getrunken zu haben. Außerdem könnte man vermuten, dass die Zunahme des Alkoholismus (erkennbar an der Steigerung der „Alkoholquote" von 14 auf 22%) sich positiv auf die Gesamtzahl der tödlichen Unfälle ausgewirkt hat. Diese gingen in der gleichen Zeit nämlich deutlich zurück.

Nein, die Zahlen sprechen nicht für sich. Erst im Rahmen der gut belegten Theorie: Alkohol ist ein starkes Nervengift mit negativen Folgen für Wahrnehmung, Reaktionsvermögen usw., kann ich die Zahlen richtig deuten. Dann erkenne ich darin das akute Problem (das leider nicht nur in der Schweiz besteht). Daten, Fakten und Beobachtungen werden immer im Rahmen einer Theorie interpretiert.

NATURALISMUS

Naturgesetze gelten grundsätzlich und ausschließlich. Wunder gibt es nicht. Falsches mechanistisches Weltbild.

THEISMUS

Beschreibung durch Naturgesetze meistens möglich.

Abb. 4: Zwei verschiedene Paradigmen (Grundannahmen). Im Materialismus (Naturalismus, Atheismus) herrscht die Vorstellung, alle Vorgänge ließen sich theoretisch im Rahmen von (bekannten oder noch unbekannten) Naturgesetzen erklären. Die in der Bibel beschriebene Schöpfungswirklichkeit kennt nur eine letzte Ursache: Gott.

«Themen-DVD»

- Was lehrt uns der „Fall Galilei"?
- Schöpfungsglaube und Wissenschaft
- Schöpfungsforschung – Reaktionen der Fachwelt
- Schöpfungslehre heute – Probleme und Perspektiven
- Die Wunder der Bibel – Zumutung oder Tatsachen
- Wissenschaft – Pseudowissenschaft
- Hat die Wissenschaft Gott begraben?
- Schöpfung und Evolution – Naturwissenschaft und Naturgeschichte

«KOMPAKT»

Naturwissenschaftler arbeiten nach vorgegebenen Regeln und Prinzipien. Sie sind außerordentlich erfolgreich darin, Vorgänge in der Natur zu untersuchen, die aktuell beobachtet werden und mit Experimenten nachgestellt werden können.

Sie stoßen an ihre Grenzen, wenn es darum geht, nicht wiederholbare Vorgänge der Vergangenheit zu rekonstruieren.

Wo sind die Grenzen der Naturwissenschaft?

Bei allen Theorien über Ursprungsfragen geht es darum, geschehene Vorgänge zu rekonstruieren. Diese Rekonstruktionen sind nur Modelle, sie bilden nicht zwingend die Wirklichkeit ab. Meistens gibt es auch alternative Vorstellungen. Wir sind darauf angewiesen, die Spuren der Vergangenheit zu deuten und Schlussfolgerungen aus den heute zu beobachtenden Abläufen zu ziehen. Dabei stößt Naturwissenschaft an Grenzen. Wir können z. B. beobachten, wie Tierarten sich teilweise stark verändern, um sich ihren Umweltbedingungen anzupassen, doch machen solche Veränderungen aus einem Huftier irgendwann einen Blauwal?

Das, was wir heute beobachten – kleine Veränderungen an Lebewesen („Mikroevolution") –, wird über lange Zeit in die Vergangenheit hochgerechnet. Damit wird extrapoliert, das bedeutet, wir verlassen mit unserer Rechnung den Bereich, der beobachtet und gemessen werden kann.

Dagegen ist grundsätzlich nichts einzuwenden. Nur muss bei solchen Extrapolationen darauf geachtet werden, welche Rahmenbedingungen angenommen werden. Im Rahmen der naturalistischen Weltanschauung ist eine solche Rahmenbedingung z. B. die Annahme, dass alle Vorgänge der Natur ohne übernatürliche Einflüsse ablaufen und durch Naturgesetze beschrieben werden können.

Diese Annahme ist eine Grenzüberschreitung. Sie ergibt sich nämlich nicht aus der Wissenschaft, sondern ist ein weltanschauliches Vorurteil (man spricht vom „methodischen Atheismus" oder „Non-Interventionalismus"). Im Falle von Wundern oder schöpferischen Eingriffen ist die naturwissenschaftliche Methode ungeeignet. Schöpfung, Sündenfall, Sintflut und Sprachverwirrung waren Wunder und lassen sich durch Naturgesetze nicht beschreiben.

In der naturwissenschaftlichen Erforschung „regelhafter" Abläufe hat sich diese Annahme bewährt. Sie ist sogar notwendig. (Wie könnte es reproduzierbare Experimente geben, wenn jedes Mal damit gerechnet werden müsste, dass eine übernatürliche Kraft ins Geschehen eingreift?) So hat das Aktualitätsprinzip: „eine Reaktion, die heute abläuft, wird morgen unter den gleichen Bedingungen genauso ablaufen", zweifellos seine Berechtigung. Für die Untersuchung historischer Ereignisse ist es aber problematisch. Häufig wissen wir nicht, wie die Bedingungen in der Vergangenheit waren (wir können immer nur von dem ausgehen, was wir heute kennen), und übernatürliche Ereignisse können nicht im Voraus ausgeschlossen werden.

Der Vorwurf, dass der Glaube an das Handeln Gottes in der Natur ihn zu einem Lückenbüßer mache, der immer dann als Erklärung herangezogen wird, wenn wir keine Antworten finden, und so den Fortschritt der Wissenschaften lähme, ist nicht haltbar. Historisch gesehen lässt sich sogar das Gegenteil zeigen. Gerade der Glaube daran, dass Gott geschaffen hat und dass er feste Ordnungen gegeben hat, motivierte die Forscher im christlichen Abendland, nach solchen Naturgesetzen zu suchen.

Die Leistungen der „operationalen" Naturwissenschaft, insbesondere ihre Anwendung in den Ingenieurswissenschaften, prägen das positive Image und stärken das Vertrauen, das die Wissenschaft heute genießt.

EINIGE WICHTIGE BEGRIFFE

Um den wissenschaftlichen Sprachgebrauch etwas besser zu verstehen, schauen wir uns einige Begriffe genauer an, die in der Wissenschaft benutzt werden:

Analogie
: ein vergleichender Rückschluss vom Bekannten auf das Unbekannte; wir machen z. B. die Erfahrung, dass ähnliches Aussehen auf Verwandtschaft hindeutet, und übertragen diese Erkenntnis auf ähnliche Lebewesen.

Axiom
: willkürlich festgelegte Grundannahme einer Theorie. Ein Axiom wird gewöhnlich nicht in Frage gestellt. Das Axiom des Naturalismus ist z. B., dass alle Abläufe in der Natur mithilfe der Naturgesetze erklärt werden können.

Beweis
: gibt es streng genommen nur in der Mathematik (innerhalb eines formalen Systems); Theorien können niemals bewiesen werden, sondern sich nur bewähren (oder widerlegt werden).

Daten
: Messwerte, Beobachtungen und Ergebnisse aus Experimenten oder Freilandstudien (lat. datum = das „Gegebene" bzw. data als Plural).

Definition
: eine Vereinbarung; man definiert z. B. einen bestimmten Fachbegriff, indem man genau festlegt, was er bedeutet; bei strittigen Begriffen kann es verschiedene Definitionen geben wie z. B. für den Begriff „Evolution".

Extrapolation
: eine Ausdehnung von Messwerten/Beobachtungen auf einen ungemessenen/unbeobachteten Bereich; z. B. wenn wir bei Lebewesen kleine Veränderungen und Anpassungen beobachten und daraus schließen, dass in sehr langer Zeit jede Veränderung möglich ist.

Falsifikation
: wenn es Befunde/Daten gibt, die eine Hypothese eindeutig widerlegen, so hat man diese falsifiziert; sie muss dann anders formuliert oder verworfen werden.

Fiktion
: eine künstliche Annahme; sie muss nichts mit der Wirklichkeit zu tun haben, kann aber helfen, bestimmte Problemstellungen zu illustrieren.

Hypothese
: eine Annahme, die so formuliert ist, dass sie durch Experimente getestet werden kann. Zuerst spricht man oft vorsichtig von einer „Arbeitshypothese".

Indizien
: sind Hinweise, die für eine bestimmte Annahme sprechen; sie sind oft gemeint, wenn von Beweisen die Rede ist.

Interpretation
: vorliegende Daten und Fakten werden im Rahmen einer bestimmten Vorstellung gedeutet.

Konzept
: ein Entwurf; beschreibt oft etwas, was man noch nicht näher erforschen kann. Mendel führte z. B. das Konzept des Gens ein, wusste aber noch nichts über den Aufbau der DNA usw. Er beschrieb lediglich einige Eigenschaften der Gene – und sein Konzept erwies sich als richtig.

Materialismus
: Philosophische Lehre, die die ganze Wirklichkeit (einschließlich Seele, Geist, Denken) auf Kräfte oder Bedingungen der Materie zurückführt. Nicht zu verwechseln mit wirtschaftlichem Materialismus (Gewinnstreben ohne ethische Ziele).

Naturgesetz
: die Beschreibung eines Zusammenhangs, der immer wieder beobachtet und vielfach bestätigt wurde.

Paradigma
: wissenschaftliche Grundanschauung; alle Daten werden in diesem Rahmen gedeutet.

Prämisse
: eine Voraussetzung; die Evolutionstheorie geht z. B. von der Prämisse aus, dass die Herkunft aller Lebewesen ohne einen Schöpfer erklärt werden kann.

Rekonstruktion
: es wird versucht, ein vergangenes Ereignis nachzuvollziehen; dazu wird ein Modell vorgeschlagen.

Spekulation
: eine vorläufige Annahme, sie braucht noch nicht belegt zu werden; spekulieren darf man über alles.

Tautologie
: Zirkelschluss, nichtssagende „Erklärung" (to auto legein = „dasselbe sagen"); die Argumentation dreht sich im Kreis.

Theorie
: ein „Gebäude" aus mehreren Hypothesen. Man fasst verschiedene Hypothesen zu einer Theorie zusammen; eine Theorie ist oft Teil eines ganzen Forschungsprogramms.

These
: eine einzelne Aussage (oft im Rahmen einer Theorie vorgestellt).

Grenzen der Erkenntnis

Das Wissen der Menschheit explodiert förmlich. Wird die Wissenschaft irgendwann eine Antwort auf alle Fragen haben? Oder gibt es Grenzen der Erkenntnis? Wie können sie überwunden werden?

Fortschritt ohne Grenzen?

Forscher, Entdecker und Ingenieure haben Erstaunliches geleistet. Die Weltkarte hat keine weißen Flecken mehr. Alle Meere sind befahren, alle Wüsten durchquert, alle Urwälder durchdrungen, die höchsten Berge sind längst bestiegen, die tiefste Tiefe des Meeres ist ertaucht. Der Reisende kann heute innerhalb eines einzigen Tages theoretisch an jeden Punkt der Erde gelangen. Der Mensch stand auf dem Mond und fährt mit ferngelenkten Robotern auf dem Mars herum. Die beiden entferntesten Weltraumsonden verlassen bereits unser Sonnensystem.

Über 6000 Satelliten kreisen um die Erde. Sie beobachten und vermessen jeden Winkel, analysieren Strahlungen, berechnen Ausdehnung und Bewegung von Ozonlöchern, Ölteppichen, Waldbränden, Wirbelstürmen, Wüsten, Gletschern, Militärverbänden und Vogelschwärmen. Einige von ihnen tragen so hochempfindliche Geräte wie das Weltraumteleskop Hubble, das einen Blick in die Tiefen des Universums freigibt.

Leistungsstarke Computer (mit einer Rechen- und Speicherkapazität, die man vor 40 Jahren kaum in einer Fabrikhalle hätte aufstellen können) stehen heute in den meisten Büros und Kinderzimmern. Durch Laptop, Handy und Internet erleben wir Kommunikation total.

Das Genom (die Erbinformation) des Menschen ist sequenziert, von einigen Viren, Bakterien, Tieren und Pflanzen ist es schon länger bekannt. In der modernen Genetik eröffnen sich ungeahnte Möglichkeiten, die Geheimnisse des Lebens zu enträtseln. Sollte nicht bald das letzte Geheimnis enthüllt sein?

In der Nähe von Genf stehen die Anlagen des europäischen Kernforschungslabors CERN. Dort wurde der größte Teilchenbeschleuniger der Welt gebaut. In seinem 27 km langen Tunnel werden Elektronen oder Protonen unter hoher Energiezufuhr fast mit Lichtgeschwindigkeit aufeinander geschossen. Die Kollisionen sind so gewaltsam, dass die Teilchen auseinander fliegen. Bei solchen Experimenten hat man schon eine Reihe von neuen Elementarteilchen entdeckt, deren Existenz man vorher nur theoretisch erwartet hatte.

Je tiefer wir in das Wesen und den inneren Aufbau der Materie eindringen, desto komplizierter wird das Bild, das wir davon erhalten. Beim genauen Hinsehen lösen sich Materie und Energie in einem wirbelnden „Teilchenzoo" – einer Vielzahl verschiedener Quarks – auf. Das frühere Verständnis von Materie als etwas Festes und Dauerhaftes wird dadurch auf den Kopf gestellt. Die Hoffnung, eine „Weltformel" zu finden, die sämtliche Wechselwirkungen zwischen diesen Teilchen beschreibt und so jeden denkbaren Vorgang beschreiben kann, ist aktueller denn je.

Trotz des großen Wissenszuwachses und des Fortschritts auf allen Gebieten der Wissenschaft und Technik ist es schon seit längerem bekannt, dass wir niemals „alles" wissen werden. Es gibt einige prinzipielle Gründe dafür, dass unsere Erkenntnis begrenzt ist.

Abb. 5: Der technische Fortschritt scheint keine Grenzen zu kennen. Allein die Errungenschaften der letzten Jahrzehnte hätte sich vor 100 Jahren noch niemand zu erträumen gewagt.

Abb. 6: Das CERN (Centre Européen pour la Recherche Nucléaire) in der Nähe von Genf, auf der Grenze zwischen der Schweiz und Frankreich. Etwa 7000 Wissenschaftler aus 80 verschiedenen Nationen arbeiten dort zusammen, um den letzten Rätseln der Physik auf die Spur zu kommen. Dort wurde das neue Herzstück der Anlage, der Large Hadron Collider (LHC), montiert. In der rechten Wand der unterirdischen Kaverne ist die Austrittsöffnung des Beschleunigertunnels zu sehen.

Grenzen der Erkenntnis (EGs)

EG 1: Die Beschränkung unserer Sinne

Wir nehmen die Welt um uns her mit unseren Sinnesorganen wahr. Die erste Erkenntnisgrenze wird deshalb durch deren Auflösungsvermögen gesetzt. Ihr Wahrnehmungsbereich ist optimal auf die Bedürfnisse des Menschen zugeschnitten. Betrachten wir allerdings jedes menschliche Sinnesorgan für sich und vergleichen es mit den leistungsstärksten Gegenstücken aus dem Tierreich, so stellen wir fest, dass wir mit unseren Sinnen die Grenze des „biologisch Machbaren" oft nicht einmal annähernd erreichen. Die Informationen, die von unseren Sinnesorganen schließlich ins Gehirn weitergeleitet werden, sind nicht exakt das, was ursprünglich wahrgenommen wurde. Um das Gehirn vor einer Reizüberflutung zu schützen, werden nur die wichtigsten Informationen aus dem Datenstrom herausgefiltert. Außerdem wird die Empfindlichkeit eines Organs ständig an die Stärke der Reize angepasst und vermeintliche Fehler werden automatisch korrigiert. Es gibt eine ganze Menge bekannter Tricks (z. B. optische Täuschungen), um unsere Sinne zu überlisten.

EG 2: Die Beschränkung unserer Instrumente

Über lange Zeit konnte die Beschränkung der Sinne kaum überwunden werden. Erst seit den letzten 500 Jahren macht der Mensch sich technische Möglichkeiten zur Erweiterung seiner Sinne in größerem Umfang zunutze. Die Reichweite unserer Wahrnehmung wird durch modernste Instrumente gewaltig erweitert. Doch auch die Instrumente haben ihre physikalischen Grenzen, z. B. in Bezug auf ihre Leistung, Reichweite, Auflösung, Präzision und Belastbarkeit. Instrumente liefern im Gegensatz zu unseren Sinnesorganen objektive Daten. Das führt dazu, dass wir ihnen großes Vertrauen entgegenbringen. Wir sollten dabei bedenken: Die Messwerte sind zwar objektiv, doch ihre Interpretation (Deutung) erfolgt immer im Rahmen einer Theorie.

Abb. 7: Seit über 30 Jahren werden Tauben in den Cockpits von Seenotrettungsflugzeugen eingesetzt. Sie sind darauf dressiert, Schiffbrüchige im tosenden Meer zu entdecken und durch Picken eines Alarmknopfs zu melden. Die Erfolge damit sind fantastisch. Das scharfe Taubenauge ist dem Auge des Menschen und der vorhandenen optoanalytischen Elektronik immer noch weit überlegen.

Abb. 8: Das Hubble-Weltraumteleskop (HST) saust in 600 km Höhe in 100 Minuten einmal um die Erde. Sein Hauptspiegel hat einen Durchmesser von 2,4 m und ermöglicht einen tiefen Blick in den Weltraum. Im Gegensatz zu Teleskopen auf der Erde behindert keine störende Atmosphäre die Sicht.

EG 3: Die Beschränkung unseres Denkens

Das menschliche Gehirn ist wahrscheinlich das kompliziertteste Objekt des Universums. Wir sind immer noch weit davon entfernt, seinen Aufbau und seine Funktion wirklich zu verstehen. Zweifellos ist aber auch dieses Wunderwerk in seiner Leistung und seinen Möglichkeiten beschränkt. Die Verarbeitungsgeschwindigkeit (Rechenleistung), das Fassungsvermögen (Speicherkapazität), die Erinnerung (Datenzugriff), die Lernfähigkeit (Input) und die Lebensdauer des Gehirns sind begrenzt.

EG 4: Die prinzipiellen Beschränkungen

Es gibt zuletzt auch einige Schranken, die aus prinzipiellen Gründen nicht überschritten werden können. Die einfachste und einleuchtendste Beschränkung ist die Zeit. Der Zeitverlauf ist nicht umkehrbar. Allen Methoden ist nur die Gegenwart direkt und die Vergangenheit zum Teil indirekt zugänglich. Das Wissen über die Vergangenheit hängt stark von der Qualität unserer historischen Quellen ab. Je weiter wir in die Vergangenheit zurückgehen, desto spärlicher werden die Überlieferungen und historischen Urkunden. Alle Erkenntnisse bleiben vorläufig, sie können durch neue Funde und Deutungen wieder in Frage gestellt werden.

Über die Zukunft können wir keine sicheren Erkenntnisse gewinnen. Alles, was wir darüber annehmen, beruht auf der Erkenntnis der Gegenwart und Vergangenheit. Außerdem setzt die Physik einige natürliche Grenzen (z. B. die Heisenberg´sche Unschärferelation). Auch gibt es für alle physikalischen Größen eine Beschränkung. Es gibt eine tiefste Temperatur (den absoluten Nullpunkt, der nie erreicht werden kann), eine höchste Geschwindigkeit (Lichtgeschwindigkeit), einen kleinsten Raum (Planckraum), eine kürzeste Zeit (Planckzeit) usw. In der Erkenntnistheorie wird die prinzipielle Unvollkommenheit unseres Wissens durch den Goedel´schen Unvollständigkeitssatz beschrieben.

Dazu kommt folgendes Problem: Je intensiver und detaillierter man einen Ausschnitt der Wirklichkeit untersucht, desto weniger erfährt man über das „Ganze", die großen Zusammenhänge. Detailwissen geht immer auf Kosten von Systemverständnis (Erkenntnis davon, wie Dinge zusammenhängen). Der Mensch ist zu begrenzt, um angesichts der gigantischen Zunahme des Daten- und Computerwissens den Überblick zu behalten.

„Wenn die Himmel oben gemessen und die Grundfesten der Erde unten erforscht werden können, so will ich auch alle Nachkommen Israels verwerfen ..." (Jer 31,37). Gott bezeugt immer wieder, dass er sein erwähltes Volk nie verwerfen wird. Aus dieser Stelle geht deshalb deutlich hervor, dass es immer Dinge geben wird, die der Mensch nicht messen und erforschen kann.

Zusammenfassend lässt sich sagen: Es gibt keine absolute Erkenntnis durch den Menschen. Das ist auch der aktuelle Stand der Philosophie und Wissenschaftstheorie.

Erkenntnis durch Offenbarung

Erkenntnis kann auf verschiedenen Wegen gewonnen werden. Wir beobachten und ziehen logische Schlüsse, wir führen Messungen, Experimente, Ausgrabungen und Umfragen durch. Alle Methoden zum Erkenntnisgewinn unterliegen den aufgeführten Grenzen der Erkenntnis. Es gibt eine einzige Möglichkeit, sie zu durchbrechen: durch Offenbarung. Was bedeutet das? Offenbarung bedeutet: Ich erfahre das, was ich nicht erkennen kann, von jemandem, der es weiß.

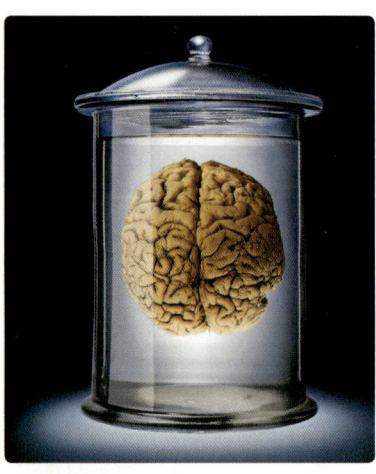

Abb. 9: Etwas weniger als 3 Pfund einer wabbeligen Masse mit der Konsistenz eines weichen Käses, das ist das menschliche Gehirn, das „komplexeste Objekt des Universums". Etwa 100 Milliarden Nervenzellen sind darin zu einem „neuronalen Netz" verbunden.

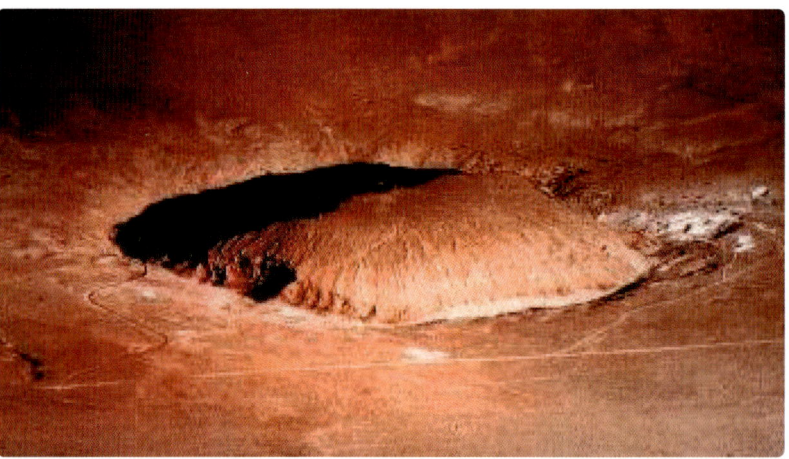

Abb. 10: Unser Gehirn arbeitet mit unzähligen „Voreinstellungen", deren wir uns oft gar nicht bewusst sind. Für die Auswertung von Licht- und Schattenverteilungen gehen wir unbewusst davon aus, dass Licht von oben kommt. Das ist auf der Erde normalerweise auch der Fall. Wenn wir diese Aufnahme des Barringer-Kraters betrachten, glauben wir nicht, einen Krater zu erkennen, sondern eine Beule. Das Bild steht auf dem Kopf. Wenn wir es umdrehen, erkennen wir den Krater.

Grenzen der Sinnesorgane am Beispiel des Auges

Die Sinnesorgane des Menschen sind auf seine Bedürfnisse optimal zugeschnitten. Diese Optimierung ist mit einer Beschränkung der einzelnen Wahrnehmungen auf den wichtigsten „Messbereich" und einer abgestuften Rangordnung der Sinne verbunden. Für den Menschen ist der Gesichtssinn (Sehvermögen) am wichtigsten. Biologisch gesprochen ist der Mensch ein „Sehtier". Darum soll die Beschränktheit unserer Wahrnehmung am Beispiel des Auges dargestellt werden:

BEISPIEL AUGE

Die Wellenlänge des sichtbaren Lichts

Das menschliche Auge nimmt Strahlung im Bereich von 400–700 nm (was nur ein winziger Ausschnitt aus dem Spektrum radiomagnetischer Strahlung ist). Es ist auf das Farbsehen bei Tageslicht optimiert. Mehrere Millionen Farbabstufungen können unterschieden werden. Das Dämmerungssehen bei schwachem Licht ist dagegen nur sehr schwach ausgeprägt (jedenfalls im Vergleich mit nachtaktiven Tieren).

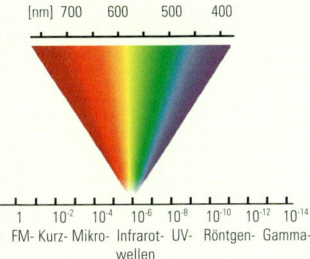

Das Gesichtsfeld

Die Augen erfassen zusammen einen Winkel von 145° seitlich (wovon 120° durch die Überschneidung der Sehfelder beider Augen räumlich gesehen werden), 60° nach oben und 70° nach unten. Das Gesichtsfeld ist damit relativ klein. Manche Frösche erzielen mit ihren seitlich liegenden Augen einen Panoramablick von 360°. Die in Abb. 7 gezeigte Taube nimmt immerhin 300° wahr.

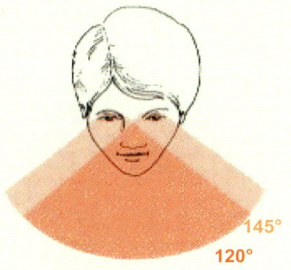

Der Sehschärfewinkel

Mit dem relativ kleinen Gesichtsfeld wird nicht nur ein gutes räumliches Sehen sondern auch eine hohe Auflösung erkauft. Der Sehschärfewinkel (das ist der Grenzbereich, unter dem zwei benachbarte Punkte noch unterschieden werden können) liegt gerade einmal bei 20" (" = Bogensekunde, ein Winkelgrad hat 3600 Bogensekunden). Der erwähnte Frosch kann erst ab ca. 7' (' = Winkelminute), die Taube erst ab 2'42" zwei Punkte voneinander unterscheiden.

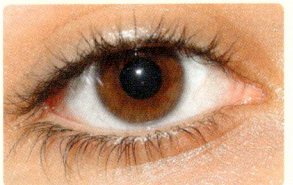

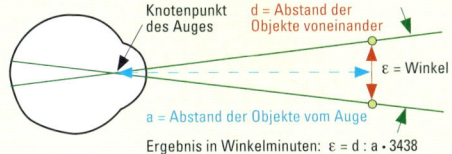

Ergebnis in Winkelminuten: $\varepsilon = d : a \cdot 3438$

Die Bildverschmelzungsfrequenz

Durch den hohen Aufwand an nachgeschalteter Informationsverarbeitung kann das Auge des Menschen nicht mehr als 20 Einzelbilder pro Sekunde verarbeiten. Eine höhere Bildfrequenz wird als fließende Bewegung wahrgenommen. Die Taube schafft es, 148 Einzelbilder pro Sekunde zu verarbeiten, weshalb sie für die in Abb. 7 beschriebene Aufgabe gut geeignet ist. Ihre zeitliche Auflösung ist aber immer noch gering im Vergleich zu den Komplexaugen der Libelle, die 300 Einzelbilder pro Sekunde aufnehmen.

Die Bibel

Da der Mensch aus sich selbst nicht zu absoluter Erkenntnis und Wahrheit kommen kann, ist er auf eine andere Quelle angewiesen. Die Bibel teilt uns mit, was sonst kein Mensch wissen könnte. Sie ist das Fundament – auch für die Schöpfungslehre.

Offenbarungen erfordert Glauben

Weil die Reichweite unserer wissenschaftlichen Methoden und unser Verstand begrenzt und endlich sind, ist auch unserer Erkenntnis und unserem Wissen eine Grenze gesetzt. Nicht erforschbare Zusammenhänge können nur durch Spekulationen und mit nicht-prüfbaren Mutmaßungen dargestellt werden.

Eine weitere Möglichkeit besteht darin, sich auf die schon erwähnte Offenbarung zu verlassen. Es gibt einen Gott, und er hat sich dem Menschen in seinem Wort, der Bibel, offenbart. Um dies anzuerkennen und seine Offenbarung anzunehmen, ist Glaube notwendig. Glaube ist nach der Bibel „eine Überzeugung von Dingen, die man nicht sieht" (Heb 11,1). Dieser Glaube ist eine Voraussetzung, um den biblischen Schöpfungsbericht zu verstehen: „Durch Glauben verstehen wir, dass die Welten durch Gottes Wort bereitet worden sind, so dass das, was man sieht, nicht aus Erscheinendem geworden ist" (Heb 11,3).

Ist Gott beweisbar?

Nein, Gott ist nicht beweisbar. Denn das Größere kann nicht vom Geringeren beweisen werden. Wir erinnern uns außerdem daran, dass es Beweise nur in der Mathematik (oder einem anderen formalen System) gibt. Für eine Beweisführung müssen feste Regeln gelten. Wann gilt etwas als bewiesen?

Die Bibel führt keinen Gottesbeweis. Sie setzt Gott voraus als Schöpfer, der das Universum mitsamt dem Menschen aus dem Nichts erschaffen hat. Ist die Schöpfung für den forschenden Menschen kein Beweis für seine Existenz? Die Bibel sagt jedenfalls, dass jeder Mensch Gott durch sein Schöpfungswerk erkennen kann: „… denn sein unsichtbares Wesen, nämlich seine ewige Kraft und Gottheit, wird seit Erschaffung der Welt an den Werken durch Nachdenken wahrgenommen" (Röm 1,20; Schlachter).

Doch Gott zeigt sich nicht nur in seiner Schöpfung. Er handelt in der Geschichte des Menschen. Sein Handeln mit der gesamten Menschheit, mit dem Volk Israel und mit einzelnen Personen kann erkannt und erlebt werden. Der Höhepunkt der Offenbarung Gottes an den Menschen war Jesus Christus. Gott wurde Mensch. Wenn wir ihn anschauen, erkennen wir Gott, denn von ihm heißt es, dass er das „Bild des unsichtbaren Gottes ist" (Kol 1,15).

Abb. 11: Im Bibelmuseum Wuppertal kann man selbst verschiedene Techniken ausprobieren, die in der Überlieferung der Bibel eine Rolle spielen. www.bibelmuseum.de

Gott zwingt niemanden dazu, ihn anzuerkennen. Der Mensch hat die Freiheit, seinen Ursprung ohne Gott zu erforschen, die Warum-Frage (Frage nach dem Sinn) zu ignorieren und den Zufall und Naturgesetze als bestimmende Größe anzunehmen. Für ein Weltbild ohne Gott ist aber ebenfalls Glaube nötig.

Das Buch der Bücher

Die Offenbarung Gottes an den Menschen liegt uns in der Bibel, dem Wort Gottes, vor. Zu Recht wird sie das „Buch der Bücher" genannt. Es gibt in der Literatur nichts Vergleichbares. Ganz abgesehen von ihrer zentralen Botschaft, dem Evangelium der Erlösung durch Jesus Christus, ist sie schon als „Werk der Weltliteratur" ein absoluter Superlativ. Sie ist das bei weitem am meisten gelesene, am häufigsten verkaufte und in die meisten Sprachen übersetzte Buch der Erde (siehe Guinness-Buch der Rekorde). Auch ihre Entstehungsgeschichte ist außergewöhnlich; die Bibel wurde von Menschen geschrieben:

- in mehr als 35 Generationen und in einem Zeitraum von über 1500 Jahren
- von mehr als 40 verschiedenen Autoren in 66 Büchern
- auf 3 Kontinenten, in 3 verschiedenen Sprachen und in verschiedenen Kulturen

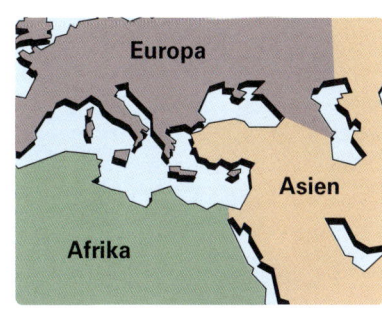

4

Es waren völlig unterschiedliche Verfasser, sie kamen aus allen Schichten der Gesellschaft:

- Mose, ein ausgebildeter Staatsmann und Führer
- Amos, ein Schafhirte
- Petrus und Johannes, Fischer
- Lukas, ein Arzt
- David und Salomo, Könige
- Matthäus, ein Zöllner
- Daniel, ein Premierminister
- Paulus, ein Gelehrter
- Esra, ein Priester
- Nehemia, ein hoher Beamter
- viele Propheten, einfache Leute, von Gott berufen

Sie schrieben in den unterschiedlichsten Situationen:

- in der Wüste, im Gefängnis, im Palast, auf Reisen und Feldzügen
- in tiefster Sorge und Verzweiflung und in rauschendem Siegesjubel
- aus ihrer Freude oder ihrem Leid heraus, weil Gott es ihnen befahl, weil es ihr Beruf war, weil sie andere unterrichteten

Sie schrieben die verschiedensten Texte:

- Lieder, Sprüche und Gedichte
- theologische Betrachtungen
- Gesetzesvorschriften und Regelwerke
- Baupläne und Inventarlisten
- Reiseberichte und Naturkunde
- Geschlechtsregister, Dynastien
- persönliche und allgemeine Briefe
- Geschichtsschreibung
- Prophetie und Apokalyptik

Sie schrieben zu den unterschiedlichsten Themen:

- über das Wesen Gottes
- über die Natur des Menschen
- über Fragen von Gesetz, Recht und Moral
- über Sichtbares und Verborgenes
- über längst Vergangenes und Zukünftiges
- über Zeit und Ewigkeit
- über Erlösung und Verdammnis

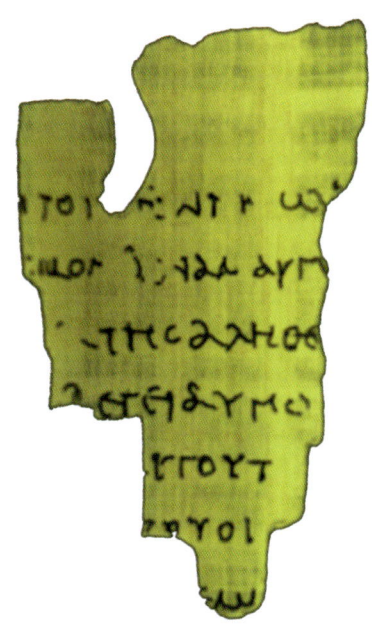

Obwohl die Schreiber größtenteils unabhängig voneinander schrieben und umstrittene Themen behandelten, sind die Bücher der Bibel harmonisch – ohne inhaltlichen Widerspruch zueinander – und bauen aufeinander auf.

4

Abb. 12: Bis zur Erfindung des Buchdrucks mussten die Texte der Bibel von Hand kopiert werden.

Abb. 13: Eine Schriftrolle in einem Tonkrug. Diese „Konservierungsvorschrift" wurde schon dem Propheten Jeremia mitgeteilt: „Nimm diese Briefe [...] und lege sie in ein Tongefäß, damit sie viele Tage erhalten bleiben" (Jer 32,14).

Abb. 14: Die Schriftrollen von Qumran haben weltweit großes Aufsehen erregt. Entgegen verschiedenen Sensationsmeldungen enthalten sie keine atemberaubenden Neuigkeiten (etwa geheim gehaltene Teile der Bibel). Die eigentliche Sensation ist, dass diese uralten Rollen den bisher bekannten Bibeltext hervorragend bestätigen.

Abb. 15: So wie die Autoren durch die Wirkung des Heiligen Geistes jedes Wort aufschrieben, kann auch der Leser durch die Wirkung des Heiligen Geistes die Bibel verstehen.

Die Inspiration der Bibel

Der innere Zusammenhang und die geniale Struktur des Gesamtwerks „Bibel" ist ein Wunderwerk. Es gibt dafür keine natürliche Erklärung. Die Erklärung ist Gottes Handeln. Er ist letztlich der Autor der Bibel. Den Schreibern wurde durch den Geist Gottes eingegeben (wörtlich: eingehaucht), was sie schreiben sollten. So sagt es die Bibel über sich selbst in 2.Timotheus 3,16. Das bedeutet Inspiration.

Unter Christen gibt es unterschiedliche Ansichten darüber, wie weit die Inspiration geht. Kann man sich das so vorstellen wie ein Diktat in der Schule, wo jeder Schüler wörtlich schreibt, was der Lehrer diktiert, und wo der Schüler seine Kreativität höchstens in der Rechtschreibung einbringt? Oder bekam der Schreiber ein Thema, ein Motiv, eine Idee von Gott eingegeben, so wie ein Künstler durch irgendein Erlebnis „inspiriert" wird, etwas zu schaffen?

Lassen wir die Bibel selbst zu Wort kommen: „Denn die Weissagung wurde niemals durch den Willen des Menschen hervorgebracht, sondern heilige Männer Gottes redeten, getrieben vom Heiligen Geist" (2Pet 1,21). Die Verfasser der Bibel schrieben also nicht aus ihrem eigenen Willen heraus. Eine weitere Stelle zeigt, dass sie, besonders wenn es um prophetische Aussagen über die Zukunft ging, nicht immer verstanden, was sie schrieben: „… forschend, auf welche und welcherart Zeit der Geist Christi, der in ihnen war, hindeutete" (1Pet 1,11).

Gott verfolgte mit den Schreibern sein Ziel. Ihr Stil, ihre Empfindungen, ihre Erfahrungen und ihre Denkweise wurden miteinbezogen. Er wachte auch darüber, dass die verfassten Schriften als „Worte Gottes" anerkannt, aufbewahrt und überliefert wurden. Das ist ebenfalls ein Wunder.

Für die weitere Auseinandersetzung mit dem Text der Bibel setzen wir dieses Verständnis von Inspiration voraus. Gott hauchte ausgewählten Menschen durch seinen Geist sein Wort ein und spricht durch den gleichen Geist durch dieses Wort zu uns hier und heute.

Die Glaubwürdigkeit der Bibel

Die Bibel beansprucht, „die Wahrheit" zu sein. Verschiedene Merkmale untermauern diesen Anspruch.

- *Die erfüllte Prophetie der Bibel*

  Die Bibel enthält viele Prophezeiungen, von denen sich ein großer Teil bereits erfüllt hat.

- *Die Objektivität der Bibel*

  Die Bibel zeigt uns die Sicht Gottes. Sogar die größten Glaubenshelden und populärsten Führer werden nicht verherrlicht, sondern ihre Fehler werden offen angesprochen. Darin unterscheidet sie sich von den meisten anderen Geschichtsüberlieferungen.

- *Die Aktualität der Bibel*

  Die Bibel ist für den Menschen geschrieben. Für jeden Menschen zu jeder Zeit. Welches andere Buch wird von einer Leserschaft aus beiden Geschlechtern, jeder Altersklasse, jedes Kulturkreises, jeder sozialen Schicht, jedes Bildungsniveaus mit Interesse gelesen und verstanden? Das ist ebenfalls ein Wunder und wird durch den Heiligen Geist bewirkt.

- *Die Wirkung der Bibel*

  Unzählige Menschen sind durch die Bibel verändert worden. Viele haben sich allein durch das Lesen dieses Buches als Sünder erkannt und Jesus Christus als ihren Erlöser angenommen. Diese Wirkung kann nur erfahren und erlebt werden, wenn man sich auf die Bibel einlässt.

Braucht man ein Studium, um die Bibel zu verstehen?

Leider besteht vielfach die Ansicht, der Bibelleser benötige ein Theologiestudium, um die Bibel wirklich verstehen zu können. Eine intensive Beschäftigung mit wissenschaftlichen Aspekten (z. B. Entstehung und Umfeld der Bibel) und ein Studium der Altsprachen sind sicher eine große Hilfe für das Verständnis mancher biblischer Zusammenhänge. Und doch ist es eine Besonderheit der Bibel, dass sie sich so klar und deutlich ausdrückt, dass Vieles in ihr schon von Kindern verstanden werden kann. Das Verstehen der Bibel ist eine Wirkung des Geistes Gottes. Wer nicht offen dafür ist, sich von Gott durch die Bibel belehren zu lassen, findet keinen Zugang dazu. Für ihn wird die Bibel zu einem bloßen Forschungsgegenstand, den man mit wissenschaftlichen Methoden untersuchen kann. Leider wird heute die Theologie weitgehend von der „historisch-kritischen Methode" beherrscht. Bestimmte weltanschauliche Vorstellungen werden dabei über die Bibel gestellt. Dort, wo Widersprüche zwischen der Bibel und der gerade herrschenden und als gültig betrachteten Weltsicht auftauchen, wird die Auslegung der Bibel entsprechend korrigiert.

Ist die Bibel ein mystisches Buch?

Wer die Bibel liest, wird feststellen, dass sie zum größten Teil aus ganz natürlich erlebter und erzählter Geschichte besteht. Natürlich gibt es darüber hinaus auch Teile, die schwieriger zu verstehen sind. Gleichnisse, Visionen und prophetische Sprüche lassen sich oft erst nach einem eingehenden Vergleich mit anderen Stellen und in ihrem großen Zusammenhang verstehen.

Es ist aber abwegig, die Bibel für ein Buch mit lauter geheimnisvoll verschlüsselten Botschaften zu halten, wie das z. B. in dem Buch Der Bibelcode von Michael Drosnin behauptet wird.

Ist die Bibel ein naturwissenschaftliches Lehrbuch?

Oft wird die Frage aufgeworfen, ob die Bibel überhaupt wissenschaftlich verstanden werden will. Natürlich ist die Bibel nicht in der „Sprache der Wissenschaft" geschrieben. Sie ist so geschrieben, dass sie von allen Menschen zu allen Zeiten verstanden werden konnte. Ihr Ziel ist es nicht in erster Linie – auch nicht im Schöpfungsbericht –, uns wissenschaftliche Informationen über Gottes Schöpfungshandeln zu geben. Sie will uns vielmehr Gottes Handeln mit dem Menschen zeigen und beschreibt deshalb die Dinge in ihrer Bedeutung für den Menschen. Der Teil der Schöpfung, der von seiner Dimension her nahezu „alles" ausmacht – das gewaltige Weltall –, wird deshalb nur mit einem knappen Nebensatz („... und die Sterne") gestreift, während ein kleiner Fleck auf dem Planeten Erde ausführlich beschrieben wird (Garten Eden).

Welches „Weltbild" finden wir in der Bibel?

Im vorliegenden Buch geht es hauptsächlich um das Verständnis von 1. Mose 1–11. Diese Kapitel geben uns einen geschichtlichen Bericht über Schöpfung, Sündenfall, Sintflut und Urgeschichte. Aus der Sicht mancher Kritiker können diese Kapitel gar nicht wissenschaftlich korrekt sein, weil ihr Verfasser ein vorwissenschaftliches und veraltetes Weltbild gehabt habe. Er habe deshalb Vorgänge auch nur im Rahmen dieses primitiven Weltbildes und seiner beschränkten Ausdrucksweise beschreiben können. Auch kannte z. B. Mose, der „in aller Weisheit der Ägypter" ausgebildet war (Apg 7,22), sicherlich deren Schöpfungsmythen. Entscheidend ist aber nicht, was Mose kannte, wusste und glaubte, sondern was durch ihn in die Bücher der Bibel kam. Und dort finden wir nichts von diesen verkehrten Vorstellungen.

Abb. 16: In seinem Buch The Bible Code behauptet Michael Drosnin, die Buchstaben des Bibeltextes enthielten in verschlüsselter Form prophetische Geheimnisse. Mit dem Programm „Code-Finder" kann jeder am PC selbst auf die Suche gehen. Man gibt einfach bestimmte Begriffe ein, und das Programm versucht sie in verschiedenen Rastern irgendwo im hebräischen Bibeltext zu finden.

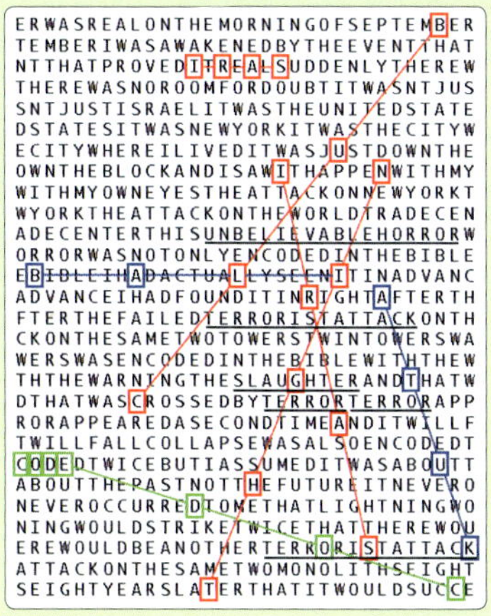

Abb. 17: So sieht die codierte Prophetie nach Drosnin dann aus: Einige Begriffe (twin tower, airplane, terror usw.) werden irgendwo in der Bibel in enger Umgebung zueinander entdeckt, wenn der Text in einem bestimmten Raster aufgeteilt wird.

Ein gewitzter Journalist hat Drosnin mit seinen eigenen Waffen geschlagen. Aus einem Text seines Buches Bible Code II – The Countdown, worin er über die Entdeckung der Anschläge vom 11. September 2001 berichtet, fand er die „Prophetie" über den späteren Anschlag auf den „Sari-Night-Club" auf der Insel Kuta, Bali. Zu erkennen sind die Worte Sari, Night, Club, Kuta, Bali. Das Ganze ist eine mathematische Spielerei und hat mit biblischer Prophetie nicht das Geringste zu tun.

4

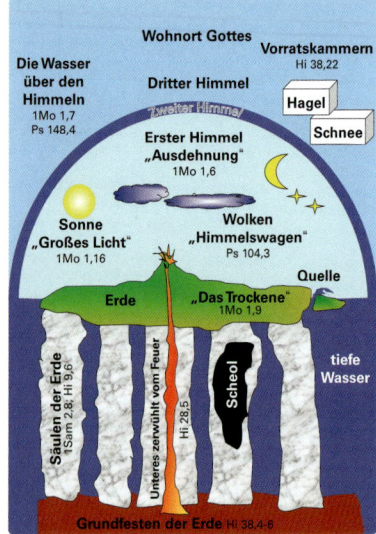

Abb. 18a: „Das Weltbild der Bibel" – unter diesem Titel kann man häufig Darstellungen in der hier abgebildeten Art begegnen. Einige Elemente daraus werden mit bildhaften Ausdrücken aus poetischen Büchern (Hiob, Psalmen) begründet (nach Herb Drake, 1998).

Man sollte beachten, dass die Bibel ein solches Weltbild nicht lehrt. Welche Vorstellungen die Autoren der Bibel von der physischen Beschaffenheit der Welt hatten, kann nicht rekonstruiert werden und mag in den verschiedenen Epochen auch unterschiedlich gewesen sein.

LICHTMESS:
Stille Luft und eingewölkte Himmelskuppel, hinter deren Lichter Alabasterwölbung steht mit silberklaren schweren Strahlenschwertern ausgebreitet, abgedampft und göttlich fern: der im Winterdunst verlorne, der ersehnte, neu geborne ungeheure Sonnenstern.
                                    Ina Seidel

Abb. 18b: Dass sich aus poetischen Werken kein Weltbild ableiten lässt, leuchtet ein. Die Dichterin Ina Seidel (1885–1974) glaubte nicht, dass die Sonne im Frühling neu geboren wird.

Die Frage nach dem Weltbild der Bibel sollten wir etwas genauer beleuchten. In seinem Buch „Evolution in der Zeitenwende" wird dieses Thema von W. J. Ouweneel sehr gut erklärt. Er zitiert dort eine Einteilung drei verschiedener Arten von Weltbildern durch J. A. van Delden:

1. Das „Sehbild" (oder „empirisches Bild")
   Das ist ein Weltbild in der Sprache des Alltags, das Bild des Zuschauers. Ein Beispiel: „Die Sonne geht unter."

2. Das „Modellbild" (oder „theoretisches Bild")
   Das ist das naturwissenschaftliche Weltbild. Unser Beispiel (Sonnenuntergang): „Die kugelförmige Erde umkreist, um die eigene Achse rotierend, auf einer elliptischen Bahn ihr Zentralgestirn, die Sonne. Durch die Erdrotation bewegen wir uns auf die sonnenabgewandte Schattenseite zu." In diesem Modellbild wird die Welt nicht so beschrieben, wie wir sie sehen und erleben, sondern anhand von Modellen.

3. Das Glaubensbild (oder „philosophisches Bild")
   Das ist eigentlich mehr eine Weltanschauung als ein Weltbild. Hier geht es um Ursprung, Sinn und Bestimmung der Welt. Zu unserem Beispiel ein Zitat aus Prediger 1,5: „Und die Sonne geht auf, und die Sonne geht unter; und sie eilt ihrem Ort zu, wo sie aufgeht." Salomo führt den Lauf der Sonne und viele andere Abläufe auf, die sich ständig wiederholen. Immer wieder stellt er die Frage: „Wozu das Ganze?" Die Bibel gibt darauf eine Antwort.

Mit dieser Einteilung lässt sich folgender Unterschied gut erkennen: Die Bibel liefert uns kein Modellbild, und die Wissenschaft kann uns kein Glaubensbild liefern.

Es ist die Aufgabe der Wissenschaft, ein gut begründetes, widerspruchsfreies Modellbild zu formulieren (und darin war sie auch sehr erfolgreich). Die Bibel dagegen gibt uns ein Glaubensbild. Sie benutzt dafür die Sprache des Sehbildes. Das bedeutet aber nicht, dass die Bibel Irrtümer lehrt. Dort, wo sie etwas über die Schöpfung aussagt, ist sie wahr.

Die Sprache des Sehbildes

Das Beispiel von der Redewendung „Die Sonne geht auf" ist zum Verständnis hilfreich. Wir benutzen diesen Ausdruck ja auch heute noch, obwohl wir wissen, dass es nur so aussieht, als würde die Sonne von Osten kommend über die Erde wandern und dann im Westen heruntergehen. Genau so bezieht sich die Ausdrucksweise der Bibel auf die Wahrnehmung des Menschen. Welche Auswirkung hat nun die Verwendung der „Alltagssprache" für die Beschreibung von Vorgängen?

Unsere wissenschaftliche Neugier bleibt manchmal vielleicht etwas unbefriedigt. Wir würden ja gerne wissen, was man sich ganz konkret in der Meteorologie unter den „Wassern oberhalb der Ausdehnung", in der Geologie unter den „Quellen der großen Tiefe" und in der Biologie unter „Art" vorzustellen hat (siehe 1Mo 1 u. 7).

Allerdings dürfen wir auch nicht zu sehr problematisieren. Wir sprechen schließlich auch den ganzen Tag „Alltagssprache" und können uns damit ziemlich klar ausdrücken. Wenn Gott uns hätte mitteilen wollen, dass die Welt, das Leben und der Mensch durch einen Evolutionsprozess entstanden wären, so hätte er sich ganz sicher anders ausgedrückt als im Schöpfungsbericht. Alltagssprache hin oder her.

4

Wer „A" sagt, muss auch „B" sagen – Das Gesamtzeugnis der Bibel

Wer erklärt, dass er zwar grundsätzlich der Bibel glaubt, aber den biblischen Bericht über Schöpfung und Urgeschichte ablehnt, weil er die historische Zuverlässigkeit der Genesis oder sogar des ganzen Pentateuch (5 Bücher Moses) bezweifelt, der verstrickt sich in Widersprüche.

Es ist nämlich keinesfalls so, dass die Schöpfung nur in den ersten Büchern der Bibel gelehrt wird. Alle biblischen Autoren kannten Gott als den Schöpfer. Ihre Texte sind voll von Hinweisen darauf, dass sie mit den Einzelheiten der Genesisberichte vertraut waren und daran glaubten. AT und NT sind vielfältig miteinander verwoben.

Viele Einzelheiten der ersten 11 Kapitel der Genesis werden im Neuen Testament bestätigt und bekräftigt.

Lukas führt seine Genealogie zurück bis auf Adam und seinen Schöpfer, Gott (Lk 3,23–38). Paulus greift in seinen Briefen häufig auf die Genesis zurück und untermauert damit die christliche Lehre. Besonders die Erschaffung von Adam und Eva und der Sündenfall werden von ihm mehrfach erwähnt (Eph 5,31.32; 1 Tim 2,12–14). Seine Erklärung des Evangeliums in Römer 5 machte keinen Sinn, wenn Adam nicht wirklich gelebt hätte. Jakobus bestätigt, dass der Mensch im Bild Gottes geschaffen wurde (Jak 3,9). Petrus bekräftigt in seinen beiden Briefen, dass die gesamte Erde während der Sintflut „von Wasser überschwemmt" unterging (2 Pet 3,6) und alle Menschen darin umkamen; bis auf „acht Seelen", die durch die Arche gerettet wurden (1 Pet 3,20). Es könnten noch viele weitere Beispiele angeführt werden.

Für den gläubigen Christen erledigen sich Zweifel an der Wahrheit der Genesis dadurch, dass Jesus Christus selbst sie im Detail bestätigt:
- der Kosmos ist nicht ewig (Mt 24,21) und wurde von Gott erschaffen (Mk 13,19; Jh 17,24)
- die Erschaffung des Menschen als Mann und Frau von Anfang an (als Begründung für die Unauflöslichkeit der Ehe) und die Harmonie zwischen Genesis 1 und 2 (Mt 19,4; Mk 10,6)
- die ursprüngliche Einsetzung des Sabbats (Mk 2,27)
- die Existenz von Abel (Mt 23,35; Lk 11,50)
- die Existenz von Noah und die Flut (Lk 17,26ff.; Mt 24,37ff.)

Jesus Christus ist der Schöpfer

Und wer sollte von diesen Dingen bessere Kenntnis haben als Jesus Christus? Denn durch ihn wurde die ganze Welt erschaffen. Das NT bezeugt unmissverständlich Jesus Christus als den Schöpfer:
- „Alles wurde durch dasselbe [das Wort: Jesus Christus], und ohne dasselbe wurde auch nicht eines, das geworden ist" (Jh 1,3).
- „Denn durch ihn sind alle Dinge geschaffen worden, die in den Himmeln und die auf der Erde, … alle Dinge sind durch ihn und für ihn geschaffen" (Kol 1,16).
- „… im Sohn …, durch den er auch die Welten gemacht hat" (Heb 1,2).
- „… denn du hast alle Dinge erschaffen, und deines Willens wegen waren sie und sind sie erschaffen worden" (Offb 4,11).

Diese Verse bilden einen Schlüssel zur Schöpfungslehre: Jesus Christus ist nicht nur das große Thema und der Mittelpunkt der Bibel, er ist auch der Urheber (d. h. Verursacher) der gesamten Schöpfung. Alle Dinge sind durch ihn und für ihn geschaffen. Er möchte, dass wir ihn in der Bibel nicht nur als unseren Schöpfer, sondern auch als unseren Erlöser erkennen. Wenn wir dieses Ziel nicht erreichen, ist die Beschäftigung mit der Schöpfungslehre vergeblich gewesen. Es bringt nichts, den Gott der Bibel als Schöpfer anzuerkennen, ohne daraus auch Konsequenzen zu ziehen.

Abb. 19: König Salomo, dargestellt auf einer Bibel Karls des Kahlen, um 880.

«Themen-DVD»
- Schrieb Mose die „Fünf Bücher Mose"?
- Der Hase – ein Wiederkäuer?
- Ein veraltetes Weltbild im biblischen Schöpfungsbericht?
- Deutsche Bibelübersetzungen
- Die Historizität von Genesis 1-3
- Mittelalterliches Weltbild - Mythos Erdscheibe
- Allah = Gott?

«KOMPAKT»

Die Bibel ist die Offenbarung Gottes an den Menschen. Sie teilt Dinge mit, die der Mensch sonst nicht erkennen könnte. Auch über die Frage des Ursprungs der Welt, des Lebens und des Menschen enthält sie viele Informationen. Obwohl ihre Angaben und historischen Details sich als vertrauenswürdig erwiesen haben, lässt sich die Grundvoraussetzung ihrer Evidenz, die Existenz Gottes, nicht beweisen. Sie setzt vielmehr den Glauben des Menschen voraus. Auch die biblische Lehre über die Anfänge (Schöpfung, Sündenfall, Sintflut und Urgeschichte) kann nur im Glauben angenommen werden. Der Glaube führt weit darüber hinaus, indem er den Schöpfer, Jesus Christus, in den Mittelpunkt rückt – nicht nur als Schöpfer, sondern auch als Erlöser (das ist die zentrale Aussage der Bibel).

Übersicht zur Schöpfungslehre

Gibt es verschiedene Schöpfungslehren?

Es gibt nur eine Bibel – gibt es trotzdem verschiedene Schöpfungslehren? Beim Überblick der Sintflutmodelle (S. 68) werden wir ein Beispiel dafür sehen, dass es verschiedene Versuche gibt, die heutigen Beobachtungen und Daten mit dem Bericht der Bibel in Übereinstimmung zu bringen. In Bezug auf die Schöpfung ist es genauso, und solange die Forschung weitergeht, wird es auch so bleiben. Unsere Interpretation der Daten, die uns die verschiedenen Wissenschaften liefern, kann sich verändern – die Bibel ändert sich nicht.

Es gibt allerdings verschiedene Auslegungen zu ein und demselben Bibeltext. Unter Christen, die an die Bibel als inspiriertes Wort Gottes glauben, gibt es aber doch eine weitreichende Übereinstimmung über die zentralen Aussagen. Der Schöpfungsbericht kann nicht isoliert für sich betrachtet werden. Die heutige Welt lässt sich nur deuten, wenn wir auch den Sündenfall, die Sintflut und die Frühgeschichte des Menschen mit einbeziehen. Außerdem ist ein tiefgehendes Verständnis der Schöpfung nur vor dem Hintergrund des göttlichen Heilsplans möglich. Gott verfolgt mit allem Erschaffenen sein Ziel. Schöpfungswirklichkeit hat nicht nur mit Ursprungsfragen zu tun, sie beinhaltet eine ganze „Weltanschauung".

Was lehrt die Bibel?

1. Was vor der Schöpfung war

Nicht alles hat in der Schöpfung seinen Anfang. Gott, der Schöpfer, ist logischerweise nicht Teil der Schöpfung (sonst müsste er sich selbst geschaffen haben); er existierte schon immer. Er ist ein ewiger Gott ohne Anfang und Ende.

Einige Bibelstellen (z. B. Hi 38,4–7) deuten darauf hin, dass die Engel, die ebenfalls Geschöpfe Gottes sind, nicht in den sechs Schöpfungstagen, sondern davor geschaffen wurden.

2. Das Schöpfungswerk

Gott schuf diese Erde und das Universum mit allem, was darin enthalten ist,
- durch sein Wort
- aus dem Nichts
- in sechs aufeinander folgenden Tagen

Die ursprüngliche Schöpfung war vollkommen – Gott bezeichnete sie als „sehr gut".

3. Die Erschaffung des Menschen

Der Mensch nimmt in der Schöpfung eine Sonderstellung ein, die ihn von allen Tieren unterscheidet. Er ist im „Bild Gottes" als eine „Dreieinheit" von Körper, Seele und Geist erschaffen worden.

Zuerst wurde Adam geschaffen, ein erwachsener Mann. Später nahm Gott aus der Seite Adams einen Teil seines Körpers und bildete daraus Eva, die er ihm zur Frau gab.

Zu beiden wird gesagt: „Seid fruchtbar und mehrt euch und füllt die Erde und macht sie euch untertan." Außerdem bekamen sie den Auftrag, über die Fische, Vögel und Tiere des Feldes zu herrschen. Sie sollten ihren Lebensraum

5

bebauen und bewahren. Als Nahrung für Mensch und Tier dienten Pflanzen und deren Produkte.

Gott legte für den Menschen das Paradies, den Garten Eden an. Dort herrschten ideale Bedingungen, und der Mensch konnte in Gemeinschaft mit Gott leben.

4. Der Sündenfall

Mit dem Ereignis des Sündenfalls (1Mo 3) veränderte sich die Schöpfung grundlegend. Dadurch, dass der Mensch sich von Satan verführen ließ, gegen Gottes Gebot zu verstoßen, kam die Sünde in die Welt. Die Gemeinschaft mit Gott wurde zerbrochen, und Gott musste den Menschen, die Schlange (Satan) und die ganze Schöpfung richten. Von da an stehen alle Lebewesen unter dem Fluch der Sünde und seinen Folgen: Tod, Krankheit, Altern, Verfall, Schmerzen und Kampf ums Überleben. Die Tiere leben nicht mehr friedlich zusammen, sondern als Konkurrenten, Jäger und Gejagte.

5. Die Sintflut

Als die Verdorbenheit der Erdbevölkerung einen solchen Höhepunkt erreichte, dass Gott außer einem Mann und seiner Familie – acht Personen insgesamt – niemanden mehr fand, der auf ihn hörte, folgte ein weiteres globales Gericht.

Durch Gottes Wort wurde die ganze Erdoberfläche von einer gigantischen Flut überschwemmt. Nur die Menschen und Tiere an Bord der Arche (und wasserlebende Tiere) überlebten die Flut. In der Biologie wird ein Vorgang, bei dem es nur wenige überlebende Individuen gibt, als „Flaschenhalsereignis" bezeichnet. Dies hatte eine starke Aufspaltung der Tier- und Pflanzenarten zur Folge, die durch die Bildung extremer Lebensräume (Wüsten, Polargebiete, Hochgebirge, Tiefsee usw.) noch verstärkt wurde. Auch die menschlichen Rassen haben sich in der Folge stark aufgespalten und an verschiedene Lebensräume angepasst. Dem Menschen wird erlaubt (evtl. wegen der nun eingeschränkten Möglichkeit, pflanzliche Nahrung zu gewinnen), auch die Tiere als Nahrung zu nutzen.

6. Die Sprachverwirrung

Nach der Flut siedelte sich die Menschheit an einem Ort an und errichtete dort eine Hochkultur. Ihre erneute Rebellion gegen Gott zeigte sich im Bau eines Turmes, um sich „einen Namen zu machen". Gott stellte sich ihren Plänen durch die Verwirrung der Sprachen in den Weg. Dadurch wurde die Einheit und Einigkeit der Menschen zerstört. Es folgte eine Aufspaltung in Sippen, Stämme, Völker und Nationen. Die verschiedenen Gruppen konkurrierten von da an um die besten Siedlungsräume und Ressourcen und verteilten sich dabei über die ganze Erde.

7. Der Heilsplan

Gottes Handeln mit seiner Schöpfung hat das Heil des Menschen zum Ziel. „Gott will, dass alle Menschen errettet werden und zur Erkenntnis der Wahrheit kommen" (1Tim 2,4). In der Geschichte des Menschen erfüllt sich ein Heilsplan Gottes, der schon vor der Schöpfung bei ihm feststand (1Pet 1,20; Eph 1,4). Aus diesem Grund gibt es weder Zufall, noch wird Gott durch irgendwelche Geschehnisse überrascht. Er weiß nicht nur alle Dinge im Voraus, sondern er ist derjenige, der sie bewirkt.

Verschiedene Perioden des Handelns Gottes (Dispensationen, Haushaltungen) können unterschieden werden. Eine besondere Bedeutung kommt darin der Auserwählung des Volkes Israel zu. Durch dessen Geschichte zeigte Gott, dass der Mensch nicht in der Lage ist, die gerechten Forderungen Gottes zu erfüllen. Der Mensch kann nicht zu Gott kommen; deshalb kam Gott zu den Menschen. Indem Jesus Christus Mensch wurde, am Kreuz für die Sünden der Menschen starb und danach von den Toten auferstand, erfüllte er das Versprechen Gottes, eine Erlösung des Menschen möglich zu machen.

8. Die Zukunft

Die Bibel zeigt uns die Zukunft der Welt bis zu ihrem Ende. Wichtige Eckpunkte dazu sind hier aufgelistet:

- die Entrückung der Gläubigen von der Erde
- eine Zeit schwerer Gerichte über die Erde
- das Wiederkommen Jesu Christi auf die Erde
- die Errichtung eines 1000-jährigen Friedensreiches
- das Gericht Gottes über die Toten
- die Neuerschaffung von Himmel und Erde
- ein ewiger Zustand

5

Die Schöpfung

Bibeltext: 1. Mose 1,1–2,1

Im Anfang schuf Gott die Himmel und die Erde.

Und die Erde war wüst und leer, und Finsternis war über der Tiefe; und der Geist Gottes schwebte über den Wassern.

Und Gott sprach: Es werde Licht! Und es wurde Licht. Und Gott sah das Licht, dass es gut war; und Gott schied das Licht von der Finsternis. Und Gott nannte das Licht Tag, und die Finsternis nannte er Nacht. Und es wurde Abend und es wurde Morgen: erster Tag.

Und Gott sprach: Es werde eine Ausdehnung inmitten der Wasser, und sie scheide die Wasser von den Wassern! Und Gott machte die Ausdehnung und schied die Wasser, welche unterhalb der Ausdehnung, von den Wassern, die oberhalb der Ausdehnung sind. Und es wurde so. Und Gott nannte die Ausdehnung Himmel. Und es wurde Abend und es wurde Morgen: zweiter Tag.

Und Gott sprach: Es sammeln sich die Wasser unterhalb des Himmels an einen Ort, und es werde sichtbar das Trockene! Und es wurde so. Und Gott nannte das Trockene Erde, und die Sammlung der Wasser nannte er Meere. Und Gott sah, dass es gut war. Und Gott sprach: Die Erde lasse Gras hervorsprossen, Kraut, das Samen hervorbringe, Fruchtbäume, die Frucht tragen nach ihrer Art, in der ihr Same sei auf der Erde! Und es wurde so. Und die Erde brachte Gras hervor, Kraut, das Samen hervorbringt nach seiner Art, und Bäume, die Frucht tragen, in der ihr Same ist nach ihrer Art. Und Gott sah, dass es gut war. Und es wurde Abend und es wurde Morgen: dritter Tag.

Und Gott sprach: Es werden Lichter an der Ausdehnung des Himmels, um den Tag von der Nacht zu scheiden, und sie seien zu Zeichen und zur Bestimmung von Zeiten und Tagen und Jahren; und sie seien zu Lichtern an der Ausdehnung des Himmels, um auf die Erde zu leuchten! Und es wurde so. Und Gott machte die zwei großen Lichter: das große Licht zur Beherrschung des Tages, und das kleine Licht zur Beherrschung der Nacht, und die Sterne. Und Gott setzte sie an die Ausdehnung des Himmels, dass sie auf die Erde leuchten und dass sie am Tag und in der Nacht herrschen und das Licht von der Finsternis scheiden.

Es gab einen **Anfang – Himmel und Erde** bestehen nicht seit Ewigkeit. Nur Gott ist ewig: „Ehe geboren waren die Berge und du die Erde und den Erdkreis erschaffen hattest – ja, von Ewigkeit zu Ewigkeit bist du Gott" (Ps 90,2).

Am Anfang steht **Gott**. Er ist nicht Teil der Schöpfung. Er ist der Schöpfer. Das hebr. Wort für Gott *(Elohim)* steht hier in der Mehrzahl, das Verb *(bara* = **schuf**) steht in der Einzahl: Der dreieine Gott handelt als Einheit. Der Sohn Gottes führt den Plan seines Vaters in der Kraft des Heiligen Geistes aus (vgl. Jh 1,3; Kol 1,16; Heb 1,2; Offb 4,11).

Einer bestimmten Auslegung (Lückentheorie, siehe S. 28) zufolge liegt zwischen den Ereignissen und Zuständen, die in den ersten beiden Versen beschrieben werden, eine Lücke, in der Gott die geschaffene Erde durch ein Gericht verwüstet haben soll. Die Bibel erwähnt allerdings nichts davon. **Wüst** (oder formlos) und **leer** – das ist der Anfangszustand der Erde, bevor sie von Gott für den Menschen zubereitet wurde.

Das **Licht** am ersten Schöpfungstag kam noch nicht von der Sonne. Gott benötigt die Sonne nicht, um Licht zu geben. Ab dem ersten Tag gab es Licht und Finsternis und eine (rotierende) Erde. Daher konnte die Zeit sofort in Tagen angegeben werden.

Gott erschuf durch sein Wort: „Denn *er* sprach, und es war; *er* gebot, und es stand da" (Ps 33,9). Er erschafft aus dem Nichts. Das, was man sieht, ist nicht aus Erscheinendem (d. h. mit den Sinnen Wahrnehmbarem) geworden (Heb 11,3).

In der Bibel gibt es verschiedene Bedeutungen des Wortes Himmel: (1) der Ort, wo Gott wohnt, (2) der Sternenhimmel (Kosmos), (3) die Erdatmosphäre. Bei der **Ausdehnung**, die am zweiten Tag gemacht wurde, handelt es sich um die Atmosphäre. Die „**Wasser oberhalb der Ausdehnung**" regneten vermutlich bei der Sintflut auf die Erde ab (siehe S. 75).

Das hebr. Wort für **Meere** *(yamim)* bedeutet Weltmeer. Sie werden an einen Ort gesammelt – alle Meere sind miteinander verbunden.

Das Wort für „**hervorsprossen**" kommt nur an dieser Stelle in der Bibel vor. Es bezeichnet keinen langsamen Entwicklungsprozess, sondern ein spezielles Schöpfungshandeln. Es gibt Parallelen in der Bibel, wo Gott ebenfalls ein übernatürlich schnelles Sprossen und Wachstum bewirkt (vgl. Aarons Stab, 4Mo 17,8, und Jonas Wunderbaum, Jona 4,6–10).

Gott schuf Pflanzen und Tiere **nach ihrer Art** (hebr. *min*). In Kap. 12 geht es um die Frage, was unter einer erschaffenen Art zu verstehen ist. Der Hinweis, dass sie **Samen nach ihrer Art** tragen, deutet darauf hin, dass es sich um Fortpflanzungsgemeinschaften handelt.

Die Lichter (Sonne, Mond und Sterne) dienen zur Orientierung in Zeit und Raum. Hier werden nicht die hebr. Wörter für Sonne und Mond verwendet. Es ist nur von einem „**großen Licht**" und einem „**kleinen Licht**" die Rede. Damit wird der Vereh-

Und Gott sah, dass es gut war. Und es wurde Abend und es wurde Morgen: vierter Tag.

Und Gott sprach: Es wimmeln die Wasser vom Gewimmel lebendiger Wesen, und Vögel sollen über der Erde fliegen angesichts der Ausdehnung des Himmels! Und Gott schuf die großen Seeungeheuer und jedes sich regende, lebendige Wesen, wovon die Wasser wimmeln, nach ihrer Art, und alle geflügelten Vögel nach ihrer Art. Und Gott sah, dass es gut war. Und Gott segnete sie und sprach: Seid fruchtbar und mehrt euch und füllt die Wasser in den Meeren, und die Vögel sollen sich mehren auf der Erde! Und es wurde Abend und es wurde Morgen: fünfter Tag.

Und Gott sprach: Die Erde bringe lebendige Wesen nach ihrer Art hervor: Vieh und Gewürm und Tiere der Erde nach ihrer Art! Und es wurde so. Und Gott machte die Tiere der Erde nach ihrer Art, und das Vieh nach seiner Art, und alles, was sich auf dem Erdboden regt, nach seiner Art. Und Gott sah, dass es gut war.

Und Gott sprach: Lasst uns Menschen machen in unserem Bild, nach unserem Gleichnis; und sie sollen herrschen über die Fische des Meeres und über die Vögel des Himmels und über das Vieh und über die ganze Erde und über alles Gewürm, das sich auf der Erde regt! Und Gott schuf den Menschen in seinem Bild, im Bild Gottes schuf er ihn; Mann und Frau schuf er sie. Und Gott segnete sie, und Gott sprach zu ihnen: Seid fruchtbar und mehrt euch und füllt die Erde und macht sie euch untertan; und herrscht über die Fische des Meeres und über die Vögel des Himmels und über alle Tiere, die sich auf der Erde regen! Und Gott sprach: Siehe, ich habe euch alles samenbringende Kraut gegeben, das auf der Fläche der ganzen Erde ist, und jeden Baum, an dem samenbringende Baumfrucht ist: Es soll euch zur Speise sein; und allen Tieren der Erde und allen Vögeln des Himmels und allem, was sich auf der Erde regt, in dem eine lebendige Seele ist, habe ich alles grüne Kraut zur Speise gegeben. Und es wurde so. Und Gott sah alles, was er gemacht hatte, und siehe, es war sehr gut. Und es wurde Abend und es wurde Morgen: der sechste Tag.

So wurden vollendet der Himmel und die Erde und all ihr Heer.

rung von Sonne und Mond als Gottheiten widersprochen. Es sind nur Lichter, nicht mehr. Trotzdem fand die Verehrung der Gestirne in fast allen Kulturen Eingang. Gott warnte sein Volk davor: „... und dass du deine Augen nicht zum Himmel erhebst und die Sonne und den Mond und die Sterne, das ganze Heer des Himmels, siehst und verleitet wirst und dich vor ihnen niederwirfst und ihnen dienst, die der HERR, dein Gott, allen Völkern unter dem ganzen Himmel zugeteilt hat" (5Mo 4,19).

An dieser Beschreibung wird deutlich, dass Gott den Menschen im Mittelpunkt der Schöpfung sieht. Die Schöpfungswerke werden in ihrer Bedeutung für den Menschen dargestellt. Das riesige Weltall mit seiner Unzahl an Sternen wird nur mit einem knappen Nebensatz erwähnt.

Hier ist nicht nur die Rede von Fischen, sondern von einem „Gewimmel lebendiger Wesen". Die Meere sind voll mit unterschiedlichsten Lebewesen.

Das hebr. Wort für **Seeungeheuer** *(tannin)* bedeutet wörtlich „die Langgestreckten" (evtl. ist darin ein Hinweis auf große Dinosaurier zu sehen).

Gott schuf alle Wesen „**nach ihrer Art**". Das widerspricht nicht nur der Vorstellung von einem gemeinsamen Ursprung aller Organismen, sondern auch von einem einzigen „Urfisch" und „Urvogel".

Die Lebewesen der Erde werden in drei Gruppen unterteilt. **Vieh** – Tiere zum Nutzen des Menschen; **Gewürm** – Reptilien, Amphibien, Insekten, Würmer; **Tiere der Erde** – Wildtiere.

Das hebr. Wort für „**Mensch**" *(adam)* ist abgeleitet von dem Wort für „Erde" (adama).

Der Mensch sollte über die Erde und über alle Tiere herrschen. Hier geht es um Herrschaft im positiven Sinn: das Bewahren der von Gott gegebenen Ordnung.

Der Mensch erhält einen 5fachen Auftrag: 1. seid fruchtbar, 2. mehrt euch, 3. füllt die Erde, 4. macht euch die Erde untertan und 5. herrscht über alles Lebendige.

Der Mensch ist **im Bild Gottes** erschaffen; er ist Repräsentant (Stellvertreter) Gottes auf der Erde. Die Würde des Menschen hat ihre Begründung in dieser Gottesebenbildlichkeit (siehe S. 204).

Der Mensch wurde **im Gleichnis Gottes** erschaffen; er war sündlos und glich daher in moralischer Hinsicht seinem Schöpfer.

Nach dem Sündenfall wird von dem Menschen nicht mehr gesagt, dass er nach dem Gleichnis Gottes ist. Er ist ab da „nach dem Gleichnis des gefallenen Menschen". Der gefallene Mensch ist aber immer noch das Bild (= Stellvertreter) Gottes auf der Erde (1Kor 11,7; Jak 3,9).

Für Menschen und Tiere war **pflanzliche Nahrung** vorgesehen. Erst nach der Sintflut erlaubte Gott dem Menschen den Verzehr von Fleisch.

Der biblische Schöpfungsbericht

6

6 SCHÖPFUNGSTAGE

Und Gott nannte das Licht Tag und die Finsternis nannte er Nacht.

Und es wurde Abend und es wurde Morgen: **erster Tag** (Vers 5)

Und es wurde Abend und es wurde Morgen: **zweiter Tag** (Vers 8)

Und es wurde Abend und es wurde Morgen: **dritter Tag** (Vers 13)

Und es wurde Abend und es wurde Morgen: **vierter Tag** (Vers 19)

Und es wurde Abend und es wurde Morgen: **fünfter Tag** (Vers 23)

Und es wurde Abend und es wurde Morgen: **der sechste Tag** (Vers 31)

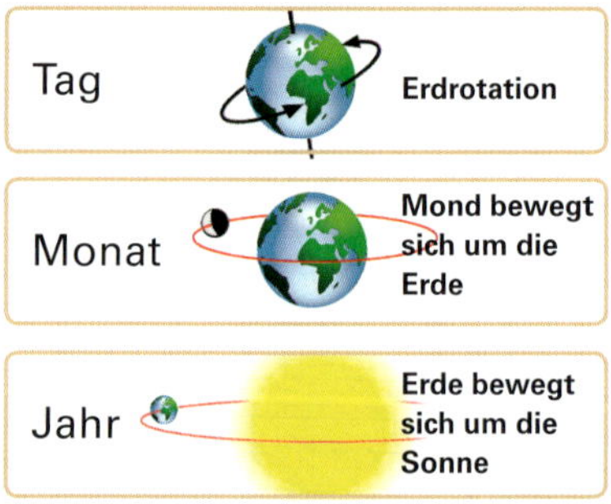

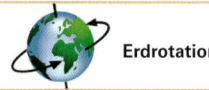

Tag		Erdrotation
Monat		Mond bewegt sich um die Erde
Jahr		Erde bewegt sich um die Sonne

Abb. 20: Unser Kalender kann aus dem Verhalten der Himmelskörper Sonne, Erde und Mond abgeleitet werden. Die Woche dagegen gab uns Gott durch sein Vorbild in der Schöpfung.

KENNZEICHEN HISTORISCHER BERICHTE „TOLEDOTH"

2,4	Dies ist die Geschichte des Himmels und der Erde
5,1	Dies ist das Buch von Adams Geschlechtern
6,9	Dies ist die Geschichte Noahs
10,1	Und dies sind die Geschlechter der Söhne Noahs
11,10	Dies sind die Geschlechter Sems
11,27	Und dies sind die Geschlechter Tarahs
25,12	Und dies sind die Geschlechter Ismaels
25,19	Und dies sind die Geschlechter Isaaks
36,1	Und dies sind die Geschlechter Esaus
37,2	Dies ist die Geschichte Jakobs

Abb. 21: Das hebräische Wort *toledoth* kann mit „Geschichte", „Geschlechterfolge" oder „Nachkommenschaft" übersetzt werden. Einer gut ausgearbeiteten Theorie zufolge werden dadurch im ersten Buch Mose die verschiedenen Berichte erkennbar, die ihm vorlagen (evtl. als Sammlung von Tontäfelchen).

„In sechs Tagen hat der HERR Himmel und Erde gemacht, das Meer und alles, was in ihnen ist", so lehrt es die Bibel. Eine Schöpfung in sechs Tagen steht in krassem Widerspruch zu den Evolutionsvorstellungen der modernen Wissenschaft. Trotzdem gibt es Versuche, diese Gegensätze unter einen Hut zu bekommen.

Wie lang waren die Schöpfungstage?

Wenn man den Schöpfungsbericht unvoreingenommen gelesen hat, überrascht die Frage, wie lang die Schöpfungstage waren. Im Text ist doch ausdrücklich von sechs normalen Tagen die Rede. Außerdem wird die Erklärung, was ein Tag ist, gleich mitgeliefert. Der 24-Stunden-Tag besteht aus Tag (Lichtperiode) und Nacht (Dunkelperiode). Dafür braucht man eine Erde, die sich um ihre eigene Achse dreht, Licht und Dunkelheit – und alles war ab dem ersten Tag da. Darum konnte die Zeit, die übrigens auch zur Schöpfung gehört, schon ab dem ersten Tag in Tagen gemessen werden.

Gott stellt uns im Schöpfungsbericht, der sechs Arbeitstage und einen Ruhetag beschreibt, die Zeiteinheit der Woche vor. Die anderen Datumseinteilungen (Jahr, Monat, Tag) können direkt aus dem Verhalten der Himmelskörper Sonne, Erde und Mond abgeleitet werden, die Woche hingegen hat Gott uns durch sein Vorbild in 1. Mose 1,1–2,3 gegeben. Das bestätigt er uns noch einmal in 2. Mose 20,9–11, als er dem Volk Israel das Gebot gab, den 7. Tag als einen Ruhetag zu halten: „Sechs Tage sollst du arbeiten und all dein Werk tun; aber der siebte Tag ist Sabbat dem HERRN … Denn in sechs Tagen hat der HERR den Himmel und die Erde gemacht, das Meer und alles, was in ihnen ist, und er ruhte am siebten Tag; darum segnete der HERR den Sabbattag und heiligte ihn."

Diese Sätze haben ein besonderes Gewicht, da sie als ein Teil der 10 Gebote mit dem Finger Gottes in steinerne Tafeln geschrieben wurden.

Nun hat man aber schon sehr früh die Frage gestellt, ob diese ersten sechs Tage wirklich heutige 24-Stunden-Tage waren. Einige der frühen Kirchenväter konnten sich das nicht vorstellen: Warum sollte der allmächtige Gott für die Schöpfung so lange brauchen, konnte er nicht alles in einem Augenblick erschaffen? „Denn er sprach, und es war; er gebot, und es stand da" (Ps 33,9). Waren die sechs Tage vielleicht nur ein Symbol, um dem Menschen das riesige Schöpfungswerk zu erklären?

Heute glauben viele Christen auch nicht mehr, dass wir es beim Schöpfungswerk mit sechs gewöhnlichen Tagen zu tun haben. Doch im Gegensatz zur Ansicht der Kirchenväter sind ihnen die Tage nicht zu lang, sondern viel zu kurz. Wer Urknall- und Evolutionstheorien mit dem Schöpfungsbericht vereinbaren will, braucht nicht Tage, sondern Milliarden von Jahren.

Handelt es sich um eine Auslegungsfrage?

Nein, es geht nicht um eine Auslegungsfrage, der Text ist eindeutig. Das hebräische Wort *yom* bedeutet immer, wenn es mit Abend, Morgen oder einem Zahlwort zusammen erwähnt wird, einen 24-Stunden-Tag.

Die auffällige Struktur der Schöpfungstage (die Tage 1–3 stehen den Tagen 4–6 gegenüber) ist für einige Ausleger ein Hinweis darauf, dass die ganze Tageseinteilung nur ein literarisches Stilmittel ist. Andere halten es für möglich, dass Gott dem Autor des Schöpfungsberichts an sechs Tagen Visionen gab. Der oben genannte Vers (2Mo 20,11) lässt solche Spekulationen aber nicht zu. Es heißt dort ganz eindeutig, dass Gott alles in sechs Tagen machte, nicht dass er es in sechs Tagen erklärte. Außerdem hat der Text keine typischen Merkmale einer Vision, eines Traumes, eines poetischen Werkes oder einer gleichnishaften, symbolischen Beschreibung. Es handelt sich um einen ganz nüchternen historischen Bericht. Das wird durch folgenden Vers besonders deutlich: „Dies ist die Geschichte des Himmels und der Erde" (2,4). Der Ausdruck „dies ist die Geschichte" (hebr. toledoth) begegnet uns im ersten Buch Mose zehnmal. Damit wird jedes Mal ein neuer historischer Abschnitt gekennzeichnet (siehe Abb. 21). Der Bericht über die Schöpfung ist genauso Geschichtsschreibung wie die folgenden neun „Geschichten".

Handelt es sich vielleicht um „göttliche Tage"?

Die Bibel gibt uns keinen Anhaltspunkt dafür, bei den Schöpfungstagen an irgendetwas anderes als normale „Erdentage" zu denken. Die Idee von den „göttlichen Tagen" wird häufig mit der Schriftstelle in 2. Petrus 3,8 begründet: „… dass ein Tag bei dem Herrn ist wie tausend Jahre und tausend Jahre wie ein Tag". Dieser Vers ist für die Auslegung von 1. Mose 1 aber nicht relevant. Es geht darum, dass ein (göttlicher) Tag bei dem Herrn wie 1000 (Erden-)Jahre ist – und umgekehrt. Hier wird also beschrieben, dass Gott völlig unabhängig von der Zeit ist. Er steht als Schöpfer außerhalb von Raum und Zeit. Trotzdem handelt er in Raum und Zeit und bedient sich seiner geschaffenen Zeitrechnung, wenn er sich dem Menschen offenbart. Hi 10,5 weist in die gleiche Richtung: „Sind deine Tage wie die Tage eines Menschen oder deine Jahre wie die Tage eines Mannes?"

Da die Gleichung 1 Gottes-Tag = 1000 Erden-Jahre im gleichen Vers auch andersherum, 1000 Gottes-Jahre = 1 Erden-Tag aufgestellt wird, ist es willkürlich (und mathematisch gar nicht möglich), biblische Zeitangaben damit „umzurechnen". Die umgekehrte Formulierung finden wir noch einmal für sich in Psalm 90,4: „Denn tausend Jahre sind in deinen Augen wie der gestrige Tag".

„TAG" IN DER BIBEL

Die Verwendung des Wortes „Tag" (hebr. „yom") in der Bibel

1. „yom" zusammen mit einer Zahl → 410 x
2. „Abend" und „Morgen" ohne „Tag" → 38x
3. „Abend" oder „Morgen" mit „Tag" → 23 x
4. „Nacht" und „Tag" → 52 x

Die Bedeutung ist jedes Mal die gleiche: ein normaler 24-Stunden-Erden-Tag!

Abb. 22: Von Seiten der Übersetzung und Auslegung her ist die Sache klar: *yom* steht für „ganz normale Tage" (Ausnahme: Hosea 6,2).

6

PARALLELITÄT

1. Tag Licht, Tag und Nacht	**4. Tag** Sonne, Mond und Sterne
2. Tag Atmosphäre, Meere	**5. Tag** Vögel, Fische
3. Tag Trockenes Land, Pflanzen	**6. Tag** Landtiere, Menschen

Abb. 23: Die Parallelität der Schöpfungstage. Die Bibel steckt voller genialer Strukturen und Zahlenspiele. Sie sind ein Hinweis auf den großen Planer.

ZEIT			AUFTRITT	TAG
Ära	**vor MioRJ**	**System**		
	2	Quartär	Menschen	6
			große Raubtiere	6
Känozoikum (Erdneuzeit)			Huftiere	6
	65	Tertiär	Wale	5
			Blütenpflanzen	3
	135	Kreide	(Aussterben der Saurier)	später
	205	Jura	erste Vögel,	5
Mesozoikum (Erdmittelalter)			Blütezeit der Saurier	5,6
	250	Trias	erste Säugetiere	6
			erste Saurier	5,6
	290	Perm	viele Nadelbäume	3
			erste Reptilien	6
			Haie	5
	355	Karbon	Schuppenbäume	3
			Farne	3
Paläozoikum (Erdaltertum)			erste Amphibien	5,6
	410	Devon	viele Fische	5
			erste Ammoniten	5
	438	Silur	erste Landpflanzen	3
	510	Ordovizium	erste Fische	5
	570	Kambrium	wirbellose Meerestiere	5
			Trilobiten	5
Präkambrium (Erdurzeit)	2.500	Proterozoikum	Einzeller	3,5
	3.500	Archaikum	Bakterien	3,5
	4.600		Mond	4
Entstehung des Universums			Erde	1
	15.000		unser Sonnensystem	4
			Galaxien, Sterne	4
	16.000		Raum/Zeit/Materie/Energie	1

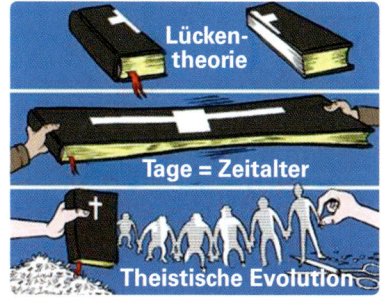

Abb. 24: Um die Millionen von Jahren mit der Bibel zu vereinbaren, werden hauptsächlich diese drei Gruppen von Theorien herangezogen (Quelle: Answers in Genesis).

Abb. 25: In einem Kommentar zum ersten Buch Mose (KIDNER) heißt es: „Zwischen der Reihenfolge der Schöpfungstage und der von der Wissenschaft vertretenen Entwicklungsfolge lässt sich ein beachtliches Maß an Übereinstimmung feststellen." Die abgebildete Gegenüberstellung widerlegt dieses Argument.

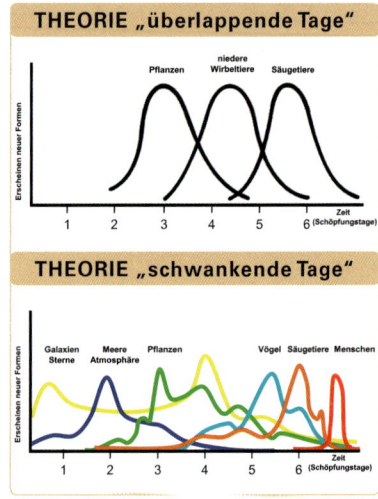

Abb. 26: Zwei Versuche, die Schöpfungstage der Bibel als Zeitalter der Evolution zu deuten. Die Theorie der „Überlappenden Tage" (Overlapping days) von Hugh Ross bezieht sich nur auf die erschaffenen Lebewesen und nimmt an, dass die Tage jeweils den Höhepunkt einer bestimmten Evolutionsphase bezeichnen.

Etwas genauer ausgearbeitet ist der Entwurf von Davis Young. Er geht in seinem Modell der „Schwankenden Tage" (Meandering days) davon aus, dass in den verschiedenen Tagen jeweils das charakteristische Merkmal (also der Bereich der Schöpfung, der sich am stärksten verändert) aufgeführt ist. Allerdings ist seine Wertung von Veränderung kaum wissenschaftlich nachvollziehbar.

Abb. 27: Das Schema der Lückentheorie kann nicht aus der Bibel abgeleitet werden. Das „Urgericht" über die Erde wird dort nicht erwähnt. Auch die zeitliche Einordnung des Falls Satans ist offen.

… und wenn es doch sechs „lange Zeitperioden" waren?

Lassen wir dennoch alle vorher genannten Argumente beiseite, und nehmen wir an, Gott habe nicht in sechs Tagen, sondern in sechs beliebig langen Zeitperioden geschaffen. Was wäre damit in Bezug auf die Evolutionsvorstellung „gewonnen"? – Nicht viel. Man könnte damit die Hinweise aus Geologie und Astronomie, die für ein hohes Alter der Erde und des Universums sprechen, zusammenbringen – und müsste stattdessen die Hinweise auf eine junge Erde und ein junges Universum erklären.

Das Leben begann nach der Evolutionstheorie in den Ozeanen, höhere Landpflanzen (wie die „Fruchtbäume") traten erst sehr spät auf – dagegen ließ Gott am dritten Tag die Erde alle Pflanzen hervorbringen (was nicht ausschließt, dass auch die Meeresalgen dazugehörten). Wenn die Tage extrem lange Zeiträume waren, so könnten alle Pflanzen, die auf Tiere angewiesen sind (und dafür gibt es viele Beispiele!), bis zu deren Erscheinen nicht überlebt haben.

Die Klasse der Vögel, die Ordnung der Säugetiere, Wale, Seekühe und Fledermäuse tauchen in allen Stammbäumen lange nach den ersten Landtieren auf – im Schöpfungsbericht werden die Tiere dagegen zuerst für die Lebensräume Wasser und Luft geschaffen. Die Landtiere folgen erst am sechsten Tag.

Die Vorstellung, der Mensch tauche erst sehr spät auf der alten Erde auf (siehe Eiffelturm-Vergleich S. 43), widerspricht nicht nur dem Schöpfungsbericht. Auch im NT finden sich viele deutliche Belege dafür, dass der Mensch von Beginn an da war: „… von Anfang der Schöpfung an aber machte Gott sie als Mann und Frau" (Mk 10,6). Und Römer 1,20: „… denn sein unsichtbares Wesen, nämlich seine ewige Kraft und Gottheit, wird seit Erschaffung der Welt an den Werken durch Nachdenken wahrgenommen" (Schlachter). Nur der vernunftbegabte Mensch kann Gott durch Nachdenken in seinen Werken erkennen, und das von Anfang an!

Die Lückentheorie

Einer verbreiteten Vorstellung zufolge gibt es eine Lücke zwischen Vers 1 und Vers 2 des Schöpfungsberichts in 1. Mose 1. Demnach soll der erste Vers, „Im Anfang schuf Gott die Himmel und die Erde", die eigentliche Schöpfung beinhalten. Dann soll durch den Fall Satans ein Gericht über die Erde gekommen sein, wodurch sie zur Wüste und Leere wurde: „Und die Erde war wüst und leer" (V. 2). Danach soll Gott in sechs Tagen die verwüstete Schöpfung wiederhergestellt haben (deshalb wird diese Lehre auch als Wiederherstellungs- oder Restitutionstheorie bezeichnet).

Viele gläubige Christen sahen darin eine Lösung, um die Milliarden von Jahren für eine alte Erde und ein altes Universum unterzubringen. Die Theorie ist aber nicht mit der Bibel zu vereinbaren – der Schöpfungsbericht hat keine Lücken. Worin bestehen die Widersprüche?

- „Die Erde war wüst und leer" sollte nicht mit „Die Erde wurde wüst und leer" übersetzt werden. Hierin sind sich alle Bibelübersetzer einig. Genau das wird aber in der Lückentheorie behauptet. Das mit wüst übersetzte Wort kann auch mit „ohne Form bzw. formlos" übersetzt werden – es hat keine grundsätzlich negative Bedeutung.

- Auch die „Finsternis" muss nicht als Folge eines Gerichts verstanden werden. Gott nennt sie in Vers 5 „Nacht". Tag und Nacht gehören zusammen und sind Teil der vollkommenen Schöpfung.

VERWENDUNG VON „SCHAFFEN" (= bara) UND „MACHEN" (= asah)	
Im Anfang schuf Gott die Himmel und die Erde. – 1. Mose 1,1	Und Gott machte die Ausdehnung. – 1. Mose 1,7
Gott schuf die großen Seeungeheuer und jedes sich regende, lebendige Wesen. – 1. Mose 1,21	Und Gott machte die zwei großen Lichter. – 1. Mose 1,16
… den Menschen, den ich geschaffen habe. – 1. Mose 6,7	Gott machte das Getier der Erde nach seiner Art. – 1. Mose 1,25
Und Gott schuf den Menschen in seinem Bilde. – 1. Mose 1,27	Lasst uns Menschen machen. – 1. Mose 1,26
… ruhte er von all seinem Werk, das er geschaffen hatte, indem er es machte. – 1. Mose 2,3	
Das ist die Geschichte des Himmels, und der Erde, als sie geschaffen wurden an dem Tag, da der HERR Gott Erde und Himmel machte. – 1. Mose 2,4	
… den ich zu meiner Ehre geschaffen, den ich gebildet, ja gemacht habe! – Jes 43,7	
An dem Tag, da Gott Adam schuf, machte er ihn im Gleichnis Gottes. – 1. Mose 5,1	
Die beiden Begriffe werden synonym (d.h. mit gleicher Bedeutung) verwendet!	

Abb. 28: Eine Gegenüberstellung von Bibelstellen zeigt, dass die Begriffe asah und bara, die mit „machen" und „schaffen" wiedergegeben sind, sich nicht grundsätzlich unterscheiden. Jedenfalls lässt sich die Vorstellung, dass mit bara eine Erschaffung aus dem Nichts und mit asah nur eine Wiederherstellung von Vorhandenem bezeichnet wird, damit nicht belegen.

- Vertreter der Lückentheorie sehen einen Unterschied in der Verwendung der hebräischen Wörter bara (schuf) und asah (machte). Dabei soll „schuf" eine neue Schöpfung bezeichnen, während Gott alle anderen Dinge nur „machte", also wiederherstellte. Beim genauen Lesen stellt man aber fest, dass beide Wörter synonym (d. h. mit der gleichen Bedeutung) verwendet werden (siehe Abb. 28).

- „Denn in sechs Tagen hat der HERR den Himmel und die Erde gemacht, das Meer und alles, was in ihnen ist" (2Mo 20,11). Dieser Vers versetzt der Lückentheorie den Todesstoß. Er lässt keine Lücke und keine Unterscheidung zwischen „machen" und „schaffen" zu.

  „Himmel und Erde" bezeichnen in der Bibel die ganze Schöpfung (1Mo 14,22; 2Kön 19,15; 2Chr 2,12; Ps 115,15; 121,2; 124,8; 134,3; 146,6; Jes 37,16).

- Ein Hauptargument lautet: Gott würde niemals etwas „wüst und leer" schaffen. Das hört sich zunächst einmal einleuchtend an, im Zusammenhang wird aber deutlich, dass dies der „Rohzustand" der Erde ist. Sie war nicht von Anfang an fertig. Gott bereitet sie dann für den Menschen zu, um bewohnt zu werden (wie es in Jesaja 45,18 erklärt wird). In der Schöpfungswoche baut alles aufeinander auf und wird auf den Menschen zugeschnitten. In 1. Mose 2,18 sagt Gott: „Es ist nicht gut, dass der Mensch allein sei", das heißt jedoch nicht, dass es schlecht war. Es war nur noch nicht gut. Deshalb heißt es weiter: „… ich will ihm eine Hilfe machen, die ihm entspricht" – und daraufhin bildete er Eva. Erst als alles fertig war, fällte Gott sein Urteil über das Gesamtwerk: „Und Gott sah alles, was er gemacht hatte, und siehe, es war sehr gut" (1Mo 1,31).

- Die Bibel teilt uns nicht mit, wann der Fall Satans stattgefunden hat; sicher ist nur, dass er vor dem Sündenfall geschah, weil er dort ja als der Verführer des Menschen auftrat.

- Die Bibel erwähnt nirgendwo etwas von einem Gericht über die Erde als Folge des Falls Satans. Wir erfahren nur in zwei Kapiteln etwas über die näheren Umstände dieses Ereignisses. In Jesaja 14 und Hesekiel 28 gehen die Propheten über das Gericht der beiden Könige (von Babylon und Tyrus) hinaus und verweisen auf die Rebellion und den Sturz Satans.

Abb. 29: Die moderne Geologie setzt lange Zeiträume für die Entstehung der Erdschichten (geologischen Systeme) an. Um nicht im Widerspruch zur anerkannten Wissenschaft zu stehen, werden von den meisten Theologen die Zeitangaben der Bibel in Frage gestellt.

6

Abb. 30: Auf der Oberfläche der Sonne herrscht eine Temperatur von 5330 °C. Tobende Fares schleudern glühend heißes Gas hunderttausende Kilometer ins All.

Die Planeten und ihre Monde sind z. T. sehr heiß und z. T. eisig kalt. Heftige Stürme, Säureregen, Vulkanausbrüche, extreme Temperaturschwankungen, giftige Gase und ein kosmisches Bombardement von harter Strahlung und Meteoriten machen sie zu lebensfeindlichen, wüsten und öden Orten. Nach allem, was wir heute wissen, gilt das für alle Himmelskörper und Objekte im Weltall – mit einer Ausnahme. Die Biosphäre der Erde, Lebensraum für Menschen, Tiere und Pflanzen, ist einzigartig. Davon spricht Gott in Jesaja 45,18b: „Der die Erde gebildet und sie gemacht hat (er hat sie bereitet; nicht als eine Öde hat er sie geschaffen; um bewohnt zu werden, hat er sie gebildet)." Es geht in diesem Vers nicht um den Anfangszustand der Erde, sondern um ihren Zweck.

«Themen-DVD»

- Lehrt die Bibel eine junge Schöpfung?

«KOMPAKT»

Wenn wir nicht der Versuchung erliegen, die Vorstellungen der modernen Wissenschaft in den Text der Bibel hineinlegen zu wollen, so können wir nur im Glauben annehmen, was die Bibel lehrt: Gott schuf das Universum, alles Leben und den Menschen in sechs normalen Tagen.

- In der griechisch geprägten Philosophie wurde der Ursprung des Kosmos in einem ungeordneten Zustand (griech. Chaos) gesehen. Vor dem Hintergrund der Bibel und dem christlichen Gottesbild war das für Kirchenvater Augustinus nicht denkbar. Er fand in der Lückentheorie eine Möglichkeit der Synthese griechischer und christlicher Vorstellungen. Erst eine perfekte Schöpfung, dann das Chaos, dann eine Neuschöpfung – so stellte Augustinus sich den Ursprung vor. Leider ließ er sich, was sein Verständnis der Schöpfung an sich anging, ebenfalls von den griechischen Vorstellungen beeinflussen und lehnte die Erschaffung der Welt in sechs Tagen ab.

- Manche Vertreter dieser Lehre wollen auch die Entstehung der Fossilien (bis hin zum Neandertaler – als Präadamiten, also einem Menschen, der vor Adam lebte!) in diese Lücke legen. Das würde bedeuten, dass der Tod schon vor dem Sündenfall in der Welt war – die Bibel lehrt etwas anderes (vgl. 1Kor 15; Röm 5,12ff.).

- Wenn man die geologischen Formationen in die Lücke schiebt, so würde das auch bedeuten, dass die Erde zur Zeit der Sintflut schon ähnlich aussah wie heute und die weltweite Flut somit kaum Spuren hinterlassen hätte.

- Gläubige Wissenschaftler arbeiten daran zu zeigen, wie sich die Befunde der Geologie und Paläontologie im Rahmen der biblischen Urgeschichte verstehen lassen – ohne Lücken.

- „Inzwischen ist die Lückentheorie wie ein alter Dinosaurier ausgestorben – zumindest unter Bibelauslegern", schreibt Kevin Logan in seinem Buch Crashkurs: Schöpfung und Evolution (S. 159, Wuppertal, 2004). Diese Einschätzung ist etwas zu optimistisch, wenngleich sie für gläubige Wissenschaftler fast zutrifft. Prof. W. J. Ouweneel, der sich mit dem biblischen Schöpfungsbericht intensiv auseinandergesetzt hat, vertritt die Lückentheorie. Er betont jedoch ausdrücklich, dass damit nicht die Entstehung der geologischen Schichten (mit ihren Fossilien) erklärt werden darf.

- Selbst wenn diese Theorie wahr wäre, würde sie keine Widersprüche zur Frage „Evolution oder Schöpfung?" lösen. Die wundersame „Wiederherstellung" einer verwüsteten Tier- und Pflanzenwelt in sechs Tagen bliebe genauso unergründlich wie die Erschaffung „aus dem Nichts" – wie sie in der Bibel bezeugt wird.

Durch Glauben verstehen wir,
dass die Welten
durch Gottes Wort
bereitet worden sind.
Hebräer 11,3

Foto: Karl Dietmar Winterhoff; Creatio-Poster A2, Best.-Nr.: 304.540PE

7

Genesis 2

Bibeltext: 1. Mose 2,1–25

So wurden vollendet der Himmel und die Erde und all ihr Heer. Und Gott hatte am siebten Tag sein Werk vollendet, das er gemacht hatte; und er ruhte am siebten Tag von all seinem Werk, das er gemacht hatte. Und Gott segnete den siebten Tag und heiligte ihn; denn an ihm ruhte er von all seinem Werk, das Gott geschaffen hatte, indem es es machte.

Dies ist die Geschichte des Himmels und der Erde, als sie geschaffen wurden, an dem Tag, als Gott der HERR Erde und Himmel machte, und ehe alles Gesträuch des Feldes auf der Erde war, und ehe alles Kraut des Feldes sprosste; denn Gott der HERR hatte nicht regnen lassen auf die Erde, und kein Mensch war da, um den Erdboden zu bebauen.

Ein Dunst aber stieg auf von der Erde und befeuchtete die ganze Oberfläche des Erdbodens. Und Gott der HERR bildete den Menschen, Staub vom Erdboden, und hauchte in seine Nase den Odem des Lebens; und der Mensch wurde eine lebendige Seele.

Und Gott der HERR pflanzte einen Garten in Eden gegen Osten, und dorthin setzte er den Menschen, den er gebildet hatte. Und Gott der HERR ließ aus dem Erdboden allerlei Bäume wachsen, lieblich anzusehen und gut zur Speise; und den Baum des Lebens in der Mitte des Gartens, und den Baum der Erkenntnis des Guten und Bösen.

Und ein Strom ging aus von Eden, den Garten zu bewässern; und von dort aus teilte er sich und wurde zu vier Flüssen. Der Name des ersten ist Pison; dieser ist es, der das ganze Land Hawila umfließt, wo das Gold ist; und das Gold dieses Landes ist gut; dort gibt es das Bedolach und den Stein Onyx. Und der Name des zweiten Flusses: Gihon; dieser ist es, der das ganze Land Kusch umfließt. Und der Name des dritten Flusses: Hiddekel; dieser ist es, der östlich von Assyrien fließt. Und der vierte Fluss, das ist der Phrath.

Das hebr. Wort für „ruhte" ist *schabat*. Der siebte Tag wurde später im Gesetz Israels als Ruhetag (Sabbat) festgesetzt (2Mo 16,23).

Dies ist die Geschichte – das hebr. Wort toledoth kann „Geschichte", „Geschlechter" oder „Entstehungen" bedeuten. Es handelt sich um einen historischen Bericht (nicht um eine Vision oder ein Gleichnis, siehe Abb. 21).

Gott **heiligte** den **siebten** Tag. Die erste Bedeutung von Heiligung ist *„Absonderung für Gott"*. Erst später, nach dem Sündenfall, kommt ein weiterer Aspekt dazu, die *„Absonderung vom Bösen"*.

Eden bedeutet: Wonne, Lieblichkeit. In der griechischen Bibelübersetzung (LXX) wurde es mit dem persischen Lehnwort „Paradies" übersetzt. Die Bezeichnung „Paradies" wird auch in Hohelied 4,13; Prediger 2,5 und Nehemia 2,8 verwendet (in der Überarb. Elb: Lustgarten, Parkanlagen, Forst).

Der **„Baum des Lebens"** steht in der **Mitte des Gartens**, davon durften Adam und Eva essen.

Die Frage „Wo war das Paradies?" kann heute nicht mehr beantwortet werden (siehe S. 38). Die Ortsangaben beziehen sich auf die Geographie vor der Flut, diese kann sich aber einschneidend verändert haben.

bebauen = kreativ gestalten, nutzen, Neues schaffen

bewahren = schützen, Vorhandenes erhalten, achten und pflegen

7

Und Gott der HERR nahm den Menschen und setzte ihn in den Garten Eden, ihn zu bebauen und ihn zu bewahren. Und Gott der HERR gebot dem Menschen und sprach: Von jedem Baum des Gartens darfst du nach Belieben essen; aber von dem Baum der Erkenntnis des Guten und Bösen, davon sollst du nicht essen; denn an dem Tag, da du davon isst, musst du sterben.

Und Gott der HERR sprach: Es ist nicht gut, dass der Mensch allein sei; ich will ihm eine Hilfe machen, die ihm entspricht. Und Gott der HERR bildete aus dem Erdboden alle Tiere des Feldes und alle Vögel des Himmels, und er brachte sie zu dem Menschen, um zu sehen, wie er sie nennen würde; und wie irgend der Mensch ein lebendiges Wesen nennen würde, so sollte sein Name sein. Und der Mensch gab Namen allem Vieh und den Vögeln des Himmels und allen Tieren des Feldes. Aber für Adam fand er keine Hilfe, die ihm entsprach.

Und Gott der HERR ließ einen tiefen Schlaf auf den Menschen fallen, und er entschlief. Und er nahm eine von seinen Rippen und verschloss ihre Stelle mit Fleisch; und Gott der HERR baute aus der Rippe, die er von dem Menschen genommen hatte, eine Frau, und er brachte sie zu dem Menschen. Und der Mensch sprach: Diese ist nun Gebein von meinen Gebeinen und Fleisch von meinem Fleisch; diese soll Männin heißen, denn vom Mann ist diese genommen. Darum wird ein Mann seinen Vater und seine Mutter verlassen und seiner Frau anhangen, und sie werden ein Fleisch sein. Und sie waren beide nackt, der Mensch und seine Frau, und sie schämten sich nicht.

Der größte Teil der Bibel enthält eine Botschaft in mehreren Ebenen. Häufig ist ein bestimmter Text sowohl Historie (geschehene Geschichte) als auch Typologie (symbolische Vorschau auf etwas, das später in anderer Form geschieht), Prophetie (Voraussage zukünftiger Ereignisse) und praktische Belehrung (Lektion für unser Verhalten).

Der Bericht über die Schöpfung ist zunächst historisch zu verstehen. Er enthält aber auch Typologie (z. B. ist Adam in bestimmter Hinsicht ein Gegenbild zu Jesus Christus – siehe Röm 5,12–21) und lässt sich praktisch anwenden (z. B. kann der Ablauf der Schöpfung mit einem Menschen verglichen werden, der zum Glauben an Jesus Christus kommt, siehe DVD). Auf diese Aspekte kann in diesem Rahmen nicht ausführlich eingegangen werden. Ein Beispiel für enthaltene Typologie soll allerdings noch erwähnt werden: Die Ehe wird von Gott mit dem Ziel eingesetzt, etwas von der Beziehung zwischen Jesus Christus und der Gemeinde (Kirche) vorzubilden (Eph 5,31.32). Das ist deswegen besonders bemerkenswert, weil es erkennen lässt, dass Gott mit der Schöpfung von Anfang an ein Ziel verfolgte.

Gott gibt dem Menschen ein einziges **Gebot**. An diesem Prüfstein konnte der Mensch seinen Gehorsam zeigen.

Darin, dass der Mensch den Tieren den **Namen** gibt, den sie von da an tragen, zeigt sich etwas von der Herrschaft, die er über sie ausübt.

Der hebr. Ausdruck „ischah" wird hier mit **„Männin"** übersetzt, um darauf hinzuweisen, dass es die weibliche Form von Mann (hebr. isch) ist. Im weiteren Text der Übersetzung wird das Wort als „Frau" wiedergegeben.

Das Schamgefühl ist erst eine Folge des Sündenfalls. Vorher brauchten Adam und Eva sich für ihre **Nacktheit** nicht zu **schämen**. Der Ausdruck „Adamskostüm" für Nacktheit erinnert heute noch an den ursprünglichen Zustand der Unschuld.

Genesis 2

DIE QUELLENTHEORIE

Jahwist	950. v.Chr.	Elohist	850. v.Chr.
Folklore-motive: Streit zwischen Brüdern, Triumph des Jüngeren, Unfruchtbare Frauen **Legenden aus der Richterzeit**	**Mythen, Bräuche** Sagen, Lieder, mündliche Überlieferungen	**Furcht vor Gott:** historische Traditionen gegen Baalskult	

Schöpfung - Flut Berufung Moses		**Der Bund**	
Rituale z.B. Beschneidung		**Gottes Bund**	
Gesetz 3. Mose 1–27 5. Mose 1–10, 25–36		Einführung, besondere Anweisungen, 10 Gebote, Gesetz	
Hoher Priester	550. v.Chr.		650. v.Chr.
Priesterkodex		**Deuteronomist**	

Abb. 31: Bibelkritische Theologen nehmen an, dass die ersten beiden Kapitel der Genesis im Prinzip das gleiche Ereignis schildern, aber von verschiedenen Autoren stammen.

Der Quellentheorie (auch JEDP-Theorie) zufolge war nicht Mose der Autor der „Fünf Bücher Mose". Sie sollen erst viel später verfasst worden sein und auf mindestens vier verschiedene Autoren zurückgehen (Jahwist, Elohist, Priester und Deuteronomist). Sie sollen sich u. a. an der Verwendung verschiedener Gottesnamen unterscheiden lassen. Die Theorie geht auf evolutionäre Vorstellungen zurück und widerspricht dem biblischen Zeugnis (nach Lawrence Boadt).

Im zweiten Kapitel der Bibel geht es ebenfalls um Schöpfung. Es bestehen jedoch wesentliche Unterschiede zu Kapitel 1. Ein „zweiter Schöpfungsbericht"? Oder ein besonderer Blick auf das wichtigste Werk der Schöpfung – den Menschen – und sein Umfeld?

„Zweiter Schöpfungsbericht" oder „Paradiesbericht"?

Handelt es sich in 1. Mose 2 um einen „zweiten Schöpfungsbericht", der aus einer anderen Quelle stammt und mit dem ersten Bericht in Kapitel 1 nicht übereinstimmt? In der bibelkritischen Theologie wird das heute allgemein angenommen und im Religionsunterricht meistens so gelehrt. Der „Quellenscheidungstheorie" zufolge lagen dem Verfasser der Genesis zwei verschiedene Dokumente vor. Begründet wird diese Annahme mit angeblichen Widersprüchen zwischen den beiden Schilderungen und einer unterschiedlichen Verwendung von Gottesnamen.

Im Folgenden werden wir beide Argumente beleuchten. Es soll deutlich werden, dass wir es keineswegs mit Widersprüchen zu tun haben und dass die Bezeichnung „Paradiesbericht" zu Kapitel 2 besser passt.

1. Mose 2 – der Mensch im Fokus

Im zweiten Kapitel wird der Schöpfungsbericht um viele Details erweitert. Dass beide Berichte unbedingt zusammengehören und keine Widersprüche zwischen ihnen bestehen, wird nachfolgend dargelegt:

- In Kapitel 2 wird der Schöpfungsbericht aus Kapitel 1, der eine Gesamtschau darstellt, wie mit dem Vergrößerungsglas betrachtet. Im Brennpunkt dieser Detailansicht steht der Mensch. Seine Bestimmung, die Fürsorge, die Gott für ihn trägt, und die Beziehungen, in die er ihn stellt, sind die Hauptthemen dieses Kapitels.
- Im ersten Kapitel werden die Schöpfungstage chronologisch aufgezählt und damit die Schöpfungswerke. Im zweiten Kapitel wird nur ein Teil der Schöpfungswerke herausgegriffen, und zwar solche, die den „Öko-Rahmen" des Menschen bilden.
- Die Erscheinung einiger wichtiger Teile der Schöpfung (Erde, Atmosphäre, Meer, Himmelskörper) wird in Kapitel 2 gar nicht erwähnt. Schon daran ist erkennbar, dass es sich dabei nicht um einen „zweiten Schöpfungsbericht" handelt. In dieser Unvollständigkeit könnte er nicht allein für sich stehen, vor allem aufgrund des Fehlens der Himmelskörper.
- Auch das erste Kapitel enthält, für sich allein genommen, nicht alle Informationen, die zum biblischen Verständnis der Schöpfung nötig sind. Die Details der Erschaffung von Mann und Frau blieben unbekannt. Ohne die Einführung des Gartens Eden mit den beiden besonderen Bäumen könnte das darauf folgende Ereignis des Sündenfalls nicht eingeordnet und verstanden werden.

Wir stellen fest, dass beide Berichte zusammengehören. Wesentliche Informationen würden uns fehlen, wenn wir nur den Schöpfungsbericht in Kapitel 1 oder nur den Paradiesbericht in Kapitel 2 hätten. Jesus Christus bestätigt die Einheit der beiden Berichte. Als er auf die Frage der Ehescheidung einging, bezog er sich auf beide gleichermaßen (Mt 19,3–8).

Abb. 32: Im „Paradiesbericht" in 1. Mose 2 steht der Mensch im Mittelpunkt.

Widersprüche zwischen 1. Mose 1 und 2?

Beide Berichte ergänzen einander. Von der ersten Seite der Bibel an begegnet uns das Prinzip der „fortschreitenden Offenbarung". Neue Offenbarungen knüpfen an vorherige Offenbarungen an. In diesem Sinn baut auch Kapitel 2 auf Kapitel 1 auf. Das bedeutet: Was in Kapitel 1 schon erwähnt wurde, muss nicht in Kapitel 2 wiederholt werden, sondern wird als bekannt vorausgesetzt. Bei Tatsachen, die in beiden Berichten erwähnt werden, müssen wir etwas genauer hinschauen, um die scheinbaren Widersprüche aufzulösen.

Zitat aus: R. Junker / R. Wiskin, Genesis 1 und 2: Zwei sich ergänzende Schilderungen vom Anfang, W&W-Disk.-Beitr. 1/91:

„ 1. Mose 2,4 (Dauer der Schöpfung):
Die Wendung „am Tage, da" ist hier nicht im Sinne eines realen Tages zu verstehen, sondern – wie die meisten Übersetzer es tun – mit „zur Zeit, als" oder einfach mit „als" wiederzugeben. Begründung: Im Gegensatz zu 1. Mose 1 fehlen hier die Textmerkmale, die dort einen gewöhnlichen Tag kennzeichnen: Aufzählung der Tage sowie die Wendung „Abend und Morgen".

1. Mose 2,5–6 (Feuchtigkeit auf dem Land):
Nach 1. Mose 1 war die Erde zuerst mit Wasser umgeben, nach 2,5 fehlte Feuchtigkeit zunächst noch. Daraus folgt: In 1. Mose 2,5ff. wird von der Erde nach der Scheidung von Wasser und Land gesprochen, als die Erdoberfläche aufgrund der Trennung von Wasser und Land trocken war und ohne regelmäßige Bewässerung ausgetrocknet bzw. trocken geblieben wäre. Wird also die Information von 1. Mose 1 vorausgesetzt, entsteht kein Widerspruch. Vermutlich gab es damals einen anderen Wasserkreislauf, als er heute (nach der Sintflut) verwirklicht ist. 1. Mose 2,6 gibt also eine Bedingung für den Pflanzenwuchs an.

1. Mose 2,7 (Erschaffung des Menschen):
Hier werden Details zur Erschaffung des Menschen mitgeteilt, die im Überblicksbericht in 1. Mose 1 fehlen. Ein Widerspruch liegt nicht vor. Es handelt sich um Ergänzungen.

1. Mose 2,4–8 (Reihenfolge Pflanzen – Mensch):
Die Reihenfolge der Schöpfung von Pflanzen und Menschen scheint verschieden zu sein. Hier ist zunächst zu beachten, dass in 1. Mose 2 gar nicht gesagt wird, dass der Mensch vor den Pflanzen erschaffen wurde. Man liest bei den üblichen Übersetzungen hinein, dass beim Erscheinen des ersten Menschen noch keine Vegetation vorhanden gewesen sei …

[Anm. d. Autors: Im Original folgt ein Vergleich von 1. Mose 2,4–7 nach Luther und nach Külling. Es wird ausführlich festgestellt, dass der Text über die Reihenfolge der Erschaffung von Mensch und Pflanzen keine zwingende Aussage macht (siehe DVD). Dem kann uneingeschränkt zugestimmt werden. Vielleicht gibt es aber eine viel einfachere Erklärung. In unseren Versen ist vom „Gesträuch des Feldes" und vom „Kraut des Feldes" die Rede. In 1. Mose 2 geht es hauptsächlich um die Einrichtung des Gartens Eden. Wir können bei den erwähnten Pflanzen an Nutzpflanzen denken, die als Nahrungsgrundlage für den Menschen gedacht waren, ebenso wie die Bäume des Gartens, von deren Wachsen auch erst nach der Erschaffung des Menschen die Rede ist.]

1. Mose 2,18ff. (Erschaffung der Tiere):
Auch hier muss bedacht werden, dass die Erschaffung der Tiere gemäß dem Zeugnis von 1. Mose 1 als bekannt vorausgesetzt wird. Dann ist klar, dass in 2,19 nicht die Erschaffung der Tiere geschildert, sondern auf die Tatsache ihrer Existenz verwiesen wird. Daher sollte mit dem Plusquamperfekt übersetzt werden; das ist auch inhaltlich angemessen:

Abb. 33: So gehören Kapitel 1 und 2 zusammen. Die Ereignisse, die in Kapitel 2 beschrieben werden, ereigneten sich chronologisch am 6. Schöpfungstag. Es werden dort z. B. auch Schöpfungswerke vom 5. Schöpfungstag (Vögel) erwähnt. Diese gehören, genau wie die anderen aufgeführten Tiere und die Pflanzen des Gartens Eden, zum „Öko-Rahmen" des Menschen.

7

„Und Gott der Herr sprach: Der Zustand, dass der Mensch mit sich allein ist, ist nicht gut. Ich werde ihm eine Hilfe schaffen, die ihm entspricht. Und Jahwe-Herr hatte auch alle Tiere des Feldes und alle Vögel aus dem Erdboden geschaffen und brachte sie zum Menschen, um zu sehen, wie er sie nennen würde" (1Mo 2,18.19 Luther). Im Hebräischen gibt es nur zwei Zeitformen. Der Kontext muss Klarheit geben, wie eine sinnreiche Übersetzung vorgenommen werden kann. Der Zusammenhang von 1. Mose 1 bestätigt die obige Übersetzung."

Gottes Namen

Es ist ein eigenes Studium wert zu untersuchen, mit welchen Namen Gott sich den Menschen in der Bibel vorstellt. Die verschiedene Verwendung unterschiedlicher Namen und Titel Gottes trägt immer eine Bedeutung und ist nicht auf die persönliche Vorliebe oder Tradition des jeweiligen Autors zurückzuführen.

Wenn wir den hebräischen Grundtext der ersten Kapitel daraufhin untersuchen, stellen wir Folgendes fest:

In 1. Mose 1–2,4a wird der Gottesname ELOHIM (übersetzt mit „Gott") und in 1. Mose 2,4b–3,24 der Gottesname JAHWE-ELOHIM (übersetzt mit „Gott der Herr") verwendet.

Festzuhalten bleibt, dass ELOHIM den Schöpfer bezeichnet. Der Name steht in der Pluralform (Mehrzahl), wird aber im Satz wie ein Singular (Einzahl) verwendet. Das ist angemessen für den dreieinen Gott, da er ein Gott ist. Er stellt sich mit diesem Namen als der Planer, Schöpfer und Urheber von allem vor.

JAHWE bedeutet „Ich bin, der ich bin". Mit diesem Namen stellt Gott sich Mose am brennenden Dornbusch vor. Es ist der Name des Bundesgottes Israels. In der verwendeten Übersetzung (überarbeitete Elberfelder) wird er als „Herr" wiedergegeben. Durch die Kapitälchen-Schreibweise wird er vom hebräischen ADONAI unterschieden. ADONAI ist kein Name, der ausschließlich für Gott verwendet wird. Er wird einfach „Herr" geschrieben (z. B. 1Mo 15,2 – dort kommt er zum ersten Mal vor). Über die beste deutsche Entsprechung für JAHWE lässt sich streiten. Einige Ausleger sind der Ansicht, dass „der EWIGE" die Bedeutung besser zur Geltung bringt (in französischen Bibeln wird er mit „l'Éternel" übersetzt). Mit diesem Namen hat Gott sich in seiner Beziehung zum Menschen offenbart und sich ihm zugewandt. An drei Beispielen kann die unterschiedliche Verwendung der beiden Namen gut erkannt werden:

- „Und die hineingingen, waren männlich und weiblich, von allem Fleisch kamen sie, wie Gott [Elohim] ihm geboten hatte. Und der Herr [Jahwe] schloss hinter ihm zu" (1Mo 7,16).
- „Die ganze Erde soll erkennen, dass Israel einen Gott [Elohim] hat. Und diese ganze Versammlung soll erkennen, dass der Herr [Jahwe] nicht durch Schwert und durch Speer rettet" (1Sam 17,46b.47).
- „… Josaphat schrie; und der Herr [Jahwe] half ihm, und Gott [Elohim] lenkte sie von ihm ab" (2Chr 18,31b).
- → *Elohim*, der Schöpfer, stand im Begriff, die Welt, die er geschaffen hatte, zu zerstören, und gebot den Tieren, in die Arche zu gehen. *Elohims* Macht sollte von der ganzen Erde durch sein Handeln mit Israel gesehen werden. *Elohim* lenkte die Syrer ab, seine Geschöpfe, die ihn aber weder kannten noch anerkannten.
- → Jahwe trägt Sorge für die Menschen, die mit ihm verbunden waren (Noah und seine Familie). Jahwe zeigt sich der Versammlung seines Volkes Israel als Retter. Jahwe hilft dem gläubigen König Josaphat.

Der *eine* Name

Was den Namen Gottes betrifft, so heißt es – obwohl wir in der Bibel viele Anreden und Titel Gottes finden – dennoch: „Und es ist in keinem anderen das Heil, denn es ist auch kein anderer Name unter dem Himmel, der unter den Menschen gegeben ist, in dem wir errettet werden müssen" (Apg 4,12). Hier geht es um den Namen „Jesus". Es ist die griechische Form des hebräischen

Abb. 34: JAHWE, der Bundesname des Gottes Israels (oben als Inschrift in einem hölzernen Predigtstuhl). Er besteht im Hebräischen aus vier Buchstaben (Jod, He, Waw, He – von rechts nach links zu lesen). Die ursprüngliche Aussprache ist nicht sicher überliefert, da der Name im Judentum aus Furcht, ihn in unpassendem Zusammenhang zu gebrauchen, seit dem 1. oder 2. Jahrhundert nicht mehr ausgesprochen wurde. Beim Lesen des AT sprechen die Juden ihn „Adonai" (= Herr) aus. Um daran zu erinnern, wurden die Vokalzeichen von „Adonai" unter die Buchstaben „JHWH" gesetzt. Auf diese jüdische Tradition geht das Kunstwort „Jehova" zurück.

„Josua" (Kurzform von Jehoschua) und bedeutet: „der HERR ist Rettung" (vgl. 2Mo 17,9 Fußnote).

Da in Jesus Christus „die ganze Fülle der Gottheit leibhaftig wohnt" (Kol 2,9), umfasst auch sein Name die Fülle Gottes. In der Zukunft wird sich jedes Geschöpf vor diesem Namen beugen und Gott darin anerkennen. „Darum hat Gott ihn auch hoch erhoben und ihm einen Namen gegeben, der über jeden Namen ist, damit in dem Namen Jesu jedes Knie sich beuge, der Himmlischen und Irdischen und Unterirdischen, und jede Zunge bekenne, dass Jesus Christus Herr ist, zur Verherrlichung Gottes, des Vaters" (Phil 2,9–11).

Die Erschaffung des Menschen

Wer das „Menschenbild" der Bibel verstehen will, kommt nicht umhin, sich mit der Erschaffung des Menschen zu beschäftigen. Der Mensch wurde erschaffen:

Abb. 35: Das Christogramm im Siegeszeichen Kaiser Konstantins auf einer Marmorplatte. Es wurde aus den griechischen Buchstaben X (Chi, liegend) und P (Rho, stehend) gebildet. Damit stehen sie zusammen für „Chr", eine Abkürzung von „Christus". Außerdem sind links und rechts daneben die griechischen Buchstaben A (Alpha) und W (Omega) zu erkennen. Diese beiden sind der erste und der letzte Buchstabe des griechischen Alphabets. Dadurch wird eindeutig klar, um wen es hier geht. Nur einer konnte von sich sagen: „Ich bin das Alpha und das Omega, der Anfang und das Ende" (Offb 21,6).

- *nach dem Gleichnis Gottes* (1Mo 1,26)

Der Mensch ähnelt in mancher Hinsicht Gott. Seine geistigen Eigenschaften sind ein schwaches Abbild von denen Gottes. Vor dem Sündenfall glich er Gott auch noch in moralischer Hinsicht – er war ohne Sünde.

- *im Bild Gottes* (1Mo 1,27)

Beim Bild Gottes geht es nicht darum, dass der Mensch Gott in seinem Äußeren ähnelt (denn „Gott ist ein Geist" – Jh 4,24). Ein Bild stellt etwas dar, es übt die Funktion eines Stellvertreters aus. Ich habe auf dem Schreibtisch Bilder von meiner Frau und meinen drei Kindern stehen. Sie können leider den ganzen langen Arbeitstag nicht bei mir sein, ich sehe sie erst abends wieder. Das Bild muss sie tagsüber vertreten. Wenn ich Kollegen erzähle: „Das ist meine Familie", dann sagt keiner: „Erzähl mir nichts, das ist doch nur ein Foto!" So wie das Bild meine Familie darstellt, so stellt der Mensch Gott vor der Schöpfung dar. In ihm soll etwas davon erkannt werden können, wie Gott ist. Jesus Christus hat das als vollkommener Mensch erfüllt. Von ihm heißt es, dass er „das Bild des unsichtbaren Gottes ist" (Kol 1,15).

- *als Mann und Frau* (1Mo 1,27)

Der Mensch ist erst zu zweit komplett. Gott schafft aber nicht einfach ein Paar, wie er z. B. von den Tieren des Feldes jeweils ein Paar gebildet hatte, sondern er misst der Bildung Evas besondere Bedeutung bei. Als zuerst nur Adam erschaffen war, sagte Gott: „Es ist nicht gut, dass der Mensch allein sei; ich will ihm eine Hilfe machen, die ihm entspricht" (1Mo 2,18). Erst danach wird der Mensch zusammen mit der gesamten Schöpfung als „sehr gut" bezeichnet.

- *von Gott gesegnet und als „sehr gut" bezeichnet* (1Mo 1,28.31)

Das bedeutet, dass der Mensch am Anfang vollständig den Ansprüchen Gottes genügte. Er ging vollkommen und sündlos aus der Hand seines Schöpfers hervor und hatte die Möglichkeit, so zu bleiben.

Wie ging die Erschaffung des Menschen im Einzelnen vor sich? Das zweite Kapitel gibt uns darüber Aufschluss:

- Gott bildete den Menschen, Staub vom Erdboden (1Mo 2,7a)
- und hauchte in seine Nase den Odem des Lebens (1Mo 2,7b)
- und der Mensch wurde eine lebendige Seele (1Mo 2,7c)

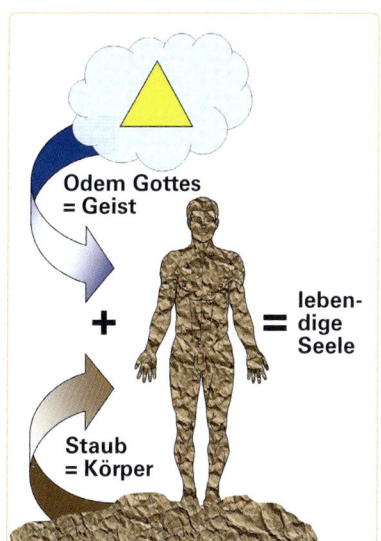

Abb. 36: Gott formt den Menschen aus dem Staub der Erde. Dann haucht er in ihn. Dadurch wird der Mensch eine lebendige Seele.

Mit dieser Beschreibung wird die Grundlage für die biblische Lehre von der „Dreieinheit des Menschen" gelegt. Wir finden sie z. B. in 1. Thessalonicher 5,23: „euer ganzer Geist und Seele und Leib …" Der Mensch besteht also aus Leib, Seele und Geist. Der irdische Leib wird für die Ewigkeit durch einen neuen, andersartigen „Herrlichkeitsleib" ersetzt.

7

Abb. 37: Strahlend blauer Himmel, glasklares Wasser, weißer Sand und wogende Palmen – dieses „Bild" vom Paradies vermittelt uns die Tourismusbranche. Die biblische Beschreibung des Paradieses stellt uns noch etwas weitaus Schöneres vor. Der Garten Eden war ein Lebensraum, der in jeder Hinsicht den Wünschen und Bedürfnissen des Menschen vollkommen entsprach.

7

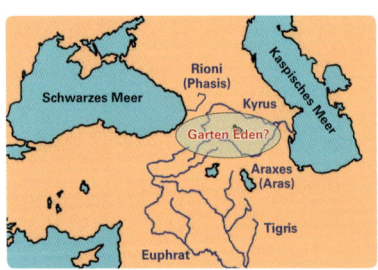

Abb. 38a: Wo das Paradies lag, ist heute nicht mehr bekannt. Die genaue Beschreibung der angrenzenden Gebiete und der Flüsse zeigt deutlich, dass es sich um einen realen Ort auf der Erde gehandelt hat. Bibelausleger haben immer wieder versucht, die genannten Flüsse zu identifizieren und damit die Lage des Paradieses zu bestimmen.

„Ohne, dass ich in solch einer Sache mein persönliches Urteil durchdrücken will, möchte ich die Überzeugung zum Ausdruck bringen, dass der Pison und der Gihon, die hier beschrieben werden, zwei Flüsse auf der Nordseite Edens sind, wovon der eine in das Schwarze Meer und der andere in das Kaspische Meer fließt. Ich glaube, ... dass es sich um den Phasis [heute Rioni] und den Aras [heute Araxes] handelt" (W. Kelly).

„Die Quellen dieser Flüsse weisen demnach auf das Hochland von Armenien als die Örtlichkeit von Eden hin, wo dieselben nicht weit voneinander lagen" (F. Keil).

Der Garten Eden – das Paradies

Die beiden Bezeichnungen „Eden" und „Paradies" werden mit der gleichen Bedeutung verwendet. Der Begriff „Paradies" geht auf ein persisches Wort für „Garten" zurück und wird in der griechischen Übersetzung des AT (Septuaginta) verwendet. Offensichtlich bereitete Gott diesen einzigartigen Platz am sechsten Tag, nach der Erschaffung Adams, zu und setzte den Menschen dann in diesen idealen Lebensraum. Dieser war mit zahlreichen Fruchtbäumen ausgestattet, darunter auch der geheimnisvolle „Baum des Lebens" in der Mitte und der „Baum der Erkenntnis des Guten und Bösen". Auf Letzteren bezog sich das Verbot, davon zu essen. Der Garten sollte bebaut und bewahrt werden, was mit Arbeit verbunden war. Arbeit war vor dem Sündenfall noch etwas vollkommen Positives. Erst nach dem Sündenfall kam sie unter den Fluch und ist seitdem auch Mühe und Last.

Viele Ausleger haben versucht, den genauen Ort des Paradieses herauszufinden. Nach einer christlichen Tradition befand es sich in der heutigen Ost-Türkei, 225 km südwestlich des Berges Ararat. Nach einer jüdischen Tradition lag er in Nordisrael im Gebiet der Baniasquellen.

Wahrscheinlich sind durch die Sintflut alle Spuren Edens und auch der Fluss, der sich in die vier beschriebenen Flüsse aufteilte, zerstört worden. Wenn die genannten Gebietsnamen (Hawila, Kusch und Assyrien) sich auf Länder vor der Flut beziehen, so ist es denkbar, dass nach der Flut ganz andere Gebiete diese Namen erhielten. Diesem Phänomen, dass Siedler neu erschlossene Gebiete mit Ortsnamen aus ihrer alten Heimat benennen, begegnen wir in jeder (ehemaligen) Kolonie der europäischen Imperialstaaten.

Sollten sich die Namen tatsächlich auf die gleichnamigen Gebiete der nachsintflutlichen Welt beziehen (also: Hawila = Ostafrika; Kusch = Äthiopien; Assyrien = Syrien, Osttürkei, Nordirak), so wäre die Suche nach dem beschriebenen Fluss aussichtslos (weil es heute keinen Fluss mit diesen geografischen Merkmalen gibt). Man könnte aber die Position des untergegangenen Paradieses immerhin auf den Nahen Osten eingrenzen.

Die Frage nach der geographischen Lage des Paradieses ist nicht so entscheidend. Fest steht, dass es sich um einen real existierenden Ort auf der Erde gehandelt hat. Vielleicht sind uns die genauen geographischen Details nur deshalb überliefert, um diese Tatsache zu unterstreichen.

Gott gibt dem Menschen Verantwortung

Bei Gott steht der Mensch im Mittelpunkt der Schöpfung. Alle anderen Schöpfungswerke sollen dem Menschen dienen. Er soll darüber herrschen und sie sich untertan machen: „Seid fruchtbar und mehrt euch und füllt die Erde und macht sie euch untertan; und herrscht über die Fische des Meeres und über die Vögel des Himmels und über alle Tiere, die sich auf der Erde regen!" (1Mo 1,28). Im zweiten Kapitel wird deutlich, wie diese Herrschaft „von Gottes Gnaden" aussehen sollte: „Und Gott der HERR nahm den Menschen und setzte ihn in den Garten Eden, ihn zu bebauen und zu bewahren" (1Mo 2,15). Es ging also bei „untertan machen" nicht um die Ausbeutung der Schöpfung, sondern um ihre sinnvolle Nutzung, ihren Schutz und ihre Verwaltung. Der Mensch hatte von Gott alle Fähigkeiten bekommen, um diesen Auftrag perfekt zu erfüllen. Er war ja „im Bild Gottes" und „nach seinem Gleichnis" erschaffen worden (1Mo 1,26).

Um diese Autorität ausüben zu können, war es nötig, dass der Mensch sich seiner Abhängigkeit von Gott bewusst war. Gott gab ihm ein denkbar einfaches, eindeutiges und leicht zu befolgendes Gebot, an dem sich sein Gehorsam zeigen konnte.

Gott setzt eine Schöpfungsordnung ein

Der Mensch wurde nicht sofort nach seiner Erschaffung mit einer Flut von Gesetzen, Regeln und Vorschriften überhäuft. Er bekam ein einziges konkretes Verbot. Die ganzen Verordnungen, die wir später in der Bibel finden und die in ihrer Gesamtheit als „das Gesetz" bezeichnet werden, waren erst nötig geworden, nachdem der Mensch in Sünde gefallen war. Das Gesetz hatte danach die Funktion, die Sünde erkennbar zu machen (Röm 3,20b).

Auch wenn uns hier keine weiteren Vorschriften in Form von Gesetzen begegnen, so tritt uns doch eine göttliche Ordnung entgegen. Wir sprechen im Folgenden von der „Schöpfungsordnung", obwohl dieser Begriff in der Bibel nicht vorkommt. Gott regelt darin ganz grundsätzlich die verschiedenen Ebenen der Beziehungen des Menschen:

- Gott – Mensch: Gott ist der Schöpfer, der Mensch sein Geschöpf. Gott erwartet von ihm Gehorsam. Der Mensch kann zwar den Gehorsam verweigern und eigene Wege gehen, doch dafür wird er sich vor Gott verantworten müssen.
- Mensch – Schöpfung: Der Mensch soll im Auftrag Gottes über die Schöpfung herrschen. Sie wird ihm anvertraut, um sie zu bebauen und zu bewahren.
- Mann – Frau: Der Mensch wird als „Zweiteiler" erschaffen. Mann und Frau gehören zusammen und bilden eine Einheit. Sie sind „ein Fleisch" (1Mo 2,24). Diese Beziehung ist die Voraussetzung, um dem Auftrag „Seid fruchtbar und mehrt euch und füllt die Erde!" nachzukommen.

Gott stiftet die Ehe

Zwischen Adam und Eva setzte Gott die Ehe ein. Nicht nur die beiden, sondern auch alle Paare ihrer Nachkommen sollten dadurch in einer Beziehung der Liebe zueinander stehen, die Vorrang vor allen anderen irdischen Beziehungen hat, sogar vor dem engen Verhältnis zu den eigenen Eltern: „Darum wird ein Mann seinen Vater und seine Mutter verlassen und seiner Frau anhangen, und sie werden ein Fleisch sein" (1Mo 2,24).

Von dieser ursprünglichen Harmonie ist nach dem Sündenfall nur noch ein Zerrbild zu erkennen. Wir nehmen zwar wahr, dass Mann und Frau wesensverschieden sind und zusammengehören, aber in der Praxis der Ehe wird die vollkommene Ergänzung zu einer Einheit oft von Konflikten überlagert. Viele Ehen zerbrechen daran und werden geschieden.

Das war von Gott anders gedacht. „Also sind sie nicht mehr zwei, sondern ein Fleisch. Was nun Gott zusammengefügt hat, soll der Mensch nicht scheiden" (Mt 19,6). Probleme in der Ehe sind eine Folge des Sündenfalls. Der Frau wird danach gesagt: „Nach deinem Mann wird dein Verlangen sein, er aber wird über dich herrschen" (1Mo 3,16). Hier steht nicht, dass der Mann über die Frau herrschen soll, sondern dass er über sie herrschen würde. Dem Mann wird in der Bibel geboten, seine Frau zu lieben (Eph 5,25.28; Kol 3,19) und ihr Ehre zu geben (1Pet 3,7). Durch den Missbrauch seiner Stellung als „Haupt" der Frau (1Kor 11,3; Eph 5,23) hat er durch die Jahrtausende hindurch in allen Kulturen tiefe Gräben zwischen den Geschlechtern aufgerissen.

Den Frauen wird ebenfalls geboten, ihre Männer zu lieben (Tit 2,4). Diese Liebe soll sich auch in Unterordnung gegenüber ihren Männern zeigen (Eph 5,22; Tit 2,5; 1Pet 3,1). Dadurch, dass diese biblischen Grundsätze in unserer Kultur heute als veraltet und nicht gültig angesehen werden, wird das Chaos im Zusammenleben der Geschlechter immer größer. Die von Gott eingesetzte Ehe wird daher immer häufiger als ein „Auslaufmodell" betrachtet (vgl. Abb. 63).

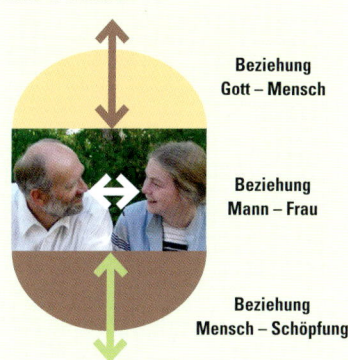

BEZIEHUNGEN

Der Mensch in seinen Beziehungen nach 1. Mose 2

Beziehung Gott – Mensch

Beziehung Mann – Frau

Beziehung Mensch – Schöpfung

7

Abb. 38b: Nach dem Ideal Gottes sind die Beziehungen des Menschen durch Gehorsam (Gott gegenüber), Liebe (zwischen Mann und Frau) und Verantwortung (dem Schöpfer gegenüber) gekennzeichnet.

«Themen-DVD»

- Genesis 1 und 2: Zwei sich ergänzende Schilderungen vom Anfang
- War der Mensch zuerst männlich UND weiblich (androgyn)?
- Konnte Adam an einem Tag allen Tieren Namen geben?
- Adam - ein Bild des Zukünftigen
- Im Paradies
- Entmythologisierung für Evangelikale: Haben Adam und Eva wirklich nicht gelebt?

«KOMPAKT»

1. Mose 2 zeigt uns im Paradiesbericht den Menschen im Umfeld, in der Verantwortung und in den Beziehungen, in die Gott ihn gestellt hat. Diese Schilderung hat einen gänzlich anderen Charakter als die chronologische Aufführung der Schöpfungswerke in Kapitel 1. Die Vorstellung, es handele sich dabei um einen „zweiten Schöpfungsbericht", erweist sich beim näheren Hinschauen als haltlos.

Die Bibel und das Alter der Erde

Abb. 39: Der irische Erzbischof James Ussher (1581–1656) stellte mit den Daten der biblischen Geschlechtsregister eine Chronologie auf. Er berechnete den Beginn der Schöpfungswoche auf den 23. Oktober 4004 v. Chr.

	Masoreten	LXX
Adam	4004	5490
Seth	3874	5260
Enos	3769	5055
Kenan	3679	4865
Mahalalel	3609	4695
Jered	3544	4530
Henoch	3382	4388
Methusalah	3317	4203
Lamech	3130	4016
Noah	2984	3828
Flut	2348	3228
Sem	2446	3326
Arpaksad	2346	3226
Kainan	?	3019
Schelach	2311	2961
Heber	2281	2831
Peleg	2247	2697
Reghu	2217	2567
Serug	2185	2435
Nahor	2155	2305
Tarah	2126	2126

Abb. 40: Ussher verwendete für seine Chronologie die Angaben des masoretischen Bibeltextes (in der linken Spalte). Hätte er die Angaben der Septuaginta benutzt, so hätte er das Jahr 5490 v. Chr. herausbekommen. Der Unterschied beträgt immerhin 1486 Jahre!

In der Bibel beginnt mit der Schöpfung auch die Menschheitsgeschichte. Ihre Genealogien gehen bis auf den ersten Menschen zurück. Lässt sich daher das Alter der Erde mit ihrer Hilfe berechnen?

Sonntag, 23. Oktober 4004 v. Chr.: Vorhang auf!

Das oben genannte Datum wurde von dem irischen Erzbischof James Ussher (1581–1656) für den Beginn der Schöpfungswoche errechnet. Er ging dabei sehr sorgfältig vor und machte seine Zeitrechnung an den Genealogien (Geschlechtsregistern) der Bibel fest. Wenn seine Datierung heute zitiert wird, dann meistens, um die Vorstellung einer biblisch begründeten Chronologie lächerlich zu machen.

Ist Usshers Ansatz wirklich so lächerlich? Sicher war die Annahme, man könne die Schöpfung auf den Tag genau berechnen, zu optimistisch. Wenn wir uns die biblischen Zeitangaben anschauen, so wird sehr schnell deutlich, dass eine solche tagesgenaue Berechnung nicht möglich ist.

Trotzdem müssen wir zur Kenntnis nehmen, dass auch die Zeitangaben der Genealogien Teil des inspirierten Wortes Gottes sind. Sie laden auf den ersten Blick dazu ein, den Zeitverlauf zu berechnen. Egal, wie diese Berechnungen im Detail aussehen, man wird in jedem Fall zu dem Ergebnis kommen, dass das Alter der Erde und des gesamten Universums einige tausend Jahre beträgt – niemals Millionen oder gar Milliarden von Jahren. Insofern ist also die Kalkulation von Ussher für jeden, der an die Bibel glaubt, durchaus nicht lächerlich.

Mit welchen Zahlen rechnen wir?

Leider bestehen ziemlich große Unterschiede zwischen den Zahlenangaben in den beiden wichtigsten Handschriften des Alten Testaments – im hebräischen Masoretentext und in der griechischen Septuaginta. Obwohl beide Quellen im Allgemeinen keine schwerwiegenden Unterschiede aufweisen, weichen sie gerade in den Genealogiedaten in 1. Mose 5 und 11 stark voneinander ab. Meistens wird dem Text der Masoreten mehr Vertrauen geschenkt, weil die Überlieferung und Bearbeitung des Textes mit unglaublicher Präzision und Sorgfalt durchgeführt wurde. Im Fall der Jahreszahlen neigen aber einige dazu, eher der Septuaginta zu glauben. Die gleiche Rechnung ergibt für die Zeit zwischen Adam und Abraham immerhin 1364 Jahre mehr, wenn man dem Text der Septuaginta folgt (nach Ussher wäre es sogar ein Unterschied von 1486 Jahren). Diese zusätzlichen Jahrhunderte würden einen etwas größeren Spielraum schaffen, um die Angaben der Bibel mit den Daten der Archäologie zusammenzubringen.

Widersprüche in der Septuaginta

So angenehm es auch wäre, mit dieser zusätzlichen Zeit zu rechnen, so vorsichtig muss man jedoch mit den Daten der Septuaginta sein. Diese griechische Übersetzung des hebräischen Grundtextes wurde im 3. Jh. v. Chr. von jüdischen Gelehrten in der ägyptischen Weltstadt Alexandria zusammengestellt. Angeblich haben 72 Schriftgelehrte daran mitgearbeitet (deshalb der Name Septuaginta = 70 bzw. LXX).

Nach den Angaben der Septuaginta hat Methusalah die Sintflut um 14 Jahre überlebt. Da die Bibel an verschiedenen Stellen (1Mo 7,23; 1Pet 3,20) ganz deutlich sagt, dass nur Noah, Sem, Ham und Japhet mit ihren Frauen die Flut überlebten, besteht hier ein offensichtlicher Widerspruch.

Das wurde bemerkt und in späteren Abschriften korrigiert.

Wie man in der Tabelle sehen kann, wird in der Septuaginta ein Patriarch mehr aufgeführt als in dem masoretischen Text. Dieser Mann ist Kainan, und zwar zwischen Arpaksad und Schelach. Er begegnet uns auch im Lukasevangelium im Stammbaum Jesu (Lk 3,36). Da Lukas offensichtlich die Septuaginta verwendete (man erkennt das deutlich an den Stellen, wo er das Alte Testament zitiert), braucht das nicht zu verwundern.

Das Alte Testament enthält aber eine weitere Liste der Patriarchen, in der Kainan auch in der Septuaginta nicht erwähnt wird (1Chr 1,24). Gab es diesen Kainan oder gab es ihn nicht? Die Frage ist bisher offen. Wenn es ihn gab, so ist allein aus diesem Grund keine ganz exakte Chronologie möglich, jedenfalls nicht mit den Angaben des masoretischen Textes. Der Text der Septuaginta weist aber neben dem mit dem Sintflutdatum nicht zusammenpassenden Alter Methusalahs und dem rätselhaften Kainan eben auch diese deutlichen Abweichungen in den meisten übrigen Altersangaben auf. Wie man in der Tabelle sehen kann, sind mehr als die Hälfte der Zeugungsalter (und auf diese kommt es ja für die Berechnung einer Zeitleiste an) um genau 100 Jahre erhöht (blaue Felder). Es hat fast den Anschein, als hätten die Übersetzer die Chronologie dadurch bewusst etwas gestreckt. Damit ist bereits die erste Problematik umrissen. Noch komplizierter wird es, wenn wir noch eine weitere Überlieferungsquelle, den samaritanischen Pentateuch hinzuziehen. Er stimmt im Allgemeinen besser mit der LXX überein als mit den Masoreten, weicht aber an einigen Stellen von beiden ab. Mit welchen Angaben sollen wir unsere Berechnungen durchführen?

Wie liest man Genealogien?

Zwei weitere Schwierigkeiten beim Rechnen mit den Genealogiedaten sind diese:

Erstens haben wir es in den Genealogien nicht immer mit einem Vater-Sohn-Verhältnis zu tun, da sich das Wort „zeugte" ebenso auf eine entferntere Verwandtschaft beziehen kann. So stellen wir z. B. fest, dass die Abstammungslinie Jesu im Matthäusevangelium aus diesem Grund nicht vollständig ist. Es heißt dort: „Joram aber zeugte Ussija" (Mt 1,8). Aus der Geschichte der Könige von Juda (2Kön 8–15 und 2Chr 21–26) lernen wir aber, dass Joram nicht der Vater, sondern der Ur-Urgroßvater Ussijas war (im AT wird er auch „Asarja" genannt). Der Stammbaum sieht dort so aus: Joram → Ahasja → Joas → Amazja → Ussija (siehe Abb. 44).

Es gibt einige weitere Beispiele. Auch die Abstammung von Mose (Kehat → Amram → Mose; 2Mo 6,20; 4Mo 3,14–28) ist sicherlich nicht vollständig. Kehat zog mit der Jakob-Sippe nach Ägypten, das war fast 400 Jahre vor Mose (2Mo 12,40). Er wurde 133 Jahre alt, Amram 137 Jahre. Irgendjemand fehlt dazwischen.

In 1. Chronika 26,24 finden wir „… Schebuel, den Sohn Gersoms, des Sohnes Moses, Oberaufseher über die Schätze". Hier werden etwa 400 Jahre zwischen

	Zeugungsalter		Lebensalter	
	Masoreten	LXX	Masoreten	LXX
Adam	130	230	930	930
Seth	105	205	912	912
Enos	90	190	905	905
Kenan	70	170	910	910
Mahalalel	65	165	895	895
Jered	162	162	962	962
Henoch	65	165	365	365
Methusalah	187	167	969	969
Lamech	182	188	777	753
Noah	500	500	950	950
Sem	100	100	600	600
Arpaksad	35	135	438	535
Kainan	?	130	?	460
Schelach	30	130	433	460
Heber	34	134	465	404
Peleg	30	130	239	339
Reghu	32	132	239	339
Serug	30	130	230	330
Nahor	29	179	148	304
Tarah	70	70	205	?
Abraham	100	100	175	175

Abb. 41: Hier werden die Daten aus Masoreten und Septuaginta gegenübergestellt. Verschiedene Dinge fallen dabei auf:
- Kainan kommt nur in der Septuaginta vor.
- 17 Angaben liegen in der Septuaginta genau 100 Jahre höher (blaue Felder).
- 7 Angaben weisen unklare Abweichungen auf, darunter das offensichtlich falsche Alter Methusalahs in der Septuaginta (gelbe Felder).
- In 16 Fällen stimmen die Angaben überein (grüne Felder).

Abb. 42: Was ist mit Kainan? Welches Geschlechtsregister stimmt? Schon eine einzige ungelöste Frage kann die Aufstellung einer 100%igen Chronologie unmöglich machen.

Abb. 43: Ägyptische Hieroglyphen. Die Ägypter schufen eine erstaunliche Hochkultur. Ihre Geschichtsschreibung reicht weit zurück. Deren Ziel war es aber, nicht eine exakte Chronologie zu überliefern, sondern Ruhm und Größe der Herrschenden zu verkünden. Daher sind viele Angaben stark übertrieben, Regierungszeiten länger angegeben, als sie tatsächlich waren. Möglicherweise ließen die Übersetzer der Septuaginta sich von der ägyptischen Chronologie verwirren.

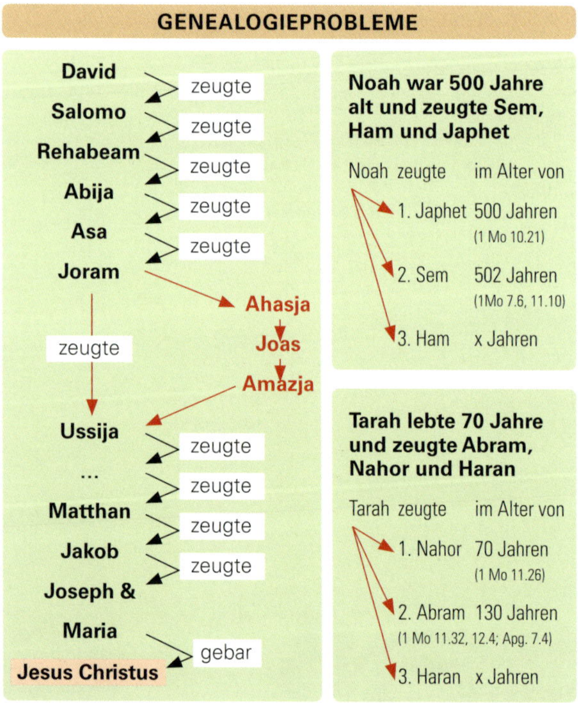

8

Gersom, dem Sohn Moses, und Schebuel, dem Beamten des Königs David, übersprungen. Genauso wenig wie das Wort „zeugte" nur für den direkten Vater verwendet wird, muss „Sohn" einen wirklichen Sohn anzeigen. Besonders in den Königslinien bedeutet „Sohn" oft einfach „Nachkomme". So wird Belsazar als „Sohn Nebukadnezars" (Dan 5) bezeichnet und Nebukadnezar als sein Vater; doch Nebukadnezar war Belsazars Großvater. Der Herr Jesus wurde auch „Sohn Davids" genannt (z. B. Mt 9,27) – und das war nicht nur ein besonderer Titel des Herrn (auch sein Vater Joseph wurde „Sohn Davids" genannt [Mt 1,20] – im Prinzip durfte sich jeder männliche Nachkomme des Königs David so nennen).

Zweitens müssten wir bei einer Chronologie davon ausgehen, dass das genannte Zeugungsalter sich immer auf den genannten Sohn bezieht. Bis Noah ist das kein Problem, weil dort die Lebensjahre danach und das Gesamtalter angegeben werden. Nach Noah wird es aber komplizierter. Bei ihm heißt es: „Und Noah war 500 Jahre alt; und Noah zeugte Sem, Ham und Japhet" (1Mo 5,32). Bekam Noah mit 500 Jahren Drillinge? Nein. War Sem der Erstgeborene? Nein. In 1. Mose 10,21 lesen wir: „Und Sem, dem Vater aller Söhne Hebers, dem Bruder Japhets, des Ältesten, auch ihm wurden Söhne geboren." Japhet war also der Älteste. Aus anderen Stellen lässt sich errechnen, dass Noah 502 Jahre alt war, als Sem geboren wurde (1Mo 7,6; 11,10). Diese Lücke kann also aufgrund weiterer Angaben in der Bibel geschlossen werden. Ähnlich liegt die Sache bei Abraham. Es heißt in 1. Mose 11,26: „Und Tarah lebte 70 Jahre und zeugte Abram, Nahor und Haran." Auch hier handelt es sich weder um Drillinge, noch war Abraham der Erstgeborene. Bei der Geburt Abrahams war Tarah nicht 70, sondern 130 Jahre alt. Das geht ebenfalls aus weiteren Stellen hervor (1Mo 11,32; 12,4 und Apg 7,4). Wie sieht es aber mit den acht Gliedern zwischen Sem und Abraham aus? Von diesen Personen haben wir keine weiteren Angaben. Für eine lückenlose Chronologie müsste sich die Altersangabe immer auf die genannten Personen beziehen. Es ist aber wahrscheinlich, dass sie sich immer auf den Erstgeborenen bezieht. Die Annahme, dass sie alle Erstgeborene waren, ist etwas gewagt. Unter den Patriarchen im Stammbaum des Herrn, die im 1. Buch Mose erwähnt werden und deren Familienverhältnisse wir kennen, ist nämlich kein einziger ein Erstgeborener (Seth, Abram, Isaak, Jakob, Juda, Perez). Somit besteht für die Zeit nach der Flut eine gewisse Unsicherheit. Möglicherweise ist dieser Zeitabschnitt etwas länger, als er nach der Genealogie erscheint.

Weitere Unsicherheiten gibt es für die Zeit zwischen dem Tod Josephs und der Geburt Moses und für die Periode der Richterzeit. Allein die Tatsache, dass es solche Besonderheiten und Unsicherheiten gibt, berechtigt zu der Frage, inwieweit diese Aufzählungen sich für Berechnungen eignen.

GENEALOGIEPROBLEME

David → zeugte
Salomo → zeugte
Rehabeam → zeugte
Abija → zeugte
Asa → zeugte
Joram →
→ **Ahasja**
zeugte → **Joas**
→ **Amazja**
Ussija → zeugte
... → zeugte
Matthan → zeugte
Jakob → zeugte
Joseph &
Maria → gebar
Jesus Christus

Noah war 500 Jahre alt und zeugte Sem, Ham und Japhet

Noah zeugte | im Alter von
1. Japhet | 500 Jahren (1 Mo 10.21)
2. Sem | 502 Jahren (1Mo 7.6, 11.10)
3. Ham | x Jahren

Tarah lebte 70 Jahre und zeugte Abram, Nahor und Haran

Tarah zeugte | im Alter von
1. Nahor | 70 Jahren (1 Mo 11.26)
2. Abram | 130 Jahren (1 Mo 11.32, 12.4; Apg. 7.4)
3. Haran | x Jahren

Abb. 44: Die Chronologie der Bibel ist nicht immer ganz einfach. „Zeugte" wird nicht nur für Kinder, sondern auch für entferntere Nachkommen verwendet. Im Stammbaum Jesu werden drei Generationen übersprungen.

Der erstgeborene Sohn, der in der Bibel „meine Kraft und der Erstling meiner Stärke" genannt wird (1Mo 49,3), war der Stolz jedes Vaters. In vielen Kulturen spielt das heute noch eine große Rolle. Aus diesem Grund verdiente das Jahr der Erstgeburt natürlich besondere Erwähnung. Daher können Berechnungen mit den Geschlechtsregistern recht kompliziert werden. Diese beiden Beispiele zeigen das.

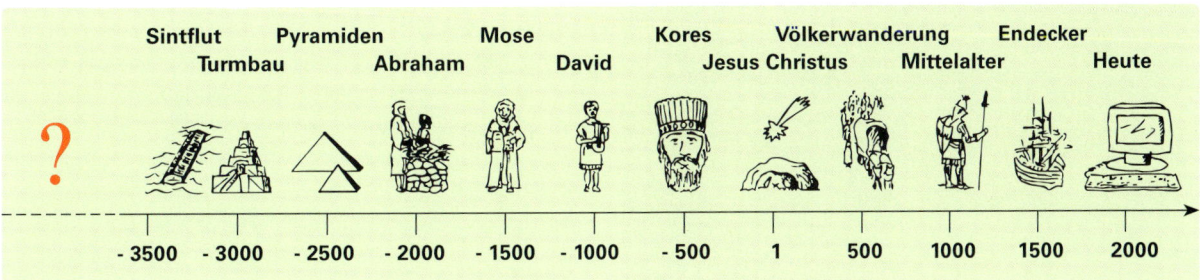

| Sintflut | Pyramiden | Mose | Kores | Völkerwanderung | Endecker |
| Turmbau | Abraham | David | Jesus Christus | Mittelalter | Heute |

? - 3500 - 3000 - 2500 - 2000 - 1500 - 1000 - 500 1 500 1000 1500 2000

Abb. 45: Es ist nur eine Analogie, eine Gegenüberstellung, aber man sollte darüber nachdenken. Nach der biblischen Chronologie handelt Gott mit der Menschheit in verschiedenen Zeitaltern auf verschiedene Weise. Die einzelnen Epochen sind 1000 bis 2000 Jahre lang, der gesamte Zeitraum umfasst etwas über 6000 Jahre. Sollte dem ein Zeitalter von Zehntausenden von Jahren vorausgegangen sein?

Sind Genealogien zum Rechnen da?

Vielleicht hat Gott uns die Genealogien gar nicht mit dem Ziel gegeben, dass wir damit große Berechnungen anstellen. Es geht zuerst einmal darum, dass Gott uns in seinem Handeln mit der Menschheit eine durchgehende „Segens- oder Heilslinie" zeigt. Alles dreht sich bei der durchgehenden Geschlechterfolge um die Linie der Vorfahren, aus denen der verheißene Erlöser – Jesus Christus – hervorkommen sollte.

Andere Aufzählungen dienen entweder als Gegensatz dazu (wie die Nachkommen Kains in 1. Mose 4) oder helfen die Herkunft der Völker und die Geschichte zu erklären (z. B. die „Völkertafel" in 1. Mose 10 und 36, die Königs- und Priesterlisten im Buch der Könige und Chronika usw.).

Wie viele Jahre könnte man in die Lücken stecken?

Obwohl sich mit den Genealogien keine hundertprozentige Chronologie aufstellen lässt, stecken sie doch einen engen Rahmen ab. Wenn es größere Lücken gäbe, so könnten sie nur in der Zeit vor Abraham liegen. Der Spielraum dafür ist aber nur sehr gering. In Judas 14 wird „Henoch, der Siebte von Adam", erwähnt. Wenn wir diese Aussage des NT nicht anzweifeln, sind die ersten 1000 Jahre vollständig. Einige Ausleger vermuten eine Lücke zwischen Heber und Peleg. Der Hauptgrund dafür liegt in dem Sprung, den die angegebenen Lebensalter an dieser Stelle machen (vgl. Abb. 144). Mit verschiedenen Argumenten werden einige biblische Chronologien auf eine Menschheitsgeschichte von bis zu 12.000 Jahren ausgedehnt. Diese Zeit könnte möglicherweise noch begründet werden. Anders sieht es allerdings aus, wenn diese Zeit Zehntausende von Jahren lang gewesen sein soll.

«ZITATE»

Wenn der Eiffelturm das Alter der Welt darstellt, so entspricht die Lackschicht auf der Spitze dem Anteil der Zeit, die der Mensch daran teilhat. Niemand würde behaupten, dass der Turm für sie gebaut wurde.

Mark Twain in „Was the World Made for Man?"

Es gibt keine Geschichte ohne den Menschen. (Maximales anthropisches Prinzip)

Prof. Horst W. Beck

Abb. 46: Der Eiffelturm, 1885–1889 erbaut, ist heute noch das höchste Bauwerk und Wahrzeichen der Stadt Paris. Nach seiner Fertigstellung betrug seine Höhe 300,5 m (± 15 cm je nach Außentemperatur). Heute erreicht er mit der Antenne 320,8 m. Wenn man eine Erdgeschichte von 4,6 Mrd. Jahren zugrunde legt, wäre die Lackschicht der 32.000-jährigen Menschheitsgeschichte (davon ging Twain in seinem Vergleich aus) etwa 0,2 mm dick. Vielzellige Lebewesen wären nach dieser Vorstellung erstmals an der obersten Aussichtsplattform (blauer Pfeil) aufgetaucht.

Mark Twain hat Recht mit seinem Vergleich. Es macht tatsächlich keinen Sinn, wenn der Mensch annimmt, dass die Welt um seinetwillen erschaffen wurde, wenn sie Milliarden von Jahren vorher schon da war. Leider zieht er daraus den falschen Schluss. Er folgert, dass der Mensch, ein Zufallsprodukt der Evolution, sich viel zu wichtig nimmt, wenn er glaubt, die Welt existiere seinetwegen.

Der Mensch ist aber kein Zufallsprodukt der Evolution, und die langen Zeiträume gab es nicht. Die Welt wurde für den Menschen geschaffen, und es gibt keine Geschichte ohne den Menschen.

8

Wenn es auch keinen zwingenden Beweis in der Schrift gibt, womit die Vorstellung einer zigtausendjährigen Menschheitsgeschichte widerlegt werden kann, so gibt es doch eine ganze Menge von Indizien, die dagegen sprechen. Zunächst können wir einen zeitlichen Vergleich, eine Analogie der verschiedenen Perioden betrachten. Gott hatte schon Adam und Eva versprochen, einen Erlöser zu senden (1Mo 3,15). Er handelt danach in der Geschichte der Menschheit nach einem vorgefassten Heilsplan. So heißt es in Galater 4,4: „Als aber die Fülle der Zeit gekommen war, sandte Gott seinen Sohn". Macht es Sinn, einen langen Zeitraum anzunehmen, über den die Bibel uns überhaupt nichts mitteilt, wo Gott anscheinend auch keine erwähnenswerten Dinge auf der Erde tut?

Des Weiteren stellen wir immer wieder fest, wie lebendig das Wissen um Schöpfung, Sündenfall und Sintflut bei den später lebenden Menschen ist (siehe Hiob, S. 104). Das passt sehr gut zu einem einfachen Verständnis der Chronologie, wonach fast alle Patriarchen vor der Flut den alten Adam noch kannten. Es passt hingegen wenig zu der Annahme, dass seitdem Zehntausende von Jahren vergangen waren.

„Geschaffenes Alter" – täuscht Gott uns?

Wenn wir uns mit den Untersuchungen über das Alter des Universums und der Erde befassen, so stoßen wir irgendwann auf das Problem des „geschaffenen Alters". Was ist damit gemeint?

Schauen wir uns die Schöpfung am Abend des sechsten Tages an: Adam und Eva – zwei erwachsene Menschen, eine voll entwickelte Flora und Fauna und ein geordnetes Universum.

Unserer Erfahrung nach braucht ein Mensch einige Jahre, um sich vom Baby zum Kind und Jugendlichen zu entwickeln und dann erwachsen zu werden. Bäume tragen meistens erst nach einigen Jahren Früchte; kein Vogel fliegt schon am Tag seines Schlüpfens. Die meisten Ökosysteme, die wir heute kennen, brauchen eine sehr lange Zeit, um sich zu einem stabilen Zustand hin zu entwickeln. Sollte das Universum sich von einem Urknall ausgehend entwickelt haben, so wären Milliarden von Jahren verflossen, bis der Zustand des sechsten Tages erreicht war.

Diese Beispiele zeigen uns: Ein Beobachter aus der heutigen Zeit hätte für die frische Schöpfung am sechsten Tag schon ein hohes Alter angenommen, obwohl alles noch nicht einmal eine Woche alt war.

Besonders bei der Beschäftigung mit der Kosmologie taucht die Frage auf: Täuscht Gott uns, indem er das Universum viel älter aussehen lässt, als es ist?

Das Schöpfungswerk ist ein Wunder Gottes, und der Mensch kann erkennen, dass er das „wunderbare" Handeln Gottes nicht erklären kann. Schauen wir uns das erste Wunder an, das Gott als Mensch auf der Erde tat.

Jesus Christus verwandelte Wasser in Wein (vgl. Jh 2). Dieser Wein hatte ebenfalls ein „geschaffenes Alter". Ein unwissender Beobachter (wie der Speisemeister, der ihn kostete) musste annehmen, der gute Tropfen sei in der Traube herangereift, geerntet, gekeltert, vergoren und abgefüllt worden – was einem Alter von vielen Monaten entspräche. Täuschte Jesus Christus jedoch irgendjemand damit? – Nein, denn die Anwesenden waren Zeugen dieses Wunders. Sie waren sogar daran beteiligt, indem sie taten, was er ihnen sagte. Auch anschließend bekamen es alle mit. Jeder konnte erfahren, woher der Wein kam.

Mit der Schöpfung ist es genauso. In der Bibel teilt Gott uns mit, wie er sie durch sein Wort ins Dasein gerufen hat. Wenn wir die klare Botschaft der Bibel ablehnen und uns stattdessen auf unsere eigene Erkenntnis verlassen, so ist es nicht Gott, der uns täuscht, sondern wir selbst sind es, die sich täuschen.

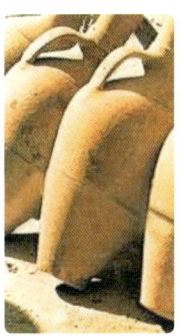

«Themen-DVD»

- Kosmologie und „Geschaffenes Alter"
- Wie lang waren die Schöpfungstage?

8

«KOMPAKT»

Auch wenn der Zeitpunkt der Schöpfung mit den Angaben der Bibel nicht auf das Jahr genau berechnet werden kann, so gibt die Bibel doch einen ungefähren zeitlichen Rahmen vor.

Abb. 45: „Die Erschaffung Adams" von Michelangelo. Der Bauchnabel Adams war Gegenstand heftiger theologischer Diskussionen. Hatte Adam einen Bauchnabel oder nicht?

Die Frage lässt sich nicht mit Sicherheit beantworten, aber sie illustriert das Problem des „geschaffenen Alters" recht gut. Adam wurde als erwachsener Mann geschaffen. Sein Körper war genausowenig das Produkt eines langen Wachstums- und Reifeprozesses, wie der Bauchnabel (wenn er denn einen hatte) die Narbe einer Nabelschnur war.

9 Der Sündenfall

Bibeltext: 1. Mose 3,1–24

Und die Schlange war listiger als alle Tiere des Feldes, die Gott der HERR gemacht hatte; und sie sprach zu der Frau: Hat Gott wirklich gesagt: Ihr sollt nicht essen von jedem Baum des Gartens? Und die Frau sprach zu der Schlange: Von der Frucht der Bäume des Gartens essen wir; aber von der Frucht des Baumes, der in der Mitte des Gartens ist, hat Gott gesagt: Davon sollt ihr nicht essen und sie nicht anrühren, damit ihr nicht sterbt. Und die Schlange sprach zu der Frau: Ihr werdet durchaus nicht sterben, sondern Gott weiß, dass an dem Tag, da ihr davon esst, eure Augen aufgetan werden und ihr sein werdet wie Gott, erkennend Gutes und Böses. Und die Frau sah, dass der Baum gut zur Speise und dass er eine Lust für die Augen und dass der Baum begehrenswert wäre, um Einsicht zu geben; und sie nahm von seiner Frucht und aß, und sie gab auch ihrem Mann bei ihr, und er aß. Da wurden ihnen beiden die Augen aufgetan, und sie erkannten, dass sie nackt waren; und sie hefteten Feigenblätter zusammen und machten sich Schurze.

Und sie hörten die Stimme Gottes des HERRN, der im Garten wandelte bei der Kühle des Tages. Und der Mensch und seine Frau versteckten sich vor dem Angesicht Gottes des HERRN mitten unter die Bäume des Gartens. Und Gott der HERR rief den Menschen und sprach zu ihm: Wo bist du? Und er sprach: Ich hörte deine Stimme im Garten, und ich fürchtete mich, denn ich bin nackt, und ich versteckte mich. Und er sprach: Wer hat dir mitgeteilt, dass du nackt bist? Hast du gegessen von dem Baum, von dem ich dir geboten habe, nicht davon zu essen? Und der Mensch sagte: Die Frau, die du mir beigegeben hast, sie gab mir von dem Baum, und ich aß. Und Gott der HERR sprach zu der Frau: Was hast du da getan! Und die Frau sprach: Die Schlange betrog mich, und ich aß.

Und Gott der HERR sprach zu der Schlange: Weil du dies getan hast, sollst du verflucht sein vor allem Vieh und vor allen Tieren des Feldes! Auf deinem Bauch sollst du kriechen und

Hier tritt zum ersten Mal in der Bibel *Satan* auf. Er verführt Eva in Gestalt einer Schlange. Verschiedene Stellen aus dem Neuen Testament helfen uns, die **Schlange** mit Satan zu identifizieren:

„Er [der Teufel] war ein Menschenmörder von Anfang an und steht nicht in der Wahrheit, weil keine Wahrheit in ihm ist. Wenn er die Lüge redet, so redet er aus seinem Eigenen, denn er ist ein Lügner und ihr Vater" (Jh 8,44). „Und es wurde geworfen der große Drache, die alte Schlange, welcher Teufel und Satan genannt wird, der den ganzen Erdkreis verführt, geworfen wurde er auf die Erde, und seine Engel wurden mit ihm hinabgeworfen" (Offb 12,9).

Typische Kennzeichen von Verführung und Sünde sind erkennbar:

- Satan verdrehte Gottes Wort (nicht essen von *jedem* Baum?)
- Eva lässt Zweifel an der Wahrheit, Güte und Liebe Gottes zu
- Sie fügt dem Wort Gottes etwas hinzu (nicht berühren)
- Die Verführung durch die „Lust des Fleisches" (gut zur Speise), die „Lust der Augen" und den „Hochmut des Lebens" (begehrenswert, um Einsicht zu geben) (vgl. 1Joh 2,16) führt zur Sünde (sie nahm und aß)
- Andere Menschen werden mit hineingezogen (und sie gab auch ihrem Mann bei ihr, und er aß) – Sünde breitet sich aus
- Eine Folge der Sünde ist ein schlechtes Gewissen (sie versteckten sich)
- Weitere Folgen der Sünde sind Gericht und Tod
- Gott muss die Sünde richten, aber er geht dem Sünder nach und zeigt einen Weg zur Vergebung der Schuld und Erlösung

Die **Schurze** zeigen, dass der Mensch zunächst versuchte, das Problem seiner Schuld selbst zu lösen. Das ist das Wesen menschlicher Religion: durch eigene Anstrengung gut genug für Gott sein zu wollen.

„Wo bist du?" – Gott geht dem Menschen nach, der vor ihm wegläuft.

Adam sagte trotz seines Schurzes von sich, dass er nackt sei. Er merkte, dass diese provisorische Bedeckung sein Scham- und Schuldgefühl nicht wegnehmen konnte.

Ein typisch menschliches Merkmal seit dem Sündenfall ist die Schuldabweisung: „Alle anderen sind schuld, nur ich nicht!" Adam gibt sogar indirekt Gott die Schuld („die Frau, die du mir beigegeben hast …").

Staub fressen alle Tage deines Lebens. Und ich werde Feindschaft setzen zwischen dir und der Frau und zwischen deinem Samen und ihrem Samen; er wird dir den Kopf zermalmen, und du wirst ihm die Ferse zermalmen. Zu der Frau sprach er: Ich werde sehr mehren die Mühsal deiner Schwangerschaft, mit Schmerzen sollst du Kinder gebären; und nach deinem Mann wird dein Verlangen sein, er aber wird über dich herrschen.

Und zu Adam sprach er: Weil du auf die Stimme deiner Frau gehört und gegessen hast von dem Baum, von dem ich dir geboten und gesprochen habe: Du sollst nicht davon essen! – so sei der Erdboden verflucht um deinetwillen: Mit Mühsal sollst du davon essen alle Tage deines Lebens; und Dornen und Disteln wird er dir sprossen lassen, und du wirst das Kraut des Feldes essen. Im Schweiß deines Angesichts wirst du dein Brot essen, bis du zurückkehrst zur Erde, denn von ihr bist du genommen. Denn Staub bist du, und zum Staub wirst du zurückkehren!

Und der Mensch gab seiner Frau den Namen Eva, denn sie war die Mutter aller Lebenden.

Und Gott der HERR machte Adam und seiner Frau Röcke von Fell und bekleidete sie.

Und Gott der HERR sprach: Siehe, der Mensch ist geworden wie einer von uns, zu erkennen Gutes und Böses; und nun, dass er nicht seine Hand ausstrecke und auch vom Baum des Lebens nehme und esse und ewig lebe! Und Gott der HERR schickte ihn aus dem Garten Eden hinaus, den Erdboden zu bebauen, wovon er genommen war; und er trieb den Menschen aus und ließ östlich vom Garten Eden die Cherubim lagern und die Flamme des kreisenden Schwertes, um den Weg zum Baum des Lebens zu bewachen.

In der gleichen Weise wie damals verführt Satan die Menschen heute noch:

„Ich fürchte aber, dass etwa, wie die Schlange Eva durch ihre List verführte, so euer Sinn verdorben und abgewandt werde von der Einfalt gegenüber dem Christus" (2Kor 11,3). „Jeder aber wird versucht, wenn er von seiner eigenen Begierde fortgezogen und gelockt wird. Danach, wenn die Begierde empfangen hat, gebiert sie die Sünde; die Sünde aber, wenn sie vollendet ist, gebiert den Tod" (Jak 1,14.15).

Mit der unterschiedlichen Rolle von Adam und Eva in dieser Begebenheit wird u. a. die unterschiedliche Stellung von Mann und Frau begründet: „… Adam wurde zuerst gebildet, danach Eva; und Adam wurde nicht betrogen, die Frau aber wurde betrogen und fiel in Übertretung" (1Tim 2,13.14). Vor Gott sind aber beide gleich schuldig und werden gerichtet.

Der Ausdruck **„Same der Frau"** deutet auf eine Besonderheit hin: Jesus Christus ist das leibliche Kind seiner Mutter Maria, hatte aber keinen leiblichen Vater. Von ihm wird gesagt, dass er die Erlösung bringen und die Macht Satans brechen würde. Dies ist die erste Ankündigung des Erlösers.

Er wird dir den Kopf zermalmen – am Kreuz von Golgatha wurde die Macht Satans gebrochen. Später wird er vollständig entmachtet und gerichtet werden.

Du wirst ihm die Ferse zermalmen – Jesus Christus nahm das Gericht für die Sünde auf sich. Seine Ferse wurde von einem Nagel durchbohrt. Die Dornen (eine Folge des Fluches über den Erdboden) wurden ihm, zu einer Krone geflochten, aufgesetzt.

Adam gab seiner Frau den Namen Eva (hebr. *chawa* = Leben) – er zeigt damit, dass er Gottes Worten glaubt.

Gott machte Adam und Eva **Röcke von Fell** – ein Tier musste sterben, Blut musste fließen für die Bedeckung (od. Sühnung, das ist das gleiche Wort) der menschlichen Schuld: „… ohne Blutvergießung gibt es keine Vergebung" (Heb 9,22b).

Zum Staub wirst du zurückkehren – davon gab es nur zwei Ausnahmen: Henoch (1Mo 5,24) und Elia (2Kön 2,11) wurden entrückt, ohne zu sterben. Ihre Entrückung weist typologisch auf die bevorstehende Entrückung der Gläubigen hin (1Thes 4).

Der Mensch muss den Garten Eden verlassen, um die Folgen des Fluches zu tragen (mühsamer Nahrungserwerb) und um vom Baum des Lebens getrennt zu sein und zu sterben.

Cherubim sind Engel.

Der Sündenfall

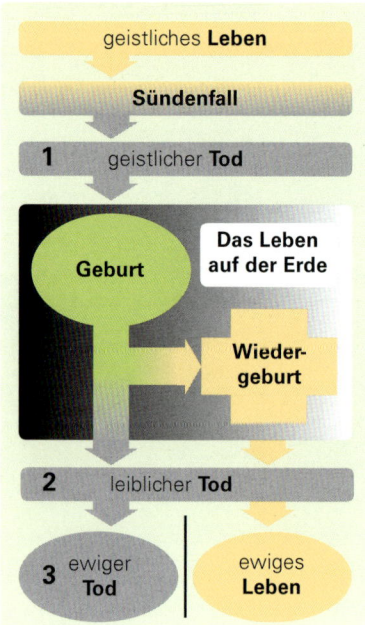

Abb. 47: Durch den Sündenfall wurde der Mensch von Gott getrennt. Er starb den geistlichen Tod (1). Seitdem wird jeder Mensch als Sünder, als „geistlich Toter" geboren. In seinem Leben auf der Erde trifft er die Entscheidung, ob er zu Gott umkehrt (Wiedergeburt) oder nicht. Der leibliche Tod (2) ist der Lohn der Sünde. Der Körper stirbt, aber Geist und Seele überdauern den Tod. Sie erhalten später einen neuen Körper und gehen in die Ewigkeit ein. Sie erleben diese als ewigen Tod (3), also als ewige Trennung von Gott, oder in Verbindung mit ihm als ewiges Leben, wenn sie sich zu Gott bekehrt haben.

D er Sündenfall war die schlimmste Katastrophe der Menschheit. Die ganze Schöpfung wurde dadurch verdorben. Warum muss dieser Umbruch auch in der Naturwissenschaft zur Kenntnis genommen werden?

Hat Gott dem Menschen mit dem „Baum der Erkenntnis" eine Falle gestellt?

Diese Frage ist ziemlich respektlos. Welches Bild müssen wir von Gott haben, wenn wir ihm zutrauen, dass er den Menschen zu Fall bringen will? Und doch drängen sich diese Gedanken auf. Warum dieses Gebot? Der Baum an sich war ein Baum wie jeder andere, seine Frucht war weder giftig noch sonst ungenießbar, sondern „gut zur Speise". War das Verbot nicht völlig willkürlich und überflüssig? Hat Gott die Übertretung durch den Menschen nicht von Anfang an mit eingeplant?

Es ist unmöglich, auf diese Fragen eine Antwort zu geben, die Gott völlig gerecht wird. Kein Mensch kann Gottes Handeln völlig verstehen, trotzdem können wir einen „roten Faden" beschreiben.

Das Verbot war einfach zu befolgen, und es war deshalb nötig, weil der Mensch durch die Beachtung seinen Gehorsam gegenüber Gott und die Anerkennung seiner Herrschaft zeigen konnte. Der Mensch hatte die Wahl zwischen dem Gehorsam gegenüber Gott und der Auflehnung gegen ihn. Er war nicht darauf programmiert zu sündigen und handelte voll verantwortlich. Obwohl der Mensch die volle Verantwortung für seine Entscheidung trägt, wusste Gott vorher, dass er der Versuchung nicht widerstehen würde. Sein Heilsplan stand schon vor der Schöpfung fest (z. B. Eph 1,4).

Geistlicher Tod, körperlicher Tod, ewiger Tod

Hatte Gott nicht gesagt: „… denn an dem Tag, da du davon isst, musst du sterben" (2,17)? Wie kommt es dann, dass Adam und Eva weiterlebten?

Die Strafe traf ein. An diesem Tag mussten Adam und Eva sterben, und sie wussten das auch. Das körperliche Altern begann, ihre Uhr lief ab, sie gingen dem Tod unausweichlich entgegen. Dass der körperliche Tod sie nicht am gleichen Tag noch traf, ist die Gnade Gottes, der seinen Heilsplan entfalten wollte.

Was aber am gleichen Tag, im gleichen Augenblick geschah, war der Eintritt des „geistlichen Todes", die Trennung von Gott. Die Gemeinschaft von Gott und Mensch wurde durch die Sünde zerstört. Adam und Eva empfanden sofort danach ihre Schuld. Sie fürchteten sich vor Gott und versteckten sich.

Eine dritte Form des Todes ist der „ewige Tod". Er wird in der Bibel auch der „zweite Tod" genannt. „Dies ist der zweite Tod, der Feuersee" (Offb 20,14). Wir haben schon beim „geistlichen Tod" gesehen, dass „Tod" in der Bibel nicht nur die Folge des körperlichen Sterbens bezeichnet. Tod kann auch „Trennung" bedeuten. Durch den geistlichen Tod ist die Gemeinschaft mit Gott zerstört. Wir können aber zu Gott umkehren und diese Gemeinschaft erneuern. Dann bekommen wir von Gott „neues Leben". Wir gehören dann zu ihm und werden nach dem Tod in der Ewigkeit bei ihm sein.

Wer in seinem Leben nicht zu Gott umkehrt, der bleibt auch in der Ewigkeit von Gott getrennt. Um diese Trennung von Gott in der Ewigkeit geht es hier. Wer davon betroffen ist, hört nicht auf zu existieren, er existiert ewig getrennt von Gott in dem erwähnten „Feuersee", der Hölle. Das ist unendlich tragisch, zumal die Hölle eigentlich gar nicht für den Menschen bereitet ist, sondern für Satan und seine Dämonen „… das ewige Feuer, das dem Teufel und seinen Engeln bereitet ist" (Mt 25,41).

Wann geschah der Sündenfall?

Exakt datieren lässt sich der Sündenfall nicht, wir können ihn aber chronologisch etwas eingrenzen.

Adam war 130 Jahre alt, als sein Sohn Seth geboren wurde. Kain, sein Erstgeborener, war zu diesem Zeitpunkt schon ein erwachsener Mann. Der Sündenfall geschah vor seiner Geburt.

Da wir aber weder wissen, in welchem Alter Adam Kain gezeugt hat, noch wie Adams Alter sich errechnet (ab Erschaffung; ab Erschaffung + „erschaffenes Alter"; oder ab dem Sündenfall, als das körperliche Altern begann?), ist eine genaue Zeitangabe nicht möglich.

Verschiedene Hinweise deuten darauf hin, dass die Zeit im Paradies vor dem Sündenfall nicht sehr lang war:

- Adam und Eva hatten noch keine Kinder – dabei hatte Gott ihnen doch geboten: „Seid fruchtbar und mehrt euch und füllt die Erde!" (1,28). Andererseits lesen wir von niemandem vor der Flut, der vor einem Alter von 65 Jahren Kinder zeugte.
- Sie hatten offensichtlich noch nicht vom Baum des Lebens gegessen.
- Satan wird wahrscheinlich so schnell wie möglich versucht haben, Gottes Werk zu zerstören und den Menschen zu verführen.

Wir haben es heute mit einer gefallenen Schöpfung zu tun!

Alles, was wir heute untersuchen und erforschen können, muss unter der Voraussetzung des geschehenen Sündenfalls gedeutet werden. Wir müssen berücksichtigen, dass die ursprüngliche Schöpfung, die Gott einmal als „sehr gut" bezeichnen konnte, sich von der heutigen Welt, die „unter die Knechtschaft des Verderbens" gekommen ist, grundlegend unterscheidet. Sonst bekommen wir einen falschen Eindruck vom Schöpfer. Was damit gemeint ist, soll dieses Zitat aus einem Briefwechsel zeigen:

SV: „Ein Schöpfer, der uns in unserem heutigen Zustand gemacht hätte und uns dann solche geradezu schädlichen Rezeptoren mit auf den Weg gibt, müsste schon ganz schön boshaft sein. Unter Evolutionsgesichtspunkten dagegen liegt die Erklärung nahe: Für unsere Vorfahren war es nützlich, dass sie in dieser Weise auf ‚Flüchten und Kämpfen' vorbereitet wurden."

AvS: „Die vollkommene Schöpfung Gottes wurde erst als eine Folge des Sündenfalls, durch die Schuld des Menschen, zu dem, was sie heute ist. Vor dem Sündenfall bestand weder für den Menschen noch für die Tiere die Notwendigkeit zum ‚Flüchten oder Kämpfen' (die Theologie bezeichnet diesen Zustand als ‚Urstand')."

SV: „Heißt das, dass bei der Vertreibung aus dem Paradies die ß-Adrenorezeptoren (und unzählige andere ‚Macken' von Menschen, Tieren und Pflanzen) entstanden sind? Entschuldigen Sie, aber da kann ich mir ein Grinsen nicht verkneifen."

Diese Reaktion ist durchaus verständlich. Es gibt keine wissenschaftlich oder historisch relevanten Hinweise auf eine grundsätzliche Andersartigkeit der Schöpfung in früherer Zeit. Die einzige Quelle für diese weitreichende Aussage ist die Bibel.

Der Fluch der Sünde

Nachdem Gott Adam und Eva die Gelegenheit gegeben hatte, ihren Fehler zu bekennen, kündigte er Gericht an. Er stellte die Schlange, den Menschen und die ganze Schöpfung unter den Fluch der Sünde. Die Schlange wurde verflucht, und Satan (der durch sie sprach) wurde das ewige Verderben angekündigt.

DIE SCHÖPFUNG VOR UND NACH DEM SÜNDENFALL

Und Gott sah alles, was er gemacht hatte, und siehe, es war **sehr gut**.
1. Mose 1,31

Sündenfall

Und die Erde war **verdorben** vor Gott, und die Erde war **voller Gewalttat**.
1. Mose 6,11

Abb. 48: Die ursprüngliche Schöpfung war „sehr gut". Nach dem Sündenfall fand ein dramatischer Niedergang statt. Als Gott die Erde in den Tagen Noahs begutachtet, lautet sein Urteil: „Total verdorben".

9

Abb. 49: In der Schöpfung ist immer noch die „ewige Kraft" und „Göttlichkeit" (Röm 1,20) des Schöpfers zu erkennen, obwohl die Spuren der Sünde überall zu sehen sind. Es ist wie mit den staunenden Besuchern ausgegrabener Ruinenstädte, die in den Trümmern und Überresten die geniale Größe der einstigen Erbauer erkennen.

Abb. 50: So stellt sich der Maler Schnorr v. Carolsfeld die Vertreibung von Adam und Eva aus dem Garten Eden vor.

9

Abb. 51: Der Tod begegnet uns in der Schöpfung mit vielen Gesichtern.

Der Frau wurden die Mühen der Schwangerschaft und die Schmerzen bei der Geburt auferlegt. Außerdem würde von nun an das Verhältnis zwischen Mann und Frau gestört sein.

Dem Mann wurde angekündigt, dass er von nun an sein Leben lang hart arbeiten müsste, um sich zu ernähren. Die Schöpfung würde nicht mehr ausschließlich für ihn da sein, sondern sich auch gegen ihn richten (Dornen und Disteln). Außerdem würde ihn irgendwann der angekündigte körperliche Tod treffen, er würde dann zum Staub zurückkehren.

Der Tod kommt in die Schöpfung

Mit dem Sündenfall kam der Tod in die Welt: „Darum, so wie durch einen Menschen die Sünde in die Welt gekommen ist und durch die Sünde der Tod und so der Tod zu allen Menschen durchgedrungen ist, weil sie alle gesündigt haben …" (Röm 5,12). Der griechische Ausdruck κοσμος (*kosmos*), der hier mit „Welt" übersetzt ist, kann verschiedene Bedeutungen haben. Er kann für das „System der Welt" als Herrschaftsbereich Satans stehen (Jh 8,23; 1Kor 2,12) oder für die Menschheit (Jh 8,12) oder für die gesamte Schöpfung (Mt 13,35). Da in diesem Vers nicht ganz eindeutig ist, ob es um die Menschheit oder die gesamte Schöpfung geht, wäre es gewagt, allein aufgrund dieser Stelle anzunehmen, dass der Tod auch für die Tiere in die Welt kam. In den weiteren Versen dieses Kapitels geht es eindeutig nur noch um den leiblichen Tod des Menschen. Nur der Mensch wurde im Bild Gottes geschaffen, hat eine Beziehung zu Gott und eine ewige Existenz.

Die Auslegung, die aus 2. Petrus 2,12: „Diese aber, wie unvernünftige Tiere, geschaffen zum Fang und Verderben …" entnimmt, dass die Tiere seit der Schöpfung zu „Fang und Verderben" bestimmt sind, geht auf eine zweifelhafte Übersetzung zurück. Besser wird übersetzt: „*geboren* zum Fang und Verderben"; in vielen Bibelübersetzungen wird der Vers auch so wiedergegeben.

Es gibt eine Reihe anderer biblischer Angaben, die darauf hinweisen, dass auch der Tod der Tiere als Folge des Sündenfalls zu sehen ist.

- Menschen und Tieren wurden Pflanzen als Nahrung zugewiesen: „Siehe, ich habe euch alles samenbringende Kraut gegeben, das auf der Fläche der ganzen Erde ist, und jeden Baum, an dem samenbringende Baumfrucht ist: Es soll euch zur Speise sein; und allen Tieren der Erde und allen Vögeln des Himmels und allem, was sich auf der Erde regt, in dem eine lebendige Seele ist, habe ich alles grüne Kraut zur Speise gegeben. Und es wurde so" (1Mo 1,29–31). Der Mensch durfte Tiere sogar erst nach der Flut essen: „Alles was sich regt, was da lebt, soll euch zur Speise sein; wie das grüne Kraut gebe ich es euch alles" (1Mo 9,3).
- Gott sagt zu Adam: „… bis du zurückkehrst zur Erde, denn von ihr bist du genommen. Denn Staub bist du, und zum Staub wirst du zurückkehren!" (1Mo 3,19b). Auch die Tiere wurden z. T. aus dem Erdboden gebildet (1Mo 2,19), deshalb ist anzunehmen, dass auch sie unter diesen Fluch kamen.
- Der Sündenfall war ein Ereignis von kosmischer Tragweite. Die ganze Schöpfung wurde in Mitleidenschaft gezogen: „Denn die ganze Schöpfung ist der Nichtigkeit [o. Vergänglichkeit] unterworfen worden … Denn wir wissen, dass die ganze Schöpfung mitseufzt und mit in Geburtswehen liegt bis jetzt" (Röm 8,20.22). Der für Schöpfung verwendete Ausdruck κτισις (*ktisis*) schließt das ganze Universum in sich.
- Der zitierte Vers (Röm 8,20) steht in der griechischen Zeitform Aorist. Es handelt sich um eine spezielle Zeitform „ohne Zeit". Das heißt, sie gibt nicht an, ob eine Handlung in Vergangenheit, Gegenwart oder Zukunft abläuft, sondern bezeichnet eine Aktionsart, d. h. wie eine Handlung verläuft. Im Mittelpunkt

steht dabei ein bestimmter Punkt der Handlung. Im ersten Vers ist es der Anfangspunkt: Die Schöpfung wurde der Vergänglichkeit unterworfen und ist es bis heute. Im zweiten Vers ist es der Endpunkt: Die Schöpfung liegt bis heute in Geburtswehen und wartet auf die Erlösung. Der Prophet Jesaja beschreibt, wie diese Erlösung der Schöpfung aussehen wird: „Und der Wolf wird sich beim Lamm aufhalten und der Leopard beim Böckchen lagern; und das Kalb und der junge Löwe und das Mastvieh werden zusammen sein, und ein kleiner Knabe wird sie treiben. Und Kuh und Bärin werden miteinander weiden, ihre Jungen zusammen lagern; und der Löwe wird Stroh fressen wie das Rind. Und der Säugling wird spielen an dem Loch der Natter, und das entwöhnte Kind seine Hand ausstrecken nach der Höhle der Otter" (Jes 11,6–8). Raubtiere werden wieder zu Pflanzenfressern und Giftschlangen wieder harmlos. Da in dieser beschriebenen Zeit (1000-jähriges Reich, Millennium) viele Dinge wiederhergestellt werden, liegt es nahe, durch die Beschreibung der Tierwelt einen Einblick in die Situation vor dem Sündenfall zu bekommen.

- Biologisch gesehen gibt es für die Pflanze den Tod ebenso wie für das Tier. Die Bibel unterscheidet aber nach anderen Kriterien und spricht in diesem Zusammenhang nicht von Tod und Sterben. Wenn der Herr Jesus vom Weizenkorn spricht, das stirbt (Jh 12,24), so gebraucht er damit ein Bild.

Der Sündenfall ist ein Erkenntnishorizont

So wie die Cherubim und die Flamme des kreisenden Schwertes den Garten Eden bewachten, ist uns heute auch jeder Zugang und Einblick in die Zeit vor dem Sündenfall verwehrt. Es gibt weder erdgeschichtliche noch archäologische oder sonstige historische Zeugnisse davon, was beim Sündenfall genau mit der Schöpfung geschah und wie die Welt vor dem Sündenfall aussah. Wenn wir versuchen wollen, diese Katastrophe wissenschaftlich zu beschreiben, können wir nur scheitern.

Was waren die „biologischen" Folgen des Sündenfalls?

Für Biologen ist diese Frage sehr herausfordernd. In der Tierwelt begegnet uns eine riesige Vielfalt von Mechanismen, Organen und Strukturen zum Orten, Verfolgen, Fangen, Töten, Zerreißen, Verschlingen und Verdauen tierischer Beute. Sie können nicht alle Bestandteil der ursprünglichen, sehr guten Schöpfung gewesen sein, sondern sind zum größten Teil als Produkte des Sündenfalls anzusehen. Warum nur „zum größten Teil"? Für viele Organe und Strukturen sind Doppelfunktionen denkbar, sie könnten vor dem Fall auch einem „friedlichen" Zweck gedient haben.

Abb. 52: Der Schützenfisch (Toxotes jaculatrix) hat eine ganz besondere Methode zur Beutejagd. Er lauert Insekten auf, die sich auf Pflanzen über der Wasseroberfläche seines Reviers niederlassen. Mit einer eingebauten „Wasserpistole", einer Rinne im Oberkiefer, schießt er sie zielgenau ab und schnappt sie sich, sobald sie auf dem Wasser aufschlagen. In Versuchen traf er noch auf 4 m Entfernung zentimetergroße Ziele. Besonders erstaunlich ist dabei seine Zieloptik, mit der er in der Lage ist, die unterschiedliche Lichtbrechung in Wasser und Luft auszugleichen.

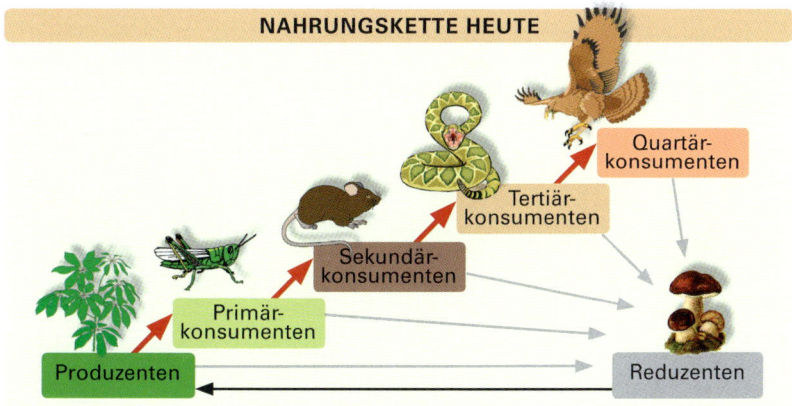

NAHRUNGSKETTE HEUTE

Quartär-konsumenten
Tertiär-konsumenten
Sekundär-konsumenten
Primär-konsumenten
Produzenten
Reduzenten

Abb. 53: Durch solche Nahrungsketten sind heutige Ökosysteme gekennzeichnet. Viele solcher Ketten sind zu einem ganzen „Nahrungsnetz" verwoben. Die Stabilität der Ökosysteme hängt von dem Gleichgewicht in diesen Beziehungen ab. Wie Ökosysteme allein auf der Basis pflanzlicher Nahrung funktionieren können, ist nicht bekannt.

9

Abb. 54: Der Große Fetzenfisch (*Phycodurus eques*), eine Art Seepferdchen, ist perfekt getarnt. Durch seine vielen Hautlappen, die wie ein zerfetztes Kleid um ihn herumschlottern, wird seine Gestalt in gleichfarbigen Tangbeständen nahezu unsichtbar.

Abb. 55: Die Ausbildung von Pflanzengallen ist ein erstaunlicher Vorgang. Verschiedene Insekten können ihre Wirtspflanzen durch das Einbringen eines besonderen chemischen Cocktails dazu veranlassen, eine völlig artfremde Struktur auszubilden. Solche Gallen gibt es in den verschiedensten Größen, Formen und Farben. Sie sehen in der Regel total anders aus als das normale Gewebe der Pflanze. Trotzdem liegt ihrer Konstruktion die gleiche Erbinformation zugrunde. Vielleicht kann man sich den Umbruch der Schöpfung nach dem Sündenfall ähnlich vorstellen.

«ZITAT»

Das Schwert des Cherubs trifft jeden, der eigenmächtig in das Paradies zurückwill, – sei es denkend, sei es handelnd, sei es mystisch – denn sie alle verkennen Schuld und Sühne; sie wollen anders zu Gott als auf dem Weg totaler Buße.

Helmut F.R.S. Echternach, 1983, Dogmatik I.

Dasselbe gilt für alle Schutz- und Abwehrmechanismen der Gejagten. Hörner, Klauen, Nesseln, Schleim und Gift zur Verteidigung, Tarnungs-, Täuschungs- und Verwirrungsstrategien waren ebenso überflüssig wie Fluchtinstinkt und ständiges Wachverhalten.

In der Pflanzenwelt sind außer den erwähnten Dornen und Disteln auch unzählige hochgiftige Gewächse und die fleischfressenden Pflanzen eine Folge des Falls.

Auch Parasiten, krankheitserregende Bakterien, Pilze und Viren müssen sich vor dem Sündenfall anders ernährt und vermehrt haben.

Die ganze Ökologie der Schöpfung muss anders funktioniert haben. Heute beruht das Gleichgewicht in der Schöpfung auf einem fein abgestimmten Beziehungsgeflecht zwischen Produzenten (Pflanzen), Konsumenten (Pflanzenfresser, Fleischfresser) und Destruenten (Pilze, Bakterien). Wie es möglich gewesen wäre, dass die Lebewesen ihrem Auftrag, sich zu vermehren, nachkommen konnten, ohne in kurzer Zeit durch Überbevölkerung einen totalen Zusammenbruch zu verursachen, bleibt vorerst ein Geheimnis. In Zukunft wird es aber eine neue Erde geben, auf der es ebenfalls keinen Tod mehr geben wird (Offb 21). Dort werden wir erleben, wie das möglich ist.

Wie können wir uns diesen Umbruch der Schöpfung vorstellen?

Die Bibel macht dazu keine Angaben. Es ist nicht denkbar, dass es durch Degeneration und Mikroevolution zu einem langsamen, kontinuierlichen Umbau der Schöpfung kam, der alle oben genannten Strukturen als Anpassungen erklärt. Dafür hätten viele Konstruktionen und Baupläne neu entstehen müssen, und die Zeit wäre auch viel zu kurz gewesen.

Von einer teilweisen Neuschöpfung oder „schöpferischen Veränderung" der Tier- und Pflanzenwelt sagt die Bibel nichts.

Vielleicht ist es auch gar nicht nötig, so weit zu gehen. Ein sehr interessanter Ansatz von R. Junker weist auf die Plastizität (= Verformbarkeit) unserer Erbinformation hin. In lebenden Organismen gibt es viele verschiedene Ebenen der Steuerung. An der Differenzierung von Zellen ist das gut zu erkennen. Sie enthalten alle die gleiche Erbinformation und entwickeln sich doch in Form, Struktur und Funktion völlig verschieden. Eventuell hat Gott durch sein steuerndes Eingreifen aus demselben genetischen Material stark veränderte Lebewesen hervorgebracht.

Jedenfalls waren die Merkmale zum Fangen und Töten sicher nicht von Anfang an in den Tieren und Pflanzen angelegt.

Hatte der Sündenfall weitere Folgen?

Möglicherweise greifen wir noch viel zu kurz, wenn wir nur für die belebte Schöpfung Folgen des Sündenfalls annehmen. Es ist denkbar, dass vor dem Sündenfall auch eine andere Chemie und Physik galt. Auch wenn das den Rahmen unserer Vorstellung übersteigt, könnten die Naturgesetze anders ausgesehen haben. Ein Indiz in diese Richtung ist Römer 8,20.21: „Denn die Schöpfung ist der Nichtigkeit [o. Vergänglichkeit] unterworfen worden …, auf Hoffnung, dass auch die Schöpfung selbst freigemacht werden wird von der Knechtschaft [o. Sklaverei] des Verderbens zu der Freiheit der Herrlichkeit der Kinder Gottes."

Der verwendete Ausdruck für Nichtigkeit ματαιοτης (*mataiotes*) bezeichnet einen Zustand, wo es nichts Dauerhaftes und Beständiges gibt. Alles vergeht, deshalb bleibt alles nichtig und ohne Sinn. Der Ausdruck δουλειας της φθορας (*douleias tes phthoras*) wird als „Sklaverei des Verderbens" übersetzt. Die Schöpfung ist seit dem Sündenfall diesem Prinzip der Vergänglichkeit wie ein Sklave unterworfen. Vielleicht kann man daraus schließen, dass die Gesetze der Thermodynamik (siehe S. 135) in dieser Form ursprünglich nicht galten.

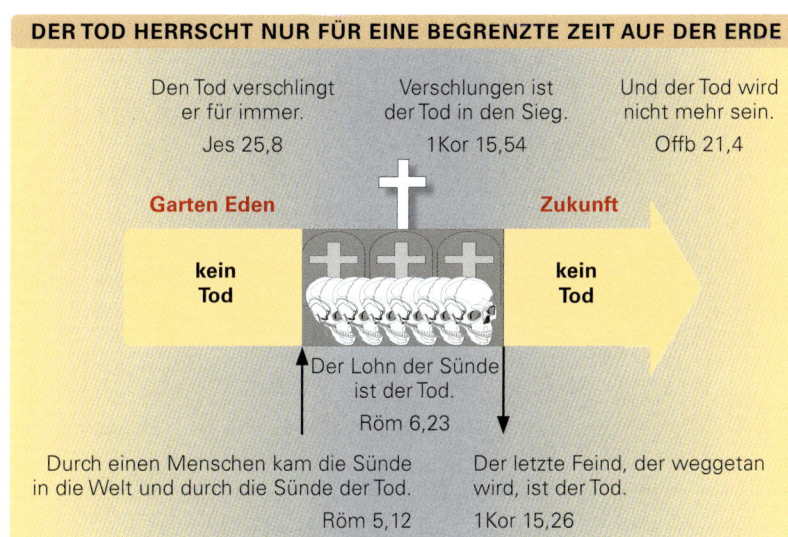

DER TOD HERRSCHT NUR FÜR EINE BEGRENZTE ZEIT AUF DER ERDE

Den Tod verschlingt er für immer.
Jes 25,8

Verschlungen ist der Tod in den Sieg.
1Kor 15,54

Und der Tod wird nicht mehr sein.
Offb 21,4

Garten Eden   Zukunft

kein Tod   kein Tod

Der Lohn der Sünde ist der Tod.
Röm 6,23

Durch einen Menschen kam die Sünde in die Welt und durch die Sünde der Tod.
Röm 5,12

Der letzte Feind, der weggetan wird, ist der Tod.
1Kor 15,26

Abb. 56: Der Tod gehört nicht ursprünglich zur Schöpfung und wird auch nicht für immer herrschen. Der Tod Jesu Christi ermöglicht die Überwindung von Sünde und Tod. Die ersten beiden und die letzten beiden Kapitel der Bibel zeigen uns eine Schöpfung ohne Tod.

9

Auf jeden Fall wird in den Versen gezeigt, dass es sich um eine vorübergehende Unterwerfung handelt, die auch ein Ende haben wird. Der Zustand danach, der hier als die „Freiheit der Herrlichkeit der Kinder Gottes" beschrieben wird, ist offensichtlich von ganz anderer Natur.

Auch wenn eine andere Physik als Grundlage einer anderen Biologie für uns nicht vorstellbar ist, so gibt es zumindest Analogien dazu. Die Engel können menschliche Gestalt annehmen. Sie sind dann nicht bloß optische Erscheinungen oder Visionen, sondern „normale Materie". Jakob erfuhr das schmerzhaft in einem stundenlangen Ringkampf mit einem Engel (1Mo 32). Engel konnten auch essen (1Mo 18,8) und waren trotzdem nicht an die Naturgesetze gebunden. Auch der Auferstehungsleib Jesu war andersartig, er konnte betastet werden (Jh 20,27), und er aß (Lk 24,42). Zugleich konnte er plötzlich in einem Raum erscheinen (Jh 20,26) und genauso unvermittelt unsichtbar werden (Lk 24,31). Diese Beispiele zeigen, dass eine andere Leiblichkeit des Menschen vor dem Sündenfluch denkbar ist.

Gottes Heilsplan

Unmittelbar nachdem der Mensch in Sünde gefallen war, empfing er mit dem Gericht Gottes auch einen ersten Hinweis auf eine Lösung für das Problem der Sünde. Jemand würde kommen, der der Schlange den Kopf zertreten würde, ein Erlöser aus dem „Samen der Frau". Adam nennt seine Frau daraufhin Eva (hebr. *chawa* = Leben). Er glaubte an die Erlösung, die Gott versprach. Gott machte ihnen dann Röcke von Fell, dazu musste ein Tier sterben. Wahrscheinlich ist dies der Augenblick, wo zum ersten Mal der körperliche Tod in der Schöpfung vorkam. Gott gab damit eine Botschaft, die im Lauf der Geschichte immer klarer und deutlicher hervortrat, bis sie sich in Jesus Christus erfüllte: Sünde muss mit Leben bezahlt werden. Der Tod muss eintreten. Damit der Mensch leben darf, muss ein Opfer sterben.

Jesus Christus ist der Weg zurück zu Gott. Diesen Weg einzuschlagen bedeutet für den sündigen Menschen (und Sünder sind wir alle, *ohne Ausnahme*), eine Kehrtwendung zu machen. Dazu ist ein Sündenbekenntnis, die „Umkehr des Herzens" nötig.

Zu allen Zeiten haben Menschen versucht, das Paradies zurückzuerobern. Gerechte Sozialordnungen, Wirtschaftsordnungen, Rechtsordnungen, Friede und Eintracht, Glück und Wohlstand für alle – das sind Visionen vieler Weltverbesserer und Reformer. Sie müssen alle scheitern, weil das eigentliche Problem des Menschen die in ihm wohnende Sünde ist.

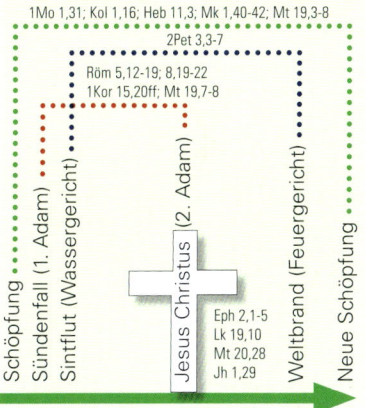

GOTTES HANDELN

1Mo 1,31; Kol 1,16; Heb 11,3; Mk 1,40-42; Mt 19,3-8
2Pet 3,3-7
Röm 5,12-19; 8,19-22
1Kor 15,20ff; Mt 19,7-8

Schöpfung
Sündenfall (1. Adam)
Sintflut (Wassergericht)
Jesus Christus (2. Adam)
Eph 2,1-5
Lk 19,10
Mt 20,28
Jh 1,29
Weltbrand (Feuergericht)
Neue Schöpfung

Abb. 57: Die Ereignisse in den ersten Kapiteln der Bibel bilden den Hintergrund für Gottes Handeln mit dem Menschen. Das Evangelium von Jesus Christus, der auf die Erde kam, starb und auferstand, ist sein Weg, das Problem der Sünde zu lösen (Skizze nach R. Junker).

«Themen-DVD»

- Schöpfung und Sündenfall
- Kommentar zum Römerbrief
- Die beiden Bäume im Garten Eden

«KOMPAKT»

Der Sündenfall erklärt den Gegensatz zwischen dem allmächtigen und wohlwollenden Schöpfer und der gegenwärtigen, gefallenen Schöpfung.

Ohne diesen Hintergrund ist die Frage nach Leid, Not und Tod in der Welt nicht zu beantworten, und auch der Heilsplan Gottes ist nicht nachvollziehbar.

10 Kain und Abel

Bibeltext: 1. Mose 4,1–26

Und der Mensch erkannte Eva, seine Frau, und sie wurde schwanger und gebar Kain; und sie sprach: Ich habe einen Mann erworben mit dem HERRN. Und sie gebar ferner seinen Bruder, den Abel. Und Abel wurde ein Schafhirte, und Kain wurde ein Ackerbauer.

Und es geschah nach Verlauf einer Zeit, da brachte Kain dem HERRN eine Opfergabe von der Frucht des Erdbodens; und Abel, auch er brachte von den Erstlingen seiner Herde und von ihrem Fett. Und der HERR blickte auf Abel und auf seine Opfergabe; aber auf Kain und auf seine Opfergabe blickte er nicht. Und Kain ergrimmte sehr, und sein Angesicht senkte sich. Und der HERR sprach zu Kain: Warum bist du ergrimmt, und warum hat sich dein Angesicht gesenkt? Ist es nicht so, dass es sich erhebt, wenn du recht tust? Und wenn du nicht recht tust, so lagert die Sünde vor der Tür. Und nach dir wird sein Verlangen sein, du aber wirst über ihn herrschen.

Und Kain sprach zu seinem Bruder Abel; und es geschah, als sie auf dem Feld waren, da erhob sich Kain gegen seinen Bruder Abel und erschlug ihn. Und der HERR sprach zu Kain: Wo ist dein Bruder Abel? Und er sprach: Ich weiß es nicht. Bin ich meines Bruders Hüter? Und er sprach: Was hast du getan! Horch! Das Blut deines Bruders schreit zu mir vom Erdboden her. Und nun, verflucht seist du vom Erdboden weg, der seinen Mund aufgetan hat, um das Blut deines Bruders von deiner Hand zu empfangen! Wenn du den Erdboden bebaust, soll er dir fortan seine Kraft nicht geben; unstet und flüchtig sollst du sein auf der Erde. Und Kain sprach zu dem HERRN: Zu groß ist meine Strafe, dass ich sie tragen könnte. Siehe, du hast mich heute von der Fläche des Erdbodens vertrieben, und ich werde verborgen sein vor deinem Angesicht und werde unstet und flüchtig sein auf

Erkannte seine Frau – dieser Ausdruck wird in der Bibel für die eheliche Gemeinschaft, den Geschlechtsverkehr, verwendet.

Nach Verlauf einer Zeit – es handelt sich hier nicht um eine lückenlose Schilderung. In der Zwischenzeit können z. B. viele weitere Kinder geboren worden sein (Kains Frau, Menschen, vor denen Kain sich später fürchtet usw.).

Kain = Erwerb, Gewinn; Abel = Hauch, Vergänglichkeit

Kain bringt zuerst ein Opfer. Er ist ein religiöser Mensch und will Gott etwas geben. Abel bringt ein **Opfer von den Erstlingen seiner Herde** – dem Besten, was er hat (**von ihrem Fett** = die fettesten Tiere).

Angesicht gesenkt = ein Ausdruck für Unmut und Zorn

Lagert die Sünde vor der Tür – die Begierde wird wie ein Raubtier beschrieben, das dem Menschen auflauert.

Der Mensch wurde in Sünde geboren. Der erste Mensch, der geboren wurde, wurde der Mörder seines Bruders.

das Blut ... schreit – ein Mord verlangt nach gerechter Sühne. Das ist die Sprache allen Blutes, das unschuldig vergossen wurde – mit einer Ausnahme: Das vergossene Blut Jesu spricht den Schuldigen gerecht. Es ist das „... Blut der Besprengung, das besser redet als Abel" (Heb 12,24).

10

der Erde; und es wird geschehen: wer irgend mich findet, wird mich erschlagen. Und der HERR sprach zu ihm: Darum, jeder, der Kain erschlägt – siebenfach soll es gerächt werden. Und der HERR machte an Kain ein Zeichen, damit ihn nicht erschlüge, wer irgend ihn fände. Und Kain ging weg von dem Angesicht des HERRN und wohnte im Land Nod, östlich von Eden.

Und Kain erkannte sein Frau, und sie wurde schwanger und gebar Hanoch. Und er baute eine Stadt und benannte die Stadt nach dem Namen seines Sohnes Hanoch. Und dem Hanoch wurde Irad geboren; und Irad zeugte Mehujael, und Mehujael zeugte Methusael, und Methusael zeugte Lamech. Und Lamech nahm sich zwei Frauen; der Name der einen war Ada und der Name der anderen Zilla. Und Ada gebar Jabal; dieser war der Vater der Zeltbewohner und Herdenbesitzer. Und der Name seines Bruders war Jubal; dieser war der Vater aller derer, die mit der Laute und der Flöte umgehen. Und Zilla, auch sie gebar Tubalkain, einen Hämmerer von allerlei Schneidewerkzeug aus Kupfer und Eisen. Und die Schwester Tubalkains war Naama.

Und Lamech sprach zu seinen Frauen: Ada und Zilla, hört meine Stimme; Frauen Lamechs, horcht auf meine Rede! Einen Mann erschlug ich für meine Wunde und einen Jüngling für meine Strieme! Wenn Kain siebenfach gerächt wird, so Lamech siebenundsiebzigfach.

Und Adam erkannte seine Frau nochmals, und sie gebar einen Sohn und gab ihm den Namen Seth: Denn Gott hat mir einen anderen Nachkommen gesetzt an Stelle Abels, weil Kain ihn erschlagen hat. Und Seth, auch ihm wurde ein Sohn geboren, und er gab ihm den Namen Enos. Damals fing man an, den Namen des HERRN anzurufen.

wer mich findet – Kain fürchtet sich vor den weiteren Nachkommen Adams

siebenfach soll es gerächt werden – Gott behält sich selbst das Gericht vor. Er würde vollkommene Rache üben, wenn ein Mensch ihm vorgreifen würde (die Zahl 7 bedeutet in der Bibel Vollkommenheit und Vollständigkeit). Erst nach der Sintflut wird die Gerichtsbarkeit in die Hände des Menschen gelegt (1Mo 9).

der HERR machte an Kain ein Zeichen – das Zeichen wird nicht näher beschrieben. Es zeigte an, dass Kain wohl unter Gottes Gericht, aber auch unter seinem Schutz stand.

Nod – Flucht, Verbannung

Kains Frau war seine Schwester (oder seine Nichte). Zu Beginn waren Ehen unter Geschwistern logischerweise die Regel. Sie werden erst viel später von Gott im Gesetz verboten (vgl. 3Mo 18,7–17).

Unter den Nachfahren Kains kam es zu großen kulturellen Errungenschaften der Menschheit.

Lamech nahm sich zwei Frauen – hier tritt zum ersten Mal Polygamie auf. Gott hatte vorgesehen, dass *ein* Mann und *eine* Frau eine Ehe eingehen.

Bei Lamech zeigt sich die Gottlosigkeit der Kainiten. Er forderte für sich Blutrache nach dem Recht des Stärkeren, eine vielfache Vergeltung für geschehenes Unrecht.

Zur Linie **Seths** gehörten viele Menschen, die eine Beziehung zum lebendigen Gott hatten und seinen Namen anriefen. Religionen und Kulte mit vielen Gottheiten (Polytheismus) entstanden erst später.

Kain und Abel

Im vierten Kapitel der Genesis lernen wir nicht nur die furchtbare Natur der Sünde kennen, die zum Brudermord führt, sondern wir erfahren auch Einzelheiten über die Lebensweise der ersten Menschen und die ersten kulturellen Errungenschaften.

Die Anfänge der Menschheit

Adam und Eva, aus dem Garten Eden vertrieben, erfüllten Gottes Weisung, fruchtbar zu sein und sich zu vermehren. Ihre Familie bildet den Grundstock der Menschheit. Alle Menschen stammen von diesem ersten Ehepaar ab. Die weitere Geschichte ihrer Nachkommenschaft (beschrieben in den Kapiteln 4–11) enthält viele Informationen, die für das spätere Verständnis der Heilsgeschichte wichtig sind (z. B. die „Segenslinie" der Nachkommen Seths, die fortgesetzt wird bis auf Jesus Christus). Auch die Geschichte von Kain und Abel hat in dieser Hinsicht eine tiefere Bedeutung. Unsere Aufmerksamkeit soll allerdings jetzt weniger dem typologischen Inhalt gelten. Für das Verständnis der Urgeschichte sind die *historischen* Einzelheiten enorm wichtig. Zusammen mit dem Buch Hiob werfen sie Licht auf die kulturelle Entwicklung des Menschen seit frühester Zeit. Wir gewinnen durch diese Angaben ein Bild, das sich von der modernen, durch die Evolutionstheorie geprägten Vorstellung der Geschichte radikal unterscheidet.

Abb. 58: So stellt der Maler Schnorr von Carolsfeld die erste Familie dar.

Die Entstehung von Religion

Kain und Abel brachten Gott ein Opfer. Wir lesen nicht, dass sie damit eine Vorschrift Gottes erfüllten. Es handelte sich um eine freiwillige Gabe. Sie offenbarten damit eine Sehnsucht, die seit dem Sündenfall in jedem Menschen steckt. Der Mensch sucht Gott. Er sehnt sich danach, von ihm angenommen zu werden und Gemeinschaft mit ihm zu haben. Gott möchte seinerseits die Gemeinschaft mit seinen Geschöpfen erneuern und ihre Anbetung empfangen. Er kennt das Herz des Menschen und weiß, in welcher Gesinnung jemand zu ihm kommt.

Kain kam nicht in der richtigen Herzenshaltung. Obwohl es sogar so aussieht, als ginge die Darbringung der Opfer auf seine Initiative zurück, opferte er nicht aus Glauben: „… wie Kain aus dem Bösen war … Weil seine Werke böse waren, die seines Bruders aber gerecht" (1Joh 3,12). Von seinem Bruder Abel lesen wir: „Durch Glauben brachte Abel Gott ein vorzüglicheres Opfer dar als Kain, durch das er Zeugnis erlangte, dass er gerecht war" (Heb 11,4a). In ihren Opfern zeigte sich ihre Gesinnung. Es gibt verschiedene Auslegungen darüber, worin der Vorzug von Abels Opfergabe bestand.

Abb. 59: Das Opfer von Kain und Abel, ebenfalls von dem Maler Schnorr von Carolsfeld gemalt.

Wahrscheinlich war Kains Opfergabe weder deshalb unangemessen, weil er die Ergebnisse seiner eigenen Arbeit und Anstrengung brachte (Abel wird mit seinen Tieren ebenfalls Arbeit gehabt haben), noch weil sie aus dem verfluchten Erdboden kam. Der Erdboden wurde zwar verflucht, aber seine Erträge durften Gott geopfert werden (vgl. Opfergesetze in 3. Mose). Viele Ausleger sehen den entscheidenden Unterschied darin, dass Kain ein unblutiges Opfer brachte und damit die Sühnung durch den Tod eines stellvertretend sterbenden Tieres ablehnte. Das ist sicher die vorbildliche Bedeutung. Jedes Opfer in der Bibel ist ein Hinweis auf das eine gültige Opfer – Jesus Christus. Allerdings sollten wir unsere Erkenntnisse aus dem NT nicht zu schnell den Personen des AT zuschreiben. Wir wissen nicht, wie viel Kain und Abel schon davon verstanden, wie Gott einmal das Problem der Sünde lösen würde. Der Gedanke der Sühnung spielte evtl. in dieser Begebenheit gar keine Rolle, es scheint sich eher um ein Dankopfer als um ein Sündopfer gehandelt zu haben. Der entscheidende Hinweis ist, dass Abel „von den Erstlingen seiner Herde und von ihrem Fett" opferte. Er gab das Beste, was er hatte. Von Kain dagegen heißt es nur, dass er „von der Frucht des Erdbodens" opferte.

In diesem Kapitel begegnen uns Grundsätze, die allgemein gelten:

- Der Mensch ist auf der Suche nach Gott und möchte sich ihm nähern.
- Man kann nur in der richtigen Gesinnung (durch Glauben) zu Gott kommen – auf dem Weg, den er dafür vorgesehen hat.
- Es gibt zwei Gruppen von Menschen: solche, die sich Gott auf dem ihm gemäßen Weg nähern, und solche, die nach ihren eigenen Vorstellungen versuchen, zu Gott zu kommen; Letzteres ist das Wesen menschlicher Religion.
- Die frühe Menschheit kannte den einen wahren Gott und rief seinen Namen an (4,26).
- Menschliche Religionen und religiöse Ideen wie Animismus (sog. „Naturreligionen", Geisterglaube, Ahnenverehrung), Polytheismus (Vielgötterei), Pantheismus („Alles ist Gott"), Deismus („Gott hat geschaffen – seitdem schweigt er") und Atheismus („Es gibt keinen Gott") kamen erst viel später auf.

Landwirtschaft und Tierhaltung – seit Adam bekannt

Der Mensch lebte uranfänglich nicht als Jäger und Sammler. Jagen durfte er noch nicht (weil Gott ihm den Verzehr von Fleisch erst nach der Sintflut gestattete – 1. Mose 9,3), und zu sammeln brauchte er nicht, weil er bereits den viel effizienteren Ackerbau beherrschte. Gott selbst hatte ihn darin unterwiesen:

ZWEI GRUPPEN VON MENSCHEN IN DIESER WELT

Kain	Abel
Opfergabe: von der Frucht des Erdbodens (1Mo 4,3)	Opfergabe: von den Erstlingen seiner Herde und von ihrem Fett (1Mo 4,4)
• war aus dem Bösen • seine Werke waren böse • sein Weg war böse • Gott konnte ihn nicht annehmen • wurde zum Mörder (1Mo 4; 1Joh 3,12; Jud 11)	• war gerecht • brachte ein vorzügliches Opfer • wird von Gott angenommen • starb als Märtyrer (Zeuge Gottes) • Gott redet heute noch durch ihn (1Mo 4; Mt 23,35; Heb 11,4; 1Joh 3,12)
„Wehe ihnen! Denn sie sind den Weg Kains gegangen […] denen das Dunkel der Finsternis in Ewigkeit aufbewahrt ist." (Jud 11,13)	„Sie alle haben durch Glauben die Anerkennung Gottes gefunden […] Denn Gott hatte einen besonderen Plan: Sie sollten mit uns zusammen ans Ziel kommen, in sein Reich" (Heb 11,39.40; Hoffnung für alle)
Der Weg Kains ist der Weg **menschlicher Religion**	Der Weg Abels ist der Weg **Gottes**

Abb. 60: Seit Kain und Abel gibt es zwei Gruppen von Menschen auf der Welt. Eine Gruppe tritt in die Fußstapfen Abels, indem sie die Erlösung Gottes annimmt und gerecht gesprochen wird. Die andere Gruppe vertraut auf die eigene Gerechtigkeit und lehnt die Erlösung ab.

10

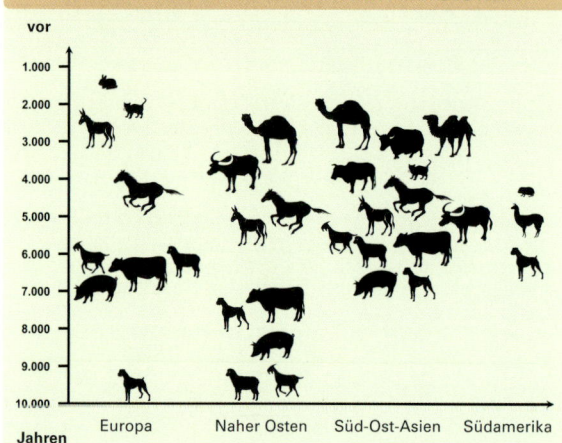

**ERSTES AUFTRETEN VON HAUSSÄUGERN
IN VIER VERSCHIEDENEN WELTRELIGIONEN**

Abb. 61: In diesem Diagramm ist die zeitliche Einordnung der Domestikation einiger Haustiere abzulesen. Der Zeitleiste liegt die gängige Datierung der modernen Archäologie zugrunde. Nach der Bibel gab es Haustiere schon sehr früh in der Menschheitsgeschichte. Wahrscheinlich war aber in vielen später besiedelten Gebieten die Re-Domestikation, also die erneute Zähmung verwilderter Haustierarten nötig. Tier- und Pflanzenarten verwildern schnell ohne menschliche Zucht und Pflege (nach Herre/Röhrs (1990), verändert).

Abb. 62: Die Amish–People sind eine christliche Gruppierung, die den technischen Fortschritt der letzten Jahrhunderte weitgehend ablehnt. Sie halten die mit der Technik verbundenen negativen Folgen (für ein gottgemäßes Leben) für so gravierend, dass sie auf den Komfort des modernen Lebens verzichten.

„Pflügt und eggt ein Bauer vor der Aussaat mehrfach dasselbe Feld? Nein! Sobald er den Acker einmal vorbereitet hat, sät er alles Mögliche an: Dill und Kümmel, dann Weizen, Hirse und Gerste, jedes an seinem bestimmten Platz, und schließlich am Rand des Feldes noch anderes Getreide. Er weiß genau, was zu tun ist, denn sein Gott hat es ihn gelehrt. Dill und Kümmel wird er nicht wie Getreide mit einer schweren Walze [bzw. Dreschschlitten] ausdreschen, sondern mit einem Stock klopft er die Samen sorgfältig aus. Und das Getreide – wird es etwa schonungslos zermalmt? Nein, natürlich nicht! Der Bauer drischt es nicht länger als nötig. Er lässt zwar seine Zugtiere die schwere Dreschwalze darüber ziehen, doch er achtet darauf, dass die Körner nicht zerquetscht werden. Das hat er von Gott gelernt, vom allmächtigen Herrn. Denn der ist ein weiser und wunderbarer Ratgeber" (Jesaja 28,24–29, Hoffnung für alle).

Wir können davon ausgehen, dass die Pflanzen Kains und die Tiere Abels von Gott zum Zweck der Nutzung durch den Menschen erschaffen wurden. Wenn die ersten Haustiere auch noch nicht so aussahen wie unsere heutigen Hochleistungsrassen, so schuf Gott sie doch als polyvalente Stammformen (siehe Abb. 124) mit einem Entwicklungspotential, das der Mensch sich durch Domestikation (Zähmung, Züchtung) zunutze machen konnte. Es ist bis heute eine offene Frage, ob die Domestikation von Wildtieren überhaupt möglich ist. Die wenigen historisch einwandfrei nachgewiesenen Bemühungen führten bestenfalls zu halbwilden Tieren (Beispiele hierfür sind: Rentier, Moschusochse, Bison, Elefant, Lama, Alpaka, Strauß). Der Bibelvers „Denn jede Natur, sowohl die der wilden Tiere als auch die der Vögel, sowohl die der kriechenden als die der Meerestiere, wird gebändigt und ist gebändigt worden durch die menschliche Natur" (Jak 3,7) bezieht sich nicht auf die Domestikation der genannten Tiere zu Haustieren.

Städte, Metalle, Musik und Vielweiberei – die Kultur der Kainiten

Bei den Nachfahren Kains blühte die Kultur auf. Er selbst baute die erste Stadt. Die ersten Menschen waren weder Höhlenbewohner noch umherziehende Nomaden, sondern sesshafte Bauern und Handwerker, die z. T. schon in Städten wohnten! Nomaden („Zeltbewohner und Herdenbesitzer") tauchen erstmals in der 7. Generation auf.

Die Herstellung anspruchsvoller Musikinstrumente und die Bearbeitung von Metallen stellen hohe Ansprüche an handwerkliches Geschick und Know-how. Diese Kenntnisse und Fertigkeiten entfalteten sich schon in den ersten Generationen der Menschheit – nicht erst in einer Jahrtausende dauernden langsamen Höherentwicklung. Ein falscher Eindruck entsteht u. a. dadurch, dass die archäologischen Funde der frühen menschlichen Kultur vermutlich aus der Zeit nach der Sintflut stammen.

„Neue Eltern"

Alleinerziehende Mütter

Alleinerziehende Väter

Homosexuelle Paare mit Kindern

Traditionelle Familien

freie Wohn- und Lebensgemeinschaften

„Zusammengesetzte Lebensformen"

Stief- und Fortsetzungs-Familien (Patchwork-F.)

Modernisierte Familien

Doppelverdiener-Familie

Wochenend-Familie

Familie mit Hausmann

Familie mit Tagesmutter

Kinderlose

Singles

Kinderlose Partnerschaften

Kinderlose Ehepaare

Schwule und lesbische Partnerschaften

Wochenend-Beziehung

Abb. 63: Bei den Nachkommen Kains ist schon deutlich die Missachtung der Schöpfungsordnung Gottes erkennbar. Lamech nahm sich zwei Frauen und setzte sich damit über die von Gott gegebene Form der Ehe (ein Mann und eine Frau) hinweg. Heute erleben wir, wie diese Ordnung vollständig aufgelöst wird. Jeder ist frei, einen individuellen „Lebensentwurf" zu wählen, wie es ihm gefällt. Die Folgen bleiben nicht aus.

In dieser Periode kam es durch Folgekatastrophen und die Zerstreuung der Menschheit wahrscheinlich vielfach zu kultureller und technologischer Verarmung (siehe S. 183).

Die erwähnten kulturellen Errungenschaften werden in der Bibel nicht negativ gesehen. Gott erlaubt dem Menschen, seine Intelligenz und sein technisches Können einzusetzen. Leider führt der erzielte Fortschritt häufig zur Überheblichkeit. Die Menschen glauben dadurch, von Gott unabhängig werden zu können. In der Person des Lamech wird uns ein erster Höhepunkt dieser negativen Entwicklung vorgestellt. Er nahm sein Recht selbst in die Hand und missachtete Gottes eingesetzte Ordnung, indem er sich zwei Frauen nahm. Im weiteren Verlauf nahm die Bosheit und Verdorbenheit der Menschen so stark zu, dass Gott die Sintflut über die Erde kommen ließ und mit einer einzigen Familie, acht Personen, einen Neuanfang machte.

«Themen-DVD»

- Bevölkerungswachstum zur Zeit Kains

«KOMPAKT»

Im Gegensatz zu der heute populären Vorstellung von äußerst primitiven Anfängen menschlicher Kultur begegnen uns Ackerbau, Viehzucht, Handwerk, Musik und das Leben in Städten schon von Beginn an.

10

Die Sintflut

Bibeltext: 1. Mose 6,9–9,19

Dies ist die Geschichte Noahs: Noah war ein gerechter, vollkommener Mann unter seinen Zeitgenossen; Noah wandelte mit Gott. Und Noah zeugte drei Söhne: Sem, Ham und Japhet. Und die Erde war verdorben vor Gott, und die Erde war voll Gewalttat. Und Gott sah die Erde, und siehe, sie war verdorben; denn alles Fleisch hatte seinen Weg verdorben auf der Erde.

Und Gott sprach zu Noah: Das Ende alles Fleisches ist vor mich gekommen; denn die Erde ist voll Gewalttat durch sie; und siehe, ich will sie verderben mit der Erde. Mache dir eine Arche aus Gopherholz; mit Kammern sollst du die Arche machen und sie von innen und von außen mit Harz verpichen. Und so sollst du sie machen: 300 Ellen sei die Länge der Arche, 50 Ellen ihre Breite, und 30 Ellen ihre Höhe. Eine Lichtöffnung sollst du der Arche machen, und bis zu einer Elle sollst du sie fertigen von oben her; und die Tür der Arche sollst du in ihre Seite setzen; mit einem unteren, zweiten und dritten Stockwerk sollst du sie machen. Denn ich, siehe, ich bringe die Wasserflut über die Erde, um alles Fleisch unter dem Himmel zu verderben, in dem ein Hauch des Lebens ist; alles, was auf der Erde ist, soll verscheiden. Aber mit dir will ich meinen Bund errichten, und du sollst in die Arche gehen, du und deine Söhne und deine Frau und die Frauen deiner Söhne mit dir. Und von allem Lebendigen, von allem Fleisch, je zwei von allen sollst du in die Arche bringen, um sie mit dir am Leben zu erhalten; männlich und weiblich sollen sie sein. Von den Vögeln nach ihrer Art und vom Vieh nach seiner Art, von allem Gewürm des Erdbodens nach seiner Art: Je zwei von allen sollen zu dir hineingehen, um am Leben zu bleiben. Und du, nimm dir von aller Speise, die gegessen wird, und sammle sie bei dir auf, dass sie dir und ihnen zur Nahrung sei. Und Noah tat es; nach allem, was Gott ihm geboten hatte, so tat er.

(A) Und der HERR sprach zu Noah: Geh in die Arche, du und dein ganzes Haus; denn dich habe ich als gerecht vor mir befunden in diesem Geschlecht. Von allem reinen Vieh sollst du sieben und sieben zu dir nehmen, ein Männchen und sein Weibchen; und vom Vieh, das nicht rein ist, zwei, ein Männchen und sein Weibchen; auch von den Vögeln des Himmels sieben und sieben, männlich und weiblich: um Samen am Leben zu erhalten auf der Fläche der ganzen Erde. Denn in noch sieben Tagen, so lasse ich auf die Erde regnen 40 Tage und 40 Nächte und werde vertilgen von der Fläche des Erdbodens alles Bestehende, das ich gemacht habe.

Und Noah tat nach allem, was der HERR ihm geboten hatte.

Und Noah war 600 Jahre alt, als die Flut kam: Wasser über die Erde. Und Noah und seine Söhne und seine Frau und die Frauen seiner Söhne mit ihm

Noah – Trost, Ruhe
ein gerechter, vollkommener Mann – aber nicht sündlos

Sem, Ham und Japhet – Japhet war der Älteste, Sem war zwei Jahre jünger, Ham war der Jüngste (siehe Abb. 44).

Arche = Kasten
Die Maße der Arche:

300 Ellen	(ca. 150 m)	Länge
50 Ellen	(ca. 25 m)	Breite
30 Ellen	(ca. 15 m)	Höhe

Während der Bauzeit der Arche konnten die Menschen auf das nahende Gericht aufmerksam werden, trotzdem wurde nur Noah mit seiner Familie gerettet. „… als die Langmut Gottes harrte in den Tagen Noahs, während die Arche zugerichtet wurde, in die wenige, das ist acht Seelen, eingingen und durch Wasser [d. h. durch das Wasser hindurch] gerettet wurden" (1Pet 3,20).

von allem, was da lebt … sollst du je zwei in die Arche führen" – das war die „allgemeine Vorschrift": ein Paar von jeder Tierart.

von aller Speise, die gegessen wird – Noah musste für seine Familie und für alle Tiere Proviant für mehr als ein Jahr mitnehmen.

von allem reinen Vieh sollst du sieben und sieben zu dir nehmen … Auch von den Vögeln des Himmels sieben und sieben – die „spezielle Vorschrift", sieben Paare zu nehmen, gilt nur für reine Tiere und Vögel.

Der Sintflutbericht ist in erster Linie ein historischer Bericht, der ein tatsächliches Ereignis beschreibt. Darüber hinaus enthält er viel Typologie. Die Situation der Menschen vor dem Gericht hat Gemeinsamkeiten mit der Zeit unmittelbar vor dem zukünftigen Gericht: „Und wie es in den Tagen Noahs geschah, so wird es auch in den Tagen des Sohnes des Menschen sein: Sie aßen, sie tranken, sie heirateten, sie wurden verheiratet, bis zu dem Tag, als Noah in die Arche ging; und die Flut kam und brachte alle um" (Lk 17,26.27).

Und Noah war 600 Jahre alt – die Zeitrechnung des Sintflutverlaufs wird am Lebensalter Noahs festgemacht. Die exakte Datierung der einzelnen Flutphasen ist ein deutliches Kenn-

gingen in die Arche vor den Wassern der Flut. Vom reinen Vieh und vom Vieh, das nicht rein ist, und von den Vögeln und von allem, was sich auf dem Erdboden regt, kamen zwei und zwei zu Noah in die Arche, ein Männliches und ein Weibliches, wie Gott Noah geboten hatte.

Und es geschah nach sieben Tagen, da kamen die Wasser der Flut über die Erde.

(B) Im sechshundertsten Lebensjahr Noahs, im zweiten Monat, am siebzehnten Tag des Monats, an diesem Tag brachen auf alle Quellen der großen Tiefe, und die Fenster des Himmels taten sich auf. Und der Regen fiel auf die Erde 40 Tage und 40 Nächte. An eben diesem Tag gingen Noah und Sem und Ham und Japhet, die Söhne Noahs, und die Frau Noahs und die drei Frauen seiner Söhne mit ihnen in die Arche: sie und alle Tiere nach ihrer Art und alles Vieh nach seiner Art und alles Gewürm, das sich auf der Erde regt, nach seiner Art, und alle Vögel nach ihrer Art, jeder Vogel von allerlei Gefieder. Und sie gingen zu Noah in die Arche, je zwei und zwei von allem Fleisch, worin ein Hauch des Lebens war. Und die hineingingen, waren männlich und weiblich, von allem Fleisch kamen sie, wie Gott ihm geboten hatte. Und der HERR schloss hinter ihm zu.

Und die Flut kam vierzig Tage lang über die Erde. Und die Wasser mehrten sich und hoben die Arche empor; und sie erhob sich über die Erde. Und die Wasser nahmen überhand und mehrten sich sehr auf der Erde; und die Arche fuhr auf der Fläche der Wasser. Und die Wasser nahmen so sehr überhand auf der Erde, dass alle hohen Berge, die unter dem ganzen Himmel sind, bedeckt wurden. 15 Ellen darüber nahmen die Wasser überhand, und die Berge wurden bedeckt. Da verschied alles Fleisch, das sich auf der Erde regte, an Vögeln und an Vieh und an Tieren und an allem Gewimmel, das auf der Erde wimmelte, und alle Menschen; alles starb, in dessen Nase ein Atem von Lebenshauch war, von allem, was auf dem Trockenen war. Und vertilgt wurde alles Bestehende, das auf der Fläche des Erdbodens war, vom Menschen bis zum Vieh, bis zum Gewürm und bis zu den Vögeln des Himmels; und sie wurden von der Erde vertilgt. Und nur Noah blieb übrig und was mit ihm in der Arche war.

(C) Und die Wasser nahmen überhand auf der Erde 150 Tage.

Und Gott gedachte an Noah und an alle Tiere und an alles Vieh, das mit ihm in der Arche war: Und Gott ließ einen Wind über die Erde fahren, und die Wasser sanken. Und die Quellen der Tiefe und die Fenster des Himmels wurden verschlossen, und dem Regen vom Himmel wurde gewehrt.

zeichen dafür, dass es sich um einen historischen Bericht handelt.

brachen auf alle Quellen der großen Tiefe – vielleicht kann man hierbei an ein unterirdisches System von Wasserspeichern denken, die sich auf die Erdoberfläche entleerten.

Fenster des Himmels taten sich auf – ein bildhafter Ausdruck, der mit Sicherheit mehr als einen ausgiebigen Niederschlag in Form von Regen bezeichnet. Ein solcher weltweiter Dauerregen (40 Tage lang) ist unter heutigen Klimaverhältnissen nicht mehr möglich.

kamen zwei und zwei zu Noah in die Arche – die Tiere kamen zu Noah. Gott führte sie ihm zu – und zwar paarweise.

der HERR schloss hinter ihm zu – es gibt ein „ZU SPÄT!" Gott wartet oft lange mit seinem Gericht und ist zur Vergebung bereit – aber irgendwann ist es zu spät. Diesen Zeitpunkt bestimmt Gott allein.

dass alle hohen Berge, die unter dem ganzen Himmel sind, bedeckt wurden – es gab offensichtlich schon vor der Flut hohe Berge (wenn sie auch wahrscheinlich deutlich niedriger waren als die höchsten heutigen Berge). Der Hinweis „unter dem ganzen Himmel" bekräftigt, dass die Wasser der Flut die ganze Erde vollständig bedeckten.

und sie wurden von der Erde vertilgt – einige Ausleger verstehen diesen Vers so, dass alle Lebewesen, die vor der Flut lebten, vollständig und ohne Spuren zu hinterlassen vernichtet wurden. In diesem Fall wären alle Fossilien Folgen nachsintflutlicher Ereignisse.

11

(D) Und die Wasser wichen von der Erde, fortwährend weichend. Und die Wasser nahmen ab nach Verlauf von 150 Tagen. Und im siebten Monat, am siebzehnten Tag des Monats, ruhte die Arche auf dem Gebirge Ararat.

(E) Und die Wasser nahmen fortwährend ab bis zum zehnten Monat; im zehnten Monat, am Ersten des Monats, wurden die Spitzen der Berge sichtbar.

(F) Und es geschah nach Verlauf von 40 Tagen, da öffnete Noah das Fenster der Arche, das er gemacht hatte, und ließ den Raben hinaus; und der flog hin und her, bis die Wasser von der Erde vertrocknet waren. Und er ließ die Taube von sich hinaus, um zu sehen, ob die Wasser sich verlaufen hätten von der Fläche des Erdbodens;

(G) aber die Taube fand keinen Ruheort für ihren Fuß und kehrte zu ihm in die Arche zurück; denn die Wasser waren noch auf der Fläche der ganzen Erde; und er streckte seine Hand aus und nahm sie und brachte sie zu sich in die Arche.

(H) Und er wartete noch sieben weitere Tage und ließ die Taube nochmals aus der Arche hinaus. Und die Taube kam zu ihm um die Abendzeit, und siehe, ein abgerissenes Olivenblatt war in ihrem Schnabel. Und Noah erkannte, dass die Wasser sich von der Erde verlaufen hatten.

(I) Und er wartete noch sieben weitere Tage und ließ die Taube hinaus; und sie kehrte fortan nicht wieder zu ihm zurück.

(J) Und es geschah im sechshundertersten Jahr, im ersten Monat, am Ersten des Monats, da waren die Wasser von der Erde vertrocknet. Und Noah tat die Decke von der Arche und sah: Und siehe, die Fläche des Erdbodens war getrocknet.

(K) Und im zweiten Monat, am siebenundzwanzigsten Tag des Monats, war die Erde trocken.

Und Gott redete zu Noah und sprach: Geh aus der Arche, du und deine Frau und deine Söhne und die Frauen deiner Söhne mit dir. Alle Tiere, die bei dir sind, von allem Fleisch, an Vögeln und an Vieh und an allem Gewürm, das sich auf der Erde regt, lass mit dir hinausgehen, dass sie auf der Erde wimmeln und fruchtbar seien und sich mehren auf der Erde. Und Noah ging hinaus und seine Söhne und seine Frau und die Frauen seiner Söhne mit ihm. Alle Tiere, alles Gewürm und alle Vögel, alles, was sich auf der Erde regt, nach ihren Arten, gingen aus der Arche.

Und Noah baute dem HERRN einen Altar; und er nahm von allem reinen Vieh und von allen reinen Vögeln und opferte Brandopfer auf dem Altar. Und der HERR roch den lieblichen Geruch, und der HERR sprach in seinem Herzen: Nicht mehr will ich fortan den Erdboden verfluchen um des Menschen wil-

Das Wassergericht wird im Allgemeinen nicht mehr als historische Tatsache angenommen. Die Menschen reagieren mit Spott auf die Ankündigung des Wiederkommens Jesu und das drohende Gericht – und dann kommt es. Nicht als Wassergericht, sondern als Feuergericht. Die alte Schöpfung wird darin vollständig vernichtet, um einer neuen Schöpfung Platz zu machen.

„... indem ihr zuerst dieses wisst, dass in den letzten Tagen Spötter mit Spötterei kommen werden, die nach ihren eigenen Begierden wandeln und sagen: Wo ist die Verheißung seiner Ankunft? Denn seitdem die Väter entschlafen sind, bleibt alles so von Anfang der Schöpfung an. Denn nach ihrem Willen ist ihnen dies verborgen, dass von alters her Himmel waren und eine Erde, entstehend aus Wasser und im Wasser durch das Wort Gottes, durch welche [Wasser] die damalige Welt, von Wasser überschwemmt, unterging. Die jetzigen Himmel aber und die Erde sind durch dasselbe Wort aufbewahrt für das Feuer, behalten auf den Tag des Gerichts und des Verderbens der gottlosen Menschen ... die Elemente aber im Brand werden aufgelöst und die Erde und die Werke auf ihr werden verbrannt werden ... Wir erwarten aber nach seiner Verheißung neue Himmel und eine neue Erde, in denen Gerechtigkeit wohnt (2Pet 3,3–7.10).

Und die Taube kam zu ihm ... ein abgerissenes Olivenblatt war in ihrem Schnabel – die Rückkehr der Taube zeigte an, dass das Gericht beendet war und die Erde wieder bewohnt werden konnte. Die Taube mit dem Olivenzweig im Schnabel ist seither als „Friedenstaube" ein Symbol für den Frieden.

len; denn das Sinnen des menschlichen Herzens ist böse von seiner Jugend an; und nicht mehr will ich fortan alles Lebende schlagen, wie ich getan habe. Fortan, alle Tage der Erde, sollen nicht aufhören Saat und Ernte, Frost und Hitze, Sommer und Winter, Tag und Nacht.

Und Gott segnete Noah und seine Söhne und sprach zu ihnen: Seid fruchtbar und mehrt euch, und füllt die Erde; und die Furcht und der Schrecken vor euch sei auf allen Tieren der Erde und auf allen Vögeln des Himmels! Alles, was sich auf dem Erdboden regt, und alle Fische des Meeres, in eure Hände sind sie gegeben. Alles, was sich regt, was da lebt, soll euch zur Speise sein; wie das grüne Kraut gebe ich es euch alles. Nur das Fleisch mit seiner Seele, seinem Blut, sollt ihr nicht essen; und wahrlich, euer Blut, nach euren Seelen, werde ich fordern; von jedem Tier werde ich es fordern, und von der Hand des Menschen, von der Hand eines jeden, seines Bruders, werde ich die Seele des Menschen fordern. Wer Menschenblut vergießt, durch den Menschen soll sein Blut vergossen werden; denn im Bild Gottes hat er den Menschen gemacht. Ihr nun, seid fruchtbar und mehrt euch, wimmelt auf der Erde und mehrt euch auf ihr!

Und Gott sprach zu Noah und zu seinen Söhnen mit ihm und sagte: Und ich, siehe, ich errichte meinen Bund mit euch und mit euren Nachkommen nach euch; und mit jedem lebendigen Wesen, das bei euch ist, an Vögeln, an Vieh und an allen Tieren der Erde bei euch, was irgend von allen Tieren der Erde aus der Arche gegangen ist. Und ich errichte meinen Bund mit euch. Und nicht mehr soll alles Fleisch ausgerottet werden durch die Wasser der Flut. Und keine Flut soll mehr sein, um die Erde zu verderben. Und Gott sprach: Dies ist das Zeichen des Bundes, den ich stifte zwischen mir und euch und jeder lebendigen Seele, die bei euch ist, auf ewige Geschlechter hin: Meinen Bogen setze ich in die Wolken, und er soll das Zeichen des Bundes sein zwischen mir und der Erde. Und es wird geschehen, wenn ich Wolken über die Erde führe, so soll der Bogen in den Wolken erscheinen, und ich werde meines Bundes gedenken, der zwischen mir und euch ist und jedem lebendigen Wesen, von allem Fleisch. Und nicht mehr sollen die Wasser zu einer Flut werden, um alles Fleisch zu verderben. Und der Bogen wird in den Wolken sein; und ich werde ihn ansehen, um zu gedenken des ewigen Bundes zwischen Gott und jedem lebendigen Wesen von allem Fleisch, das auf der Erde ist. Und Gott sprach zu Noah: Das ist das Zeichen des Bundes, den ich errichtet habe zwischen mir und allem Fleisch, das auf der Erde ist.

Und die Söhne Noahs, die aus der Arche gingen, waren Sem und Ham und Japhet; und Ham ist der Vater Kanaans. Diese drei sind die Söhne Noahs, und von diesen aus ist die ganze Erde bevölkert worden.

Alles, was sich regt und lebt, soll euch zur Nahrung dienen – Gott erlaubt ausdrücklich die Nutzung aller Tiere als Nahrungsquelle. Im NT wird das bestätigt: „Alles, was auf dem Fleischmarkt verkauft wird, esst, ohne zu untersuchen um des Gewissens willen" (1Kor 10,25; vgl. auch 1Tim 4,1–5).

Wer sich als Christ aus ethischen Gründen vegetarisch ernährt, kann sich nicht auf die Bibel berufen. Es gibt allerdings für den Fleischverzicht durchaus medizinische, ökologische, ökonomische oder hygienische Gründe.

denn im Bild Gottes hat er den Menschen gemacht – die Gottesebenbildlichkeit des Menschen wird hier als Begründung für den unbedingten Schutz menschlichen Lebens genannt.

Im Judentum werden von dem Bund Gottes mit Noah die „Sieben noachitischen Gesetze" abgeleitet. Da der Bund sich an alle Menschen richtet, geht man im Judentum davon aus, dass die Nationen (alle Völker außer Israel) von Gott auf der Grundlage dieser Gesetze gerichtet werden. Als Gebote Noahs werden genannt:

1. Gebot, eine Regierung (zumindest eine Rechtsprechung) einzurichten.
2. Du sollst den Namen Gottes nicht lästern.
3. Du sollst keinen Götzendienst ausüben.
4. Du sollst nicht töten (keines Menschen Blut vergießen).
5. Du sollst nicht ehebrechen.
6. Du sollst nicht stehlen.
7. Du sollst kein Blut essen.

Bogen in den Wolken – der Regenbogen ist ein Zeichen Gottes zur Erinnerung an den hier geschlossenen Bund und das Versprechen, die Erde nicht noch einmal unter Wasser zu setzen.

von diesen aus ist die ganze Erde bevölkert worden – die gesamte Menschheit geht auf die drei Söhne Noahs zurück. In 1. Mose 10 und 11 werden einzelne Völker bis zu diesem frühen Ursprung zurückgeführt. Leider ist es heute z. T. sehr schwierig, diese alten Völker noch zu identifizieren (siehe S. 102).

Die Sintflut

Abb. 64: Eine Seefahrt, die ist lustig. So niedlich wird die Arche auf unzähligen Abbildungen dargestellt. Solche Darstellungen fördern bewusst oder unbewusst die Ansicht, dass es sich bei der Sintflut eher um ein biblisches Märchen als um ein historisches Ereignis handelt (Grafik: Answers in Genesis).

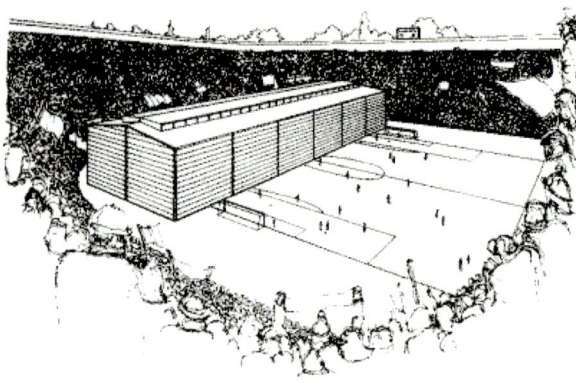

Abb. 65: Bei diesem Modell der Arche sind die Angaben der Bibel zugrunde gelegt. In einem Fußballstadion „geparkt", werden ihre riesigen Dimensionen deutlich (Hartmann/Junker, 1990).

Abb. 66: Vor gut 200 Jahren beschäftigte den Kirchenmann und Professor für Wasserbau Johann Esaias Silberschlag (1716–1791) die Thematik Sintflut und Wahrheit der Bibel. Er vereinigte in sich pietistische Gläubigkeit mit einer ausgeprägten Liebe zur Naturwissenschaft. In seinem Werk versucht er, den biblischen Sintflutbericht mit den Lehren der Naturwissenschaft in Deckung zu bringen. Dabei legt er u. a. sogar einen Bauplan der Arche Noah vor.

Die Arche

Der Bau eines Schiffes zur Rettung aller „Nichtschwimmer" unter den Lebewesen – ist diese Idee nicht eher Stoff für eine schöne Legende als historische Wirklichkeit?

Die Arche – das größte Rettungsboot aller Zeiten

Noah bekam von Gott genaue Angaben zum Bau eines riesigen Holzkastens (das ist die Bedeutung des lateinischen Wortes arca = Kasten).

Mit 300 x 50 x 30 Ellen (in Meter jeweils etwa die Hälfte, also 150 x 25 x 15) war sie lange Zeit (bis 1850) das größte Schiff der Welt.

Mit einer interessanten Berechnung konnte Prof. Dr. Werner Gitt zeigen, dass diese Maße für einen Kasten mit drei Stockwerken (bei Schiffen spricht man ja eigentlich von „Decks") optimal sind, wenn sowohl die höchste Schwimmstabilität als auch der geringste Material- und Arbeitsaufwand erreicht werden soll. Da die Angaben von Gott selbst stammen, ist das auch zu erwarten.

Die Einzelheiten dieser Berechnung sind auf der DVD abgelegt. Für Mathematik-Freaks und Ingenieure ist es wahrscheinlich kein Problem, die Berechnung nachzuvollziehen, der Laie hat es da etwas schwerer.

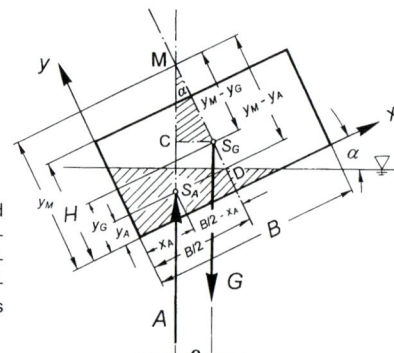

Abb. 67: Kräfte und Koordinaten zur Berechnung der Stabilität eines kastenförmigen Schwimmkörpers (Gitt, 2001).

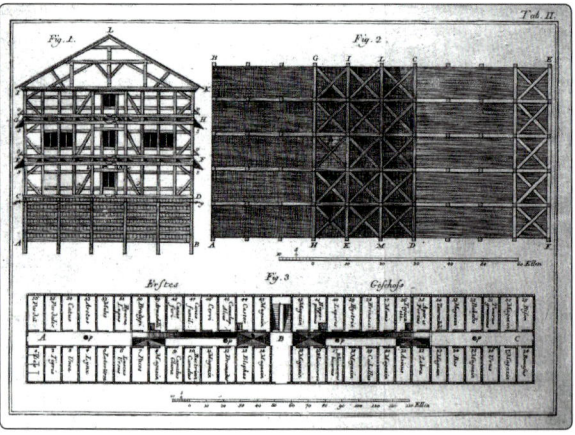

War die Arche groß genug, um alle Tiere aufzunehmen?

Zu dieser Frage haben sich schon viele Autoren skeptisch oder optimistisch geäußert. Nach 1. Mose 7,15 „gingen zu Noah in die Arche, je zwei und zwei von allem Fleisch, worin ein Hauch des Lebens war." Welche Tiere damit genau gemeint waren, kann nicht sicher gesagt werden. Nach Grundtypen gerechnet (s.u.) war auch bei Einbeziehung ausgestorbener Formen Abschäzungen zufolge genügend Platz. Über die Frage, wie die Tiere dort untergebracht waren und versorgt wurden, können wir nur spekulieren. Die Bibel teilt uns keine Einzelheiten darüber mit, wie Noah seine Arche belud. Eine Abschätzung des benötigten Platzbedarfs wird in den nebenstehenden Tabellen aufgeführt. Wenn sie nur einigermaßen realistisch ist, kommt man sogar zu der umgekehrten Frage: Warum musste die Arche so riesig sein, hätte sie nicht auch ein paar Nummern kleiner ausfallen können?

Wir können annehmen, dass die Vorgänge, die zur Aufspaltung der Arten führten, erst durch die stark veränderten Umweltbedingungen nach der Flut an Bedeutung gewannen. Unter diesen Umständen wäre evtl. jede *erschaffene Art* (= *Grundtyp*, vgl. S. 85) mit nur einem (bzw. sieben) Paar vertreten gewesen. Wenn sich die bisher zusammengetragenen Untersuchungen zu den Grenzen der Grundtypen weiter bestätigen, so fallen diese meist mit dem Taxon (Einheit in der Einteilung) der „Familie" zusammen. (Diese Annahme lag den Berechnungen in Abb. 68 zugrunde.) Eine ausführlichere Berechnung dazu ist auf der DVD abgelegt.

ANZAHL DER HEUTIGEN TIERARTEN (BIOSPEZIES)

Gruppe	Beispiele	Anzahl	Abzug
Einzeller	Pantoffeltierchen, Amöben	40.000	40.000
Schwämme	Kalk- oder Kieselschwämme	5.000	5.000
Nesseltiere	Quallen, Seeanemonen, Korallen	10.000	10.000
Plattwürmer	Bandwürmer, Leberegel	16.100	16.100
Fadenwürmer	Rädertiere, Nematoden	23.000	23.000
Weichtiere	Schnecken, Muscheln, Tintenfi.	130.000	130.000
Ringelwürmer	Regenwürmer, Blutegel	17.000	17.000
Gliederfüßler	Spinnen, Krebse, Insekten **(3)**	1.000.000	
Stachelhäuter	Seesterne, Seeigel	6.500	6.500
Manteltiere	Seescheiden, Lanzettfischchen	1.700	1.700
Fische	Hai, Hecht, Barsch	20.600	20.600
Amphibien	Salamander, Molche, Frösche	3.300	
Reptilien	Schildkröten, Echsen, Schlangen	6.300	
Vögel	Sperlinge, Enten, Adler, Pinguine	8.600	
Säugetiere	Mäuse, Schafe, Löwen, Elefanten	3.700	

Total Summe aller Tierarten   **(1)** 1.291.800 **269.900** (2)

BERECHNUNG ANZAHL INDIVIDUEN

Gruppe → **(4)**	Vögel (7 Paare)	Säugetiere (meistens 1 Paar)	Amphibien und Reptilien
nach Biospezies			
Anzahl der Arten	8.600	3.700	9.600
Faktor **(5)**	x14	x2,2	x2
Anzahl der Individuen:	**120.400**	**8.140**	**19.200**
nach Grundtypen			
pro Grundtyp	50	20	30
Individuen **(6)**	2.400	400	600
Faktor	x2	x2	x3
Indivi. (ausgestorbene) **(7)**	4.800	800	1.800
Anzahl der Individuen:	**7.200**	**1.200**	**2.400**

Summe der Individuen nach Grundtypen: 10800 (8)

GRÖSSE DER ARCHE (Annahme: 1 Elle = 0,5 m)

Länge: 150 m / Breite: 25 m / Höhe: 15 m / Decks: 3

Grundfläche = Länge x Breite	=150 x 25 m	= 3.750 m²
Gesamtfläche =		
Grundfläche x Anzahl der Decks = 3.750 m² x 3		= 11.250 m²
Volumen = Grundfläche x Höhe = 3.750 m² x 15 m		= **56.250 m³**

BERECHNUNG PLATZBEDARF DER TIERE

Gruppe →	Vögel	Säugetiere	Amphibien Reptilien
Anzahl der Arten	7.200	1.200	2.400
Platzbedarf pro Tier	0,5 m³	1,5 m³	1,0 m³
Platzbedarf insgesamt:	**3.600 m³**	**1.800 m³**	**2.400 m³**

Total Platzbedarf: 7.800 m³ (9)

Abb. 68: Mit diesen Berechnungen wird eine grobe Abschätzung vorgenommen, wie viel Platz die Tiere benötigten, die in die Arche hineingingen. Ausgangspunkt ist die Anzahl der heutigen Biospezies **(1)**. Davon werden die Arten abgezogen, die nicht in die Arche mussten (weil es sich um wasserlebende Tiere handelt) **(2)**. Wahrscheinlich konnten auch die meisten Insekten **(3)** (die den weitaus größten Teil der Arten ausmachen) außerhalb der Arche überleben. Für den Platzbedarf spielen sie ohnehin eine untergeordnete Rolle. Deshalb konzentrieren wir uns auf die landlebenden Wirbeltiere **(4)**. Um mit der Anzahl der Individuen (= einzelne Tiere) weiterzurechnen, brauchen wir einen Faktor **(5)** (für „ein Paar" = 2 und „sieben Paare" = 14). Dann versuchen wir die Anzahl der Grundtypen **(6)** abzuschätzen, wobei auch die ausgestorbenen Grundtypen **(7)** berücksichtigt werden müssen.

Mit einem *durchschnittlichen* Platzbedarf **(8)** von 0,5 m³ für Vögel, 1 m³ für Reptilien/Amphibien und 1,5 m³ für Säugetiere wird sehr großzügig gerechnet. Es ergibt sich ein Platzbedarf **(9)**, der nicht einmal 15% der Arche einnimmt (wenn mit einer Elle von 50 cm gerechnet wird). Zu Noah wird außerdem gesagt: „Und du, nimm dir von aller Speise, die gegessen wird, und sammle sie bei dir auf, dass sie dir und ihnen zur Nahrung sei" (6,21). Auch dafür war reichlich Platz.

Abb. 69: Befindet sich die Arche heute noch auf dem Ararat? Um diese spannende Frage ranken sich viele Gerüchte und Spekulationen (mehr zu diesem Thema auf der DVD).

11

Abb. 70: Der Bau der Arche Noah (französischer Meister, 17. Jh.).

11

Wie konnte Noah alle Tiere einsammeln?

Diese Frage taucht in kritischen Überlegungen immer wieder auf. Einerseits wird damit das Problem der geographischen Verteilung der Tierarten angesprochen (wie z. B. in dieser Version: „Musste das Känguru den ganzen Weg von Australien herbeihüpfen?"). Darauf kann man antworten, dass die Geographie der Erde, ihre Lebensräume und die unterschiedlichen Tierarten vor der Flut wahrscheinlich anders aussahen (vgl. S. 79).

Andererseits wird in Frage gestellt, ob ein einzelner Mann mit seiner Familie diesen immensen organisatorischen Aufwand bewältigen konnte. In dieser Hinsicht gibt die genaue Untersuchung des Textes Auskunft. „Und sie gingen zu Noah in die Arche, … von allem Fleisch, … kamen sie, wie Gott ihm geboten hatte" (7,15.16). Nirgendwo steht etwas davon, dass Noah die Tiere zusammentreiben oder einsammeln musste. Sie kamen zu ihm. Man braucht dabei nicht unbedingt nach einer natürlichen Erklärung (wie z. B. den Fluchtinstinkt der Tiere und ihre Vorahnung der Katastrophe) zu suchen. Gott konnte die Tiere auch direkt veranlassen, in die Arche zu gehen.

Außerdem hatten die Tiere vor der Flut noch keine Furcht vor den Menschen. Erst nach der Flut wurde der Mensch zu ihrem Jäger: „Und die Furcht und der Schrecken vor euch sei auf allen Tieren der Erde und auf allen Vögeln des Himmels!" (9,2).

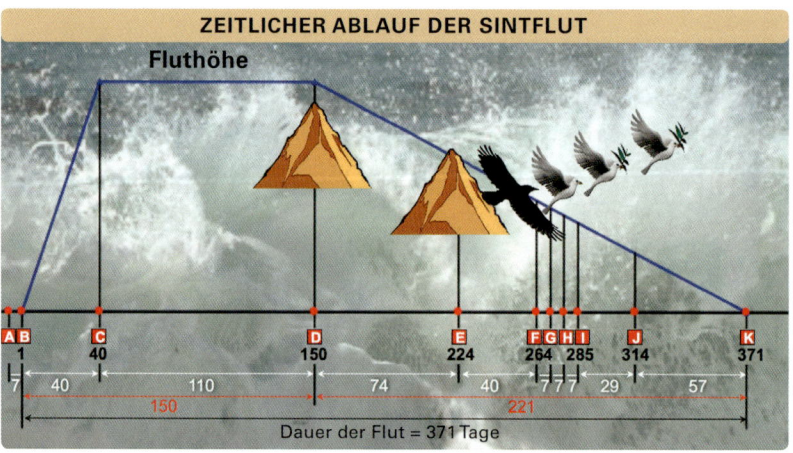

Abb. 71: Das Schema stellt den zeitlichen Ablauf der Sintflut dar.

(A) Auf Gottes Befehl begibt sich Noah mit seiner Familie an Bord der Arche.

(B) Sieben Tage später bricht das Gericht herein. Die Quellen der großen Tiefe und die Fenster des Himmels überschütten die Erde 40 Tage lang.

(C) Dann hat die Flut ihren Höchststand erreicht. Das Wasser steht 15 Ellen (ca. 7-8 m) über den höchsten Bergen.

(D) Die Erde ist 110 Tage lang von dieser Wassermasse bedeckt. Danach beginnt sie abzusinken. Die Arche ruht zu diesem Zeitpunkt auf (oder „über") dem Gebirge (oder „Land") Ararat.

(E) 74 Tage später sind die ersten Bergspitzen sichtbar.

(F) Nach 40 Tagen lässt Noah einen Raben fliegen; er kehrt nicht zurück.

(G) Nach 7 Tagen sendet er eine Taube aus; sie kehrt zurück.

(H) Nach weiteren 7 Tagen sendet er erneut eine Taube aus; sie kehrt ebenfalls zurück – mit einem Olivenzweig.

(I) Nach weiteren 7 Tagen sendet Noah die Taube erneut aus; sie kehrt nicht mehr zurück.

(J) Nach weiteren 29 Tagen deckt Noah das Dach der Arche auf.

(K) Er wartet noch weitere 57 Tage, dann ist die Erde so weit getrocknet, dass er mit seiner Familie und den geretteten Tieren die Arche verlassen kann.

Die Flut hat damit insgesamt 371 Tage gedauert.

Die Indexbuchstaben zu den einzelnen Ereignissen sind im Bibeltext eingefügt (Grafik nach Gitt, 2000).

«Themen-DVD»

- Passten alle Tiere in die Arche Noah?
- „Und die Sintflut gab es doch"

«KOMPAKT»

Die Bibel lässt keinen Zweifel daran, dass es sich bei der in 1. Mose 6–8 beschriebenen Sintflut um ein historisches Ereignis, und zwar um eine weltweite Überflutung der Erde handelt. Ebenso historisch ist die Person des Noah, der in Gottes Auftrag ein Schiff (Arche) baut. Damit wurde die Rettung seiner Familie und aller Tierarten, die nicht an das ständige Leben im Wasser angepasst sind, möglich.

Die Sintflut

Die weltweite Flut, von der die Bibel uns berichtet, kann vieles auf der Erde verändert haben. Inwieweit kann die Sintflut wissenschaftlich erforscht und gedeutet werden?

Nur im Nahen Osten eine Überschwemmung?

Schon häufig wurde versucht, die Sintflut (das altdeutsche Wort bedeutet „große, andauernde Flut") als eine lokale Flutkatastrophe, eine örtlich begrenzte Überschwemmung zu deuten. Die Bibel lässt für solche Spekulationen keinen Raum. Sie betont vielmehr, dass die „damalige Welt, von Wasser überschwemmt, unterging" (2Pet 3,6). Gott gab nach diesem Ereignis die Zusage: „Und keine Flut soll mehr sein, um die Erde zu verderben" (1Mo 9,11). Sollte er sich damit auf eine regionale Flut bezogen haben, so hätte er sein Wort seither vielfach gebrochen. Es gab immer wieder schwere Überflutungen durch das aufgepeitschte Meer, andauernde Regenfälle und anschwellende Flüsse mit Hunderttausenden von Toten.

Bei einer regionalen Flut hätte Noah sich und die Tiere woanders in Sicherheit bringen können. Es wird ausdrücklich festgestellt, dass die ganze Menschheit bis auf acht Seelen vernichtet wurde (1Pet 3,20). Die Wassermassen brauchten 40 Tage, um abzuregnen und aus der Erde zu strömen, sie standen 110 Tage lang 15 Ellen (= 7–8 m) über den höchsten Bergen (wenn diese auch wahrscheinlich deutlich niedriger waren als heute) und brauchten 150 Tage, um wieder abzufließen. Danach dauerte es noch einmal 70 Tage, bis die Erde wieder so trocken war, dass Noah die Arche verlassen konnte. Die Sintflut war im wahrsten Sinne des Wortes die „Mutter aller Fluten".

Gab es verschiedene Sintfluten?

Liest man die Darstellungen verschiedener (bibeltreuer) Autoren über die Abläufe und Folgen der Sintflut, so könnte man zu dem Schluss kommen, dass fast jeder eine andere Sintflut beschreibt. Natürlich schreiben alle über die einmal geschehene weltweite Flut (Gott selbst betont, dass dieses Gericht einmalig ist – 1Mo 9,15). Aber wie kommt es zu diesen Unterschieden?

Es gibt verschiedene „Sintflutmodelle" (siehe Abb. 74), also verschiedene Annahmen, welche Erscheinungen der Geologie und Paläontologie in welcher Weise durch die Flut erklärt werden können. Jedes Modell hat seine Stärken und Schwächen. Es gibt heute eine riesige Anzahl von Fossilienfunden, Gesteinsanalysen, Tiefenbohrungen, Geodaten, Satellitenaufnahmen und Modellrechnungen, die berücksichtigt werden müssen, um zu einem widerspruchsfreien Modell zu kommen. Die Bibel liefert uns keine Angaben über die damals abgelaufenen geologischen Vorgänge (wenn man davon absieht, dass das Aufbrechen der „Brunnen der großen Tiefe" erwähnt wird – 1Mo 7,11). *Außerdem stellt sich immer noch die Frage, inwieweit die Sintflut – als ein übernatürliches, einmaliges und Jahrtausende zurückliegendes Eingreifen Gottes in seine Schöpfung – überhaupt wissenschaftlich zugänglich ist.*

In der folgenden Betrachtung und Bewertung verschiedener Flutmodelle wird davon ausgegangen, dass das Kambrium-Perm-Modell (C, S. 69) die Gesteins- und Fossilüberlieferung bisher am besten zu erklären vermag.

Welche Erkenntnisse liefern Geologie, Paläontologie und Archäologie in Bezug auf die Sintflut?

„Die **Geologie** ist die Lehre von der Geschichte der Erde, von der Entstehung, dem Material, dem Aufbau und der Gestaltung der Erdkruste und den sie verändernden Kräften" – so steht es im Wörterbuch. Die Sintflut hat die Erde verändert.

Abb. 72: Wenn die Sintflut nur regional begrenzt stattfand und die Wasser über allen hohen Bergen standen, ergibt sich dieses Bild.

11

Abb. 73: Gott hat versprochen, die Erde nicht mehr durch Wasser zu vernichten. Wenn er damit gemeint hätte, dass es keine regionalen Überschwemmungen mehr geben würde, hätte er sein Wort schon oft gebrochen. Dieses Bild wurde während des schrecklichen Tsunamis 2004 aufgenommen.

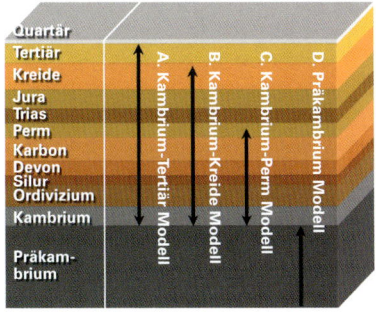

Abb. 74: In den Sintflutmodellen geht es um die Frage: Welche geologischen Systeme entsprechen dem Sintflutjahr? (nach M. Stephan/T. Fritsche, 2000)

Abb. 76: Die Funde von Dinosauriernestern sind eine kleine Sensation. Einige Tiere saßen noch auf dem Nest (A), als sie schnell und gewaltsam verschüttet wurden. Manche Embryonen wurden in ihren Eiern fossilisiert (C). Das alles lässt ein schnelles, katastrophisches Ereignis erkennen.

Diese katastrophische Verschüttung scheint sich am gleichen Ort mehrmals wiederholt zu haben, denn diese Nester kommen in mehreren Schichten übereinander vor. Es sieht so aus, als ob die Oviraptoren (B) ihr Brutgebiet immer wieder aufgesucht haben. Solch ein Befund kann nicht innerhalb eines einzigen (Sintflut-) Jahres erklärt werden (Junker/Scherer, 2013).

11

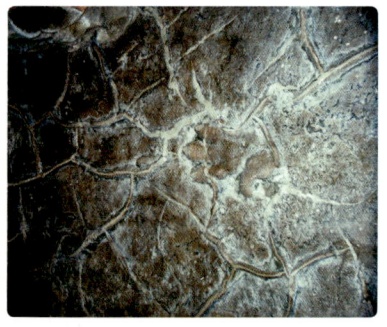

Abb. 77: Funde wie dieser sind keine Seltenheit. Wenn schlammige Oberflächen schnell trocknen, entstehen solche Trockenrisse. Mittendurch führt die Fährte eines Sauriers.

Auch diesen Vorgang (die Erde trocknet und wird später wieder überflutet, zwischendurch spaziert ein Saurier darüber) kann man sich im Jahr der Sintflut kaum vorstellen. Andererseits muss dieser Vorgang schnell abgelaufen sein, da die Spuren sonst verwischt wären.

Abb. 78: So sah die Fundsituation eines Dinosauriers aus, in dessen Magen man Gastrolithen („Magensteine") fand. (Mit freundlicher Erlaubnis von Dr. Billy de Klerk, Albany Museum, Südafrika, abgedruckt.)

Der Saurier hat diese Steine zu Lebzeiten vermutlich als Verdauungshilfe geschluckt. Sie bestehen z. T. aus verfestigtem Sedimentgestein, und in einigen sind Fossilien enthalten. Also ein kurioser Fall von „Fossilien in einem Fossil". Die Fossilien im Gastrolithen waren schon Fossilien, als der Saurier sie verschluckte. Es können nicht beide im Sintflutjahr entstanden sein.

In der **Archäologie** geht es um die Spuren menschlicher Geschichte. Bisher sind keine Zeugnisse menschlicher Existenz gefunden worden, die man eindeutig in die Zeit vor der Flut einordnen könnte. Daher spielt die Archäologie für unser Thema bislang keine Rolle.

Die **Paläontologie** beschäftigt sich mit den Fossilien, den heute auffindbaren Spuren früherer Lebewesen. Das meiste, was wir über die Geschichte der Lebewesen in der Vergangenheit erfahren können, erfahren wir aus dem Studium der Fossilien. Die verschiedenen Fossilien liegen nicht wahllos in der Erde verteilt herum, sie lassen eine gewisse Reihenfolge erkennen. Dieser Befund gilt allgemein als eines der wichtigsten Argumente für eine evolutionäre Entwicklung aller Lebensformen aus einem gemeinsamen Ursprung. In Kapitel 22 geht es darum, welche Probleme diese Deutung mit sich bringt. Viele Arten lassen nämlich während ihres gesamten Auftretens kaum Veränderungen erkennen (Stasis), und die Zwischenformen (*missing links*) fehlen oder sind umstritten.

In diesem Kapitel geht es aber um die Erklärungen zur Gesteins- und Fossilüberlieferung. Wie passt sie zur Schöpfung? Was lässt sich durch die Sintflut erklären? Dabei kommt der Sintflut und ihren Folgekatastrophen besondere Bedeutung zu. Nur mit Katastrophen großräumigen Ausmaßes lässt sich die schnelle Ablagerung mancher großflächig abgelagerten Erdschichten erklären.

„Flutmodelle" – Beschreibungen der Flut

Mit den Modellen zur Sintflut wird der Versuch unternommen, die geologischen Veränderungen und Umwälzungen, die als Folge dieser Katastrophe auf der Erde stattfanden, wissenschaftlich einzuordnen und zu beschreiben. Nachfolgend werden die vier wichtigsten Modelle vorgestellt:

(A) Kambrium-Tertiär-Modell

Nach diesem Modell sind fast alle geologischen Schichten und Sedimente ab dem Kambrium innerhalb des Sintflutjahres entstanden. Die Ordnung der geologischen Schichtfolge wird abgelehnt. Wenn sie anerkannt wird (und es gibt gute Gründe dafür, sie anzuerkennen), ergeben sich unlösbare Widersprüche in diesem Modell.

Die zahlreichen Austrocknungen und Besiedlungen, die in einzelnen Schichten nachzuweisen sind, können innerhalb des Sintflutjahres nicht erklärt werden. Ein bekanntes Beispiel dafür sind mehrere Funde von Dinosauriernestern (teilweise sitzen brütende Dinosaurier noch auf ihren Eiern), die in mehreren Schichten übereinander gefunden wurden. Diese Entdeckung aus der oberen Kreide zeigt, dass der Brutplatz über mehrere Fortpflanzungsperioden aufgesucht wurde (siehe Abb. 76).

Ein weiteres Beispiel sind fossilhaltige Gastrolithen. Dabei handelt es sich um Magensteine verschiedener Dinosaurierarten. Sie wurden von den Tieren vermutlich als Verdauungshilfe geschluckt. Durch ihre Reibung wurde die Nahrung zerquetscht und zermahlen (diese Technik wird heute noch von ver-

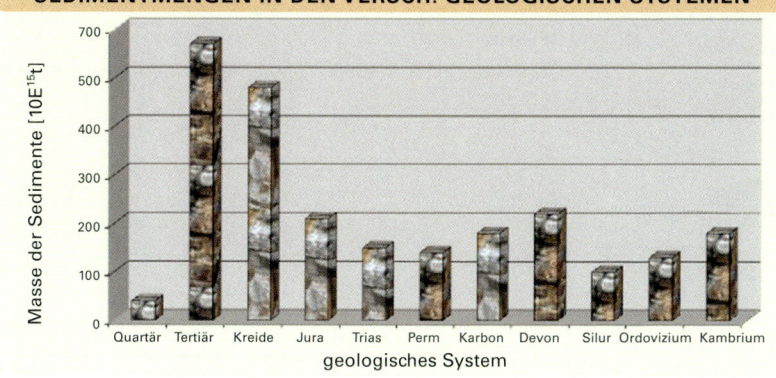

SEDIMENTMENGEN IN DEN VERSCH. GEOLOGISCHEN SYSTEMEN

Masse der Sedimente [10E¹⁵t] (10^{15} t)

geologisches System: Quartär, Tertiär, Kreide, Jura, Trias, Perm, Karbon, Devon, Silur, Ordovizium, Kambrium

Abb. 79: Die abgelagerten Sedimentmengen der geologischen Systeme wurden statistisch berechnet (Angaben in Billiarden Tonnen). Die großen Bewegungen in Tertiär und Kreide haben nach dem Kambrium-Perm-Modell in der Zeit nach der Sintflut stattgefunden (nach J.W. Holt).

schiedenen Tierarten angewandt). Das Besondere ist, dass sie schon Fossilien enthielten, als der Saurier sie schluckte (siehe Abb. 78).

Die Erklärung, dass sich alle Fossilien während der Flut gebildet haben, ist somit hinfällig.

(B) Kambrium-Kreide-Modell

In diesem Modell endet die Flut in der oberen Kreidezeit (also oberhalb der Dinosauriernester). Das darauf liegende Tertiär wäre erst nach der Flut abgelagert worden. Doch in den darunter liegenden Schichten kommen auch Tierfährten (von Landtieren!), Trockenrisse (siehe Abb. 77) und Durchwurzelung (Hinweis auf Pflanzenwachstum) vor; dies alles kann nicht im Jahr der Flut entstanden sein. Deshalb sprechen diese Befunde auch gegen das Kambrium-Kreide-Modell.

Ein Hauptproblem bei diesem (und auch bei dem vorhergehenden) Modell sind die schwachen Erklärungen zur regelhaften Fossilablagerung. Da auch hier fast alle Schichten im Jahr der Sintflut abgelagert worden wären, kommt dafür bisher nur die Theorie der „hydrodynamischen Sortierung" in Frage (siehe S. 72), die aber schwerwiegende Schwächen hat.

Meistens wird in diesen beiden Modellen die Kontinentalverschiebung ebenfalls in das Flutjahr verlegt. Eine derartig gewaltsame und extrem schnelle Bewegung der tektonischen Platten ist geologisch schwer zu verstehen.

(C) Kambrium-Perm-Modell

Die Schichten bis ins Perm werden als Produkte der Sintflut erklärt. Die folgenden Schichten wären dann durch Folgekatastrophen nach der Flut entstanden. Für die regelhafte Fossilablagerung bietet dieses Modell mit der Theorie der „Megasukzessionen" eine interessante Lösung. Allerdings kann diese nur auf die oberen Schichten bezogen werden. Bis zum Karbon müssen auch hier andere Faktoren angenommen werden.

Um das vollständige Fehlen der „höheren" Tiere in den unteren Schichten zu begründen, wird von einigen Vertretern angenommen, dass alles Leben der Erde (im Gegensatz zum Leben im Wasser) vollständig und ohne fossile Spuren zu hinterlassen vernichtet wurde. Die Verse 1. Mose 6,13: „... ich will sie verderben mit der Erde", und 7,23: „... und sie wurden von der Erde vertilgt", werden als ein wichtiger Hinweis dafür angesehen.

Die Kohlelagerstätten des Karbon (dort liegen die meisten, deshalb auch der Name: Karbon = Kohle) können durch das Modell eingebetteter Schwimmwälder gut erklärt werden. Es gibt aber Kohle nicht nur im Karbon. Etwas unklar bleibt die Herkunft von riesigen Kohleflözen im Tertiär. Woher sollen diese großen Mengen an organischem Material Jahrhunderte nach der Flut gekommen sein? Sie müssten Jahrhunderte gedriftet sein, aber das wirft neue Probleme auf.

Es gibt Gründe, den Beginn der Eiszeit im unmittelbaren Anschluss an die Sintflut zu vermuten. In diesem Modell würde sie erst lange Zeit danach einsetzen.

11

Abb 80: Der Ararat in Ostanatolien ist mit 5165 m Höhe der höchste Berg der Türkei. Es handelt sich um einen geologisch jungen Vulkan, der noch in der Eiszeit (also noch lange nach der Sintflut) aktiv war. Die ihn umgebenden Gebirge (Taurus-, Zagros-, Pontisches und Kaukasusgebirge) entstanden hauptsächlich im Tertiär. (Satellitenfoto: NASA)

GEOLOGISCHE SYSTEME

Zeit		typische Arten
Ära	System	
Känozoikum (Erdneuzeit)	Quartär	
	Jungtertiär	
	Alttertiär	
Mesozoikum (Erdmittelalter)	Kreide	
	Jura	
	Trias	
Paläozoikum (Erdaltertum)	Perm	
	Karbon	
	Devon	
	Silur	
	Ordovizium	
	Kambrium	

Abb. 81: Die geologischen Systeme mit typischen Tier- und Pflanzenarten, die darin als Fossilien vorkommen.

Ein Sintflutmodell ist erst dann gut, wenn es mit der Bibel übereinstimmt und die Reihenfolge der Fossilablagerung plausibel erklären kann.

Abb. 82: Wie lassen sich die wissenschaftlichen Daten vor dem Hintergrund des biblischen Sintflutberichts deuten?

Die Hauptkritik an dem Modell besteht im nachsintflutlichen Szenario. In den höheren Schichten wurden immer noch gigantische Sedimentmassen bewegt (siehe Abb. 79) – dies scheint nur auf einer total chaotischen Erde vorstellbar zu sein. *Die Menschen aus der Arche konnten aber in dieser Umgebung überleben – und sogar Wein anbauen.* Das ist besonders erstaunlich, wenn man sich die Gegend des Araratgebirges unter diesem Aspekt anschaut, die nach der Flut ein wildes und katastrophenzerrüttetes Terrain gewesen wäre. Eine mögliche Lösung ist, dass die Bibel nirgendwo vom „Berg Ararat", sondern nur vom „Gebirge" oder „Land Ararat" spricht. Außerdem steht dort nur, dass die Arche auf (oder „über") dem Gebirge Ararat ruhte. Das war am 17. Tag des 7. Monats, als das Wasser noch über allen Bergen stand. In der Bibel steht nicht explizit, dass die Arche dort landete. Möglicherweise ist das in der Bibel erwähnte Gebirge Ararat nicht mit dem heutigen Berg Ararat identisch.

Man kann sich für dieses Modell die Zuordnung mit der einfachen Formel merken: Präkambrium (Erdurzeit) = vor der Flut, Paläozoikum (Erdaltertum) = Diluvium (Flutjahr), Mesozoikum = nach der Flut. Die geordnete Fossilabfolge und andere Befunde im Paläozoikum können in diesem Modell bisher nicht erklärt werden.

(D) Präkambrium-Modell

Die Sintflut hat nach diesem Modell in den fossilführenden Gesteinsschichten (Phanerozoikum) überhaupt keine Spuren hinterlassen. Gottes Gericht war so vollständig, dass die Welt vor der Flut ohne Spuren verschwand. Damit werden alle Schichten, Sedimente und Fossilien als Folge der nachsintflutlichen Katastrophen gesehen. Hierbei stellt sich ebenfalls die Frage, wie Menschen und Tiere in einer derartigen Abfolge schwerster Katastrophen überleben konnten. Nach allem, was wir heute über Umweltzusammenhänge wissen, müssen bei derart heftigen geologischen Vorgängen fatale Auswirkungen auf alle marinen und terrestrischen Lebensräume angenommen werden. Und nach dem Fossilienbericht müssten Lebewesen dieses Katastrophenzeitalter ja nicht nur überlebt, sondern sich darin auch noch prächtig vermehrt und ausgebreitet haben. Die biblische Chronologie lässt für diese ganzen Vorgänge nicht sehr viel Zeit. So bietet dieses Modell zwar andere Möglichkeiten zur Interpretation der Fossilienabfolge, ist aber im Übrigen äußerst fragwürdig.

Kein geologisches Flutmodell – was nun?

Tatsächlich haben sich alle bisher vorgeschlagenen Sintflutmodelle als unzulänglich erwiesen. Es ist noch nicht gelungen, die Daten der Gesteins- und Fossilüberlieferung im Licht der biblischen Offenbarung widerspruchsfrei zu interpretieren. Wer gehofft hat, die Sintflut wissenschaftlich beweisen zu können, wird bis heute enttäuscht. Sie lässt sich genauso wenig beweisen wie das Schöpfungshandeln Gottes. Von dem Ideal, einem Modell, das sowohl

ZEIT		FOSSILE FUNDE VON				
ÄRA	SYSTEM	MENSCHEN	SÄUGETIERE	DINOSAURIER	AMMONITEN	TRILOBITEN
Känozoikum (Erdneuzeit)	Quartär					
	Tertiär					
Mesozoikum (Erdmittelalter)	Kreide					
	Jura					
	Trias					
Känozoikum (Erdneuzeit)	Perm					
	Karbon					
	Devon					
	Silur					
	Ordovizium					
	Kambrium					

Abb. 83: Die Abfolge der Organismengruppen wird hier etwas vereinfacht an fünf Beispielen dargestellt. Die Trilobiten (Dreilapp-Krebse) sind typisch für die unteren Schichten. Dann starben sie offensichtlich aus und wurden ab der Trias nicht mehr gefunden.

Die Ammoniten sind im Devon erstmals überliefert und starben wohl am Ende der Kreide aus.

Dinosaurierfunde sind nur aus Trias, Jura und Kreide fossil überliefert.

Die ersten Säugetiere sind ab der Trias fossil überliefert; Säugetiere leben bekanntlich heute noch.

Die ersten fossilen Hinweise auf Menschen sind aus dem Tertiär (umstritten) oder Quartär bekannt (nach M. Stephan, 2015).

mit dem Sintflutbericht der Bibel als auch mit den Erkenntnissen der Wissenschaft übereinstimmt, sind wir heute noch weit entfernt. Immerhin wird das Bild mit dem Fortgang der Forschung klarer, und manche Erklärungen sind noch relativ jung und werden weiter entwickelt. So legt z. B. ein Konzept für eine biblisch-urgeschichtliche Geologie (Stephan 2010) den Deutungsrahmen eines „moderaten Katastrophismus variabler Intensität" zugrunde, der sich über die gesamte biblische Urgeschichte vom Sündenfall bis zur Besiedlung des Zweistromlandes erstreckt.

Wer hat die Fossilien sortiert?

Einige bibeltreue Wissenschaftler argwöhnen heute noch: „Die Paläontologen und Geologen haben die Sortierung vorgenommen, um Evolution zu beweisen." Mit anderen Worten: Die geologische Schichtfolge, wie sie im Lehrbuch steht, ist konstruiert, es gibt sie in Wirklichkeit gar nicht. Doch die Belege dafür, dass die geologische Schichtfolge im Allgemeinen zutrifft, sind überwältigend. Wir werden später noch genauer auf den Fossilbericht der Erdschichten zu sprechen kommen. An dieser Stelle begnügen wir uns damit, die geologischen Systeme (siehe Abb. 221) als zutreffende Beschreibung anzuerkennen.

Wie kam es zu dieser Reihenfolge der Ablagerung? Warum findet man Menschenfossilien und Säugetiere nur in den oberen Schichten? Warum entsteht der Eindruck einer Höherentwicklung? Um diese Befunde zu deuten, sind verschiedene Faktoren und Prozesse in der Diskussion. Die fünf wichtigsten schauen wir uns hier einmal an:

1. Unterschiedliche Lebensräume

Die unterschiedlichen Lebensräume werden in jedem Modell mit herangezogen, um die Schichtenfolge zu deuten. Die Deutungen gehen allerdings in verschiedene Richtungen. In einigen Modellen wird angenommen, dass zuerst die Wasserlebewesen umkamen und eingebettet wurden und später die Landbewohner. Das hat damit zu tun, dass das „Aufbrechen der Brunnen der großen Tiefe" zuerst erwähnt wird. Wenn man diese Beschreibung auf den Aufbruch der Tiefseeböden bezieht, sind die Meeresbewohner auch die ersten Opfer. Bei den Landbewohnern würde es dann weiter einen Unterschied ausmachen, in welcher Höhe die einzelnen Arten sich ansiedelten.

Vertreter des Kambrium-Perm-Modells sehen es eher so, dass alle Landbewohner zuerst untergingen, ohne Spuren zu hinterlassen. Die verschiedenen Lebensräume spielen dann erst bei der Wiederbesiedlung der Erde eine Rolle. Die Tiere wären demzufolge in den bereits neu besiedelten Gebieten durch Folgekatastrophen fossilisiert worden. Diese Deutung setzt die Kombination mit Punkt 4, den Megasukzessionen, voraus. In diesem Rahmen würde man erwarten, dass

Abb. 84: Erst Meere, dann Meere und Seen, später Sümpfe und erst zuletzt trockenes Festland – war das die Abfolge der Lebensräume nach der Flut? Dann könnte es unter anderem eine Erklärung für die Abfolge der fossilen Arten sein (jedenfalls in Modell C und D).

nach der Flut zuerst überwiegend marine, dann limnische, später sumpfige und zuletzt terrestrische Lebensräume für eine Besiedlung zur Verfügung standen (also Meere, Seen, Sümpfe, Landflächen). Außerdem kämen die höher gelegenen Gebiete bei späteren, regional begrenzten Katastrophen tatsächlich als Rückzugsräume in Frage.

Leider gibt es jedoch viele Ausnahmen dazu. Wasserlebende Säugetiere z. B. sollten mit den anderen Wasserbewohnern zusammen erwartet werden können usw. Die Befunde sind leider nicht einheitlich, obwohl eine Tendenz zu erkennen ist.

2. Mobilität (= Beweglichkeit)

Das Mobilitätsargument macht die unterschiedliche Beweglichkeit der Organismen für die Reihenfolge ihrer Fossilisation verantwortlich.

In Modell A und B wird daraus folgender Schluss gezogen: Die langsamen und schwerfälligen Tiere wurden rasch von der Flut eingeholt und eingebettet, während z. B. höhere Säugetiere, Menschen und Vögel sich länger auf hochgelegene Plätze retten konnten. Einige Autoren vermuten sogar, dass die unterschiedliche Intelligenz der Tiere dabei einen großen Unterschied ausmachte. Die intelligenteren, nach der Evolutionstheorie „höher entwickelten" Tiere hätten sich besser in Sicherheit bringen können und seien später umgekommen und fossilisiert worden.

Diese Vorstellung ist nicht sehr plausibel. Die einzige Fluchtmöglichkeit hätte darin bestanden, höher gelegene Orte aufzusuchen. Dabei hätte das von oben herabströmende Wasser eine solche Flucht wahrscheinlich unmöglich gemacht.

Im Kambrium-Perm-Modell spielt die Mobilität für die Ausbreitungsgeschwindigkeit bei der Wiederbesiedlung nur eine untergeordnete Rolle. Die Wachstumsrate von Populationen und die Anpassungsfähigkeit der Tiere an die verfügbaren Lebensräume werden als weit wichtigere Kriterien erachtet.

Die unterschiedliche Beweglichkeit der Tiere hilft jedoch, die geographische Verbreitung von Arten zu erklären. Viele isoliert liegende Inseln konnten z. B. nur aus der Luft (Vögel, Insekten) und vom Meer her besiedelt werden. Solche Fragestellungen sind ein Thema der Biogeographie.

3. Hydrodynamische Sortierung

Als 1961 in den USA das später berühmt gewordene Buch *The Genesis Flood* herauskam, wurden viele Wissenschaftler dadurch motiviert, sich verstärkt mit der wissenschaftlichen Untersuchung der Erdgeschichte auf biblischer Basis auseinander zu setzen. Dieses Werk hat eine Bewegung ausgelöst, in deren Folge die Schöpfungsforschung einen großen Aufschwung erlebte.

Als ein Kernargument für die Fossilabfolge wird dort die „sortierende Wirkung von bewegtem Wasser" angeführt. Leider erwies sich dieses Konzept als äußerst schwach. Bisher konnte nicht gezeigt werden, dass zwischen der Sink- und Transportgeschwindigkeit der verschiedenen Organismen und ihrem Auftreten in den Sedimenten ein

Abb. 85: Welche Rolle hat es für die Fossilienschichtung gespielt, in welchem Lebensraum die Tiere von der Flut überrascht wurden? Konnten einige Tiere der Katastrophe länger entkommen als andere?

Gliederung			Ammonitenzonierung	Schichtnamen
Weiss-jura			jüngerer Weissjura	
	Tithon	mittleres	Pseudolissoceras bavaricum	Neuburger Bankkalke
		unteres	Franconites vimineus	Rennertshofener Schichten
			Neochetoceras mucronatum	Usseltal-Schichten
			Hybonoticeras hybonotum	"Solnhofener Plattenkalke"
	Kimeridge	oberes	Virgataxioceras setatum	
			Enosphinctes subeumelus	Treuchtlinger Marmor
			Enosphinctes pedinopleurus	
		mittleres	Aulacostephanoceras eudoxus	
			Aulacostephanoceras mutabilis	
		unteres	Katroiceras divisum	Obere graue Mergelkalke
			Ataxioceras hypselocyclum	
			Sutneria platynota	
	Oxford	oberes	Sutneria galar	Wohlgebankte Kalke
			Idoceras planula	
		unteres	Epipeltoceras bimammatum	
			Divisosphinctes bifurcatus	
			Arishinctes plicatilis	Untere graue Mergelkalke
			Cardioceras cordatum	
			Quenstedtoceras mariae	
Braun-jura	Callov	oberes	Lamberticeras lamberti	
			Peltoceras athleta	Ornatenton
		mittleres	Erymnoceras coronatum	
			Zugokosmoceras jason	
		unteres	Sigaloceras calloviense	Macrocephalenschichten
			Macrocephalites macrocephalus	
	Bathon	oberes	Clydoniceras discus	
			Oxycerites orbis	
			Prohecticoceras retrocostatus	Aspidoidesschichten / Varianschichten
		mittleres	Morrisiceras morrisi	
			Tulites subcontractus	
		unteres	Procerites progracilis	
			Zigzagiceras zigzag	
	Bajoc	oberes	Parkinsonia parkinsoni	Parkinsonienschichten
			Garantiana garantiana	"Subfurcatenschichten"
			Strenoceras niortensis	
		mittleres	Stephanoceras humphriesianum	Stephanoceratenschichten
			Otoites sauzei	Sauzei-Schichten
		unteres	Witchellia laeviuscula	"Sowerbyi-Schichten"
			Hyperlioceras discites	
	Aalen	oberes	Graphoceras concavum	Eisensandstein
			Ludwigia murchisonae	
			Leioceras comptum	
		unteres	Leioceras opalinum	Opalinumton
Schwarz-jura	Toarc	oberes	Pleydellia aalensis	Oberer Schwarzjuramergel (Radians-Schichten)
			Dumortieria levesquei	
			Grammoceras thouararense	
			Haugia variabilis	
		unteres	Hildoceras bifrons	Posidonienschiefer
			Harpoceras falcifer	
			Dactylioceras tenuicostatum	
	Pliensbach	oberes	Pleuroceras spinatum	Obere Schwarzjuratone (Amaltheenschichten)
			Amaltheus margaritatus	
		unteres	Prodactylioceras davoei	Unterer Schwarzjuramergel (Numismalismergel)
			Tragophylloceras ibex	
			Uptonia jamesoni	
	Sinemur	oberes	Echioceras raricostatum	Untere Schwarzjuratone (Raricostatenschichten)
			Oxynoticeras oxynotum	
			Asteroceras obtusum	
		unteres	Arnioceras semicostatum	Arietenschichten
			Arnietites bucklandi	
	Hettang	oberes	Schlotheimia augulata	Angulatenschichten
			Alsatites liasicus	
		unteres	Psiloceras planorbis	Psilonotenschichten

Abb. 86: Diese Tabelle zeigt die aktuelle feinstratigraphische Gliederung des Jura. In der Spalte „Ammonitenzonierung" sind die Gattungs- und Artnamen von Ammoniten aufgeführt, die für diese Zone typisch sind. Sie dienen als Leitfossilien, um eine Schicht zuzuordnen. Die Technik der feinen Unterteilung von Schichten mithilfe der enthaltenen Fossilien wurde von Friedrich August Quenstedt (1809–1889) eingeführt. Er zeichnete und beschrieb die Ammoniten sehr sorgfältig. Eine Tafel aus seinen Werken ist im Hintergrund zu sehen. Seitdem wird sein System ständig überprüft und weiter verfeinert. Die Unterschiede zwischen den verschiedenen Arten sind oft sehr gering. Eine so exakte Ablagerungsreihenfolge lässt sich keinesfalls mit „hydrodynamischer Sortierung" erklären (nach M. Stephan, 2000).

$$\text{Sinkgeschwindigkeit} = \frac{\text{Erdbeschleunigung} \times \text{Körpergröße } (r2) \times (\text{Dichte Organismus} - \text{Dichte Wasser})}{\text{Viskosität} \times \text{Formwiderstand}}$$

Abb. 87: Mit dieser Formel lässt sich die Sinkgeschwindigkeit von Organismen berechnen. Sie sinken unterschiedlich schnell, wenn sie sich in ihrer Größe, ihrer Dichte oder ihrem Formwiderstand unterscheiden.

11

Zusammenhang besteht. Gerade unter den „niederen" Lebewesen sind viele Tiere und Pflanzen, die ihr Leben im Wasser schwebend verbringen. Sie haben durch verschiedene Eigenschaften (geringe Körpergröße und Dichte, erhöhter Formwiderstand durch Körperfortsätze usw.) ihre Sinkgeschwindigkeit minimiert und müssten zuletzt abgelagert worden sein.

Selbst wenn sich eine derartige Sortierung exakt vollziehen würde, so könnte sie doch immer nur die Reihenfolge der Fossilien innerhalb eines einzelnen Ablagerungsereignisses erklären. *Die geologischen Schichten lassen aber viele aufeinanderfolgende Horizonte erkennen. Diese können nicht gemeinsam sortiert worden sein. Auch sind viele Fossilien autochthon, d. h. sie wurden dort eingebettet, wo sie auch lebten.* Besonders die Bodenlebewesen, die Bauten hinterlassen haben, lassen erkennen, dass sie lebendig begraben wurden. Sie wurden also nicht durch das Wasser transportiert und können deshalb auch nicht sortiert worden sein. Deshalb ist von vornherein klar, dass dieses Prinzip nur eine sehr beschränkte Aussagekraft hat.

4. Megasukzessionen

Durch Dr. Joachim Scheven wurde das Modell der „Megasukzessionen" im deutschsprachigen Raum sehr populär. Wenn ein verwüsteter Lebensraum ganz neu besiedelt wird, kommt es zu so genannten „Sukzessionen", das sind ökologische Besiedlungsabfolgen. Sie sind gekennzeichnet durch Massenvermehrungen, Zusammenbrüche und schnelle Wechsel von Lebensgemeinschaften.

Es gab bereits verschiedene Gelegenheiten, zu beobachten, wie die Natur sich nach einer großen Katastrophe verhält. Am besten wurde das bisher bei Vulkanausbrüchen erforscht (z. B. dem letzten Ausbruch des Mt. St. Helens und des Krakatau). Zuerst wurde in dem betroffenen Gebiet alles Leben verbrannt und verschüttet. Dann kamen zuerst sehr genügsame Pflanzen (Pionierpflanzen) und siedelten sich an. Es folgten andere Pflanzenarten und verdrängten die ersten. Mit den Tierarten geht es genauso, eine Artgemeinschaft löst die andere ab. Es dauert oft eine Zeit, bis ein stabiles Gleichgewicht zwischen den Tier- und Pflanzenarten (Klimax) erreicht ist. Solche Vorgänge sind auch für die Zeit nach der Sintflut zu erwarten.

Das Szenario sähe dann so aus: Als die Sintflut vorüber war, kam die Erde noch nicht sofort wieder zur Ruhe. Das Klima veränderte sich in der Folgezeit stark. Es kam zu einer Erwärmung der Meere, einer Abkühlung der Kontinente (Eiszeit), vielen Erdbeben und Vulkanausbrüchen. Gebirge türmten sich auf, Täler (Grabenbrüche) senkten sich ein, Wüsten trockneten aus, Flüsse bahnten sich ihren Weg ins Meer. An tiefen Stellen sammelte sich das Wasser zu Seen; an flachen Stellen entstanden Sümpfe und Moore. Die große, zusammenhängende Kontinentalplatte brach an mehreren Stellen auf, und die einzelnen Kontinente drifteten auseinander.

In dieser wilden und gefährlichen Umgebung mussten sich die Überlebenden der Sintflut behaupten. Ihr Leben war bedroht von Flutwellen, Lavaströ-

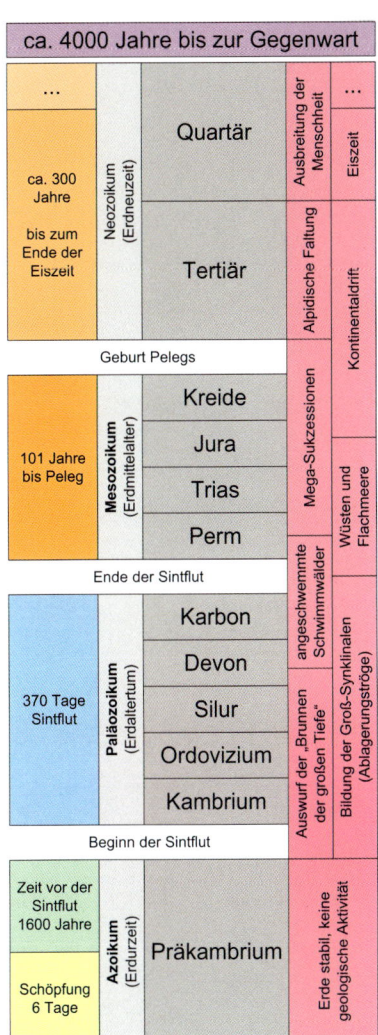

Abb. 88: In diesem Schema wird eine mögliche Zuordnung geologischer Befunde zu den Ereignissen der biblischen Berichte vorgenommen. Es wird davon ausgegangen, dass mit der Geburt Pelegs (1. Mose 10,25) ein Hinweis auf die Kontinentaldrift verbunden ist. Diese Annahme wird auf S. 78 kritisch hinterfragt.

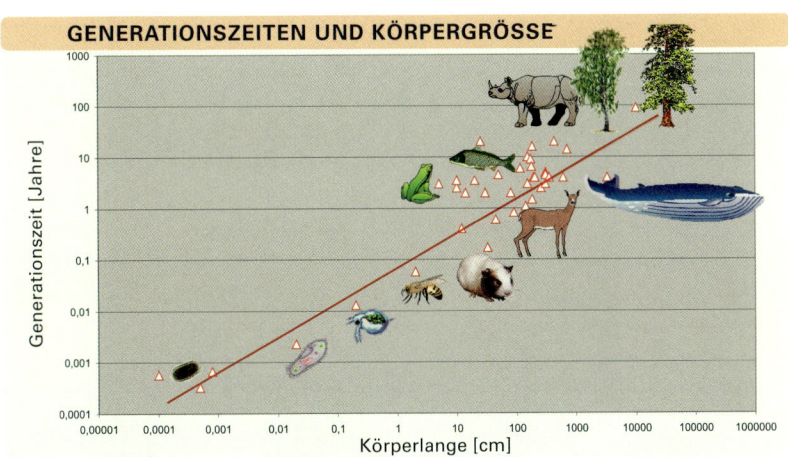

Abb. 89: Größe und Generationszeit von Organismen korrelieren miteinander. Es besteht also ein statistischer Zusammenhang. Kleine Lebewesen haben eine kürzere Generationszeit. Ein ähnlicher Zusammenhang besteht zwischen der Größe und der Anzahl der Nachkommen (kleinere Lebewesen haben mehr Nachkommen). Deswegen können kleinere Organismen sich tendenziell schneller vermehren und ausbreiten.

Abb. 90: *Compsognathus longipes* ist in vielerlei Hinsicht ein Unikum. Er ist der erste Dinosaurier, der einigermaßen vollständig gefunden wurde, er ist einer der kleinsten bekannten Dinosaurier (etwa so lang wie eine Hauskatze und so hoch wie ein Haushuhn), und dies ist das einzige vollständige Exemplar.

11

Abb. 91: In der Vergangenheit gab es deutlich mehr Grundtypen. Viele sind im Lauf der Jahrhunderte nach der Flut ausgestorben.

«**Themen-DVD**»

- Biblische Kurzzeit-Erdgeschichte ohne geologisches Sintflutmodell
- Fossile Abfolgen: Evolutionär oder ökologisch bedingt?

«**KOMPAKT**»

Obwohl viele Befunde der Wissenschaft (insbesondere der Geologie und Paläontologie) gut vor dem Hintergrund einer weltweiten Sintflut gedeutet werden können, gibt es bisher kein wissenschaftliches Modell, das alle Daten widerspruchsfrei berücksichtigt.

men, Erdrutschen, Kälteeinbrüchen und Dürre. Bei der Neubesiedlung der Erde spielte die Generationszeit der Tiere eine große Rolle. Kleinere Tiere und Pflanzen haben im Allgemeinen kürzere Generationszeiten (das ist jedenfalls ein deutlicher Trend – siehe Abb. 89), werden nicht so alt wie größere und kommen in größerer Anzahl vor.

Damit ließe sich das späte Auftreten großer Landtiere in den geologischen Systemen verstehen. Auch das Vorkommen menschlicher Fossilien nur in den oberen Schichten kann durch das Besiedlungsverhalten der Menschen erklärt werden. Erst nach der Sprachverwirrung begannen sie sich über die Erde zu verteilen. Leider ist eine durchgängige Interpretation wesentlich komplexer als dieses vereinfachte Modell.

5. Verschiedene „Fossilisationspotentiale"

Unter dem „Fossilisationspotential" versteht man die Wahrscheinlichkeit, dass ein bestimmter Organismus fossil erhalten bleibt. Dabei spielen viele Faktoren eine Rolle. Die Wahrscheinlichkeit, dass ein Organismus fossil erhalten bleibt und auch entdeckt wird, hängt stark von der Populationsgröße (wie viele Tiere lebten), vom Habitat (wo sie lebten), von der katastrophischen Einwirkung (wie sie starben) und von der Sedimentation ab (wie und wo sie eingebettet, transportiert wurden usw.). Außerdem spielt der Körperbau eine Rolle.

Es würde den Rahmen sprengen, diese Themen ausführlich darzustellen. Hier sollen nur ein paar Kernargumente genannt werden:

1. Wenn eine Art mit nur wenigen Individuen vertreten ist, die vielleicht sogar noch auf einen ganz speziellen Lebensraum eingeschränkt sind, so kann die Wahrscheinlichkeit sehr gering sein, dass Fossilien gebildet, überliefert und gefunden werden können. Man kann eine theoretische „fossile Nachweisgrenze" ermitteln. Wenn eine Art darunter bleibt, ist es sehr unwahrscheinlich, sie jemals fossil zu entdecken.

2. Wenn Ablagerung (Sedimentation) stattfindet, muss vorher Abtragung (Erosion) stattgefunden haben. An Land wird hauptsächlich abgetragen, im Meer abgelagert. Schon aus diesem einfachen Grund sind Sedimente, die nur Landlebewesen enthalten, viel seltener als reine Meeres-Sedimente.

3. Auf dem Land werden Organismen häufig durch den Transport (z. B. in Flussschottern) zerstört, in sandigen Meeressedimenten seltener. Dadurch wird ebenfalls die Chance der Fossilisation für Meeresbewohner erhöht.

4. Fossilien können nur entstehen, wenn die Organismen schnell mit Sediment bedeckt werden. Andernfalls werden sie von Aasfressern und Destruenten (Pilze und Bakterien) sehr schnell gefressen bzw. abgebaut. Die Chance, schnell und schonend eingebettet zu werden, war ebenfalls im Meer höher. Durch mangelnde Sedimentanlieferung kann es zu Lücken im Fossilbericht kommen.

5. In manchen Sedimenten können eingebettete Organismen durch aggressives Sickerwasser, das im Gestein zirkuliert, aufgelöst werden und bleiben dadurch nicht erhalten.

6. Der Körperbau ist ein wichtiges Kriterium dafür, wie gut der Organismus erhalten bleibt. Besonders Tiere mit Hartschalen (Trilobiten, Ammoniten, Schnecken, Muscheln, Seeigel usw.) können hoher mechanischer Belastung widerstehen. Auch bei diesem Argument ist eine Tendenz erkennbar. Gerade Meerestiere und viele „niedere" Tiere bleiben durch ihren robusten Körperbau, ihre Kalkschalen, Außenskelette usw. besonders gut erhalten.

Aus den genannten Gründen sind über 99 % der Fossilien Wasserlebewesen. Obwohl fossilisierte Landlebewesen extrem selten sind, wurden die meisten heute vorkommenden Wirbeltier-Familien auch fossil gefunden. Bei Säugetieren beträgt der Anteil etwa 85 %. Außerdem fand man die dreifache Anzahl von fossilen Tierfamilien, bezogen auf die heute lebende Menge dieser Familien! Bei Vögeln und Reptilien sind die Verhältnisse ähnlich.

Die Folgen der Flut

Durch die Flut haben sich das Klima und das Leben auf der Erde und auch die Erde selbst drastisch verändert. Was genau ist anders, und wie lassen sich die Veränderungen erklären?

Nach der Flut – was hat sich geändert?

Die Sintflut stellt für die Wissenschaft einen „Erkenntnishorizont" dar (ähnlich wie zuvor der Sündenfall). Wie die Erde, das Meer, die Atmosphäre, die Kultur usw. vor der Flut aussahen, lässt sich kaum erforschen. Alle heutigen Lebewesen stammen aus der Zeit nach der Flut. Die ältesten Bäume sind weniger als 4000 Jahre alt. Solche hohen Alter können von Mammutbäumen, Borstenzapfenkiefern und Olivenbäumen erreicht werden. Sie scheinen gegen Alterungsschäden, Schädlinge und Krankheiten gut gewappnet zu sein. Warum wurden noch niemals Bäume gefunden, die nachweislich älter sind? Das könnte ein Hinweis auf diesen katastrophischen Einschnitt sein.

Wir können aber aus den Angaben der Bibel einige Schlussfolgerungen ziehen. Zunächst die Befunde:

- Die Wasserverteilung auf der Erde (Abb. 92) zeigt, dass ein weltweiter, 40-tägiger Dauerregen heute nicht mehr möglich ist.
- Das Profil der heutigen Erde (Abb. 95) zeigt, dass die vorhandene Wassermenge nicht ausreicht, um über die höchsten Berge zu steigen.
- Seit der Sintflut kann der Regenbogen beobachtet werden, vorher möglicherweise nicht.
- Auf der heutigen Erde ist kein Wassersystem bekannt, das mit den „Brunnen der großen Tiefe" identifiziert werden kann.
- Der Garten Eden mit seinen vier Flüssen (wie er in 1Mo 2 beschrieben wird) kann heute nicht mehr lokalisiert werden. Die Geografie scheint sich geändert haben.
- Die Lebenserwartung der Menschen nahm nach der Flut drastisch ab.
- Viele Tierarten sind ausgestorben.
- Die heutigen Tierarten sind nicht gleichmäßig über die Erde verteilt.
- Der Mensch darf seit der Flut auch Fleisch essen.

Modelle zur Welt vor der Flut

Zwei Modellvorstellungen sind vielleicht geeignet, die meisten dieser Befunde zu erklären.

Die erste kann bisher nur mit biblischen Argumenten begründet werden und findet deshalb in der Wissenschaft wenig Beachtung: das Modell einer völlig anderen Hydrologie in der vorsintflutlichen Welt. Kernstücke darin sind ein „Wasserdampfgürtel" (oder „Dunstglocke") und ein System unterirdischer Wasserspeicher und Quellen.

Das zweite Modell ist heute allgemein in der Geologie anerkannt: das Modell der tektonischen Platten und der Kontinentaldrift.

Die „Wasser oberhalb der Ausdehnung"

Vom zweiten Schöpfungstag heißt es: „Und Gott sprach: Es werde eine Ausdehnung inmitten der Wasser, und sie scheide die Wasser von den Wassern! Und Gott machte die Ausdehnung und schied die Wasser, die unterhalb der

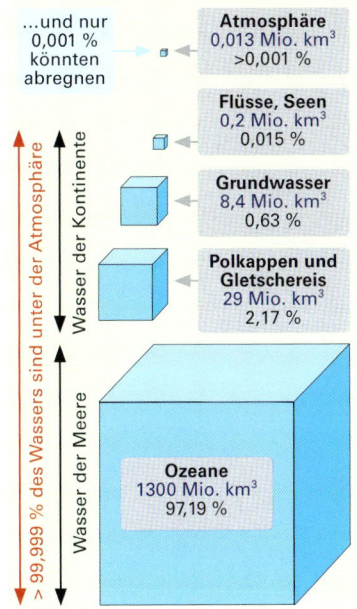

WASSERVERTEILUNG auf der Erde

...und nur 0,001 % könnten abregnen

Atmosphäre 0,013 Mio. km³ >0,001 %

Flüsse, Seen 0,2 Mio. km³ 0,015 %

Grundwasser 8,4 Mio. km³ 0,63 %

Polkappen und Gletschereis 29 Mio. km³ 2,17 %

Ozeane 1300 Mio. km³ 97,19 %

> 99,999 % des Wassers sind unter der Atmosphäre

Wasser der Kontinente / Wasser der Meere

Abb. 92: Die Wasserverteilung auf der heutigen Erde. Das Wasser der Atmosphäre macht nur einen verschwindend geringen Anteil aus (nach Gitt, 2000).

11

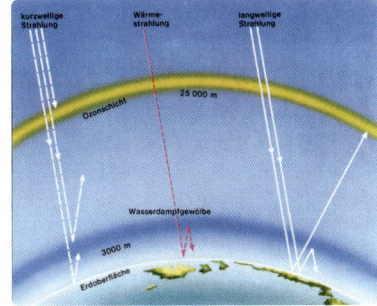

Abb. 93: Modell der „Wasser oberhalb der Ausdehnung" als Wasserdampfgürtel um die Erde in einer Höhe von 3000 m (Grafik aus: So entstand die Welt, Bielefeld, 1991).

Abb. 94: Der Regenbogen ist ein Zeichen für den Menschen, eine Erinnerung Gottes an sein Versprechen, die Erde nie wieder durch eine Flut zu vernichten. Wir können zwar sein Erscheinen physikalisch erklären, doch Gott bindet an ihn gleichzeitig sein Versprechen.

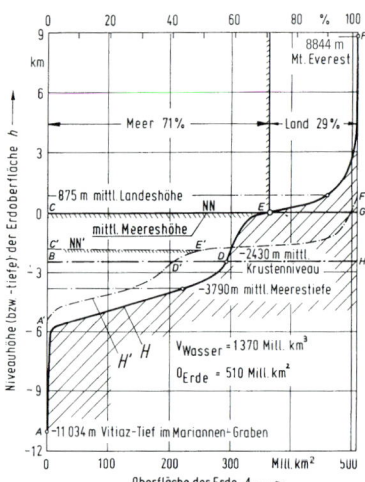

Abb. 95: Die Hypsographische Kurve (H) stellt das mittlere Profil der heutigen Erdkruste dar. Es bewegt sich zwischen dem tiefsten Punkt (–11.034 m im Marianen-Tiefseegraben) und dem höchsten Punkt (8844 m auf dem Mt. Everest). Wenn man ein flacheres Profil der Erde vor der Sintflut annimmt (H'), kann man sich die vollständige Überflutung der Erde gut vorstellen. Auf der Erde vor der Flut wäre der Anteil des Festlandes (heute: 29%) wesentlich größer gewesen. Es hätte auch keine sehr hohen Berge gegeben. Die heutigen hohen Berge liegen in Faltengebirgen, die durch Tektonik aufgefaltet wurden. Die abgesenkten Meeresbecken nahmen die Wassermassen auf. Die Absenkung der Ozeanböden wird heute von der Geologie allgemein anerkannt (wenn auch in einem anderen Zeitrahmen). Als Hinweis in diese Richtung betrachten manche Ausleger Psalm 104,6–9 (aus Gitt, 1995).

Abb. 96: Eine Satellitenaufnahme der NASA vom „Dach der Welt", dem Himalaya-Gebirge. Hier befinden sich die höchsten Berge der Welt. Unter ihnen der Mt. Everest (schwarzer Pfeil) mit Sedimenten aus dem Ordovizium auf der Spitze (roter Pfeil).

Die kleinen Bilder zeigen einen versteinerten Ammoniten aus dem Hochgebirge Nepals und eine Rekonstruktion, wie er lebend ausgesehen haben mag.

Ausdehnung, von den Wassern, die oberhalb der Ausdehnung sind. Und es wurde so. Und Gott nannte die Ausdehnung Himmel" (1Mo 1,6.7). Die Ausdehnung ist der Himmel, die Wasser unterhalb bilden das Meer. Was aber hat es mit den Wassern oberhalb des Himmels auf sich? Die Tatsache, dass sie im Schöpfungsbericht ausdrücklich erwähnt werden, weist ihnen eine besondere Bedeutung zu. Es wäre erstaunlich, wenn damit das Wasser der Wolken gemeint wäre. Dies macht weniger als 0,001 % der Wassermenge aus (siehe Abb. 92). Außerdem befindet sich dieses Wasser „in" der Ausdehnung, nicht „über" der Ausdehnung.

Stellt man sich diese Wassermenge als einen Dampfgürtel um die Erde vor, so könnte man damit vielleicht einige Befunde für die Erde vor der Flut erklären. So hätte dieser Dampfgürtel als ein Schutzschild gegen harte kosmische Strahlung fungiert. Licht und Wärmestrahlung würden dagegen passieren und teilweise zurückreflektiert (Treibhaus-Effekt). Damit ließe sich ein weltweites gemäßigtes Klima erklären. Extrem heiße oder kalte Zonen hätte es dann nicht gegeben. Auch alle katastrophischen Folgen verschiedener Klimate (Stürme, Gewitter usw.) hätten sich nicht ausbilden können. Vielleicht wurde es dem Menschen nach der Sintflut erlaubt, Fleisch zu essen, weil die Bedingungen für die Gewinnung pflanzlicher Nahrung sich drastisch verschlechtert hatten.

Die „Quellen der großen Tiefe"

Wahrscheinlich funktionierte der Wasserkreislauf vor der Flut anders als danach. Die drei Stellen: „… denn Gott der HERR hatte nicht regnen lassen auf die Erde", „Ein Dunst aber stieg auf von der Erde und befeuchtete die ganze Oberfläche des Erdbodens", und: „Und ein Strom ging aus von Eden, den Garten zu bewässern; und von dort aus teilte er sich und wurde zu vier Flüssen" (1Mo 2,5.6.10) scheinen darauf hinzuweisen, dass es vor der Flut vielleicht auch noch keinen Regen auf der Erde gab. So kann man sich unter den „Quellen der großen Tiefe" vielleicht ein System unterirdischer Wasserspeicher und Quellen vorstellen, durch die die Erde vor der Flut bewässert wurde.

Wie kommt der Ammonit auf den Mt. Everest?

Auf dem höchsten Berg der Welt, dem Mt. Everest (8844,43 m nach neuester Vermessung durch chinesische Wissenschaftler 2005) befindet sich Sedimentgestein aus dem Ordovizium. Hier können Trilobiten, in anderen Schichten (aus dem Devon) Ammoniten gefunden werden; beide sind Meerestiere. Wie gelangten sie in diese schwindelerregende Höhe?

Die Erklärung gibt uns die Kontinentaldrift-Theorie. Man kann sich die Kontinente der Erde wie dicke und die Meeresböden wie deutlich dünnere Eisschollen vorstellen, die auf der flüssigen Erdkugel schwimmen. Alfred Wegener, der Begründer dieser Theorie, wurde durch die Bibelstelle „Und Heber wurden

zwei Söhne geboren: Der Name des einen war Peleg [= Teilung], denn in seinen Tagen wurde die Erde geteilt" (1Mo 10,25) dazu angeregt. Er vertrat sie 1912 zum ersten Mal öffentlich.

Wie funktioniert die Plattentektonik?

An dem unteren Bild kann man erkennen, wie die Bewegung der Platten zustande kommt und was sie bewirkt.

An den dünnen Stellen der Tiefseeböden kann Magma (heißes, flüssiges Gestein) aus tieferen Schichten der Erde an die Oberfläche steigen und auf den Meeresboden ausfließen (1). Eine Zone, wo das ständig geschieht, ist z. B. der Mittelatlantische Rücken (siehe Abb. 99). Dabei werden die Platten durch Schmelzflüsse im Erdmantel auseinander gedrückt.

Trifft solch eine ozeanische Platte auf eine weniger dichte kontinentale Platte, so schiebt sie sich darunter (2). Sie verschwindet dann in der Tiefe, wo sie aufgeschmolzen wird (3). Dabei kann die Schmelze aufsteigen und vulkanisch an der Oberfläche austreten (4).

Das kann zur Bildung vulkanischer Inseln (6) oder vulkanischer Gebirge (7) führen. Der Druck einer Platte kann eine andere Platte zusammenschieben und hochfalten, dadurch entstehen Faltengebirge (8).

Wenn zwei Platten an einer Naht auseinander driften oder sich seitwärts gegeneinander verschieben, kann es zu tiefen Grabenbrüchen kommen (9). Ein solcher Grabenbruch ist in Abbildung 148a gezeigt.

An manchen besonders heißen Stellen im Erdmantel (sog. „Hot Spots") kann Magma punktuell nach oben dringen und zur Entstehung neuer Vulkane führen (10).

Verlief die Kontinentalverschiebung während der Sintflut?

Auf diese Frage gibt es noch keine eindeutige Antwort. Die Annahme, dass sie vollständig im Jahr der Sintflut verlief, erscheint sehr unrealistisch. In der Geologie gibt es bisher kein Modell für eine derartig schnelle und gewaltsame Bewegung der Kontinentalplatten.

Wahrscheinlicher ist, dass die Kontinentalplatte zwar während der Sintflut auseinander brach, die Kontinente aber nach der Flut noch durch Landbrücken miteinander verbunden waren und sich erst später völlig trennten. Man nimmt außerdem an, dass es vor dem Superkontinent Pangaea bereits einzelne, driftende Kontinentalplatten gab. Die Kontinentaldrift ist wahrscheinlich in den ersten Jahrhunderten nach der Flut relativ schnell abgelaufen und hat sich dann zunehmend verlangsamt. Heute wird z. B. am Mittelatlantischen Rücken (Abb. 99, blau gestrichelt) eine Drift von 1–2 cm pro Jahr gemessen – Amerika entfernt sich ständig weiter vom „alten Europa".

Ein zusammenhängender Kontinent vor der Flut würde auch bedeuten, dass die Tiere ohne Problem zur Arche Noahs kommen konnten und dass die Bil-

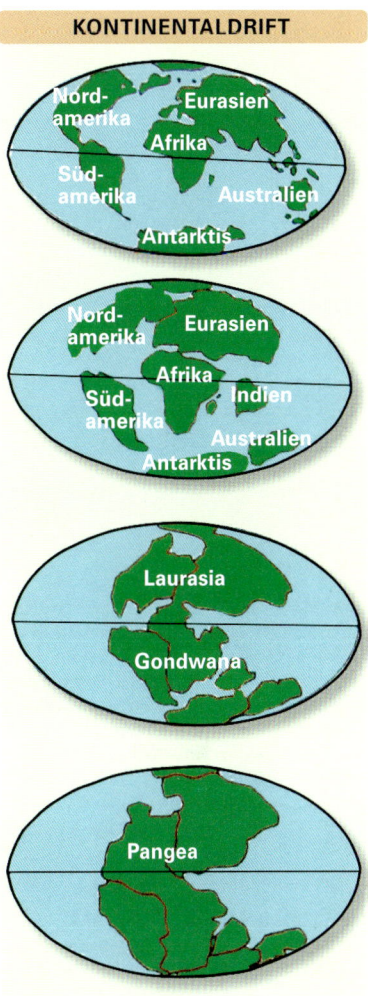

KONTINENTALDRIFT

Abb. 98: Nach der geologischen Modellvorstellung sollen sich die Kontinente der Erde in der dargestellten Abfolge formiert haben. Nach der radiometrischen Zeitrechnung wird das Zerbrechen der zusammenhängenden Landmasse (Superkontinent, Pangaea = „alles Land") vor 200 bis 250 Mio. Jahren angesetzt.

Als jüngstes bedeutsames Ereignis stieß Indien gegen Eurasien und warf dabei den Himalaya auf. Er ist damit nicht nur der höchste, sondern auch der jüngste Gebirgszug der Erde (nach radiometrischem Alter vor 10 Mio. Jahren).

Abb. 97: Funktionsschema zur Plattentektonik, Erklärungen im Text.

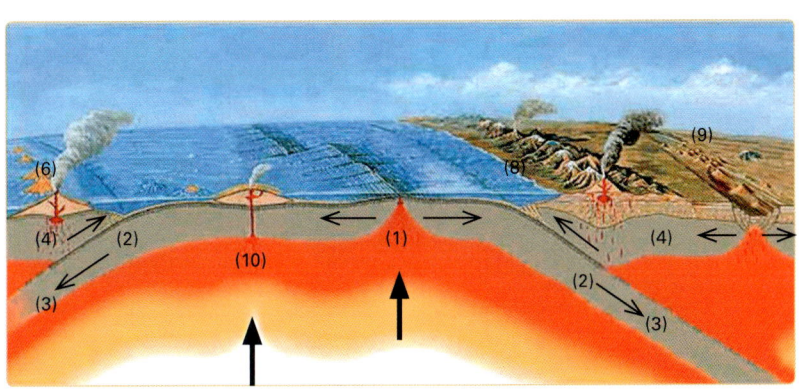

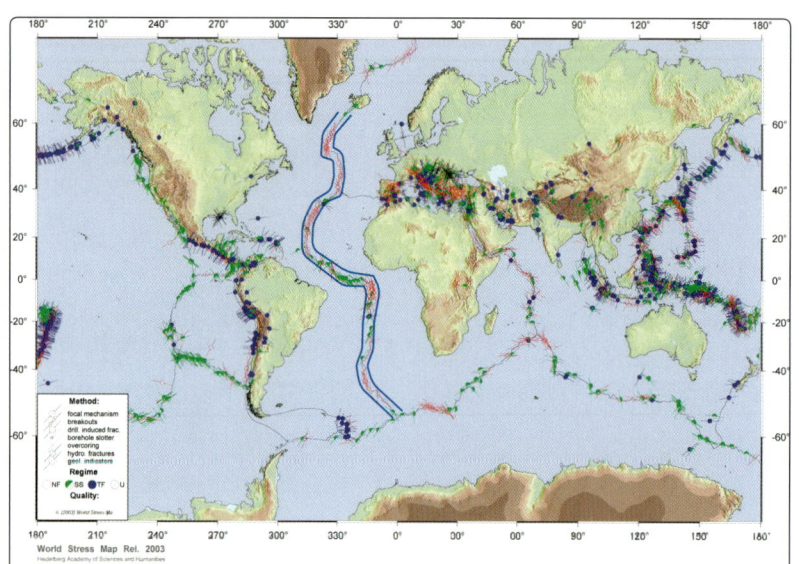

Abb. 99: Das Heidelberger „World Stress Map Project" registriert Bruchzonen in der Erdkruste und Gebiete mit einer hohen Erdbebenwahrscheinlichkeit. Deutlich zu erkennen ist der Zusammenhang der Plattengrenzen mit Gebirgsbildung, Vulkanismus und Erdbeben. Die blaue Linie markiert den Mittelatlantischen Rücken.

Abb. 100: Hückeswagen im Oberbergischen Land, Heimat des Autors. Heute ein Ort beschaulicher Ruhe. Das war in der frühen Vergangenheit nicht immer so, wie das geologische Profil des Untergrunds zeigt. Von diesen heftigen Verwerfungen, Überschiebungen und Auffaltungen ist an der heutigen Oberfläche oft nicht viel zu sehen. Die Erosion hat die Landschaft weitgehend wieder eingeebnet und die Erhebungen abgetragen.

dung neuer Arten nur langsam hätte verlaufen können (weil geographische Separation und Isolation kaum möglich gewesen wären – siehe Abb. 115).

Peleg und die Kontinentaldrift

Unter den Nachfahren Noahs, die nach der Flut die Erde neu besiedelten, wird ein Mann namens Peleg aufgezählt. „Und Heber wurden zwei Söhne geboren: Der Name des einen war Peleg, denn in seinen Tagen wurde die Erde geteilt" (1Mo 10,25a, 1Chr 1,19). Wie bereits erwähnt, war es dieser Bibelvers, durch den der Begründer der Kontinentaldrift-Theorie, Alfred Wegener, angeregt wurde. In einigen Bibelkommentaren findet sich die Erklärung, dass sich das „Teilen der Erde" auf die Teilung der Erdoberfläche (in die verschiedenen Kontinentalplatten) bezieht. Diese Auslegung wird auch heute noch von einigen Autoren vertreten, sie ist aber recht spekulativ.

Peleg lebte in der fünften Generation nach der Flut. Der Gewaltherrscher Nimrod lebte bereits in der zweiten Generation nach der Flut – im „fertigen" Zweistromland. Die Städte, die er gründete (Babel, Erek, Akkad, Kalne, Ninive, Rechobot-Ir, Kalach und Resen) bestehen noch lange fort und erlangen große Macht. Das scheint nur unter der Voraussetzung einer (relativ) stabilen Umwelt denkbar zu sein. Das würde aber bedeuten, dass die Kontinente zu dieser Zeit ihre heutige Position schon annähernd eingenommen hätten. Das steht nicht im Widerspruch zu weiteren Katastrophen als Folge der Kontinentaldrift, besonders in Gebieten an den „Nahtstellen" der Kontinentalplatten (siehe Abb. 99). Die Erde ist ja bis heute nicht zur Ruhe gekommen (siehe Tsunami im Dezember 2004).

Eine näherliegende Deutung scheint zu sein, dass sich die Teilung der Erde auf die Aufteilung der Länder unter die Erdbevölkerung bezieht. Diese war nach 1. Mose 11,9 eine Folge der Sprachverwirrung. Das Argument, die Sprachverwirrung habe wahrscheinlich schon früher (zur Zeit Nimrods) stattgefunden, daher könne die Zerstreuung nicht erst in die Zeit Pelegs fallen, ist äußerst schwach. Wenn Nimrod, von dem wir nicht wissen, wie alt er geworden ist, nicht sehr viel früher als die anderen Menschen seiner Generation gestorben ist, hat er den später geborenen Peleg noch um viele Jahre überlebt (siehe Abb. 41). Unter der Annahme, dass die Sprachverwirrung sich zum Höhepunkt der Nimrod-Herrschaft ereignete, passt die Datierung der Zerstreuung unter Peleg sehr gut ins Bild. Welche der beiden Deutungen trifft nun zu?

Die Frage bleibt offen. Sie wird auch nicht durch eine genaue Untersuchung des hebräischen Textes erhellt. Das verwendete Wort für *Erde – eretz* kann so-

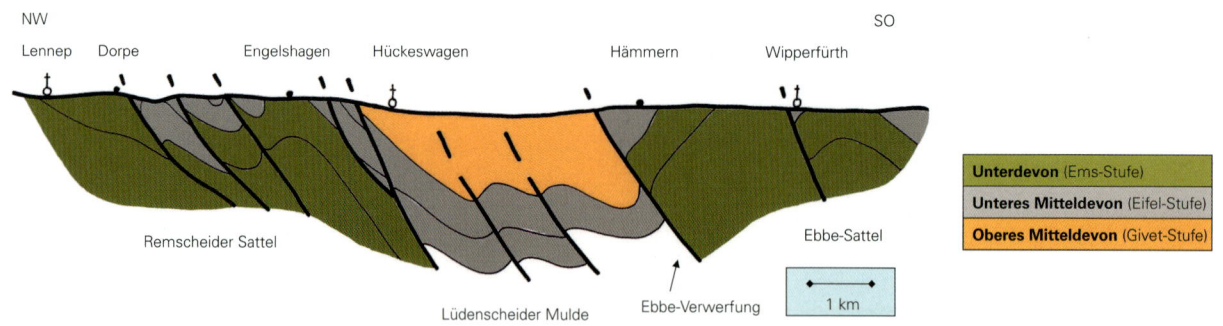

wohl für die *geographische Erde* (1Mo 1,10) als auch für *Boden* (1Mo 18,2), Länder (1Mo 11,28) oder die *Erdbevölkerung* (Ps 66,4) stehen. Das Wort *Peleg* kommt im AT zehnmal vor und wird mit *Bach* oder *Strom* übersetzt. Es entstammt der Wurzel pelag, die ganz allgemein für teilen oder spalten steht und sehr breit verwendet wird. Es werden damit so unterschiedliche Dinge wie zerteilte Zungen (Ps 55,9), ein geteiltes Königreich (Dan 2,41), eine geteilte (= halbe) Zeit (Dan 7,25) und ein gespaltener Kanal (Hi 38,25) bezeichnet.

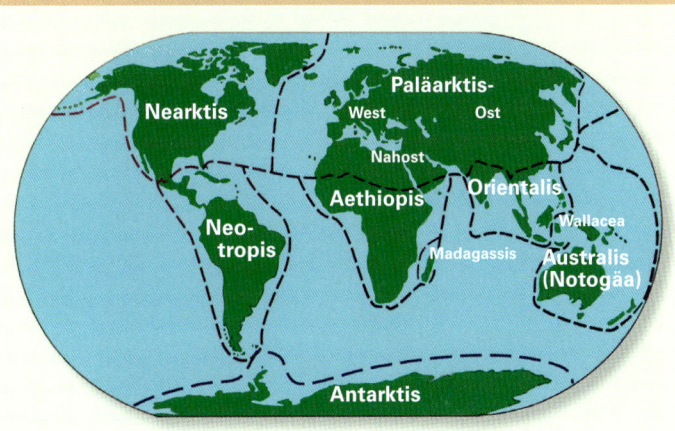

DIE BIOGEOGRAPHISCHEN REICHE

Die Verteilung der Arten auf der Erde: Biogeographie

Nach der Flut haben sich die Tiere der Arche über die Erde ausgebreitet. Obwohl einige Verteilungsmerkmale der Arten in diesem Zusammenhang gedeutet werden könnten, ist die heutige Verteilung der Tier- und Pflanzenarten auf der Erde vielleicht zum größten Teil das Ergebnis von nachsintflutlichen Katastrophen und Kontinentaldrift.

Biogeographie ist die Untersuchung der vergangenen und rezenten (heutigen) Verbreitung einzelner Arten und ganzer Biozönosen (Lebensgemeinschaften) auf der Erde.

Jede Tier- und Pflanzenart hat bestimmte Ansprüche an ihren Lebensraum. So kommen z. B. typische Wüstenpflanzen nur in der Wüste und typische Sumpfgewächse nur in Feuchtgebieten vor. Wenn aber zwei Lebensräume mit ganz ähnlichen Bedingungen von unterschiedlichen Arten besiedelt werden, so kann das nur geschichtlich erklärt werden. Genau das ist das Thema der Biogeographie.

Obwohl die Kontinentaldrift vieles erklärt, sind die Ergebnisse dieser Forschungsdisziplin z. T. sowohl in der Schöpfungslehre als auch in der Evolutionsvorstellung nicht einfach zu deuten. Wenn man die Verbreitung der Säugetiere anschaut (Thenius 1980), sieht man, wie weit die Biogeographie noch von Antworten entfernt ist.

Warum zog es die Beuteltiere nach Australien?

Es waren nicht die kleinräumigen Unterschiede wie etwa die unterschiedliche Besiedlung benachbarter Inseln, die Darwin so sehr beschäftigten, sondern eher die großräumigen Unterschiede zwischen den verschiedenen „biogeographischen Reichen" (Abb. 101), die oft rätselhaft erscheinen.

Ein bekanntes Beispiel dafür sind die Beuteltiere. Sie sind fossil in Nord- und Südamerika, Europa und Asien gefunden worden, kommen aber heute fast ausschließlich in Australien vor. Dafür lebten in Australien bis zur Ankunft der Europäer außer ein paar Fledermäusen, Nagetieren und dem Dingo (australischer Wildhund) keine Säugetiere. Bis heute ist dieser Befund ein Rätsel.

Noch schwieriger zu deuten ist die „total disjunkte" Verbreitung mancher Arten. Das bedeutet, dass sie in Regionen vorkommen, die geographisch durch riesige Entfernungen völlig voneinander isoliert sind. So gibt es z. B. eine Elsternart, die nur in Spanien und China vorkommt, eine Salamanderart, die man nur im westlichen Mittelmeer und in einem kleinen Gebiet in Kalifornien findet, die Leguane, die in Südamerika, Madagaskar und der Südsee vorkommen, und die Tapire, die in Südamerika und Ostasien zu Hause sind. Nur wenn die Arten früher weltweit verbreitet waren, kann die heutige disjunkte Verbreitung durch Aussterben erklärt werden.

Abb. 101: Die biogeographischen Reiche der Erde markieren Gebiete, für die eine bestimmte Tier- und Pflanzenwelt typisch ist. Außer bei den Insellagen sind sie nicht scharf gegeneinander abgegrenzt, sondern verschmelzen in den Überlappungszonen.

11

Abb. 102: Lösung eines Karikaturisten für die Probleme der Biogeographie: Eigentlich gab es drei Archen. Die mit den Dinosauriern und anderen ausgestorbenen Formen sank wegen Überbeladung. Die mit den Beuteltieren kam vom Kurs ab und wurde nach Australien verschlagen.

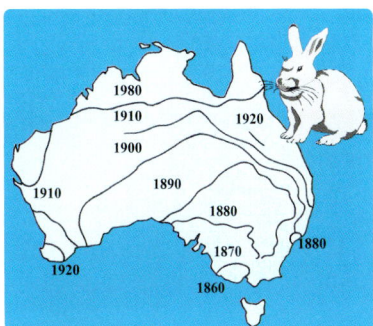

Abb. 103: Australien ist vielleicht das interessanteste Studienobjekt für Biogeographen. Es hat sich bei der Kontinentaldrift relativ früh von den anderen Kontinenten gelöst und blieb danach lange isoliert. Europäische Einwanderer brachten neue Arten mit. Einige konnten sich ohne ihre natürlichen Feinde rasend schnell vermehren und ausbreiten, z. B. die Kaninchen. Innerhalb von nur 50 Jahren war der größte Teil des Kontinents von ihnen besiedelt.

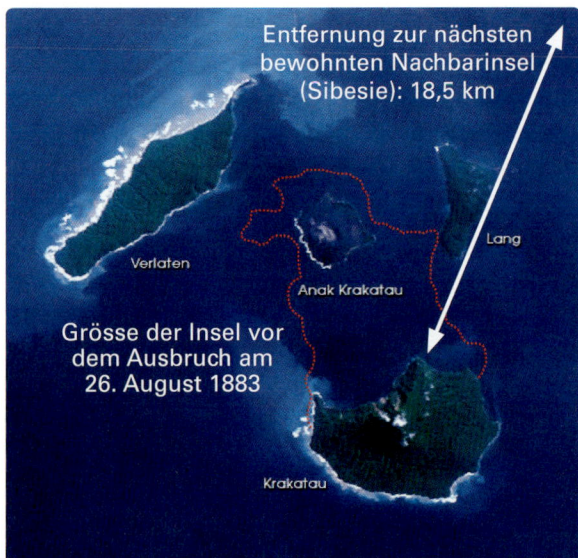

Abb. 104: Die Vulkaninsel Krakatau mit den Partnerinseln „Lang" und „Verlaten". Die rot gestrichelte Linie zeigt die alte Größe der Insel an. Der größte Teil wurde von dem Ausbruch 1883 weggesprengt. Alle drei Inseln waren danach biologisch tot. Sie wurden durch verdriftete Tiere und Pflanzen wiederbesiedelt und brauchten dabei weniger als 50 Jahre, um ihre alte Fauna und Flora wiederherzustellen. Die kleine Insel in der Mitte trägt den Namen „Anak Krakatau" (= Kind des Krakatau). Es ist ein aktiver Vulkan, der langsam aus dem Meer emporwächst. (NASA, Satellitenbild)

11

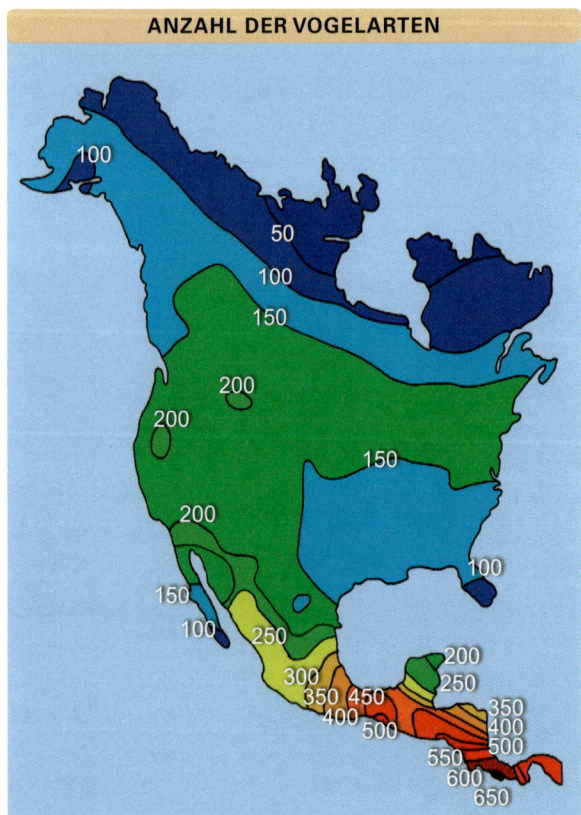

Abb. 105: Die Anzahl der Vogelarten in Nord- und Mittelamerika zeigt eine deutliche Zunahme der Artendichte, je weiter man sich der tropischen Zone am Äquator nähert. Diese Tendenz kann für Tier- und Pflanzenarten überall festgestellt werden.

Nach der Flut: Sternstunde für Pioniere

Für die Rekonstruktion des nachsintflutlichen Geschehens ist die Erforschung der Neu- und Wiederbesiedlung verwüsteter Lebensräume aufschlussreich.

Eine hervorragende Gelegenheit zum Studium eines solchen Vorgangs bot sich, als die Vulkaninsel Krakatau am 26. August 1883 explodierte. Der größte Teil der Insel flog dabei in die Luft oder wurde im Meer versenkt. Die Bilanz der Katastrophe waren unzählige zerstörte Küstenregionen (durch ausgelöste Tsunami-Wellen) mit über 36.000 Todesopfern. Zurück blieb eine ausgeglühte, mit erstarrter Lava bedeckte Ruine. Alles Leben darauf wurde beim Ausbruch restlos vernichtet. Die Biologen nahmen den Bestand der Arten in der Folgezeit auf und machten die erstaunliche Entdeckung, dass dort selbst nach dieser totalen Verwüstung die ursprüngliche Tier- und Pflanzenwelt nach 50 Jahren vollständig wiederhergestellt war.

Wie schnell sich neue Arten sogar in einem schon stabil besiedelten Lebensraum ausbreiten können, zeigt sich in vielen Untersuchungen. Das ist besonders dann der Fall, wenn ihnen in dem neuen Lebensraum ihre herkömmlichen Fressfeinde oder Konkurrenten fehlen. Ein gutes Beispiel ist die Eroberung Australiens durch die Kaninchen (Abb. 103).

Was die Artendichte (Anzahl der Arten in einer Region) angeht, die sie im Klimax (stabiler Gleichgewichtszustand) enthält, so sind verschiedene Zusammenhänge bekannt. So ist die Artendichte in tropischen Regionen am höchsten und nimmt zu den Polarregionen hin ab (Abb. 105). Dieser Befund könnte ein Hinweis darauf sein, dass auf der Erde vor der Flut ideale, tropenähnliche Bedingungen herrschten. Nachher starben viele Arten aus, die auf dieses Klima angewiesen waren.

Flaschenhalsereignis und Gründereffekt

Im Hinblick auf die Genetik war die Sintflut ein gigantisches Flaschenhalsereignis für Menschen, Landtiere und Vögel (und wahrscheinlich auch für die meisten Meerestiere und Pflanzen).

Das bedeutet, dass aus der Gesamtzahl aller Individuen einer Art eine „zufällige" (also ungerichtete, nicht selektive) kleine Auswahl abgesondert wird und sich später untereinander weiter vermehrt. Durch die Flut geschah genau das. Bis auf die Tiere in der Arche wurde der gesamte Bestand ihrer Art vernichtet. Auch nach der Flut waren die Arten während ihrer Ausbreitung über die Erde den nachfolgenden Katastrophen ausgesetzt, wodurch sich immer wieder neue „Flaschenhals-Situationen" ergaben.

Das Erscheinungsbild einer Art kann sich dadurch in sehr kurzer Zeit stark ändern. Bei einer extremen Anpassung an die verschiedenen Lebensräume kam es insgesamt zu einer stark verminderten genetischen Variabilität innerhalb der getrennten Populationen. Diese Entwicklung mag das Aussterben mancher Arten mitverursacht haben.

Jedenfalls sorgte sie für eine enorme Artaufspaltung, sodass die heutigen Biospezies nicht mehr mit den ursprünglich erschaffenen (und durch den Sündenfall veränderten) Arten identisch sind und wir den Begriff des „Grundtyps" brauchen, um diese „geschaffenen Arten" zu identifizieren (S. 85). Auch die Herausbildung der verschiedenen Menschenrassen aus den Nachkommen Noahs ist eine Folge davon.

Ist der Sintflutbericht vielleicht symbolisch zu verstehen?

Neben der Auffassung, dass sich der biblische Sintflutbericht auf eine (oder mehrere) lokale Überflutungen im Nahen Osten bezieht und vielleicht nur einen älteren Bericht aus babylonischen Quellen (Gilgamesch-Epos) aufarbeitet, wird die Ansicht vertreten, dass er ausschließlich symbolisch zu verstehen sei. So zeige sich darin, dass Gott handle, dass er den Gerechten rette usw. Einer ähnlichen Argumentation kann man in Bezug auf die Schöpfung begegnen. Der Schöpfungsbericht sage demnach nichts darüber aus, wie Gott geschaffen habe, sondern nur, dass er geschaffen habe.

Allerdings stellt sich dann die Frage, wie und woran Gottes Handeln erkannt werden soll, wenn die deutlichsten Belege dafür (die biblischen Wunder) alle als Mythos mit symbolischer Aussage verstanden werden.

Der Bericht über die Sintflut trägt die Kennzeichen einer historischen Überlieferung. Es sind exakte Einzelheiten (z. B. die Maße der Arche), eine tagesgenaue Datierung, geschichtliche Personen (deren Existenz von späteren Schriften des AT und im NT bestätigt wird) und das Fehlen typisch poetischer Textmerkmale festzustellen. Es handelt sich somit zuallererst um die Aufzeichnung eines realen geschichtlichen Ereignisses.

Dem widerspricht jedoch nicht, dass der Sintflutbericht darüber hinaus auch Aussagen enthält, die typologische Bedeutung haben (siehe Kommentar zum Bibeltext, S. 60).

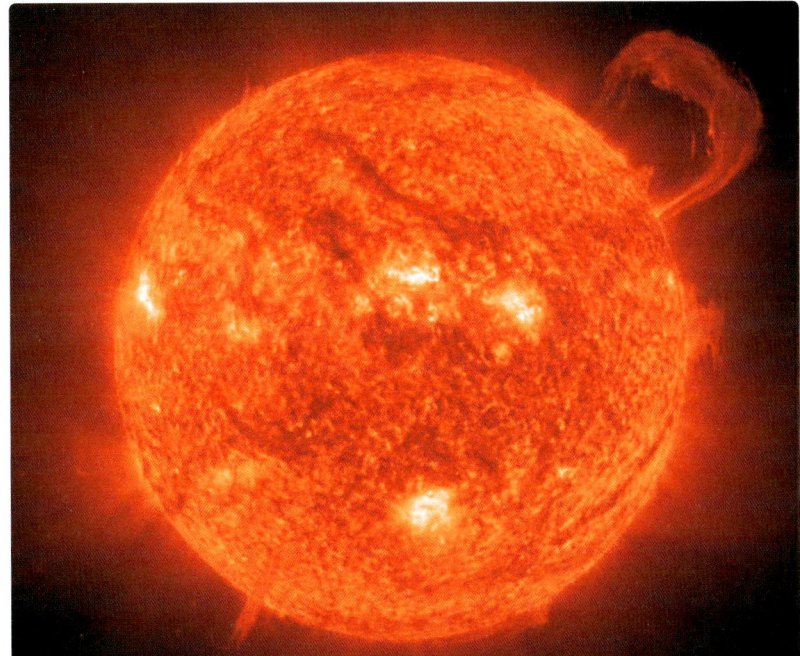

«BIBEL-ZITAT»

Denn nach ihrem Willen ist ihnen dies verborgen, dass von alters her Himmel waren und eine Erde, entstehend aus Wasser und im Wasser durch das Wort Gottes, durch welche die damalige Welt, von Wasser überschwemmt, unterging. Die jetzigen Himmel aber und die Erde sind durch dasselbe Wort aufbewahrt für das Feuer, behalten auf den Tag des Gerichts und des Verderbens der gottlosen Menschen.

2. Petrus 3,5–7

«Themen-DVD»

- Nimmt Psalm 104,6–9 Bezug auf die Sintflut?
- Biblische Urgeschichte, Sintflut und Geologie – Zusammenfassende Thesen im Überblick
- Die geniale Konstruktion der Arche
- Ganzheitliche Geologie - Schritt zu einer alternativen Geologie im Rahmen der biblischen Schöpfungslehre

11

«KOMPAKT»

Die Sintflut und ihre Folgekatastrophen liefern mögliche Erklärungen für den geologischen Aufbau der Erde, ihre klimatischen Bedingungen und die Entwicklung und Verbreitung von Tier- und Pflanzenarten.

Abb. 106: Auch Sonne und Mond werden nach den Aussagen der Bibel einmal im Feuer vergehen – „indem ihr beschleunigt die Ankunft des Tages Gottes, dessentwegen die Himmel, in Feuer geraten, werden aufgelöst und die Elemente im Brand zerschmelzen werden" (2Pet 3,12).

„Nach ihrer Art"

Zum einen wird im Schöpfungsbericht die Tatsache (zehnmal!) betont, dass Gott Pflanzen und Tiere „nach ihrer Art" schuf, zum anderen kann kein Biologe bestreiten, dass die Entstehung neuer Arten belegt werden kann. Besteht hier ein Widerspruch zwischen Bibel und Wissenschaft?

Was ist eine „Art"?

Bevor man sich mit Fragen der Erschaffung, Entstehung und Veränderung von Arten befassen kann, muss zunächst die Frage geklärt werden, auf welchen Artbegriff sich die Untersuchung beziehen soll.

Vielleicht erstaunt es, dass es bisher in der Biologie keine allgemein anerkannte und eindeutige Definition von „Art" gibt. Obwohl mehr als 20 verschiedene Artkonzepte zur Diskussion stehen, erfüllt bisher keines von ihnen alle Anforderungen an eine allgemein anwendbare Abgrenzung mit durchweg klarem Ergebnis. In diesem Buch wird der Ausdruck „Art" in seiner gängigsten Bedeutung in der Taxonomie (siehe Abb. 108) verwendet, nämlich im Sinne der sogenannten „Biospezies" („biologische Art"): „Zur selben biologischen Art gehören alle Individuen, die unter Freilandbedingungen [also nicht nur in der Zucht] fruchtbare Nachkommen hervorbringen können."

Es führt zu weit, die verschiedenen Ansätze und dahinterstehenden Philosophien zur Artdefinition zu beleuchten, aber warum dieses Thema Probleme aufwirft, soll kurz erläutert werden.

Ordnung muss sein – auch in der Natur

Die Schöpfung tritt uns in einer unüberschaubaren Vielfalt verschiedenster Organismen entgegen. Je mehr sich die Wissenschaft damit beschäftigte, Lebensformen zu erforschen und zu beschreiben, desto dringender wurde es nötig, ein System in diese Vielfalt zu bringen. Diese Aufgabe beschäftigt die Biologen, seitdem es die Biologie als selbständige Wissenschaft gibt. Carl von Linné (1707–1778) stellte ein System zur Einordnung aller bekannten Lebewesen seiner Zeit auf (das waren damals etwa 5000 verschiedene Arten). Er gilt als der Vater der Taxonomie (Lehre von der Ordnung der Lebewesen). Sein Sys-

Abb. 107: Carl von Linné (1707–1778) entwickelte ein System, um die Lebewesen systematisch zu ordnen. Sein Ziel war es, die Größe des Schöpfers in der geordneten Vielfalt der Natur darzustellen. Er beschrieb seine Vorgehensweise mit dem berühmten „Deus creavit, Linnaeus disposuit" („Gott hat erschaffen, Linné hat geordnet"). Und er erforschte die Schöpfung „ad maiorem Dei gloriam" („zum höheren Ruhme Gottes").

Abb. 108: Jedes Lebewesen kann in das taxonomische System, das in seinen Grundzügen auf Linné zurückgeht, eingeordnet werden. Die zehn Haupteinteilungen werden häufig noch durch weitere Zwischeneinteilungen feiner unterteilt. Einige Beispiele dafür sind angeführt.

Rechts sind die verschiedenen Klassifikationsebenen am Beispiel der Haushunderasse „Golden Retriever" dargestellt.

DEFINITION ZUR ORDNUNG VON LEBEWESEN

Ebene		Deutsch	Wissenschaftlich
Domäne		**Eukaryoten**	*(Eukarya)*
Reich		**Tiere**	*(Animalia)*
	Unterreich		
Abteilung		**Echte Vielzeller**	*(Eumetazoa)*
	Unterabteilung, Stammgruppe		
Stamm		**Chordatiere**	*(Chordata)*
	Unterstamm, Überklasse Reihe		
Klasse		**Säugetiere**	*(Mammalia)*
	Teil- oder Unterklasse		
Ordnung		**Raubtiere**	*(Carnivora)*
	Unterordnung, Überfamilie		
Familie		**Hundeartige**	*(Canidae)*
	Unterfamilie, Tribus		
Gattung		**Wolfartige**	*(Canis)*
	Untergattung		
Art		**Haushund**	*(Canis familiaris)*
	Unterart		
Rasse		**Golden Retriever**	

tem gründete sich im Wesentlichen auf äußere Ähnlichkeiten der Lebewesen. Später wurde die Ähnlichkeit auch nach dem Kenntnisstand der Anatomie, Physiologie und Embryologie beurteilt; heute werden auch genetische und molekularbiologische Funde berücksichtigt (siehe S. 169). Linné ordnete die Lebewesen, ohne einen Gedanken an gemeinsame Abstammung damit zu verbinden. Er glaubte an den biblischen Schöpfungsbericht und tat seine Arbeit, um damit den Schöpfer zu ehren und der Schöpfungsordnung nachzuspüren.

Was zählt: Ähnlichkeit oder Kreuzbarkeit?

Bei einer Taxonomie, die Arten unterscheidet, indem sie sich auf die Ähnlichkeiten zwischen Lebewesen gründet, tritt eine Reihe von Problemen auf. Zum einen ist die Feststellung von Ähnlichkeiten teilweise eine subjektive Angelegenheit. Die Bewertung von Gemeinsamkeiten und Unterschieden durch verschiedene Sachkundige kann recht unterschiedlich ausfallen. Selbst die Möglichkeit, die Sequenzen von Genen und Proteinen miteinander zu vergleichen, hat dieses Problem nicht grundsätzlich behoben. Die Artbegriffe, die auf Ähnlichkeit beruhen – man bezeichnet sie als „Morphologische Artbegriffe" –, leiden daher an einer gewissen Unschärfe.

Mit einem ganz anders begründeten Typ von Artbegriff versuchte man die Arten besser voneinander abzugrenzen: „Genetische Artbegriffe" legen die Kreuzbarkeit zwischen Lebewesen als Kriterium für die Zugehörigkeit zu einer Art fest. Der gebräuchlichste genetische Artbegriff ist die oben bereits erwähnte Biospezies, wonach Individuen gruppiert werden, wenn sie unter natürlichen Bedingungen fruchtbare Nachkommen zeugen können. Das Kriterium scheint eindeutig zu sein, aber in der Praxis tauchen ebenfalls Probleme auf. Zum einen ist es schwer, „natürliche Bedingungen" zu definieren, zum anderen gibt es bei Kreuzungen verschiedene Abstufungen der Fruchtbarkeit bei den Nachkommen. Die Nachkommen von Esel und Pferd (Maultier/Maulesel) z. B. sind in den *meisten* Fällen unfruchtbar; aber eben nicht in *allen* Fällen. Welche Fruchtbarkeitsquote soll angesetzt werden, damit die Nachkommen das Kriterium „fruchtbar" erfüllen? Es ist häufig auch sehr schwierig, Kreuzungen unter natürlichen Bedingungen nachzuweisen. Außerdem gibt es verschiedenste Gründe, die eine Kreuzung mit fruchtbaren Nachkommen verhindern können, auch wenn sie theoretisch möglich wäre.

Die beiden Kategorien von Artbegriffen lassen sich auch nicht einfach zusammenführen. Es gibt Fälle, in denen äußerlich sehr ähnliche Tiere (= morphologisch eine Art) sich unter natürlichen Bedingungen nicht kreuzen (= genetisch zwei verschiedene Arten), und Fälle, in denen äußerlich sehr unterschiedliche Lebewesen (= morphologisch zwei verschiedene Arten) fruchtbare Nachkommen hervorbringen (= genetisch eine Art). Damit sind die Hauptschwierigkeiten einer allgemein anwendbaren Artdefinition grob umrissen.

DEFINITION ZUR ORDNUNG VON LEBEWESEN

Biospezies (biologische Art)
Zu einer Biospezies zählen alle Individuen, die sich natürlicherweise mischenden Populationen gehören. Diese Populationen sind von anderen derartigen Gruppen isoliert.

Morphospezies (morphologische Art)
Zu einer Biospezies gehören alle Individuen, die in den wesentlichen morphologischen, physiologischen und biochemischen Merkmalen übereinstimmen.

Rassenkreis
Zu einem Rassenkreis gehören alle geographischen, einander vetretenden Formen, soweit sie Übergänge zeigen oder fruchtbare Mischlinge wenigstens erwartet werden können.

Superspezies (Artenkreis)
Sind die in einem Rassenkreis zusammengefassten Formen zu verschieden, so liegt ein Artenkreis vor.

Grundplan
Der Grundplan ist das Bau- und Funktionsgefüge des letzten gemeinsamen Vorfahren sämtlicher Vetreter einer jeweils betrachteten monophyletischen (d. h. stammesverwandten) Gruppe. Er beinhaltet die Holomorphe der den Grundplan vetretenden Art. Holomorphe heißt das totale Sein eines Organismus in Bau, Funktion, Verhalten und Ontogenese (vorgeburtlicher Entwicklung).

Abb. 109: Einige Definitionen zur Ordnung der Lebewesen. Sie alle enthalten Kriterien, die teilweise auf subjektiver Beurteilung beruhen. Im Gegensatz dazu beruht die Definition von Grundtypen (siehe S. 85) auf experimentell prüfbaren Kriterien (nach Junker/Scherer 2013).

12

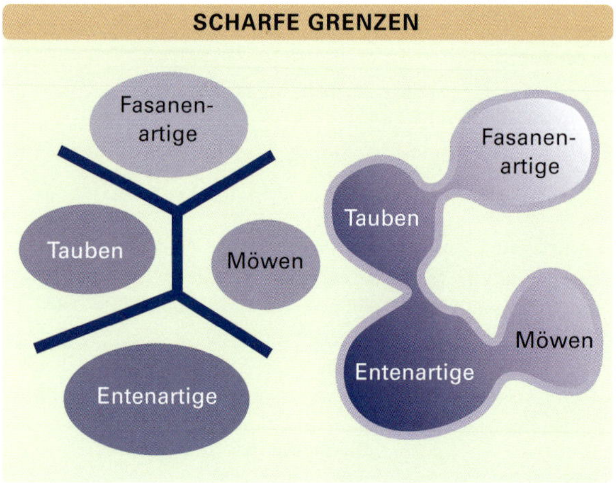

Abb. 110: Der Evolutionstheorie zufolge haben alle Lebewesen einen gemeinsamen Ursprung ihrer Stammesgeschichte. Es ist jedoch möglich, Gruppen zu unterscheiden, die untereinander durch Kreuzungen verbunden, aber gegen andere derartige Gruppen scharf abgegrenzt sind. Diese Gruppen werden im vorgestellten Modell als Grundtypen beschrieben und mit den geschaffenen Arten gleichgesetzt (nach Junker 1998).

12

Abb. 111: Die Entenartigen bilden einen formenreichen Grundtyp, zu dem ca. 150 Arten von Enten, Gänsen und Schwänen gehören. Unter ihnen sind über 400 Kreuzungskombinationen bekannt, die sie gut begründet als Grundtyp hervortreten lassen (aus Junker/Scherer 2006).

Der Artbegriff der Bibel

Welche Rolle spielt der Artbegriff in der Biologie überhaupt für das Verständnis der Schöpfung? Solange es um Arten als menschliche Ordnungseinheiten geht, sind die Feinheiten der Artunterscheidung zweitrangig. Ein Ziel der Schöpfungsforschung ist es aber, aus der Untersuchung der Natur Erkenntnisse darüber zu gewinnen, wie die Lehre der Bibel, dass Gott die Tiere „nach ihrer Art" schuf, heute wissenschaftlich nachvollzogen werden kann.

Daher stellt sich die Frage, was die Bibel als Art (das hebräische Wort dafür ist min) bezeichnet. Die früher sehr populäre Auffassung, dass Tiere und Pflanzen in ihrem heutigen Erscheinungsbild als starre Formen seit der Schöpfung bestehen (Lehre von der „Konstanz der Arten", siehe S. 127), konnte längst durch Beobachtung widerlegt werden. Offensichtlich sagt der Schöpfungsbericht aber auch gar nicht aus, dass diese erschaffenen Arten starr und unveränderlich sind. Es wird lediglich festgestellt, dass Gott verschiedene voneinander getrennte Arten schuf. Der Zusatz „… in der ihr Same ist nach ihrer Art" (1Mo 1,12) könnte darauf hinweisen, dass es sich bei diesen Arten um Fortpflanzungsgemeinschaften handelt (= genetischer Artbegriff).

Wie bunt war das „Gewimmel"?

„Und Gott sprach: Es wimmeln die Wasser vom Gewimmel lebendiger Wesen" (1Mo 1,20a). Der Schöpfungsbericht enthält weder eine Aufzählung der erschaffenen Arten noch eine Angabe über deren Anzahl. Es wird auch nichts darüber gesagt, wie viele Individuen von Pflanzen und Tieren jeweils erschaffen wurden und wie breit die anfängliche Formenvielfalt innerhalb einer Art war. Die Ausdrucksweise („Gewimmel") und das Urteil Gottes („es war sehr gut") lassen vermuten, dass Gott die Lebensräume der Erde mit Leben in großer Vielfalt füllte. Jedenfalls besagt die Pluralform, dass für jeden Lebensraum auf jeden Fall mehrere Arten geschaffen wurden (also nicht nur ein „Urfisch", „Urvogel" usw.).

Das Erkennen der „geschaffenen Arten"

Insgesamt kann dem Schöpfungsbericht in Bezug auf die Arten folgende Information entnommen werden: Gott schuf Tiere und Pflanzen in vielen voneinander abgegrenzten Fortpflanzungsgemeinschaften.

Allein diese Aussage ist die Grundlage des Grundtypenmodells in der Schöpfungsforschung. Wenn sich zeigen lässt, dass die geschaffenen Arten nicht miteinander kreuzbar sind und deshalb heute noch erkannt werden können, so wäre das ein starkes wissenschaftliches Argument für eine schöpfungsgemäße Trennung der Grundtypen. Genau darum geht es im Grundtypenmodell.

Starke Typen bleiben unter sich – die Grundtypen

In dem hier vorgestellten Modell werden die von Gott geschaffenen Arten als Grundtypen bezeichnet. Um Grundtypen erkennen und gegeneinander abgrenzen zu können, wurde genau festgelegt, was ein Grundtyp ist: „Alle Arten, die durch Kreuzungen direkt oder indirekt miteinander verbunden sind, also miteinander Nachkommen hervorbringen können, werden zu einem Grundtyp gerechnet" (nach F. L. Marsh und S. Scherer).

Das scheint zunächst eine ganz ähnliche Definition zu sein wie diejenige der „biologischen Art". Es gibt aber einige wesentliche Unterschiede. Um die Erkennung wasserdicht zu machen und auch die exotischen „Ausreißer" mit zu erfassen, wurde außerdem festgelegt:

1. Die Nachkommen müssen nicht unbedingt fruchtbar sein (es kommt bei Kreuzungen häufig vor, dass die Mischlinge unfruchtbar bleiben).
2. Es müssen gar keine Nachkommen geboren werden – es reicht schon aus zu zeigen, dass die Embryonalentwicklung beginnt und dabei die Erbanlagen beider Eltern ausgeprägt werden.
3. Ob die Kreuzung in der Natur, in der Haltung oder im Reagenzglas zustande kam, spielt keine Rolle.
4. Indirekte Kreuzung bedeutet, dass die Angehörigen eines Grundtyps nicht alle *direkt* miteinander kreuzbar sein müssen, aber doch durch Kreuzungen über Dritte miteinander verbunden sind.

Test des Grundtypenkonzepts

Verschiedene Gruppen von Pflanzen und Tieren sind bereits auf ihre Grundtypenzugehörigkeit hin untersucht worden. Da die experimentelle Überprüfung auf Kreuzbarkeit sehr aufwändig und bei vielen Tierarten nahezu unmöglich ist, beschränken sich derartige Analysen bisher auf das Studium und die Auswertung der veröffentlichten Kreuzungserfolge. Die gelungenen Kreuzungen werden, sofern die Berichte glaubwürdig sind, in eine Kreuzungsmatrix eingetragen.

Die Ergebnisse sind bisher sehr ermutigend. Es zeigt sich, dass tatsächlich Gruppen von Arten voneinander abgegrenzt werden können. Verglichen mit der gängigen Taxonomie liegen die Grenzen der Grundtypen häufig auf der Ebene der Familie. Wie viele biologische Arten sie jeweils umfassen, ist höchst unterschiedlich (siehe Abb. 112). Eine ausführliche Darstellung des Grundtypenmodells findet sich in Typen des Lebens (hrsg. von Siegfried Scherer, Pascal Verlag, siehe Literaturverzeichnis im Anhang).

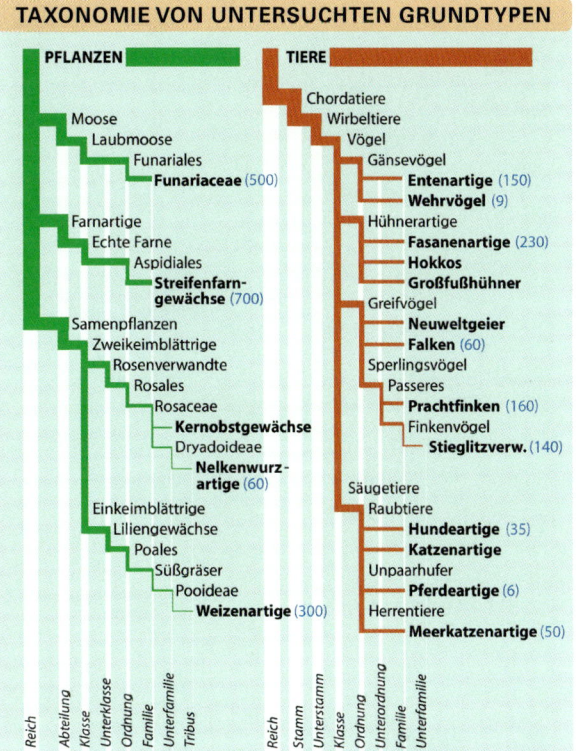

Abb. 112: Erst einige wenige Pflanzen- und Tiergruppen wurden bisher fundiert auf ihre Grundtypenzugehörigkeit hin untersucht (in der Abbildung fett dargestellt). An ihnen zeigte sich, dass das Taxon des Grundtyps mit Familien, Gattungen oder Arten des Taxonomischen Systems zusammenfallen kann. Insgesamt scheint es am häufigsten auf der Ebene der Familie zu liegen.

Wie viele biologische Arten ein Grundtyp umfasst, kann ebenfalls sehr unterschiedlich sein. Für die untersuchten Fälle ist die Anzahl der Arten angegeben (blau, in Klammern). Sie reicht von den ca. 700 verschiedenen Arten der Streifenfarngewächse bis zu den nur 6 Pferdeartigen. Bei den Pflanzen scheinen die Grundtypen im Allgemeinen mehr Arten zu umfassen als bei den Tieren (nach Junker/Scherer 2013).

HUNDEARTIGE						
Kreuzungen unter den Hundeartigen	Haushund	Dingo	Wolf	Kojote	Goldschakal	Rotfuchs
Haushund (*Canis familiaris*)		X	X	X	X	X
Dingo (*Canis f. dingo*)	X					
Wolf (*Canis lupus*)	X			X	X	
Kojote (*Canis latrans*)	X	X				
Goldschakal (*Canis aureus*)	X	X				
Rotfuchs (*Vulpes vulpes*)	X					

Abb. 114: In einer Kreuzungsmatrix werden die bekannt gewordenen Kreuzungen eingetragen. Das ist der erste Schritt zur Beschreibung eines Grundtyps. Das Beispiel wurde für den Grundtyp der Hundeartigen (Canidae) erstellt. Er besteht aus 35 biologischen Arten von Hunden, Wölfen, Kojoten, Schakalen und Füchsen. Der Haushund ist natürlich am besten untersucht. Wahrscheinlich würden bei einer systematischen experimentellen Untersuchung noch mehr erfolgreiche Kreuzungen bekannt werden.

Abb. 113: Wahrscheinlich müssen manche „Exoten" unter den Lebewesen als die einzigen Überlebenden ihres Grundtyps angesehen werden. Von der abgebildeten Spaltfußgans (Anseranas semipalmata) sind bisher keine Kreuzungen bekannt geworden. Sie steht mit ihrer einzigartigen Merkmalskombination ganz isoliert da.

12

ARTAUFSPALTUNG

Ausgangssituation:
Eine Population mit zusammenhängendem Vertreibungsgebiet

Separation (Trennung):
Unterschiedliche Entwicklung der getrennten Teilpopulationen

Kreuzungen zwischen den wiedervereinigten Gruppen findet statt:
keine Isolation

Es finden keine Kreuzungen mehr statt:
Isolation – Artaufspaltung

Abb. 115: In der Natur findet Artaufspaltung häufig durch räumliche Abtrennung (Separation) statt. Durch die Trennung ist auch der genetische Austausch unterbrochen und beide Gruppen können Unterschiede entwickeln. Diese Trennung kann – muss aber nicht – zur Entstehung neuer Arten führen. Ob dabei eine neue Art entstanden ist zeigt sich erst, wenn wieder die (geographische) Möglichkeit zur Verpaarung gegeben ist. Wenn keine fruchtbaren Kreuzungen mehr vorkommen ist genetische Isolation eingetreten und eine neue Art entstanden. Der Vorgang ist nur innerhalb eines Grundtyps möglich.

Bewertung des Grundtypenmodells

Die weitere Anwendung der Definition von Grundtypen dürfte viele interessante Ergebnisse liefern. Bis heute wurden in den Analysen nur Kreuzungen mit lebensfähigen Nachkommen verwertet. In größerem Umfang durchgeführte molekularbiologische Untersuchungen früher Phasen von nur beginnenden Embryonalentwicklungen zur exakten Klärung der Verhältnisse sind noch Zukunftsmusik. Diese Prozedur wäre nötig, um Klarheit darüber zu bekommen, ob die Erbanlagen beider Eltern in einer gemeinsamen Entwicklung ausgeprägt werden oder nicht. Im Einzelfall kann eine derartige Untersuchung mit enormem technischem Aufwand verbunden sein (man stelle sich nur ein Forschungsprojekt über die Grundtypenzugehörigkeit der Wale vor).

Wegen des damit verbundenen Aufwands wird das Modell wohl kaum für die Aufstellung einer vollständigen Taxonomie in Frage kommen (auch wenn es vielleicht das Potential hätte, die bisherige Taxonomie zu revolutionieren).

Als Argument gegen die evolutionäre Abstammung aller Lebewesen aus einem gemeinsamen Ursprung kann das Grundtypenmodell kaum genutzt werden. Vertreter der Evolutionstheorie halten entgegen, dass viele rezente (= heute lebende) Formen nur deshalb nicht durch Kreuzungsnachweise verbunden werden können, weil viele Zwischenglieder bereits ausgestorben seien und das ursprüngliche Kontinuum dadurch lückenhaft geworden sei.

Ein Vorteil des Grundtypenmodells ist die experimentelle Prüfbarkeit (im Gegensatz zu allen anderen Artdefinitionen der Biologie). Allerdings gilt auch hier eine Einschränkung; sicher nachweisen lässt sich immer nur die *Zugehörigkeit* zu einem Grundtyp, nicht aber die *Nicht-Zugehörigkeit*. Sehr interessant wäre es, wenn mit zunehmender Kenntnis der Genomsequenzen Genmuster gefunden würden, die für einen Grundtyp kennzeichnend sind. Eine derartige Entwicklung könnte dem Grundtypenmodell zum Durchbruch verhelfen.

Entstehung neuer Arten in der Natur

Wenn der Artbegriff der biologischen Art zugrunde gelegt wird, ist die Entstehung neuer Arten (durch Artaufspaltung) ein Vorgang, der in der Natur durchaus vorkommt und auch durch Beobachtung belegt werden kann.

Eine Population von Lebewesen (= Gruppe von Individuen, die sich untereinander fortpflanzen) unterliegt der Wirkungsweise verschiedener Evolutionsfaktoren (siehe Abb. 189) und verändert sich dadurch. Wenn eine Population räumlich getrennt wird (Separation), so können sich beide Teilgruppen unabhängig voneinander verändern. Die Unterschiede zwischen ihnen nehmen mit der Zeit zu. Das kann dazu führen, dass die Gruppen sich so „fremd" werden, dass es auch bei einer räumlichen Wiedervereinigung nicht mehr zur fruchtbaren Kreuzung kommt. Damit ist der genetische Austausch zwischen den Gruppen unterbrochen (Isolation) und beide Teilgruppen müssen, gemäß Definition, als getrennte Biospezies angesprochen werden.

Dieser Aufspaltungsvorgang kann zu besonders schnellen und starken Veränderungen führen, wenn nur eine sehr kleine Anzahl von Individuen (im Extremfall ein einzelner Ableger einer Pflanze, ein einzelnes trächtiges Weibchen einer Tierart usw.) von der Stammpopulation abgetrennt und u. U. auch noch in einen ganz andersartigen Lebensraum verschlagen wird. In einem solchen Fall ist nur ein kleiner Teil aus der genetischen Vielfalt in der neuen Population vertreten, zufällige Veränderungen (Mutationen) setzen sich (bei der kleinen Anzahl der Individuen) schneller durch, und die Selektionsbedingungen sind verschieden von denen der Stammpopulation; manche Änderungen können sich auch zufällig durchsetzen (Gendrift). Dieses Szenario wird auch als Gründer- oder Flaschenhalssituation (siehe S. 80) bezeichnet und ist besonders in einem katastrophischen Umfeld (z. B. Erde nach der Sintflut, Kontinentalverschiebung) häufig zu erwarten.

Entstehung neuer Arten durch Züchtung

Die Erfahrung vieler Generationen von Tier- und Pflanzenzüchtern zeigt, dass die Erzeugung neuer Arten durch züchterische Maßnahmen mit einer genetischen Verarmung innerhalb der jeweiligen Rassen verbunden ist. Es ist zwar möglich, Lebewesen auf die Bedürfnisse des Menschen zu trimmen und zu Hochleistungssorten zu züchten, aber diese Spezialisierung geht auf Kosten der genetischen Variabilität. Die hochgezüchteten Sorten können nicht mehr so flexibel wie vorher auf eine Änderung der Umweltbedingungen reagieren. Ihre genetischen Möglichkeiten sind irgendwann ausgereizt, und sie werden abhängig von der menschlichen Bewirtschaftung. Unter natürlichen Selektionsbedingungen würden sie schnell aussterben.

Die Ergebnisse aus der menschlichen Züchtung von Pflanzen und Tieren lassen sich nur bedingt auf die Vorgänge in der Natur übertragen. Züchter führen gezielte Kreuzungen durch, die z. T. in der Natur nicht zustande kommen könnten. Sie arbeiten mit künstlich erhöhten Mutationsraten und verändern die Organismen in eine bestimmte Richtung. In der Zucht wird auf ein Zuchtziel hingearbeitet, das der Züchter vorgibt. Seine künstliche Auslese, bei der oft extrem vom Normaltyp abweichende Formen ausgelesen werden, kann nicht mit der natürlichen Selektion verglichen werden. In der Natur haben wir es grundsätzlich mit erfolgreichen und gut angepassten Wildformen von Lebewesen zu tun (schlecht angepasste Formen wären längst ausgestorben). Die Selektion wirkt deshalb auf das Erscheinungsbild im Normalfall stabilisierend, d. h. sie wirkt starken Veränderungen entgegen. Das gilt jedenfalls für konstant bleibende Umweltbedingungen.

Abb. 116: Diese Matrix zeigt an einem (fiktiven) Beispiel die Verteilung von drei Merkmalen. Die beiden Katzen haben beide den gleichen Genotyp (Erbanlagen) und Phänotyp (äußere Erscheinung). Sie zeigen in ihrem Erscheinungsbild die dominanten Merkmale (langer Schwanz, schwarzes Fell, Spitzohren), haben aber auch die rezessiven Allele. Sie sind also in Bezug auf diese drei Merkmale heterozygot (mischerbig). Bei einer Kreuzung zwischen ihnen können acht verschiedene Merkmalskombinationen herauskommen. Etwa 42% der Nachkommen sehen genauso aus wie die Eltern, bei weiteren 42% ist eines der drei rezessiven Merkmale ausgeprägt worden. Nur in 14% der Fälle sind zwei der drei rezessiven Merkmale ausgeprägt. Die Wahrscheinlichkeit, dass alle drei rezessiven Merkmale in einem Nachkommen auftreten, ist sehr gering (1,5%). Ein Züchter kann zu dieser Form, die in der Natur sehr selten vorkommen wird sehr schnell gelangen, indem er gezielt die Tiere weiterverpaart, die schon ein oder zwei rezessive Merkmale tragen. Durch die künstliche Selektion der menschlichen Zucht können Kombinationen hervorgebracht werden, die in der Natur nur mit hoher Unwahrscheinlichkeit auftreten würden.

12

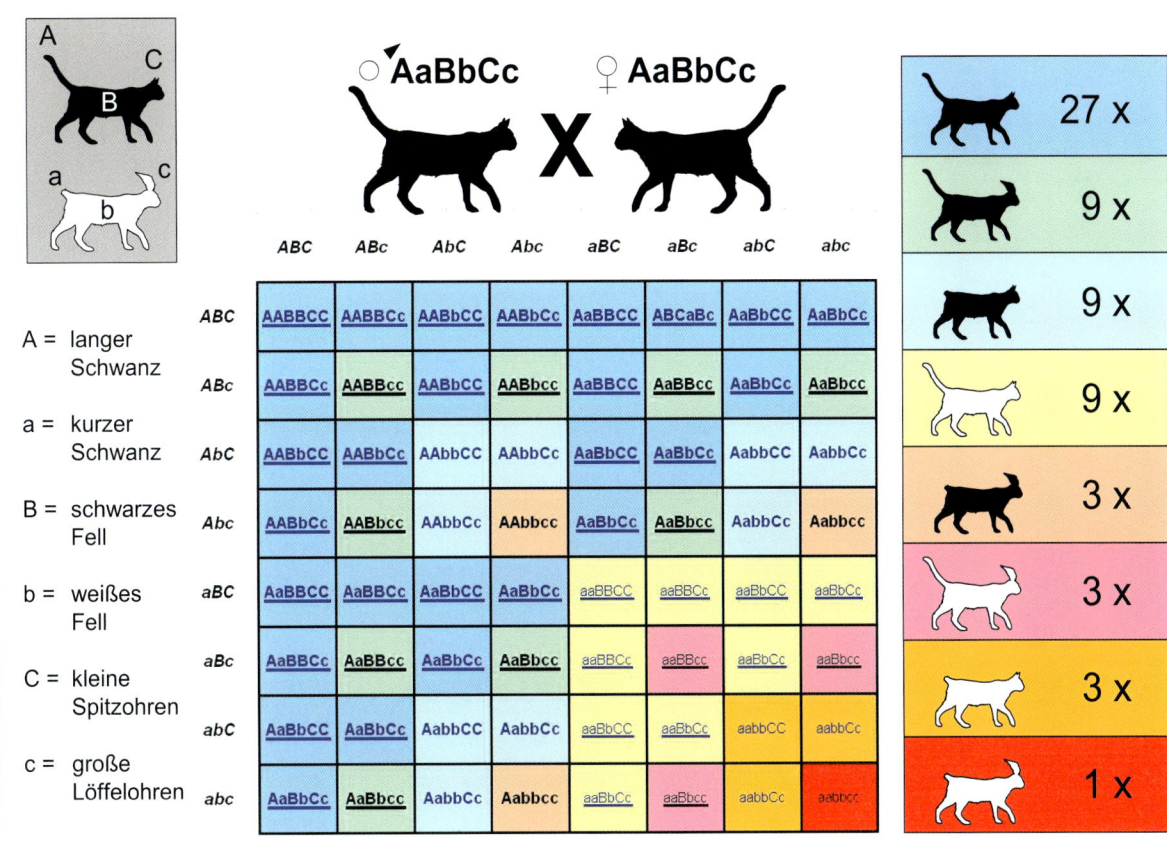

MATRIX: BEISPIEL EINER VERTEILUNG VON DREI MERKMALEN

Abb. 117: Aus der Wildform des Kohls (Brassica oleracea, Bildmitte) wurden durch züchterische Selektion die verschiedensten Zuchtsorten gewonnen.

Durch Betonung der Blütentraube wurde der Blumenkohl (oben links), durch Betonung von Blüten und Stielen der Broccoli (oben rechts) gezüchtet. Immer größer gezüchtete Endknospen und Haupttriebe ergaben den Weißkohl (Mitte links) und immer größere Blätter den Grünkohl (Mitte rechts). Eine extreme Häufung der Achselknospen führte zum Rosenkohl (unten links) und eine extreme Verdickung des Stängels zum Kohlrabi (unten rechts).

12

Abb. 118: Wenn man die unterschiedlichen Kohlsorten so beieinander liegen sieht kann man sich kaum vorstellen, dass es sich um die gleiche Pflanzenart handelt.

«BEISPIEL 1 FÜR VARIABILITÄT»

Kohl bleibt Kohl

Auf der kleinen Nordseeinsel Helgoland wächst eine interessante gelb blühende Blütenpflanze. Ihr wissenschaftlicher Name ist Brassica oleracea – der Wildkohl. Sie sieht dem Raps ähnlich und ist die Mutter aller Kohlsorten, die wir essen. Alle sind das Ergebnis sorgfältiger Zucht.

Wenn man über viele Generationen die Pflanzen mit den meisten oder dicksten Blättern miteinander kreuzt, landet man irgendwann beim Grünkohl, Wirsing, Rotkohl, Weißkohl, Spitzkohl und Zierkohl, die alle fast nur noch aus Blättern bestehen.

Sucht man sich immer nur die Pflanzen mit den dicksten Seitentrieben aus, so erhält man irgendwann den Rosenkohl.

Wer immer die dickste und kürzeste Sprossachse (Stängel) heraussucht, der hat irgendwann einen Kohlrabi in der Hand.

Und die Pflanzen mit den meisten Blüten ergeben am Ende Broccoli und Blumenkohl, die fast nur noch aus vielen tausend winzigen Blüten bestehen. Sie werden geerntet, solange sie geschlossen sind. Dann sehen sie aus wie kleine grüne oder weiße Kügelchen. Wenn man sie reifen lässt, so verwandelt sich der Kohlkopf in einen riesigen Strauß kleiner gelber Blüten.

Mit dem ursprünglichen Wildkohl haben alle diese Zuchtsorten äußerlich kaum noch Ähnlichkeit. Wenn man die Blätter zwischen den Fingern zerreibt, so riecht man den typischen Kohlgeruch, aber sonst erinnert äußerlich fast nichts mehr an seine Ahnenschaft.

Es ist erstaunlich, wie aus einer Pflanzenart so völlig unterschiedliche Gewächse hervorkommen können. Im Fall des Kohls hat der Mensch in vielen Jahrhunderten immer wieder Pflanzen mit bestimmten Eigenschaften (Variation) oder Veränderungen (Mutation) aussortiert (Selektion) und weitergezüchtet.

Das Wort Evolution bedeutet so viel wie „Hervorwälzung". Im Lateinischen wurde damit die Tätigkeit „ein Buch aufschlagen" gemeint. Genau das können wir heute in der Natur beobachten. Jedes Lebewesen gleicht in seinem genetischen Bauplan einem dicken Buch. Die äußeren Umstände, wie z. B. das Klima und Feinde oder das Eingreifen des Menschen (durch Zucht), können bewirken, dass Teile dieses Bauplans mehrfach gelesen oder ausgelassen werden. Sie können auch dafür sorgen, dass manche Stellen durch Abschreibefehler (Mutationen) verändert werden. Eins allerdings können sie nicht: völlig neue Kapitel mit neuen Ideen hinzufügen.

Bei vielen Veränderungen geht Information verloren. Aus dem Wildkohl könnte man (theoretisch) wieder alle anderen Kohlsorten züchten, aber auch nach noch so langer Zucht würde man aus dem Kohl keine Eiche und keinen Löwenzahn züchten können. Kohl bleibt Kohl. Und aus einem Blumenkohl kann man umgekehrt keinen Wildkohl mehr züchten. Er ist genetisch verarmt und könnte in der Natur nicht mehr überleben. Bei allen Beispielen für Evolution (sowohl unter natürlichen Bedingungen als auch in der Zucht) von Tieren und Pflanzen hat man nie eine Höherentwicklung (Zunahme der Komplexität) feststellen können. Was wir feststellen, ist eine Spezialisierung – jedoch auf Kosten der genetischen Entwicklungsmöglichkeit (Polyvalenz).

«BEISPIEL 2 FÜR VARIABILITÄT»

Beispiel für die Variation eines Grundtyps – die Hundeartigen

Ein sehr gut untersuchtes Beispiel für die Variation eines Grundtyps sind die Hundeartigen. Sie sind die erfolgreichste und artenreichste Raubtierfamilie und sind weltweit verbreitet. An dieser Gruppe lässt sich gut studieren, wie sich ein Grundtyp durch Artaufspaltung in verschiedene Erscheinungsformen aufgliedert. Das geschah sowohl unter natürlichen Bedingungen, woraus Wölfe, Kojoten, Schakale, Füchse und Hunde hervorgingen, als auch durch menschliche Zucht (die „Fédération Cynologique Internationale" listet heute 347 anerkannte Zuchthunderassen auf). Erstaunlich ist dabei, wie schnell diese oft sehr unterschiedlichen Formen gezüchtet wurden. Fast alle Haushunderassen sind Züchtungsergebnisse der letzten hundert Jahre.

Die Merkmalsausprägungen aller Rassen bewegen sich innerhalb der schöpfungsgemäßen Variationsbreite; und die kann sehr groß sein. Im Fall der Hundeartigen reicht sie z. B. von einer Kopf-Rumpf-Länge (Schnauze bis After) von 140 cm beim Wolf bis zu 15 cm beim Chihuahua (das ist eine Differenz in der Größenordnung einer Zehnerpotenz!). Das Ausschöpfen der großen Grundtypvariationsbreite ist also nicht nur in der Pflanzenzucht (wie beim Kohl) möglich, sondern auch in der Tierzucht.

Die Schwäche der Biospezies-Definition wird an diesem Beispiel ebenfalls deutlich. Von Wölfen und Hunden sind Kreuzungen aus freier Wildbahn bekannt, aus denen gewöhnlich auch fruchtbare Nachkommen hervorgehen. Konsequenterweise sollten sie als eine Art angesprochen werden. Tatsächlich wird in der modernen Zoologie für den Haushund der Name Canis lupus forma familiaris vorgeschlagen, was mit „Familienwolf" übersetzt werden kann. In der Biologie werden aber meistens traditionell Haushund (Canis familiaris) und Wolf (Canis lupus) als zwei Arten angesprochen. Dagegen gelten alle Zuchtformen des Haushundes als Rassen einer Art, obwohl nicht alle die Biospezies-Definition erfüllen, da sie z. T. aus anatomischen Gründen nicht mehr miteinander kreuzbar sind (man stelle sich nur einen Paarungsakt zwischen dem abgebildeten Bernhardiner und dem kleinen Chihuahua links daneben vor). Wölfe und Schakale kreuzen sich in der freien Wildbahn niemals, obwohl sich ihre Verbreitungsgebiete überschneiden und sie anatomisch dazu in der Lage wären (wie man aus Kreuzungsexperimenten weiß). Nach der Biospezies-Definition sind es zwei getrennte Arten. Nach der Grundtyp-Definition stellt sich dagegen die ganze Gruppe als eine Einheit dar, die als Schöpfungseinheit (geschaffene Art) interpretiert werden kann.

VARIATION DER SCHNAUZENLÄNGE

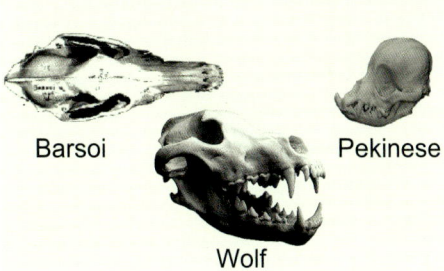

Barsoi — Pekinese — Wolf

Abb. 119: Die Hundeartigen sind uns durch den Haushund mit seinen vielen beliebten Zuchtrassen sehr gut bekannt. Wie groß die Variationsbreite innerhalb eines Grundtyps auch unter Tieren sein kann, zeigt der Vergleich des Merkmals „Schnauzenlänge". Wenn der Urahn der Hunde dem heutigen Wolf entspricht, so wurde dessen schlanke Schnauze beim Barsoi noch weiter verlängert, beim Pekinesen dagegen extrem verkürzt (von der Albert Heim Foundation).

VERÄNDERUNG DER SCHÄDELFORM

beim Bullterrier

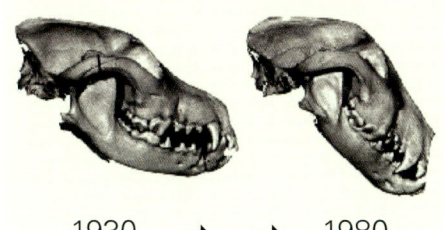

1930 → → 1980

Abb. 120: Die Zuchtformen des Haushunds sind ein gutes Beispiel für sehr schnelle Veränderung von Formen durch intensive züchterische Bemühungen. Der heutige Bullterrier, mit seiner steil abfallenden Schnauze, wurde innerhalb von 50 Jahren aus einer Form gezüchtet, bei der dieses Merkmal noch nicht vorhanden war. Fast alle Rassen haben ihr heutiges Aussehen im Wesentlichen innerhalb der letzten 100 Jahre erhalten (von der Albert Heim Foundation).

Abb. 121: Diese acht verschiedenen Haushunderassen spiegeln die Vielfalt der Formen wider, die durch Zucht hervorgebracht wurden.

Von links nach rechts: Boxer, Dalmatiner, Chihuahua, Bernhardiner, Terrier, Beagle, Basset, Barsoi (aus Junker/Scherer, 2006).

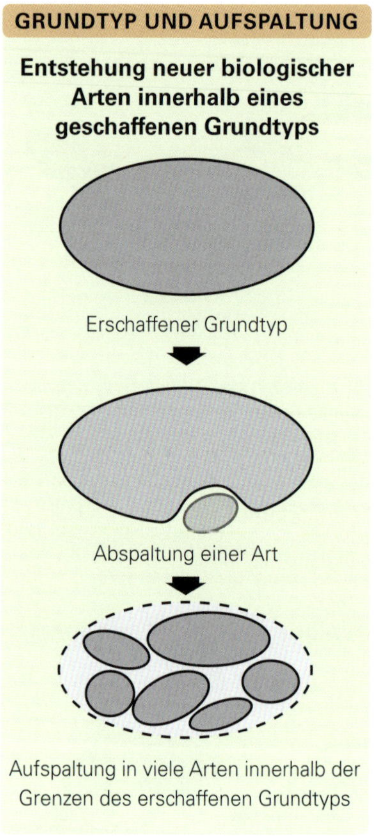

GRUNDTYP UND AUFSPALTUNG

Entstehung neuer biologischer Arten innerhalb eines geschaffenen Grundtyps

Erschaffener Grundtyp

Abspaltung einer Art

Aufspaltung in viele Arten innerhalb der Grenzen des erschaffenen Grundtyps

Abb. 122: Durch Artaufspaltung trennt sich ein Grundtyp in eine Vielzahl biologischer Arten auf. Dabei geht es nicht um Höherentwicklung, sondern um Spezialisierung. Dieser Prozess geschieht innerhalb der Grenzen des erschaffenen Grundtyps (nach Junker/Scherer 2013).

Spezialisten leben gefährlich

Wo sich die Umwelt stark verändert, sind die Organismen gezwungen, sich an die neuen Bedingungen anzupassen. Sie schöpfen dabei aus dem vorhandenen genetischen Potential und verändern sich im Rahmen dieser Möglichkeiten. Geschieht dies im Verlauf mehrerer Artaufspaltungen, so werden die genetischen Möglichkeiten zunehmend geringer. Der Genpool verarmt, die Variabilität nimmt ab und die Organismen können sich irgendwann einem erneuten Wechsel der Umweltbedingungen nicht mehr anpassen und sind damit vom Aussterben bedroht.

Anpassung ist tendenziell mit genetischer Verarmung verbunden und geht auf Kosten der Variabilität. Eine Analogie dazu ist der Fachmann, der sich sein Leben lang ausschließlich mit einem ganz speziellen Aspekt seines Fachgebietes beschäftigt, bis er „fast alles über fast nichts" weiß. Im Gegensatz dazu steht der breit gebildete Generalist, der „fast nichts über fast alles" weiß. Das Wissen des Spezialisten wird wertlos, wenn sein Fachgebiet plötzlich an Bedeutung verliert, der Generalist hat dagegen die Voraussetzung, sich in verschiedene Fachgebiete tiefer einzuarbeiten. Ähnlich ist auch die Spezialisierung der Lebewesen eine Einbahnstraße, bei der das Aussterberisiko der hochangepassten, hochspezialisierten Formen bei einer Veränderung der Umweltbedingungen groß ist.

Vertritt die Schöpfungslehre Evolutionsvorstellungen?

Das vorgestellte Modell der Grundtypen besagt, dass Gott Pflanzen und Tiere in einer ursprünglichen Form erschuf, aus der sich dann die heutige Formenfülle entwickeln konnte. Überspitzt ausgedrückt ist es demzufolge z. B. denkbar, dass Gott ein einziges Pärchen von Hundeartigen erschuf (sozusagen die „Urhunde"), aus denen sich dann sämtliche heutigen Arten von Hunden, Wölfen, Kojoten, Schakalen und Füchsen entwickelten. Ist das nicht einfach nur eine „Light-Version" der Evolutionstheorie?

Man muss sich bewusst machen, dass die Veränderung der Lebewesen durch evolutive Vorgänge (Selektion, Mutation, Artaufspaltung) eine hervorragend untersuchte und sehr gut belegte naturwissenschaftliche Tatsache ist. Das wird von Schöpfungsforschern keinesfalls bestritten. Der Unterschied zur Evolution besteht in der Reichweite dieser Vorgänge. Im Schöpfungsmodell wird davon ausgegangen, dass durch Evolution lediglich die Vielfalt sichtbar wird, die der Schöpfer als genetisches Programm in die Lebewesen hineingelegt hat. Dabei entsteht nichts qualitativ Neues, sondern Bestehendes wird variiert (verändert, angepasst).

Abb. 123: Die Bibel lehrt die Erschaffung verschiedener Einheiten von Lebewesen (= Grundtypen) von Beginn an. Sie haben sich später in verschiedene Arten innerhalb der Grundtypen aufgespalten. Die Evolutionslehre geht dagegen von einer gemeinsamen Abstammung aller Lebewesen aus.

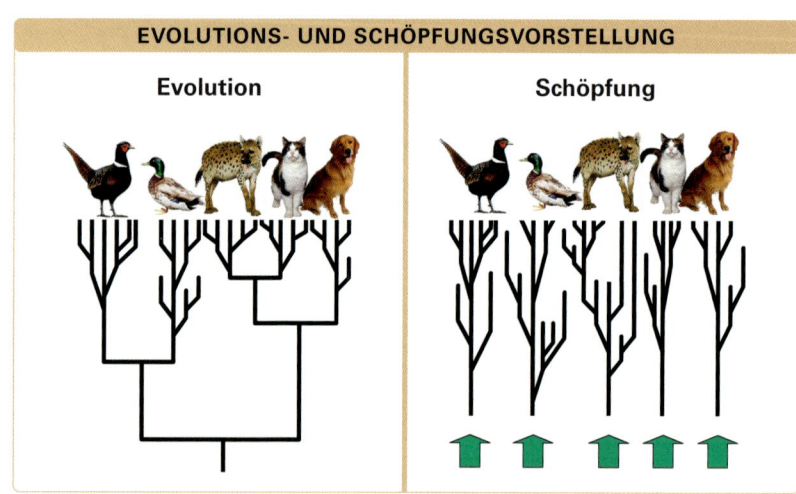

EVOLUTIONS- UND SCHÖPFUNGSVORSTELLUNG

Evolution | Schöpfung

Alle Veränderungen spielen sich in einem festgesetzten Rahmen ab – innerhalb der erschaffenen Grundtypen. Alles, was bisher beobachtet und belegt werden konnte, ist Grundtypvariation. Neue Arten (Biospezies) können entstehen, neue Grundtypen nicht.

Um diese Sicht der Evolution von der gängigen Evolutionsvorstellung abzugrenzen, wird sie im Folgenden als Mikroevolution bezeichnet.

Polyvalenz – die programmierte Vielfalt

Die erschaffenen Lebensformen verfügen über die Möglichkeit, sich zu verändern. Diese Eigenschaft der programmierten Veränderlichkeit bezeichnet man als Polyvalenz (Vielwertigkeit).

Dadurch werden Lebewesen in die Lage versetzt, neue Lebensräume zu erobern und sich einer Veränderung ihrer Umwelt anzupassen. Alle Pflanzen und Tiere sind in einem komplizierten ökologischen Netz miteinander verwoben. Die Flexibilität der Lebewesen ermöglicht eine gewisse Stabilität dieses Beziehungsgeflechts. Denn selbst nach gravierenden Eingriffen und Störungen (Naturkatastrophen, Umweltkatastrophen durch den Menschen) sorgt die Möglichkeit zur Anpassung für ein funktionierendes „Katastrophenmanagement".

Grundtypenvariation nach der Sintflut

In der Untersuchung der Frage, wie die Tiere in der Arche Noahs Platz gefunden haben (S. 65), wurde bereits das Grundtypenkonzept vorausgesetzt. Es ist anzunehmen, dass die Variation der Grundtypen durch Artaufspaltung in der ersten Zeit nach der Sintflut zu einer Vervielfachung der biologischen Arten führte. Während man von einem gleichmäßigen Klima und einer zusammenhängenden Kontinentalplatte vor der Flut ausgehen kann, kommen nach der Flut eine Häufung von Katastrophen, die Entstehung extremer Klimazonen, die Kontinentaldrift, die Ausbreitung und Verteilung der Arten über die Erde und die damit verbundenen Flaschenhalsereignisse als wesentliche Faktoren für eine schnelle Variation der Grundtypen in Frage. Dieses Szenario ist etwas spekulativ. Die Bibel teilt über die Klima- und Katastrophenverhältnisse vor und nach der Flut keine Einzelheiten mit.

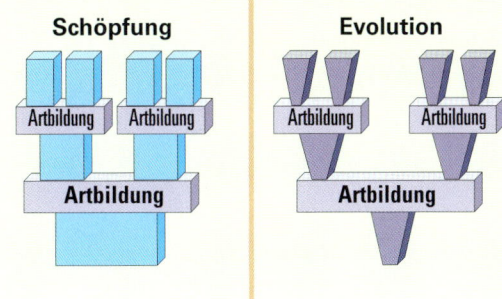

EVOLUTIONS- UND SCHÖPFUNGSVORSTELLUNG

Abb. 124: Zwei verschiedene Vorstellungen zur Artbildung. Die Breite der Äste in dem Stammbaumschema entspricht der genetischen Vielfalt (Polyvalenz). Während die Schöpfungslehre die Erschaffung genetisch vielfältiger (polyvalenter) Stammformen annimmt, die durch Artaufspaltung genetisch verarmen, geht die Evolutionstheorie von einem Zuwachs der genetischen Information aus, der diesen Verlust kompensiert (nach Junker/Scherer 2001).

«ZITATE»

Nach meiner Auffassung ... gibt es nicht den Funken eines wissenschaftlichen Beweises dafür, dass Evolution im Sinne einer Progression [Höherentwicklung] von einfacheren zu komplizierteren Organismen irgendetwas mit zunehmender Anpassung, mit Selektionsvorteil oder mit der Produktion einer größeren Nachkommenschaft zu tun hat. Anpassung ist auf jedem Organisationsniveau möglich ... Eine Amöbe, ein Wurm, ein Insekt oder nichtplazentales Säugetier ist ebenso angepasst wie ein Plazentalier; wären sie das nicht, so wären sie schon längst ausgestorben.

L. van Bertalanffy in „Gesetz oder Zufall: Systemtheorie und Selektion", 1970

«Themen-DVD»

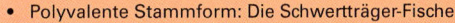

- Polyvalente Stammform: Die Schwertträger-Fische
- Grundprobleme der Taxonomie, Systematik und Phylogenie
- Artbildung bei Hausmäusen
- Grundtyp Cameliden: Mischling aus Dromedar und Lama
- Ordnung im Gewimmel: Systema Naturae
- Die Katzenartigen - ein klar abgegrenzter Grundtyp
- Grundtypstudien an Papageien

12

«KOMPAKT»

Die erschaffenen Arten, die im Schöpfungsbericht erwähnt werden, können nicht mit dem heutigen Artbegriff (Biospezies) der Biologie erfasst werden, sondern haben offensichtlich eine umfassendere Bedeutung. Im Grundtypenmodell wird die Frage untersucht, inwieweit sich die Erwartung abgegrenzter Einheiten mit festen Grenzen heute in der Pflanzen- und Tierwelt nachweisen lässt.

Lebewesen sind nicht unveränderlich, sondern können sich innerhalb bestimmter Grenzen verändern. Dabei können auch neue Arten entstehen. Bei diesen Veränderungen geht es in der Regel um Anpassung und Spezialisierung, die mit einem Verlust genetischer Information verbunden ist. Die Wirkungsweise von Evolutionsfaktoren kann daran beobachtet werden. Allerdings entstehen dabei keine neuen Organe und Strukturen. Deswegen werden derartige Prozesse als Mikroevolution beschrieben. Sie stehen nicht im Widerspruch zur biblisch begründeten Schöpfungslehre.

Sprachverwirrung

Bibeltext: 1. Mose 11,1–9

13

Sinear ist ein alter Name für das spätere Babylon (oder Chaldäa) in Mesopotamien (Zweistromland, zwischen Euphrat und Tigris).

und machen wir uns einen Namen – die Stadt und der Turm sollten zur Ehre der Menschen sein. Ihr Stolz führte zu Rebellion gegen Gott.

dass wir nicht zerstreut werden über die ganze Erde – Gott hatte geboten, die Erde zu füllen. Die Menschen wollten sich diesem Gebot widersetzen.

nun wird ihnen nichts verwehrt werden, was sie zu tun ersinnen – die Menschheit war so geeint, dass sie jedes beschlossene Vorhaben auch in die Tat umsetzen würden. Gott musste hart eingreifen, um die Rebellion zu zerschlagen.

Babel (hebr. *babal*) bedeutet „Verwirrung"

Und die ganze Erde hatte eine Sprache und einerlei Worte. Und es geschah, als sie nach Osten zogen, da fanden sie eine Ebene im Land Sinear und wohnten dort. Und sie sprachen einer zum anderen: Wohlan, lasst uns Ziegel streichen und hart brennen! Und der Ziegel diente ihnen als Stein, und der Asphalt diente ihnen als Mörtel. Und sie sprachen: Wohlan, bauen wir uns eine Stadt und einen Turm, dessen Spitze an den Himmel reicht, und machen wir uns einen Namen, dass wir nicht zerstreut werden über die ganze Erde! Und der Herr fuhr herab, um die Stadt und den Turm zu sehen, die die Menschenkinder bauten. Und der Herr sprach: Siehe, sie sind ein Volk und haben alle eine Sprache, und dies haben sie angefangen zu tun; und nun wird ihnen nichts verwehrt werden, was sie zu tun ersinnen. Wohlan, lasst uns herniederfahren und ihre Sprache dort verwirren, dass sie einer des anderen Sprache nicht verstehen! Und der Herr zerstreute sie von dort über die ganze Erde; und sie hörten auf, die Stadt zu bauen. Darum gab man ihr den Namen Babel; denn dort verwirrte der Herr die Sprache der ganzen Erde, und von dort zerstreute sie der Herr über die ganze Erde.

Die Vielfalt menschlicher Sprachen, Kulturen und Ethnien hat laut Bibel ihren Ursprung in einem Ereignis, das ca. 5000 Jahre zurückliegt. Gibt es wissenschaftliche Hinweise auf die Geschichtlichkeit der Sprachverwirrung und Völkerzerstreuung von Babel?

Die Entstehung der Sprachen

Adam wurde als sprechendes Wesen erschaffen. Die Sprache ist ein integraler Bestandteil des Menschen. Er konnte unmittelbar:

a) Gott verstehen

b) sprechen (sogar in poetischer Ausdrucksweise)

c) neue Wörter bilden (als er den Tieren Namen gab)

Der Mensch verfügte von Anfang an über die volle Sprachfähigkeit. Die notwendigen neurologischen und anatomischen Voraussetzungen (Sprachzentren im Gehirn, Kehlkopf usw.) mussten sich nicht erst entwickeln.

Die heutige Situation einer großen Sprachvielfalt ist nicht die ursprüngliche. Es ist eine Folge des Gerichts Gottes, dass die Menschen viele neue Sprachen bekamen. Wer den Ursprung der Sprache ohne diese Voraussetzung erforscht, wird mit unlösbaren Widersprüchen konfrontiert. Besonders deutlich werden diese Probleme, seit das Wissen um die Beschaffenheit von Sprachen wächst. Viele Stammessprachen sind deshalb so gut erforscht worden, weil Missionare, die den Leuten das Evangelium brachten, dafür zuerst ihre Sprache erlernen mussten. Außerdem entwickelten sich im 18. Jahrhundert Anthropologie und Linguistik zu modernen Wissenschaften, die in den vermeintlich primitiven Stammessprachen einen interessanten Forschungsgegenstand sahen.

Es ist erstaunlich, was bei der Untersuchung dieser fremden Sprachen deutlich wurde. Die meisten Sprachen sind nämlich so kompliziert und haben so schwierige Regeln, dass selbst geschulte Sprachwissenschaftler große Mühe aufwenden müssen, um ihre Struktur zu erfassen. In den Szenarien der Evolutionstheorie wird angenommen, dass der Mensch sich in seiner Entwicklung zuerst nur mit Schreien, Brüllen, Quieken, Knurren, Grunzen usw. ausdrücken konnte. Er soll dann seine Stimme immer besser in den Griff bekommen haben, bis er endlich in der Lage war, viele verschiedene Laute zu bilden. Dann hätte er irgendwann gelernt, Worte zu erfinden und zu Sätzen zu verbinden. Wenn die Sprache sich so entwickelt hätte, müsste sie am Anfang ganz primitiv gewesen sein und sich im Lauf der Zeit immer mehr verbessert haben. Deswegen könnte man erwarten, dass die Stammessprachen sogenannter „primitiver Kulturen" auch sehr einfache und primitive Sprachen sind. Aber genau das Gegenteil ist der Fall.

Auch die Untersuchung von Aufbau und Entwicklung sehr alter Sprachen widerlegt die Vorstellung einer Höherentwicklung der Sprache aus primitiven Anfängen heraus. Aus drei Sprachfamilien (Indogermanisch, Semitisch und Sino-Tibetanisch) lassen sich Sprachen anhand von Dokumenten über Jahrtausende zurückverfolgen. Die ältesten schriftlich nachvollziehbaren Sprachen (Sumerisch, Akkadisch, Ägyptisch) sind alle hochkomplex, was ihre

Abb. 125: Die Haupt-Sprachgruppen der Menschheit sind hier in einer groben Übersicht dargestellt. Für die Sprachen innerhalb einer bestimmten Gruppe können nicht in jedem Fall Verwandtschaftsbeziehungen zueinander belegt werden. Die Einteilung wurde nicht nur nach sprachlichen, sondern auch nach geographischen und ethnischen Kriterien vorgenommen.

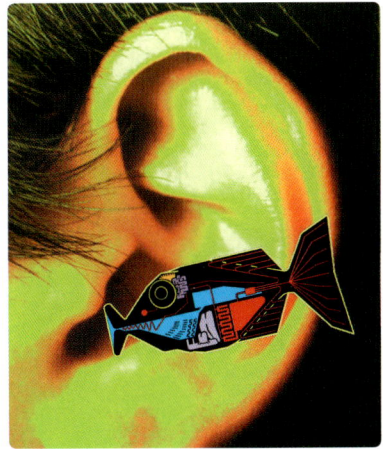

Abb. 126: Der Babelfisch ist ein nützliches Tierchen. Man kann ihn sich einfach ins Ohr stecken. Er lebt von den Gehirnströmen anderer Leute. Sein überaus großer Nutzen: Man versteht ab sofort jede gesprochene Sprache des Universums. Ein uralter Traum der Menschheit geht in Erfüllung. (Leider nur im Science-Fiction-Roman: *Per Anhalter durch die Galaxis*).

Abb. 127: Nach der Sprachverwirrung wurde die Menschheit, ausgehend von Babel, durch Gott über die ganze Erde zerstreut. Frühe Hochkulturen (rot) entstanden im Ursprungsgebiet (Mesopotamien), im Nildelta (Ägypten) und in Kleinasien (heute Türkei). Etwas später blühte die Zivilisation im Industal und in China auf.

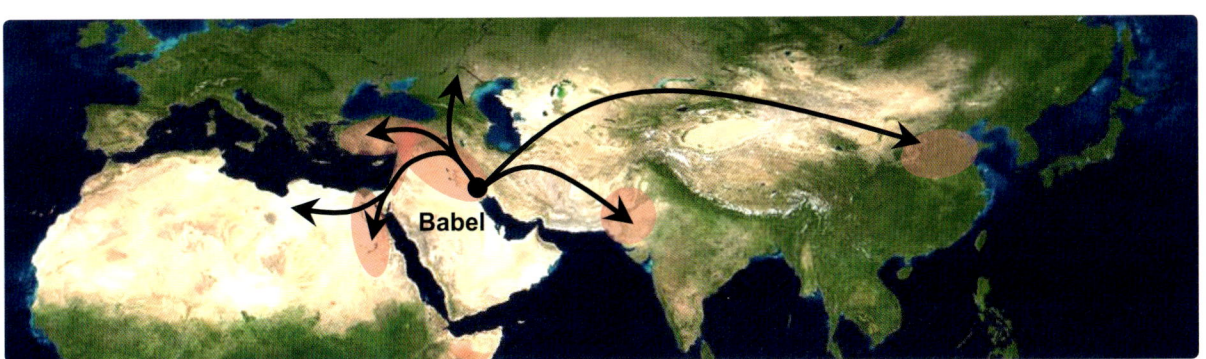

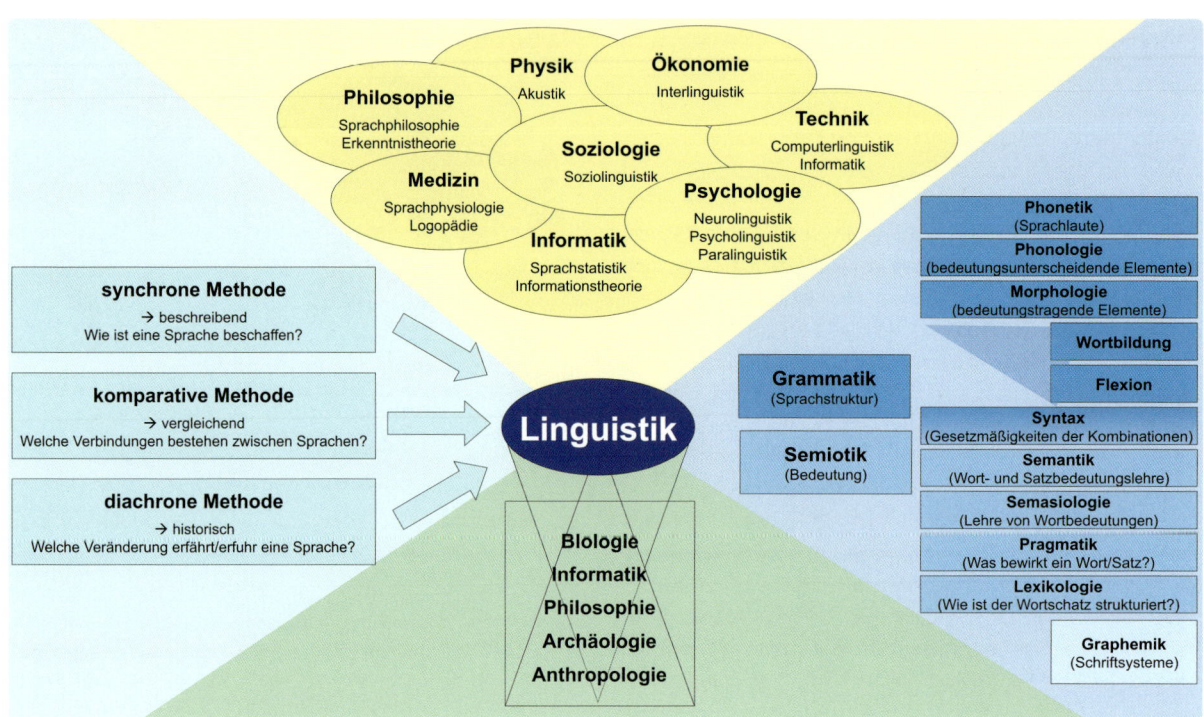

Abb. 128: Die moderne Linguistik (Sprachwissenschaft) bezieht Erkenntnisse aus vielen wissenschaftlichen Disziplinen mit ein und umfasst zahlreiche Spezialgebiete. Sie leistet einen wichtigen Beitrag zur Rekonstruktion der menschlichen Kulturgeschichte.

13

SPRACHEN DIESER WELT

Deutsch
Denn so hat Gott die Welt geliebt, dass er seinen eingeborenen Sohn gab, damit jeder, der an ihn glaubt, nicht verloren gehe, sondern ewiges Leben habe.

Arabisch

Birmesisch

Celebes (Indonesien)

Chinesisch

Äthiopisch

Hebräisch

Indisch

Japanisch

Russisch
Ибо так возлюбил Бог мир, что отдал Сына Своего единородного, дабы всякий, верующий в Него, не погиб, но имел жизнь вечную.

Tibetanisch

Toba (Mittel-Sumatra)

Kongolesisch
Kadi muna nzola kazolele nza o Nzambi i kavanin'o Mwan'andi amosi, kimana konso on okwikilanga muna yandi ke vila ko, moyo a myu kevwa.

Abb. 129: Ein Bibelvers (Jh 3,16) in 13 verschiedenen Sprachen. Im letzten Beispiel (Kongolesisch) bestand ursprünglich kein Schriftsystem. Die Sprache wurde mit lateinischer Schrift alphabetisiert.

Formenlehre betrifft. Es gibt keine primitive Sprache. Eine Höherentwicklung ist nicht festzustellen. Es ist eher umgekehrt. Insgesamt ist der Trend zur Degeneration, also zum Verfall der Sprache festzustellen. Das gilt jedenfalls für den Bereich, der sich dem kreativen Zugriff des Menschen entzieht. (Vokabular und Syntax können natürlich ausgebaut und erweitert werden.)

Was war die Ursprache der Menschheit?

Die Frage nach der Ursprache wird von den Gelehrten schon lange diskutiert. Schon aus dem Altertum wird von den ersten „Ursprachenexperimenten" berichtet. Pharao Psammetich soll angeordnet haben, dass zwei neugeborene Babys völlig isoliert, ohne jeden sprachlichen Kontakt aufgezogen werden. Ziel des Experiments war es, herauszufinden, in welcher Sprache sie ihre ersten Worte sprechen würden. Im Mittelalter wurde das Experiment vom Staufenkaiser Friedrich II. wiederholt. In beiden Experimenten wurde nichts über die Ursprache der Menschheit herausgefunden. Sie gaben lediglich Aufschluss darüber, dass eine bestimmte Sprache nicht angeboren ist und der Mensch ohne Sozialkontakte und ohne Vorbild auch keine Sprache selbst entwickeln kann. Weitere Fälle von Kindern, die isoliert aufwuchsen (sog. „Wolfskinder"), bestätigen diesen Befund.

Hinsichtlich der Suche nach einer Ursprache bildet die Sprachverwirrung einen Erkenntnishorizont. Da es keine historischen Zeugnisse dazu gibt und auch die Bibel keine Sprache für die Zeit vor Babel angibt, muss diese Frage letztendlich offen bleiben. Es gibt allerdings starke Argumente dafür, dass es sich bei dieser Sprache um eine semitische Sprache, wahrscheinlich ähnlich dem späteren Hebräisch, gehandelt hat (siehe DVD).

Sind alle Sprachen miteinander verwandt?

Vom Standpunkt der Evolutionstheorie aus ist eine starke Ähnlichkeit zwischen allen Sprachen zu erwarten. Selbst wenn nicht eine monophyletische (das heißt auf einen gemeinsamen Ursprung zurückzuführende) Entwicklung der Sprachen angenommen wird, wäre zumindest regional oder innerhalb eng verwandter Ethnien eine hohe Übereinstimmung zu erwarten.

Sprachen sind aber sehr, sehr unterschiedlich. Es gibt heute etwa 6800 verschiedene Sprachen auf der Erde. Ähnlichkeiten lassen sich nur innerhalb einer Sprachfamilie nachweisen. So gehören zum Beispiel die germanischen Sprachen (Deutsch, Englisch, Niederländisch, Dänisch, Schwedisch, Norwegisch usw.), die romanischen Sprachen (Italienisch, Spanisch, Französisch, Portugiesisch, Rumänisch usw.), die slawischen Sprachen (Russisch, Polnisch, Tschechisch, Bulgarisch usw.) und die indo-iranischen Sprachen (Iranisch, Afghanisch, Indisch usw.) zusammen mit Griechisch, Albanisch und Armenisch alle zur indogermanischen Sprachfamilie. Etwa die Hälfte der Menschheit spricht eine Muttersprache, die zur indogermanischen Sprachfamilie gehört. In Europa spricht man nur in Estland, Finnland und Ungarn Sprachen, die zu einer anderen Sprachfamilie gehören.

Eine Besonderheit bildet die Sprache der Basken, die in Nordspanien leben. Sie ist mit keiner anderen Sprache der Welt auch nur im Entferntesten verwandt. In Europa ist das eine große Ausnahme. Durch starke Vermischung der Völker und eine gemeinsame Geschichte haben sich die Sprachen hier aneinander angeglichen. In anderen Teilen der Welt ist das nicht die Regel. Wenn wir uns zum Beispiel die kleine Insel Papua-Neuguinea anschauen: Hier werden über 1000 verschiedene Sprachen gesprochen! Viele von ihnen zeigen wie das Baskische in Spanien überhaupt keine Ähnlichkeit zu irgendeiner anderen Sprache der Welt.

Verständlich ist diese Tatsache nur, wenn man den Ursprung der verschiedenen Sprachen der Menschen kennt. Sie haben sich nämlich nicht aus einer Ursprache entwickelt, sondern aus vielen verschiedenen Ursprachen. Es ist nicht bekannt, wie viele Menschen zur Zeit des Turmbaus lebten und wie viele verschiedene Sprachen Gott der Menschheit damals gab. Vielleicht war es wirklich so, dass jede Familie eine andere Sprache bekam. Wenn man sich Papua-Neuguinea anschaut, kann man sich das vorstellen. Die Sprachen konnten nur dort erhalten bleiben, wo die Familien isoliert waren und für sich überleben konnten. In vielen Teilen der Welt wurden aus einigen dieser kleinen Gruppen mächtige Völker. Diese unterwarfen alle kleineren Nachbarvölker und zwangen ihnen ihre Sprache auf.

Von „Sprache" kann man nur beim Menschen sprechen. Es gibt zwar in der Schöpfung eine riesige Vielfalt von Kommunikationsmöglichkeiten zwischen den Lebewesen, aber sie unterscheiden sich alle grundsätzlich von der menschlichen Sprache (siehe „Informationsmodell" S. 140).

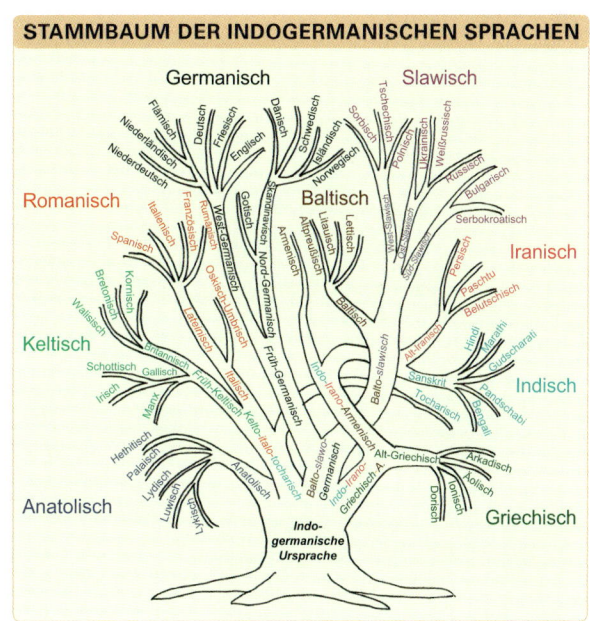

Abb. 130: Hypothetischer Stammbaum der indogermanischen Sprachfamilie. Die indogermanische Ursprache ist nicht bekannt (und kann auch nicht rekonstruiert werden), aber die starke Ähnlichkeit, welche die eingetragenen Sprachen miteinander verbindet, deutet auf eine gemeinsame Wurzel hin.

13

Abb. 131: „Sprache" im Sinn der Linguistik gibt es nur beim Menschen. Auch wenn einige Tiere wie der abgebildete Papagei zu verblüffender Imitation menschlicher Sprache fähig sind, beschränkt sich diese Leistung auf die einfachste Sprachebene (Phonetik).

Selbst die oft sehr komplexe Kommunikation der Tiere ist mit der Sprache des Menschen nicht gleichzusetzen. Die Grafik zeigt den Schwänzeltanz der Bienen. Informationen über Richtung, Entfernung, Art und Ergiebigkeit einer entdeckten Futterquelle wird auf diese Weise an die Stockgenossinnen kommuniziert.

Selbst die gelehrigen Menschenaffen sind nicht in der Lage, durch ein echtes Sprachsystem zu kommunizieren.

13

Abb. 132: Helen Keller (1880–1968) verlor durch ein starkes Fieber ihr Hör- und Sehvermögen, bevor sie 2 Jahre alt war. Sie erlebte eine Zeit völliger Stille und Dunkelheit. Dann wurde sie von einer einfühlsamen Lehrerin betreut, die sie lehrte, durch ein System von Tastzeichen zu „sprechen". Sie erwies sich als eine außerordentlich wissbegierige, ehrgeizige und intelligente Schülerin, die später studierte und mit Auszeichnung promovierte. Sie bestätigte aus ihrer Erfahrung die These: „Zum Denken braucht man Wörter".

Das Paradoxon von Süßmilch

Ein Paradoxon ist ein unauflösbarer Widerspruch. Dieser besteht bei der Entstehung der Sprache nach Johann Peter Süßmilch (1707–1767) in folgendem Sachverhalt: Ohne hochentwickeltes Denkvermögen konnte der Mensch die Sprache nicht erfinden, und ohne Sprache konnte er nicht über ein hochentwickeltes Denkvermögen verfügen. Die Sprache ist nämlich eine wichtige Voraussetzung für höheres Denken. Wir haben es hier mit einer Variante des Henne-Ei-Problems (siehe Abb. 199) zu tun. Für dieses Problem muss eine Lösung gefunden werden, wenn man die Entstehung der Sprache durch Evolution erklären will. Obwohl in der Vergangenheit viele verschiedene Theorien aufgestellt und diskutiert wurden, gibt es bis heute keine allgemein anerkannte Theorie zur Entstehung der Sprache. Im Rahmen der kulturellen Evolution des Menschen ist das ein bisher ungelöstes Problem.

Das Wunder des Spracherwerbs

Die Fähigkeit, eine Sprache zu erlernen, ist dem Menschen angeboren. Ein geistig gesundes Kleinkind ist in der Lage, jede beliebige Sprache zu erlernen. Es kann sogar mehrsprachig aufwachsen und mehrere Sprachen wie seine Muttersprache erlernen. Die Fähigkeit zum Spracherwerb ist angeboren, eine bestimmte Sprache nicht.

Das Gehirn des Kindes vollbringt die erstaunliche Leistung, die Struktur der Sprache zu entschlüsseln. Die grammatikalischen Regeln für den korrekten Satzbau eignet es sich dabei automatisch an. Später, etwa ab dem 10. Lebensjahr, geht diese besondere Fähigkeit zum leichten Spracherwerb weitgehend verloren. Ab dieser Zeit müssen Vokabeln und Grammatik einer Fremdsprache mit großem Lernaufwand und viel Übung „eingepaukt" werden. Vor diesem Hintergrund wird der Sinn der sprachlichen Früherziehung in einer Fremdsprache deutlich, die seit einigen Jahren stark im Kommen ist. Durch Lieder und Spiele werden einfache Texte schon ab dem Kindergarten vermittelt, mit durchschlagendem Erfolg, was das spätere Erlernen der Fremdsprache in der Schule betrifft.

Die geistigen Fähigkeiten des Menschen zum Erlernen und Beherrschen von Sprache wurden wahrscheinlich durch die Sprachverwirrung nicht beeinträchtigt. Ein guter Beleg dafür, wie gut die kreative Transformation von Sprache heute noch funktioniert, sind die sog. Kreolsprachen.

Verwandte des Autors arbeiten als Missionare in Papua-Neuguinea. Um sich dort gut verständigen zu können, mussten sie sich die offizielle Amtssprache des Landes, das Pidgin-Englisch, aneignen. Diese Sprache klingt in unseren Ohren ziemlich sonderbar. Die verwendeten Wörter entstammen (hauptsächlich) dem Englischen, aber die Grammatik und die Zeitformen haben nicht mehr viel mit dem Englisch zu tun, das man Schülern beibringt.

Es handelt sich um eine Kreolsprache. Sie entstand im 18. Jahrhundert. Um die Verständigungsprobleme zu überbrücken, bediente sich die bunt gemischte Gruppe aus Siedlern, Sklaven und Einheimischen einer stark vereinfachten Ausdrucksweise, etwa so, wie man sich als Erwachsener manchmal einem Kleinkind gegenüber ausdrückt. Die nächste Generation wuchs mit dieser rudimentären Hilfssprache auf und formte daraus mittels der angeborenen Sprachfähigkeit eine neue Sprache mit einer neuen, verbindlichen Grammatik. Dieser Vorgang der „Kreolisierung" einer Sprache ist nicht nur aus Papua-Neuguinea, sondern auch aus vielen anderen europäischen Kolonien bekannt.

Die Entwicklung der Schrift

Es gibt sehr viele Völker, die keine Schrift haben, aber es hat kein Volk gegeben, dass keine Sprache gehabt hätte. Unter den vielen Indianervölkern Nord- und

Südamerikas gab es nur zwei, die eine einfache Schrift kannten. Auch bei den Völkern in Afrika, in Australien und auf den meisten Inseln gab es viele verschiedene Sprachen, aber nur wenige Schriften.

Jede gesprochene Sprache kann durch eine Schrift ausgedrückt werden. Der Autor hatte vor einigen Jahren einmal die Gelegenheit, einem Missionar dabei zuzuschauen, wie er die Sprache eines Volkes erforschte und den verschiedenen Lauten Buchstaben zuordnete, um in dieser Sprache auch schreiben zu können. Sein Ziel war es dabei, die Bibel in diese Sprache zu übersetzen, damit die Menschen Gottes Botschaft in ihrer eigenen Sprache verstehen können.

Welche Bedingungen und Faktoren schlussendlich dazu führten, dass sich in einer bestimmten Kultur ein Schriftsystem zur gesprochenen Sprache etabliert hat, ist noch ein Forschungsgegenstand der historischen Linguistik. Es zeichnet sich aber bereits ab, dass in einer Kultur oberhalb eines gewissen „Organisationsgrades" ein Schriftsystem unabdingbar ist.

Soweit die Archäologen sich die Vergangenheit „ergraben" haben, begegnen sie der Schreibkunst in der Kulturgeschichte des Vorderen Orients von frühesten Fundhorizonten an. Die ältesten bisher gefundenen Schriftdokumente werden etwa auf das Jahr 3000 v. Chr. datiert. In den ältesten Hochkulturen in Mesopotamien, Ägypten und etwas später im Industal und in China war die Schrift bereits ein wichtiger Bestandteil der Kultur. Anfertigung, Austausch und Archivierung von Texten mit diplomatischen, geschäftlichen, militärischen, juristischen, religiösen, astronomischen und rein privaten Inhalten war üblich, die Fähigkeit des Lesens und Schreibens war weit verbreitet.

Die schriftliche Überlieferung des Bibeltextes

Die gängigen Theorien der historisch-kritischen Theologie stammen zum großen Teil aus einer Zeit, als die moderne Archäologie noch in den Kinderschuhen steckte. Man hielt es für höchst unwahrscheinlich, dass z. B. Abraham die Möglichkeit hatte, irgendwelche schriftlichen Überlieferungen anzufertigen und weiterzugeben. Man schloss das für die Zeit vor Abraham faktisch aus. Es entstand ein völlig falsches Bild vom Stand der Schriftkenntnis im alten Orient.

Vor dem Hintergrund der angeführten archäologischen Erkenntnisse zur Schriftentwicklung ist dagegen die frühe schriftliche Abfassung biblischer Texte plausibel. Eine lange mündliche Überlieferung braucht nicht angenommen zu werden und ist auch nicht wahrscheinlich. Viele archäologische Schriftfunde werden deutlich früher als Abraham datiert. Wenn man außerdem noch die durchgängige Präsenz von Lese- und Schreibkunst im Volk Israel in die Überlegung mit einbezieht, so erscheint es unwahrscheinlich, dass überhaupt irgendein Teil der Bibel über Generationen hinweg mündlich überliefert wurde.

Abb. 133: Der Vorgang des frühkindlichen Spracherwerbs ist faszinierend. Er erfolgt mittels angeborener Sprachfähigkeit, allein durch Hören und Nachahmen der Sprache (ohne dass das Kind dicke Wörterbücher wälzen müsste).

Abb. 134: Diese Tontafel aus Ebla ist eines der ältesten Schriftdokumente der Welt.

13

ALPHABETSYSTEME

Abb. 135: Jede Sprache kann durch Zeichen codiert werden. Die abgebildeten Alphabete zeigen einen Ausschnitt aus der Vielfalt der dazu verwendeten Alphabetsysteme.

Abb. 136: Die Pyramiden von Gizeh sind das älteste der „Sieben Weltwunder der Antike" (und das einzige davon, das bis heute existiert). Die älteste und größte von ihnen ist die Cheopspyramide (rechts). Ihre Fertigstellung wird auf das Jahr 2580 v. Chr. datiert. Die ursprüngliche Höhe betrug 147 m; damit war sie fast 4000 Jahre lang das höchste Bauwerk der Welt.

Für die Errichtung dieses massiven Monuments wurde eine Materialmenge (behauene Quader aus Kalkstein, Granit und Basalt) mit dem Volumen von 2,6 Millionen m³ und einem Gesamtgewicht von 7 Millionen Tonnen transportiert und verarbeitet. Die planerische, organisatorische und technische Leistung, die hinter diesem Projekt steckt, kann nicht mit dem herkömmlichen archäologischen Modell der „langsamen" Kulturentwicklung erklärt werden.

13

«ZITAT»

Flutsage der Maori (Neuseeland)

„Weil die Menschen nicht mehr an die alten Berichte vom Gott Tane und an die übrigen Überlieferungen glauben wollten, sondern die Priester verhöhnten, bauten diese ein Floß mit einem Haus, das Nahrungspflanzen, Hunde und einige Menschen trug. Dann goss Regen in Strömen herab, und alle ungläubigen Menschen wurden ersäuft. Das Floß fuhr über das Meer und kam nach sieben Monaten unter vielen Opfern und Gebeten zu Tane endlich an Land. Es war Hawaiki. Sie fanden das Land zertrümmert und die Menschen tot. Sie waren die einzigen Überlebenden. Bei ihrer Landung war ihre erste Tätigkeit Gebete und Verehrung ihrer Götter. Nachdem dies vollendet war, zeigte sich ihnen der Regenbogen und ein anderes Glückszeichen am Himmel. Da traten ihnen die Götter versöhnt entgegen."

Die „primitiven Vorstufen" der Hochkulturen fehlen

In der kulturellen Evolution stößt man auf ein ähnliches Problem wie in der biologischen Evolution: das systematische Fehlen primitiver Vorstufen. Dieser Befund trifft nicht nur auf die Sprache und Schrift des Menschen, sondern auch auf viele andere kulturelle Merkmale zu.

In der Architektur z. B. müsste man nach herkömmlicher Vorstellung davon ausgehen, dass es noch 2 Jahrhunderte vor den Pyramiden kein steinernes Bauwerk auf der Welt gab, als diese gigantischen Konstruktionen wie aus dem Nichts aus dem Wüstenboden wuchsen. In den Pyramiden wurden jeweils ca. 2 Millionen Kalksteinblöcke vermauert.

Eine generelle Höherentwicklung des Menschen und der menschlichen Kultur ist nicht nachweisbar (wie in einigen der vorherigen Kapitel schon angesprochen wurde). Die Kulturgeschichte des Menschen zeigt vielmehr ein ständiges Nebeneinanderbestehen verschiedener Kulturen. Dabei bestanden Hochkulturen schon von Beginn an. Welches Szenario für die schnelle Degeneration von Kulturen denkbar ist, wird in Kapitel 27 näher erläutert.

Gerade die Tatsache, dass eine ausgereifte Hochkultur bereits existierte, leistete dem „Rückfall in die Steinkultur" Vorschub. Je stärker eine Gesellschaft differenziert ist (z. B. in Bezug auf Arbeitsteilung), desto größer wird die Abhängigkeit des Einzelnen. Je stärker die Spezialisierung ausgeprägt ist, desto eher gehen Wissen und Fähigkeiten in einer Krise verloren. Und sowohl die Sintflut und ihre Folgekatastrophen als auch die Sprachverwirrung waren gravierende Krisen für die Menschheit.

Wenn man unsere heutige Kultur betrachtet, ist dieser Vorgang sehr gut nachvollziehbar. Niemand brächte in seiner Familie genug Kenntnisse und Fertigkeiten zusammen, um in kurzer Zeit wieder den heutigen kulturellen Stand zu erreichen. In einer fremden Umgebung (Robinson-Crusoe-Szenario) würden wahrscheinlich viele, auf sich selbst gestellt, nicht einmal überleben können.

Sündenfall, Sintflut und Turmbau im „Gedächtnis der Menschheit"

Längst nicht alle Völker kannten die Schrift als Mittel, um ihre Geschichte festzuhalten. Trotzdem blieben die Ereignisse der biblischen Urgeschichte erstaunlich häufig in ihren Überlieferungen erhalten. Bis zur Zerstreuung über die ganze Erde teilten alle Menschen diese gemeinsame Vergangenheit. Durch die Sammlung und Auswertung dieser Sagen wurde ein starkes Argument für die historische Zuverlässigkeit der biblischen Urgeschichte gewonnen. Wenn man die verschiedenen Versionen der Überlieferung vergleicht, wird klar, dass die schriftliche und genaue Wiedergabe dieser Ereignisse in der Bibel ein großer Segen ist. Das ist ähnlich wie beim Spiel „Stille Post", die übertragene Information wird bei der Übertragung verstümmelt. Der eigentliche historische Kern der Ereignisse vermischt sich mit den religiösen Vorstellungen eines Volkes. Die Einzelheiten der Erzählung gehen verloren und werden variiert, die ganze Handlung wird in den Rahmen der jeweiligen Kultur eingepasst. Verschiedene Autoren haben Sammlungen solcher Überlieferungen zusammengestellt (siehe DVD). In einer Aufstellung von Riem (1925) werden 268 Sintflutsagen, 35 weitere Nachweise und 21 Regenbogensagen beschrieben. Hartmann (1999) wertet 60 Turmbau- und Ursprachenüberlieferungen aus. An dieser Stelle sollen nur drei Überlieferungen beispielhaft wiedergegeben werden (nach Hartmann).

Sind andere Erklärungen denkbar?

Für jemanden, der die biblischen Berichte der Genesis als historische Realität auffasst, sind die vorgestellten Befunde eine Bestätigung. In einem evolutionistischen Deutungsrahmen der Geschichte haben sie dagegen keinen

Platz und müssen anders erklärt werden. Welche alternativen Deutungen der Übereinstimmungen zwischen den verschiedenen Mythen und der biblischen Urgeschichte werden diskutiert?

A. Zufall (bzw. selektive Untersuchungsmethode)

Nach dieser Deutung sind die Übereinstimmungen ein zufälliges Ergebnis bzw. das Ergebnis einer selektiven Methode. Das Argument lautet: „Bei der Menge der Mythen, Sagen, Legenden, Heldenepen und sonstiger Überlieferungen ist es nicht verwunderlich, wenn hin und wieder Motive gefunden werden, die Parallelen zu den biblischen Berichten haben. Die Übereinstimmung erscheint nur deshalb erstaunlich, weil sämtliches Material allein unter diesem Gesichtspunkt betrachtet wird." Bei genauerem Hinsehen wird aber deutlich, dass die dargestellte Parallelität der Überlieferung nicht so einfach wegdiskutiert werden kann. Folgende Punkte sprechen besonders dagegen:

- Die erwähnten Übereinstimmungen wurden bei einer Vielzahl von Völkern, auf allen Kontinenten und in verschiedenen Kulturformen festgestellt.
- Ein lokaler Ursprung der Motive ist häufig nicht zu erwarten. So kommen z. B. Flutsagen bei vielen Völkern vor, die weit entfernt vom Meer siedeln und sich unter einer Überschwemmung kaum etwas vorstellen können.
- Besonders die *Verknüpfung* verschiedener Elemente (z. B. Flut & Regenbogen; Turmbau & Sprachverwirrung & Zerstreuung) kann nicht einfach als Zufall abgetan werden.

B. Missionarshypothese

Als weitere mögliche Deutung wurde die „Missionarshypothese" vorgeschlagen. Sie besagt Folgendes: „Durch den Einfluss von Missionaren kamen biblische Geschichten in das Sagengut der Völker." In einer erweiterten Form der Hypothese werden nicht nur „neuzeitliche" Missionare, sondern auch Christen der frühen Kirche (z. B. ägyptische Kopten in Afrika) und Juden in der Diaspora (Zerstreuung) als mögliche Quelle angesehen.

Es lässt sich nicht pauschal ausschließen, dass in einzelnen Fällen der vermutete Zusammenhang tatsächlich besteht. Für die meisten untersuchten Fälle ist diese Erklärung aber nicht zulässig. Es gibt auch hier eine Reihe von Argumenten, die dagegen sprechen:

«ZITAT»

Turmbausage der Akwapim (unteres Volta, Ghana, Goldküste, Westafrika)

„Die Vorfahren der Akwapim wollten zu Gott Nyankupon hinauf und türmten dazu Fufumörser aufeinander [= Mörser aus Holz zum Zerstoßen der Yamswurzel]. Da einer fehlte, zogen sie den untersten hervor – da fiel der ganze Turm zusammen. Nur durch die Flucht entkamen sie, und vor Schreck bildeten sie neue Sprachen; bis dahin hatte es nur eine gegeben."

«ZITAT»

Flut- und Turmbausage der Tsimschian-Indianer (Kanada)

„Zwanzig Tage war die Erde überflutet. Dann begann das Wasser zu sinken und verließ die Erde. Es fiel beständig, und alle Arten Bäume waren durch den Strudel des Wassers ausgerissen worden. Und die Leiber der Menschen, Tiere, Vögel, Schlangen, alles war durch den Wirbel der See verschlungen worden.

Einige Menschen kamen nicht um zu dieser Zeit. Sie wurden ringsherum verstreut. Damals wurden ihre Sprachen vermengt, denn vor der Flut hatten sie alle nur eine Sprache. Nach der Flut waren ihre Sprachen verschieden. Infolgedessen wissen die Menschen, dass sie verwandt sind, obwohl die Sprachen verschieden sind."

13

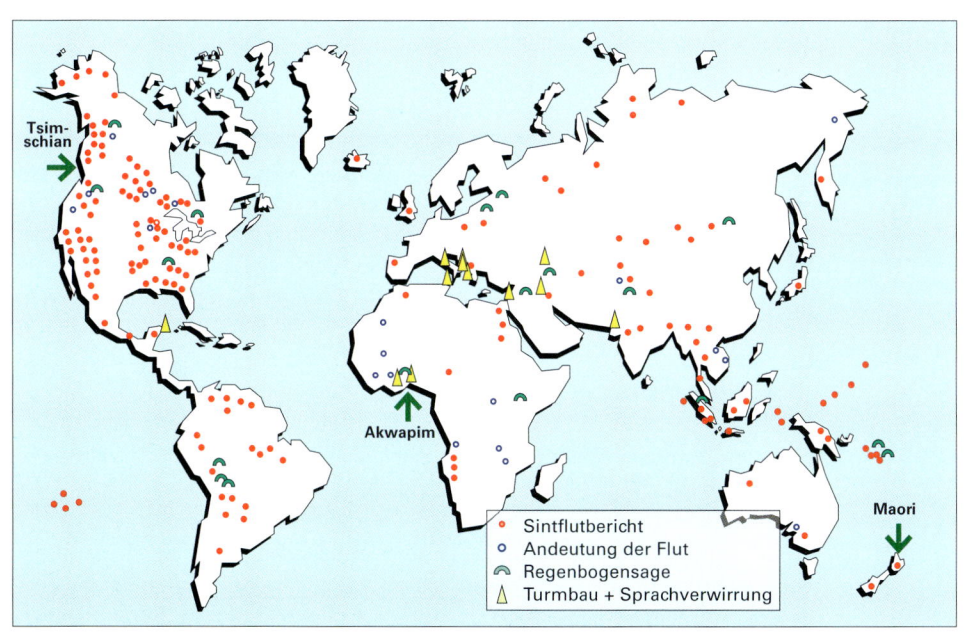

Abb. 137: Die Überlieferung der biblischen Urgeschichte wurde in den Sagen von Völkern aus aller Welt entdeckt. 40 weitere Turmbau- und Ursprachensagen sind, der Übersichtlichkeit halber, nicht eingetragen (nach Riem, Strickling, Hartmann).

Legende:
- Sintflutbericht
- Andeutung der Flut
- Regenbogensage
- Turmbau + Sprachverwirrung

(Kartenbeschriftungen: Tsimschian, Akwapim, Maori)

Abb. 138: Durch den Kontakt zu Missionaren sollen die Motive der biblischen Urgeschichte laut der Missionars-Hypothese in das Sagengut der Naturvölker gekommen sein. Auf dem Bild unterhält sich die Tochter eines Missionars mit einem Mädchen aus dem Stamm der Yellow-Leaf (Nordost-Thailand).

- Dort, wo vorher kein Kontakt zu Missionaren bestand, kann auch nichts von ihnen überliefert worden sein. Die meisten der bekannten Fälle von Übereinstimmungen wurden nicht von Missionaren, sondern von Anthropologen entdeckt.
- Für die meisten Völker, die viele tausend Kilometer vom Nahen Osten entfernt wohnen, ist ein Kontakt zu Juden und Christen in ihrer Vergangenheit weder nachweisbar noch anzunehmen. Die Karte (Abb. 137) zeigt eine globale Verbreitung der Sintflut- und Turmbausagen.
- In den meisten Fällen sind die Sagen mit Tradition und Brauchtum des jeweiligen Kulturkreises durchsetzt (regionaltypische Namen von Orten, Göttern, Königen, Helden; regionaltypische Baumaterialien usw.). Das deutet auf eine lange Überlieferung der Sagen hin, weswegen die Missionare der letzten 200 Jahre kaum als Quelle in Frage kommen.
- Man findet in den Sagen Motive der biblischen Urgeschichte wieder (1Mo 1–11). Warum sind nicht auch biblische Begebenheiten aus späterer Zeit in der gleichen Weise in das Sagengut aufgenommen worden, wenn Juden die Quelle dafür waren? Wenn hingegen Missionare die Quelle waren, sollten auch die zentralen Inhalte des NT dort auftauchen. Es wäre schon erstaunlich, wenn ein Volk das Gerichtshandeln Gottes (Sündenfall, Sintflut, Sprachverwirrung) in sein Sagengut aufgenommen hätte, während sich die Botschaft des Evangeliums dort nicht findet.

C. Gemeinsamer Ursprung ohne historische Relevanz

Besonders von Seiten der historisch-kritischen Theologie wird im Allgemeinen die Interpretation vertreten, dass durchaus ein gemeinsamer Ursprung der Sagen denkbar ist. Dieser Ursprung soll jedoch eine natürliche Erklärung finden. Die Sehnsucht nach der Einheit aller Menschen hätte zum Mythos von der Zerstreuung und Sprachverwirrung geführt, die Angst vor einer weltweiten Katastrophe zu der Flut- und Regenbogengeschichte usw. Damit wären historische Ereignisse nicht notwendigerweise als wahrer Kern der Sagen erforderlich. Außerdem seien die biblischen Versionen der Sagen auf ältere Quellen zurückzuführen. So wird die Sintfluterzählung auf das babylonische Gilgamesch-Epos zurückgeführt. Folgende Argumente sprechen dagegen:

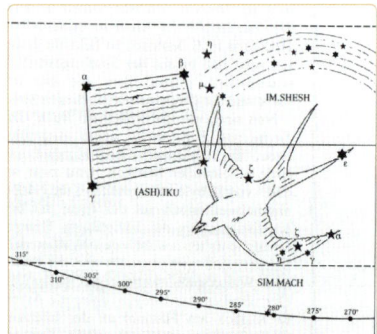

Abb. 139: Dem Assyrologen Dr. Werner Papke gelang es, das babylonische Gilgamesch-Epos als eine spätere, und mit astronomischen Motiven vermischte Version des biblischen Sintflutberichts zu entlarven.

Durch die Übersetzung der abgebildeten Keilschrifttafel (MUL.APIN) konnte er den babylonischen Sternenhimmel des 24. Jh. v. Chr. rekonstruieren. Mithilfe dieser Rekonstruktion können die Abweichungen vom biblischen Bericht erklärt werden. Der abgebildete Ausschnitt zeigt die Sternbilder „Quadrat", „Schwalbe" und „Regenbogen". Ihre Konstellation begründet, warum die Arche des Gilgamesch quadratisch war und er außer Taube und Raben auch eine Schwalbe aussandte.

- In keinem Fall konnte bisher nachgewiesen werden, dass die Texte der Bibel ältere Quellen anderer Völker als Vorlage verwendet hatten. Im Fall des Gilgamesch-Epos konnte diese Annahme sogar deutlich widerlegt werden.
- Nicht immer kann plausibel gemacht werden, woher ein bestimmtes Motiv kommen soll, wenn es keinen historischen Kern gibt. Warum z. B. der Regenbogen bei den verschiedensten Völkern als Zeichen göttlicher Gnade, Vergebung und Treue bekannt ist, verlangt nach einem realen ursächlichen Zusammenhang.
- Wenn ein gemeinsamer Ursprung des Sagenguts der Völker angenommen wird, so wäre es naheliegend, auch die Voraussetzung dafür, nämlich die Zerstreuung und Verteilung der frühen Menschheit von einem Ort aus über die ganze Erde, zu akzeptieren. Nur die Bibel überliefert uns heute zuverlässig diese historischen Fakten.

Die Urgeschichte in den chinesischen Schriftzeichen

Eine ganz anders geartete, aber nicht weniger faszinierende Überlieferung der Urgeschichte ist in den Zeichen der chinesischen Schrift enthalten. Erstmals beschrieb der chinesische Pastor C.H. Kang diese Beobachtung. Er gab 1950 ein kleines Heftchen heraus, in dem er darstellte, dass die chinesischen Schriftzeichen in ihrer Zusammenstellung aus einzelnen Elementen die biblische Urgeschichte detailliert wiedergeben. Zusammen mit der amerikanischen

Missionarin E.R. Nelson arbeitete er die Entdeckung weiter aus. Ein sehr gut verständliches und (auch für Nicht-Chinesen) nachvollziehbares Buch der beiden Autoren erschien auch auf Deutsch (siehe Literaturhinweis im Anhang).

China weist in seiner Geschichte eine ununterbrochene Zivilisation von 4500 Jahren Dauer auf. Die Ursprünge der meisten Schriftzeichen liegen heute im Dunkeln. Sie gehen bis auf das Jahr 2500 v. Chr. zurück. Die dargestellte Deutung stieß unter Chinesen auf großes Interesse.

Der Hintergrund dieser ungewöhnlichen Überlieferungsform der urgeschichtlichen Inhalte lässt sich gut rekonstruieren. Die Chinesen siedelten sich bereits kurz nach der Zerstreuung in China an. Ihr Volk lebte dort etwa 2000 Jahre weitgehend isoliert, frei von äußerer Beeinflussung durch andere Kulturen. Schon sehr früh etablierten sie eine Hochkultur und erkannten den Nutzen schriftlicher Kommunikation. Wie auch in anderen antiken Kulturen begann die Schriftentwicklung mit vereinfachten Bildern (Piktogrammen). Diese erweisen sich zwar als praktisch für die Darstellung von Dingen, aber abstrakte Begriffe und komplizierte Gedanken und Zusammenhänge lassen sich damit nur schwer ausdrücken. Deswegen wurden die Piktogramme zu Ideogrammen kombiniert. Die Ideogramme sind so etwas wie kleine Bildergeschichten. Sie sollten leicht zu verstehen und zu merken sein, daher war es naheliegend, die allgemein bekannten Begebenheiten aus der gemeinsamen Vergangenheit dafür heranzuziehen.

Die angeführten Beispiele sind dem erwähnten Buch entnommen. Die Zeichen sind jedem bekannt, der Chinesisch beherrscht. Die Schrift hat sich trotz ihres hohen Alters kaum verändert (abgesehen von stilistischen Variationen). Der „Grundwortschatz" der chinesischen Sprache umfasst etwa 5000 Schriftzeichen. Diese bestehen jeweils aus 1–17 Radikalen (das sind die besagten Piktogramme), wovon es 214 verschiedene gibt.

Die Architektur der Zikkurate

Die Bibel berichtet keine Einzelheiten über das Aussehen des Turms von Babel. Viele Archäologen nehmen an, dass es sich um eine Zikkurat (Stufenturm) gehandelt hat. Sie identifizieren ihn mit „Etemenaki", dem Tempelturm im späteren Babylon. Diese Zuordnung ist durchaus plausibel. Der Turm wurde durch das Eingreifen Gottes damals nicht zerstört. Die Bibel berichtet lediglich: „... und sie hörten auf, die Stadt zu bauen" (1Mo 11,8). Eventuell wurde der Turm in der späteren Geschichte Babylons mehrfach zerstört und wieder aufgebaut. Die Maße von Etemenaki sind uns durch eine griechische Aufzeichnung aus dem Jahr 229 v. Chr. überliefert worden. Die Konstruktion bestand aus sieben Stockwerken und trug einen Tempel auf der Spitze.

Die Abmessungen der einzelnen Etagen (L x B x H, Angaben in m):
1. Stockwerk 90 x 90 x 33
2. Stockwerk 78 x 78 x 18
3. Stockwerk 60 x 60 x 6
4. Stockwerk 51 x 51 x 6
5. Stockwerk 42 x 42 x 6
6. Stockwerk 33 x 33 x 6
7. Stockwerk 24 x 21 x 15
bilden die Grundlage der abgebildeten Rekonstruktion (Abb. 141).

Erwähnenswert ist die Tatsache, dass Stufentürme von vielen alten Kulturen errichtet wurden. Die architektonischen Parallelen zu den Zikkuraten Mesopotamiens sind nicht zu übersehen. Dies ist ein weiterer Hinweis auf die gemeinsame Wurzel der Menschheit in Babel.

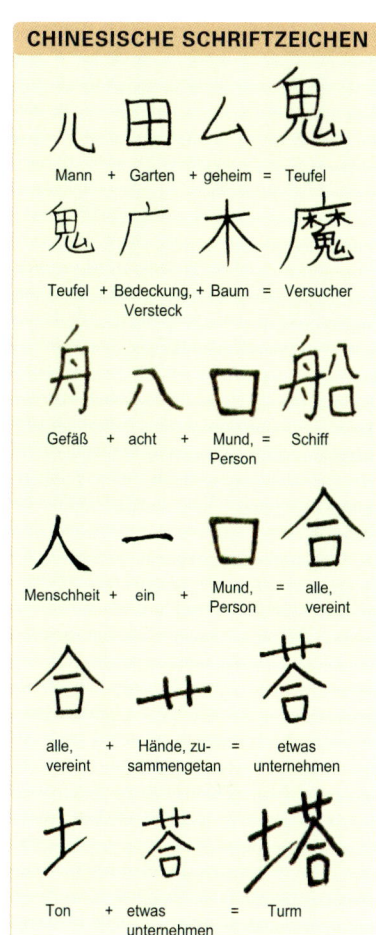

CHINESISCHE SCHRIFTZEICHEN

Mann + Garten + geheim = Teufel

Teufel + Bedeckung, + Baum = Versucher Versteck

Gefäß + acht + Mund, Person = Schiff

Menschheit + ein + Mund, Person = alle, vereint

alle, vereint + Hände, zusammengetan = etwas unternehmen

Ton + etwas unternehmen = Turm

Abb. 140: Die Schriftzeichen der Chinesen enthalten Motive der biblischen Urgeschichte (aus Kang/Nelson).

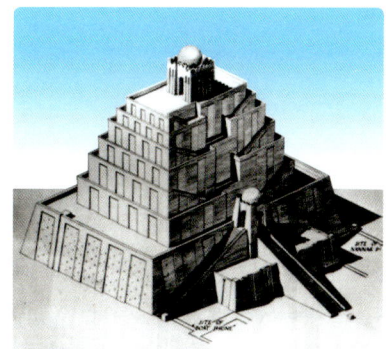

Abb. 141: Der Turm von Babel war eine Zikkurat (Stufenturm). Vielleicht hatte er auch astronomische Funktion. In Babel lässt sich der Übergang von der Astronomie (Sternbeobachtung) zur Astrologie (Sterndeutung) nachweisen. In der Bibel ist Babel (im NT wird die griechische Form „Babylon" verwendet) das Symbol eines religiösen, aber gottfeindlichen Systems.

13

Abb. 142: So stellte sich Pieter Brueghel der Ältere den Turm in Babel vor (1563, Kunsthistorisches Museum Wien).

Die Zerstreuung der Menschen

Durch die Sprachverwirrung hat Gott die frühe Menschheit über die ganze Erde zerstreut. Eventuell hat die Zerstreuung schon etwas früher begonnen. Es ist denkbar, dass die ersten Aussiedler schon abgewandert waren. Als Motiv für den Bau der Stadt und des Turms wird folgende Überlegung genannt: „… machen wir uns einen Namen, dass wir nicht zerstreut werden über die ganze Erde!" (1Mo 11,4). Die Sprachbarrieren zwischen den einzelnen Gruppen führten zur Bildung von Stämmen und Völkern. „Als der Höchste den Nationen das Erbe austeilte, als er voneinander schied die Menschenkinder, da stellte er fest die Grenzen der Völker …" (5Mo 32,8). Die Untersuchung des biblischen Beispiels der Familie Abrahams vermittelt eine Vorstellung davon, wie eine erfolgreiche Sippe sich damals ausbreiten konnte. Von ihrem angestammten Wohnort (Ur in Chaldäa) zog der ganze Stamm nach Kanaan. In dieser Region breitete er sich dann aus. Das spätere Israel und seine Nachbarvölker entstammten zum großen Teil der Familie Abrahams: Israeliten (Nachkommen seines Enkels Jakob), Ismaeliter und Nabatäer (Nachkommen seines Sohnes Ismael), Edomiter (Nachkommen seines Enkels Esau), Moabiter, Midianiter (Nachfahren seines Sohnes Midian) und Ammoniter (Nachkommen seines Neffen Lot).

Die Völkertafel in 1. Mose 11 gibt uns einen Überblick über die Hauptstoßrichtung der Ausbreitung nach der Sprachverwirrung. Durch anhaltende Wanderungsbewegungen, Kolonisation, Vermischung, Eroberungsfeldzüge, Deportationen usw. kann es im Einzelfall sehr schwierig sein, heutige Ethnien bis auf die hier genannten Ursprünge zurückzuführen. In der nebenstehenden Tabelle sind die meisten Angaben mit Unsicherheiten behaftet. Manche Zuordnungen beruhen auf Überlieferungen, die nicht mehr exakt nachvollzogen werden können.

13

Noahs Söhne	Noahs Enkel	Noahs Urenkel	Stämme und Völker der Nachfahren	heutige Bezeichnung des Verbreitungsgebietes
Japhet			Indogermanische Völker	Europa, Nordasien und Fernost
	Gomer		Kimmerioi, spätere Kelten	Nordfrankreich, Südengland
		Askenas	germanische Stämme?	Mittel- und Nordeuropa
		Riphat	keltische Stämme?	Nordfrankreich, Südengland
		Togarma	Armenier	Armenien
	Magog		Skythen	nördlich vom Nahen Osten
	Madai		Meder	heutiger Irak/Iran, im nördl. Teil
	Jawan		Ionier, spätere Griechen	Griechenland
		Elisa	Äolier oder Silizier	Thessaloniki oder Sizilien
		Tarsis	Bewohner von Tartessos	Spanien (Südwestküste)
		Kittim	Bewohner von Zypern	Zypern (evtl. auch andere Inseln)
		Dodanim	Bewohner von Rhodos	Rhodos, rhodische Inseln
	Tubal		Stamm in Kleinasien?	Osttürkei, Kappadozien?
	Mesech		russische Völker	Russland
	Tiras		Thraker	Türkei
Ham			Afrik. Stämme, Ägypter, Kanaaniter	Afrika, Naher Osten
	Kusch		Äthiopier	Äthiopien, Südarabien
		Seba	nördliche Äthiopier	
		Hawila	makrobische Äthiopier	
		Sabta	Äthiopier aus Hadmaraut	
		Raghma	Bewohner von Raghma	Südostarabien
		Sabteka	Äthiopien Karamaniens	
	Mizraim		Ägypter	Ägypten
		Ludim	Mauren	afrikanische Mittelmeerküste
		Anamim	?	
		Lehabim	?	
		Naphtuchim	Mittelägypter	Ägypten
		Patrusim	Oberägypter	Ägypten
		Kasluchim	Kolchier (Vorfahren d. Philister)	Inseln u. Küsten i. östl. Mittelmeer
		Kaphtorim	Kreter? (Vorfahren d. Philister)	Inseln u. Küsten i. östl. Mittelmeer
	Put		Libyer	Libyen, Nordafrika bis Mauretanien
	Kanaan		Phönizier und Kanaaniter	Libanon, Israel
		Zidon	?	
		Heth	syrische Phönizier	syrische Küste
		?	Jebusiter, Bewohner Jerusalems	Israel, Jerusalem
		?	Amoriter (Sammelbegriff f. Kanaaniter)	Naher Osten (weit verteilt)
		?	Girgasiter	?
		?	Hewiter, Bewohner Sichems	Israel, Sichem
		?	Arkiter, Irkita, Bewohner von Arka	Syrien, bei Tripolis
		?	Siniter, Bewohner von Sinna	Libanon
		?	Arwaditer, Bewohner der Insel Arados	Insel vor Libanon, Arados
		?	Zemariter, Bewohner von Simyra	Syrien, Simyra am Eleutherus
		?	Hamathiter, Bewohner von Hamat	Israel, nördliche Grenze
Sem			Perser, Assysrer, Lydier, Aramäer	Naher Osten
	Elam		Elymäer (auch als Sammelbegriff)	Irak, Iran, Syrien
	Assur		Assyrer	Syrien, Türkei
	Arpaksad		nördliche Assyrer	Syrien, Türkei
		Heber	Vorfahren der Hebräer	Israel, Jordanien
	Lud		Lydier	Türkei
	Aram		Aramäer	Syrien, Irak
		Uz	Uziter	südliches Jordanien
		Hul	Hulia	Armenien
		Gether	?	?
		Masch	Masiter, Bew. des masischen Gebirges	südliches Armenien

Gab es eine geistige Höherentwicklung des Menschen?

Unter Berücksichtigung der Bibel und der wissenschaftlichen Fakten ist folgende Feststellung möglich: Es gibt keinen Grund, eine geistige Höherentwicklung des Menschen anzunehmen. Claude Lévi-Strauss behält mit der nebenstehend zitierten Vermutung Recht. Besonders unter dem Aspekt religiöser Erkenntnis zeigt sich keine Weiterentwicklung. Das Gegenteil ist der Fall. In den allermeisten (laut Don Richardson: >90%) Kulturen und Völkern ist in irgendeiner Form die ursprüngliche Kenntnis eines höchsten Schöpfer-Gottes vorhanden. Wo dieses Wissen durch menschliche Vorstellungen ersetzt wurde, war die Folge nicht Fortschritt, sondern Rückschritt und moralische Degeneration. In Römer 1,18–32 wird dieser Zusammenhang erläutert.

Etwas schwieriger zu durchschauen ist der Bereich der rationalen, mathematisch-abstrakten Leistung des Menschen. Kultureller und technischer Fortschritt fand und findet ohne Zweifel statt. Er beruht aber nicht auf einer Zunahme der geistigen Fähigkeiten und Möglichkeiten des Menschen, sondern im Wesentlichen auf der Akkumulation (Anhäufung) von Kenntnissen und Fertigkeiten vieler einzelner Menschen über längere, ungestörte Perioden. Unter idealen Bedingungen (Frieden, Wohlstand, Stabilität, Förderung der Wissenschaft) kann dieser Fortschritt sehr schnell ablaufen. Eine derartige Entwicklung sah Gott auch für die Hochkultur in Babel voraus: „Siehe, sie sind ein Volk und haben alle eine Sprache, und dies haben sie angefangen zu tun; und nun wird ihnen nichts verwehrt werden, was sie zu tun ersinnen" (1Mo 11,6). Eine geeinte und gut organisierte Menschheit hätte vielleicht schon 2000 v. Chr. den ersten Menschen auf den Mond geschossen. Da dieser Fortschritt aber unter dem Vorzeichen einer Rebellion gegen Gott stattfand, trat die Sprachverwirrung ein. Sie war ein Gericht und zugleich auch eine Gnade Gottes. Der gemeinschaftliche Aufstand der Menschheit, der sonst zum völligen Abfall von Gott geführt hätte, wurde dadurch aufgehalten. Jedes Volk hatte von da an eine neue Chance, zu Gott zurückzukehren. „Er hat aus einem Blut jede Nation der Menschen gemacht, damit sie auf dem ganzen Erdboden wohnen, und hat festgesetzte Zeiten und die Grenzen ihrer Wohnung bestimmt, damit sie Gott suchen, ob sie ihn wohl ertasten und finden möchten, obgleich er nicht fern ist von einem jeden von uns" (Apg 17,26.27).

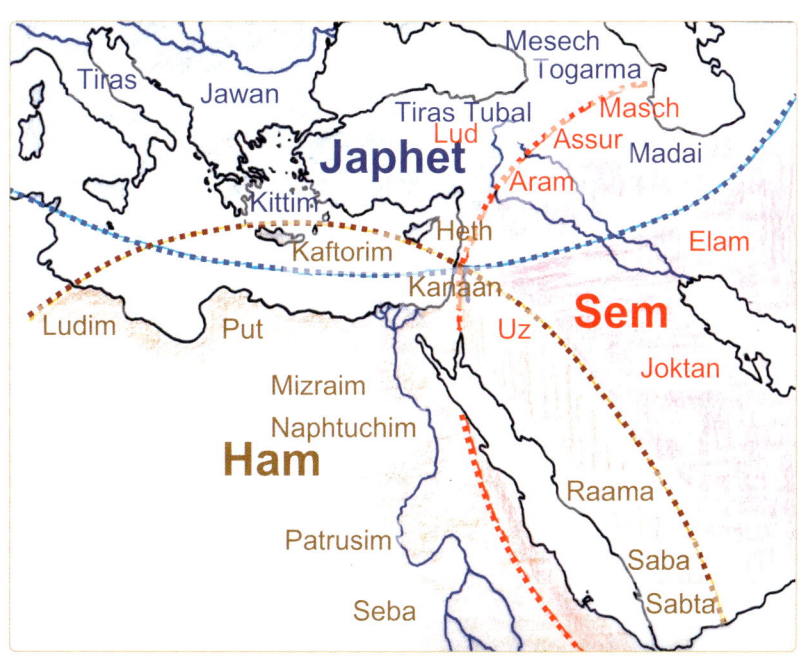

«ZITAT»

Vielleicht werden wir eines Tages entdecken, dass im mythischen und im wissenschaftlichen Denken dieselbe Logik am Werke ist und dass der Mensch allezeit gleich gut gedacht hat. Der Fortschritt – falls dieser Begriff dann überhaupt angemessen ist – hätte nicht das Bewusstsein, sondern die Welt als Aktionsraum, in der eine mit konstanten Begabungen ausgestattete Menschheit im Laufe ihrer langen Geschichte mit immer neuen Objekten ringen muss.

Claude Lévi-Strauss
(Strukturale Anthropologie, Bd. I, Frankfurt a. M., 1977).

«Themen-DVD»

- Wurde Europa doch früher besiedelt? Überraschungen aus Ost und West
- Ist der biblische Nimrod eine historische Persönlichkeit?
- „Erinnerungen an die Genesis" – Buchbesprechung
- Indogermanische Sprachen
- Die Sprache der Basken
- Neue Sintflut-, Turmbau- und Ursprachensagen

13

«KOMPAKT»

Verschiedene Wissenschaften (Linguistik, Anthropologie und Archäologie) liefern Belege für die Geschichtlichkeit des Turmbaus zu Babel. Es handelt sich bei dem biblischen Bericht nicht um einen Mythos, sondern um den historischen Hintergrund zum Verständnis der Vielfalt menschlicher Sprache und Kultur.

Das Buch Hiob

Abb. 143: Im Buch Hiob geht es um die Frage nach dem Handeln Gottes mit den Menschen. „Nebenbei" erhalten wir wichtige Informationen über die historisch sehr frühe Zeit, in der Hiob lebte. Das Gemälde Albrecht Dürers trägt den Titel: Hiob von seiner Frau verhöhnt.

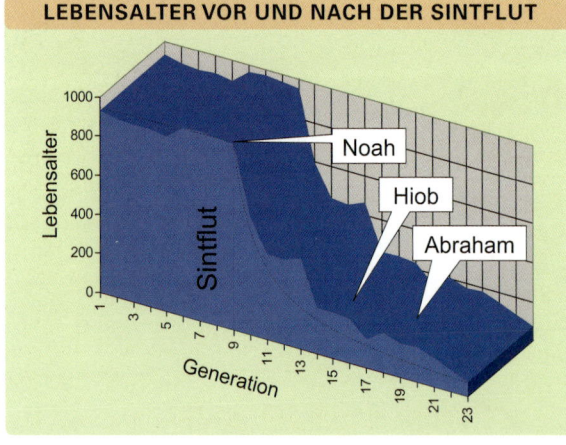

Das älteste Buch der Bibel öffnet uns einen tiefen Blick in die Vergangenheit. Was erfahren wir von Hiob?

Warum ist Hiob für den Schöpfungsforscher so interessant?

Das Buch Hiob ist sehr wahrscheinlich das älteste Buch der Bibel. Wenn Mose später auch die Aufgabe hatte, über die frühen Ereignisse des Anfangs zu schreiben – dabei konnte er vielleicht auf ältere Texte zurückgreifen –, so finden wir im Buch Hiob eine Geschichte aus den ersten Jahrhunderten nach der Flut. Aufgrund der Folgen der Sintflut, der Sprachverwirrung und der Kontinentaldrift war das eine sehr bewegte Zeit. Das Buch Hiob vermittelt uns einen starken Eindruck davon.

Wann lebte Hiob?

Es gibt eine ganze Reihe von Hinweisen auf eine zeitlich ganz frühe Einordnung des Buches Hiob. Da in diesem Buch weder das Volk Israel, Mose, Abraham noch irgendein anderer Nachfahre Abrahams erwähnt werden, kann man davon ausgehen, dass Hiob vor der Zeit Abrahams oder zeitgleich mit ihm gelebt hat. Das Alter Hiobs deutet sogar eher darauf hin, dass er vor Abraham einzuordnen ist. Wir können sein Alter allerdings nur schätzen: Als die Prüfungen über Hiob kamen, war er kein junger Mann mehr, er hatte bereits 10 erwachsene Kinder, großen Reichtum und ein hohes Ansehen. Er lebte danach noch 140 Jahre (Kap. 42,16). Daher können wir insgesamt ein Alter von über 200 Jahren annehmen. Wenn wir uns anschauen, wie die Lebensalter der Menschen nach der Flut abnahmen, so wird man Hiob zeitlich vor Abraham, der 175 Jahre alt wurde (1Mo 25,7), einordnen müssen.

Die Art, wie Hiob Brandopfer brachte, ist mit dem Opfer Noahs (1Mo 8,20) und den Opfern der Patriarchen vergleichbar. Dann weisen die fehlende Erwähnung der Vielgötterei (Abrahams Vorfahren waren Götzendiener, Jos 24,2), die verwendeten Gottesnamen (z. B. El-Shaddai = der Allmächtige), die Erwähnung sehr alter Völker (Sabäer, 1,15; Chaldäer, 1,17; Ophir, 22,24), der Länder Uz (1,1), Teman und Scheba (6,19) und der Kesita (42,11; älteste bekannte Währung, vgl. 1Mo 33,19) auf diese frühe Zeit hin.

Hiob könnte demnach etwa 300 Jahre nach der Sintflut gelebt haben – und die Bibel lässt keinerlei Zweifel daran, dass er wirklich gelebt hat (Hes 14,14; Jak 5,11).

Abb. 144: Die Grafik zeigt die Veränderung der Lebensalter. Vor der Sintflut wurden die Menschen im Durchschnitt ungefähr 900 Jahre alt. Danach nahm die Lebenserwartung stetig ab. Unter der Voraussetzung, dass Hiob mindestens 200 Jahre alt wurde, kann man annehmen, dass er noch deutlich früher als Abraham gelebt hat.

Was wusste Hiob von der Vergangenheit?

Wegen seiner frühen Entstehung ist das Buch Hiob für das Verständnis der frühen Menschheitsgeschichte sehr wertvoll. Es erlaubt uns einen tiefen Blick in die Vergangenheit. Hiob und seine Freunde hatten eine genaue Kenntnis der Urgeschichte. Das braucht uns nicht zu verwundern. Hiob hätte vermutlich Noah oder jemanden aus seiner Familie treffen können – Leute, die Adams Zeitgenossen möglicherweise noch persönlich kannten. Sie wussten, dass Gott den Menschen aus Erde gebildet und mit seinem Atem zum Leben erweckt hatte (10,9; 33,4–6). Sie wussten von Adam und seiner Verfehlung (31,33) und kannten den Fluch über die Erde (31,40) und über die Menschen (14,4; 25,4).

Wie sah die Erde zur Zeit Hiobs aus?

Die Bilder, die in den Reden Hiobs und seiner Freunde verwendet werden, lassen auf ein unruhiges und katastrophengeplagtes Umfeld schließen. „… ein Berg stürzt ein, zerfällt, und ein Fels rückt weg von seiner Stelle; Wasser zerreiben die Steine, ihre Fluten schwemmen den Staub der Erde weg" (14,18.19). Hier wird der Vorgang heftiger Erosion beschrieben. Zur Zeit Hiobs war die Erde noch sehr in Bewegung. „Der Berge versetzt, ehe sie es merken, er, der sie umkehrt in seinem Zorn; der die Erde erbeben lässt von ihrer Stelle, und ihre Säulen erzittern" (9,5.6). „Die Erde … ihr Unteres wird zerwühlt wie vom Feuer" (28,5) – scheint zu belegen, dass Hiob den Vulkanismus kannte.

Im Buch Hiob ist mehr von Schnee, Frost, Eis und Kälte die Rede als in allen anderen Büchern der Bibel. Obwohl die Vergletscherung der Eiszeit nicht bis in den Nahen Osten reichte, könnte das ein Hinweis darauf sein, dass Hiob davon wusste: „… das Bett der Wildbäche, die hinschwinden, die trübe sind von Eis, in die der Schnee sich birgt: Zur Zeit, wenn sie erwärmt werden, versiegen sie; wenn es heiß wird, sind sie von ihrer Stelle verschwunden" (6,15–17). „Dürre und Hitze raffen Schneewasser weg" (24,19). „Es verrinnen die Wasser aus dem See, und der Fluss trocknet ein und versiegt" (14,11). Verschiedene Verse lassen auf das Vorkommen von zerstörerischen Regengüssen und Überschwemmungen schließen: „Siehe, er hemmt die Wasser, und sie vertrocknen; und er lässt sie los, und sie kehren das Land um" (12,15). Vielleicht musste man deswegen Posten aufstellen, die vor den Flutwellen (z. B. Tsunamis) warnen sollten: „Bin ich ein Meer …, dass du eine Wache gegen mich aufstellst?" (7,12). Es gab Landstriche, die zu einem „Land ohne Menschen" wurden, zur „Wüste, in der kein Mensch ist" (38,26), ebenso wie es Sümpfe (8,11) und Hochgebirge (39,28) gab.

Abb. 145: In der Eiszeit bedeckten Gletscher ganz Nordeuropa. Bis in den Nahen Osten reichten sie nicht. Allerdings war das Klima in dieser Zeit dort auch wesentlich kühler und rauer. Die Abbildung zeigt eine computergenerierte Ansicht der Erde während der größten Eisbedeckung (aus Wikipedia. Copyright: Ittiz, 30.01.2010).

14

Abb. 146: Der Vulkan Mt. St. Helens. Hiob wusste, dass die unteren Schichten der Erde „zerwühlt werden wie vom Feuer".

Abb. 147: Ein Fluss hat sein Bett während des Hochwassers ausgewaschen. Diese Form von Erosion ist häufig zu beobachten. Hiob sprach aber von „einstürzenden Bergen" und „zerriebenen Steinen". Bei Gesteinen und Felsen verlaufen solche Erosionsvorgänge unter normalen Bedingungen sehr langsam. Nur unter katastrophischen Bedingungen können sie beobachtet werden.

Abb. 148a: Die Angaben des Buches Hiob deuten darauf hin, dass das Land Uz, der Schauplatz der Geschichte, sich im Gebiet der arabischen Wüste oder dem späteren Edom befand.

Die weiße Linie markiert den großen syro-afrikanischen Grabenbruch. Es handelt sich dabei um die Folgen der Kontinentalplattenbewegung. In der Vergangenheit wurde diese Gegend gewaltsam zerrissen. Die schroffen Felswände der Arava lassen etwas davon erahnen.

Abb. 148b: Dieser Konvoi besteht aus Spezialfahrzeugen. Sie tragen starke Rüttelplatten unter sich, mit deren Hilfe sie Erschütterungen erzeugen. Die Vibrationswellen dringen tief in die Erde ein, werden dort reflektiert und an verschiedenen Messpunkten exakt aufgezeichnet. Mit dieser Methode wurde das Tiefengestein in der Jordansenke untersucht. Die Ergebnisse geben einen guten Eindruck von der bewegten geologischen Vergangenheit der Gegend und ermitteln die Plattenbewegung, die bis heute andauert (gelbe Pfeile).

Abb. 149: Hiob berichtet vom Nebeneinander verschiedener Kulturstufen. Er selbst lebte in einer Hochkultur, aber er kannte auch die zeitgleich bestehenden Steinzeitkulturen.

Dieser Befund gilt bis heute. Kulturelle Entwicklung verläuft nicht überall mit dem gleichen Tempo und auch nicht immer in die gleiche Richtung. Ein Wissenschaftler bringt diese Erkenntnis auf den Punkt: „Steinzeit ist jederzeit".

Wie lebten die Menschen zur Zeit Hiobs?

Das Buch Hiob wirft auch ein interessantes Licht auf den Fortschritt von Kultur und Technik. Hiob war mit den Methoden der Landwirtschaft vertraut (Tenne, Scheune, Säen in Furchen, Pflügen, Eggen, Dreschen mit dem Dreschschlitten, Garben binden, Ölpresse, Weinkelter, Kanäle zur Bewässerung) und erwähnt Haustiere (Kleinvieh, Kamele, Rinder, Esel) und Produkte (Weizen, Gerste, Wein, Milch, Käse, Brot, Honig, Olivenöl).

Er kannte die Schriftzeichen und Griffel (aus Eisen!) zum Schreiben. Es ist im Licht der Archäologie erstaunlich, dass er bereits eiserne Geräte und Waffen kannte. Die Eisenzeit begann im Nahen Osten nach herkömmlicher Vorstellung frühestens 1500 v. Chr. Außerdem werden Blei, Kupfer, Silber und Gold genannt. Besonders die Edelmetalle und die Erwähnung weiterer Luxusgüter (Edelsteine wie Saphir und Topas, Korallen, Perlen, Kristall, Salbenkessel, Schminkhorn, Siegelton) zeigen einen hohen Wohlstand an.

Seefahrt und Fischerei gab es (Rohrschiffe, Fischfang mit Netzen, Angeln und Fisch-Harpunen). Für ein entwickeltes Handwerk spricht die Erwähnung von Glas und Weberschiffchen.

Bei kriegerischen Auseinandersetzungen kamen Schwerter, Wurfspieße, Speere, Pfeile und Bogen, Posaunen, Schilde mit Schildbuckel und Schlachtrosse zum Einsatz.

In der Beschreibung der Unterkünfte zeigt sich, dass es ein Nebeneinander von Kulturstufen gab. Hiob kannte sowohl Menschen, die in Erdlöchern und Felshöhlen wohnten, als auch solche, die in Zelten und Häusern lebten. Die Verwendung von Steinen als Baumaterial scheint normal zu sein, da Hiob über „Schutzwehren von Lehm" abfällig spricht (13,12).

Hiob über die Schöpfung

Beim Thema „Weltbilder" (S. 20) haben wir gesehen, dass es in der Bibel nicht darum geht, wissenschaftliche Modellbilder zu vermitteln. Da wir es bei Hiob mit einem poetischen Bibelbuch zu tun haben, in dem viele bildhafte Ausdrücke und Beschreibungen verwendet werden, müssen wir vorsichtig damit sein, Hiob ein modernes Weltbild zuzuschreiben.

Einige Verse sind allerdings trotzdem erstaunlich: „Er spannt den Norden aus über der Leere, hängt die Erde auf über dem Nichts" (26,7). Das ist eine bemerkenswerte Beschreibung der Erde. „Denn er zieht Wassertropfen herauf; vom Dunst, den er bildet, träufeln sie als Regen, den die Wolken rieseln und tropfen lassen auf viele Menschen" (36,27.28). Damit wird der Wasserkreislauf der Erde beschrieben, in dem durch Verdunstung neue Wolken und Regen entstehen. Dieses Prinzip wurde erst in den letzten Jahrhunderten (wieder)entdeckt.

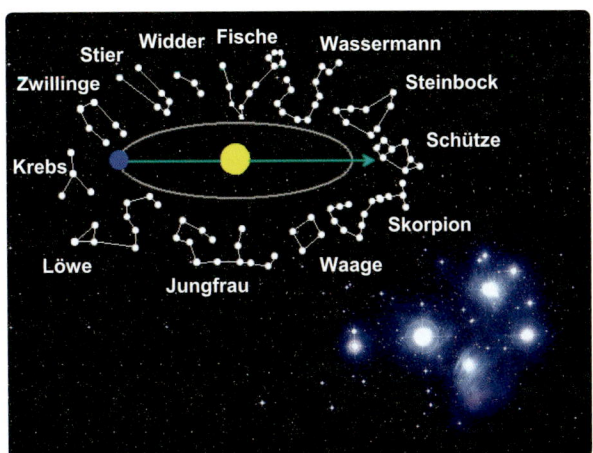

Abb. 151: Hiob hatte offensichtlich schon genaue Kenntnis von den verschiedenen Sternbildern. Gott sprach zu ihm von den 12 Bildern des Tierkreises, die zu ihrer bestimmten Zeit hervortreten. Das Siebengestirn (auch „Plejaden") ist ein offener Sternhaufen mit der astronomischen Bezeichnung M45. Er besteht aus mindestens 1200 Sternen, aber nur die hellsten 6–9 von ihnen, je nach Sichtbedingung, sind mit dem bloßen Auge zu erkennen. Es handelt sich dabei um einen Bewegungssternhaufen, d. h. um Sterne, die räumlich zusammengehören. Gott nimmt diese Erkenntnis der modernen Astronomie im Buch Hiob vorweg.

Auch die Erwähnung der Sternbilder als beständige astronomische Strukturen ist ein starkes Zeugnis uralter menschlicher Hochkultur. „Kannst du das Gebinde des Siebengestirns knüpfen oder die Fesseln des Orion lösen? Kannst du die Bilder des Tierkreises hervortreten lassen zu ihrer Zeit und den Großen Bären leiten samt seinen Kindern?" (38,31.32).

Insgesamt fällt auf, dass erstaunlich oft von den Ordnungen der Natur die Rede ist und von der Kontrolle, die der Schöpfer darüber ausübt. Er setzt Gesetze, Schranken und Grenzen, bestimmt Zeiten, Gewichte und Bahnen. Darin klingt schon an, dass Hiob wusste, dass die Abläufe der Schöpfung durch Naturgesetze beschrieben werden können. „Kennst du die Gesetze des Himmels, oder bestimmst du seine Herrschaft über die Erde?" (38,33).

Kannte Hiob noch Dinosaurier?

Einen Höhepunkt im Buch Hiob bildet die Beschreibung von zwei gewaltigen Tieren durch Gott selbst: Behemot und Leviathan. Die genannten Kennzeichen lassen an Dinosaurier denken, jedenfalls treffen sie auf kein heute lebendes Tier zu. Doch damit kommen wir schon zum nächsten Thema.

Abb. 150: Die astronomische Uhr in der Rostocker Marienkirche ist ein eindrucksvoller Beleg für die Ordnung in der Schöpfung. An ihr lässt sich nicht nur die Uhrzeit, sondern auch Tag, Wochentag, Monat, Jahr, Mondphase, Sonnenauf- und -untergang und die Bahnbewegungen von Planeten und Fixsternen ablesen. Sie wurde bereits 1472 konstruiert und liefert heute noch genauso exakte Angaben wie damals.

14

«Themen-DVD»

- Bibeltext des Buches Hiob

«KOMPAKT»

Das Buch Hiob lässt uns die frischen Spuren der biblischen Urgeschichte erkennen. Es steckt voller Hinweise auf die Größe Gottes, die an seiner Schöpfung von den Menschen erkannt werden kann. Außerdem zeigt der weite Entwicklungsstand der Hochkultur zu dieser frühen Zeit, dass allgemein anerkannte Vorstellungen der Archäologie in Frage gestellt werden müssen.

Dinosaurier

Kaum ein Tier regt unsere Fantasie mehr an als die gigantischen Dinosaurier. Was hat es mit diesen Reptilien auf sich? Wie sahen sie aus? Warum gibt es sie heute nicht mehr?

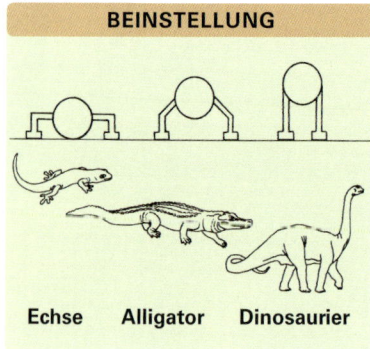

BEINSTELLUNG

Echse   **Alligator**   **Dinosaurier**

Abb. 152: Im Gegensatz zu anderen Reptilien haben die Dinosaurier eine aufrechte Beinstellung. Einige Arten konnten sich auf zwei Beinen fortbewegen. Die Haltung des Schwanzes wird für verschiedene Arten in älteren Abbildungen falsch dargestellt. Aufgrund der fast vollständig fehlenden Schleifspuren geht man heute davon aus, dass sie ihren Schwanz nicht hinter sich herzogen, sondern langgestreckt trugen.

Abb. 153: Das größte bisher gefundene vollständige Dinosaurierskelett steht im staatlichen Naturkundemuseum in Berlin. Dieser Brachiosaurus ist fast 25 m lang und 12,5 m hoch. Das Gewicht des lebenden Tieres wird nahezu 80 Tonnen betragen haben.

Was sind Dinosaurier?

Vor einigen Jahren haben wir einen richtigen Dinosaurier-Boom erlebt. Eine Fülle von Büchern und Filmen hat die interessanten Urzeittiere gerade unter Kindern sehr bekannt gemacht. Dabei ist es für Autoren und Regisseure ein gewagtes Unterfangen, das Leben dieser Exoten zu beschreiben und sie über die Leinwand laufen zu lassen. Viele offene Fragen warten bis heute auf eine Antwort.

Wie bewegten sich die Dinosaurier, wie lebten sie, und warum starben sie aus? Das sind nur einige der Fragen, die unter Wissenschaftlern noch intensiv diskutiert werden. Auf der anderen Seite gibt es eine unübersehbare Menge von Funden, die uns Aufschluss über Körperbau, Lebensraum, Ernährungsweise usw. geben.

Die Dinosaurier sind eine ausgestorbene Reptilienordnung, die einmal über die ganze Erde verbreitet war. Ihre Überreste wurden auf allen Kontinenten, sogar in der Antarktis, gefunden (Abb. 159). In den meisten Körpermerkmalen unterscheiden sie sich nur wenig von heutigen Reptilien. Sie legten ebenfalls Eier, hatten eine schuppige, oft stark gepanzerte Haut, Schwänze von z. T. riesigem Ausmaß und lebten überwiegend in feuchten Lebensräumen. Ein Merkmal, das sie deutlich von anderen Reptilien unterscheidet, ist ihre aufrechte Beinstellung (Abb. 152). Sie entspricht eher derjenigen der Säugetiere und ermöglichte manchen Arten eine Fortbewegung auf zwei Beinen.

Der Name „Dinosaurier" wurde dieser Tiergruppe von dem englischen Anatomen Sir Richard Owen 1841 gegeben. Er ist dem Griechischen entlehnt und bedeutet „schreckliche Echse" (gr. *deinos* = schrecklich; sauros = Echse). Diesen Eindruck machten auf ihn die riesigen Knochen, die man in dieser Zeit immer häufiger fand.

Wann wurden die Dinosaurier entdeckt?

Zufällige Funde von Dinosaurierknochen hatte es weltweit immer schon gegeben. Aber so richtig in Schwung kam ihre wissenschaftliche Erforschung erst zu Beginn des 19. Jahrhunderts. Die Nutzung der Maschinenkraft machte eine stark zunehmende Förderung von Kohle und Erzen durch den Bergbau und ein sprunghaftes Anwachsen der Erdbewegungen beim Bau von Straßen, Eisenbahnen, Kanälen und Gebäuden erforderlich. Es war daher eine Folge der Industrialisierung, dass, zuerst hauptsächlich in England, später auch in vielen anderen

Ländern der Welt, weiträumig Gesteinsschichten aufgeschlossen wurden und sich die Fossilienfunde häuften. Das zunehmende Interesse der Wissenschaft führte zu einer Verfeinerung der Ausgrabungen und zur systematischen Erfassung neuer Funde. Dabei ergab sich ein vielfältiges Bild.

Wie sehen Dinosaurier aus?

Je mehr Fossilien gefunden wurden, desto deutlicher wurde, dass die Dinosaurier eine sehr vielfältige und formenreiche Ordnung sind. Heute werden etwa 500 verschiedene Gattungen beschrieben. Ihre Größe reicht von der eines Huhns (vgl. Abb. 90) bis zu dem gigantischen 80-Tonner Brachiosaurus (Abb. 153). Doch nicht nur ihre Größe, auch ihr Aussehen und ihre Ernährungsweise sind sehr verschieden. In der nebenstehenden Abbildung sind einige wichtige Gruppen aufgeführt. Eine erste Unterteilung in zwei Unterordnungen wurde anhand der verschiedenen Beckenformen vorgenommen (Abb. 154).

Die Ornithischier haben ein vogelähnliches Becken (der gängigen Abstammungsvorstellung zufolge sollen die Vögel mit den Dinosauriern so eng verwandt sein, dass man sie als „flugfähige Dinosaurier" bezeichnen kann). Die Saurischier haben dagegen ein typisches Echsenbecken.

Warum starben die Dinosaurier aus?

Diese Frage wird in einem Biologielehrbuch als „eines der größten Rätsel in der Geschichte des Lebens" bezeichnet (Campbell, Biologie, S. 710). Es gibt aktuell etwa 30 verschiedene Theorien zur Erklärung dieses Rätsels. Waren sie einfach zu langsam und zu dumm (im Konkurrenzkampf mit den aufkommenden Säugetieren)? Litten sie unter einer Augenkrankheit, einer schweren Verdauungsstörung oder einem mysteriösen Parasitenbefall? Vertrugen sie Klimaschwankungen nicht? Sorgten Umweltfaktoren dafür, dass die Schalen ihrer Eier zu dünn wurden und zerbrachen? Wurden ihre Eier von irgendwelchen Räubern gefressen? Oder starben sie aus, weil die Erde nach einem Meteoriteneinschlag für sie lebensfeindlich geworden war (Impakt-Hypothese, Abb. 155)? Bis heute scheitern alle Erklärungen an der Tatsache, dass zwar sämtliche Dinosaurierarten unterschiedlichster Größe und Ernährungsgewohnheit ausstarben, andere Reptilien von ähnlichem Bau (Krokodile und Warane) aber zum Teil überlebten.

Einer Theorie (Kambrium-Perm-Modell, S. 69) zufolge waren die Saurier (nicht nur die *Dino*saurier, sondern auch die Flugsaurier, Fischsaurier, Paddelechsen) an den Lebensraum der „Flachmeere" angepasst. Mit der Absenkung der Ozeanböden im Zuge der Kontinentaldrift verschwanden diese Biotope.

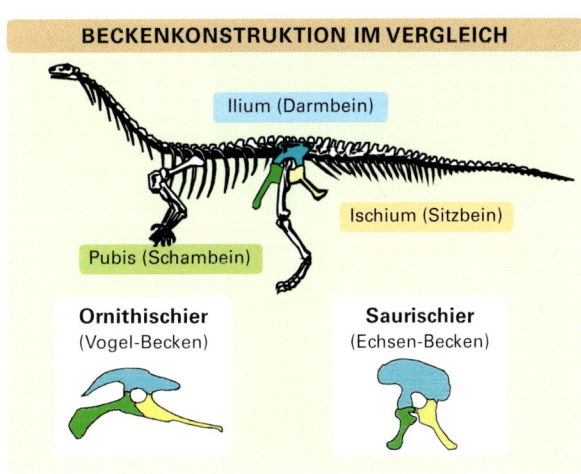

BECKENKONSTRUKTION IM VERGLEICH

Ilium (Darmbein)
Ischium (Sitzbein)
Pubis (Schambein)

Ornithischier (Vogel-Becken)
Saurischier (Echsen-Becken)

Abb. 154: Ein wichtiges Unterscheidungsmerkmal zur Klassifikation der Dinosaurier ist die Konstruktion ihres Beckens.

Die Anordnung der Knochen im linken Becken entspricht annähernd dem der heutigen Vögel. Ein Teil des Schambeins (grün) liegt parallel zum Sitzbein (gelb).

Im rechten Becken dagegen sind beide Knochen V-förmig abgewinkelt. Sie liegen außerhalb der Hüftgelenkspfanne. Dieser Aufbau entspricht dem Becken anderer Echsen.

ÜBERSICHT: HAUPTGRUPPEN DER DINOSAURIER

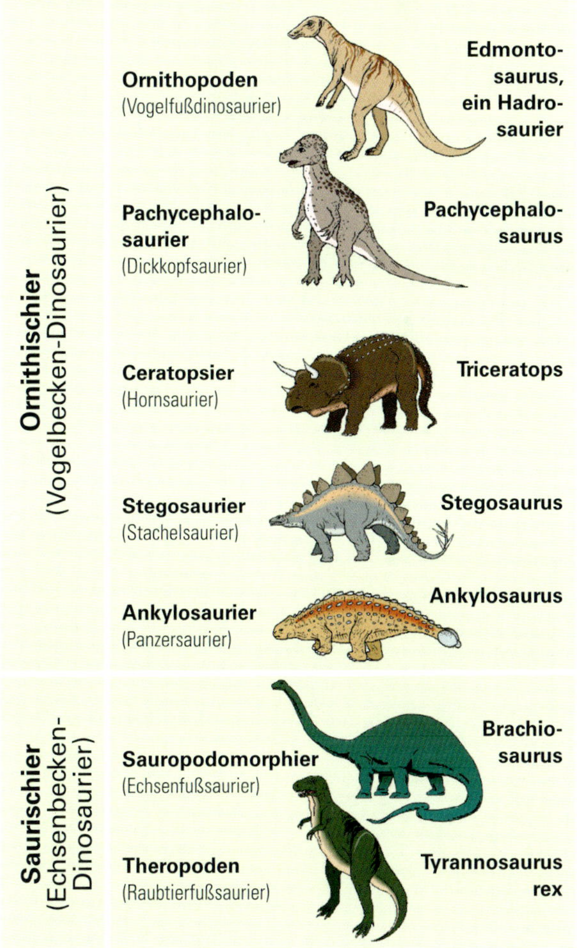

Ornithischier (Vogelbecken-Dinosaurier)

- Ornithopoden (Vogelfußdinosaurier) — Edmontosaurus, ein Hadrosaurier
- Pachycephalosaurier (Dickkopfsaurier) — Pachycephalosaurus
- Ceratopsier (Hornsaurier) — Triceratops
- Stegosaurier (Stachelsaurier) — Stegosaurus
- Ankylosaurier (Panzersaurier) — Ankylosaurus

Saurischier (Echsenbecken-Dinosaurier)

- Sauropodomorphier (Echsenfußsaurier) — Brachiosaurus
- Theropoden (Raubtierfußsaurier) — Tyrannosaurus rex

Abb. 156: Eine Übersicht der Hauptgruppen von Dinosauriern mit jeweils einem typischen Vertreter. Bis auf die Gruppe der Theropoden waren fast alle Arten friedliche Pflanzenfresser.

15

Abb. 155: Aktuell gilt die „Impakt-Hypothese" als Favorit unter den möglichen Ursachen für das Aussterben der Dinosaurier. Ihr zufolge wurde vor 65 Millionen (radiometrischen) Jahren durch den Einschlag eines riesigen Meteoriten auf der Erde ein Massensterben ausgelöst. Der Chicxulub-Krater im Golf von Mexiko (vor der Halbinsel Yucatan) mit einem Durchmesser von fast 300 km wird mit diesem Ereignis in Verbindung gebracht.

15

Abb. 157: Die Kreidefelsen von Rügen. Sie bestehen aus abgelagerten Skeletten winziger Kieselalgen.

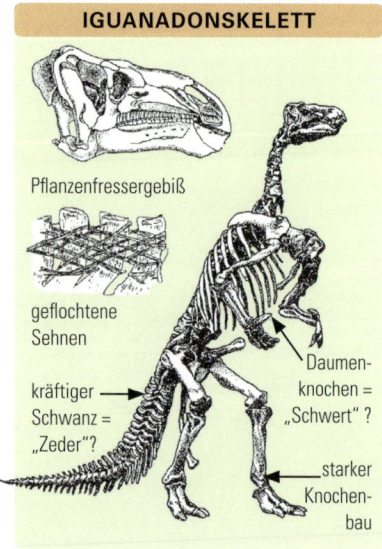

IGUANADONSKELETT

Pflanzenfressergebiß

geflochtene Sehnen

kräftiger Schwanz = „Zeder"?

Daumen-knochen = „Schwert" ?

starker Knochen-bau

Abb. 158: Das Skelett eines Iguanodon. Es weist die Merkmale auf, die in Hiob 40 vom Behemot genannt werden.

Wann starben die Dinosaurier aus?

Die Fossilienfunde belegen, dass die Dinosaurier am Ende der Kreidezeit ausstarben. Sie werden jedenfalls in den darüber liegenden Schichten nicht mehr gefunden und leben ja heute auch nirgendwo mehr. Die Kreidezeit hat ihren Namen von der feinen weißen Schreibkreide erhalten, die dort in dicken Schichten gebildet wurde. Wer die Insel Rügen an der Ostsee besucht, kann dort eine riesige Klippenlandschaft aus „Kreidefelsen" bestaunen (Abb. 157). Sie wurde aus Billionen filigraner Kalkskelette von winzigen, im Wasser schwebenden Algen gebildet. Solche Algen gibt es heute noch in allen Meeren. Sie bilden dort die unterste Stufe der Nahrungskette. Fast alle anderen Meereslebewesen sind auf sie angewiesen. Algen brauchen Licht, um Photosynthese zu betreiben und zu wachsen. Deshalb kommen sie nur in den oberen Wasserschichten vor, wo es noch genügend Licht gibt.

Obwohl diese Algen heute noch in Massen vorkommen, bildet sich kein Kreidesediment mehr. Die Algen sinken, wenn sie gestorben sind, ab und lösen sich in tieferen Wasserschichten auf. Daraus lässt sich schließen, dass die Meere, in denen sich die mächtigen Kreideschichten bilden konnten, viel flacher waren als die heutigen Meere. Sie waren nicht nur für die Algen, sondern wahrscheinlich auch für die meisten Saurier ein perfekter Lebensraum.

Am Ende der Kreidezeit verschwanden diese besonderen Flachmeere von der Erde, darüber sind sich die Geologen einig. Uneinigkeit besteht nur über die absolute Datierung dieses Ereignisses. Nach der „geologischen Zeitskala" (siehe Abb. 221) soll dieser Zeitpunkt 65 Mio. (radiometrische) Jahre zurückliegen. In den beiden Kapiteln über das Alter der Erde wird diese Datierung in Frage gestellt. Biblisch begründete Modelle der Erdgeschichte (Abb. 88) setzen die Ereignisse der Kreidezeit in die ersten Jahrhunderte nach der Sintflut. Das würde bedeuten, dass die Menschen zu dieser Zeit noch Dinosaurier gekannt haben. Einen biblischen Hinweis in diese Richtung gibt uns das Buch Hiob.

„Sieh doch den Behemot, den ich mit dir gemacht habe;

er frisst Gras wie das Rind. Sieh doch, seine Kraft ist in seinen Lenden, und seine Stärke in den Muskeln seines Bauches. Er biegt seinen Schwanz wie eine Zeder, die Sehnen seiner Schenkel sind verflochten. Seine Knochen sind Röhren aus Kupfer, seine Gebeine wie Barren von Eisen. Er ist der Erstling der Wege Gottes; der ihn gemacht hat, hat ihm sein Schwert beschafft. Denn die Berge tragen ihm Futter, und dort spielen alle Tiere des Feldes. Unter Lotosbüschen legt er sich nieder, im Versteck von Rohr und Sumpf; Lotosbüsche bedecken ihn mit ihrem Schatten, es umgeben ihn die Weiden des Baches. Siehe, der Strom schwillt mächtig an – er flieht nicht ängstlich davon; er bleibt wohlgemut, wenn ein Jordan gegen sein Maul hervorbricht. Fängt man ihn wohl vor seinen Augen, durchbohrt man ihm die Nase mit einem Fangseil?" (Hi 40,15–24).

Gott selbst ist es, der hier spricht. Er stellt Hiob ein Tier vor, das am gleichen Tag wie er erschaffen wurde: „den ich mit dir gemacht habe". Es handelt sich nicht um ein Fabelwesen, sondern um ein Tier, das Hiob beobachten konnte („Sieh doch"). Durch einen sorgfältigen Vergleich dieser Merkmale mit den bekannten Dinosaurierfunden kann der Behemot mit dem Iguanodon identifiziert werden.

Er wird zur Gruppe der Ornithopoden gezählt. Der Name „Iguanodon" bedeutet „Leguanzahn" und wurde ihm wegen eines scharfen und spitzen, ca. 15 cm langen Knochens gegeben, den man zuerst für einen Zahn hielt. Es handelt sich aber dabei um seinen aufrecht stehenden Daumen, der wie ein Schwert herausragt. Diese Besonderheit wird ebenfalls erwähnt: „hat ihm sein Schwert beschafft". Eine weitere Besonderheit sind die „verflochtenen Sehnen", die erwähnt werden. Auf Skeletten des Iguanodon hat man fossilisierte verflochtene Sehnen gefunden (zwar nicht an den Schenkeln, aber zwischen den Fortsätzen des Rückgrats). „… im Versteck von Rohr und Sumpf", „es umgeben ihn die Weiden des Baches" – Funde seiner Trittsiegel im Sandstein lassen den Schluss zu, dass er in Feuchtgebieten gelebt hat.

Seine Ausmaße waren gigantisch. Voll aufgerichtet erreichte er eine Höhe von 5 m. Mit dem mächtigen Schwanz war sein kräftiger Körper 8–11 m lang und wog etwa 5 t. Sein Gebiss weist ihn als Pflanzenfresser aus, was mit den Aussagen „er frisst Gras wie ein Rind", „die Berge tragen ihm Futter" und „dort spielen alle Tiere des Feldes" übereinstimmt. „Seine Knochen sind Röhren aus Kupfer, seine Gebeine wie Barren von Eisen" – der starke Knochenbau ist am Skelett gut zu erkennen.

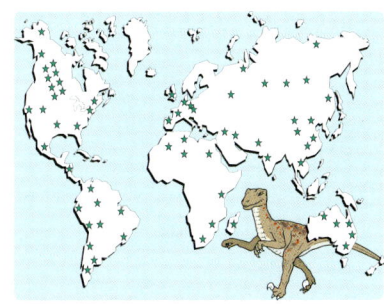

Abb. 159: Fossile Dinosaurierfunde sind inzwischen von allen Kontinenten bekannt. Die Dinosaurier waren einmal über die ganze Erde verbreitet.

„Ziehst du den Leviathan herbei mit der Angel,

und senkst du seine Zunge in die Angelschnur? Kannst du einen Binsenstrick durch seine Nase ziehen und seinen Kinnbacken mit einem Ring durchbohren? Wird er viel Flehen an dich richten oder dir sanfte Worte geben? Wird er einen Bund mit dir schließen, dass du ihn zum ewigen Knecht nehmen kannst? Wirst du mit ihm spielen wie mit einem Vogel und ihn anbinden für deine Mädchen? Werden die Genossen ihn verhandeln, ihn verteilen unter Kaufleute? Kannst du seine Haut mit Spießen füllen und seinen Kopf mit Fischharpunen? Lege deine Hand an ihn – denke an den Kampf, tu es nicht wieder!

Siehe, eines jeden Hoffnung wird betrogen: Wird man nicht schon bei seinem Anblick niedergeworfen? Niemand ist so kühn, dass er ihn aufreize. Und wer ist es, der sich vor mein Angesicht stellen dürfte? Wer hat mir zuvor gegeben? – Und ich werde ihm vergelten. Was unter dem ganzen Himmel ist, ist mein.

Nicht schweigen will ich von seinen Gliedern und von seiner Kraftfülle und von der Schönheit seines Baues. Wer deckte die Oberfläche seines Gewandes auf? In sein Doppelgebiss, wer dringt da hinein? Wer tat die Pforte seines Angesichts auf? Rings um seine Zähne ist Schrecken. Ein Stolz sind seine starken Schilde, jeder einzelne verschlossen mit festem Siegel. Einer fügt sich an den anderen, und keine Luft dringt dazwischen; Stück an Stück hängen sie fest zusammen, greifen ineinander und trennen sich nicht. Sein Niesen strahlt Licht aus, und seine Augen sind wie die Wimpern der Morgenröte. Aus seinem Rachen gehen Fackeln, sprühen feurige Funken hervor. Aus seinen Nüstern fährt Rauch wie aus einem siedenden Topf und aus brennenden Binsen. Sein Hauch entzündet Kohlen, und eine Flamme fährt aus seinem Rachen. In seinem Hals wohnt Stärke, und die Angst hüpft vor ihm her. Die Wampen seines Fleisches schließen an, sind ihm fest angegossen, unbeweglich. Sein Herz ist hart wie Stein und hart wie ein unterer Mühlstein. Vor seinem Erheben fürchten sich Starke, vor Verzagtheit geraten sie außer sich. Trifft man ihn mit dem Schwert, es hält nicht stand, noch Speer, noch Wurfspieß, noch Harpune. Das Eisen achtet er für Stroh, das Kupfer für faules Holz. Der Pfeil jagt ihn nicht in die Flucht, Schleudersteine verwandeln sich ihm in Stoppeln. Wie Stoppeln gilt ihm die Keule, und er lacht über das Sausen des Wurfspießes. Unter ihm sind scharfe Scherben; einen Dreschschlitten breitet er hin auf den Schlamm. Er lässt die Tiefe sieden wie einen Topf, macht das Meer wie einen Salbenkessel. Hinter ihm leuchtet der Pfad, man könnte die Tiefe für graues Haar halten. Auf der Erde ist ihm keiner gleich, ihm, der geschaffen ist ohne Furcht. Alles Hohe besieht er sich; er ist König über alle wilden Tiere" (Hi 40,25 – 41,26).

Die Zuordnung des Leviathan ist bisher unklar. Welche Tiere in der Lage waren, Feuer zu speien, und wie dieser Mechanismus funktionierte, ist noch nicht erforscht. Die Legenden, Sagen, Mythen und Märchen von feuerspeienden Drachen, die man in den verschiedensten Kulturkreisen antrifft, scheinen eine wei-

15

Abb. 160: Tyrannosaurus rex, oft als das gefährlichste Landraubtier aller Zeiten angesehen. Der Rang als größter Räuber wird ihm evtl. von dem 1994 entdeckten *Gigantosaurus* streitig gemacht. Diese Plastik steht vor dem Senckenbergmuseum in Frankfurt. Zu der Gruppe der Therapoden gehören viele schreckliche Fleischfresser. Man kann sich gut vorstellen, was für furchtbare Gegner diese Tiere bei einer Begegnung mit dem Menschen gewesen sein müssen.

«KOMPAKT»

Bei den Dinosauriern handelt es sich um faszinierende Geschöpfe. Ihr Aussehen, ihr Verhalten und ihre Artenvielfalt können heute durch die fossilen Spuren und Überreste immer besser rekonstruiert werden. Sie starben wahrscheinlich aus, weil ihre besonderen Lebensräume verschwanden.

15

tere Bestätigung dafür zu sein, dass wir es hier nicht mit einer poetischen oder symbolischen Ausdrucksweise zu tun haben, sondern dass es die Fähigkeit des Feuerspeiens tatsächlich gab. Es handelt sich auf jeden Fall um einen fleischfressenden Dinosaurier – für einen Menschen ein furchtbarer Feind.

Weitere Hinweise auf das Zusammenleben von Menschen und Dinosauriern

Verschiedentlich werden Felszeichnungen, Höhlenmalereien und Skulpturen von dinosaurierähnlichen Figuren als Hinweise auf das Zusammenleben von Menschen und Sauriern gewertet. Keine dieser Darstellungen ist jedoch so eindeutig, dass nicht auch eine andere Erklärung denkbar wäre. So wurde z. B. argumentiert, Fossilienfunde hätten die Fantasie der Künstler zu diesen Darstellungen inspiriert. Das ist oft aber gar nicht denkbar, weil die entsprechende Kunst vor der Entdeckung der Fossilien entstanden ist.

Die Rückführung von Drachensagen auf die Überlieferung von tatsächlich erfolgten Begegnungen mit Dinosauriern ist vor dem biblischen Hintergrund zwar wahrscheinlich, aber nicht zwingend. Immerhin ist die Tatsache erstaunlich, dass entsprechende Berichte aus fast allen Teilen der Welt bekannt sind und weitgehend übereinstimmen. Sollte es sich dabei immer um reine Fantasieprodukte ohne jeden realen Hintergrund handeln?

Abb. 161: Die vereinfachte „Geschichte der Dinosaurier". Sie wurden, wie alle Tiere, als friedliche Pflanzenfresser erschaffen. Nach dem Sündenfall wurden sie teilweise auch zu räuberischen Fleischfressern. Bis auf die Arten, die an das ständige Leben im Wasser angepasst waren (z. B. Fischsaurier), überlebten nur die Dinosaurier in der Arche die Flut. Ob es schon während der Sintflut oder erst in nachfolgenden Katastrophen zur Fossilisierung von Sauriern kam, ist eine offene Frage. Sie starben jedenfalls nach der Flut aus. Die Erinnerung an sie lebt in Überlieferungen fort. Erst in der Neuzeit wurden Dinosaurier wieder entdeckt und werden nun systematisch ausgegraben und erforscht.

Schöpfung *durch* Evolution? 16

Ein rechtschaffen in der Schöpfung verstandener Glaube und eine rechtschaffen aufgefasste Evolutionslehre behindern sich nicht. Die Evolution setzt ja die Schöpfung voraus; die Schöpfung zeigt sich im Lichte der Evolution wie ein Ereignis, das sich über lange Zeit erstreckt – wie eine creatio continua, in der dem Gläubigen Gott als Schöpfer des Himmels und der Erde sichtbar wird.

Papst Johannes Paul II.

Zunächst einmal müssen wir eine früher herrschende Auffassung korrigieren, nach der die Bibel nur eine, ein für allemal feststehende Vorstellung von dem Vorgang der Schöpfung kenne und die Bejahung dieser einen Vorstellung identisch mit dem Glauben an einen Schöpfer sei ... Gott als Schöpfer anzuerkennen und nach den Anfängen wissenschaftlich zu fragen, das schließt sich nicht aus. Das Nebeneinander der verschiedenen Schöpfungsberichte in der Bibel macht deutlich: Die Frage, wie Gott die Welt geschaffen hat, ist keine Glaubensfrage.

Evangelischer Erwachsenenkatechismus

D ie Wissenschaft ist ständig im Fluss. Was heute als sicheres Wissen gilt, kann morgen schon widerlegt und überholt sein. Könnte es nicht sein, dass sich irgendwann eine Lösung findet, wie Schöpfung und Evolution zusammengeführt werden können?

Viele Christen halten eine Kombination für möglich. Diese Vorstellung wird als „Theistische Evolution" bezeichnet.

Weder Fisch noch Fleisch: Theistische Evolution

Nach der Vorstellung der theistischen (d. h. göttlich bewirkten oder gesteuerten) Evolutionslehren soll Gott den Evolutionsprozess als Schöpfungsmethode gebraucht haben. Das scheint auf den ersten Blick der goldene Mittelweg zu sein. Der Konflikt zwischen den biblischen Aussagen über den Schöpfer und der Evolutionstheorie scheint aufgehoben. Kirchen und Papst sind einverstanden, und den Wissenschaftlern, die Evolution vertreten, ist es gleichgültig, ob man an einen Schöpfer glaubt, solange er sich nicht bemerkbar macht. Man deutet einige Bibelstellen um (es ist eine ganze Menge betroffen), so dass der Widerspruch zur Evolution entschärft wird. Um einen Minimalbestand biblischer Schöpfungsaussagen zu erhalten, nehmen einige dann doch eine Extra-Schöpfung des Menschen an, durch die irgendwann nach vielen Jahrmillionen Evolution irgendwie durch einen Eingriff Gottes der Mensch entstand.

Es geht um eine Entscheidung

Die Evolutionstheorie enttäuscht die Hoffnung, dass die moderne Wissenschaft eine Antwort auf die Frage nach dem Woher zu liefern vermag. In den folgenden Kapiteln werden wir uns mit einigen Hauptkritikpunkten auseinander setzen. Andererseits wurde auf den vorhergehenden Seiten deutlich, dass die biblisch bezeugte Schöpfung für unser wissenschaftliches Verständnis ebenfalls Fragen aufwirft, die noch unbeantwortet sind. Bei der Frage, für welches Modell man sich entscheidet, geht es nicht nur darum, welches Modell die Daten am besten erklärt, sondern die Wahl hängt im Wesentlichen auch von weltanschaulichen Voreinstellung ab.

Abb. 162: An diesem Beispiel wird die totale Gegensätzlichkeit von Schöpfung und Evolution deutlich. Dort werden Tod, Konkurrenzkampf, Selektion usw. als Motor für weitere Entwicklung, neue Formen und größere Vielfalt angesehen. In der Schöpfung dagegen sind sie die Folgen des Sündenfalls und Zeichen einer Degeneration (Abwärtsentwicklung).

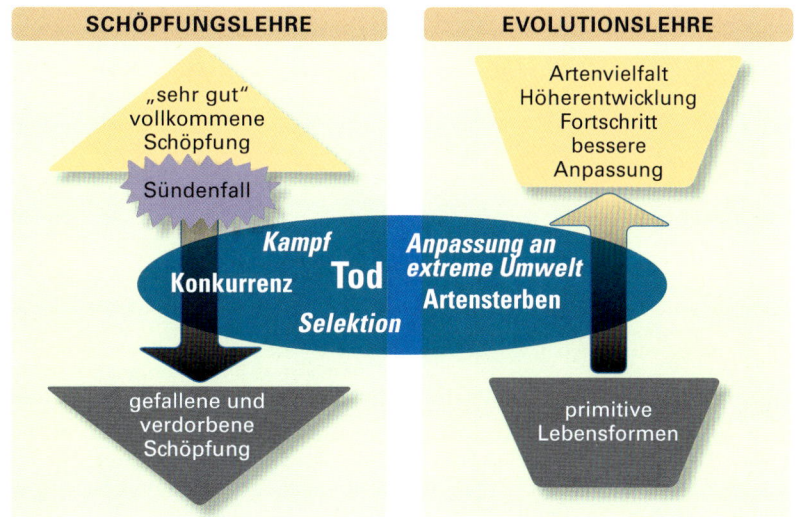

SCHÖPFUNGSLEHRE

„sehr gut" vollkommene Schöpfung

Sündenfall

Kampf
Konkurrenz Tod
Selektion

gefallene und verdorbene Schöpfung

EVOLUTIONSLEHRE

Artenvielfalt
Höherentwicklung
Fortschritt
bessere
Anpassung

Anpassung an extreme Umwelt
Artensterben

primitive Lebensformen

«Themen-DVD»

16

«KOMPAKT»

Schöpfung und Evolution sind wie Feuer und Wasser. Sie beruhen auf grundverschiedenen Voraussetzungen und Mechanismen, die im Widerspruch zueinander stehen.

Wir haben schon gesehen, dass sowohl zur Annahme der Evolutionstheorie als auch zur Annahme der biblischen Botschaft Glaube notwendig ist. Wie die Gegenüberstellung (Abb. 164) zeigt, kommt Evolution nicht als Schöpfungsmethode Gottes in Betracht. Die Evolutionstheorie kann außerdem nicht mit der Heilslehre der Bibel vereinbart werden. Es zeigen sich nämlich einige markante Widersprüche.

- Die Bibel zeigt uns den Menschen als einen erlösungsbedürftigen Sünder. Er wird als Verlorener, Feind Gottes, Abgewichener, Unversöhnter und geistlich Toter bezeichnet, der so nicht zu Gott kommen kann. Sie zeigt uns, dass der Mensch diesen Zustand selbst verschuldet hat.
- In der Evolutionstheorie erwirbt der Mensch Ethik, Moral, Gotteserkenntnis und Gewissen schrittweise, während er sich aus dem Tier entwickelt. Sünde kann bei diesem Menschen nicht immer Sünde gewesen sein – denn Tiere können nicht sündigen. Die Entwicklung zum Sünder wäre zwangsläufig durch evolutive Vorgänge erfolgt, und dafür könnte niemand von Gott zur Rechenschaft gezogen werden. Schöpfung durch Evolution würde bedeuten, dass der Mensch als Sünder erschaffen wurde.

- Die Sünde kam durch Adam, den ersten Menschen, in die Welt und die Erlösung durch Jesus Christus. Die beiden werden verglichen und einander gegenübergestellt, in gewisser Hinsicht entsprechen ihre Taten einander (mit umgekehrten Vorzeichen). „Denn so wie durch den Ungehorsam des einen Menschen die vielen in die Stellung von Sündern gesetzt worden sind, so werden auch durch den Gehorsam des einen die vielen in die Stellung von Gerechten gesetzt werden" (Röm 5,19). Das 5. Kapitel des Römerbriefes ist von zentraler Bedeutung für das Verständnis der Erlösung.
- Nach der Evolutionstheorie kann es den Sündenfall, wie ihn die Bibel beschreibt, nicht gegeben haben. Tod, Konkurrenz, Kampf ums Überleben, Selektion, was biblisch Folgen der Sünde sind, sind die treibende Kraft der Evolution. Einige Ausleger meinen, nur der Tod der Menschen (nicht aber der Tod der Tiere) sei eine Folge des Sündenfalls. Selbst wenn das richtig wäre, ohne Tod hätte sich auch der Mensch nicht entwickeln können. Ohne den historischen Sündenfall ist die Argumentation von Römer 5 und die Heilslehre der Bibel insgesamt nicht schlüssig.

- Fossilien bezeugen massenhaften Tod, was biblisch gesehen in eine Zeit nach dem Sündenfall verweist. Damit verläuft die fossil überlieferte Erdgeschichte parallel zur Menschheitsgeschichte. Die Menschheitsgeschichte ist uns von Adam an überliefert. Sie spielte sich in einigen Jahrtausenden ab, keinesfalls in Millionen oder Milliarden von Jahren.
- Evolutionstheorien sind auf sehr lange Zeiträume angewiesen.

Abb. 163: Viele Fossilien berichten vom Fressen und Gefressenwerden. Der hier abgebildete Caturus-Raubfisch konnte seine Beute nicht mehr ganz schlucken, er wurde vorher verschüttet. Das Bild ist ein gutes Beispiel für die Natur der Fossilienentstehung. Sie erfolgt gewöhnlich nicht, indem tote Tiere langsam von Sedimenten zugedeckt werden, sondern durch plötzliche Einbettung als Folge katastrophischer Ereignisse (mit freundlicher Erlaubnis, Museum Bergér, Eichstätt).

GRUNDLAGEN DER SCHÖPFUNG	GRUNDLAGEN DER EVOLUTION
Das Grundprinzip Schöpfung wird vorausgesetzt.	Das Grundprinzip Evolution wird allein anerkannt.
Schöpfung ist ein universales Prinzip. Das gesamte Universum sowie alles Leben auf der Erde entstammen einem Schöpfungsprozess.	Evolution ist ein universales (d.h. allgemein gültiges) Prinzip.
Es gibt einen Schöpfer – den Gott der Bibel.	Ein Schöpfer darf nicht ins Spiel gebracht werden.
Alle Materie ist ohne Verwendung vorhandenen Ausgangsmaterials erschaffen worden.	Die Materie (oder das, woraus sie umgewandelt wurde) wird als vorhanden vorausgesetzt.
Das Schöpferhandeln Gottes ist mit Hilfe der Naturgesetze nicht erklärbar. Die heute geltenden Naturgesetze belegen keine Höherentwicklung, sondern Verfall und Degeneration der Schöpfung.	Die Evolution berücksichtigt nur naturgesetzliche Prozesse, die eine Höherorganisation vom Einfachen zum Komplexen, vom Unbelebten zum Leben und von niederen zu höheren Organismen erlauben.
Die Bibel nennt folgende Schöpfungsfaktoren (= Ursachen der Schöpfung): das Wort Gottes, die Kraft Gottes, die Weisheit Gottes, den Willen Gottes, den Sohn Gottes und folgende Merkmale der Schöpfung: nach den Wesensmerkmalen des Herrn Jesus, ohne Ausgangsmaterial (aus dem Nichts), ohne Zeitverbrauch (augenblicklich).	Als Evolutionsfaktoren werden angenommen: Mutation, Selektion, Rekombination, Isolation. Diese bedingen lange Zeiträume, zufällige (d.h. richtungslose, ungeplante) Veränderungen und den Tod.
Zwecke verlangen einen Zielgeber.	In der Evolution gibt es weder Plan noch Ziel.
Es gibt einen definierten Anfangs- und Endpunkt der Zeitachse.	Es gibt keinen definierten Anfangs- und Endpunkt der Zeitachse.
Die Vergangenheit ist der Schlüssel zur Gegenwart.	Die Gegenwart ist der Schlüssel zur Vergangenheit.
Es gibt einen deutlichen Unterschied zwischen Unbelebtem und Leben, Tieren und Pflanzen, Tieren und Menschen.	Der Übergang vom Unbelebten zum Leben ist fließend. Ebenso die Übergänge zwischen Pflanzen und Tieren und Tieren und Menschen.
Die Erschaffung der Lebewesen (Grundtypen) ist abgeschlossen.	(Makro-)Evolution der Lebewesen ist ein fortwährender Prozess.

16

Abb. 164: Gegenüberstellung der Prinzipien von Evolution und Schöpfung (nach W. Gitt, Schuf *Gott durch Evolution?*, Holzgerlingen 1994).

„Ursprungsforschung ist ein dreidimensionales Puzzle, bei dem die meisten Teile fehlen und es kein Bild auf der Verpackung gibt."
Dr. Norbert Pailer

Übersicht zur Evolutionstheorie

Abb. 165: So stellt sich ein Künstler den Urknall vor. Raum, Zeit, Materie und Energie sollen aus diesem Ereignis hervorgegangen sein und sich in einer „Kosmischen Evolution" entwickelt haben.

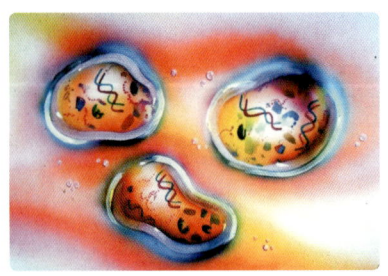

Abb. 166: Als „Protobionten" werden die hypothetischen Vorläufer der ersten lebenden Zellen bezeichnet. In ihnen soll der Übergang von der chemischen zur biologischen Evolution erfolgt sein.

Abb. 167: Die Evolution der Lebewesen. Alle Formen sollen sich aus einem gemeinsamen Ursprung entwickelt haben.

Das Evolutionsprinzip wird heute universal angewandt. Was sind die Grundzüge der evolutionären Weltsicht?

Gibt es verschiedene Evolutionstheorien?

Auf den folgenden Seiten werden wir sehen, dass (biologische) Evolutionstheorien sich in der Vergangenheit mehrfach gewandelt haben. Solche Veränderungen einzelner Hypothesen und Modelle finden ständig statt und sind mit dem Fortgang der Forschung auch für die Zukunft zu erwarten.

Trotzdem lässt sich eine grobe Linie aller Evolutionstheorien herausarbeiten, der die meisten Wissenschaftler heute zustimmen würden.

Was lehrt die Evolutionstheorie?

1. Kosmische Evolution

Nach dem „Standardmodell der Kosmologie" (auch „Konkordanzmodell" genannt) hatte das Universum (der physikalische Kosmos) vor etwa 14 Mrd. Jahren seinen Anfang in einem „Urknall". Die gesamte Materie war vorher an einem Punkt verdichtet und breitete sich von dort aus. Im Lauf dieser Ausdehnung (Expansion) entstanden Zeit, Raum und Naturgesetze. Später bildeten sich chemische Elemente und kosmische Strukturen. Nach einigen Milliarden Jahren formierten sich Galaxien (darunter auch die Milchstraße mit „unserem" Sonnensystem).

2. Chemische Evolution

Die Erde war zunächst eine glutflüssige Kugel. Mit der Bildung einer Atmosphäre und der fortschreitenden Abkühlung war die Ansammlung von flüssigem Wasser auf ihrer Oberfläche möglich. Dadurch waren die Voraussetzungen für den Ablauf einer Vielzahl von chemischen Reaktionen gegeben, die letztlich zu komplexen organischen Verbindungen, den „Bausteinen des Lebens", führten.

3. Biologische Evolution

Aus diesen Verbindungen konnten sich die Vorläufer der ersten lebenden Zellen bilden. Im Konkurrenzkampf um Lebensraum und Nahrung überlebten nur die Anpassungs- und Widerstandsfähigsten. Durch ständige Veränderung der Erbinformation (Mutation, Rekombination) veränderten sich auch die Lebewesen. Sie erwarben neue Eigenschaften und Fähigkeiten. Die Erfolgreichsten vermehrten sich am stärksten und setzten sich durch. Benachteiligte Formen starben aus. Dieser Vorgang wird als „natürliche Selektion" bezeichnet. So entwickelte sich aus einfach gebauten Einzellern die ganze Vielfalt des Lebens.

4. Kulturelle Evolution

Der Mensch entwickelte sich aus affenähnlichen Vorfahren. Wichtige Faktoren bei dieser Entwicklung sind: der aufrechte Gang, ein großes Gehirn, die Sprache und der Gebrauch von Werkzeugen und Feuer. Darüber, wie diese Faktoren zusammenhängen und in welcher Folge sie auftraten, gibt es verschiedene Modelle.

Die Nutzung des Feuers kann als Beginn der „Zivilisation" angesehen werden. Mit der Erlernung von Ackerbau und Viehwirtschaft wurden einige Jäger und Sammler sesshaft. Die ersten festen Siedlungen und Städte entstanden.

In den frühen Hochkulturen gab es einen raschen Fortschritt. Die Verbesserung der Landwirtschaft und der Einsatz von Bewässerungstechnik machte das Zusammenleben von vielen Menschen an einem Ort möglich. Mit der gezielten Kultivierung von Pflanzen und der Haltung von Tieren begann auch unmittelbar die „künstliche Selektion" – die Zucht. Damit begann der Mensch, Lebewesen gezielt zu seinem Nutzen zu verändern. Da nun nicht mehr jeder Bewohner des Gemeinwesens seine Nahrung selbst jagen oder sammeln musste, entstanden neue Berufe; das Handwerk gewann an Bedeutung. Für den Austausch von Waren und Dienstleistungen wurde ein Zahlungsmittel, eine Währung benötigt.

Die Domestikation von Pferd, Esel und Kamel und die Entwicklung der Schifffahrt ermöglichten es, Waren zu befördern und Handel zu treiben.

Die Konkurrenz um die besten Siedlungsflächen machte ein Militärwesen erforderlich. Der Drang, immer wirksamere Waffen herzustellen und bessere Schutzvorrichtungen zu bauen, beflügelte den Fortschritt der Metallbearbeitung und Architektur.

Für die Organisation und Verwaltung wurde es nötig, die Schreibkunst zu entwickeln, wodurch das Aufblühen der Wissenschaft möglich wurde.

Parallel zu seinen technischen Fähigkeiten entwickelte sich auch der Geist des Menschen.

Für die Höhlenbewohner der Steinzeitkultur war die Welt noch voller Götter, Geister und Dämonen. Jeder Berg, jede Quelle, jedes Tier, Blitz, Donner, Sonne, Mond und Sterne, alles war „beseelt", hinter allem standen Geister (Animismus).

Die Hochkulturen begannen dann Religion zu organisieren und zu strukturieren. Die Götter bekamen Namen, Gesichter, Zuständigkeitsbereiche, Tempel und Priester (Polytheismus).

Eine radikale Vereinfachung und ein großer Fortschritt war dann der Glaube an nur einen Gott (Monotheismus), der für alles zuständig war.

Viel später kam der Mensch dann darauf, dass dieser Gott die Welt mithilfe der Naturgesetze lenkt und regiert. Der Höhepunkt dieses „geistigen Erwachsenwerdens" ist die Erkenntnis, dass Gott am Ende gar nicht mehr benötigt wird (Atheismus). Alle Vorgänge können mit dem Verstand erklärt (Rationalismus), auf Naturgesetze zurückgeführt (Naturalismus) und mithilfe von Beobachtungen und wissenschaftlichen Vorgehensweisen untersucht werden (Empirismus, Szientismus).

5. Technische Evolution

Mit der „Industriellen Revolution" begann ein Prozess, in dessen Verlauf der Mensch sich ungeahnte Möglichkeiten erschloss, die Welt zu verändern.

Mit der Nutzung von Kohle, Öl und Gas und der Verwendung des elektrischen Stroms standen von da an gewaltige Energien zur Verfügung. Mit ihrer Hilfe ließ sich das Gesicht der Erde verändern.

Abb. 168: Der Fortschritt im kulturellen Bereich wird ebenfalls als eine Form der Evolution aufgefasst. Dabei geht es nicht nur um den technischen Fortschritt, der sich einwandfrei belegen lässt, sondern auch um geistige Entwicklung. Die Herkunft von Sprache und Religion ist demzufolge auch auf die Evolution zurückzuführen.

17

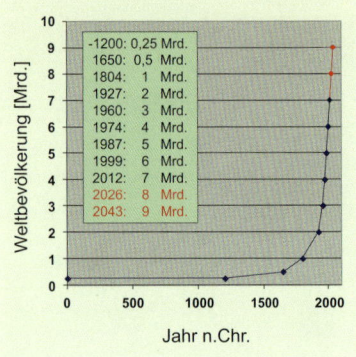

DIE ENTWICKLUNG DER WELTBEVÖLKERUNG SEIT CHRISTI GEBURT

-1200:	0,25 Mrd.
1650:	0,5 Mrd.
1804:	1 Mrd.
1927:	2 Mrd.
1960:	3 Mrd.
1974:	4 Mrd.
1987:	5 Mrd.
1999:	6 Mrd.
2012:	7 Mrd.
2026:	8 Mrd.
2043:	9 Mrd.

Abb. 169: Aus der Grafik lässt sich die „Bevölkerungsexplosion" erkennen. In den letzten 40 Jahren hat die Weltbevölkerung sich mehr als verdoppelt. Die roten Zahlen gelten aktuell als realistische Prognose für die weitere Bevölkerungsentwicklung.

Landwirtschaftliche Maschinen bewirtschaften riesige Flächen, Baumaschinen bewegen große Mengen Erde, Steine und Baumaterial. Die Erde wird mit einem Netz von Straßen, Schienenwegen und Kanälen überzogen. Wälder werden gerodet, Wüsten bewässert, Sümpfe trockengelegt, Flüsse umgeleitet und Stauseen aufgestaut. Die Produktion von Nahrungsmitteln und Gütern aller Art steigt enorm an, die Weltbevölkerung ebenfalls. Die Folgen dieser Entwicklung sind zunehmende Umweltbelastung, Klimaveränderung und Verknappung von Ressourcen (Nahrung, Wasser, Rohstoffe, Energie usw.). Irgendwann wird eine Grenze erreicht sein, wo die Menschheit nicht mehr so weiterleben kann wie bisher.

Die Frage, ob und wie diese Probleme in Zukunft gelöst werden, beantworten die Experten unterschiedlich. Die Optimisten nehmen an, dass es möglich sein wird, alle Probleme mithilfe weiterentwickelter und ganz neuer Technologien in den Griff zu bekommen.

Im Blick auf die weitere Evolution besteht heute der Höhepunkt des Fortschritts darin, dass der Mensch mit den Methoden der Gentechnik in der Lage ist, seine eigene weitere Evolution selbst in die Hand zu nehmen.

6. Zukunft der Evolution

Da Evolution ein ungerichteter und zielloser Prozess ist, lässt sich auch über die zukünftige Entwicklung nur wenig seriös vorhersagen.

Die Szenarien für das Ende der Menschheit sind vielfältig. Der Untergang könnte schleichend vonstatten gehen (z. B. durch die Verschärfung der Umwelt- und Klimaproblematik, zunehmende Seuchen und Verteilungskämpfe usw.) oder durch ein Ereignis ausgelöst werden (eine globale Katastrophe wie Atomkrieg, Kometeneinschlag usw.).

Optimisten hoffen, dass der Mensch irgendwann in der Lage sein wird, sich auf anderen Planeten im Universum anzusiedeln. Das wäre aus ihrer Sicht jedenfalls langfristig die einzige Möglichkeit des Lebens, dem definitiven Untergang der Erde zu entkommen – in einigen Milliarden Jahren, wenn die Sonne ausgebrannt sein würde, sich vorher noch einmal riesig aufblähe und dabei die Erde vollständig verschlänge.

Auch über den weiteren Verlauf der kosmischen Evolution gibt es verschiedene Theorien. Es wird für wahrscheinlich gehalten, dass der Kosmos sich immer weiter ausdehnt und dann irgendwann den „Wärmetod" stirbt – wenn alle Energie in Wärmestrahlung umgesetzt wurde, bliebe dann ein unendlich riesiges, leeres, dunkles und kaltes Universum zurück.

17

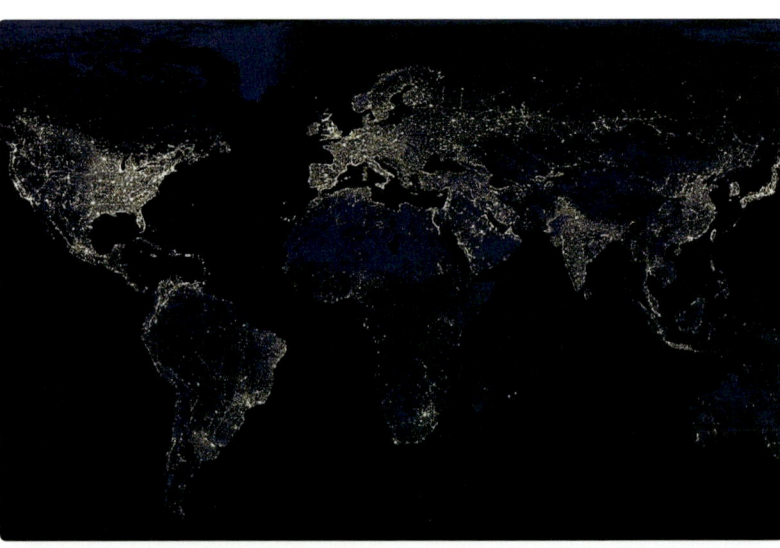

Abb. 170: Die Erde bei Nacht. Die Grafik wurde aus sehr vielen Satellitenaufnahmen der NASA zusammengestellt. Die beleuchteten Zonen lassen erahnen, wie hoch die Besiedlungsdichte der Erde heute schon ist.

DIE POSITIONEN IN DER FRAGE „SCHÖPFUNG ODER EVOLUTION?"

Der vorgestellte Abriss der Evolutionstheorie bezieht sich auf die vorherrschende Lehrmeinung unter heutigen Wissenschaftlern. Viele von ihnen versuchen, eine strikte Trennung von Religion und Wissenschaft durchzuhalten und wollen nicht in eine weltanschauliche Kategorie einsortiert werden. Es gibt viele fließende Übergänge und Schattierungen der einzelnen Anschauungen. Sie sollen im Folgenden nicht an den Namen führender Vertreter, sondern an wesentlichen inhaltlichen Merkmalen festgemacht werden. Diese sechs angeführten Richtungen können voneinander unterschieden werden:

• Dogmatischer Atheismus

Die Existenz Gottes wird bestritten. Das führt zu einem ausgeprägten Naturalismus (Naturgesetze dienen als universal gültige und einzig akzeptable Erklärungen) und Materialismus (sämtliche Vorgänge müssen in einer kausal geschlossenen Welt mit einer kalkulierbaren Energie-Materie-Bilanz gedacht werden, die ganze Wirklichkeit kann auf die Kräfte und Bedingungen der Materie zurückgeführt werden). Phänomene wie Leben und Bewusstsein werden z. T. als emergente Eigenschaften oder Epiphänomene der Materie gedeutet. Das heißt, dass sie zwar nicht von einer untergeordneten Ebene her erklärt werden können, aber bei einer genügend komplexen Struktur „von selbst" auftreten. Ein Beispiel: Weder die Atome und Moleküle des menschlichen Gehirns noch die einzelnen Nervenzellen haben ein Bewusstsein. Bewusstsein ist ein Phänomen, das erst auftritt, wenn in einem hochentwickelten Gehirn eine bestimmte Komplexitätsstufe erreicht wird. In Bezug auf die Evolutionstheorie können zwei Strömungen unterschieden werden. Die eine Strömung betrachtet die wesentlichen Fragen als gelöst, die andere hält die bisherigen Erklärungen für unzureichend und hofft auf neue Ansätze.

• Pragmatischer Agnostizismus

Der größte Teil heutiger Evolutionsforscher kann zu dieser Gruppe gerechnet werden. Der Agnostizismus kann mit dem Satz „Ich weiß, dass ich nichts weiß" charakterisiert werden. Der typische Agnostiker hält viele Erklärungen für möglich und legt sich nicht fest. Diese Haltung passt gut zu dem modernen Pluralismus (Nebeneinander verschiedener Denkrichtungen, weitgehend ohne Absolutheitsanspruch). Während der dogmatische Atheismus häufig mit „religiösem Eifer" vertreten wird, sind echte Agnostiker in der Schöpfung-Evolution-Debatte sehr gelassen. Sie akzeptieren die berechtigte Kritik an Evolutionstheorien, halten aber eine Verknüpfung von Religion und Naturwissenschaft für unzulässig und beanspruchen für die Wissenschaft die Rolle einer objektiven Instanz. Obwohl sie anerkennen, dass es keine absolute Erkenntnis gibt, halten sie als Wissenschaftler natürlich an der Möglichkeit der Erkenntnisgewinnung durch Wissenschaft prinzipiell fest (deswegen pragmatischer Agnostizismus).

• Intelligent Design (ID)

Die Vertreter des Intelligent Design weisen nachdrücklich darauf hin, dass in der Natur Indizien für intelligente Planung und zielgerichteten Aufbau erkennbar sind. Sie gehen über diese Auffassung nicht hinaus und verzichten ausdrücklich darauf, sich über die intelligente „Quelle" (den „Sender" im Informationsmodell) zu äußern. Sie hoffen, damit eine wissenschaftliche Auseinandersetzung ohne religiöse Verknüpfungen führen zu können. Von den „orthodoxen" Evolutionsvertretern wird diese Bewegung abgelehnt, weil sie argwöhnen, dass Gott ins Spiel gebracht werden soll, ohne beim Namen genannt zu werden. Viele Kreationisten halten den Ansatz des „ID" aus dem gleich Grund für unzureichend; ihnen geht es nicht nur darum, dass es einen intelligenten Urheber gibt, sondern es geht um die Anerkennung des biblisch bezeugten Schöpfergottes (trotzdem werden gute Argumente der ID-Bewegung gerne aufgegriffen). Diese Strömung ist relativ jung und gewann in den letzten Jahren (besonders in den USA) an Einfluss.

•Theistischer Evolutionismus

Unter diesem Begriff können alle Formen der Evolutionstheorien summiert werden, die zwar den Mechanismus der Evolution (oft als die „wissenschaftliche Seite" bezeichnet) gelten lassen, sich aber auf eine „göttliche Hand" berufen, die alle Vorgänge gelenkt hat. Eine besondere Form ist der Deismus, der sich auf die Vorstellung Gottes als ersten Beweger beschränkt (ihm zufolge soll Gott alles erschaffen haben und seitdem nicht mehr in Erscheinung treten). Vertreter des Theistischen Evolutionismus berufen sich nicht unbedingt auf die Bibel. Auch die Götter anderer Religionen oder der Pantheismus („Alles ist Gott", der Kosmos selbst ist etwas Göttliches mit innewohnender Intelligenz) kommen als „Lenker" in Frage.

• „Alte Erde Kreationismus"

Die Zeitangaben im biblischen Schöpfungsbericht und die biblische Chronologie werden mehr oder weniger stark an die „geologische Zeitskala" angepasst. Das geschieht entweder dadurch, dass die historische und wissenschaftliche Relevanz des Schöpfungsberichts bestritten wird (wobei man aber an der Bedeutung der „zentralen biblischen Botschaft" festhalten will), oder indem die Schöpfungstage als Erdzeitalter gedeutet werden. Die Unterscheidung zwischen sicheren „Heilstatsachen" und weniger sicheren historischen Tatsachen zieht die Glaubwürdigkeit der Bibel in historischen (und wissenschaftlichen) Belangen in Zweifel. Die Problempunkte der „Schöpfung-DURCH-Evolutions-Theorien" sind auf Seite 113 angeführt.

Nicht alle Vertreter einer alten Erde verbinden mit den langen Zeiträumen auch Evolutionsvorstellungen. In dieser Hinsicht nimmt die konservative Form der Lückentheorie eine Sonderstellung ein. Sie verbindet die Annahme eines hohen Erdalters mit einer jungen 6-Tage-Schöpfung (was nicht unproblematisch ist, siehe S. 28).

• „Junge Erde Kreationismus"

Der Schöpfungsbericht der Bibel wird (wie auch alle anderen Teile der Bibel) als historisch zuverlässig aufgefasst. Die biblische Urgeschichte (1Mo 1–11) überliefert Fakten, die prinzipiell mit den Erkenntnissen der Wissenschaften in Übereinstimmung gebracht werden können. Die Bibel wird „a priori" als Wahrheit anerkannt.

Dem wörtlichen Verständnis der Bibel liegt meist der Glaube an ihre „Verbalinspiration" zugrunde. Besonders der enge Zusammenhang zwischen den Ereignissen der Genesis und der biblischen Heilsgeschichte lassen andere Deutungsmöglichkeiten fragwürdig erscheinen. Der Autor vertritt in dem vorliegenden Buch diese Position.

17

Die Entwicklung des Evolutionsgedankens 18

Abb. 171: Der ägyptische Schöpfer-Gott Khnum formt Götter und Menschen auf einer Töpferscheibe.

D ie Frage nach dem „Woher?" beschäftigt die Menschheit schon lange. Die Antworten darauf fielen höchst verschieden aus. Abstammungs- und Entwicklungslehren gab es bereits im Altertum. Wie entwickelten sich die vorherrschenden Weltanschauungen in der Vergangenheit?

Entwicklungsvorstellungen gab es schon in der frühen Antike

Die Überlieferung der Schöpfungsgeschichte vermischte sich in den meisten Kulturen mit den aufkommenden Religionen und Götzenkulten und wurde dadurch zu einem Mythos.

Daneben begannen sich schon in der frühen Antike Vorstellungen von einer Entwicklung des Kosmos und der gemeinsamen Abstammung der Lebewesen herauszubilden.

Es ist gut nachzuvollziehen, dass jeder Versuch, die Herkunft des Lebens ohne Schöpfungshandeln zu erklären, zu einer Form von Abstammungs- und Entwicklungslehre führt. Schließlich entspricht es unserer Erfahrung und Beobachtung, dass komplizierte Dinge nicht plötzlich erscheinen, sondern sich entwickeln (wie sich die Pflanze aus dem Samen und das Tier aus dem Ei entwickelt).

Die griechischen Philosophen

Die frühen Entwicklungsmythen waren noch stark mit dem Handeln von Gottheiten verknüpft. Erst die Griechen begannen systematisch nach einem oder mehreren „Urprinzipien" zu suchen, mit deren Hilfe sie die Entwicklung von Kosmos und Leben ohne die Wirkung personaler Gottheiten erklären wollten. Ihre Entwürfe waren Versuche, allein mit dem Verstand (also noch ohne wissenschaftliche Experimente) eine möglichst einfache und schlüssige Erklärung für den Grund, das Wesen und den Ursprung aller Dinge zu finden.

Bei diesen antiken Philosophien handelte es sich noch nicht um Theorien im Sinn der heutigen Wissenschaft, sondern eher um Spekulationen über das Wesen der Welt. Obwohl uns manche ihrer Vorstellungen heute ziemlich befremdlich erscheinen, finden wir bei ihnen schon viele Gedanken, die später in der Evolutionslehre wieder aufgegriffen wurden.

Abb. 172: Thales von Milet.

18

Thales von Milet (624–546 v. Chr.):
Der Urstoff ist das Wasser. Wasser kann jede Gestalt annehmen. Alles bildet sich aus Wasser und verwandelt sich in einem Kreislauf. In allen Dingen wohnt das Göttliche. Es macht alle Dinge zu dem, was sie an sich sind.

Der Gedanke an einen ewigen Kreislauf (Zyklus) statt an eine einmalige Schöpfung klingt bei fast allen späteren griechischen Philosophen an. Ebenso steht die Suche nach dem Anfang (griech. arché), dem Urstoff oder Urprinzip, bei den meisten im Mittelpunkt ihrer Naturphilosophie.

Anaximander von Milet (610–546 v. Chr.):
Das Urprinzip ist das ‚Unbestimmte'. Die Tiere sind aus dem Feuchten, das unter der Einwirkung der Sonne verdunstet, hervorgegangen. Zuerst entstanden Fische. Später zerbrachen sie z. T. ihre Schalen, lebten an der Luft und wurden u. a. auch zu Menschen.

Hier wird schon die Vorstellung einer anfänglichen Entwicklung des Lebens durch Energiezufuhr im Wasser und der Ursprung des Menschen im Tierreich erwähnt. Auch die Zufälligkeit der Entwicklung wird angenommen.

Abb. 173: Anaximander von Milet.

Anaximenes von Milet (585–525 v. Chr.):

Der Urstoff ist die Luft. Verdichtet sie sich, wird sie erst zu Wasser, dann zu Stein. Verdünnt sie sich, wird sie zu Feuer. Alle Dinge bestehen aus Luft in diesen verschiedenen Formen.

Heraklit von Ephesus (535–470 v. Chr.):

Das ‚göttliche Feuer‘ ist das Urprinzip der Welt. Es ist das beständige göttliche Wirken, das alles Bestehende durchzieht, formt und verändert, selbst aber unveränderbar ist.

Empedokles von Agrigent (492–430 v. Chr.):

Alle Dinge entspringen aus vier Wurzeln: Feuer, Luft, Wasser und Erde. Sie unterscheiden sich durch ihre Zusammensetzung, ihre jeweiligen Anteile aus diesen Wurzeln. Zwei Kräfte wirken im Kosmos: Liebe und Hass. Die Liebe vermischt alle Elemente, bis sie völlig gleichmäßig verteilt sind. Dann kommt der Hass und trennt sie wieder. Dabei entstehen die verschiedenen Anteile (verschiedene Materie), die sich zu allen Objekten und Lebewesen formen. Der Hass wirkt aber dann weiter, bis alles wieder zerfällt und die vier Bestandteile am Ende in reiner Form vorliegen. Dann kommt die Liebe und vermischt alles wieder. Dieser Kreislauf wiederholt sich in alle Ewigkeit.

Diese Theorie wurde in verschiedenen Formen von den späteren griechischen Philosophen übernommen. Sie wurde durch Platon (428–347 v. Chr.) sehr populär (er sprach von vier „Elementen") und konnte erst im 17. Jahrhundert widerlegt werden.

Aristoteles (384–322 v. Chr.):

Seine Thesen können wie folgt zusammengefasst werden: *Alles besteht aus Stoff und Form. Ausgangsmaterial ist Stoff (Materie). Dieser Stoff hat die Möglichkeit, sich gegen einen inneren Widerstand zu bewegen, zu verändern, um ein bestimmtes Ziel (actus) zu erreichen. Gott (kein persönlicher Gott, sondern eher ein göttliches Prinzip) ist der Auslöser dieser Bewegung und zugleich ihr höchstes Ziel. Verschiedene Stufen können unterschieden werden. Stoff + Form (Leben) = Pflanze (lebender Stoff) + Form (sinnliche Seele) = Tiere (seelischer Stoff) + Stoff (Verstand) = Menschen. Darüber steht das Göttliche.*

Mit diesem „Formprinzip" wird praktisch ein Vorläufer der theistischen Evolutionstheorien postuliert. Aus der vorhandenen Materie soll durch göttliches Wirken eine Entwicklung in Gang gesetzt werden. Die Entwicklung strebt zum Höheren, Besseren und Göttlichen. Diese Lehre vertrug sich mit den erwähnten Abstammungsvorstellungen. Aristoteles vertrat auch die Ansicht: „Die Ahnen des Menschen sind aus den Fischen entstanden und vom Meer auf das Land gestiegen."

Die frühe Kirche

Als das Christentum sich ausbreitete, kam es zur Auseinandersetzung der christlichen Lehre mit der griechischen Philosophie. Einige der frühen Kirchenväter übernahmen Teile dieser Naturphilosophie und bauten sie in ihre Auslegung der Bibel ein. Dadurch wurde das einfache Verständnis des Schöpfungsberichts in der Christenheit schon sehr früh in Frage gestellt. Selbst Augustinus, der sich an die Bibel hielt und das Denken der abendländischen Kultur nachhaltig geprägt hat, war nicht frei von diesem Einfluss.

Augustinus von Hippo (354–430 n. Chr.):

Die biblische Offenbarung ist verbindlich. Der Schöpfer ist nicht Teil der Schöpfung und erschuf diese aus dem Nichts. Die Schöpfung war ursprünglich gut.

Abb. 174: Die „vier Elemente" Erde, Wasser, Luft und Feuer spielten bis ins Mittelalter eine Rolle bei den Theorien über die Natur des Kosmos.

Abb. 175: Der griechische Philosoph Aristoteles beeinflusste die Geistesgeschichte des Abendlandes nachhaltig.

18

Abb. 176: Kirchenvater Augustinus.

Abb. 177: Seit der Antike findet sich die Auffassung, dass alle Bestandteile des Kosmos in einer scala naturae („Stufenleiter der Natur"), nach zunehmender Vollkommenheit und Komplexität angeordnet werden können. Mit dem Erstarken der Entwicklungsvorstellungen in der Aufklärung wurde diese zunehmende Ordnung historisch gedeutet und als Abstammungsschema begriffen.

«ZITATE»

Man muss zu zweifeln verstehen, wo es notwendig ist, sich Gewissheit verschaffen, wo es notwendig ist, und sich unterwerfen, wo es notwendig ist. Wer nicht so handelt, missachtet die Kraft des Verstandes. Es gibt Menschen, die gegen diese drei Grundforderungen verstoßen, die entweder behaupten, alles sei beweisbar, weil sie nichts vom Beweisen verstehen, oder alles bezweifeln, weil sie nicht wissen, wo man sich unterwerfen muss, oder sich in allen Fällen unterwerfen, weil sie nicht wissen, wo man urteilen muss.

Blaise Pascal
Pensées. Über die Religion und über einige andere Gegenstände, Heidelberg 1978, Frgt. 268.

... indem wir Vernunftschlüsse zerstören und jede Höhe, die sich erhebt gegen die Erkenntnis Gottes, und jeden Gedanken gefangen nehmen unter den Gehorsam des Christus.

Paulus, Bibel, 2. Korinther 10,4.5

Mit diesen Aussagen grenzt er sich deutlich von allen griechischen Vorstellungen ab. In anderen Punkten greift er jedoch ihr Gedankengut auf und steht im Widerspruch zur Lehre der Bibel:

Die Schöpfung fand nicht in sechs Tagen, sondern augenblicklich statt. Am Anfang wurde formlose Materie (Urkeime) erschaffen, die sich dann zu allen Dingen entwickelte. Die gute ursprüngliche Schöpfung wurde vor dem Sündenfall als Folge des Falls Satans verwüstet [Lückentheorie].

Die Scholastik – Philosophie des Mittelalters

Dieses Eindringen der Philosophie in die Auslegung der Bibel bereitete eine folgenschwere Entwicklung vor. In der Folge bildete sich die philosophische Richtung der Scholastik heraus. Sie bestimmte das Denken der Gelehrten im Abendland bis ins 15. Jahrhundert. Auf der einen Seite hielt man an der biblischen Offenbarung als grundlegender Wahrheit unbedingt fest. Auf der anderen Seite betonte man den menschlichen Verstand. In der Früh-Scholastik (9.–12. Jh.) wurde die radikale These aufgestellt, der Verstand solle nicht länger dem Glauben untergeordnet sein. Man könne vielmehr mithilfe des Verstandes den Glauben erforschen und neue Wahrheiten entdecken (Anselm von Canterbury 1033–1109). Von dieser Vorrangstellung des Verstandes über den Glauben rückte man dann in der Hoch-Scholastik (12.–13. Jh.) wieder ab. Man betrachtete Glaube und Verstand als nebeneinander und nicht im Widerspruch zueinander stehend. Die beiden Bereiche sollten getrennte „Zuständigkeiten" haben.

Thomas von Aquino (1225–1274):
Der Mensch muss zwischen zwei Gebieten unterscheiden: dem Gebiet des Natürlichen, Sichtbaren, Erforschbaren (Natur) und dem Gebiet des Übernatürlichen, Unsichtbaren, Geistlich-Moralischen, durch Offenbarung und Glauben Erkannten (Gnade). In dem natürlichen Bereich ist der Mensch in der Lage, selbstständig Erkenntnis zu gewinnen, im Bereich des Glaubens ist er auf die Offenbarung Gottes angewiesen. Die Erkenntnis des Verstandes kann den Menschen nur näher zu Gott bringen, der ihm den Verstand dazu gegeben hat.

Es lag ganz sicher nicht in der Absicht des Thomas von Aquino, dass sein Ansatz zu der späteren radikalen Trennung von Wissenschaft und Glaube verwendet wurde. Er hielt daran fest, dass die beiden Bereiche sich nicht widersprechen können, sondern dass sie sich ergänzen. Leider führte dieses Denken aber dazu, der heidnischen Philosophie mit großer Anerkennung zu begegnen. Man ging davon aus, dass alle natürlichen Dinge ohne die Voraussetzung des christlichen Glaubens ebenso gut ergründet werden können. Gerade die Schöpfungslehre, bei der es um die Frage nach dem Ursprung des Natürlichen ging, wird seitdem in diesem Spannungsfeld zwischen „Natur und Gnade" oder „Glaube und Wissenschaft" gesehen.

In der Spät-Scholastik (14.–15. Jh.) kam es dann zur vollständigen Trennung der beiden Bereiche.

Wilhelm von Ockham (1285–1349):
Der Verstand kann uns Wissen über die erforschbare Welt vermitteln. Er ist aber begrenzt und kann keine Erkenntnis über Gott liefern. Diese kann nur durch Glauben und Offenbarung kommen.

Dieser Standpunkt wies den Verstand in seine Schranken. Fatal war es, dass die beiden Bereiche von nun an getrennt wahrgenommen wurden. Als später die Wissenschaft Bedeutung gewann, wurde der Bereich, den man dem Glauben vorbehielt, immer kleiner, bis er in der Aufklärung mehr und mehr verschwand.

18

Das Zeitalter der Aufklärung

Der Boden für die moderne Evolutionstheorie wurde durch die Philosophie der Aufklärung bereitet. Grundlage der Aufklärung war ein radikaler Umschwung des Denkens. Das geistige Klima des Abendlandes veränderte sich grundlegend. Die neue Strömung kann durch das berühmte „Cogito, ergo sum" charakterisiert werden.

René Descartes (1596–1650):

„Ich zweifle, also bin ich, oder was dasselbe ist, ich denke, also bin ich. Ich kann alles bezweifeln, aber nicht meine Existenz als denkendes Wesen. Alles, was klar und deutlich mit dem Verstand erkannt werden kann, ist wahr."

Während bis dahin Gott und sein Wort, die Bibel, als Grundlage und Ausgangspunkt dienten, nahm diesen Platz nun das menschliche Denken ein. Die Quelle menschlicher Erkenntnis ist hiernach die Ratio (Vernunft).

Es ist ein spannendes Thema, wie sich eine Vielzahl philosophischer Strömungen ausbildete, die zum größten Teil noch heute von Bedeutung sind. Es sprengt den Rahmen, auf Rousseau, Voltaire, Kant, Hegel usw. einzugehen.

Die Auffassung, dass Gottes Offenbarung für naturwissenschaftliche Fragen keine Bedeutung mehr habe, bestimmt heute das Denken der Wissenschaftler. In einem Briefwechsel schrieb ein Professor dem Autor zum Thema „Schöpfung oder Evolution?":

„Es geht hier um die Gegenüberstellung von rationaler Naturwissenschaft und subjektiver Weltanschauung. Beide haben ihre Berechtigung, solange sie sich auf ihre jeweiligen Domänen beschränken. Der Fisch kann an Land nicht überleben, und der Löwe stirbt im Wasser. Ich kann Ihnen nur raten, Naturwissenschaft und Religion sorgsam zu trennen!"

Die Evolutionstheorie, wie wir sie kennen, kam erst ab dem 17. Jahrhundert auf und ist heute untrennbar mit dem Namen des englischen Naturforschers Charles Darwin verknüpft.

Darwin war weder der einzige noch der erste Wissenschaftler, der Vorstellungen von einer evolutionären Stammesgeschichte der Lebewesen hatte. Nahezu alle Bestandteile seiner Theorie finden sich schon bei seinen Vorläufern und Zeitgenossen.

Darwin kannte die Arbeiten seiner Kollegen und zitiert sie in seinem Werk *Über die Entstehung der Arten durch natürliche Zuchtwahl*. Sein Beitrag war es, aus diesen Ansätzen eine umfassende Theorie zu formulieren und diese durch Beobachtungen in der Natur zu belegen.

WEG ZUM EVOLUTIONSGEDANKEN

Geistiges Klima
Evolutionistische Entwürfe von Philosophien

Fortschrittsdenken in Wirtschaft und Gesellschaft

→ Durchbruch des Evolutionsgedankens

Neue Erkenntnisse
(einseitige) Deutung von zahlreichen naturwissenschaftlichen Daten

Selektion als Veränderungsmechansimus

Abb. 178: Mehrere Faktoren spielten beim Durchbruch des Evolutionsgedankens eine Rolle (nach Junker/Scherer).

WEGBEREITER DER EVOLUTIONSTHEORIE UND IHRE THESEN

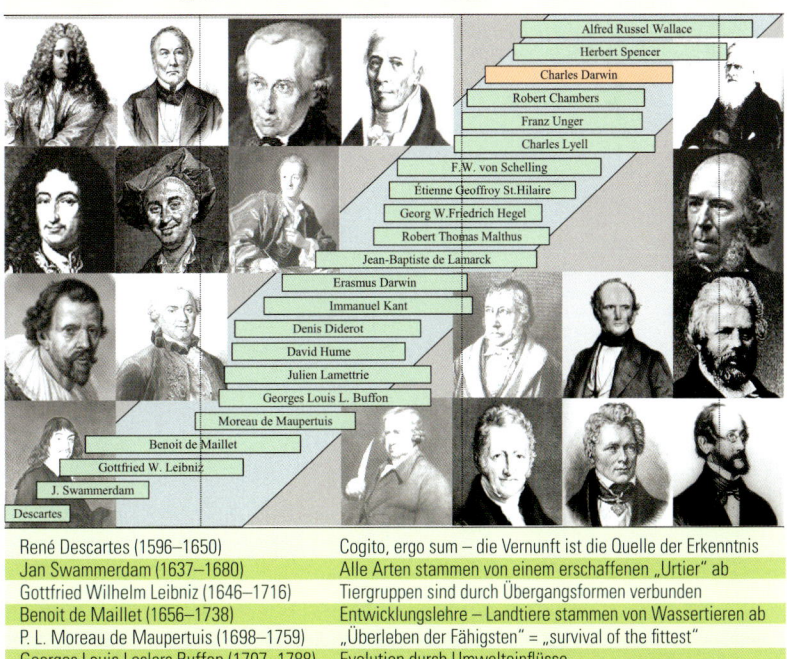

	1700	1800	1900

René Descartes (1596–1650)	Cogito, ergo sum – die Vernunft ist die Quelle der Erkenntnis
Jan Swammerdam (1637–1680)	Alle Arten stammen von einem erschaffenen „Urtier" ab
Gottfried Wilhelm Leibniz (1646–1716)	Tiergruppen sind durch Übergangsformen verbunden
Benoit de Maillet (1656–1738)	Entwicklungslehre – Landtiere stammen von Wassertieren ab
P. L. Moreau de Maupertuis (1698–1759)	„Überleben der Fähigsten" = „survival of the fittest"
Georges Louis Leclerc Buffon (1707–1788)	Evolution durch Umwelteinflüsse
Julien Lamettrie (1709–1788)	Mensch und Tier sind sich im Wesentlichen gleich
David Hume (1711–1776)	Empirismus – nur was zu beobachten und zu messen ist, zählt
Denis Diderot (1713–1784)	Prinzip der natürlichen Auslese
Immanuel Kant (1724–1804)	höhere Organismen können aus einfachen entstehen
Erasmus Darwin (1731–1802)	Darwins Großvater – Evolution durch Umwelteinflüsse
Jean-Baptiste de Lamarck (1744–1829)	Lebewesen entwickeln sich höher, Evolution durch Anpassung
Robert Thomas Malthus (1766–1834)	regte Darwin und Wallace an
Georg W. Friedrich Hegel (1770–1831)	Wahrheit ist nicht absolut, sondern entwickelt sich evolutionär
Étienne Geoffroy St.-Hilaire (1772–1844)	Evolution durch direkte Umwelteinflüsse
F. W. von Schelling (1775–1854)	Entwicklungsvorstellungen
Charles Lyell (1797–1875)	Uniformitarismus in der Geologie
Franz Unger (1800–1870)	alle Pflanzen stammen von Meerespflanzen ab
Robert Chambers (1802–1871)	natürlicher Evolutionsprozess
Charles Darwin (1809–1882)	**ausführliche Evolutionstheorie**
Herbert Spencer (1820–1903)	verwendete zuerst den Begriff „Evolution"
Alfred Russel Wallace (1823–1913)	entwickelte seine Selektionstheorie zeitgleich mit Darwin

Abb. 179: In dieser Zeitleiste sind einige Gelehrte eingetragen, die bereits Elemente der Evolutionstheorie oder ihres philosophischen Hintergrundes vertraten, bevor sie durch Darwin allgemeine Popularität erlangte.

18

«DENKANSTÖSSE»

Des Kaisers neue Kleider

Dem dänischen Autor Hans Christian Andersen (1805–1875) verdanken wir das tiefsinnige Märchen „Des Kaisers neue Kleider". Es handelt von einem eitlen Kaiser, der von zwei betrügerischen Schneidern hereingelegt wird. Die beiden behaupten, die feinsten Gewänder herstellen zu können, die darüber hinaus die wundersame Eigenschaft haben, nur von demjenigen gesehen werden zu können, der intelligent und tüchtig in seinem Amt ist. Nur Dumme und Unfähige seien nicht in der Lage, die Kleider zu sehen. Sie machen sich mit Eifer an die Arbeit. Der König schickt einen Beamten nach dem anderen, um sich vom Stand der Arbeit unterrichten zu lassen, alle berichten ihm begeistert. Als er das Werk schließlich selbst begutachten will, erschrickt er furchtbar, denn zu sehen ist nichts. Kein Wunder, denn die Schneider weben nur „heiße Luft". Niemand kann etwas von den Kleidern sehen, denn es gibt nichts zu sehen. Aber niemand lässt sich etwas anmerken, auch der Kaiser lobt die „Prachtgewänder" überschwänglich und belohnt die Betrüger fürstlich. Als der große Tag kommt, wo die neue Garderobe dem Volk vorgestellt werden soll, hat sich längst herumgesprochen, was es mit den Kleidern für eine Bewandtnis hat. Das Volk ist ebenfalls begeistert und bejubelt des Kaisers neue Kleider. Der Enthusiasmus hält an, bis ein Kind durchdringend ruft: „Aber er hat ja gar nichts an!" Das Wort geht flüsternd von Mund zu Mund, bis schließlich das ganze Volk brüllt: „Aber er hat ja gar nichts an!"; daraufhin flüchtet der entblößte Kaiser zurück in seinen Palast (eine ausführliche Version des Märchens ist auf der DVD abgelegt).

Und die Moral von der Geschicht' …

Das Märchen weist auf eine Problematik hin, die auch im Bereich der Wissenschaft eine nicht unwesentliche Rolle spielt. Kein Mensch steht gerne als Dummkopf da oder als jemand, dem zu seinem Beruf die nötige Qualifikation und Kompetenz fehlt.

In jeder Disziplin der Wissenschaft gibt es innerhalb der „scientific community" (Gesamtheit der aktiven Wissenschaftler, die miteinander im Austausch stehen) einen „Mainstream". Das ist die vorherrschende Meinung und Weltanschauung, der die große Mehrheit zustimmt. Grundlage dafür ist der aktuelle Erkenntnisstand, der als „gesichertes Wissen" angesehen wird.

Jemand, der Forschungsergebnisse präsentieren möchte, die sich in dieses anerkannte Schema nicht einordnen lassen, hat einen schweren Stand. Obwohl nicht zu bestreiten ist, dass alle Wissenschaften sich im permanenten Fluss befinden und es in der Vergangenheit vielfach zu tiefgreifenden Änderungen und Verwerfungen der vorherrschenden Sicht der Dinge kam, setzen sich grundlegend neue Betrachtungsweisen heute immer noch genauso schwer durch wie früher.

Heute ist die Weltsicht der allgemeinen Evolution ein anerkanntes Paradigma aller Naturwissenschaften. Ein starrer und zementierter Denkrahmen birgt die Gefahr, dass Fakten und Beobachtungen, die nicht hineinpassen, ausgeblendet und ignoriert werden. Es ist durchaus möglich, dass ein Wissenschaftler, der in seinem Fachgebiet deutliche Indizien gegen die Evolutionstheorie feststellt, den Eindruck bekommt, die offensichtliche Tatsache der Evolution als Einziger nicht nachvollziehen zu können. Da der Rest der scientific community anscheinend von deren Richtigkeit überzeugt ist, wird er sehr vorsichtig damit sein, Zweifel daran zu äußern. Auf diese Weise kann eine ähnliche Situation wie in dem angeführten Märchen entstehen.

Die Suche nach dem Ei des Kolumbus

Als Christoph Kolumbus 1493 von seiner ersten Reise nach Amerika, der berühmten (Wieder-)Entdeckung der „Neuen Welt", zurückgekehrt war, wurde er von Kardinal Mendoza zu einem festlichen Gastmahl geladen. In der Tischgesellschaft wurde die Ansicht geäußert, seine Entdeckung sei eigentlich gar nicht so außergewöhnlich gewesen. Man hätte halt nur schon früher daran denken müssen, diese Reise durchzuführen. Daraufhin nahm Kolumbus ein Ei in die Hand und fragte die übrigen Gäste, wer es wohl fertig

Abb. 180: „Des Kaisers neue Kleider". Die Bilder stammen aus einer Vorführung des Märchens auf der Freilichtbühne Zons.
    Auf den beiden oberen Bildern ist zu sehen, wie die Betrüger an leeren Webstühlen arbeiten und dem Kaiser die nicht vorhandenen Stoffe vorstellen. Auf dem unteren Bild präsentiert sich der Kaiser seinem Volk – in Unterwäsche.

«ZITAT»

Nichts in der Biologie ergibt einen Sinn, außer im Licht der Evolution.

Theodosius Dobzhanski

Im Original: „Nothing in Biology makes sense except in the light of evolution." American Biology Teacher 35, 1973, 125-129

18

«KOMPAKT»

Der Abstammungsgedanke lässt sich bis ins Altertum zurückverfolgen, wo er noch fast ausschließlich auf philosophischer Spekulation beruhte. In der Neuzeit verhalf die materialistische Weltanschauung der Evolutionstheorie Darwins zum Durchbruch.

«DENKANSTÖSSE»

brächte, das Ei auf einem der beiden Enden aufzustellen. Als dies keinem der Gäste gelang, nahm er das Ei und drückte es durch leichtes Aufschlagen auf die Tischplatte leicht ein, sodass es stand.

So lautet die Anekdote, durch die das „Ei des Kolumbus" zum geflügelten Wort wurde. Wir bezeichnen damit heute eine einfache Lösung für ein unlösbar scheinendes Problem. So eine einfache und eindeutige Lösung wäre auch in der Auseinandersetzung zwischen Evolutionstheorie und Schöpfungslehre wünschenswert. Im Englischen spricht man von einem „One-blow-Argument". Dieser Ausdruck bezeichnet die Idealvorstellung, dass mit einem einzelnen wissenschaftlichen Argument, einem bestimmten Faktum, einem eindeutigen und unanfechtbaren Sachverhalt das ganze Gedankengebäude einer der beiden Auffassungen „in die Luft gejagt" (engl. to blow up) werden kann. Damit wäre die Kontroverse dann endgültig entschieden.

Verschiedene Argumente sind in der Vergangenheit schon als „entscheidender Schlag" gehandelt worden. Es ist von vornherein klar, dass er auf einer ganz grundsätzlichen Ebene treffen müsste. Argumente, die nur einen bestimmten Aspekt der Evolutionstheorie in Frage stellen, greifen für diesen Anspruch zu kurz.

Würden zum Beispiel Funde gemacht, die das Zusammenleben von Menschen und Sauriern unbestreitbar belegten, würden diese sensationellen Entdeckungen sicher zu einem großen Umbruch in der Paläontologie und Geologie führen. Die Evolutionstheorie könnten sie aber nicht zu Fall bringen; das wurde in der Vergangenheit mehrfach deutlich wie z. B. beim Problem der fehlenden Übergangsformen („missing links", S. 145) im Fossilbericht. Darwin sah darin einen Test für seine Theorie. Obwohl die erwarteten Funde weitgehend ausblieben, die Theorie Darwins diesen Test also kaum bestand, wurde sie dennoch nicht in Frage gestellt.

Der Versuch, die Evolutionstheorie mithilfe eindeutiger Naturgesetze zu widerlegen, ist oft unternommen worden. Obwohl deutliche Widersprüche zwischen den Postulaten der Evolutionstheorie und den allgemein anerkannten Naturgesetzen nachgewiesen wurden (z. B. zur Informationstheorie und auch zu den Gesetzen der Thermodynamik – siehe Kap. 21 –), wurde sie deswegen nicht verworfen.

Drei wesentliche Gründe stellen die Hoffnung auf eine eindeutige Entscheidung in Frage:

- **Theorien sind plastisch und flexibel.** Wo die Wissenschaft an Grenzen stößt, können nicht überprüfbare Hypothesen eingebaut werden. (So kann z. B. die Lebensentstehung an einem anderen Ort im Universum vermutet werden, wenn sich herausstellt, dass sie auf der Erde nicht möglich gewesen war – siehe Abb. 197).

  Man unterscheidet zudem zwischen dem „harten Kern" einer Theorie („Tatsache der Evolution") und der weicheren Schale (Theorien und Modelle zu den Evolutionsmechanismen).

- **Die Faktenlage kann sich noch gravierend ändern.** Wer sagt uns, dass nicht völlig neue Erkenntnisse über die Natur des physikalischen Kosmos irgendwann alle gesuchten Antworten liefern und die für undenkbar gehaltenen Vorgänge plausibel machen?

- **Ursprungstheorien sind „A-priori-Konzepte".** Letztendlich bestimmt die weltanschauliche Voreinstellung, was man glaubt. Dieser letzte Punkt ist der entscheidende. Es geht bei der Auseinandersetzung zwischen Schöpfungslehre und Evolutionstheorie nur vordergründig um die Gegenüberstellung wissenschaftlicher Modelle. Im Kern der Sache stehen sich hier zwei Weltanschauungen gegenüber.

Es bleibt noch zu sagen, dass die aufgeführten Punkte für beide Weltanschauungen gleichermaßen gelten. Der Glaube an die Schöpfung kann durch naturwissenschaftliche Argumente ebenso wenig zu Fall gebracht werden wie der Glaube an die Evolution (das gilt jedenfalls in Bezug auf das vorherrschende Weltbild, in Bezug auf den persönlichen Glauben eines Einzelnen kann das jedoch zutreffen).

Abb. 181: Die Geschichte vom „Ei des Kolumbus" hat viele Künstler inspiriert. Dieses Gemälde stammt von William Hogarth.

Abb. 182: An mehreren Orten wird durch „Kolumbus-Eier" an die beschriebene Begebenheit erinnert. Hier abgebildet sind die Skulpturen aus St. Antoni de Portmany, Ibiza (oben) und Sevilla (unten).

18

«DVD»

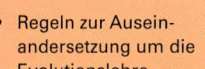

- Regeln zur Auseinandersetzung um die Evolutionslehre
- Die richtigen Argumente gegen Evolution einsetzen
- Anti-Kreationismus aktuell
- Die vier Arten von Evolutionsbeweisen
- Evolutionstheorien im Wandel: ein „wissenschaftstheoretischer Nachschlag"
- Thomas von Aquino
- Des Kaisers neue Kleider
- Nur Sinn im Licht der Evolution?

Charles Darwin

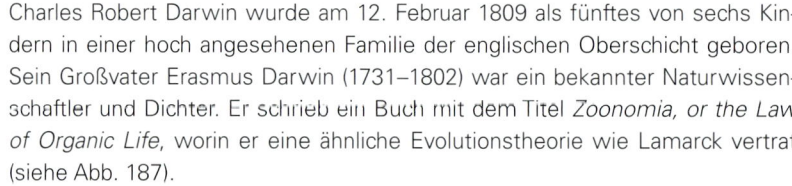

Er ist der Begründer der modernen Evolutionstheorie. Wer war Charles Darwin und was lehrte er?

Wer war Charles Darwin?

Charles Robert Darwin wurde am 12. Februar 1809 als fünftes von sechs Kindern in einer hoch angesehenen Familie der englischen Oberschicht geboren. Sein Großvater Erasmus Darwin (1731–1802) war ein bekannter Naturwissenschaftler und Dichter. Er schrieb ein Buch mit dem Titel *Zoonomia, or the Law of Organic Life*, worin er eine ähnliche Evolutionstheorie wie Lamarck vertrat (siehe Abb. 187).

Auf Wunsch seines Vaters begann Charles 1825 in Edinburgh ein Medizinstudium, das er aber nach zwei Jahren abbrach. Sein Vater machte sich Sorgen, dass aus Charles nichts werden würde, und schrieb ihn in Cambridge zum Theologiestudium ein. Sein Sohn sollte Pfarrer werden. Er beendete sein Studium 1831 frühzeitig (mit dem Grad des Bachelors), weil er inzwischen ganz andere Interessen entdeckt hatte. Die Naturwissenschaften, die in dieser Zeit einen enormen Aufschwung erlebten, begeisterten ihn. Über einen befreundeten Botanikprofessor wurde er Begleiter von Kapitän Fitzroy der mit der H.M.S. Beagle fünf Jahre lang zu Vermessungszwecken um die ganze Erde reiste. Bei längeren Aufenthalten an den Küsten konnte Darwin umfangreiche, naturkundliche Forschungen betreiben.

Nach der Reise arbeitete er seine gesammelten Funde und Daten sorgfältig auf. Über 20 Jahre betrieb er weitere Forschung und Studien, bis er sein weltbekanntes Werk zum großen Thema der „Evolution durch natürliche Selektion" veröffentlichte.

Charles heiratete 1839 seine Cousine Emma Wedgwood. Sie war eine gläubige Frau, die darunter litt, dass er seinen Glauben immer mehr verlor, je mehr er sich in seine Theorie vertiefte, die der biblischen Lehre widersprach. Darwin starb am 19. April 1882 im Alter von 73 Jahren in völligem Unglauben. Er wurde in der Westminster Abbey bestattet, was eine hohe Ehre ist.

Mit seinen Veröffentlichungen hat er dem Evolutionsgedanken zum Durchbruch verholfen. Dafür wird er heute noch in hohen Ehren gehalten. Seit dem Jahr 2000 wird sein Portrait sogar auf die britischen 10-Pfund-Noten gedruckt.

Aus dieser Familie sind viele geniale Wissenschaftler hervorgegangen. Charles' Vetter Francis Galton (1822–1911) arbeitete an einer Vererbungslehre. Er ist außerdem der Erfinder des Fingerabdrucks (womit man eine Person eindeutig identifizieren kann). Charles und Emma hatten 10 Kinder, von denen drei sehr früh starben. George Howard Darwin (1845–1912) wurde ein berühmter Astronom (siehe Theorie zur Entstehung des Mondes, S. 174). Dessen Sohn (also ein Enkel von Charles), Charles Galton Darwin (1887–1962), war ein weltberühmter Physiker. Er leitete während des zweiten Weltkriegs die britische Atombombenforschung.

Abb. 183: Erasmus Darwin, der Großvater von Charles Darwin, mit seiner Frau. Er war Arzt, Naturforscher und Dichter. Durch Fossilienfunde von ausgestorbenen Tieren wurde er zu einer Theorie angeregt, wonach sich alles Leben auf der Erde aus mikroskopisch kleinen Muscheln entwickelt habe.

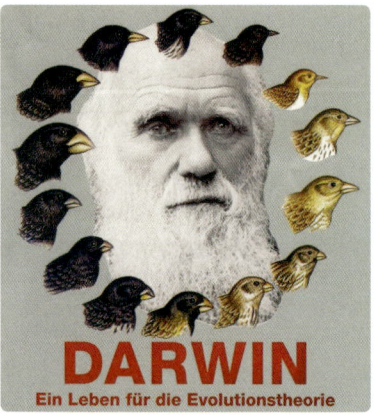

Abb. 184: Wie auf diesem Plakat dargestellt, gehören Evolutionstheorie, Darwin und die „Darwin-Finken" untrennbar zusammen. Die Finken spielten aber bei der Entwicklung der Theorie zunächst keine Rolle. Sie eignen sich auch nicht als Beispiel für (Makro)-Evolution.

Was beobachtete Darwin?

Darwin machte auf seiner Weltreise mit der Beagle (1831–1836) viele interessante Beobachtungen. Damit belegte er drei allgemeine Prinzipien, die das Fundament seiner „Selektionstheorie" (der Begriff *Evolution* wurde erst später dafür verwendet) bilden:

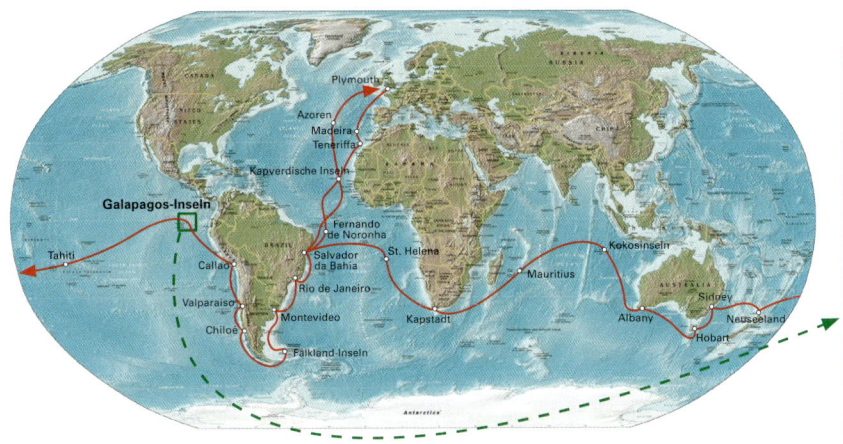
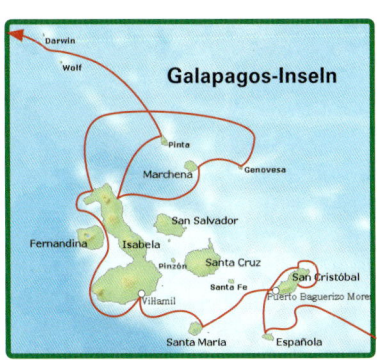

1. Es gibt unter Lebewesen der gleichen Art innerhalb einer abgeschlossenen Gruppe gewisse Unterschiede zwischen den einzelnen Tieren (→ Variabilität der Lebewesen).
2. Die Tiere bekommen mehr Nachwuchs, als für eine gleichbleibende Gesamtzahl nötig wäre (→ Überproduktion von Nachkommen).
3. Nicht alle Tiere überleben, sondern vorzugsweise diejenigen, die die Herausforderungen des Lebens am besten meistern (→ „survival of the fittest").

Mit diesen Beobachtungen begründete er seine Theorie: Unter allen Lebewesen findet eine natürliche Auslese (→ Selektion) statt. Diese Auslese führt zu immer vorteilhafteren Organismen und schließlich zu völlig neuen Lebensformen.

Die Art und Weise, wie Darwin zu seinen Erkenntnissen gelangte, wird leider häufig falsch dargestellt. Durch seinen Großvater (s.o.) war er mit der Vorstellung von der Veränderlichkeit der Arten und der Selektion bereits sehr vertraut. Die „Darwin-Finken" spielten bei der Ausarbeitung seiner Theorie zunächst keine Rolle und werden in seinem Buch nicht erwähnt. Darwin war die Verschiedenheit der von ihm gesammelten Finkenarten nicht aufgefallen. Erst der Tiermaler John Gould, dem er die Bälge (so nennt man präparierte Vögel) übergab, machte ihn darauf aufmerksam.

Abb. 185: Darwins Weltreise (1831–1836) auf dem Forschungsschiff Beagle führte ihn zu den Galapagos-Inseln im Pazifik. Er war beeindruckt von der exotischen Tier- und Pflanzenwelt und legte umfangreiche Sammlungen an. Dabei fiel ihm besonders auf, dass sich die Arten auf jeder dieser Vulkaninseln voneinander unterschieden. Durch diesen Befund wurde er darin bestätigt, die Lehre von der Konstanz der Arten vollständig zu verwerfen.

Die Lehre von der Konstanz der Arten

Darwin wurde gelehrt, dass alle Tierarten, die wir heute beobachten, sich nicht verändern und so aussehen, wie Gott sie geschaffen hat. Dieses Dogma nennt man die Lehre von der Konstanz (= Unveränderlichkeit) der Arten. Es wurde mit der Bibel begründet, und Darwin glaubte zunächst daran.

Allerdings erwies sich diese Vorstellung als falsch. Viele seiner Zeitgenossen hatten schon erkannt, dass diese Lehre nicht stimmen konnte. Was sprach dagegen?

- **die Vergleichende Anatomie/Taxonomie**
  Seit der schwedische Forscher Linné damit anfing, die Tiere systematisch zu vergleichen und zu ordnen, wurde die ungeheure Vielfalt der Arten und auch die große Schwankungsbreite von Merkmalen innerhalb einer Art klar.
- **die Tierzüchtungen**
  Mit dem Beginn der modernen Züchtung von Tieren hatte man einen direkten Beweis dafür, wie stark Arten verändert werden konnten.
- **die Fossilien**
  Fossilien wurden systematisch gesammelt, beschrieben und verglichen. Viele Tiere sahen anders aus als die heutigen Arten.

Auf seiner Forschungsreise verwarf Darwin die Lehre von der Konstanz der Arten. Seine eigenen Beobachtungen hatten dieses Konzept widerlegt. Er fiel stattdessen ins andere Extrem und lehrte von da an eine beliebige Veränderlichkeit der Arten.

Abb. 186: Die Kirche (und auch viele Gelehrte) vertraten zur Zeit Darwins noch das Dogma von der „Konstanz der Arten". Die Tier- und Pflanzenarten hätten sich demnach seit ihrer Erschaffung nicht verändert und sähen heute noch so aus wie in der Schöpfungswoche.

19

LAMARCKS THEORIE

Abb. 187: Die Lehre von Jean-Baptiste de Lamarck besagt, dass Körperteile durch ständigen Gebrauch immer stärker ausgeprägt werden bzw. durch Nichtgebrauch verkümmern. Diese Veränderungen seien dann an die Nachkommen weitergegeben worden. So hätten die Giraffen nach vielen Generationen einen sehr langen Hals bekommen, weil sie sich immer nach den hohen Blättern ausstreckten.

Darwin war diese Lehre bekannt. Er erklärte mit seiner Selektionstheorie die Veränderung der Arten anders, hatte aber teilweise auch lamarckistische Vorstellungen.

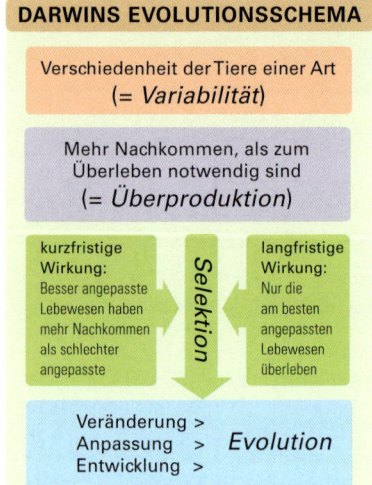

Abb. 188: Darwin beobachtete die Verschiedenheit (Variabilität) unter den Lebewesen einer Art. Er hatte aber noch keine genaue Vorstellung, woher diese kamen und wie sie an die Nachkommen weitervererbt werden konnten. Im Prinzip ist sein Schema der Selektionstheorie heute noch gültig. Es wurde später, als man die Bedeutung von Mutationen erkannte, erweitert.

Abb. 189: So sieht ein modernes Schema zur „Synthetischen Evolutionstheorie" aus. Um überhaupt dauerhafte, d. h. vererbbare, genetisch festgelegte Veränderungen in einer Gruppe von Tieren einer Art (= Population) zu erhalten, sind Veränderungen an der vorhandenen Erbinformation (= Mutationen) nötig.

Veränderungen werden nicht nur durch die natürliche Selektion ausgelesen, sondern gehen genauso zufällig durch Gendrift wieder verloren, wie sie aufgekommen waren (wenn sie für ihren Träger nur wenig Einfluss auf die Fitness, die Überlebensfähigkeit, haben).

19

Der Ursprung der Arten

In seinem Buch über den Ursprung der Arten (1859 erschienen) geht Darwin so weit, alle Unterschiede in Bau und Funktion von Tieren und Pflanzen mit dem Prinzip der natürlichen Selektion zu erklären.

Heute wird immer klarer, dass diese Extrapolation auf eine allgemeine Evolution aller Lebewesen nicht zulässig war. Darwin wusste noch nicht, wie die Vererbung funktioniert und woher die Unterschiede zwischen den Lebewesen kommen. Er nahm an, dass erworbene Eigenschaften von den Eltern an die Nachkommen vererbt werden, und spekulierte über „Gemmulae" – irgendwelche Informationsträger –, durch die die Information über eine erworbene Anpassung in die Keimzellen transportiert und so an die Nachkommen weitergegeben wird. Haeckel vertrat später in Deutschland dieselbe Ansicht. Bei ihm hießen die geheimnisvollen Botenstoffe „Plastidule".

Als die Forscher, anfangend mit Gregor Mendel, den Mechanismus der Vererbung und die Funktionen der Genetik entdeckten, zog das Darwins Theorie den Boden unter den Füßen weg. Die allgemeine Akzeptanz der Theorie war aber zu der Zeit schon so groß, dass sie den neuen Erkenntnissen einfach angepasst wurde. Von nun an spielten Mutation, Rekombination und andere Evolutionsfaktoren (Isolation, Gendrift, Gentransfer) eine wichtige Rolle. Um dieses Update von der ursprünglichen Version der Abstammungslehre zu unterscheiden, spricht man von der „Synthetischen Evolutionstheorie".

Die „Synthetische Evolutionstheorie" – ein Update für den Darwinismus

Mendel hatte seine Vererbungslehre zwar schon im Jahr 1865 veröffentlicht, sie wurde aber bis zum Beginn des 20. Jahrhunderts ignoriert. In der Folge wurde deutlich, dass jede bleibende Veränderung der Erbinformation auf Mutationen zurückgeht. Bei allen höheren Tieren und Pflanzen muss die Mutation in den Keimzellen auftreten, um an die Nachkommen weitervererbt zu werden. Die Keimzellen sind bei allen Lebewesen bestmöglich gegen Mutationen geschützt.

Mit der zunehmenden Kenntnis der Wirkungsweise von Mutationen wurde diese neue Sicht vom Erwerb und der Vererbung neuer Eigenschaften mit Darwins Theorie zur „Synthetischen Evolutionstheorie" zusammengeführt. In diese Theorie werden alle bekannten Evolutionsfaktoren miteinbezogen. Nicht mehr das Individuum (ein einzelnes Lebewesen), sondern die Population (eine Gruppe von Lebewesen, die sich untereinander fortpflanzt) wird als Evolutions-Einheit gesehen.

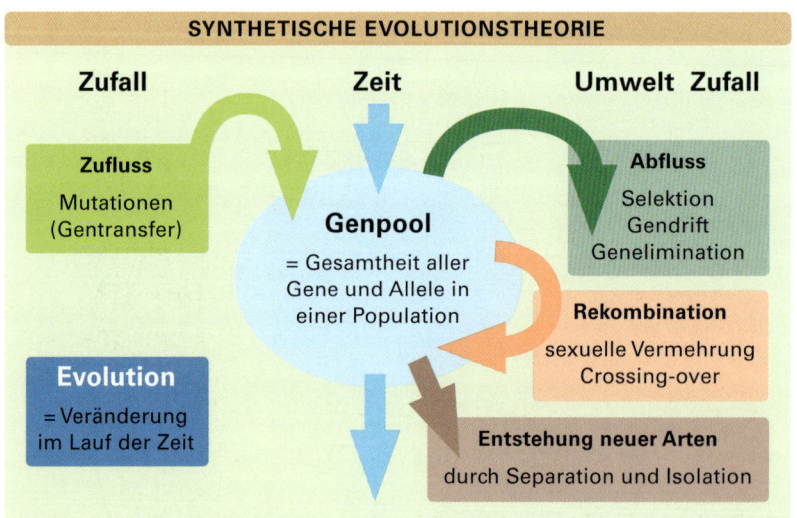

Was bedeutet der Begriff „Evolution"?

„Evolution" im eigentlichen Sinn des Wortes bedeutet so viel wie „Hervorwälzung"; das lateinische Wort *evolutio* bedeutet das Auswickeln oder Aufschlagen (eines Buches). Und genau das ist es, was wir in der Natur beobachten und belegen können. Vorhandene Information entfaltet und verändert sich. Alle Lebewesen haben die Fähigkeit, sich der Umwelt anzupassen, indem sie sich mit ihren genetischen Möglichkeiten innerhalb gewisser Grenzen verändern. Hierbei entsteht nichts grundsätzlich Neues. Um diese Form von Evolution gegen den modernen Evolutionsbegriff abzugrenzen, sprechen wir im Folgenden von Mikroevolution, also einer Evolution im Kleinen, genauer: einer Evolution auf der Basis bereits vorhandener lebendiger Konstruktionen.

Der Begriff *Evolution* steht heute jedoch für die Auffassung, dass die Herkunft aller Dinge naturalistisch erklärbar sei. Wir sprechen von einer kosmischen Evolution – der Entwicklung der Materie und des Weltalls; von einer chemischen (oder präbiotischen) Evolution – der Entstehung des Lebens aus chemischen Verbindungen; von einer biologischen Evolution – der gemeinsamen Abstammung aller Lebewesen aus der ersten Urzelle; und sogar von einer kulturellen Evolution – der Entstehung und Entwicklung von Kultur und Religion des Menschen.

Die Wissenschaft hat festgestellt …

Wenn man die Evolutionstheorie auch wissenschaftlich kritisieren kann, so kann sie doch durch keine Kritik widerlegt werden. Warum nicht?

Viele Wissenschaftler machen einen Unterschied zwischen der „Tatsache der Evolution" und den verschiedenen „Evolutionstheorien". Das bedeutet im Klartext: Möglicherweise gibt es nach dem heutigen Stand der Wissenschaft noch große Kenntnislücken oder gar Irrtümer darüber, *wie* die Evolution tatsächlich abgelaufen ist, aber es besteht für die meisten Wissenschaftler heute nicht der geringste Zweifel daran, *dass* sie stattgefunden hat. Die Kritik kann sich aber immer nur auf bestimmte einzelne Evolutionshypothesen beziehen. So sehr man die einzelnen Bestandteile der Theorie auch in Frage stellen kann, man wird nie ausschließen können, dass neue Erkenntnisse der Wissenschaft diese Einwände durch neue Theorien entkräften können.

Es ist nichts dagegen einzuwenden, wenn Wissenschaftler mit der Evolutionsforschung versuchen, die Herkunft aller Dinge zu erklären, ohne sich dabei auf die Offenbarung Gottes in der Bibel zu berufen. Es ist jedoch nicht in Ordnung, das Ergebnis dieser Bemühungen als bewiesene Tatsache darzustellen.

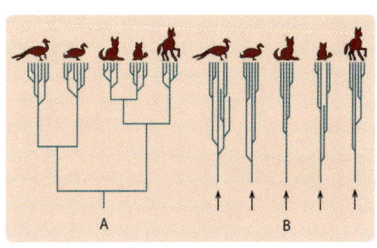

Abb. 190: Es kann gar nicht genug darauf hingewiesen werden: Grundsätzlich ist Darwins Theorie nicht falsch. Selektion findet statt, und auch Evolution findet statt. Tier- und Pflanzenarten können sich verändern und verändern sich auch tatsächlich.

Der Unterschied liegt in der Reichweite dieser Vorgänge. Für die Veränderungen gibt es feste Grenzen. Die erschaffenen Arten bleiben unter sich. Es gibt keine beliebige Verwandlung. Es entsteht keine neue Information, auch können keine neuen Baupläne entstehen. Nach den Vorstellungen der Evolutionslehre stammen dagegen alle Lebewesen von andersartigen Vorläufern ab (aus Junker/Scherer, 2013).

«Themen-DVD»

- Starb Darwin als Christ?
- Behebt die molekulare Entwicklungsgenetik die Schwächen der Evolutionären Synthese?
- Weshalb ist der Giraffenhals so lang?
- Was nun - Mr. Darwin?

«KOMPAKT»

Charles Darwin verhalf der Evolutionstheorie zum Durchbruch. Seine Selektionstheorie belegte er mit umfangreichen Beobachtungen. Indem er sie auf die Entstehung aller Lebewesen einschließlich des Menschen aus einem gemeinsamen Vorfahren ausweitete, verließ er aber den Bereich dessen, was er belegen konnte.

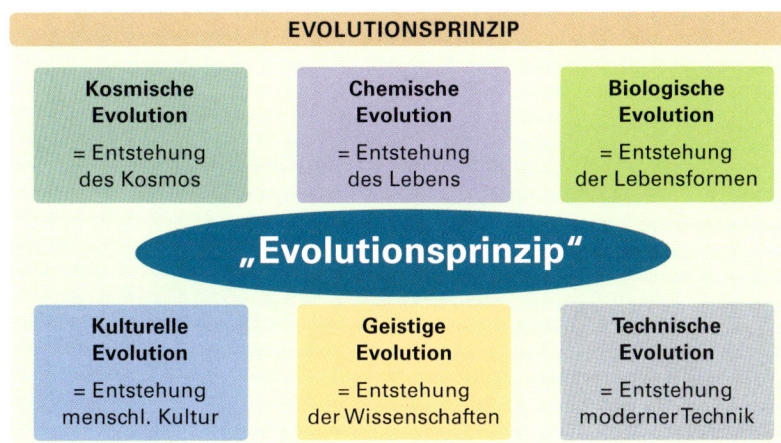

EVOLUTIONSPRINZIP

Kosmische Evolution	Chemische Evolution	Biologische Evolution
= Entstehung des Kosmos	= Entstehung des Lebens	= Entstehung der Lebensformen

„Evolutionsprinzip"

Kulturelle Evolution	Geistige Evolution	Technische Evolution
= Entstehung menschl. Kultur	= Entstehung der Wissenschaften	= Entstehung moderner Technik

Abb. 191: Das Evolutionsprinzip wird vielfältig angewandt; alles wird im Zusammenhang einer allgemein gültigen Evolution gedeutet.

19

Entstehung des Lebens

Abb. 192: Leben in der Suppe. Dieses Experiment hat wahrscheinlich jeder schon einmal gemacht. Früher glaubte man, dass Lebewesen auf diese Weise entstehen können.

Abb. 193: Miller konnte in seinen Ursuppen neben vielen anderen Verbindungen auch Aminosäuren nachweisen. Eine kritische Untersuchung seiner Ergebnisse zeigt aber, dass sie nicht viel dazu beitragen, die Entstehung des Lebens zu erklären.

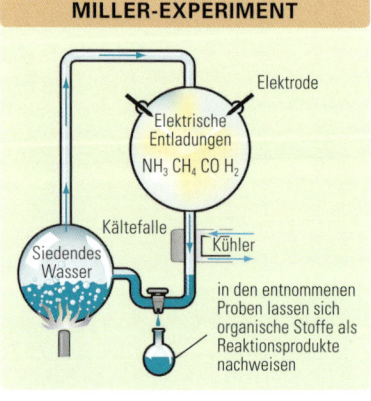

Abb. 194: Die Versuchsapparatur des Miller-Experiments. Vor Versuchsbeginn wurde an die Apparatur ein Vakuum angelegt, um sie sauerstofffrei zu machen. Dann wurden Wasser, Methan, Ammoniak, Stickstoff und Wasserstoff vorgelegt. Durch die Verdampfung des Wassers mit anschließender Kondensation entsteht ein Kreislauf. In der gasförmigen Phase wird das Stoffgemisch durch elektrische Entladungen zur Reaktion veranlasst.

N ach Ansicht der meisten Wissenschaftler soll das Leben auf der Erde durch zufällige Reaktionen entstanden sein. Auf welche experimentellen Ergebnisse stützen sie sich? Gibt es ein Modell für die Entstehung des Lebens auf der Erde?

Urzeugung?

Lässt man einen Topf mit Suppe über längere Zeit offen stehen, so beginnt die Suppe nach einiger Zeit zu „leben". Bakterien und Pilze breiten sich darin aus und machen durch interessante Farben und Gerüche auf sich aufmerksam. Ein Stück Fleisch, das frei herumliegt, wimmelt nach kurzer Zeit von Maden. Aus solchen Beobachtungen schloss man früher, dass es unter geeigneten Bedingungen zur *generatio spontanea* oder *Urzeugung*, zur Entstehung von Leben aus toten Stoffen kommt.

Der französische Wissenschaftler Louis Pasteur (1822–1895) dachte sich ein Experiment aus, mit dem er zeigen konnte, dass die beobachteten Lebewesen keinesfalls in der Suppe *entstanden*, sondern sich nur darin *vermehrten*. Er fasste das Ergebnis seiner Untersuchung in einem kernigen Satz zusammen: *Omne vivum ex vivo* – das ist Latein und bedeutet: *Alles Lebendige kommt aus Lebendigem*. Dieser Satz hat den Rang eines Naturgesetzes, da er bis heute nicht widerlegt werden konnte und durch alle bisherigen Beobachtungen bestätigt wird.

Ursuppen?

90 Jahre nach Pasteurs „Suppenexperiment" kochte der amerikanische Forscher Stanley Miller in seinem Labor eine besondere Art Suppe, um die Urzeugung zu untersuchen. Seine Arbeit erregte großes Aufsehen, denn im Gegensatz zu Pasteur kam er zu dem Ergebnis, dass Leben möglicherweise aus lebloser Materie entstehen könne.

Wie kam Miller zu diesem gewagten Schluss? Er hatte in seinem Simulationsexperiment (siehe Beschreibung) die Bildung verschiedener Aminosäuren nachweisen können. Aminosäuren sind die Einzelbausteine von Proteinen. Er vermutete daher: Wo Aminosäuren entstehen, können sich auch lebensfähige Proteine bilden.

Simulationsexperimente

Bei einem Simulationsexperiment wird ein Vorgang im Labor nachvollzogen, der so auch tatsächlich in der Natur hätte geschehen können. Natürlich sind solche Versuche umso aussagekräftiger, je besser wir die natürlichen Randbedingungen des nachgestellten Ablaufs kennen.

Im Fall des Miller-Experiments stellen sich also diese Fragen: „Welche Bedingungen (Druck, Temperatur, Strahlung usw.) herrschten auf der hypothetischen Ur-Erde?", und: „Welche *chemische Zusammensetzung* hatten *Uratmosphäre* und *Ur-Ozean*?" Sind die Versuchsbedingungen in den Miller-Experimenten daran gemessen realistisch?

Weder die Geologie noch die Astronomie oder eine andere Fachrichtung können auf diese Frage eine sichere Antwort geben. Für die Versuche wurden deshalb die Randbedingungen so gewählt, wie es für das erhoffte Ergebnis möglichst günstig war.

Ziegelstein und Kathedrale

Um diese Experimente im Zusammenhang mit der Frage „Wie entstand das Leben?" zu beurteilen, müssen wir uns klar machen: Es geht hier zunächst einmal nur um die Frage: „Können sehr kleine *Bausteine* des Lebens von selbst entstanden sein?"

Nach dem heutigen Stand der Wissenschaft kann diese Frage für die meisten Einzelbausteine der Proteine, nämlich die Aminosäuren, bejaht werden. Doch darüber hinaus gibt es keine plausiblen Modelle für die Bildung von Proteinen, Nukleinsäuren, Fetten oder Zuckern, die in lebenden Organismen Verwendung finden können. Was erreicht wäre, wenn wenigstens die Bildung eines Proteins oder eines Nukleotids (ein Buchstabe in der Erbinformation) erklärt werden könnte, macht dieser berühmte Vergleich deutlich: „Wir hätten damit gezeigt, dass ein Ziegelstein von selbst entstehen kann – sollte es jetzt nicht auch klar sein, dass eine Kathedrale entstehen wird?" Der Vergleich ist nicht aus der Luft gegriffen. Sogar die einfachsten Organismen, die wir kennen, enthalten hunderte von Genen, Proteinen und anderen komplexen organischen Verbindungen, die miteinader in komplexer Wechselwirkung stehen, und sind von hoch entwickelten Membranen umschlossen. Tausende von chemischen Reaktionen verlaufen dort zeitgleich nebeneinander und perfekt aufeinander abgestimmt. Jede von ihnen trägt ein winziges Mosaiksteinchen zu einem gigantischen Puzzle bei. Eine lebende Zelle ist Ingenieurskunst, Plan- und Zweckmäßigkeit in höchster Vollendung.

Nichts vorspiegeln lassen! → Chiralität

Viele biologische Moleküle sind chiral. Das bedeutet, dass sie in zwei Formen vorkommen, die sich voneinander wie ein Bild vom Spiegelbild unterscheiden. Man spricht von einer L-Form und einer D-Form. Da die Anordnung der Atome in den Molekülen zufällig zustande kommt, entsteht natürlicherweise, außerhalb von Lebewesen, immer ein Gemisch aus beiden Formen im Verhältnis 1:1.

Für die Verwendung in lebenden Systemen kann allerdings nur eine Form der Moleküle Verwendung finden. In ein Protein können z. B. nur L-Formen von Aminosäuren eingebaut werden. Wenn eine D-Aminosäure in die Kette eingebaut wird, ist das Protein nicht mehr zu gebrauchen. Aus dem Gemisch beider Formen können keine funktionierenden Bausteine entstehen, und bis heute gibt es keine Erklärung dafür, welcher natürliche Vorgang sie sortiert haben könnte.

Eine halbe Brücke ist ganzer Unsinn!

Es gibt viele Dinge, die machen erst einen Sinn, wenn sie vollständig sind. Erst alle Teile zusammen ergeben oft ein sinnvolles Ganzes. Man spricht dann vom „Problem der nicht reduzierbaren Komplexität" – das heißt: „Einfacher geht es nicht".

Nach allem, was wir heute wissen, trifft das auf lebende Zellen ebenfalls zu. Es ist keine Eigenschaft der beteiligten Materie bekannt, die dazu führen könnte, dass Moleküle von alleine komplizierte Strukturen bilden, die ohne Eingriffe auch noch umgebaut würden. (Um in dem Bild zu bleiben: Die Ziegelsteine haben keinen *Grund*, von sich aus eine Kathedrale zu bilden.)

Im Gegenteil, das natürliche Bestreben aller Materie ist es, einen Zustand größtmöglicher Unordnung (Entropie) einzunehmen. Der hoch geordnete Zustand lebender Zellen kann nur durch ständige Energiezufuhr und mit zellulären „Maschinen" aufrechterhalten werden; dafür ist ein Stoffwechsel (eines der Kennzeichen von Leben) nötig.

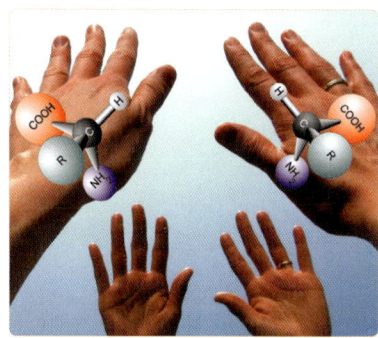

Abb. 195: Ebenso, wie sich die rechte Hand von der linken und sich das Bild von seinem Spiegelbild unterscheidet, gibt es auch von chiralen Molekülen verschiedene Formen, die in der unbelebten Natur immer in gleichen Teilen vorkommen.

«Themen-DVD»

- "Zufall und Notwendigkeit erklären den Ursprung des Lebens nicht"
- Miller-Experimente zur Chemie der Lebensentstehung 50 Jahre danach
- Ammoniak für die Ursuppe?
- Wie durchlässig könnten die ersten Zellen gewesen sein?
- Brutstätte der ersten Zellen. Neue Vorschläge zur Entstehung erster Lebewesen.

20

Abb. 196: Die Brücke von Avignon (in Südfrankreich). Sie führt nur bis in die Mitte der Rhône. Dadurch, dass sie *halb* zerstört wurde, ist sie *ganz* unbrauchbar geworden.

Abb. 197: Lebenskeime aus dem Weltall befruchten die tote Erde. Eine Möglichkeit, die man experimentell kaum ausschließen kann, die sich aber noch weniger belegen lässt. Daher hilft sie für das Verständnis der Lebensentstehung nicht weiter.

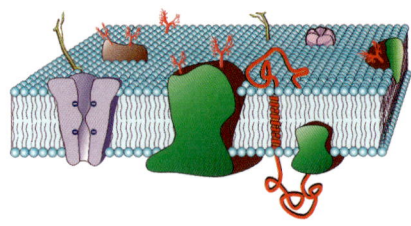

Abb. 198: Die Zellmembran einer eukaryotischen Zelle.

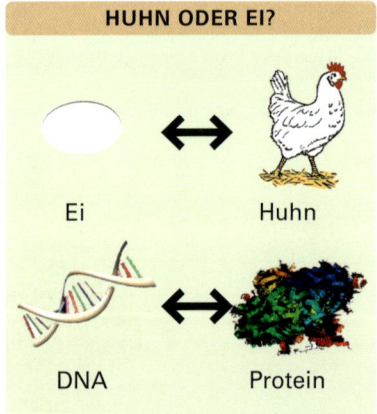

Abb. 199: Das Huhn ist aus dem Ei geschlüpft; das Ei wurde von einem Huhn gelegt. Ohne Ei kein Huhn und ohne Huhn kein Ei. Genauso verhält es sich mit der DNA und den Proteinen. Wie soll eins der beiden ohne das andere entstanden sein?

«KOMPAKT»

Nach dem aktuellen Stand der Wissenschaft kann die Entstehung des Lebens aus unbelebter Materie nicht erklärt werden. Die bisherigen Ergebnisse deuten darauf hin, dass Leben nicht zufällig entstanden sein kann.

Per Anhalter durch die Galaxis – kam das Leben aus dem All ?

Da die Entstehung des Lebens auf der Erde bis heute nicht einmal ansatzweise erklärt werden kann, sind einige Wissenschaftler dazu übergegangen, andere Lösungen vorzuschlagen.

Nach der Idee der Panspermie entstand das Leben irgendwo im Universum und gelangte von dort z. B. per Komet auf die Erde. Diese Spekulation verlagert das Problem, das sich auf der Erde nicht lösen lässt, irgendwohin in die Weiten des Weltraums. Sie ist aber wertlos, weil sie sich damit der wissenschaftlichen Untersuchung entzieht. Außerdem bleibt offen, wie Lebenskeime eine solche Reise angesichts der zu erwartenden extremen Temperaturbelastung (bei Kometenbildung und -einschlag) und energiereicher Strahlung überlebt haben könnten. Die maximale Reisegeschwindigkeit eines solchen Kometen (der vor etwa 3,5–4 Mrd. Jahren auf der Erde eingeschlagen wäre) lässt auch nur unsere „nähere Umgebung" im Kosmos als möglichen Ursprung in Frage kommen. Noch gewagter sind Spekulationen, die außerirdische Intelligenzen als Absender vorschlagen.

Eine Mauer ohne Tore ist ein Gefängnis

Die verschiedenen Modelle zur Entstehung der Zellmembran sind bislang ebenfalls unbrauchbar. Es soll ja eine lebende Zelle entstehen – keine „Gefängniszelle". Also muss ein Austausch von Stoffen zwischen der Zelle und ihrer Umgebung erfolgen können. Dieser Austausch muss außerdem selektiv sein: Die Zelle muss zwischen schädlichen und nützlichen Stoffen unterscheiden können. Um das zu leisten, sind alle bekannten Membranen hochkomplizierte Gebilde, mit selektiv durchlässigen Kanälen, Pumpen, Schleusen, Ventilen und Rezeptoren.

Es ist kein Vorgang bekannt, der eine biologisch funktionsfähige Membran von alleine hervorbringen könnte. Das geschieht nicht einmal in lebenden Zellen – Membranen können dort weiterwachsen und sich abschnüren, aber sie können nicht komplett neu hergestellt werden.

Was war zuerst da – das Ei oder das Huhn?

Diese Frage ist die Grundform des „Henne-Ei-Problems". Natürlich wird sie in dieser Formulierung nicht ernsthaft gestellt. Aber für das Prinzip, um das es hier geht, dass nämlich zwei Dinge sich gegenseitig voraussetzen und nicht ohne Gegenstück entstehen können, finden wir viele Beispiele.

So benötigt die Erbinformation (RNA und DNA) Proteine, damit sie abgelesen, vervielfältigt und übersetzt werden kann. Proteine jedoch brauchen die Erbinformation, die ihren Aufbau speichert, damit sie hergestellt werden können. Bis heute gibt es für dieses Problem keine Lösung. Manche Wissenschaftler glauben im Modell einer RNA-Welt (eine besondere Rolle spielen hier die sog. Ribozyme) eine Möglichkeit zu finden, am Anfang ohne Proteine auszukommen. Modelle dieser Art bieten ebenfalls keine realistischen Erklärungen zu Teilschritten der Entstehung des Lebens.

Was ist Leben – eine dumme Frage?

Irgendwie weiß doch jeder, was Leben ist, aber es gibt bis heute keine genaue Festlegung (Definition), was Leben denn jetzt wirklich genau ist. Die Forscher stehen vor dem interessanten Problem, die Herkunft des Lebens erklären zu wollen, ohne genau zu wissen, was Leben eigentlich ist.

Zu ihrer Information …

Lebende Systeme brauchen Information. Der Aufbau eines jeden einzelnen Proteins, die Funktion jedes Organs und die Anweisung zu dessen Bildung sind z. B. solche Informationen, die in einem Organismus vorhanden sein müssen. Bisher ist es völlig unklar, wie diese Information entstanden sein kann. Es ist keine treibende Kraft bekannt, die zur Entstehung von grundsätzlich neuer Information führen könnte. Alles, was bisher beobachtet und nachvollzogen werden kann, ist die Veränderung von bestehender Information. Der Informatiker Prof. Dr. Gitt hat sich mit dem Wesen der Information auseinander gesetzt. Das Ergebnis seiner Untersuchung ist ein Informationsmodell, das im nächsten Kapitel ausführlich vorgestellt wird. Das Modell bezieht nicht jede Art von Information mit ein, es geht hier nur um Information, die mithilfe eines Sprachsystems (Code) übertragen wird. Wenn verschiedene Anforderungen erfüllt werden, können für diese Art von Information weitreichende Folgerungen aufgestellt werden.

Eine dieser Folgerungen ist das Vorhandensein eines Senders, der die Quelle der Information ist. Das ist deswegen notwendig, weil Information nicht in statistischen (=zufälligen) Prozessen entsteht. Außerdem wird in dem Modell sehr klar herausgestellt, dass Information weder Materie noch Energie ist, sondern eine „geistige Größe", die Materie und Energie nur als Träger hat.

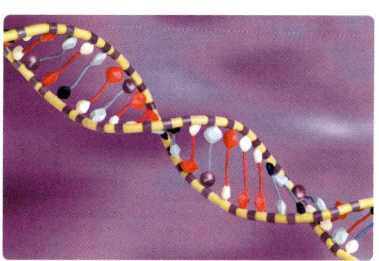

Abb. 200: Die DNA sieht wie eine verdrehte Strickleiter aus. Die Information zum Bau von Proteinen ist durch die Abfolge von vier verschiedenen Stickstoffbasen gespeichert. Jeweils drei aufeinander folgende Basen stehen für eine Aminosäure bzw. ein Start- oder Stopp-Signal.

Abb. 201: Mit großen Radioteleskopen lauschen die Wissenschaftler in den Weltraum. Für bestimmte Signale kann man eine zufällige Entstehung ausschließen – sie würden den erhofften Hinweis auf die Existenz außerirdischer Intelligenzen liefern. Das Diagramm zeigt einen Screenshot des Computerprogramms SETI@home. Es kann kostenlos heruntergeladen werden und läuft als Bildschirmschoner im Hintergrund. Wenn der Computer gerade nicht benutzt wird, werden aus dem Internet Datenpakete mit aufgefangenen Radiosignalen heruntergeladen und analysiert. Das Projekt wurde 1999 gestartet. Heute sind etwa 5,5 Mio. PCs weltweit daran beteiligt.

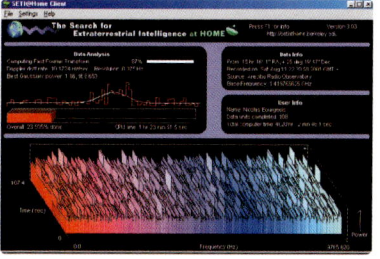

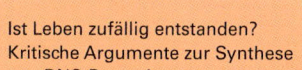
«Themen-DVD»

- Ist Leben zufällig entstanden? Kritische Argumente zur Synthese von DNS-Bausteinen
- „RNA-Welt" – Chemisches Missing Link zwischen Ursuppe und ersten Zellen?
- Eine neue Erklärung für die Entstehung der Homochiralität?
- Ribozyme
- Mikroben unter dicker Eisschicht: Modell für extraterrestrisches Leben?
- Entstehung des Lebens – es muss anders gewesen sein!
- Chiralität – Die fehlenden Spiegelbilder
- Das SETI-Projekt

Das SETI-Argument

Die amerikanische Weltraumbehörde NASA gibt viel Geld für die Suche nach außerirdischen intelligenten Lebewesen aus (SETI = Search for extra-terrestrial intelligence). Große Radioteleskope horchen auf einem breiten Frequenzspektrum nach Signalen aus dem All. Weil die Auswertung dieser Datenmengen eine gigantische Rechenleistung erfordert, stellen Computerbesitzer ihre Geräte über Internet für die Analyse der aufgefangenen Signale zur Verfügung.

Die Idee dahinter ist ganz einfach: Wenn es irgendwo im All intelligente Zivilisationen gibt, so werden sie vielleicht eine ähnliche Technik wie wir „Erdlinge" entwickelt haben und den Kontakt von sich aus suchen.

Niemand kann genau sagen, wonach eigentlich in diesem Wust von Daten gesucht werden muss. Trotzdem konnten Kriterien aufgestellt werden, mit denen man unterscheiden kann, ob ein Signal zufällig zustande kam (Rauschen) oder Information enthält.

Interessant ist folgender Gegensatz: Fingen wir Information aus dem All auf, so würden wir auf einen intelligenten Sender schließen (weil codierte Information eben nicht zufällig entstehen kann). Nehmen wir hingegen codierte Informationen in lebenden Systemen wahr, so lehnen die meisten Menschen den Gedanken an einen intelligenten Sender ab und nehmen eine zufällige Entstehung an.

20

«KOMPAKT»

Codierte Information kann nicht durch Zufall entstehen. Ihr Vorhandensein ist ein starkes Indiz für die intelligente Planung und Teleologie (Ausrichtung auf ein Ziel hin) des Lebens.

Thermodynamik, Information und Zufall 21

Abb. 202: Ein „Beinahe-Perpetuum-mobile". Die Atmos-Uhr des Schweizer Uhrenbauers Jaeger-LeCoultre scheint auf den ersten Blick ein Perpetuum mobile zu sein. Sie läuft augenscheinlich ohne Energiezufuhr von außen – jahrzehntelang. Die Kraftquelle, die sie anzapft, ist tatsächlich kaum nachzuweisen. Die genialen Chronometerfabrikanten haben einen Antrieb entwickelt, der seine Energie aus den minimalen Schwankungen des atmosphärischen Luftdrucks gewinnt.

Ordnung aus Chaos – ist das überhaupt möglich? Ist eine zufällige Entstehung des Lebens mit der dazugehörigen hohen Ordnung vorstellbar? Was lässt sich über die Herkunft codierter Information sagen?

Bedeutung von Naturgesetzen

Auf Seite 10 ging es bereits um die Bedeutung von Naturgesetzen für die Erkenntnisgewinnung. Naturgesetze beruhen auf Beobachtungen und Experimenten, durch die sie immer wieder eindeutig bestätigt wurden (wobei sie im Prinzip immer noch durch neue Beobachtungen widerlegt werden könnten, *wenn diese im Widerspruch dazu stehen sollten*). Sie genießen in der Wissenschaft den höchsten Vertrauensgrad. In einem materialistischen Weltbild bedeutet das, dass nur Vorgänge denkbar sind, die nicht im Widerspruch zu den bekannten Naturgesetzen stehen. *Naturgesetze können in der Wissenschaft daher angewandt werden, um falsche Theorien und Ideen zu erkennen.* Zu den grundlegenden Naturgesetzen gehören die Hauptsätze der Thermodynamik. Damit kann z. B. widerlegt werden, dass eine Maschine ohne Energiezufuhr ständig laufen kann (Perpetuum mobile), obwohl für eine bestimmte Konstruktion manchmal gar nicht so offensichtlich ist, wo die Sache einen „Haken" hat.

Gibt es Ausnahmen von den Naturgesetzen?

Für die Beantwortung dieser Frage kommt es auf unser Verständnis von Naturgesetzen an. Der wissenschaftlich-materialistische Standpunkt akzeptiert *keine Ausnahmen*, die durch ein transzendentes göttliches Handeln verursacht werden. Er akzeptiert aber durchaus, dass sich Naturgesetze gegebenenfalls als falsch herausstellen können. Im materialistischen Weltbild muss jede Vorstellung (also auch die Ursprungstheorien) mit den Naturgesetzen übereinstimmen.

Ein Wissenschaftler, der an Gottes Handeln in der Schöpfung glaubt, sieht in den Naturgesetzen die Beschreibung von Abläufen in der Schöpfung, die in der Regel zutreffen. Sie sind ein Entgegenkommen Gottes gegenüber dem Menschen, da sie Voraussagen über das Verhalten von Systemen ermöglichen und die Schöpfung dadurch beherrschbar machen. Wenn Gott von diesem erkennbaren Schema abweicht, so kennzeichnet er diese Abweichung deutlich als ein Wunder oder Zeichen, womit eine Botschaft verbunden ist. Auch die Erschaffung von Himmel und Erde in sechs Schöpfungstagen war ein Wunder, das mit den Naturgesetzen nicht beschreibbar ist.

Abb. 203: Der Traum vom Perpetuum mobile – die Jagd nach dem Unmöglichen. Generationen von Technikern und Tüftlern sind daran gescheitert. Maschinen, die ohne Energiezufuhr von außen „ewig" weiterlaufen, stehen deutlich im Widerspruch zu den Naturgesetzen der Thermodynamik. Patentämter haben die Anweisung, jeden Patententwurf zu diesem Thema ohne weitere Prüfung zurückzuweisen. Die meisten Entwürfe sind Variationen des Versuchs, die Natur mithilfe der Kräfte von Magnetismus, Gravitation, Auftrieb, Impulserhaltung und Kapillarität zu überlisten.

21

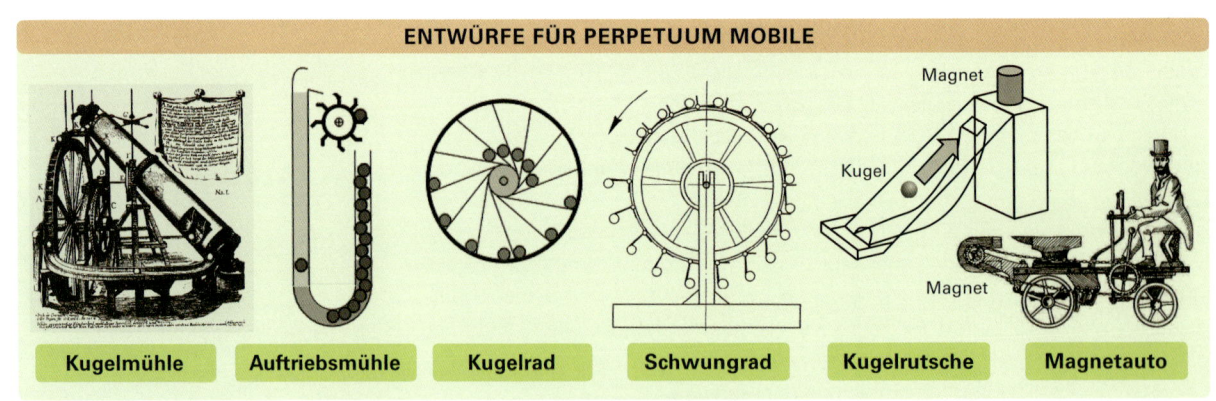

ENTWÜRFE FÜR PERPETUUM MOBILE

| Kugelmühle | Auftriebsmühle | Kugelrad | Schwungrad | Kugelrutsche | Magnetauto |

Die Wissenschaft stößt immer wieder an Grenzen der Erkenntnismöglichkeit. Beispielsweise geht das Standardmodell der kosmischen Evolution über den Bereich hinaus, der mit den bekannten Naturgesetzen nach dem heutigen Stand der Wissenschaft beschrieben werden kann.

Ordnung aus dem Chaos – im Widerspruch zu den Gesetzen der Thermodynamik?

Dieser Vorwurf taucht im Zusammenhang mit der Diskussion „Schöpfung oder Evolution?" immer wieder auf. Früher wurde er von gläubigen Wissenschaftlern häufig als ein Kernargument angeführt. Viele weisen das Argument allerdings als Missverständnis zurück: Die Entstehung des Lebens stehe nicht unbedingt im Widerspruch zu den Gesetzen der Thermodynamik.

Haben sie damit Recht? Ja. Formal betrachtet – also in mathematischen Formeln ausgedrückt – besteht kein zwingender Widerspruch. Trotzdem treten hier Probleme zutage, an denen niemand so einfach vorbeikommt. Für das Verständnis der Schwierigkeiten sind besonders der 1. und 2. Hauptsatz der Thermodynamik interessant.

Der **Erste Hauptsatz der Thermodynamik** (auch „Energieerhaltungssatz") besagt:

Die Energie in einem geschlossenen System bleibt unverändert. Verschiedene Energieformen können sich ineinander umwandeln, aber Energie kann weder aus dem Nichts erzeugt noch vernichtet werden.

(Der Sprachgebrauch ist in dieser Hinsicht häufig nicht ganz korrekt. Ein Kohlekraftwerk wird z. B. „Energieerzeuger" genannt. Dort wird aber ebenfalls nur Energie von einer Form in die andere umgewandelt. Die chemische Energie der Kohle – die wiederum umgewandelte Sonnenenergie der Vergangenheit ist – wird durch Verfeuerung in Wärmeenergie, durch eine Turbine in mechanische Energie und am Ende durch einen Generator in elektrische Energie umgewandelt. Wenn mit dieser elektrischen Energie ein Gerät, auch als „Energieverbraucher" bezeichnet, betrieben wird, so wird dort Energie nicht verbraucht, sondern ebenfalls umgewandelt. Eine Glühlampe wandelt z. B. elektrische Energie in Licht- und Wärmeenergie um, ein Motor in Wärme- und Bewegungsenergie usw.)

Der **Zweite Hauptsatz der Thermodynamik** (auch „Entropiesatz") besagt:

Es gibt in *geschlossenen Systemen* eine Zustandsgröße, die niemals abnimmt, sondern immer größer wird: die Entropie. Für den Zusammenhang dieses Kapitels reicht es aus, wenn der Einfachheit halber statt von Entropie von „Unordnung" gesprochen wird, obwohl der Begriff „Unordnung" im Gegensatz zur „Entropie" nicht klar definiert werden kann. In einfachen Worten: Die Unordnung in einem geschlossenen System nimmt zu, die Ordnung nimmt ab.

(Der Satz kann vom natürlichen Empfinden her gut nachvollzogen werden. Alles strebt der Unordnung und dem Zerfall zu, wenn keine Energie von außen zugeführt wird, um die Ordnung aufrechtzuerhalten.)

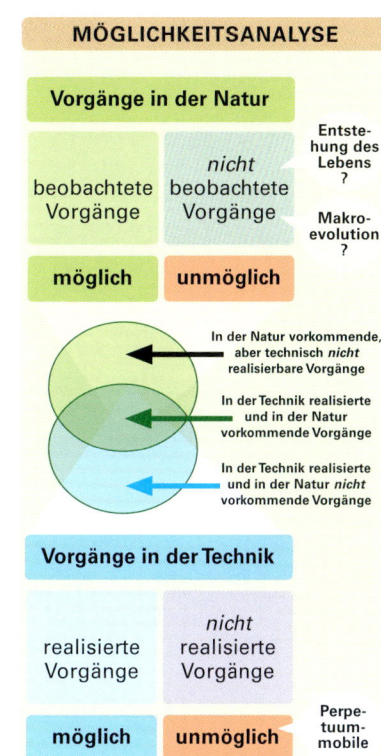

Abb. 204: Naturgesetze geben eine Orientierung darüber, welcher gedachte Vorgang in der Realität nach aller bisherigen Erfahrung nicht möglich ist. Sie erlauben auch, eine Aussage darüber zu treffen, mit welcher Wahrscheinlichkeit ein bestimmter Vorgang geschehen wird (Gitt, 2002).

Abb. 205: Energie kann weder erzeugt noch vernichtet werden. Verschiedene Energieformen können aber ineinander umgewandelt werden.

Abb. 206: Es entspricht unserer Erfahrung, dass natürlicherweise geordnete Zustände in Unordnung übergehen.

21

ENTROPIE

> Weniger Anord-nungsmöglichkeiten	> Mehr Anord-nungsmöglichkeiten
> weniger zufällige Verteilung	> mehr zufällige Verteilung
> mehr Ordnung – > weniger Entropie	> weniger Ordnung – > mehr Entropie

Kochsalzkristall in Wasser

Kochsalzkristall in Wasser gelöst

Abb. 207: Ein Kochsalzkristall löst sich in Wasser. Bei diesem Vorgang nimmt die Entropie zu. Statt in einem festen Kristallkörper mit einer regelmäßigen Molekülanordnung liegen die Bestandteile des Kochsalzes (Chlorid- und Natriumionen) frei im Wasser gelöst vor. Die Gesamtheit der Moleküle hat viel mehr Möglichkeiten, sich anzuordnen, als vorher; es herrscht eine größere Unordnung, eine höhere Entropie.

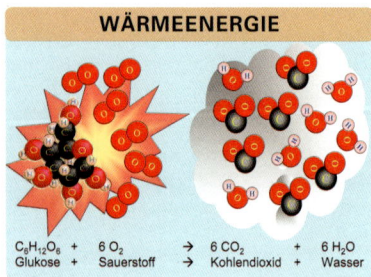

WÄRMEENERGIE

$C_6H_{12}O_6$ + 6 O_2 → 6 CO_2 + 6 H_2O
Glukose + Sauerstoff → Kohlendioxid + Wasser

Abb. 208: In einer Atmosphäre aus reinem Sauerstoff verbrennt Glukose vollständig zu Kohlendioxid und Wasser, sobald die Entzündungstemperatur erreicht ist. Bei diesem Vorgang nimmt die Entropie zu. Die freigesetzte Energie wird als Wärmeenergie an die Umgebung abgegeben. Wärmeenergie ist die Energieform, die am schwersten in andere Formen umgewandelt werden kann. Im Körper läuft der Vorgang der Glukoseverbrennung darum über viele Zwischenstufen ab. Dadurch wird die Energie schrittweise umgewandelt und bleibt zum größten Teil als chemische Energie erhalten.

21

Chemische Reaktionen und Thermodynamik

Die beiden angeführten Hauptsätze der Thermodynamik haben z. B. eine praktische Bedeutung in der Beurteilung chemischer Reaktionen. Mit ihrer Hilfe lassen sich reversible und irreversible Reaktionen unterscheiden.

- Als „irreversibel" (= nicht umkehrbar) bezeichnet man Prozesse, die spontan (also „von selbst") und nur in einer bestimmten Richtung ablaufen. Die Unordnung erhöht sich dabei. Nur unter Einsatz von Energie und Information kann der Ausgangszustand wiederhergestellt werden. Beispiele dafür sind alle Mischungsvorgänge (siehe Abb. 207).
- Bei Reaktionen, die als „reversibel" (= umkehrbar) bezeichnet werden, erhöht sich die Unordnung dagegen nicht. Ein Gleichgewicht zwischen den Reaktionspartnern stellt sich ein, und das System kommt zur Ruhe, wenn keine äußeren Einflüsse den Vorgang aufrechterhalten. Ein Beispiel für einen derartigen Vorgang ist das Gleichgewicht zwischen Hydrolyse und Kondensation bei Aminosäuren (siehe Abb. 213).

Irreversible Reaktionen …

Das Reaktionsverhalten bestimmter Verbindungen kann aufgrund ihrer physikalischen und chemischen Eigenschaften vorhergesagt werden. Alle chemischen Verbindungen streben danach, den günstigsten energetischen Zustand zu erreichen. Ein Beispiel soll das verdeutlichen. In einem Gefäß mit reinem Sauerstoff wird eine Menge Traubenzucker vollständig verbrannt. Der Vorgang läuft spontan ab, wenn die Temperatur einen bestimmten Wert überschreitet (Entzündungstemperatur). Als chemische Formel geschrieben sieht das so aus: $C_6H_{12}O_6$ + 6 O_2 → 6 CO_2 + 6 H_2O.

Gelesen wird die Formel so: 1 Molekül Traubenzucker wird durch 6 Moleküle Sauerstoff zu 6 Molekülen Kohlendioxid oxidiert. Die 6 Moleküle Sauerstoff werden dabei zu 6 Molekülen Wasser reduziert. Chemisch gesehen ist bei diesem Vorgang nichts verloren gegangen. Die Atome liegen nachher anders angeordnet vor und haben an Ordnung und potentieller Energie verloren. Diese Energie wurde als Wärme freigesetzt. Mathematisch betrachtet müsste sich der Prozess auch umkehren lassen. Eine Mischung aus Kohlendioxid und Wasser sollte unter Wärmezufuhr in Traubenzucker und Sauerstoff umgewandelt werden können. Praktisch ist dieser Vorgang aber nicht durchführbar. Es handelt sich bei der Verbrennung von Traubenzucker um einen irreversiblen Prozess, eine Einbahnstraße. Genau diese Reaktion ist es aber, die den größten Teil des Energiebedarfs unseres Körpers deckt (sie verläuft allerdings in vielen kleinen Schritten, wobei die Energie schrittweise in nutzbare chemische Energie statt in Wärmeenergie umgewandelt wird). Wenn die Reaktion nicht umkehrbar ist, müssten wir dann nicht irgendwann zugrunde gehen, weil aller Traubenzucker der Welt verbrannt ist? Zum Glück gibt es den umgekehrten Weg. In Pflanzen läuft die Reaktion genau andersherum ab. Dort wird mit Lichtenergie in einem komplizierten Prozess (Photosynthese) Kohlendioxid und Wasser verbraucht, Traubenzucker aufgebaut und Sauerstoff abgegeben. Kann der Zustand der Unordnung also doch wieder in Ordnung zurückverwandelt werden? In dem untersuchten Beispiel ist das aus zwei Gründen möglich:

1. Die Erde ist kein geschlossenes, sondern ein offenes System. Sie empfängt Energie in Form von Strahlung aus dem Weltall. Die Unordnung, die durch physikalische Prozesse im Inneren der Sonne entsteht, setzt Energie frei, die auf der Erde wieder dazu genutzt werden kann, Ordnung aufzubauen.
2. Es ist ein *Mechanismus* vorhanden, der die Sonnenenergie wieder in chemische Energie umwandelt (die besagte Photosynthese der Pflanzen).

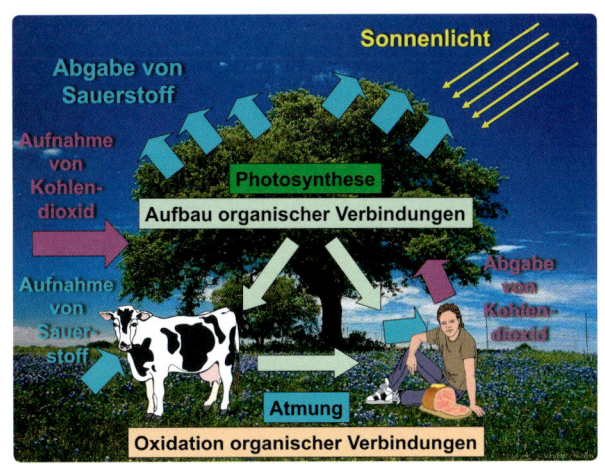

Abb. 209: Durch die Photosynthese wandeln Pflanzen die Energie des Sonnenlichts in die chemische Energie organischer Verbindungen (z. B. Traubenzucker) um. Menschen und Tiere ernähren sich auf der Grundlage dieser organischen Verbindungen und wandeln die darin gespeicherte Energie um.

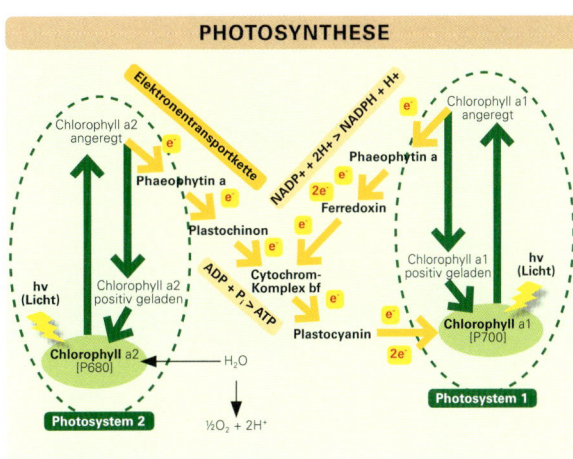

Abb. 212: Die Photosynthesereaktion ist äußerst komplex. Lichtenergie (durch die gelben Blitze dargestellt) wird von Chlorophyll (Blattgrün) absorbiert. Im Verlauf der Reaktion wird die aufgenommene Energie auf die Energieträger ATP und NADPH übertragen. Verschiedene Proteine sind daran beteiligt.

… und ihre Bedeutung für kosmische und chemische Evolution

Für die angenommenen Abläufe der kosmischen und der chemischen Evolution sind die beiden genannten Voraussetzungen nicht erfüllt.

1. Betrachtet man nur die *Erde*, so hat man ein *offenes System* vor sich. Es muss aber beachtet werden, dass die Größe eines Systems für die Gültigkeit des Zweiten Hauptsatzes keine Rolle spielt. Daher muss das *ganze Universum* (d. h. der gesamte physikalische Kosmos) betrachtet werden. Dabei handelt es sich um ein *geschlossenes System*. Es gibt noch kein plausibles Modell dafür, auf welche Weise der Kosmos in einem Urknall-Szenario seine hohe Struktur und Ordnung hätte aufbauen können (siehe S. 171). Das ist ein grundlegendes Problem der gängigen Theorien zur kosmischen Evolution.

Abb. 210: Einer Modellvorstellung zur Entstehung des Lebens zufolge sollen sich in Gezeitentümpeln (kleine Wasserlöcher, die periodisch austrocknen) die „Bausteine des Lebens" angereichert haben. In einem der Milliarden Tümpel sollen sich dann während der langen Erdurzeit die Bedingungen eingestellt haben, unter denen die erste lebende Zelle entstehen konnte.

2. Es wird irgendein *Mechanismus* benötigt, um die zugeführte Energie für eine örtliche Absenkung der Entropie nutzen zu können. Solch ein Mechanismus ist aber außerhalb von lebenden Systemen nicht bekannt. In Miller-Experimenten (vgl. S. 130) wurde Energie über elektrische Entladungen zugeführt. Die entstehenden Produkte kamen aber über ein sehr bescheidenes Niveau von Komplexität nicht hinaus. Wenn heute die Energie des Sonnenlichts für den Aufbau komplexer organischer Verbindungen genutzt werden kann, dann nur deshalb, weil sie durch komplexe Stoffwechselprozesse in Pflanzenzellen, also durch biochemische Maschinen nutzbar gemacht wird. Die Photosynthese ist ein sehr komplizierter Vorgang, an dem viele Proteine beteiligt sind. In der Evolutionstheorie setzt man ihre Entstehung lange nach der Entstehung der ersten Zellen an. Für andere Mechanismen zur Energiegewinnung (z. B. durch die Reduktion von Schwefelverbindungen) gilt das ebenfalls. Die hoch geordneten Strukturen von Lebewesen können nur entstehen, wenn es einen Mechanismus gibt, Energie zu nutzen, um der ansteigenden Unordnung entgegenzuwirken. Das ist ein grundlegendes Problem der evolutionären Vorstellungen zur Entstehung des Lebens.

Für alle irreversiblen chemischen Reaktionen auf der Erde hätte vor der Entstehung des Lebens gegolten, dass die beteiligten Reaktionspartner verbraucht werden und für weitere Reaktionen nicht mehr zur Verfügung stehen.

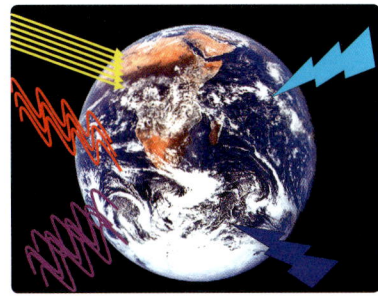

Abb. 211: Für sich allein betrachtet, ist die Erde ein offenes System. Sie empfängt Energie in Form von Strahlung und strahlt ihrerseits Energie in den Weltraum ab.

21

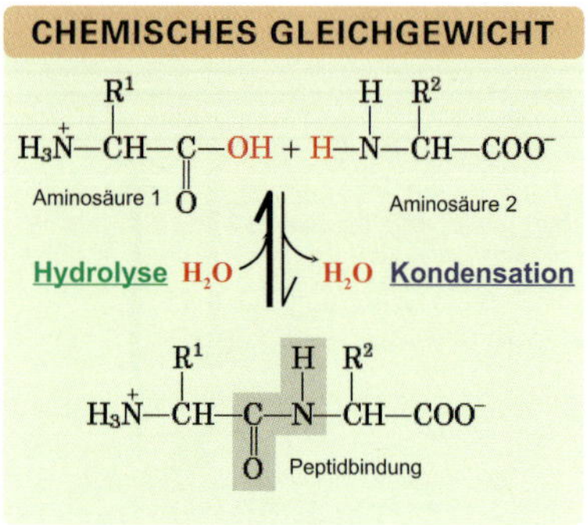

CHEMISCHES GLEICHGEWICHT

$$H_3\overset{+}{N}-\underset{\underset{\text{Aminosäure 1}}{}}{\overset{\overset{R^1}{|}}{C}H}-\underset{\underset{O}{||}}{C}-OH + H-\underset{\underset{\text{Aminosäure 2}}{}}{\overset{\overset{H\;\;R^2}{|\;\;|}}{N}-CH}-COO^-$$

Hydrolyse H_2O ⇕ H_2O **Kondensation**

$$H_3\overset{+}{N}-\overset{\overset{R^1}{|}}{C}H-\overset{\overset{H\;\;R^2}{|\;\;|}}{\underset{\underset{O}{||}}{C}-N}-CH-COO^-$$

Peptidbindung

Abb. 213: Zwei Aminosäuren können miteinander eine Peptidbindung eingehen, indem sie ein Molekül Wasser abspalten. Diesen Vorgang nennt man Kondensation. Das Gegenstück, die Auflösung der Peptidbindung unter Aufnahme eines Wassermoleküls, heißt Hydrolyse. Zwischen beiden Reaktionen besteht ein chemisches Gleichgewicht. Bei Wasserüberschuss liegt das Gleichgewicht stark auf der hydrolysierten Seite (der Reaktionspfeil in diese Richtung ist deshalb dicker gezeichnet). Zur Entstehung von langkettigen Biomolekülen wie Proteinen und DNA ist ein Mechanismus nötig, der das überschüssige Wasser entfernt.

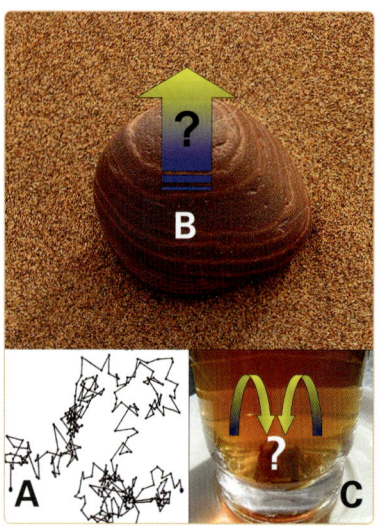

Abb. 214: (A) Die Moleküle eines jeden Systems sind ständig in Bewegung. Die Geschwindigkeit und das Ausmaß dieser Bewegung hängt von der Temperatur und dem Aggregatzustand ab (Gasmoleküle haben die größte Bewegungsfreiheit, Kristallmoleküle schwingen nur geringfügig). Die Richtung dieser Bewegung (Brown'sche Molekularbewegung) ist zufällig. Durch die große Anzahl von Molekülen in einer Tasse Tee oder einem Stein heben sich die Bewegungen der einzelnen Moleküle auf. (B) Der Stein wird daher nicht hochspringen (weil es nicht denkbar ist, dass alle seine Moleküle zufällig gleichzeitig in eine Richtung schwingen). (C) Der gelöste Zucker wird sich nicht auf dem Teelöffel sammeln (weil die Aufenthaltswahrscheinlichkeit eines Moleküls für jeden Bereich des Raumes gleich hoch ist).

Ein weiteres Problem stellen Mischungsvorgänge dar. In wässrigen Lösungen haben alle gelösten Stoffe das Bestreben, sich gleichmäßig zu verteilen. Eine hohe Konzentration an komplexen organischen Verbindungen ist deswegen ohne besondere Einrichtungen nicht zu erhalten. Welche natürlichen Bedingungen eine plausible Lösung dieses „Konzentrationsproblems" darstellen könnten, ist unbekannt.

Reversible Reaktionen …

Reversible Reaktionen sind Vorgänge, die in zwei entgegengesetzten Richtungen ablaufen. Dabei stellt sich ein chemisches Gleichgewicht ein. Das bedeutet nicht, dass auf beiden Seiten des Gleichgewichts die gleiche Menge vorliegt. Es bedeutet, dass sich ein bestimmtes Verhältnis einstellt, das sich dann nicht mehr ändert. In chemischen Gleichungen wird das häufig durch einen Doppelpfeil angedeutet.

- Viele chemische Verbindungen können in mehreren Formen vorliegen und zwischen diesen Formen wechseln.
- Auch zwischen verschiedenen Verbindungen stellt sich ein Gleichgewicht ein, wenn sie als Reaktionspartner in einer reversiblen Reaktion miteinander konkurrieren.

… und ihre Bedeutung für die chemische Evolution

Die beiden angeführten Arten von Gleichgewichten (*innerhalb* einer chemischen Verbindung und *zwischen verschiedenen* chemischen Verbindungen) beinhalten ebenfalls Schwierigkeiten für die chemische Evolution.

- Ein Beispiel für den ersten Fall sind chirale Moleküle. Sie kommen in zwei spiegelbildlichen Formen vor (siehe Abb. 195). Da beide Formen gleichwertig sind, stellt sich außerhalb von Lebewesen ein Gleichgewicht von 1:1 zwischen ihnen ein. Die Formen sind *chemisch* gleichwertig, *biologisch* aber nicht. Zur Entstehung von Leben (in der uns bekannten Form) konnte immer nur eine bestimmte Form Verwendung finden. Welcher Vorgang dazu geführt haben könnte, dass nur die „richtigen" Moleküle an der Entstehung des Lebens beteiligt waren, ist eine offene Frage (siehe S. 131).
- Ein Beispiel für den zweiten Fall ist das Gleichgewicht zwischen Kondensation und Hydrolyse. Bei einer Kondensationsreaktion verbinden sich zwei Reaktionspartner unter Abspaltung eines Wassermoleküls. Wichtige Biomoleküle (DNA, Proteine) werden durch eine Kondensationsreaktion zu Ketten verknüpft. Die umgekehrte Reaktion wird als Hydrolyse bezeichnet. Ein Wassermolekül lagert sich an und löst die Bindung zwischen den verketteten Molekülen auf. Das Problem in wässrigen Lösungen ist, dass das Gleichgewicht stark in Richtung der Hydrolyse verschoben ist. Kettenförmige Biomoleküle lösen sich also mit einer viel höheren Wahrscheinlichkeit wieder auf, als dass die Einzelteile verknüpft werden. Die Bildung langer Ketten (die zur Entstehung des Lebens stattgefunden haben muss) ist nur möglich, wenn das bei der Kondensation abgespaltene Wasser ständig entfernt wird. Welche natürlichen Bedingungen dafür gesorgt haben könnten, ist ebenfalls eine offene Frage.

Thermodynamik und Statistik

Mithilfe der Thermodynamiksätze lassen sich zwar schwerwiegende Probleme für die kosmische und die chemische Evolution aufzeigen, widerlegen kann man sie aber damit nicht. Umgangssprachlich werden viele Vorgänge als „unmöglich" bezeichnet, die theoretisch gesehen möglich, aber ganz extrem unwahrscheinlich sind. An zwei Beispielen soll das deutlich gemacht werden:

21

„Zucker im Tee": Man nehme eine Tasse Tee, gebe einen Teelöffel Zucker hinein und rühre kräftig um. Der Zucker ist in kürzester Zeit völlig gleichmäßig im Tee verteilt. Ist es wohl denkbar, dass man den Löffel vorsichtig in die Tasse steckt und der Zucker sich auf dem Löffelt sammelt und wieder herausgeholt werden kann?

Es ist völlig undenkbar, dass das geschieht. Zucker und Tee (bzw. Wasser, Zucker und einige andere Stoffe) liegen in der Tasse als Lösung vor. Trotzdem ist dieser Vorgang nicht unmöglich. Es wäre kein Naturgesetz verletzt, wenn er abliefe. Jedes Molekül in der Tasse befindet sich an einem zufälligen Ort und führt zufällige Bewegungen aus. Warum sollten nicht alle Moleküle des Zuckers sich zufällig auf dem Löffel sammeln? Betrachtet man die ungeheure Anzahl der Moleküle, so wird schnell klar, dass die Wahrscheinlichkeit für diesen Vorgang praktisch gleich null ist.

„Springender Stein": In der Sonne liegt ein Stein und wird erwärmt. Die Wärme des Steins äußert sich in der verstärkten Bewegung seiner Moleküle. Alle Moleküle bewegen sich in zufälligen Bewegungen. Würden nun alle Moleküle des Steins zufällig gleichzeitig nach oben schwingen, so würde der Stein kraft seiner eigenen Wärmeenergie in die Luft springen. Und, springt er? Nein. Die Wahrscheinlichkeit für diesen Vorgang ist ebenfalls so extrem gering, dass er undenkbar ist.

Die Wahrscheinlichkeit für die Entstehung komplexer biologischer Strukturen in zufälligen und ungesteuerten chemischen Prozessen ist ebenfalls extrem gering. Dass man sie dennoch für möglich hält, lässt sich nur mit dem Argument erklären: „Leben existiert – also muss es entstanden sein." Das aber ist ein Zirkelschluss.

Was ist „Ordnung" in den Naturwissenschaften?

Der Begriff der „Ordnung" ist nicht so einfach zu fassen, obwohl wir alle eine intuitive Vorstellung davon haben, was Ordnung ist. In der Natur begegnen uns mehrere Formen von Ordnung.

Eine mögliche Beschreibung von Ordnung ist, dass gleichartige Systeme vereinigt sind. Wer seine Kinder anweist, Ordnung ins Kinderzimmer zu bringen, meint damit: Klötzchen in die Klötzchenkiste, Legosteine in die Legokiste; beim Ordnen der Natur (Taxonomie) wurden gleichartige Lebewesen in Gruppen angeordnet usw. Dieser Art von Ordnung, die sich in einer nicht-statistischen Verteilung zeigt, wirkt die Entropie entgegen (deswegen kann man die Entropie vereinfacht auch als „Unordnung" betrachten). Ihr Bestreben ist es, in Systemen einen Ausgleich unterschiedlicher Temperaturen, Drücke, Konzentrationen, Spannungen usw. herbeizuführen. Wenn ein System aufgebaut werden soll, das solche Unterschiede benötigt (z. B. eine lebende Zelle), so ist dazu Energieumwandlung nötig.

Eine andere Art Ordnung stellt die Struktur natürlicher Systeme dar. Sie scheinen uns eine besonders hohe Ordnung aufzuweisen, wenn die zugrunde liegenden Regeln offensichtlich sind; z. B. die regelmäßige Gitter-Anordnung der Moleküle im Kochsalzkristall. Allerdings folgen die ordentlichen Moleküle im Kristall den gleichen Grundsätzen wie alle chemischen Elemente und Verbindungen, indem sie den energetisch günstigsten Zustand einnehmen. Man kann sagen, dass Moleküle sich so anordnen, wie es für sie „am bequemsten" ist. Diese Anordnung kann eine hohe äußere Ordnung (wie ein Kristall) aufweisen oder völlig chaotisch sein.

Die Entstehung dieser Art von Ordnung kann mit den bekannten Naturgesetzen nachvollzogen werden. Eine ganz andere Art von Ordnung ist die „Ordnung nach Plan", der Ideen und Konzepte zugrunde liegen. Diese Form der Ordnung kann nicht auf wahrscheinlichkeitsbedingte oder energetische Notwendigkeit zurückgeführt werden. Besondere Beachtung verdient die Ordnung der „codierten Information", die zielgerichtet ist.

Abb. 215: Ein Schneekristall ist mit seiner strengen Symmetrie ein Inbegriff für räumliche Ordnung (Struktur) in der Natur.

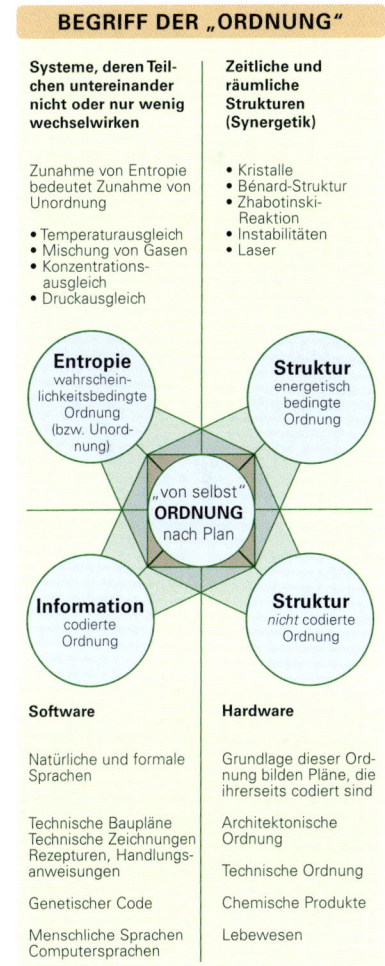

Abb. 216: Der Begriff der „Ordnung" ist nicht mathematisch beschreibbar. Man kann zwischen natürlicher Ordnung („von selbst", obere Hälfte) und absichtsbedingter Ordnung („nach Plan", untere Hälfte) unterscheiden. Absichtsbedingte Ordnung geht auf codierte Information zurück (nach Gitt, 2002).

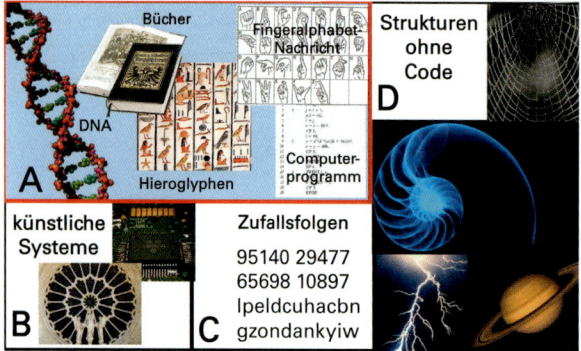

Abb. 217: Der Begriff „Information" wird umgangssprachlich mit verschiedenen Bedeutungen verwendet. Ein Foto wäre z. B. ein künstliches System ohne Codierung (B). Zufallszahlen verwenden zwar die Zeichen eines definierten Codes, sind aber ohne Semantik, d. h. ohne Bedeutung (C). Natürliche Strukturen weisen oft eine hohe Ordnung auf, ohne darin einen Code zu verwenden (D).

Die hier vorgenommene Untersuchung und Findung von Naturgesetzen bezieht sich auf den Definitionsbereich „Codierte Systeme mit Semantik" (A). Die Information aus diesem Bereich weist fünf hierarchische Ebenen auf. Hierfür gelten die im Folgenden aufgestellten „Naturgesetze der Information" (nach Gitt, 2002).

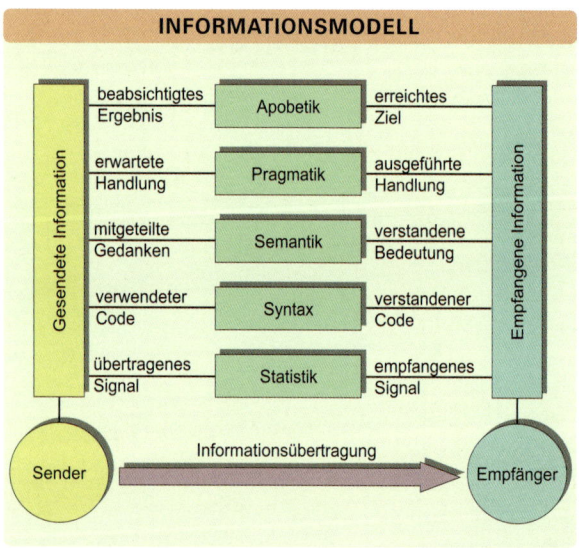

Abb. 218: Die fünf Ebenen der Information in ihrer hierarchischen Ordnung nach Gitt.

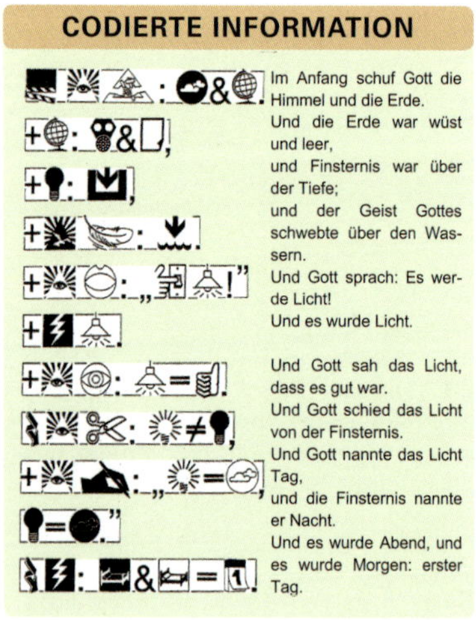

CODIERTE INFORMATION

Im Anfang schuf Gott die Himmel und die Erde. Und die Erde war wüst und leer, und Finsternis war über der Tiefe; und der Geist Gottes schwebte über den Wassern. Und Gott sprach: Es werde Licht! Und es wurde Licht.

Und Gott sah das Licht, dass es gut war. Und Gott schied das Licht von der Finsternis. Und Gott nannte das Licht Tag, und die Finsternis nannte er Nacht. Und es wurde Abend, und es wurde Morgen: erster Tag.

Abb. 219: Bei diesen Piktogrammen handelt es sich ebenfalls um codierte Information. Einwandfrei feststellen können wir das allerdings erst, wenn wir die Bedeutung dieses „Textes" verstehen (da uns die zugrunde liegende Vereinbarung des Codes nicht bekannt ist). Die Übersetzung ist daneben wiedergegeben (1Mo 1,1–5). Es handelt sich um eine Bilderschrift der Gestalterin Juli Gudehus (nach Gitt, 2002).

Information und Evolutionstheorie

Ein gravierendes Problem der Evolution ist die Frage nach der Herkunft der biologischen Information. Der Informatiker Prof. Dr. Werner Gitt hat sich mit dem Wesen von Information beschäftigt. Das Ergebnis seiner Arbeit ist ein Informationsmodell, in dem „fünf Ebenen der Information" definiert werden. Für codierte Information, bei der die fünf Ebenen vorkommen, können weitreichende Ableitungen und Schlussfolgerungen formuliert werden.

Die fünf Ebenen der Information nach Gitt

1. Statistik: Hierzu gehören statistische Fragen wie z. B. Anzahl der Zeichen und Wörter in einem gegebenen Text.

2. Syntax: Unter Syntax verstehen wir sämtliche strukturellen Merkmale der Informationsdarstellung (Code) einschließlich der Regeln zur Verknüpfung von Zeichen und Zeichenketten (Grammatik, Wortschatz).

3. Semantik: Damit ist die Bedeutung (griech. semantikós = bezeichnend, Bedeutungsaspekt) einer Zeichenfolge gemeint.

4. Pragmatik: Die Informationsweitergabe geschieht mit der senderseitigen Absicht, beim Empfänger eine bestimmte Handlung (griech. pragmatike = „Kunst, richtig zu handeln"; Handlungsaspekt) auszulösen.

5. Apobetik: Information wird gesendet, um ein bestimmtes Ziel zu erreichen. Damit haben wir die höchste Ebene erreicht, nämlich die Apobetik (Zielaspekt, Ergebnisaspekt; griech. apobeinon = Ergebnis, Erfolg, Ausgang).

Naturgesetze über Information (NGI)

Für den beschriebenen Definitionsbereich stellt Werner Gitt zehn „Naturgesetze über Information" (NGI) auf:

NGI-1: Eine materielle Größe kann keine nicht-materielle Größe hervorbringen.

Es ist unsere allgemeine Erfahrung, dass ein Apfelbaum Äpfel und ein Birnbaum Birnen hervorbringt. Ebenso bringen Pferde Pferdefohlen, Kühe Kuhkälber und Frauen Menschenkinder zur Welt. In gleicher Weise entnehmen wir der Beobachtung, dass aus einer ausschließlich materiellen Größe niemals etwas Nicht-Materielles entstehen kann.

NGI-2: Information ist eine nicht-materielle fundamentale Größe.

In unserer Wirklichkeit sind *materielle* (Materie und mit ihr korrelierte Größen wie z. B. Energie, Impuls, Elektrizität) und *nicht-materielle* Größen (z. B. Information, Bewusstsein, Intelligenz, Wille) deutlich zu unterscheiden.

NGI-3: Information ist die nicht-materielle Basis für alle programmgesteuerten technischen Systeme und für alle biologischen Systeme.
Es gibt zahlreiche Systeme, die *nicht* über *eigene Intelligenz* verfügen, dennoch können sie Information transferieren, speichern oder Prozesse steuern. Solche Systeme gibt es im Bereich des Unbelebten (z. B. gekoppelte Computer, Prozesssteuerung in einer chemischen Fabrik, Autowaschanlage) wie auch des Belebten (informationsgesteuerte Abläufe in der Zelle, Schwänzeltanz der Bienen).

NGI-4: Es gibt keine Information ohne Code.
Immer dann, wenn Information gespeichert, übertragen und verarbeitet wird, ist ein Codesystem erforderlich.

NGI-5: Jeder Code ist das Ergebnis einer freien, willentlichen Vereinbarung.
Das wesentliche Merkmal eines Codesymbols (Zeichen) ist, dass es einmal frei definiert wurde und dass dies unter Einsatz von Intelligenz geschah.

NGI-6: Es gibt keine neue Information ohne einen intelligenten und mit Willen ausgestatteten Sender.
Der Prozess der Entstehung von neuer Information (im Gegensatz zu nur kopierter Information) setzt immer Intelligenz und freien Willen voraus.

NGI-7: Jede Information, die am Ende einer Übertragungskette empfangen wird, kann so lange zurückverfolgt werden, bis man auf eine intelligente Quelle stößt.
In den meisten Fällen ist der Urheber der Information nicht oder nicht mehr sichtbar. Aus der Tatsache, dass bei historischen Dokumenten oder in einer Bibliothek mit Tausenden von Büchern der Urheber nicht sichtbar ist, wird niemand schließen, es gäbe hierzu keinen Sender. Dasselbe gilt auch für die biologische Information.

NGI-8: Alle fünf Ebenen der Information gibt es sowohl auf der Sender- als auch auf der Empfängerseite.
Information hat immer einen Sender als Quelle. Der Sender hat sich die Information ausgedacht und will sie zu einem (oder mehreren) Empfänger(n) übertragen. Abb. 218 zeigt unsere allgemeine Beobachtung, dass alle fünf Ebenen der Information sowohl auf der Seite des Senders als auch auf der des Empfängers relevant sind.

NGI-9: In statistischen Prozessen kann keine Information entstehen.
Für die Vertreter der Evolutionslehre wäre es ein Durchbruch, wenn sie in einem realen Experiment zeigen könnten, dass Information in sich selbst überlassener Materie ohne Zutun von Intelligenz entstehen kann. Dies ist trotz größter weltweiter Anstrengungen nie beobachtet worden.

NGI-10: Zur Speicherung von Information bedarf es eines materiellen Trägers.
Soll die nicht-materielle Größe Information gespeichert werden, so werden dazu Papier, eine Tafel oder eine Festplatte benötigt. In gleicher Weise benötigt auch die Information in den Lebewesen einen materiellen Träger; in diesem Fall „reitet" sie auf vier chemischen Verbindungen, den Stickstoffbasen Adenin, Cytosin, Guanin und Thymin, in den DNA-Molekülen (Abb. 266). [Allerdings ist hier die genetische Information viel enger mit dem materiellen Medium verwoben.]

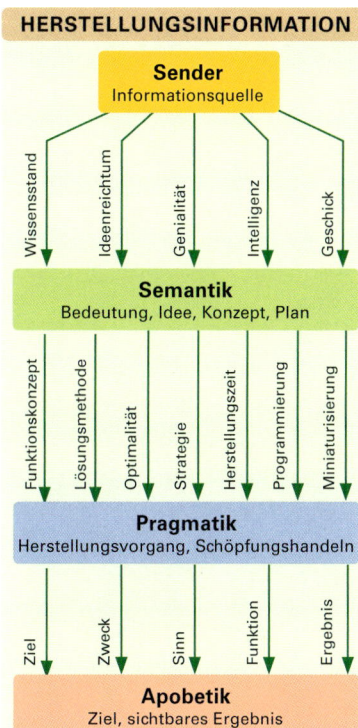

Abb. 220: In der Schöpfungslehre wird der Schöpfer mit dem Sender identifiziert. Die Qualitätsmerkmale eines solchen personalen Senders können auf den Ebenen der Semantik, Pragmatik und Apobetik erkannt werden. Diese Darstellung bezieht sich auf „Herstellungsinformation". Die Untersuchung der Schöpfung nach diesem Schema weist auf Gott als den Schöpfer hin (nach Gitt, 2002).

«Themen-DVD»

- Evolution und Wahrscheinlichkeit
- Informationstheorie nach Gitt im Detail
- Informationsbegriff nach Shannon

«KOMPAKT»

21

Obwohl das Zustandekommen einer hohen Ordnung an einem bestimmten Ort des Universums den Gesetzen der Thermodynamik nicht unbedingt widerspricht, ist ein solcher Zustand so unwahrscheinlich, dass er nicht auftreten wird.

Was die codierte Information der Lebewesen betrifft, so deuten die Erkenntnisse der Informationstheorie darauf hin, dass sie nicht in natürlichen (statistischen) Prozessen entstanden sein kann. Die Annahme, dass ein intelligenter Schöpfer den Kosmos planmäßig und zielgerichtet erschaffen hat, ist vor diesem Hintergrund naheliegend.

Was zeigen uns die Fossilien?

Die Geschichte des Lebens hat auf der Erde Spuren hinterlassen. Überreste von Pflanzen, Tieren und Menschen liegen uns als Fossilien vor. Alle Funde zusammen bilden die Fossilüberlieferung. Was zeigt uns diese Überlieferung? Was hat es mit der regelhaften Anordnung der Fossilien auf sich? Was sind „Missing Links"?

Stumme Zeugen

Weil wir die Vergangenheit nicht direkt beobachten und untersuchen können (Zeitreisen gibt es ja nicht), sind wir darauf angewiesen, nach Spuren der Vergangenheit zu suchen. Zum Glück gibt es auch eine ganze Menge von Spuren. Am aufschlussreichsten sind die Erdschichten mit ihren Fossilien. Dabei folgte Schicht auf Schicht. Logisch, dass die älteste Schicht ganz unten und die jüngste Schicht ganz oben liegt. Der Beschreibung dieser Schichten widmet sich ein eigener Wissenschaftszweig, die Stratigraphie. Sie erstellt für die Erdgeschichte eine stratigraphische Tabelle und gliedert sie abstrakt in „geologische Systeme".

Das Besondere ist, dass sich durch das Vorkommen bestimmter Leitfossilien einzelne stratigraphische Einheiten erkennen und zuordnen lassen. Die Reihenfolge der Systeme ist weltweit gleich, wenn auch nirgendwo alle auf einmal, so wie in der Grafik, an einem Ort vollständig vorliegen. Die geologische Zeitskala entsteht durch Zuweisung radiometrischer Alter zu konkreten Einheiten der stratigraphischen Tabelle. Die Zahlenangaben stehen für „Millionen Jahre". Der Beginn der Zeitskala wäre bei 4600 (weil die Erde vor 4,6 Milliarden Jahren entstanden sein soll). Was es mit der Datierung auf sich hat, ist ein anderes Thema (Seite 158). Wir können jedenfalls festhalten, dass die geologische Tafel eine zutreffende Übersicht der Erdschichten und ihrer Fossilien zeigt.

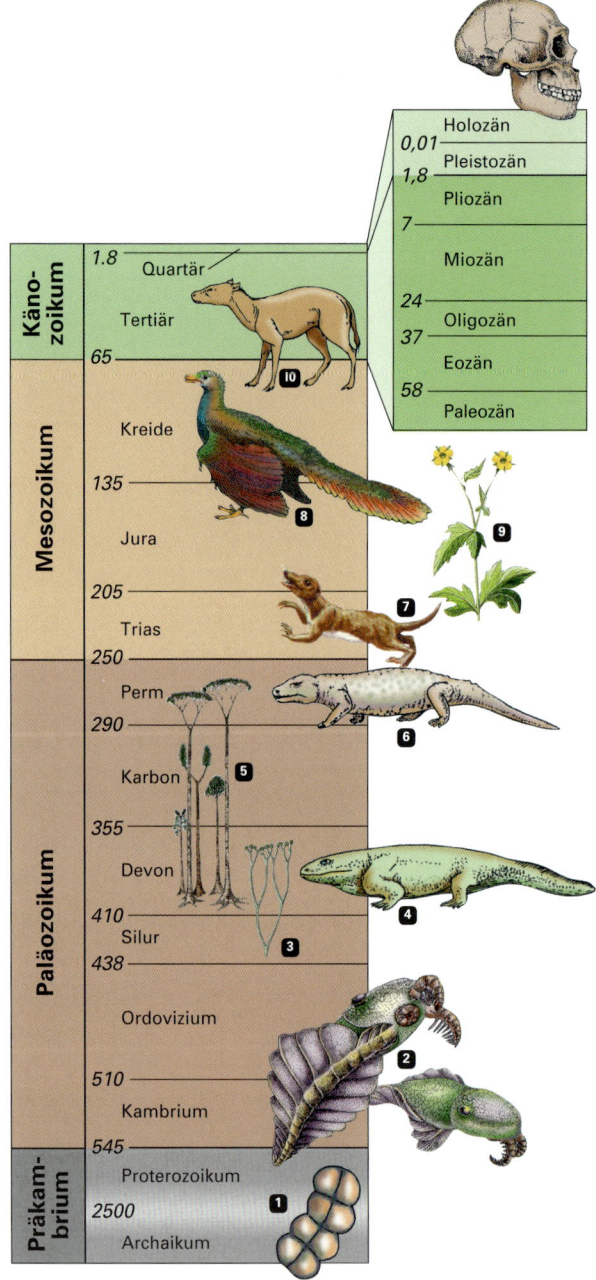

Abb. 221: Die geologischen Systeme. Die Zeitskala gibt das Alter der Systemgrenzen in Millionen radiometrischen Jahren an. Die abgebildeten Lebewesen stehen für wichtige Schritte in der Evolution.
1. Einzeller
2. Artenvielfalt nach dem „Urknall des Lebens"
3. Erste Pflanzen besiedeln das Festland
4. Fische entwickeln sich zu Amphibien
5. Die ersten „höheren" Pflanzen
6. Amphibien entwickeln sich zu Reptilien
7. Reptilien entwickeln sich zu Säugetieren
8. Reptilien entwickeln sich zu Vögeln
9. Erste Bedecktsamer
10. Das Urpferd
Menschliche Fossilien sind in den zwei jüngsten geologischen Systemen überliefert (aus Junker/Scherer, 2001).

Was sind Fossilien?

Fossil bedeutet ganz einfach „Ausgegrabenes". Als Fossilien können alle Überreste von Lebewesen aus der vergangenen Erdgeschichte bezeichnet werden. Wir verbinden mit dem Begriff Fossil meistens Versteinerungen. Tiere (und deren Eier, Kot, Haare, Federn, Laufspuren usw.), Pflanzen (und deren Blätter, Pollen, Rindenstücke, Stämme usw.) und Mikroorganismen wurden eingedeckt und konserviert.

Man unterscheidet diese Versteinerungen danach, ob das eingeschlossene Material ganz oder teilweise in Stein umgewandelt wurde (Petrifikation), ob es sich auflöste und einen Hohlraum hinterließ, ob dieser Hohlraum dann verfüllt wurde (Steinkerne) oder ob nur ein Abdruck erhalten blieb.

Dann gibt es die Bernsteinfossilien (Inklusionen). Es handelt sich dabei meistens um Insekten und Spinnen (außerdem Blätter, Pollen, Rinde, Haare, Federn, in selteneren Fällen auch Würmer, Schnecken und sogar kleine Reptilien), die in flüssigem Harz eingeschlossen und konserviert wurden.

Unter bestimmten Bedingungen können „Originale", meistens Hartteile von Tieren (also die Schalen von Muscheln und Schnecken, Knochen usw.) auch erhalten bleiben, ohne zu versteinern.

Eine Sonderform sind eingefrorene Mammuts und Wollnashörner. Sie blieben im sibirischen Dauerfrostboden teilweise so frisch erhalten, dass die Hunde der Jäger, die sie dort fanden, ihr Fleisch noch fraßen.

Die Versteinerungen der Spuren geologischer Vorgänge (z. B. Riffelbildung unter Wasser, Trockenrisse, Regenspuren usw.) werden nicht als Fossilien bezeichnet (da es ja keine Überreste oder Spuren von Lebewesen sind).

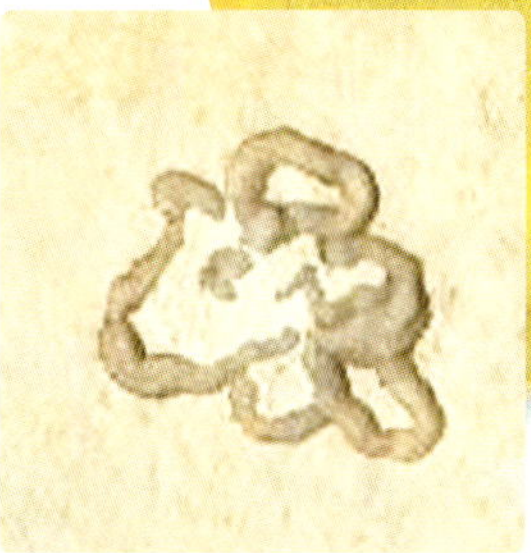

Abb. 222: Einige Beispiele für die verschiedenen Arten von Fossilien. Das junge Mammut wurde in Sibirien eingefroren. Die Mücke wurde von einem Harztropfen eingeschlossen und damit zu einem Bernsteinfossil, ebenso wie die Feder. Den versteinerten Kot bezeichnet man als Koprolith.

22

Abb. 223: Der Quastenflosser ist ein bekanntes „lebendes Fossil". Nach dem Fossilbericht der Erdschichten musste man annehmen, dass er vor ca. 80 Mio. Jahren ausstarb – bis er 1938 wieder entdeckt wurde.

Abb. 224: Viele der heute lebenden Tiere sind auch als Fossilien bekannt. Erstaunlicherweise stellt man fest, dass die heute lebenden Arten in vielen Fällen fast genauso aussehen wie ihre alten Vorfahren – Entwicklung und Veränderung sind kaum nachweisbar.

Der Fossilbericht – was berichten die Fossilien?

Ganz gleich, wie man den „Fossilbericht" – also alle Daten und Funde zusammengenommen – deuten will, einige Merkmale treten ganz deutlich hervor:

1. Die Fossilüberlieferung zeigt eine Reihenfolge des Auftretens.

Es wurden z. B. keine höheren Tiere oder Pflanzen vor dem Kambrium, keine Landtiere vor dem Devon, keine Säugetiere vor dem Perm und keine Menschen vor dem Tertiär gefunden. Wenn man bedenkt, dass Milliarden von Fossilien (ca. 250.000–300.000 verschiedene Arten) weltweit gefunden wurden, so kann man folgern: Die Ausnahmefossilien gibt es nicht. Diese Muster der Fossilüberlieferung zu erklären ist eine große Herausforderung für Vertreter der Schöpfungslehre.

2. Die Fossilüberlieferung ist systematisch unvollständig.

Er ist nicht deshalb unvollständig, weil wir noch nicht gründlich genug gegraben und noch nicht alles gefunden haben, sondern weil von manchen Tieren in manchen Zeiten einfach keine Fossilien entstanden sind. So gibt es eine ganze Reihe von Tieren, die nach dem Fossilbericht längst ausgestorben schienen (weil sie in jüngeren stratigraphischen Einheiten nicht mehr vorkommen), die aber heute noch leben. Man bezeichnet sie als „lebende Fossilien". Sie zeigen, dass es auch denkbar ist, dass die fossilhaltigen Schichten nicht alle Lebewesen enthalten, die zum Zeitpunkt ihrer Ablagerungen existierten. Es wäre also möglich, dass z. B. Säugetiere zur Zeit des Kambriums auf der Erde lebten, dass sie aber in den kambrischen Schichten nicht als Fossilien erhalten blieben.

3. Die Fossilüberlieferung zeigt überwiegend Stasis.

Stasis bedeutet Entwicklungsstillstand. Viele heute lebende Pflanzen und Tiere sind als Fossilien bekannt und sehen nahezu unverändert aus. Familien tauchen plötzlich auf – ohne Vorformen – und existieren viele Millionen Jahre (radiometrischer Zeit), ohne sich wesentlich zu verändern. Um eine Entwicklung erkennen zu können, müssten Übergangsformen zu finden sein. Doch sie fehlen weitgehend; sie fehlen so systematisch, dass dieser Befund für manche Wissenschaftler das Hauptproblem der Evolutionstheorie darstellt. Schon Darwin erkannte dieses Problem. Er konnte sich aber noch darauf berufen, dass Geologie und Paläontologie noch junge Wissenschaften waren und erst ein kleiner Teil der Erdoberfläche geologisch untersucht war.

4. Die Fossilüberlieferung zeigt katastrophische Entstehung der Fossilien.

Viele Fossilien lassen deutlich erkennen, dass sie lebendig begraben wurden. Diese Einbettung muss in vielen Fällen eindeutig sehr schnell erfolgt sein. Dadurch kann auf Naturkatastrophen als wichtigen Faktor der Fossilienentstehung geschlossen werden. Mehr zu diesem Thema auf Seite 146.

DATEN UND IHRE INTERPRETATION		
Daten	**Interpretation**	
	Evolutionstheorie	**Schöpfungslehre**
„Höhere" Lebewesen fehlen in den unteren Schichten	… weil es sie zu dieser frühen Zeit noch nicht gab	**?** … weil sie nicht fossil überliefert wurden
Übergangsformen fehlen	**?** … weil sie nicht fossil überliefert wurden	… weil es sie nie gegeben hat

22

Missing Links – die Übergänge fehlen

Der englische Ausdruck „Missing Links" bedeutet „fehlende Verbindungen". Dieses Schlagwort bezieht sich auf die fehlenden Verbindungen zwischen Stämmen, Klassen und Familien von Tieren und Pflanzen. Darwin nahm dieses Problem so ernst, dass er darin den entscheidenden Test für seine Theorie sah. Heute gibt es allerdings Anpassungen der Evolutionstheorie, die das Problem lösen sollen. Die großen Übergänge der Evolution sollen sich in kleinen Gruppen von Tieren in kurzer Zeit abgespielt haben (Punktualismus). Aber die großen Evolutionsschritte (Makroevolution) lassen sich in kurzer Zeit mit wenigen beteiligten Tieren genauso wenig erklären wie in sehr langer Zeit mit einer riesigen Anzahl von Tieren.

Auf dem Bild rechts ist die älteste bekannte Fledermaus zu sehen. Sie sieht im Wesentlichen genauso aus wie eine heutige Fledermaus. Von welchem Säugetier stammt sie ab? Es gibt keine Vorform. Alles, was man gefunden hat, sind perfekt konstruierte Flieger, bei denen sich außer dem Flugvermögen auch das geniale Radarortungssystem entwickelt haben muss.

Einer der ältesten Vögel, die gefunden wurden, ist der Archaeopteryx. Seine Federn sind genauso kompliziert aufgebaut wie die Federn heutiger Vögel. Man kennt fossil verschiedene Dinosaurier mit haarartigen Körperanhängen, die häufig als Protofedern bezeichnet werden, obwohl sie keine Federnatur haben. Was war zwischen diesen und flugtauglichen, richtigen Konturfedern? Auf Seite 150 wird die Frage aufgegriffen, ob solche tiefgreifenden Veränderungen überhaupt möglich sind.

Abb. 225: Schon die ältesten fossil überlieferten Fledermäuse weisen alle wesentlichen Merkmale eines „modernen" Tieres auf.

«ZITATE»

Wenden wir uns nun zu unseren reichsten geologischen Sammlungen: was für einen armseligen Anblick bieten sie uns dar! Jedermann gibt die außerordentliche Unvollständigkeit unserer paläontologischen Sammlungen zu.

Charles Darwin, 1859

Es gibt keinen Grund mehr, den Mangel an Fossilien als Entschuldigung zu gebrauchen. In mancher Hinsicht ist die Sammlung fast unüberschaubar umfangreich geworden, und die Einordnung kann mit den Neuentdeckungen nicht Schritt halten.

T.N. George (Paläontologe), 1960

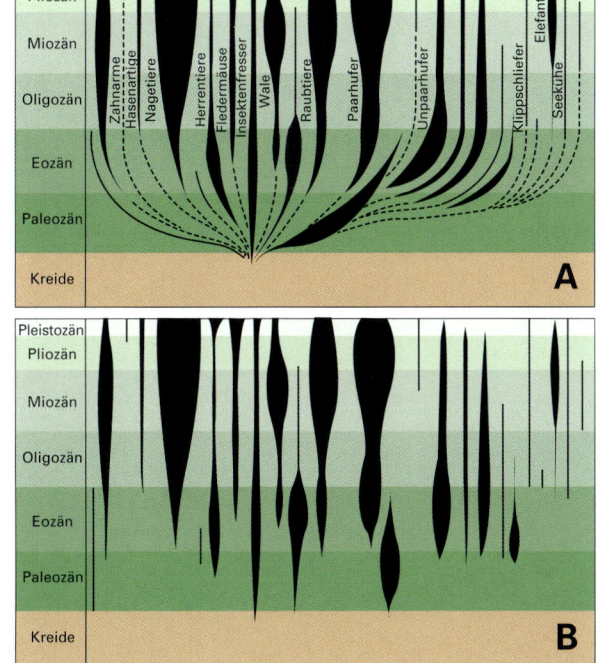

A / **B** — Pleistozän, Pliozän, Miozän, Oligozän, Eozän, Paleozän, Kreide; Zahnarme/Hasenartige, Nagetiere, Herrentiere, Fledermäuse, Insektenfresser, Wale, Raubtiere, Paarhufer, Unpaarhufer, Klippschliefer, Seekühe, Elefanten

Abb. 226: Lange dachte man, dass Vogelfedern sich aus Reptilschuppen entwickelt hätten. Heute nimmt man jedoch an, dass Federn Neubildungen sind, u. a. weil Schuppen und Federn sich bei heutigen Formen weitgehend unterschiedlich entwickeln. Eindeutige fossile Zwischenstufen zwischen haarartigen (evtl. gefransten) Körperanhängen und flugtauglichen Konturfedern sind aber nicht gefunden worden. Man kennt zwar auch einfachere flächige Federn, aber es spricht Vieles dafür, dass es sich wie bei heutigen flugunfähigen Vögeln um Rückbildungen handelt.

Abb. 227: Zwei verschiedene Rekonstruktionen zur Herkunft der Säugetiere – aus den gleichen Daten (Fossilienfunden) erstellt. Die obere stellt einen Stammbaum aus der Sicht der Makroevolution dar. Die gestrichelten Verbindungen werden angenommen, es liegen keine Fossilienfunde dazu vor. Die untere zeigt den paläontologischen Befund ohne die evolutionäre Deutung (aus Junker/Scherer, 2001).

22

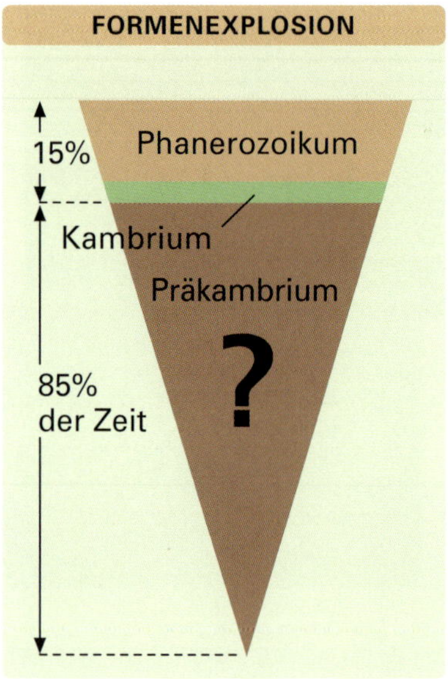

FORMENEXPLOSION

15%   Phanerozoikum

Kambrium

Präkambrium

?

85%
der Zeit

Abb. 228: Der größte Teil der Erdgeschichte liegt im Dunkeln, soweit es den Fossilbericht betrifft. Beim Übergang vom Präkambrium zum Kambrium tauchen dann plötzlich wie aus dem Nichts hochkomplexe Lebewesen auf – wo es vorher nur Einzeller gab (aus Junker/Scherer, 2013).

Forscher lassen Holz in wenigen Tagen versteinern

WEINHEIM (ddp) US-Forscher haben innerhalb weniger Tage Holz versteinern lassen. Bei diesem Prozess, der in der Natur Millionen von Jahren dauert, wird das organische Material durch Mineralien ersetzt; die ursprüngliche Struktur bleibt vollständig erhalten. Mit dem neuen Verfahren wollen die Forscher die einzigartige Struktur vieler Biomaterialien für technische Anwendungen nutzbar machen, berichten sie in „Advanced Materials". In der Natur versteinert Holz, wenn Bäume etwa unter Lavaschichten begraben werden, abgeschnitten vom Luftsauerstoff.   FOTO: KÖRSCHGEN

Abb. 229: Manche Vorgänge, die nach aktualistischem Verständnis in der Natur Millionen von Jahren benötigen, können unter bestimmten Bedingungen auch sehr schnell ablaufen. Welche Bedingungen in katastrophischen Szenarien auftreten können, wird noch nicht sehr lange erforscht (Zeitungsartikel aus „Bergische Morgenpost", 26. Januar 2005).

22

Der „Urknall des Lebens"

Diese Übergänge sind allerdings noch nichts im Vergleich zu dem, was man am Übergang Präkambrium/Kambrium feststellt. Dort tauchen plötzlich fast alle bekannten Tierstämme (d. h. auch alle Grundbaupläne) auf, die Hartteile besitzen, die meisten davon auf mehreren Erdteilen verbreitet – und zudem meisten von Beginn an in verschiedene Untergruppen aufgeteil. Nur wenige Fossilien sind als Vorstufen oder Übergänge diskutabel, aber diesbezüglich umstritten. Das plötzliche Auftreten dieser Vielfalt von Lebensformen bezeichnet man auch als „Urknall des Lebens"; und diese Vorgänge in einem Modell erfassen zu wollen wirft nicht weniger Probleme auf als die Theorie des kosmischen Urknalls.

Wie entstehen Versteinerungen?

Bleiben Lebewesen, die heute sterben, eigentlich auch als Fossilien erhalten? Normalerweise nicht. Wenn Menschen, Tiere und Pflanzen sterben, so werden ihre Überreste vollständig abgebaut. Viele Bakterien und Pilze sorgen dafür, dass alle toten Organismen wieder „zu Staub" werden.

Warum gibt es dann überhaupt Versteinerungen? Wenn ein Lebewesen sehr schnell von Sand und Erde verschüttet wird, kann es dabei so „eingepackt" werden, dass es vor den zersetzenden Organismen geschützt ist und konserviert wird. Für die Umwandlung in Stein (Petrifikation) müssen noch weitere Faktoren hinzukommen. Heute kommt es nur noch in Ausnahmefällen zur Bildung von Versteinerungen (etwa dort, wo eine schnelle Absenkung des Untergrundes mit einer schnellen Sedimentüberschichtung zusammenwirkt – was nur in Verbindung mit starken Erdbeben denkbar ist oder wenn schnell aufgebauter Sinterkalk [Tropfstein] organisches Material einbettet).

Die Evolutionstheorie benötigt lange Zeiträume

„Wir haben Zeit beinahe ohne Schranken", schreibt Darwin in der Einleitung zu seiner Selektionstheorie. Da die natürliche Auslese und die schrittweise Veränderung der Lebewesen (Makroevolution) viel Zeit benötigen, muss eine sehr lange Erdgeschichte zur Verfügung gestanden haben, um Vielfalt der Lebewesen hervorzubringen, die fossil und rezent (heute lebend) beobachtet werden können. Wenn sich zeigen ließe, dass die Erde (und mit ihr auch das Universum) noch sehr jung ist, wäre die Evolutionstheorie nicht mehr vertretbar. Die Frage der Datierung ist Inhalt der Kapitel 8 und 24. In diesem Kapitel geht es nur um einen bestimmten Aspekt, und zwar um die Frage, welches Alter die Erdschichten repräsentieren. Diese Frage ist mit dem Ablauf der Fossilienentstehung eng verknüpft. Müssen zwangsläufig viele Millionen Jahre angenommen werden, um die Ablagerung mächtiger Schichtsysteme zu rekonstruieren, oder können solche Vorgänge auch in viel kürzerer Zeit ablaufen?

Aktualismus und Katastrophismus

Wie kam Darwin zu der Annahme, er habe für seine Evolutionsgeschichte „Zeit beinahe ohne Schranken"? Er wusste noch nichts von den radiometrischen Datierungsmethoden, die heute das Hauptargument für eine alte Erde sind.

Er bekam jedoch Unterstützung aus der Geologie. Sein Zeitgenosse Charles Lyell (1797–1875) vertrat mit großem Erfolg die Theorie des Aktualismus (auch Uniformitarismus oder Uniformitätslehre genannt). Ganz allgemein besagt diese Theorie: Vorgänge, die heute (= aktuell) ablaufen, sind auch in der Vergangenheit immer schon gleichbleibend (= uniform) abgelaufen. Lyell schloss dabei praktisch aus, dass Ereignisse, die heute nicht mehr zu beobachten sind, in der Vergangenheit eine Rolle gespielt haben könnten. Zusammen mit der Evolutionstheorie setzte sich seine Vorstellung ziemlich schnell durch. Bis dahin war die Mehrheit der Geologen davon überzeugt, dass gewaltige Katastrophen wie die Sintflut und ihre Folgeereignisse das Gesicht der Erde hauptsächlich gestaltet hätten (Katastrophismus).

Es gibt keine wissenschaftlichen Gründe dafür, eine große erdgeschichtliche Katastrophe wie die Sintflut von vornherein auszuschließen. Einige Geologen arbeiten daran, in ihren Modellen zu zeigen, dass für manche geologische Erscheinungen eine schnelle, katastrophische Entstehung eine bessere Erklärung ist. Weil von der Evolutionstheorie ein hohes Erdalter gefordert wird, ist die Vorstellung einer jungen Erde („jung" heißt hier wenige Jahrtausende) für die meisten Wissenschaftler absurd.

Umbruch in der Geologie

Die Begriffe Aktualismus und Katastrophismus sind „ideologisch vorbelastet", weil sie oft in Verbindung mit dem Evolutions- bzw. Schöpfungsmodell gebraucht werden. Deswegen muss jeweils genau hinterfragt werden, wie der Begriff verwendet wird. Der „klassische Aktualismus", wie Charles Lyell ihn vertrat, ist in der heutigen Geologie tot. Besonders in den letzten Jahrzehnten konnten die Geologen durch Beobachtung erkennen, wie durch Katastrophen in kürzester Zeit (in wenigen Stunden und Tagen!) großräumige geologische Formationen entstanden, für deren Bildung man unter rein aktualistischen Annahmen Millionen von Jahren angesetzt hätte.

Einer der Auslöser für das Umdenken war das Grand-Banks-Erdbeben vor der Küste Neufundlands (Kanada) am 18. November 1929. Das Epizentrum des Erdbebens lag 250 km vor der Küste, und das Erdbeben selbst richtete an Land keine Schäden an, es löste aber eine Tsunami-Welle aus, die 27 Todesopfer forderte. Die gewaltigste Auswirkung des Ereignisses fand unter Wasser statt. Ein großer Bereich des Kontinentalsockels löste sich und rauschte mit einer Geschwindigkeit von knapp 90 km/h in die Tiefe. Die Lawine kam erst nach 13 Stunden zum Stillstand und legte in dieser Zeit 800 km zurück. Auf einem Gebiet von 160.000 Quadratkilometern wurde eine dicke Schlammschicht abgelagert. Vermutlich wäre diese gigantische Bewegung gar nicht bemerkt worden, wenn die Lawine nicht auf ihrem Weg nacheinander zwölf transatlantische Unterseekabel zerrissen hätte (dadurch konnte auch die Geschwindigkeit genau berechnet werden). Ein Ablagerungsereignis dieses Ausmaßes war bis dahin in der vorherrschenden Geologie kaum in Erwägung gezogen worden.

Ein weiteres Beispiel ist der Ausbruch des Vulkans Mt. St. Helens vom 18. Mai 1980. Ausgelöst durch einen abrutschenden Berghang entlud sich der Druck im Vulkaninneren außerordentlich gewaltsam. Die Spitze des Berges wurde förmlich abgesprengt (dadurch verlor der Mt. St. Helens über 400 Höhenmeter!), ein Gebiet von über 500 Quadratkilometern wurde völlig verwüstet und landschaftlich umgestaltet. Die Rauch- und Aschesäule stieg 18 km hoch (bis in die Stratosphäre). Zum Glück ist die Umgebung des Vulkans nur sehr dünn besiedelt (trotzdem verloren 57 Menschen ihr Leben). Verglichen mit dem Ausbruch des Krakatau 1883 (S. 80) war dieses Ereignis zwar nur ein mittelschwerer Vulkanausbruch, aber durch seine Lage (USA, Bundesstaat Washington) und vorangehende Hinweise auf einen bevorstehenden Ausbruch konnte dieses Ereignis detailliert aufgezeichnet und studiert werden. Dabei wurden die Geologen Zeugen davon, wie ein rasanter Schlammstrom innerhalb eines einzigen Tages breite Canyons mit 30 m hohen, steilen Wänden ins harte Gestein fräste. Später suchte sich abfließendes Wasser den Weg durch diese Täler. Nach aktualistischer Deutung hätte man diesen Geländebefund so erklärt, dass die abtragende Wirkung des Wassers in langer Zeit das Profil ausgewaschen habe.

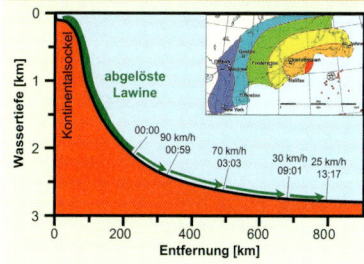

Abb. 230: Durch das Grand-Banks-Erdbeben vom 18. November 1929 wurde ein unterseeischer Erdrutsch ausgelöst, der sich als gewaltige Lawine 800 km weit in den Atlantik hinabwälzte und erst nach 13 Stunden zum Stillstand kam. Auf der Karte sind die Positionen beschädigter Unterseekabel als rote Dreiecke markiert.

Abb. 231: Der Vulkan Mt. St. Helens im Bundesstaat Washington (USA). Bei dem Ausbruch vom 18. Mai 1980 und einigen nachfolgenden Ereignissen wurde seine Umgebung völlig umgestaltet (mit freundlicher Erlaubnis der USGS, Cascades Vulcano Observatory, Vancouver, Washington, USA).

«Themen-DVD»

- „Menschliche" Fußabdrücke in der Kreide?
- Das Präkambrium/Kambrium-Problem: Molekulare Uhren und Fossilien
- Wie gut ist der Fossilbericht?
- Millionenverluste: Das Kambrium schrumpft
- Mount St. Helens – Überraschendes nach 20 Jahren
- Meteoriten und Sedimentbildung

«KOMPAKT»

Die regelhafte Abfolge der Fossilien lässt sich bis heute mit der Schöpfungslehre noch nicht befriedigend erklären. Sie ist auf den ersten Blick ein Indiz für die Evolution.

Das Fehlen eindeutiger Übergangsformen zwischen den verschiedenen Bauplänen lässt jedoch die Entwicklung aller Lebewesen aus einem gemeinsamen Ursprung sehr fraglich erscheinen. Insgesamt gesehen stellt sich uns die fossile Überlieferung der Geschichte des Lebens als ein Mosaik dar, das vieldeutig zu interpretieren ist.

22

Evolution ohne Grenzen? 23

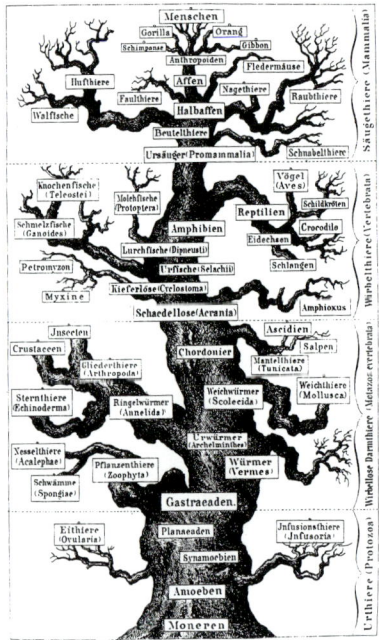

Abb. 232: Stammbaumvorstellung der Abstammung aller Lebewesen aus einem gemeinsamen Ursprung von Ernst Haeckel. Heute gibt es eine Vielzahl konkurrierender Theorien darüber, wie Stammbäume am besten dargestellt werden sollten. Das zugrunde liegende Prinzip, alle Lebewesen auf eine erste Urzelle zurückzuführen, ist aber immer noch aktuell.

Alle Lebewesen sollen nach der Evolutionstheorie aus einem gemeinsamen Ursprung hervorgegangen und folglich durch ihre gemeinsame Abstammung miteinander verwandt sein. Wird diese Annahme durch die Befunde der Biologie gestützt? Lässt sich die Entstehung neuer Konstruktionen biologisch nachvollziehen?

Makroevolution: „Von der Amöbe zu Goethe"

Darwin nahm seinerzeit an, dass er mit den Vorgängen, die er beschrieb, die Entwicklung aller Lebewesen von einem gemeinsamen Ursprung bis hin zu der heutigen Vielfalt erklären könne.

Schwierigkeiten mit dieser Vorstellung habe man nur deshalb, weil man sich die Langsamkeit dieser Entwicklung und die unvorstellbar lange Zeit, in der sie ablief, nicht recht vorstellen könne. Es stünden außerdem (zu seiner Zeit) noch zu wenig Fossilienfunde zur Verfügung, um die kontinuierliche Veränderung der Lebewesen endgültig zu beweisen.

Auf diese beiden Punkte (Erdalter und Fossilienfunde) wird in anderen Kapiteln ausführlich eingegangen. Nehmen wir zunächst einmal an, dass tatsächlich Milliarden von Jahren zur Verfügung standen und die Fossilienfunde eine kontinuierliche Entwicklung aller Lebensformen aus einem gemeinsamen Ursprung einwandfrei belegen würden – dann müsste trotzdem die Frage gestellt werden, ob durch zufällige Veränderung der Erbinformation völlig neue Strukturen und Baupläne entstehen können (das bezeichnen wir im Folgenden als Makroevolution).

Wie funktioniert Evolution?

Um die Wirkungsweise der Evolution zu verstehen, schauen wir uns ein gut untersuchtes Beispiel an.

Auf den Kerguelen-Inseln im Südpolarmeer lebt die Dungfliege, genauer gesagt, eine flugunfähige Form der Dungfliege. Sie hat ihre Flugfähigkeit durch Mutationen verloren.

Irgendwann in der Vergangenheit haben die Vorfahren dieser Fliege die Insel besiedelt. Bei einsam gelegenen Inseln geschieht das meistens durch Verdriftung (der Wind kann Insekten über sehr weite Strecken wehen) oder die Anlandung von Treibgut über das Meer (das ebenfalls große Distanzen zurücklegen kann).

Die Fliegen vermehren sich auf der Insel und pflanzen sich untereinander fort. Sie bilden damit eine Fortpflanzungsgemeinschaft – eine Population.

Die Erbinformation sämtlicher Einzeltiere zusammengenommen bildet den Genpool. In der Populationsgenetik geht es immer um die Veränderung dieses Genpools. Wir betrachten also die Gesamtheit aller Gene.

Durch Mutationen treten zufällige Veränderungen in diesem Genpool auf. In den meisten Fällen rufen sie nur unbedeutende Auswirkungen hervor und sind für das betroffene Tier schädlich oder neutral. (Mehr zum Thema Mutationen auf Seite 164.)

Bei der sexuellen Fortpflanzung der Tiere findet außerdem eine ständige Rekombination der Erbinformation statt. Dabei kommt es zwar nicht zur Veränderung der Gene, doch in jeder Generation treten neue Kombinationen der vorhandenen Gene auf. Dadurch können die Eigenschaften der Lebewesen variiert werden.

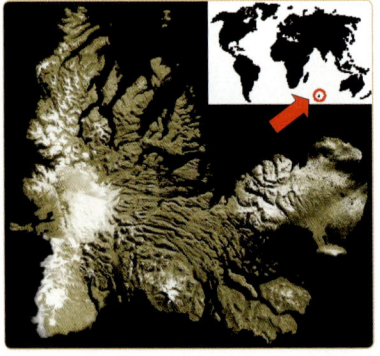

Abb. 233: Die Kerguelen-Inseln im Südpolarmeer auf einem Satellitenfoto der NASA.

In unserem Beispiel führen Mutationen zum Verlust der Flugfähigkeit. Normalerweise würde man davon ausgehen, dass dieser Verlust ein großer Nachteil für das Insekt ist. Durch sein Flugvermögen ist es sehr mobil und in der Lage, seinen Feinden schnell zu entfliehen. Man hat es aber auf den Kerguelen noch mit einem besonderen Faktor zu tun. Durch ihre Lage im stürmischen Südpolarmeer tosen heftige Winde um die Insel. Die Besatzung eines Forschungsschiffs registrierte die Windgeschwindigkeit 75 Tage lang. An 19 Tagen blies der Wind mit Windstärke 7 (~50 km/h) und an 7 Tagen sogar mit Windstärke 8 (~65 km/h). Jedes fliegende Insekt ist in Gefahr, vom Wind mitgerissen und auf das offene Meer hinausgeweht zu werden. Das Risiko scheint so hoch zu sein, dass die Flugunfähigkeit unter diesen besonderen Umständen ein deutlicher Überlebensvorteil ist.

Das verkrüppelte Tier pflanzt sich also fort und vererbt seine Mutation an die Nachkommen. In jeder Generation fordern Wind und Meer einen hohen Tribut von den flugfähigen Tieren, während die Krüppel sich ungestört vermehren. Auf diese Weise kann sich eine so vorteilhafte Veränderung schnell in der gesamten Population durchsetzen. Die flugfähigen Fliegen starben irgendwann aus.

Solch einen Prozess der natürlichen Auslese bezeichnet man als „Selektion". Die Gefahr durch den Wind ist ein „Selektionsdruck". Die flugunfähigen Mutanten werden dadurch bevorzugt, ausgelesen, selektiert. Das ist Evolution.

Was kann Evolution?

Kein Biologe stellt in Frage, dass die oben beschriebenen Abläufe möglich sind und dass die Evolutionsfaktoren Mutation, Rekombination und Selektion ständig auf alle Lebewesen einwirken. Die Frage ist aber: Welches Ausmaß an Veränderung kann Evolution an Lebewesen bewirken?

In unserem Beispiel handelt es sich um eine Defektmutation. Eine bestehende Struktur (der Flugapparat) wurde abgebaut. Alle bisher bekannten und untersuchten Mutationen hatten entweder den Verlust oder die Veränderung einer bereits vorhandenen Struktur zur Folge. Bei einem Verlust geht etwas Bestehendes verloren; bei einer Veränderung kann sich die Form, Größe, Anzahl, Farbe und Beschaffenheit von Strukturen verändern. Das ist Mikroevolution.

Man hat aber noch nie das Auftreten neuer komplexer Strukturen infolge von Mutation und Selektion beobachten oder nachweisen können. Das wäre Makroevolution. Dafür wäre es nötig, dass eine große Anzahl zueinander passender Mutationen aufträte und irgendwann in einem Lebewesen zusammenträfe, um etwas Neues hervorzubringen.

In unserem Beispiel ist eine *schrittweise* Entwicklung denkbar. Wenn z. B. nach einer ersten Mutation die Flügel nicht mehr zum Fliegen benutzt werden könnten, wäre es zu erwarten, dass sie, da sie nun funktions- und nutzlos geworden sind, irgendwann ganz verschwinden. Durch ihre Bildung würden die Tiere ja nur Energie und Material verschwenden.

Für die Entstehung neuer Strukturen lässt sich dieser schrittweise Ablauf dagegen kaum vorstellen. Man muss davon ausgehen, dass es viele Generationen dauert, bis eine funktionierende Struktur entstanden ist, und dass sie erst einen Nutzen hat, wenn sie fertig ist und funktioniert. Alle kleinen Veränderungen und Zwischenstufen müssen bereits zum Vorteil für ihren Träger sein, sonst verschwinden sie wieder und setzen sich nicht durch.

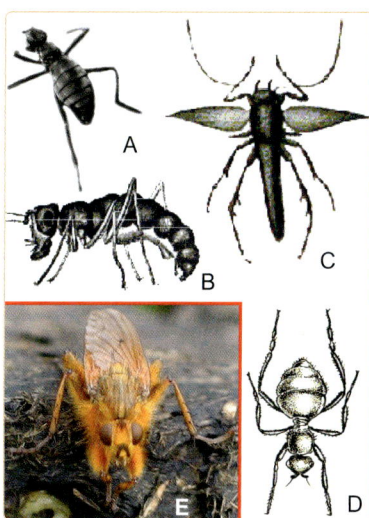

Abb. 234: Einige Varianten von Insekten mit verkümmerten bzw. fehlenden Flügeln, die auf den Kerguelen vorkommen. A: *Ameloptery maritima*. B: *Calycopteryx moseley* (Tangfliege). C: *Embryonopais halticella* (ein Schmetterling!). D: Dungfliege (verkümmert). E: *Scatophaga stercoraria* (Dungfliege, normal beflügelt). Die Abbildungen D und E zeigen eine Fliege der gleichen Gattung. Ein Exemplar der Kerguelen mit verkümmerten Flügeln (D) und eine heimische Art (E) in ihrem natürlichen Umfeld – dem Misthaufen.

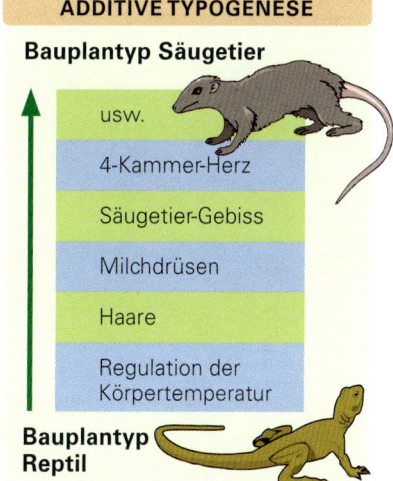

ADDITIVE TYPOGENESE

Bauplantyp Säugetier

usw.

4-Kammer-Herz

Säugetier-Gebiss

Milchdrüsen

Haare

Regulation der Körpertemperatur

Bauplantyp Reptil

Abb. 235: Die Theorie der „Additiven Typogenese" besagt, dass sich in der Entwicklung eines Lebewesens hin zu einem neuen Bauplantyp nicht alle Merkmale auf einmal ändern, sondern dass schrittweise neue Merkmale erworben werden. Die gegenseitige Abhängigkeit von Organen (Interdependenz) ist jedoch ein starkes Argument gegen diese Vorstellung.

Abb. 236: Der unterschiedliche Blick auf Evolution. Nach der Schöpfungslehre können Veränderungen nur innerhalb der erschaffenen Arten (Grundtypen) stattfinden. Nach der Evolutionstheorie haben sich alle Lebensformen aus einem gemeinsamen Ursprung entwickelt.

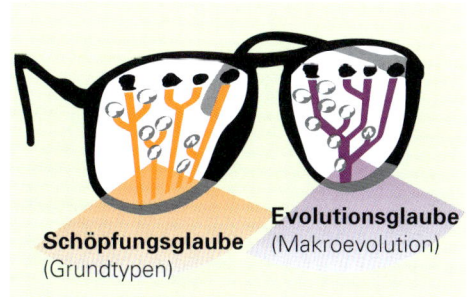

Schöpfungsglaube (Grundtypen)

Evolutionsglaube (Makroevolution)

23

Abb. 237: Neue Baupläne setzen viele kleine Veränderungen voraus. Diese Veränderungen bedeuten erst einen Vorteil für das Lebewesen, wenn der „Umbau" abgeschlossen ist und die neue Konstruktion einen Vorteil bedeutet. Das Leben geht aber weiter. Aufwändige Strukturen, die keinen Vorteil bedeuten, sind daher erst einmal ein großer Nachteil.

«ZITAT»

Ein Selektionsvorteil ist nur im fertig ausgebildeten Zustand gegeben; ‚unfertige' Zwischenstufen sind biologisch wertlos und werden durch stabilisierende Selektionswirkung ausgemerzt.

R. Junker & S. Scherer, 2001

(*Evolution. Ein kritisches Lehrbuch*, S. 81)

23

Abb. 238: Vereinfachtes Modell einer Fitness-Landschaft. Angenommen, der „Ursäuger" rechts würde zur Fledermaus mutieren, der Aufbau komplizierter Strukturen würde seine Fitness dann zuerst verringern. Erst wenn sie funktionsfähig wären, könnte er in seinem neuen Lebensraum überleben und sie weiter optimieren. Der Weg bis dahin ist zu weit, er stirbt vorher aus.

Wegen Umbauarbeiten vorübergehend geschlossen?

Selbst wenn lange Zeiträume zur Verfügung stünden, könnte Makroevolution nicht funktionieren. Ein Lebewesen muss zu jedem Zeitpunkt seiner Entwicklung fit sein, nicht erst dann, wenn die Entwicklung eine neue, vorteilhafte Konstruktion hervorgebracht hat. Vielmehr muss es in jeder Generation überlebensfähig sein. Ein theoretisches Modell für eine schrittweise Entwicklung kann in den wenigsten Fällen aufgestellt werden.

Auf der anderen Seite wird man nie beweisen können, dass eine bestimmte Zwischenstufe keinen möglichen Vorteil darstellt. In einem Briefwechsel schrieb mir ein Genetiker dazu:

„Man kann sich für jedes Phänomen bei den Lebewesen eine Erklärung ausdenken, die eine Entwicklung über die ‚sanfte Böschung' einschließt. Eine Argumentation nach dem Motto ‚ich kann es mir nicht vorstellen' ist niemals schlüssig, denn wenn wir uns etwas nicht vorstellen können, kann das immer auch an unserer beschränkten Phantasie liegen."

Damit hat er durchaus Recht. Es ist viel Phantasie dazu nötig, sich sinnvolle Zwischenstufen auf dem Weg zu den vielen ausgesprochen komplexen und vollkommenen biologischen Konstruktionen vorzustellen. Einige untersuchte Beispiele zu diesem Problem sind auf der DVD abgelegt.

Der Weg zu neuen Höhen führt durch das „Tal des Todes"

Mit dem Modell einer Fitness-Landschaft lassen sich verschiedene Vorstellungen zur Makroevolution darstellen. Die Grafik ist nicht ganz leicht zu durchschauen.

Nehmen wir ein ganz einfaches Beispiel. Ein Bakterium stellt ein Enzym her, mit dem es einen bestimmten Zucker in seinem Stoffwechsel verwerten kann. Dieses Enzym ist ein Protein (Eiweiß) und besteht aus einer Kette von 100 Aminosäuren. Weil 20 verschiedene Aminosäuren in jeder Position eingebaut werden können, gibt es für die Kette aus 100 Gliedern 20^{100} (= $1,3 \times 10^{130}$) verschiedene Möglichkeiten. Diese unvorstellbar große Zahl möglicher Kombinationen bildet den „Sequenzraum". In der Grafik stellt die Bodenfläche ein Koordinatensystem dar, in dem jeder Punkt für eine andere Sequenz (= Reihenfolge von Aminosäuren) steht. Nur ein kleiner Teil dieser Sequenzen ergibt ein Protein, das die beschriebene Aufgabe (Spaltung eines bestimmten Zuckers) leisten kann. Deshalb schauen wir uns auch nur den Abschnitt des Sequenzraums an, der um das bekannte Protein herum liegt. Wir starten auf Feld A1 mit unserer bekannten Sequenz. Mit einem einfachen biochemischen Test können wir bestimmen, wie effektiv das Enzym arbeitet. Bieten wir den Bakterien nur diesen bestimmten Zucker als Nahrung an, so hängt ihre Fitness von diesem einen Enzym ab. Wenn sie den Zucker nicht verarbeiten können, sterben sie (Fitness = 0, schwarz). Wenn sie ihn nicht optimal nutzen, ist keine Vermehrung möglich, und die Population stirbt irgendwann aus (Fitness <1, rot). Funktioniert die Verwertung gut, kann die Kultur langsam wachsen (Fitness >1, gelb). Je besser der Stoffwechsel optimiert ist, desto höhere Wachstumsraten (Fitness >2, >3, >4, hell-, mittel, dunkelgrün) können erreicht werden.

Bezogen auf die Fitness „höherer" Tiere ist dieses Modell sehr theoretisch. Es ist unmöglich, die Sequenzräume für ihre sämtlichen Proteine und deren mögliche Wechselwirkungen zu erfassen und zu berechnen. Man kann an diesem Schema allerdings gut erklären, warum nicht verstanden wird, wie Makroevolution funktionieren könnte. Die Selektion wirkt auf zwei verschiedene Weisen. Durch positive Selektion setzen sich vorteilhafte Eigenschaften in einer Population durch, und durch negative Selektion werden schädliche Eigenschaften ausgemerzt. Beides führt dazu, dass sich eine Population in der Fitness-Landschaft „bergauf" bewegt. Der Weg nach unten führt zum Aussterben einer Art, bevor diese einen anderen Berg (der entspricht in diesem Modell einem anderen Bauplantyp) erreichen kann.

Solche Fitness-Landschaften werden auch eingesetzt, um technische Prozesse zu optimieren. Dabei wird ein System in mehrere Richtungen verändert, und die Auswirkungen werden berechnet. Die Einstellungen, mit denen das beste Ergebnis erzielt wurde, werden dann im nächsten Schritt wieder in verschiedene Richtungen verändert usw. Bei dieser Art der Optimierung tritt genau das Problem auf, mit dem wir es in der Makroevolution zu tun haben. Ein lokales Optimum („Bergspitze") ist oft eine Sackgasse. Durch weitere Veränderung kann die Fitness nicht weiter erhöht werden. Möglicherweise gibt es dann noch andere entfernte Gipfel, die noch weit besser sind. Diese können aber mit der Methode der schrittweisen Verbesserung nicht erreicht werden, weil der Weg immer nur nach oben führt.

Wann kann man von einem neuen „Bauplan" sprechen?

Die Unterscheidung zwischen Mikroevolution und Makroevolution ist streng genommen nur auf genetischer Ebene (also durch Vergleich der Erbinformation) möglich. Dort lässt sich erkennen, auf welche Weise eine bestehende Struktur abgeändert wurde. Genetische Veränderungen können sich sehr stark auf das Aussehen und Verhalten von Lebewesen auswirken (man schaue sich die Beispiele auf Seite 88 und 89 an!), aber sie bringen nichts grundsätzlich Neues hervor.

Wenn wir von verschiedenen Bauplänen sprechen, brauchen wir gar nicht nur an den grundverschiedenen Aufbau von ein- und mehrzelligen Lebewesen oder von Tieren und Pflanzen zu denken. Schon innerhalb der gleichen Klasse von Tieren sind die Unterschiede gewaltig.

Nehmen wir ein Beispiel aus der Klasse der Säugetiere: Der Blauwal und die Fledermaus sollen sich beide aus einem gemeinsamen Vorfahren entwickelt haben. Man stellt sich unter diesem Vorfahren ein landlebendes, insektenfressendes Ursäugetier von der Größe einer Ratte vor. Die ganze Entwicklung soll in den letzten 50 Millionen Jahren abgelaufen sein. Beide Tiere sind an ihre unterschiedlichen Lebensräume perfekt angepasst und könnten nicht unterschiedlicher sein. Das zeigt eine kurze Gegenüberstellung.

Die Fledermaus ist ein gewandter Flieger. Sie erreicht im Flug Geschwindigkeiten von über 50 km/h und kann blitzschnelle Richtungsänderungen ausführen. Ihr kleines Herz ist beim Jagdflug allerhöchster Belastung ausgesetzt und schlägt dann bis zu 1000x in der Minute. Dafür liegt die Herzfrequenz tagsüber, wenn die Tiere schlafen, nur noch bei 40–80 Schlägen/min und in der Winterruhe sogar nur noch bei 20 Schlägen/min. Als Flieger achten sie auf eine schlanke Linie; die meisten Arten wiegen unter 50 g. Allerdings ist die Variation groß. Sie reicht von der winzigen Schweinsnasen-Fledermaus (1,5 g) bis zur großen Kalong (1,2 kg).

Die Tragezeit schwankt zwischen 40 und 70 Tagen. Sie wird an das Nahrungsangebot angepasst. Je mehr Futter da ist, desto schneller ist die Schwangerschaft zu Ende.

Ein hochempfindliches Radarortungssystem ermöglicht ihr die nächtliche Orientierung und Beutejagd. Die ausgestoßenen Laute liegen im Ultraschallbereich (sehr hohe Frequenzen). Der Schalldruck, den sie dabei aufbauen, ist enorm groß. Einige Arten erreichen 120 dB – das ist der Lärm eines Presslufthammers. Gut, dass diese Frequenzen für uns nicht hörbar sind. Die Nachtruhe wäre sonst in vielen Gegenden dahin. Fledermäuse werden ca. 20–25 Jahre alt.

Der Blauwal ist perfekt auf das Leben im Wasser zugeschnitten. Diese Riesen sind ausgewachsen mit einem maximalen Gewicht von 190 t und einer Körperlänge von bis zu 33,58 m (beides Rekordwerte) die größten Tiere, die leben und je gelebt haben. Trotz ihrer enormen Masse erreichen sie schwim-

Ein einziges Gen ließ Fledermäuse abheben

LONDON (ddp) Fledermäuse haben vor etwa 50 Millionen Jahren von heute auf morgen das Fliegen gelernt: Die Veränderung eines einzigen Gens ließ ihnen sehr lange Finger wachsen, aus denen sich Flügel entwickelten. Das hat Karen Sears von der Universität von Colorado in Denver entdeckt. Ein solcher, für die Evolution sehr schneller Übergang vom nicht fliegenden Vorfahren zur fliegenden Fledermaus erklärt auch, warum niemals Fossilien von Tieren aus einem Übergangsstadium gefunden wurden,

Abb. 239: Die Fledermaus soll „von heute auf morgen" das Fliegen gelernt haben, als ihre Finger plötzlich lang wurden. Solchen stark vereinfachten Vorstellungen von makroevolutiven Übergängen begegnet man leider häufig. Sie gehen an der überaus komplexen biologischen Realität vorbei (Aus: „Bergische Morgenpost", 13. November 2004). Der Verlust einer Struktur durch eine Mutation besagt nicht, dass eine Mutation dieselbe auch hervorgebracht hat.

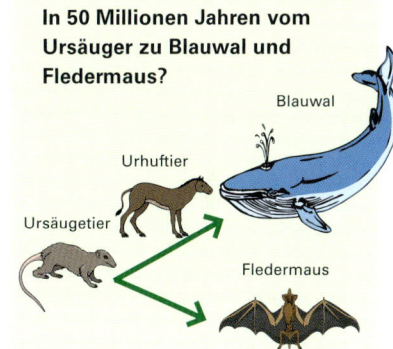

GEMEINSAME VORFAHREN?

In 50 Millionen Jahren vom Ursäuger zu Blauwal und Fledermaus?

Blauwal

Urhuftier

Ursäugetier

Fledermaus

Abb. 240: Innerhalb der erdgeschichtlich kurzen Zeit von 50 Millionen Jahren sollen sich Blauwal und Fledermaus aus einem gemeinsamen Vorfahren entwickelt haben.

23

Abb. 241: Eine typische Fledermaus, das Townsend-Langohr (*Plecotus townsendii*). Gut zu erkennen sind die riesigen Ohren, womit sie das Echo ihrer ausgestoßenen Ultraschall-Laute empfängt.

Abb. 242: Der Blauwal (*Balaenoptera musculus*) ist das größte Tier, das je gelebt hat. Er ist durch starke Bejagung vom Aussterben bedroht. Es gibt heute weltweit nur noch etwa 2300 Tiere.

TRANSPORTOPTIMIERUNG?

Abb. 243: Eine Analogie zum Unterschied zwischen Mikro- und Makroevolution. Der Absender (A) will dem Empfänger (B) eine Zeichnung zukommen lassen. Er kann sie mit der Post schicken, die durch verschiedene Transportmittel die Zustellung in Bezug auf die Zeit immer weiter optimieren kann. Er kann sie aber auch als Fax verschicken. Dabei wird dann nicht mehr ein Blatt Papier transportiert, sondern die grafische Information wird elektronisch aufbereitet, gesendet und wieder in eine grafische Darstellung auf Papier zurückverwandelt. Das hat nichts mit Transportoptimierung zu tun, es ist eine völlig andere technische Lösung, etwas prinzipiell Neues.

23

«ZITAT»

Was kann es Sonderbareres geben, als dass die Greifhand des Menschen, der Grabfuß des Maulwurfs, das Rennbein des Pferdes, die Ruderflosse der Seeschildkröte und der Flügel der Fledermaus sämtlich nach demselben Modell gebaut sind und gleiche Knochen in der nämlichen gegenseitigen Lage enthalten?

Charles Darwin, 1859

mend Spitzengeschwindigkeiten von fast 40 km/h. Ihr Herz hat die Größe eines Kleinwagens, wiegt etwa 1 t und schlägt nie schneller als 20x in der Minute.

Die meiste Zeit des Tages verbringen sie damit, in einer mittleren Tiefe von 100 m winzige Kleinkrebse (Krill) aus dem Wasser zu filtern. Eine Tagesration besteht aus etwa 40 Millionen dieser Tierchen (über 3 t). Allerdings können sie im Extremfall auch fast ein Jahr lang fasten – das schafft kein anderer Säuger. Das Muttertier trägt ca. 11 Monate. Es säugt sein Jungtier unter Wasser. Die außerordentlich fettreiche und nahrhafte Milch, von der die Walkuh bis zu 600 l/Tag produziert, wird dem Kalb mit großem Druck ins Maul gespritzt. Es legt in der ersten Zeit bis zu 120 kg pro Tag an Gewicht zu. Die Nasenöffnung, das so genannte Blasloch, sitzt oben auf dem Kopf an der höchsten Stelle des Körpers. Das erleichtert das Atmen an der Wasseroberfläche. Mit Tönen im Infraschallbereich (sehr tiefe Frequenzen) können Wale sich in der Dunkelheit der Tiefe orientieren, ihre Beute orten und sich über eine Entfernung von mehreren hundert Kilometern unter Wasser verständigen. Der Schalldruck, den sie dabei aufbauen, erreicht den höchsten Wert des gesamten Tierreichs: 180 dB. Das ist mehr Lärm, als ein Düsenflugzeug beim Start erzeugt. Man hat diese „Gesänge" noch in 800 km (!) Entfernung registrieren können. Einige andere Walarten benutzen diesen Schall für die Jagd. Sie „schreien" ihre Beute mit voller Lautstärke an und lähmen sie dadurch. Blauwale werden bis zu 110 Jahre alt.

Viel Mikroevolution = Makroevolution?

Die Unterschiede zwischen Blauwal und Fledermaus können nicht als eine Anhäufung mikroevolutiver Anpassungen erklärt werden. Makro- und Mikroevolution unterscheiden sich nicht quantitativ, sondern qualitativ.

Mikroevolution   *– bestehende Konstruktionen werden optimiert*
Makroevolution   *– neue Konstruktionen werden gebildet*

Für neue Konstruktionen ist der Input von Information erforderlich (planerische Intelligenz). Es gibt keinen zwingenden Beleg dafür, dass Makroevolution jemals bei irgendeinem Lebewesen stattgefunden hat.

Ähnlichkeiten – sonderbar oder genial?

Bleiben wir bei der Gegenüberstellung von Wal und Fledermaus. Je genauer wir diese beiden Tiere untersuchen, desto deutlicher wird, wie jedes von ihnen vollkommen auf seinen Lebensraum und dessen Erfordernisse zugeschnitten ist.

Gleichzeitig gilt: Je genauer man sie untersucht, desto mehr erstaunliche Gemeinsamkeiten fallen auf. Ob diese Ähnlichkeit die äußere Form (Morphologie), den inneren Aufbau der Organe (Anatomie) oder Gewebe (Zytologie), die Funktion (Physiologie), die stoffliche Zusammensetzung (Biochemie), die enthaltene Erbinformation (Genetik) oder die Entwicklungsabläufe (Embryologie) betrifft, sie tritt uns überall in abgestufter Form entgegen und ermöglicht es, die Organismen zu ordnen (siehe Abb. 108). Mit zunehmender Kenntnis der Anatomie und der vergleichenden Morphologie traten diese Ähnlichkeiten immer deutlicher zutage. Sie veranlassten Darwin zu dem abgedruckten Zitat. Er empfand es als „sonderbar", dass der Schöpfer die gleiche grundlegende Struktur (siehe Abb. 244) für ganz verschiedene Verwendungszwecke angepasst haben sollte (während er in anderen Fällen für die gleiche Aufgabe verschiedene Konstruktionen einsetzte). Ob das als sonderbar oder genial empfunden wird, hängt vom eigenen Standpunkt ab.

In der Evolutionstheorie gelten die Ähnlichkeiten der Organismen als stärkstes Indiz dafür, dass Entwicklung und Abstammung einen gemeinsamen Startpunkt haben.

Homologie, Analogie und Konvergenz

Wenn die Ähnlichkeit einer Struktur zwischen Organismen, die nach der Evolutionstheorie abstammungsmäßig miteinander verwandt sein sollen, festgestellt wird, spricht man von einer *Homologie*. Man unterscheidet zwischen Homologie der Lage, der spezifischen Qualität und der Kontinuität, je nachdem, worin sich die Ähnlichkeit äußert.

Lässt sich nach der Stammbaumvorstellung keine Verwandtschaft annehmen, so spricht man bei ähnlichen Strukturen von *Analogie*. Problematisch ist, dass es keine objektiven Kriterien gibt, um zwischen Homologie und Analogie zu unterscheiden. Die Ähnlichkeit an sich kann deutlich festgestellt werden, aber die Deutung als Homologie im Sinne von historischer Abstammungsverwandtschaft kann nur erfolgen, wenn die Abstammungsverhältnisse bekannt sind (Grundtypen, siehe Kap. 12). Im Allgemeinen werden aber die hypothetischen Stammbäume der Evolutionstheorie zugrunde gelegt. Dort, wo keine Abstammungsverwandtschaft angenommen wird, die Ähnlichkeit also als Analogie gedeutet wird, nimmt man eine konvergente Entwicklung an. Konvergente Entwicklung (oder einfach *Konvergenz*) bedeutet, dass in verschiedenen Organismen eine parallele Entwicklung ähnlicher Strukturen stattgefunden hat. Verschiedene Augentypen z. B. sollen in der Tierwelt mindestens 40-mal unabhängig voneinander, ausgehend von sehr einfachen Vorläufern, evolutiv entstanden sein.

Gemeinsame Abstammung oder gleicher Schöpfer?

Die Deutung der Ähnlichkeit als Hinweis auf gemeinsame Abstammung beruht auf einem Analogieschluss. Wir können Abstammung innerhalb von Arten heute beobachten und übertragen es auf die Vergangenheit.

Ein ganz anderer Analogieschluss ist es, in den Ähnlichkeiten die „Handschrift" des Urhebers zu sehen. Das entspricht ebenfalls (eigentlich sogar in noch stärkerem Maß) unserer Erfahrung. Ähnliche Konstruktionen gehen letztlich auf denselben Planer, Erbauer, Designer, Urheber, Architekten usw. zurück.

Experten sind in der Lage, die Echtheit der Gemälde alter Meister festzustellen, indem sie die Pinselführung untersuchen. Nicht nur der Strich, auch die Art und Weise, wie die Farbe aufgebracht und gemischt wird, sind solche typischen Kennzeichen eines Kunstmalers. Genauso lassen sich typische Erkennungsmerkmale für den Stil von Architekten, Designern, Komponisten, Dichtern und Autoren herausfinden.

Konstruktion von Stammbäumen

Die Evolutionstheorie geht von einer gemeinsamen Abstammung aller Lebewesen aus, aber es zeigt sich immer, dass keine widerspruchsfreien Stammbäume erstellt werden können. Das Problem dabei ist, dass viele Eigenschaften und Merkmale sich mosaikförmig auf die

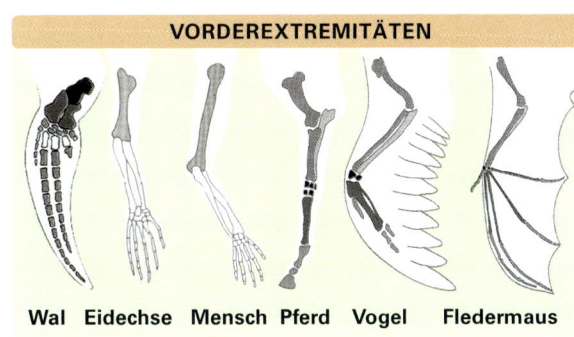

VORDEREXTREMITÄTEN

Wal Eidechse Mensch Pferd Vogel Fledermaus

Abb. 244: Auf diese Knochenstruktur (Vorderextremitäten) bezieht sich die Bemerkung Darwins.

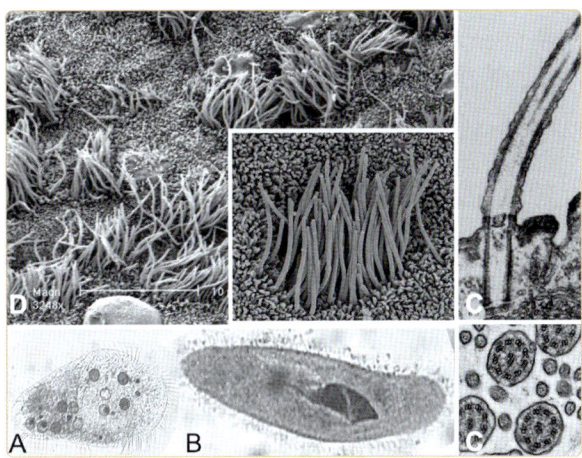

Abb. 245: Ähnlichkeiten begegnen uns nicht nur im makroskopischen Bereich. Die winzigen Geißeln (*Cilien*), die Wimperntierchen (A – *Stylonychia*) und Pantoffeltierchen (B – *Paramecium*) vorwärtsbewegen, gleichen in ihrer Struktur (C) denjenigen, die in Flimmerepithelien des menschlichen Körpers eine Eizelle (im Eileiter) oder Schmutz und Schleim (in der Luftröhre) befördern. Die Aufnahme zeigt das Eileiterepithel eines Hühnerkükens (D). Mit freundlicher Erlaubnis von Prof. Volker Herzog, Universität Bonn.

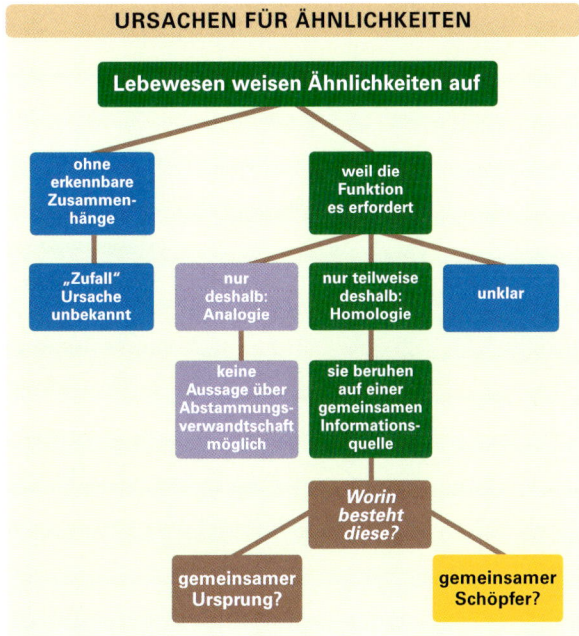

Abb. 246: Für Ähnlichkeiten kann es verschiedene Ursachen geben (nach Junker, 2002).

23

Abstammung vermutet → Abstammung beobachtet →

Abb. 247: Von dem Bereich, in dem wir Abstammung heute beobachten können, kann nicht unbedingt auf den nicht beobachtbaren Bereich der Vergangenheit geschlossen werden.

Abb. 248: Mindestens fünfmal unabhängig muss nach evolutionstheoretischer Deutung eine Leimrute entstanden sein, nämlich (von oben nach unten) beim Chamäleon (oben), Specht (links), Ameisenbär (rechts), Erdferkel (rechts unten) und Schuppentier (nicht abgebildet). Es handelt sich um eine verlängerte klebrige Zunge, mit der kleine Insekten (vornehmlich Ameisen oder Termiten) aufgenommen werden. Zum „Leimruten-Bauplan" gehören außerdem in den meisten Fällen u. a. ein entsprechend schmaler Bau des Unterkiefers, Reduktion oder Fehlen von Zähnen, eine verengte Mundöffnung, gut ausgebildete Speicheldrüsen, Vorrichtungen für das Einstülpen der Zunge und ein Kaumagen.

einzelnen Tierarten verteilen. Je mehr Merkmale in die Untersuchung einbezogen werden, desto häufiger treten Widersprüche auf. Viele Arten ähneln sich in einigen Merkmalen sehr stark, während sie sich in anderen gravierend unterscheiden. Für die Konstruktion eines Stammbaums wird ein *Kladogramm* erstellt, aus dem die Abfolge der Verzweigungen abgelesen werden kann. Die Verzweigungen werden an einzelnen Merkmalen festgemacht. Wenn sich für verschiedene Merkmale unterschiedliche Verzweigungsstrukturen ergeben, muss die unabhängige Entstehung (Konvergenz) oder der Verlust eines Merkmals angenommen werden. Die Stammbäume, die nach dem aktuellen Stand der Forschung erstellt werden, werden durch eine Anhäufung derartiger Ereignisse häufig unglaubwürdig.

Widersprüche zu klassischen Stammbaumvorstellungen treten häufig auf, wenn auch die Ergebnisse der modernen Genetik und Embryologie mit einbezogen werden. Nach der Evolutionstheorie sollten abstammungsverwandte Tiere sich nicht nur in ihren äußeren Merkmalen, sondern auch in ihrer Ontogenese (Entwicklung vom Ei zum ausgewachsenen Tier) ähneln (da verwandte Organismen gemeinsame Gene haben und die Ontogenese von Genen gesteuert wird). In der Realität ist es aber häufig so, dass eine gemeinsame embryonale Struktur oder ein gemeinsames embryonales Stadium zu ganz unterschiedlichen Merkmalen beim erwachsenen Tier führt. Umgekehrt dazu entsteht in vielen Fällen eine homologe (bzw. für homolog erachtete) Struktur aus verschiedenen Teilen oder Entwicklungsabfolgen des Embryos (Abb. 250).

Zusammenfassend lässt sich feststellen, dass aufgrund der Ähnlichkeiten, also durch Merkmalsvergleiche (Methoden der vergleichenden Morphologie, Anatomie, Physiologie, Embryologie usw.) kein widerspruchsfreies phylogenetisches System (Stammbaum) erstellt werden kann.

MERKMALSVERZWEIGUNG

Hauskatze   Löwe   Seehund   Pferd   Echse

Fähigkeit zu schnurren

zurückziehbare Krallen

Backenzähne daran angepasst, Fleisch zu schneiden oder zu zermahlen   Haare

Abb. 249: Ein vereinfachtes Kladogramm (Darstellung der Merkmalsverzweigung). Die Abfolge der angeführten Verzweigungen soll daraus zu entnehmen sein.

HOMOLOGE ORGANE

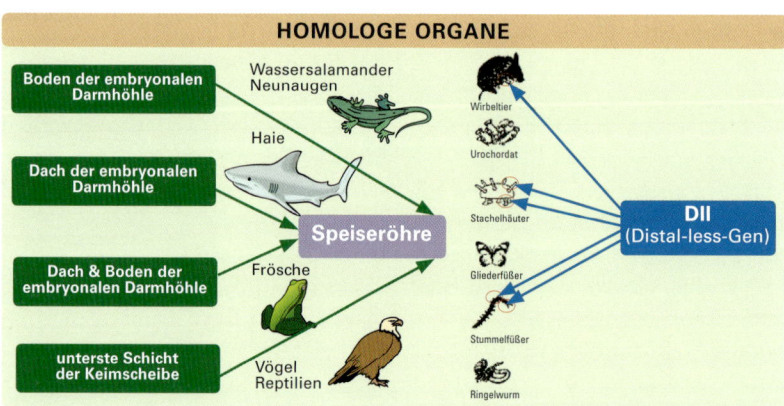

Boden der embryonalen Darmhöhle — Wassersalamander Neunaugen

Dach der embryonalen Darmhöhle — Haie

Dach & Boden der embryonalen Darmhöhle — Frösche

Speiseröhre

unterste Schicht der Keimscheibe — Vögel Reptilien

Wirbeltier
Urochordat
Stachelhäuter
Gliederfüßer
Stummelfüßer
Ringelwurm

DII (Distal-less-Gen)

Abb. 250: Aus verschiedenen embryonalen Anlagen können bei verschiedenen Tiergruppen homologe Organe entstehen.

Andererseits kann ein bestimmtes Gen mit verschiedenen, nicht-homologen Strukturen assoziiert sein. Das Distal-less-Gen (Dll; Dlx in Mäusen) ist ein Beispiel dafür. Das daraus entstehende Protein wird während der Embryonalentwicklung verschiedenster Tierstämme in z. T. sehr verschiedenen, nicht homologen Strukturen abgelesen (Pfeile): Extremitäten (Maus), Röhrenfüße und Stacheln (Stachelhäuter) und Lobopoden und Antennen (Stummelfüßer) (nach Junker/Scherer, 2001 und Wells & Nelson, 1997).

Mosaikformen – ein Puzzle des Schöpfers

Einige Tiere tragen so viele ungewöhnliche Merkmale, dass sie kaum richtig einsortiert werden können. Ein solches Unikum ist z. B. das Schnabeltier (Abb. 251). Es vereinigt in sich typische Merkmale verschiedener Ordnungen. Es legt Eier, hat eine Kloake (gemeinsame Austrittsöffnung für Verdauungstrakt und Eiablage) und ist wechselwarm (die Körpertemperatur wird nur wenig reguliert) wie ein Reptil, es hat Haare und Milchdrüsen (mit denen es die Jungen säugt) wie ein Säugetier und einen Hornschnabel wie ein Vogel. Außerdem hat es einen dicken Ruderschwanz wie ein Biber, Schwimmhäute wie Entenvögel, Elektrorezeptoren zum Aufspüren ihrer Beute und – um dem Ganzen noch die Spitze aufzusetzen – einen Giftsporn am Hinterfuß. Das darin enthaltene Gift ähnelt dem einer Schlange (Viper).

Das Schnabeltier ist ein extremes Beispiel, aber das „vermischte" Auftreten von Merkmalen in verschiedenen Organismen ist nicht die Ausnahme, sondern die Regel. So ist es zwar einerseits möglich, ein taxonomisches System aufzustellen und die Lebewesen darin einzuordnen, andererseits taugt dieses System nicht dazu, sichere Rückschlüsse auf Abstammungsverwandtschaft zu ziehen, weil einzelne Merkmale unsystematisch verteilt vorliegen. Häufig scheinen die Merkmale wie nach einem Baukastensystem zusammengesetzt zu sein. Diese Feststellung gilt auch für die Organisation des Erbguts. Ein Baukastensystem ist im Rahmen eines Schöpfungsmodells gut zu interpretieren. Der Schöpfer ist frei, seine konstruktiven Lösungen beliebig zu kombinieren.

Schnee von gestern

Jeder Student der Naturwissenschaften bemerkt während seines Studiums, dass ein Unterschied besteht zwischen dem, was er in seinen Lehrbüchern liest, und dem, was er über den aktuellen Stand der Wissenschaft hört.

Da sich viele Fachrichtungen gleichzeitig rasant weiterentwickeln, lässt sich diese Diskrepanz nicht vermeiden. Leider ist aber festzustellen, dass die Kluft zwischen Lehrbuchwissen und Stand der Wissenschaft bei *Schulbüchern* oft extrem tief ist. So begegnet man gerade in Biologiebüchern beim Thema Evolution häufig veralteten Darstellungen, die in dieser Form so gut wie nicht mehr vertreten werden. Auch bei korrekt dargestellten Ergebnissen werden z. T. Schlussfolgerungen suggeriert, die sich mit den verfügbaren Daten nicht begründen lassen. In Kapitel 28 wird darauf verwiesen, weshalb einseitige und irreführende Darstellungen in Bezug auf Herkunftsfragen eine große Gefahr darstellen (der „Schnee von gestern" ist die „Lawine von morgen"). Auf der DVD ist weiteres Material zur Kritik an der Makroevolutionshypothese abgelegt. Eine ausführliche Darstellung, gerade auch in Bezug auf die Schulbuchbeispiele (Rudimentäre Organe, Atavismen, Pferdereihe usw.), findet sich in *Evolution. Ein kritisches Lehrbuch* von Junker/Scherer (siehe Literaturangaben im Anhang).

Abb. 251: Das Schnabeltier ist eine Mosaikform und vereinigt in sich typische Merkmale verschiedener Ordnungen. Es säugt seine Jungen, hat eine Kloake (gemeinsamer Ausgang für Darm und Geschlechtsorgane), einen Entenschnabel, Füße mit Schwimmhäuten und einen Giftsporn am Hinterfuß.

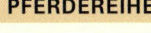

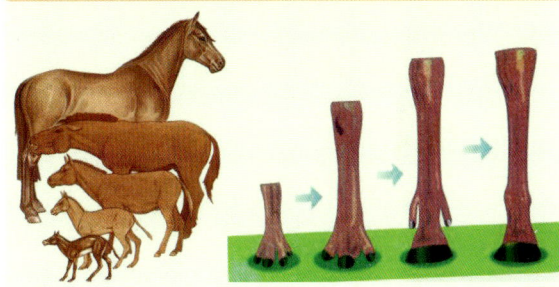

Abb. 252: Die „Pferdereihe" gilt als hervorragender Beleg für die fossile Überlieferung der Evolution. Was es damit (und mit vielen anderen „Schulbuchbeispielen") auf sich hat, wird in *Evolution. Ein kritisches Lehrbuch* ausführlich behandelt.

«Themen-DVD»

- Fehler in Evolutions-Schulbüchern?
- Die wichtigsten Argumente gegen Makroevolution
- Homologien in der Biologie: Von Beweisen zu Problemfällen der Evolution
- Schneller Augenverlust bei Höhlenfischen
- Wächst der Stammbaum der Evolution jetzt im Vorgarten der Schöpfungslehre?
- Ist die „Birkenspanner-Story" falsch?
- Mosaikformen und Baukastensystem

«KOMPAKT»

23

Die bis heute bekannten Mechanismen der Evolution können keine grundsätzlich neuen Strukturen (neue Baupläne) hervorbringen.

Die Ähnlichkeit der Lebewesen auf den verschiedenen Betrachtungsebenen ist eine unbestreitbare Tatsache. Sie braucht aber nicht zwingend als ein Argument für die gemeinsame Abstammung gewertet zu werden.

Bei der Erstellung von Stammbäumen tritt das Problem der unsystematischen Merkmalsverteilung auf. Viele Konstruktionen scheinen nach einem „Baukastenprinzip" in verschiedensten Organismen eingesetzt worden zu sein.

Das Alter der Erde

Abb. 253: Eine Wasseruhr. Die beiden Gefäße sind gleich groß. Eines wird bis zum Überlauf gefüllt. Wenn der Ablauf geöffnet wird, läuft die Zeitmessung. Ist das Wasser aus dem oberen Gefäß vollständig in das untere Gefäß abgelaufen, so kann dieses nach oben gestellt und die Uhr erneut gestartet werden.

Nach Ansicht der meisten Wissenschaftler ist die Erde 4,6 Milliarden Jahre alt. Was liegt dieser Datierung zugrunde? Wie funktioniert die „radiometrische Altersbestimmung"?

Der Fluss der Zeit

Um Zeit messen zu können, brauchen wir irgendeinen Vorgang, der mit berechenbarer Gleichmäßigkeit abläuft, wie zum Beispiel die Drehung der Erde um die Sonne, die Drehung der Erde um sich selbst, das Abbrennen einer Kerze (Kerzenuhr), das Herabfließen von Sand- oder Wasser (Sand- oder Wasseruhr), die Schwingung eines Pendels (Pendeluhr), die Schwingung eines Quarzkristalls (Quarzuhr), die Schwingung von Cäsiumatomen (Atomuhr) usw.

Auf dem Bild sehen wir eine Wasseruhr, wie sie beispielsweise im antiken Griechenland verwendet wurde, um die Redezeit in der Bürgerversammlung zu begrenzen. Wie diese Uhr funktioniert, ist leicht zu erkennen. Das Wasser fließt durch einen Auslauf aus dem oberen in das untere Gefäß. Dazu braucht es immer die gleiche Zeit. Natürlich musste darauf geachtet werden,

- dass nicht ein Freund des Redners eine Kanne Wasser dazugoss, um ihm mehr Zeit zu geben
- dass nicht ein Gegner des Redners das Loch vergrößerte, damit das Wasser schneller abfloss
- dass an einem heißen Tag nicht so viel Wasser verdunstete, dass der letzte Redner eine kürzere Zeit hatte.

Aber da die Uhr gut sichtbar aufgestellt war und der Anfangswasserstand durch einen Überlauf festgelegt wurde, war das alles kein Problem. Man konnte den Verlauf schließlich beobachten.

Alle oben genannten Messverfahren haben zwei Dinge gemeinsam:

1. man kann damit den Zeitverlauf direkt beobachten
2. sie verlaufen berechenbar

Wenn wir dagegen einen Zeitverlauf bestimmen wollen, der weit in der Vergangenheit liegt, so ist klar, dass wir ihn nicht direkt beobachten können. Wir können beobachten, was heute passiert, aber wir wissen nicht, ob der beobachtete Ablauf in der Vergangenheit immer schon mit der gleichen Geschwindigkeit und ohne Störungen verlief. Dieses Problem müssen wir verstehen, bevor wir uns mit der radiometrischen Datierung befassen.

Radiometrie – wie funktioniert das?

Wir machen einen kurzen Ausflug in die Physik, um die Grundlage der Radioaktivität zu verstehen.

Atome bestehen aus einem Atomkern aus Protonen und Neutronen, der von einer Hülle aus kreisenden Elektronen umgeben ist. Die Anzahl der Protonen des Atoms bestimmt, um welches Element es sich handelt. So hat z. B. das Element Kohlenstoff (C) 6 Protonen in seinem Kern.

Von den meisten Elementen gibt es verschiedene Isotope – das bedeutet, dass die Anzahl der Neutronen verschieden ist. Die meisten Kohlenstoffatome auf der Erde haben 6 Neutronen im Kern, Protonen und Neutronen zusammen sind also 12. Der betreffende Kohlenstoff wird als ^{12}C bezeichnet. Daneben gibt es Kohlenstoff mit 7 Neutronen und mit 8 Neutronen. Es gibt also drei Isotope des Kohlenstoffs, nämlich ^{12}C, ^{13}C und ^{14}C. Dabei ist die „normale" Form mit den 6 Neutronen die weitaus häufigste, sie macht fast 99% aus.

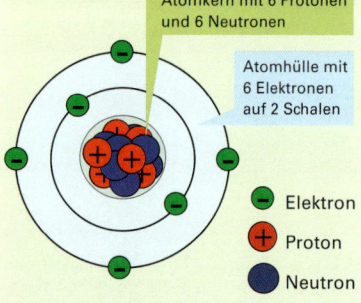

BOHRSCHES ATOMMODELL

Atomkern mit 6 Protonen und 6 Neutronen

Atomhülle mit 6 Elektronen auf 2 Schalen

– Elektron
+ Proton
● Neutron

Kohlenstoffatom ^{12}C

Abb. 254: Ein „normales" Kohlenstoffatom im Bohrschen Atommodell. Der Atomkern aus 6 Protonen (rot) und 6 Neutronen (blau) wird von 6 Elektronen (grün) in der Hülle umkreist.

Für die radiometrische Datierung sind nur solche Isotope interessant, die radioaktiv sind, wie z. B. unser ^{14}C (man kennt 70 natürliche, radioaktive Isotope). Sie sind nicht stabil und zerfallen irgendwann. Bei diesem Zerfall entsteht ein anderes Element (oder ein anderes Isotop des gleichen Elements).

Die Geschwindigkeit dieser Umwandlung lässt sich berechnen (Zerfallsrate). Die Berechnung erfolgt statistisch. Das bedeutet: Für ein einzelnes ^{14}C-Atom kann man nicht vorhersagen, wann es zerfällt. Das könnte in den nächsten 10 Minuten oder erst in 20.000 Jahren geschehen. Betrachtet man allerdings eine Gruppe von 1000 Atomen, so wird nach ziemlich genau 5730 Jahren (das ist die so genannte Halbwertszeit für das Isotop ^{14}C) die Hälfte von ihnen zerfallen sein. Für die übrig gebliebenen 500 Atome gilt wieder das Gleiche – nach weiteren 5730 Jahren sind nur noch 250 da usw.

Das radioaktive Kohlenstoffisotop ^{14}C entsteht in der oberen Atmosphäre durch kosmischen Strahlungseinfluss aus Stickstoffatomen. Es verbindet sich mit Sauerstoff zu CO_2 (Kohlendioxid). Pflanzen und Tiere tauschen während ihres Lebens CO_2 mit ihrer Umgebung aus. Im Körper eines lebenden Tieres besteht das gleiche Verhältnis vom normalen zum radioaktiven Kohlenstoff (also $^{12}C/^{14}C$) wie in der Atmosphäre. Nach dem Tod nimmt der Körper keinen Kohlenstoff mehr auf. Die radioaktiven Atome zerfallen und werden wieder zu Stickstoff. Wenn nun das Verhältnis der beiden Isotope in Proben eines sehr alten Gegenstandes (z. B. dem Ziegenleder der Jesaja-Rolle aus Qumran) bestimmt wird und man es mit dem Verhältnis aus der Zeit, in der die Ziegen lebten, vergleicht, so lässt sich aus der Abnahme des radioaktiven Kohlenstoffs das Alter der Rolle berechnen.

Für eine genaue Berechnung muss also die ursprüngliche Konzentration des ^{14}C bekannt sein. Durch verschiedene Einflüsse (Vulkanausbrüche, Klimaschwankungen) kann es zu starken Schwankungen kommen. In jüngerer Zeit wurde eine deutliche Verschiebung des $^{12}C/^{14}C$-Verhältnis-

ENTSTEHUNG VON RADIOAKTIVEM KOHLENSTOFF

ZERFALL VON RADIOAKTIVEM KOHLENSTOFF

Abb. 255: Bei der Entstehung von radioaktivem Kohlenstoff wird ein freies Neutron von einem Stickstoffatom aufgefangen und ein Proton ausgestoßen. Beim Zerfall wandelt sich ein Neutron in ein Proton um. Die dabei frei werdende Strahlung kann gemessen werden.

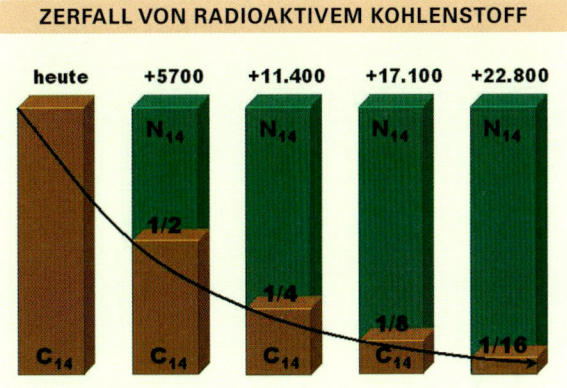

Abb. 256: Radioaktiver Kohlenstoff (^{14}C) zerfällt zu Stickstoff. Die Halbwertszeit beträgt 5730 Jahre. Das bedeutet, dass in dieser Zeit jeweils die Hälfte der Atome zerfallen.

Abb. 257: ^{14}C entsteht in den oberen Schichten der Atmosphäre und verbindet sich mit Sauerstoff zu CO_2. Über die Photosynthese der Pflanzen gelangt es (auf dem gleichen Weg wie das nicht-radioaktive CO_2) in die Nahrungskette. Dort stellt sich überall das gleiche Verhältnis wie in der Atmosphäre ein, da im lebenden Organismus ein Gleichgewicht zwischen Aufnahme und Abgabe von Stoffen besteht. Nach dem Tod nehmen Organismen kein neues CO_2 mehr auf. Weil das radioaktive ^{14}C langsam zerfällt, verschiebt sich das Verhältnis im toten Material im Vergleich zu dem in der Atmosphäre.

24

24

C14-METHODE

zu Lebzeiten:	nach dem Tod:

$^{14}C/^{12}C$ ist konstant Aktivität bleibt gleich	$^{14}C/^{12}C$ nimmt ab Aktivität wird weniger

Halbwertszeit von ^{14}C: $T_{1/2}(^{14}C) = 5730$ Jahre

Bei der Messung der Jesajarolle wurde in dem Ziegenleder nur noch 79% ^{14}C-Aktivität festgestellt, welches Alter hat die Rolle?

Aktivität (Jesaja-Rolle) = 0,79 Aktivität (lebende Ziege)

Alter (Jesaja-Rolle) = -ln 0,79 / ln 2 x 5730 Jahre
       = 1949 Jahre

Abb. 258: Beispielrechnung zur Radiokarbonmethode

ses seit Beginn der Industrialisierung (die mit der Freisetzung großer Mengen CO_2 durch Verbrennung von Kohle und Öl verbunden ist) verzeichnet. Es ist anzunehmen, dass die globale Katastrophe „Sintflut" ebenfalls einen großen Einfluss darauf hatte.

Ideal ist es, wenn die Ausgangskonzentration durch eine andere Methode ermittelt werden kann. Genau das wird mit der Baumringmethode (Dendrochronologie) gemacht. Das $^{12}C/^{14}C$-Verhältnis wird in verschiedenen Bäumen gemessen. Dabei erlaubt ein Vergleich der Jahresringe im günstigsten Fall eine zusammenhängende Messreihe über viele Hunderte von Jahren. Mit solch einer „Eichkurve" kann die Altersbestimmung in gewissen Grenzen korrigiert werden. Wegen der relativ kurzen Halbwertszeit können sinnvolle Altersbestimmungen mit der Radiokarbonmethode nur bis zu einem Probenalter von rund 40.000 radiometrischen Jahren durchgeführt werden. Bei älteren Proben ist die Restmenge an Radioaktivität so gering, dass sie nicht mehr mit ausreichender Genauigkeit gemessen werden kann. Außerdem können nur organische Materialien untersucht werden.

Woher kommen die Milliarden von Jahren?

Um sehr hohe Alter bestimmen zu können, werden andere Isotope untersucht. Bei der Kalium/Argon-Methode wird der Zerfall von radioaktivem Kalium (^{40}K) in Argon (^{40}Ar) bestimmt. Hierfür wird mit einer Halbwertszeit von 1,3 Milliarden Jahren gerechnet. Dementsprechend erlaubt die Genauigkeit der Messung auch die Ermittlung sehr hoher radiometrischer Alter. Es gibt noch einige weitere Zerfallsreihen wie die abgebildete Uran-Radium-Reihe, in denen sogar verschiedene Isotope (also auch Zwischenprodukte) bestimmt werden können.

Mit diesen Methoden können bestimmte Mineralien (Gesteine) datiert werden. Voraussetzung ist natürlich, dass radioaktive Isotope und deren Zerfallsprodukte in messbarer Konzentration im Gestein enthalten sind. Für die meisten Sedimentgesteine trifft das nicht zu. Auch die darin eingeschlossenen Fossilien lassen sich meistens nicht direkt radiometrisch datieren.

Durch die Bestimmung einer Probe mit verschiedenen Methoden kann ein Messergebnis oft abgesichert werden. Oft fehlt jedoch eine unabhängige nicht-radiometrische Datierung zum Vergleich, wie sie bei der ^{14}C-Methode ja in Form der Dendrochronologie zur Verfügung steht, um störende Einflüsse und Abweichungen erkennen zu können.

Wie zuverlässig sind radiometrische Gesteinsdatierungen?

Obwohl jede Methode mit ihren eigenen Problemen und Unwägbarkeiten behaftet ist und es teilweise zu unpassenden Messergebnissen kommt, deren

Abb. 259: Die Uran-Radium-Zerfallsreihe. Für die einzelnen Zerfallsschritte gelten ganz unterschiedliche Halbwertszeiten. Einige Beispiele: ^{210}Th = 1,3 min.; ^{210}Po = 138 Tage; ^{210}Pb = 22,3 Jahre; ^{230}Th = 206,5 Jahre; ^{226}Ra = 1600 Jahre; ^{238}U = 4,47 Mrd. Jahre. Das letzte Element (^{206}Pb) ist stabil. Bei einem α-Zerfall fällt die Kurve ab, bei einem β-Zerfall steigt sie an.

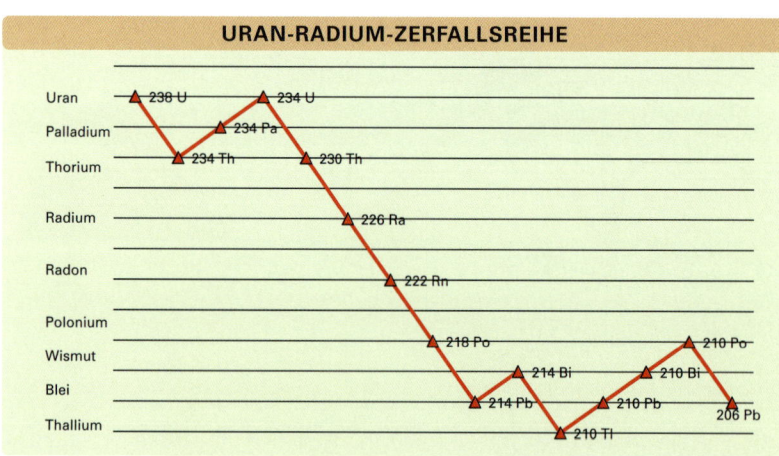

URAN-RADIUM-ZERFALLSREIHE

Ursache unklar ist, können wir festhalten: Im Großen und Ganzen sind die verschiedenen radiometrischen Altersbestimmungen in sich stimmig.

Das bedeutet z. B., dass Isotope mit einer „kurzen" (< 1 Mio. Jahre) Halbwertszeit nur noch in sehr geringen Konzentrationen vorhanden sind, dass die Messungen mit verschiedenen Methoden sich in der Regel nicht widersprechen und dass die Ergebnisse dem geologischen Befund nicht widersprechen (d. h. tiefer liegende Schichten haben ein höheres Alter als die darüber liegenden).

Auch die physikalischen Grundlagen der Methoden sind überprüfbar. Im Labor lässt sich durch exakte Zerfallsmessungen die Halbwertszeit berechnen. Bei mikroskopischer Untersuchung von Gesteinsdünnschliffen lassen sich Zerfallsspuren (sog. pleochroitische Strahlungshöfe oder radioaktive Halos) nachweisen – sie zeigen, dass dort ein radioaktiver Zerfall tatsächlich stattgefunden hat.

Radiometrische Datierungsverfahren sind daher wertvolle Untersuchungsmethoden in der Geologie.

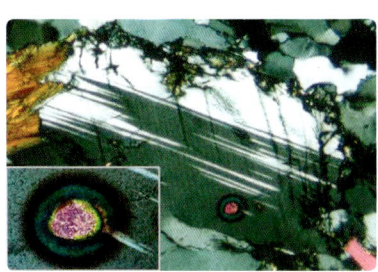

Abb. 260: Ein Pleochroitischer Strahlungshof in einem Zirkonkristall. Durch die Alpha-Strahlung, die beim Zerfall von Uran und Thorium freigesetzt wurde, ist das Kristallgitter gestört worden. Die unterschiedlichen Ringe lassen sich verschiedenen radioaktiven Isotopen zuordnen. Mit freundlicher Erlaubnis von Prof. J.H. Kruhl, TU München.

Radiometrisches Alter = tatsächliches Alter?

Die entscheidende Größe bei der Umrechnung des gemessenen Isotopenverhältnisses in das Alter der Probe ist die Halbwertszeit. Man geht bei allen Berechnungen davon aus, dass der Wert, der heute für ein Isotop ermittelt wird, eine Naturkonstante ist, die sich seit der Entstehung des Universums nicht geändert hat. Diese Annahme ist nicht zwingend – obwohl deutlich gesagt werden muss, dass bis heute kein physikalischer Grund bekannt ist, der dagegen spricht.

Es gibt allerdings Hinweise darauf, dass in der Vergangenheit der radioaktive Zerfall schneller abgelaufen sein könnte. Bei einem Teil der radioaktiven Zerfallsreaktionen wird Helium freigesetzt. Dieses Edelgas ist sehr reaktionsträge und wird deswegen nicht in irgendwelche Verbindungen und Kreisläufe eingebaut. Bei einer sehr alten Erde würde man erwarten, dass der größte Teil des langsam gebildeten Heliums längst aus den Gesteinen in die Atmosphäre entwichen ist. Messungen ergeben aber einen erstaunlich hohen Heliumgehalt in der Erdkruste (also dort, wo es durch radioaktiven Zerfall in Gesteinen auch gebildet wird).

Ein weiterer Hinweis in die gleiche Richtung ist ein hoher Wärmefluss in kontinentalen Gesteinen, in denen radioaktive Elemente enthalten sind. Der amerikanische Wissenschaftler Larry Vardiman hat verschiedene Argumente für einen schnelleren Zerfall in der Vergangenheit zusammengetragen.

Man kann darüber spekulieren, ob ein Zusammenhang mit dem Sündenfall und der Sintflut besteht. Die Bibel sagt aber darüber nichts Konkretes.

«Themen-DVD»

- Zuviel Kohle für eine junge Erde?
- Dornröschenschlaf bei Mikroorganismen?
- Die C14-Methode
- Geologische Zeitskala im Test: Die Schmiedefeld-Formation
- Grönländische Eiskerndaten und ihre Interpretation: Absolute Datierung durch Zählung von Jahresschichten?
- Megafluten
- Schnelle Erdölbildung durch hydrothermale Prozesse
- Sedimentbildung bei der Hochwasserkatastrophe im Erzgebirge (2002)

«KOMPAKT»

Es gibt keine direkte Messmethode, um die Zeit zu messen, die seit der Entstehung der Erde vergangen ist. Im Zeitrahmen von einigen tausend Jahren können mit der Radiokarbonmethode gute Ergebnisse erzielt werden. Die Ergebnisse können durch eine zweite Methode (Dendrochronologie) abgesichert und korrigiert werden. Für sehr hohe Alter werden radioaktive Zerfallsreihen in Gesteinen zur Bestimmung herangezogen. Obwohl die Messungen im Einzelfall mit großen Unsicherheiten behaftet sind, passen die meisten Ergebnisse zu der Vorstellung einer sehr alten Erde. Auf die Frage, wie die hohen radiometrischen Alter für die Gesteine einer „jungen" Schöpfung begründet werden können, steht eine schlüssige Antwort noch aus.

24

Molekularbiologie und Genetik

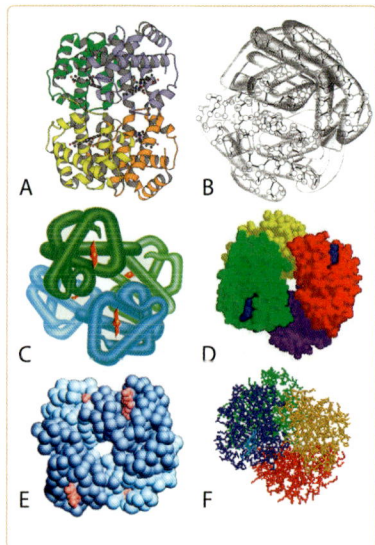

Abb. 261: Verschiedene Abbildungen des Hämoglobinmoleküls. Proteine sind zu klein, als dass man sie sehen könnte. Selbst bei der Betrachtung durch ein Elektronenmikroskop sind meistens nur ihre groben Strukturen erkennbar. Diese grafischen Darstellungen haben Modellcharakter, es steht jeweils ein bestimmter Aspekt des Moleküls im Vordergrund. **A)** Die Spiralen sind ein bestimmter Typ Proteinstruktur (α-Helix), die vier Untereinheiten sind in verschiedenen Farben und die Hämgruppe in ihrem jeweiligen Zentrum detailliert wiedergegeben. **B)** Die α-Helix wird vereinfacht (wie eine Röhre) dargestellt. Zusätzlich sind die einzelnen Aminosäuren der Kette eingetragen. **C)** In dieser übersichtlichen Darstellung erkennt man, dass das Protein aus vier Untereinheiten besteht, von denen je zwei identisch sind. **D)** In diesem Modell wird die räumliche Ausdehnung der Atome berücksichtigt. So bekommt man einen Eindruck von der tatsächlichen Form. **E)** Die Untereinheiten sind nicht unterschieden. So würde man das Molekül sehen können, wenn es größer wäre. Die Hämgruppen sind andersfarbig, um hervorzuheben, dass sie nicht Teil der Proteinsequenz sind. **F)** In diesem Modell ist jedes Atom als Punkt eingetragen.

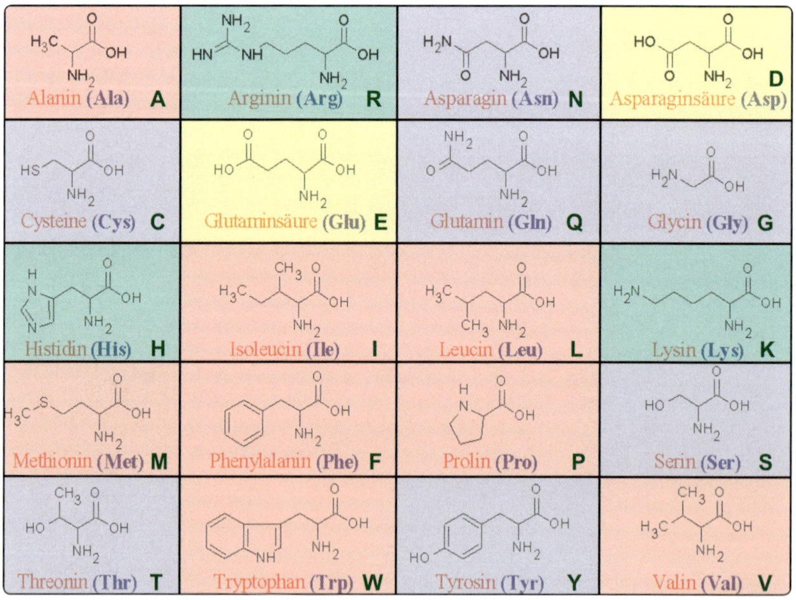

Abb. 262: Alphabetische Übersicht von 20 Aminosäuren. Die Beschriftung gibt den deutschen Namen (rot), die internationale Abkürzung mit drei (blau) und mit einem Buchstaben (grün) an. Die unterschiedlichen Farben der Felder weisen auf den Charakter hin: blau = hydrophil, rot = hydrophob, gelb = sauer, grün = basisch.

Die Erkenntnisse der Molekularbiologie erlauben uns einen Einblick in den Aufbau und die Funktion der Erbinformation und der Proteine. Evolutionäre Veränderungen müssen auf dieser Ebene nachvollziehbar sein. Der einzige bekannte Weg zu neuen Genen besteht in der Mutation vorhandener DNA.

Was ist überhaupt ein Protein? Wie entsteht es? Was ist DNA, und was sind Gene? Wie entstehen Mutationen, und welche Veränderungen bewirken sie? Können sie zu einer Höherentwicklung führen?

Was macht ein Protein?

In einem lebenden Organismus müssen viele Aufgaben erledigt werden. Stoffe werden aufgenommen, transportiert, umgebaut, verwertet und ausgeschieden. Neue Zellen und Gewebe werden aufgebaut, alte und defekte aufgelöst und abgebaut. Körperflüssigkeiten, Hormone, Enzyme und Zellbestandteile werden produziert. Informationen von innen und außen werden aufgenommen, weitergeleitet, verarbeitet und gespeichert. Es ließen sich noch viele weitere Funktionen aufzählen. Jeder Organismus reagiert auf Umweltreize, pflanzt sich fort, kontrolliert sein inneres Milieu, schützt und verteidigt sich gegen Schädlinge und Feinde. An allen diesen Aufgaben sind Proteine (= Eiweiße) beteiligt. Viele von ihnen sind richtige kleine „molekulare Maschinen".

Beispiel für ein Protein: Hämoglobin, das Sauerstofftransportmolekül, das unserem Blut die rote Farbe gibt

Um den Aufbau eines Proteins nachzuvollziehen, betrachten wir ein konkretes Beispiel. Das abgebildete Molekül heißt Hämoglobin und besteht wie jedes Protein aus einer langen Kette von Aminosäuren. Die Glieder dieser Kette werden aus 20 verschiedenen Aminosäuren gebildet. Einige kommen sehr häufig vor, andere nur selten, und jede hat andere Eigenschaften. Die Reihenfolge der Aminosäuren in der Kette ist sehr wichtig. Man kann sich das wie

Alanin (Ala) **A**	Arginin (Arg) **R**	Asparagin (Asn) **N**	Asparaginsäure (Asp) **D**
Cysteine (Cys) **C**	Glutaminsäure (Glu) **E**	Glutamin (Gln) **Q**	Glycin (Gly) **G**
Histidin (His) **H**	Isoleucin (Ile) **I**	Leucin (Leu) **L**	Lysin (Lys) **K**
Methionin (Met) **M**	Phenylalanin (Phe) **F**	Prolin (Pro) **P**	Serin (Ser) **S**
Threonin (Thr) **T**	Tryptophan (Trp) **W**	Tyrosin (Tyr) **Y**	Valin (Val) **V**

ein LEGO-Baukastensystem vorstellen. Jede Aminosäure entspricht einem anderen Typ von Baustein mit anderen Eigenschaften. Mit den Aminosäuren lassen sich Gebilde zusammenbauen, die irgendwelche Funktionen ausführen können.

Die eine Aminosäure ist so sperrig, dass ihr Nachbar nicht mehr in einer Linie daneben passt, deshalb macht die Kette an dieser Stelle einen Knick, eine andere dagegen ist so schlank, dass ihre Nachbarn sich frei um sie herum drehen können. Sie können darum in der Kette so etwas wie „Gelenke" bilden. Lange, lineare Strukturen (α-Helices) können als „mechanisches Gestänge" dazu benutzt werden, Kräfte zu übertragen und Bereiche des Moleküls durch Hebelwirkung zu verformen. Flächenstrukturen (β-Faltblätter) können dazu dienen, aktive Regionen gegeneinander abzugrenzen. Manche Aminosäuren kommen gern mit Wasser in Berührung (= hydrophil) und bleiben deshalb möglichst an der Außenseite, andere mögen Wasser überhaupt nicht (= hydrophob) und lagern sich deshalb so eng aneinander, dass sie „trocken" bleiben. Manche gehen Bindungen mit Partnern ein, die ganz woanders in der Kette sitzen können. Durch die Eigenschaften und Wechselwirkungen der Aminosäuren (Bindungslängen, Bindungswinkel, Rotation der Gruppen, Wasserstoffbrücken, Disulfidbrücken und noch weitere Faktoren) wird die Kette in eine bestimmte Form gefaltet.

Im Fall des Hämoglobins sieht das fertige Protein ziemlich klumpig und chaotisch aus. Es besteht genau genommen aus vier Untereinheiten (von denen je zwei identisch sind), die sich zusammengelagert haben. Das Ganze ist so gestaltet, dass im „aktiven Zentrum" jeder Untereinheit eine kleine Tasche entsteht, in der eine Häm-Gruppe angebunden werden kann. Im Zentrum des Häms befindet sich ein Eisenatom, das ein Sauerstoffmolekül binden kann (Abb. 263). Genau dazu ist das Hämoglobin da, es sitzt in den roten Blutkörperchen, hält dort den Sauerstoff fest, damit er transportiert werden kann, und gibt ihn später am Bestimmungsort wieder ab.

Was die Struktur und Funktion betrifft, ist das Hämoglobin auf den ersten Blick ein eher unscheinbares Molekül. Andere Moleküle sind da schon spektakulärer. Die ATPsynthase z. B. besteht aus zwei Gruppen von Untereinheiten, von denen die innere mit 8000 U/min rotiert (diese winzigen Maschinen versorgen uns mit Energie, indem sie ATP aufbauen, unseren universalen „Treibstoff"). Die geringfügigen Verformungen des Hämoglobins (bei der Sauerstoffbindung) wirken dagegen bescheiden. Bei genauerer Untersuchung stellt man allerdings fest, dass das Hämoglobin ebenfalls kompliziert aufgebaut und auf seine Funktion optimal zugeschnitten ist (Allosterische Regulation, kompetitive Hemmung durch CO_2, Bohr-Effekt usw.).

Damit das Hämoglobinmolekül funktioniert, muss die Zelle, in der es gebaut wird, 146 Aminosäuren (pro Untereinheit) in der richtigen Reihenfolge verketten. Diese entscheidende Information über die Reihenfolge der Aminosäuren (Sequenz) liegt als ein Gen in der Erbinformation vor.

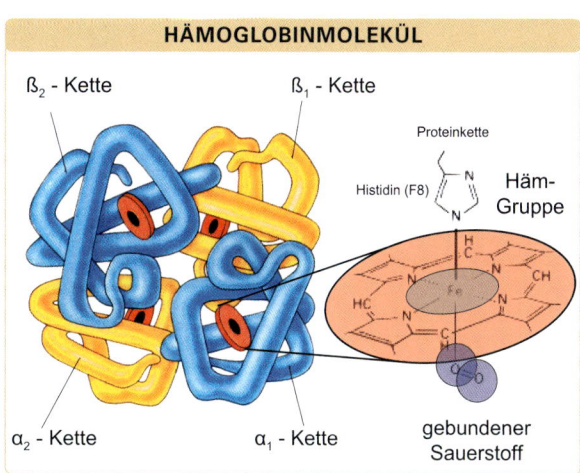

Abb. 263: Im aktiven Zentrum des Hämoglobinmoleküls sitzt die Häm-Gruppe mit dem zentralen Eisenatom. Sie wird von einer bestimmten Aminosäure (Histidin – F8) in ihrer Position gehalten. Das Eisenatom kann ein Sauerstoffmolekül binden.

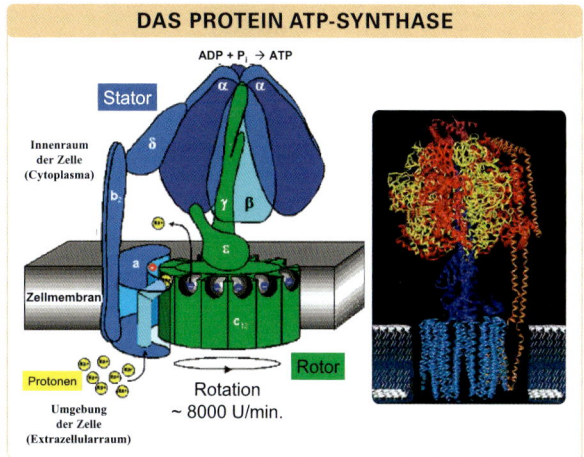

Abb. 264: Das Protein ATPsynthase ist eine molekulare Maschine, die mit Protonen angetrieben wird. Ihre biologische Funktion ist der Aufbau von ATP, das im Körper als universaler Energieträger eingesetzt wird. Die linke Abbildung zeigt ein Funktionsschema mit den verschiedenen Untereinheiten. In der rechten Abbildung ist die Proteinstruktur erkennbar. Der Rotor ist dort blau, der Stator gelb und rot gefärbt.

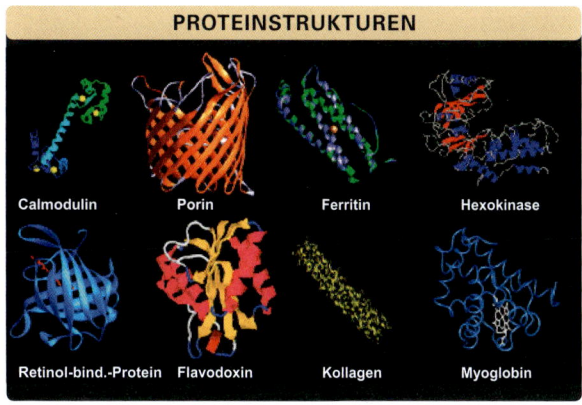

Abb. 265: Proteine können ganz verschiedene Formen haben. Nicht alle sind so kugelig wie Hämoglobin (dort klingt die Form schon im Namen an: lat. *globus* = Kugel). Hier sind einige weitere Beispiele. Besonders Strukturproteine (wie das abgebildete Kollagen) haben häufig streng geometrische Formen.

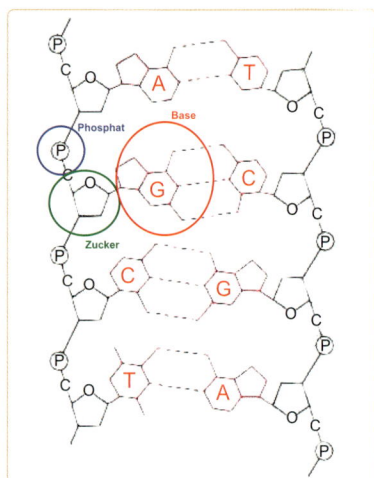

Abb. 266: Der Aufbau der Desoxyribonukleinsäure (DNA). Sie besteht aus zwei parallelen Strängen. Jeder Strang besteht aus einem Rückgrat von Phosphat (blau) und Zuckermolekülen (grün) und den daran gebundenen Basen (rot). Die vier verschiedenen Basen Adenin, Cytosin, Guanin und Thymin stehen sich immer in der gleichen Paarung gegenüber.

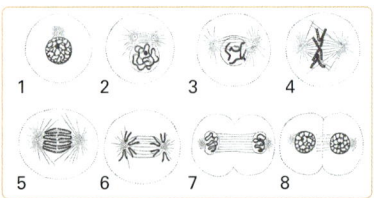

Abb. 267: Die Chromosomen waren lange bekannt, bevor die DNA als Träger der Erbinformation bekannt wurde. Diese Abbildung stammt aus einem Lehrbuch, das bereits 1918 erschienen ist *(Gray's Anatomy of the Human Body)*.

Was ist ein Gen?

Um Proteine bauen zu können, wird also die Information darüber benötigt, welche Aminosäuren dafür zusammengekettet werden müssen, und diese Information befindet sich in Form von Genen in der Erbinformation, der DNA (die deutsche Abkürzung DNS wird kaum noch verwendet). Schauen wir zunächst, woher die Erbinformation stammt. Bei der Zeugung eines Menschen verschmilzt eine männliche Samenzelle (Spermium) mit einer weiblichen Eizelle (Oozyte) zur befruchteten Keimzelle (Zygote). Bei dieser Verschmelzung wird eine komplette Erbinformation (Genom) aus 23 Chromosomen vom Mann und 23 Chromosomen von der Frau neu zusammengestellt (Rekombination). Da hierbei die Erbinformation von zwei genetisch unterschiedlichen Individuen kombiniert wird, können neue Eigenschaften auftreten. Diese Variabilität wird zusätzlich durch besondere Vorgänge (Crossing over) bei der Teilung der Keimzellen (Meiose) verstärkt.

Die befruchtete Eizelle vermehrt sich durch Teilung (Mitose). Immer, wenn sie sich teilt, werden diese 46 Chromosomen kopiert (identische Reduplikation). Nach der Teilung haben also beide Zellen wieder die vollständige Erbinformation. Alle Zellen des Körpers (somatische Zellen) haben daher später die gleiche genetische Ausstattung.

Die stäbchenförmigen Gebilde auf diesem Bild (Abb. 269) sind die Chromosomen in einer Zelle. Jedes dieser Chromosomen ist ein langer DNA-Strang, der ganz dicht aufgerollt und zusammengepackt ist. Wie gesagt, es stammt jeweils ein Chromosom vom Vater und eins von der Mutter, wir haben also immer ein Chromosomenpaar vorliegen. Ein bestimmter Abschnitt auf den DNA-Strängen eines dieser Chromosomenpaare enthält die Information über die Reihenfolge der Aminosäuren in unserem Hämoglobinmolekül. Dieser Abschnitt ist also das Gen, das für Hämoglobin codiert.

Die Information der DNA wird durch eine Sequenz (Reihenfolge) aus vier verschiedenen Nucleinsäuren codiert: **A**denin, **C**ytosin, **G**uanin und **T**hymin. Der Einfachheit halber werden sie meistens nur mit ihrem Anfangsbuchstaben dargestellt (siehe Abb. 266). Die Paarung ist immer die gleiche (Adenin/Thymin und Cytosin/Guanin). Solch ein Duett wird als *Basenpaar* bezeichnet. Das menschliche Genom besteht aus 3,1 Milliarden Basenpaaren.

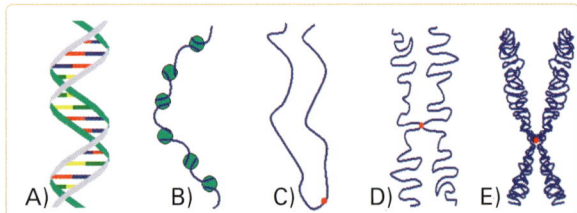

Abb. 268: A) Der DNA-Doppelstrang ist zu einer Spirale (Doppelhelix) verdrillt. Das Genom einer menschlichen Zelle ergibt zusammengenommen eine Länge von 99 cm DNA. **B)** Um Platz zu sparen, ist die Doppelhelix auf Proteinen (Histonen) aufgewickelt. Sie wird in dieser Form als Chromatinstrang bezeichnet. **C)** Der Chromatinstrang liegt ebenfalls dicht zusammengepackt (kondensiert) vor. Die ganze Erbinformation befindet sich in dieser Form in der Zelle. Allerdings sind diese Chromatinstränge so dünn, dass man sie im Lichtmikroskop nicht sehen kann. **D)** Zu Beginn einer Zellteilung wird die Erbinformation verdoppelt. Die identischen Stränge (Schwesterchromatiden) lagern sich an einer bestimmten Stelle (Centromer, als roter Punkt eingezeichnet) zusammen. Ab dieser Phase sind die Chromosomen so dicht gepackt, dass man sie im Lichtmikroskop erkennen kann. **E)** Wenn die Chromosomen sich in der Mitte der Zelle anordnen (Metaphase), um danach auf beide Hälften verteilt zu werden, sind sie extrem dicht gepackt und sehr gut zu erkennen. Man verwendet deshalb auch Chromosomen aus dieser Zellteilungsphase für ein Karyogramm (Abb. 277).

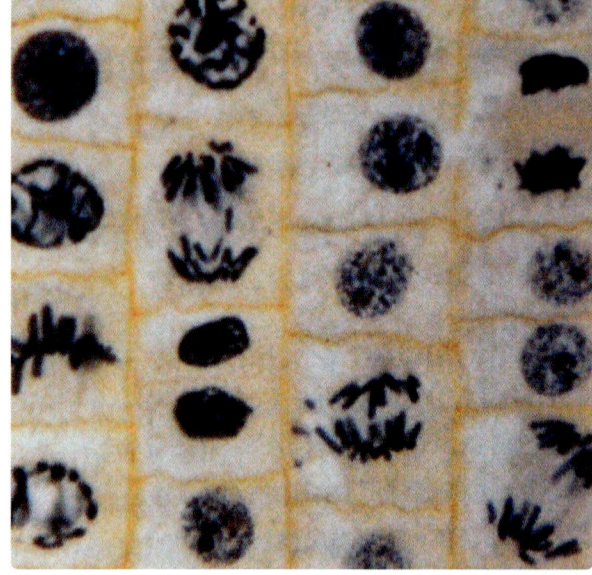

Abb. 269: Während der Zellteilung wird die DNA dicht zusammengepackt. Man kann sie in Form von Chromosomen während der Zellteilung im Lichtmikroskop erkennen.

Der genetische Code

Die vier verschiedenen Basen der DNA sind Buchstaben eines chemischen Alphabets. Jeweils drei aufeinander folgende bilden ein Triplett. Dieses Triplett codiert für eine bestimmte Aminosäure oder für die Information darüber, wo der Lesevorgang beginnen und wo er aufhören soll.

Die Entschlüsselung des genetischen Codes begann 1961 mit den Arbeiten von Marshall Nirenberg. Nach kurzer Zeit konnte allen 64 (= 4^3) möglichen Kombinationen eine Bedeutung zugeordnet werden. Ausgehend von der evolutionstheoretischen Vorstellung des gemeinsamen Ursprungs aller Lebewesen erwartete man die universelle Bedeutung des entschlüsselten Codes, d. h. man ging davon aus, dass alle Organismen den gleichen Code verwenden. Der Mitentdecker der DNA, Francis Crick, war der Überzeugung, dass eine Veränderung des Codes, also eine andere Zuordnung der Tripletts zu den Aminosäuren, für jedes Lebewesen tödlich sein müsse. Tatsächlich ist solch eine Veränderung kaum denkbar. Sie müsste mit gravierenden Auswirkungen auf nahezu jedes Gen und Protein verbunden sein. Der gemeinsame genetische Code galt daher lange Zeit als ein starkes Argument für die Entwicklung aller Lebewesen aus einem gemeinsamen Ursprung.

Dann wurden aber – entgegen allen evolutionstheoretischen Erwartungen – doch Ausnahmen entdeckt. Zuerst in der DNA der Mitochondrien, dann in Prokaryoten (Bakterien) und selbst in dem Genom der Eukaryoten (Abb. 272). *Der genetische Code ist nicht universell.* Wie diese Veränderungen der Code-Definition zustande gekommen sein könnten und welcher Selektionsdruck das bewirkt haben sollte, kann bisher nicht erklärt werden. Die aktuelle Situation ist die, dass ein so hohes Maß an Übereinstimmung im genetischen Code besteht, dass man auf einen gemeinsamen Ursprung schließen muss, gleichzeitig aber Abweichungen auftreten, deren Entstehung im Rahmen der Evolution nicht interpretierbar ist. Gemeinsamer Ursprung: ja, gemeinsame Abstammung: nein – wir haben mit diesem Befund ein Argument für Schöpfung vor uns, nicht für Evolution.

Wie entsteht ein Protein?

Wenn ein Hämoglobinmolekül gebaut werden soll, wird zunächst das entsprechende Gen kopiert (= Transkription). Die Kopie ist etwas anders aufgebaut. Es handelt sich dabei nicht mehr um DNA, sondern um RNA. Sie wird aus dem Zellkern ausgeschleust und gelangt ins Cytoplasma, den Zellinnenraum.

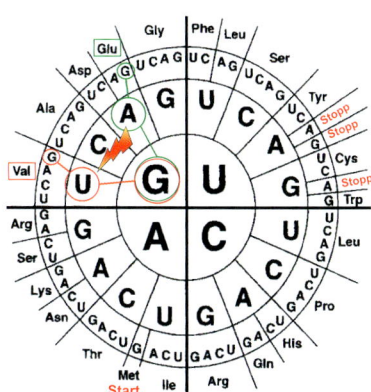

Abb. 270: Am Codogramm lässt sich die Zuordnung der Aminosäuren zu den Basentripletts ablesen. Die abgebildete Darstellung bezieht sich auf die mRNA (deswegen steht dort U [für „Uracil"] statt T [für „Thymin"]). Das Triplett für die Aminosäure Methionin hat eine weitere Funktion als Startsignal. Wenn eins der drei Stoppsignale in der Sequenz auftaucht, wird der Lesevorgang an dieser Stelle beendet.

Die eingetragene Markierung bezieht sich auf das Beispiel von S. 166: Aus GAG = Glu = Glutaminsäure wird durch eine Punktmutation GUG = Val = Valin.

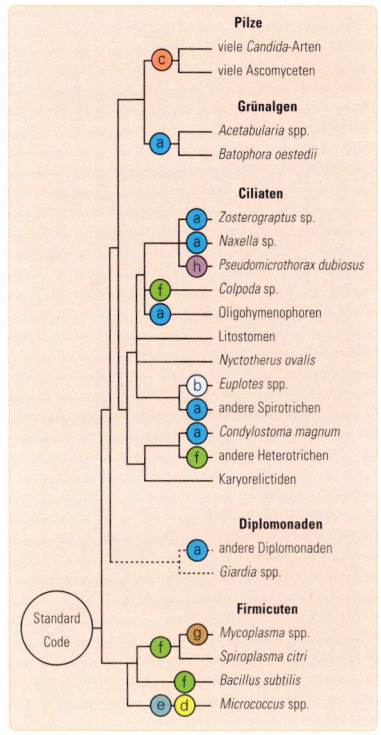

Abb. 272: Der genetische Code ist nicht völlig universell. In dem Diagramm sind Änderungen des genetischen Codes für die chromosomale DNS verschiedener Organismen dargestellt. Man muss postulieren, dass ein solch unwahrscheinlicher Vorgang mindestens in 8 verschiedenen Weisen mehrfach und unabhängig in verschiedenen Entwicklungslinien aufgetreten ist. Die Buchstaben a–h stehen für unterschiedliche Codewechsel, entsprechend stehen gleiche Buchstaben für dieselben Codewechsel. (Junker/Scherer 2013)

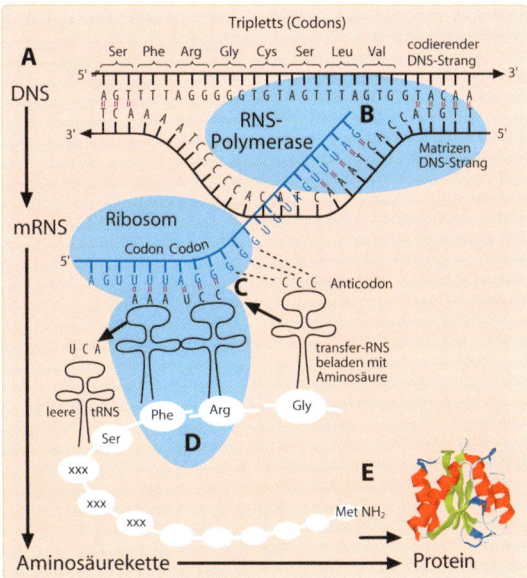

Abb. 271: Die Proteinbiosynthese ist der Weg vom Gen zum Protein. **A** Die Erbinformation wird in der Sequenz der DNS-Basen A,T,C und G gespeichert und vererbt. Wasserstoffbrückenbindungen sorgen dabei stets für korrekte Basenpaarung. **B** Ein komplizierter Enzymkomplex (RNS-Polymerase) stellt eine Arbeitskopie des Gens her, welche als messenger-RNS (mRNS) bezeichnet wird (in RNS wird Uracil statt Thymin verwendet). **C** Eine noch weit kompliziertere molekulare Maschine (Ribosom) ermöglicht, dass aminosäuretragende transfer-RNS-Moleküle an die Basentripletts der mRNS angelagert werden.

D Diese Aminosäuren werden am Ribosom zu einer wachsenden Kette verbunden. **E** Die Aminosäurekette faltet sich, meist unter Mitwirkung von Hilfsproteinen, zum funktionalen Protein. (Zeichnung nicht maßstabsgetreu, Junker/Scherer 2013)

25

APC-XPA-Reparatursystem
XPA
RPA
HHR23b
XPC
TCR-Reparatursystem
ERCC1
XPA
RPA
XPF
XPG
XPB
XPD
p62
p52
p44
p34
MAT1
Cdk7
CycH
XPC
HHR23b

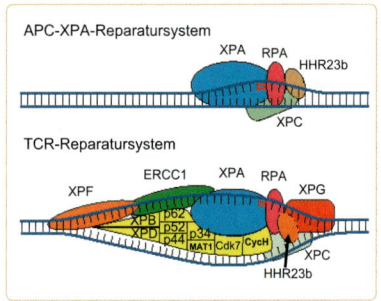

Abb. 273: Mutationen sind in der Regel unerwünscht. Die Zelle betreibt einen immensen Aufwand, um Fehler in der DNA zu beseitigen. Die Abbildung zeigt zwei Reparatursysteme. Beschädigte Stellen werden erkannt, ausgeschnitten und ersetzt. Die Zelle ist sogar in der Lage, einen Doppelstrangbruch zu reparieren, indem sie die fehlende Information vom intakten Schwesterchromosom überträgt.

KEIN ZUTRITT RÖNTGEN
X-RAY ON
WARNING
COVER UP – DANGEROUS UV RAYS AHEAD!
Erbgutverändernd

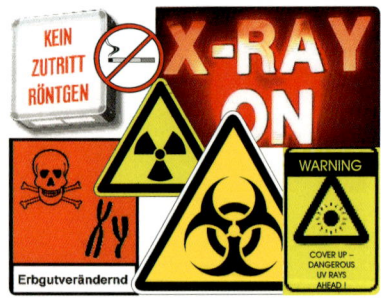

Abb. 274: Eine ganze Reihe von physikalischen, chemischen und biologischen Faktoren können Mutationen auslösen.

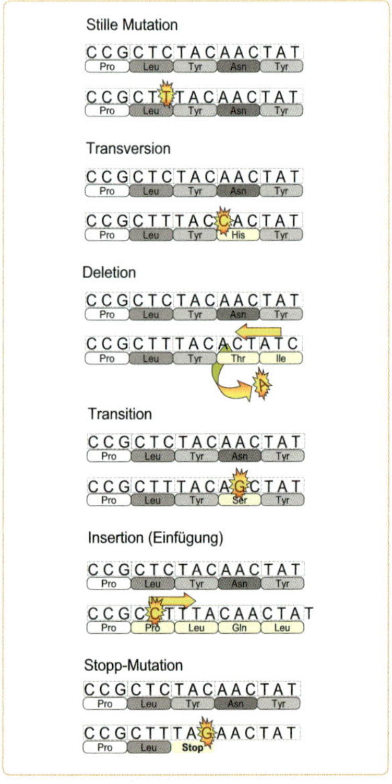

Stille Mutation
CCGCTCTACAACTAT
Pro Leu Tyr Asn Tyr
CCGCTTTACAACTAT
Pro Leu Tyr Asn Tyr
Transversion
CCGCTCTACAACTAT
Pro Leu Tyr Asn Tyr
CCGCTTTACCACTAT
Pro Leu Tyr His Tyr
Deletion
CCGCTCTACAACTAT
Pro Leu Tyr Asn Tyr
CCGCTTTACACTATC
Pro Leu Tyr Thr Ile
Transition
CCGCTCTACAACTAT
Pro Leu Tyr Asn Tyr
CCGCTTTACAGCTAT
Pro Leu Tyr Ser Tyr
Insertion (Einfügung)
CCGCTCTACAACTAT
Pro Leu Tyr Asn Tyr
CCGCCTTTACAACTAT
Pro Pro Leu Gln Leu
Stopp-Mutation
CCGCTCTACAACTAT
Pro Leu Tyr Asn Tyr
CCGCTTTAGAACTAT
Pro Leu Stop

Abb. 275: Verschiedene Arten der Punktmutation und ihre Auswirkung auf die abgeleitete Aminosäuresequenz. Erklärung im Text.

Dann setzt sich ein Ribosom auf die Kopie und beginnt die „Buchstabenfolge" zu lesen und in eine Aminosäurekette zu „übersetzen" (= Translation). Dabei wird für jedes gelesene Triplett eine bestimmte Aminosäure an die Kette gehängt. Der gesamte Vorgang wird als „Proteinbiosynthese" bezeichnet (Abb. 271). Das fertige Protein schwimmt danach frei in der Zelle umher. Einige Proteintypen beginnen sofort damit, irgendeine Aufgabe auszuführen, andere warten darauf, „angeschaltet" zu werden. Das Hämoglobinmolekül wird in einem roten Blutkörperchen (Erythrozyten) verpackt und sorgt darin für die chemische Bindung des Sauerstoffs auf dem Weg von der Lunge zu allen Zellen. Das Blutkörperchen platzt irgendwann (wenn es nach 3–4 Monaten seine Lebensdauer erfüllt hat), und das Hämoglobinmolekül schwimmt im Blut, bis es in der Leber herausgefischt und abgebaut wird.

Da kommt die beste Sekretärin nicht mit

Bei jeder Zellteilung muss die gesamte Erbinformation für die neue Zelle kopiert werden. Das Kopieren der DNA (identische Reduplikation) geht mit einer unglaublichen Genauigkeit vonstatten. Der Vorgang wird in mehreren unabhängigen Regelkreisen kontrolliert. Verschiedene Enzyme sind ständig mit der Suche nach Fehlern und deren Korrektur beschäftigt (Abb. 273). Die Fehlerrate liegt bei 10^{-9} bis 10^{-11} pro Buchstaben. Das bedeutet, dass auf 1–100 Milliarden Buchstaben eine Mutation auftritt. Ein Vergleich dazu: Würde eine Spitzensekretärin die ganze Bibel mit der Geschwindigkeit und Genauigkeit abtippen, mit der das Enzym (Polymerase III) die DNA kopiert, so dürfte sie für eine Abschrift nicht länger als 10 Minuten brauchen und dürfte sich nur bei jeder 200. Abschrift einen Tippfehler erlauben.

Durch verschiedene Mechanismen schützt die Zelle sich bestmöglich vor Fehlern in der Erbinformation und vor Einflüssen, die diese Fehler herbeiführen können. Trotzdem treten solche Fehler hin und wieder auf. Wir sprechen dann von Mutationen.

Was sind Mutationen?

Als Mutation (lat. *mutatio* = Änderung) wird die Veränderung der Erbinformation bezeichnet. Diese Veränderungen können während des normalen Kopiervorgangs auftreten, der in allen Zellen bei deren Teilung durchgeführt wird. In den seltenen Fällen, wo ein Fehler nicht verbessert wird, wird er bei jeder weiteren Zellteilung an alle nachfolgenden Zellen weitergegeben.

Wenn ein derartiger Fehler ohne erkennbaren Auslöser auftritt, spricht man von einer „spontanen Mutation". Mutationen werden allerdings häufig durch schädliche Umwelteinflüsse ausgelöst. Eine mutative Schädigung der Erbinformation kann z. B. durch Chemikalien (Mutagene) oder Strahlung (UV-Licht, Röntgenstrahlung, Radioaktivität usw.) bewirkt werden.

Wenn Mutationen in den Keimzellen auftreten, so werden sie nach der Befruchtung in jede Zelle des Körpers kopiert. Bei allen Erbkrankheiten ist das der Fall.

Mutationen, die später in Körperzellen auftreten, werden nicht an die Nachkommen vererbt. Sie können aber eine große Rolle bei der Entstehung von Krebs spielen. Wenn bestimmte Gene verändert werden, die das Wachstum der Zelle und die Zellteilung kontrollieren, so kann die Zelle entarten und sich unkontrolliert ausbreiten; aus diesem Grund sind viele Mutagene (Mutationen erzeugende Stoffe) gleichzeitig auch Karzinogene (Krebs erzeugende Stoffe). Gewebe, die solchen Umwelteinflüssen besonders stark ausgesetzt sind und in denen viele Zellteilungen stattfinden, sind besonders anfällig für die Entstehung von Krebs.

Man unterscheidet zwischen Punktmutationen, Chromosomenmutationen und Genommutationen.

Punktmutationen:

An einer Stelle der Erbinformation werden Buchstaben vertauscht (Transition, Transversion), gelösch_ (Deletion) oder eingefüg**gt** (Insertion). Die letzten beiden Vorgänge haben eine **Les era ste rmu tat ion** zur Folge (außer wenn eine durch 3 teilbare Anzahl Buchstaben davon betroffen ist, dann gleicht sich die Rasterverschiebung wieder aus).

Chromosomenmutationen:

Es werden ganze DNA-Stücke auf den Chromosomen verändert. Es kann dabei passieren, dass ein Stück **eingebaut** woanders wird (Translokation), **tuabegnie mureh hcslaf** (Inversion) oder ~~gelöscht~~ wird (Deletion). Von besonderer Bedeutung für die Evolution sind Fälle, in denen *fremde DNA* eingefügt oder ein Stück verdoppelt **verdoppelt** wird (Duplikation).

Genommutationen:

Die Veränderung kann auch ganze Chromosomen betreffen. Es kann passieren, dass ein Chromosom bei der Zellteilung verloren geht oder ein überzähliges mit in die Zelle rutscht. Sogar der gesamte Chromosomensatz kann (bei manchen Lebewesen jedenfalls) mehrfach vorliegen.

Was bewirken Mutationen?

Die Auswirkungen von Mutationen sind sehr unterschiedlich. Zum einen hängt die Auswirkung stark davon ab, wo die Mutation stattfindet.
- Eine Mutation in den Keimzellen betrifft den ganzen (neu gezeugten) Organismus.
- Eine Mutation in den Körperzellen dagegen betrifft nur die Abkömmlinge der mutierten Zelle (was dramatisch sein kann, wenn es z. B. zu Krebs führt).
- In einem Bereich, der zwar abgelesen, aber später wieder ausgeschnitten wird (Intron), bleiben sie ebenfalls häufig ohne Auswirkungen.
- Manche Mutationen (Leserastermutation, Stopp-Mutation) sind in der Regel umso schädlicher, je früher sie in einem Gen auftauchen (weil die Sequenz dahinter nicht mehr zu gebrauchen ist).
- Mutationen, die besonders wichtige Bereiche des Proteins (z. B. ein „aktives Zentrum") verändern, haben meistens mehr Auswirkungen als Mutationen in einem weniger wichtigen Bereich.

Außerdem hängt die Auswirkung davon ab, was genau die *Folgen für die Translation* (Übersetzung der DNA in ein Protein) sind:
- Manchmal ist das Ergebnis eine „stille Mutation" – dadurch ändert sich zwar die Buchstabenfolge in der DNA, aber die Übersetzung in Aminosäuren bleibt gleich. Das ist deshalb möglich, weil der genetische Code redundant ist, d. h. die meisten Aminosäuren werden durch mehr als ein Triplett codiert (Abb. 270).
- Ebenfalls harmlos ist eine neutrale Mutation – dabei wird eine falsche Aminosäure in die Kette eingebaut, die aber ähnliche Eigenschaften wie die richtige hat oder an einer Stelle sitzt, wo sie nicht stört. Das Protein wird dann in seiner Funktion nicht verändert.
- Dramatisch wird es, wenn an einer wichtigen Stelle im Protein eine entscheidende Aminosäure fehlt oder ein Störenfried die Kette demoliert. Dann kann es sein, dass das ganze Protein nicht mehr funktioniert.
- Sollte statt eines Aminosäurecodons ein Stoppsignal entstehen, bricht die Kette an dieser Stelle sofort ab (Stoppmutation).
- Wenn eine Leserastermutation auftritt, können die Tripletts nicht mehr korrekt gelesen werden, weil der „Takt" nicht mehr stimmt. Alles, was hinter der beschädigten Stelle abgelesen wird, ergibt einen anderen Sinn. Wie schon erwähnt, sind die letzten beiden Fälle in der Regel umso schädlicher, je früher sie in der Kette auftauchen.

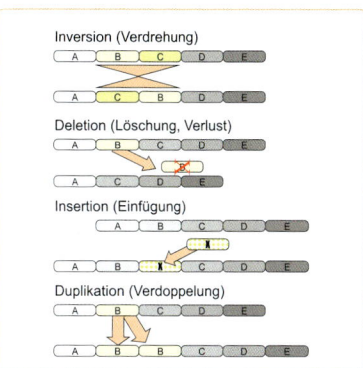

Abb. 276: Vier verschiedene Chromosomenmutationen. Die dargestellten Stücke (A–E) sind beliebige, unterscheidbare Abschnitte der DNA. Besondere Bedeutung für die Evolution hat die Insertion (dabei kann auch die DNA anderer Organismen eingefügt werden) und die Duplikation (von dem verdoppelten Gen kann ein Duplikat eher ohne gravierende Folgen mutieren, wenn auf dem anderen die ursprüngliche Information erhalten bleibt).

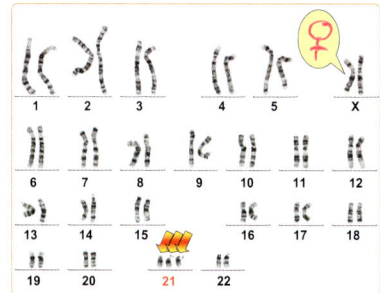

Abb. 277: Darstellung der menschlichen Chromosomen (Karyogramm) mit einer Chromosomenmutation. Es handelt sich hierbei um eine Frau (erkennbar an zwei X-Geschlechtschromosomen) mit Trisomie 21 (auch als „Mongolismus" bekannt, erkennbar an dreifachem Chromosom 21). Die wissenschaftliche Schreibweise für diesen Befund lautet: Karyotyp 47,XX,+21 (der normale Karyotyp einer gesunden Frau ist 46,XX – also 46 Chromosomen insgesamt, Geschlechtschromosomen XX; ein Mann hätte XY).

Abb. 278: Verschiedene Mutationen des menschlichen Hämoglobin-Gens. Die Auswirkungen sind unterschiedlich schwer. In den letzten beiden Fällen (Thalassämie) kann vom Gen kein funktionierendes Protein gebildet werden.

25

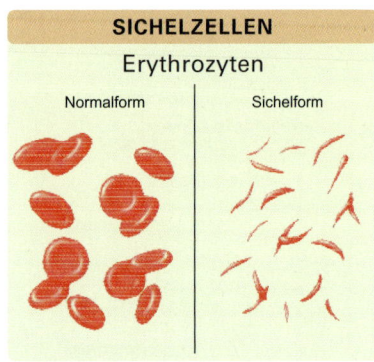

SICHELZELLEN

Erythrozyten

| Normalform | Sichelform |

Abb. 279: Die normale Form der roten Blutkörperchen (links) unterscheidet sich in der mikroskopischen Betrachtung deutlich von der geschädigten Sichelzell-Form (rechts).

	AA	Aa	aa
AA	AA	50% AA 50% Aa	Aa
Aa	50% AA 50% Aa	25% AA 50% Aa 25% aa	50% Aa 50% aa
aa	Aa	50% Aa 50% aa	aa

Abb. 280: Kreuzungsmatrix zum Sichelzellenallel. Die Sichelzellenanämie ist eine rezessive Erbkrankheit, d. h. wenn beide Merkmale vorhanden sind (Heterozygotie), so ist das gesunde Gen dominant. Eine ausgeprägte Sichelzellbildung wird dadurch verhindert, dass genug „richtiges" Hämoglobin produziert werden kann. Das gesunde Gen (A) bildet das richtige Hämoglobin. Das Sichelzellgen (a) hat zwar Sichelzellbildung, aber auch Malariaresistenz zur Folge. Die optimale Kombination in Malariagebieten ist daher Aa; sie hat aber zur Folge, dass aus Verbindungen mit Aa auch aa entstehen kann, was zu einem frühen Tod führt.

HÄUFIGKEIT DES SICHEL-ZELLENALLELS IM GENPOOL

| Gebiete ohne Malaria | Gebiete mit Malaria |

100%

früher Tod der Homozygoten (aa)

früher Tod der Homozygoten (aa)

50%

Risiko homozygoter (aa) Nachkommen

geringere Vitalität der Heterozygoten (Aa)

Malaria-Resistenz Heterozygoter (Aa)

0%

Beispiel einer Mutation: die Sichelzellenanämie

Um bei dem vorgestellten Beispiel zu bleiben, betrachten wir eine Mutation im Hämoglobinmolekül. Es handelt sich um eine Punktmutation, den Austausch eines einzigen „Buchstabens" im Gen (eine Transversion, siehe Abb. 275). Durch den Austausch Thymin → Adenin wird aus dem Triplett CTC → CAC. Wenn man die entsprechenden Gegenstücke der mRNA (aus der DNA „CTC" wird die mRNA „GAG" und aus „CAC" wird „GUG") im Code nachschaut (Abb. 270), so bemerkt man, dass GAG für Glutaminsäure (Glu) und GUG für Valin (Val) codiert. Durch die Veränderung im Triplett wird also an dieser Stelle im mutierten Protein eine andere Aminosäure eingebaut.

In der Übersicht der Aminosäuren (Abb. 262) werden verschiedenfarbige Hintergründe verwendet, um vier Gruppen mit verschiedenen Eigenschaften zu kennzeichnen. Man kann aus dieser Übersicht erkennen, dass es sich bei der Glutaminsäure um eine (hydrophile) Säure handelt, während Valin hydrophob reagiert. Wenn zwei Aminosäuren ausgetauscht werden, die sich in ihren Eigenschaften nicht sonderlich unterscheiden, so sind die Auswirkungen auf das Protein meistens gering. In unserem Beispiel haben wir es aber mit zwei sehr unterschiedlichen Aminosäuren zu tun – mit gravierenden Auswirkungen für die Struktur des Hämoglobins. Die beschriebene Mutation führt zum Krankheitsbild der Sichelzellenanämie.

Die Molekülstruktur des Hämoglobins ist gestört, das führt unter bestimmten Bedingungen zu ihrer Verklumpung. In einem normalen Blutkörperchen liegt das Hämoglobin fein verteilt vor. Das Blutkörperchen ist sehr elastisch und kann sich stark verformen, um sich durch enge Kapillaren zu zwängen, ohne Schaden zu nehmen. Es nimmt danach seine alte Form wieder an. Für ein Blutkörperchen mit dem mutierten Hämoglobin geht diese Elastizität verloren. Es bleibt verformt und wird damit zur Sichelzelle. So eckt es überall an und versperrt enge Stellen in den Blutgefäßen. Weiße Blutkörperchen (Leukozyten), die wie Polizeistreifen im Körper patrouillieren, greifen die „entarteten" Sichelzellen an und lösen sie auf. Die Folgen für die betroffene Person sind Blutarmut und Gefäßverschlüsse.

Wirkungsweise der Selektion

Am Beispiel der Sichelzellenanämie lässt sich erkennen, was für schwerwiegende Folgen eine Mutation haben kann. In einem einzigen der 20.000 Gene des Menschen wurde ein einziger Buchstabe der DNA vertauscht. Wenn die Mutation auf beiden Chromosomen vorliegt (Homozygotie), ist der Betroffene so schwer geschädigt, dass er in den meisten Fällen das Erwachsenenalter nicht erreicht, sondern vorher an den Folgen stirbt. Daher überrascht es zunächst, dass es Gebiete gibt, in denen fast 40% der Bevölkerung das Sichelzellengen tragen. Hier liegt ein Musterbeispiel für die Wirkungsweise der Selektion vor. Der entscheidende Selektionsfaktor ist eine Krankheit, die ähnlich gefährlich ist wie die Sichelzellenanämie: Malaria.

Die Sichelzellenanämie ist eine rezessive Erbkrankheit. Das bedeutet, dass Personen, bei denen ein Chromosom mit dem mutierten und ein Chromosom mit dem gesunden Gen für Hämoglobin vorliegt (Heterozygotie), kaum Beeinträchtigungen zeigen. Es wird genug gesundes Hämoglobin gebildet, sodass es kaum (nur unter hoher körperlicher Belastung) zur nachteiligen Auswirkung von Sichelzellen kommt. Diese Menschen haben aber einen großen Vorteil: Sie sind

Abb. 281: In Gebieten ohne Malaria ist das Sichelzellenallel selten. Es hat dort ausschließlich negative Auswirkungen. In Malariagebieten dagegen sorgt die Ausbildung der Malariaresistenz für eine starke Verbreitung des mutierten Gens. Da es tödlich ist, wenn beide Allele das mutierte Gen tragen, kann es sich niemals durchsetzen. Der Anteil des mutierten Gens (bezogen auf die Gesamtheit der Hämoglobin-Gene in der Population) bleibt immer deutlich unter 50%.

resistent gegen Malaria. In malariaverseuchten Gebieten ist dieser Schutz vor Infektion ein so großer Vorteil, dass er das Risiko aufwiegt, homozygote (und damit todgeweihte) Nachkommen zu zeugen.

Was sind „positive Mutationen"?

Kann man aus dem Beispiel ableiten, dass Mutationen nicht unbedingt schädlich sind? Sicher, unter diesen besonderen Bedingungen ist die an sich schädliche Sichelzellmutation ein Überlebensvorteil. Das Beispiel ist ein Pendant zu den Mutationen der flugunfähigen Insekten auf den Kerguelen-Inseln (Seite 148). Es gibt noch eine Reihe weiterer Beispiele für Mutationen, die sich nachgewiesenermaßen vorteilhaft für ihre Träger auswirken. Die meisten davon beruhen aber auf dem Verlust oder der Beschädigung einer bestehenden Struktur.

Damit Makroevolution stattfinden kann, reicht es nicht aus, dass sich die Existenz positiver Mutationen nachweisen lässt. Ob eine Mutation positiv, also vorteilhaft ist, hängt von den Lebensbedingungen (Umwelteinflüssen, Selektionsfaktoren) ab. Um Makroevolution durch eine Anhäufung von Mutationen plausibel zu machen, müsste man zeigen können, dass auf diesem Weg etwas qualitativ Neues entstehen kann. Neues Erbmaterial, d. h. neue, funktionsfähige Gene und neue Strukturen, also neue Proteine, müssten durch Mutationen zustande kommen können. Dieser Nachweis konnte bisher nicht erbracht werden.

Sind Mutationen gar nicht „purer Zufall"?

Die Vorstellung, die die Biologen von der Natur des Mutationsgeschehens haben, hat sich in den letzten Jahren stark gewandelt. Es ist schon länger bekannt, dass Mutationen nicht wahllos verteilt in der Erbinformation auftreten. Einige Bereiche des Genoms weisen eine deutlich höhere Mutationsrate auf als andere. Mutationen werden sogar (bei der Produktion von Antikörpern) gezielt eingesetzt, um deren Variabilität zu erhöhen.

Was aber zu einem richtigen Umbruch führen könnte, sind Ergebnisse aus der Pflanzenzucht. Der Pflanzengenetiker Wolf-Ekkehard Lönnig beschreibt unter dem Begriff „Regel der rekurrenten Variation" eine interessante Beobachtung. Züchter stellten bei Pflanzen fest, dass in Mutationsversuchen (bei denen die Mutationen durch Strahlung oder Chemikalien hervorgerufen werden) hauptsächlich Mutationen auftraten, die auch als spontane Mutationen schon bekannt waren. Je mehr dieser Versuche durchgeführt wurden, desto deutlicher wurde der Befund, dass im Prinzip immer wieder dieselben Mutationen auftreten. Dieser Befund gilt nicht nur für Pflanzen. Auch bei den Versuchen mit Colibakterien und Fruchtfliegen traten häufig die gleichen Mutationen auf. Sogar beim Menschen sind über 5000 Mutationen bekannt, die als rekurrent gelten, die also immer wieder einmal auftreten. Die statistische Wahrscheinlichkeit da-

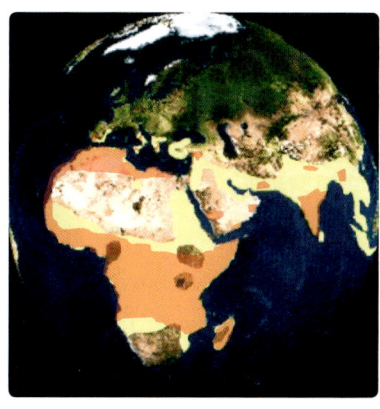
Abb. 282: Ein Vergleich der Verbreitungsgebiete von Malaria (gelb) und Sichelzellenanämie (rot) bestätigt den nachgewiesenen Zusammenhang eindrucksvoll.

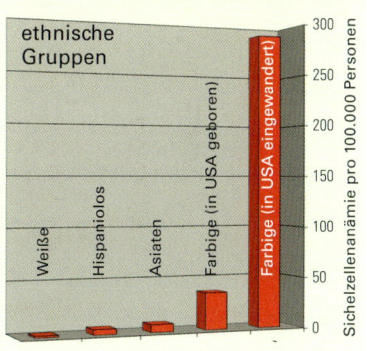
Abb. 283: Die Verbreitung der Sichelzellenanämie in den USA lässt erkennen, dass die Mutation ohne den Selektionsdruck der Malaria schnell verschwindet. In den meisten Fällen tritt das Sichelzellallel bei farbigen Einwanderern auf. Die in den USA geborenen Farbigen tragen es schon deutlich seltener.

Abb. 284: Königin Victoria von England ist vielleicht die bekannteste „Mutante". Sie trug auf einem ihrer X-Chromosomen das Defektgen der Bluterkrankheit (Hämophilie). Da es von ihren Vorfahren her nicht bekannt ist, geht man davon aus, dass diese Mutation bei ihr entstand. Die Krankheit ist rezessiv. Frauen zeigen keine Symptome, sofern eines ihrer X-Chromosomen den Defekt nicht hat. Männer haben jedoch nur ein X-Chromosom. Wenn sie den Defekt erben, erkranken sie daher immer.

Die Grafik zeigt den Stammbaum ihrer Nachfahren. Victoria betrieb als Herrscherin eine kluge Heiratspolitik. So gelangte die Erbkrankheit in andere europäische Königshäuser (Deutschland, Russland, Spanien). Ein bekanntes Opfer ist der russische Zarewitsch Alexej.

25

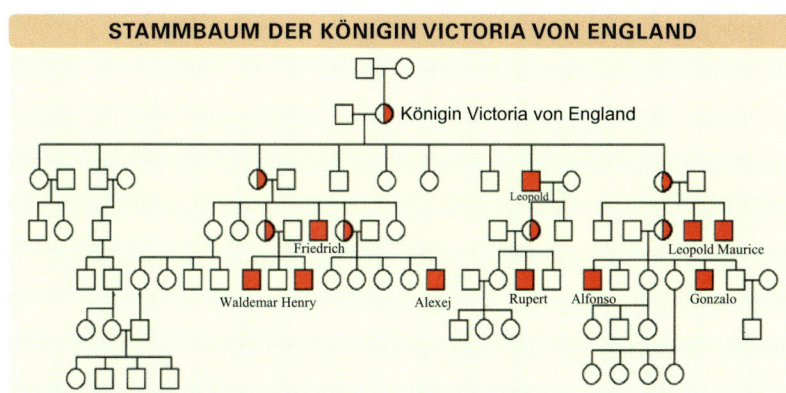
STAMMBAUM DER KÖNIGIN VICTORIA VON ENGLAND

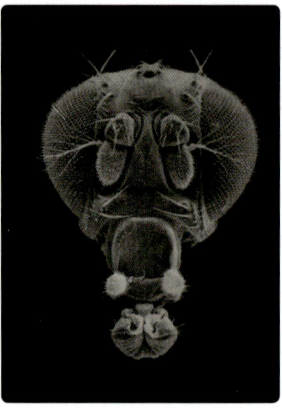

Abb. 285: Eine homeotische Mutation beim „Haustier der Genetiker", der Frucht- oder Taufliege *Drosophila*. An dem links abgebildeten Kopf der Fliege wurden Beine statt Antennen ausgebildet. Zur Zeit ihrer Entdeckung galten die homeotischen Mutationen als möglicher Mechanismus für makroevolutive Veränderung. Heute sieht es eher so aus, dass sie zwar für Genetik und Embryologie höchst interessant sind (weil sie neue Erkenntnisse über die Organisation des Genoms und die Steuerung von Entwicklungsabläufen erbringen), aber dem Evolutionsbiologen nicht weiterhelfen, jedenfalls nicht auf der Suche nach den Mechanismen der Makroevolution.

Diese erstaunlichen Mutationen treten auf, wenn ein Gen betroffen ist, das eine übergeordnete Kontrollfunktion für eine ganze Gruppe anderer Gene ausübt. Zum Teil haben diese Schaltergene in verschiedenen Organismen die gleiche Funktion. Das Gen, das in der Maus den Bau des Auges auslöst, erfüllt diese Funktion auch in der Fruchtfliege. Allerdings entsteht dort kein Mäuseauge, sondern ein Fliegenauge. Daran ist zu erkennen, dass die Schaltergen keine Information über den Bau des Auges an sich trägt, sondern nur die entsprechende „Baugruppe Auge" aktiviert.

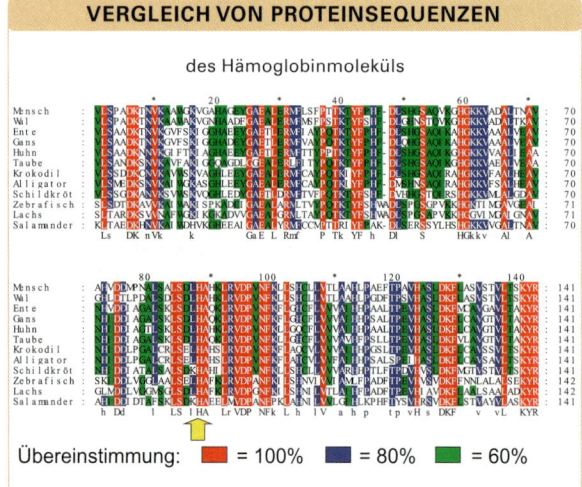

Abb. 286: Die Proteinsequenzen des Hämoglobins von zwölf verschiedenen Organismen wurden mit dem Programm „ClustalX" auf Übereinstimmung untersucht (Alignment). Die Farben zeigen den Grad der Übereinstimmung an (siehe Bildlegende). Aminosäuren, die eine besondere Funktion ausüben, kommen bei allen untersuchten Organismen an der gleichen Stelle vor. Zum Beispiel das Histidin F8 (siehe Abb. 263), das die Hämgruppe bindet (mit dem gelben Pfeil markiert, in Pos. 88). Man spricht von „invarianten Positionen". Wenn dort eine Mutation aufträte, so wäre das entstehende Protein mit hoher Wahrscheinlichkeit funktionsunfähig.

25

für, dass die gleiche Mutation zufällig gehäuft auftritt, ist vernachlässigbar gering. Es hat vielmehr den Anschein, als ob Mutationen, zumindest teilweise, eine Funktion haben, die darin besteht, das existierende genetische Potential der Organismen durch weitere Variation auszuschöpfen (ohne dass dabei etwas wirklich Neues entsteht).

Wenn's um Genetik geht, lieber konservativ …

Das Argument: „Makroevolution kann man nicht beobachten, weil sie viel zu langsam stattfindet", scheint sehr einleuchtend zu sein. Dabei wird aber von höheren Tieren und Pflanzen und deren Generationszeiten ausgegangen. Denkt man an Bakterien, die sich unter optimalen Bedingungen alle 15 Minuten teilen können, so kann man an ihnen in etwa 3 Jahren die Veränderungen beobachten, die in über 100.000 Generationen erfolgen. Diese Anzahl soll nach der Meinung vieler Wissenschaftler größenordnungsmäßig ausreichen, um in höheren Lebewesen aus einem einfachen Vorläufer (Grubenauge) unser heutiges Linsenauge zu entwickeln. Die Experimente mit dem „Haustier der Genetiker", der Fruchtfliege *Drosophila*, brachten nie etwas anderes als geschädigte Fruchtfliegen hervor. In den letzten Jahrzehnten wurden in vielen Labors der Welt Millionen von Fruchtfliegen mit UV-, Röntgen- und Gammastrahlung beschossen und chemischen Mutagenen ausgesetzt. Wenn dabei auch viele interessante Erkenntnisse über die Struktur und Organisation des Genoms gewonnen wurden, so ließ sich doch keine der dabei ausgelösten Mutationen im Sinne einer Neuentwicklung interpretieren.

Die Mutationsversuche werfen immer mehr Licht auf die Natur von Mutationen. Zum einen häuft sich der Befund, dass immer wieder die gleichen Mutationen auftreten („Regel der rekurrenten Variation", siehe oben), zum anderen sind viele Mutanten labil und mutieren spontan wieder in die Ausgangsform zurück. Die Mutationsrate darf nicht zu stark ansteigen, sonst kommt die Selektion mit dem Ausmerzen der Schäden nicht mehr mit (das führt zu einer Degeneration des Genpools und letztendlich zum Aussterben der Population). In Mutationsversuchen konnte bisher die Menge der Erbinformation nicht dauerhaft vergrößert werden (Ausnahme ist die Polyploidie bei Zuchtpflanzen, bei der ein ganzer Chromosomensatz mehrfach vorliegt). Als zentraler Faktor der Makroevolution sind Mutationen in Frage zu stellen. Der bisherige Stand der Forschung lässt nicht erwarten, dass sie für die Entstehung neuer komplexer Strukturen verantwortlich sein können.

Berechnung der Abstammungsverhältnisse

Seitdem die Ermittlung der DNA-Sequenzen der Erbinformation und der Aminosäure-Sequenzen der Proteine möglich ist, verfügen Biologen über eine neue Möglichkeit,

SEQUENZ-STAMMBÄUME

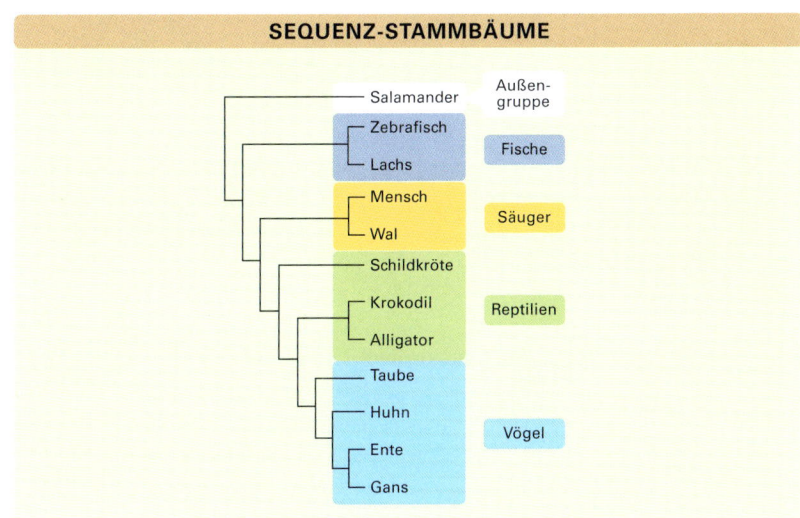

Abb. 287: Die Erstellung von Stammbäumen ist eine Wissenschaft für sich. Für diesen Stammbaum wurde aus dem Sequenzvergleich (Abb. 286) mit dem Programm „ProtDist" eine Distanzmatrix erstellt. Es berechnet in einem ersten Schritt die Sequenzunterschiede. In einem nächsten Schritt wurde mit dem Programm „Neighbour" eine hypothetische Mutationsabfolge ermittelt. Dabei kann zwischen verschiedenen Algorithmen (Berechnungsformeln) gewählt werden. Die evolutionären Vorannahmen und Erwartungen fließen bei der Auswahl des Algorithmus mit ein. Das Beispiel hier wurde mit dem UPGMA-Algorithmus erstellt. Dabei wird der Organismus mit der größten mittleren Sequenzabweichung als Außengruppe gewählt, die die „Richtung" des Stammbaums vorgibt. Es sieht hier so aus, als wäre der Salamander mit den Fischen näher verwandt als mit den Reptilien, entgegen evolutionstheoretischer Annahmen. Also wird man einen Algorithmus verwenden, in dem man die Außengruppe selbst definieren kann (z. B. Neighbour Joining). Innerhalb dieses Algorithmus gibt es wieder verschiedene Modalitäten (Parsimony, Bootstrap usw.), sodass es möglich ist, den Stammbaum so lange zu variieren, bis er „passt". Derartige „Analysen" können nicht als unabhängige Bestätigung für Abstammungsverwandtschaft gewertet werden. Sie machen nur dort Sinn, wo eine gemeinsame Abstammung ungefähr bekannt ist (z. B. bei verschiedenen Arten eines Grundtyps), um die Verwandtschaftsnähe zu berechnen.

verschiedene Organismen miteinander zu vergleichen. Die Methode besticht dadurch, dass Ähnlichkeit dabei nicht mehr nur ein qualitatives (und damit subjektives), sondern ein quantifizierbares Merkmal ist. Der Grad der Übereinstimmung von zwei verschiedenen Sequenzen kann mathematisch ausgedrückt werden.

Die großen Erwartungen, die man in diese neue Möglichkeit gesetzt hat, haben sich nur teilweise erfüllt. Die hypothetischen Stammbäume sind durch die Berücksichtigung molekularer Daten im Allgemeinen nicht besser begründet als vorher (in vielen Fällen haben diese Daten das Bild sogar zunehmend verwirrt). Je mehr Sequenzinformationen vorliegen, desto schwieriger wird die Erstellung von widerspruchsfreien Stammbäumen. Bei der Auswahl der zu vergleichenden Sequenzen und bei der Berechnung der Ähnlichkeit fließen eine Reihe von (evolutiven) Vorannahmen in die Berechnung molekularer Stammbäume mit ein. Die Methode kann nicht als unabhängiges Argument zur Bestätigung der Evolutionstheorie betrachtet werden.

Dass die äußerlichen Ähnlichkeiten in gewissem Maß mit der Ähnlichkeit der Genomsequenzen zusammenfallen, ist zu erwarten. Schließlich hängt das Äußere eines Organismus (Phänotyp) mit der Erbinformation (Genotyp) zusammen. Die hohen Werte für die Übereinstimmung verschiedener Genomsequenzen mögen z. T. erstaunlich erscheinen. So teilt der Mensch z. B. mit einem gewöhnlichen Regenwurm etwa 60% der Gene. Wenn man jedoch bedenkt, dass ein hoher Anteil der Stoffwechselwege in den meisten Lebewesen identisch ist, wird diese Übereinstimmung verständlich. Man kann heute davon ausgehen, dass die Unterschiede zwischen den Arten nicht in der Abfolge der Bausteine der DNA alleine begründet sind.

Der Mensch. 90% Affe. 50% Banane

Abb. 288: Die starke Übereinstimmung menschlicher Sequenzen mit denen anderer Lebewesen ist auf den ersten Blick überraschend. Den Schlagzeilen mit Aussagen wie „Mensch und Schimpanse zu 98% identisch", „Der Wurm unser Bruder – 60% gleiche Gene" wird auf diesem Plakat die lapidare Feststellung „50% Banane" gegenübergestellt.

Die Ähnlichkeit der Gene beruht zum großen Teil auf Gemeinsamkeiten in Stoffwechsel, Zellstruktur, Zellorganisation usw., die bei den meisten Organismen nahezu identisch aufgebaut sind. Die große Gemeinsamkeit im Erbgut ist also nicht überraschend. Aus ihr kann geschlossen werden, dass die Ursache für die äußere Form nicht nur in den Genen zu suchen ist.

«Themen-DVD»

- Gentechnik, Klonen …
  Moderne Biotechnologie und ethische Herausforderung
- Gene-tinkering: Kann in komplexe biologische Systeme neue Information eingeflickt werden?
- Von der Schwierigkeit, Evolution zu rekonstruieren
- Über den genetischen Unterschied zwischen Mensch und Schimpanse - der 1%-Mythos
- Der Mensch und sein Genom

«KOMPAKT»

Biologische Strukturen und Funktionen benötigen die DNA. Evolutionäre Errungenschaften müssen dort festgemacht sein, um in weiteren Generationen erhalten zu bleiben. Die DNA kann durch Mutation verändert werden. Es zeigt sich aber, dass der weitaus überwiegende Teil der Mutationen schädlich ist. Es gibt auch Fälle, wo Mutationen eine positive Auswirkung für die Überlebensfähigkeit eines Organismus haben. Für den Aufbau neuer komplexer Strukturen (Makroevolution) müssten aber viele zueinander passende Mutationen in einem Organismus zusammenkommen. Ein solcher Vorgang ist unbekannt und extrem unwahrscheinlich.

Kosmische Evolution

Nach der heute allgemein anerkannten Kosmologie soll das Universum, der „physikalische Kosmos", aus einem Urknall hervorgegangen sein. Womit wird diese Vorstellung belegt und welche Probleme wirft sie auf?

Die Sekunde vor dem Urknall gab es genauso wenig, wie es die Position „1 km nördlich vom Nordpol" gibt.

Stephen W. Hawking

Jemand, der eine Antwort vorschlägt, die nicht seltsam ist, zeigt nur, dass er die Frage nicht verstanden hat.

Robert Nozick, Philosoph
(zu der Frage „Wie kann aus nichts etwas entstehen?")

Gab es das Universum schon immer?

Seit der Antike beschäftigt den Menschen die Frage, ob das Universum ewig sei. Heute hat sich weitgehend die Überzeugung durchgesetzt: Das Universum ist nicht ewig – es hat einen Anfang und ein Ende.

Wer sich mit der kosmischen Evolution beschäftigt, muss bis zu einem Anfang zurückgehen. Eigentlich muss er sogar noch weiter zurückgehen. Denn es gilt: Alles, was einen Anfang hat, hat auch eine Ursache. Hat das Universum einen Anfang, so braucht es auch eine Ursache. Wer oder was ist die Ursache für die Entstehung des Universums? Diese Frage wird von der modernen Wissenschaft völlig ausgeblendet und kann mit ihrer Hilfe nicht beantwortet werden. In jeder Naturwissenschaft wird mit einem vorangestellten Hypothesensystem begonnen. Es ist daher keine Schwäche des Systems „Naturwissenschaft" oder der Kosmologie, dass sie keine Antworten über die Natur des „Uranfangs" geben kann, sondern die Schwäche besteht darin, dass sie den Anspruch vertritt, solche Antworten liefern zu können.

Was war da, bevor etwas da war?

Abb. 289: Aus der Urknalltheorie wird die abgebildete Modellvorstellung zum Geschichtsverlauf des Universums abgeleitet (der Zeitstrahl ist nicht maßstabsgerecht). Die beobachtete Rotverschiebung von Objekten, die mit zunehmender Entfernung und Geschwindigkeit größer ist, wird als Hinweis auf die Ausdehnung des Universums interpretiert.

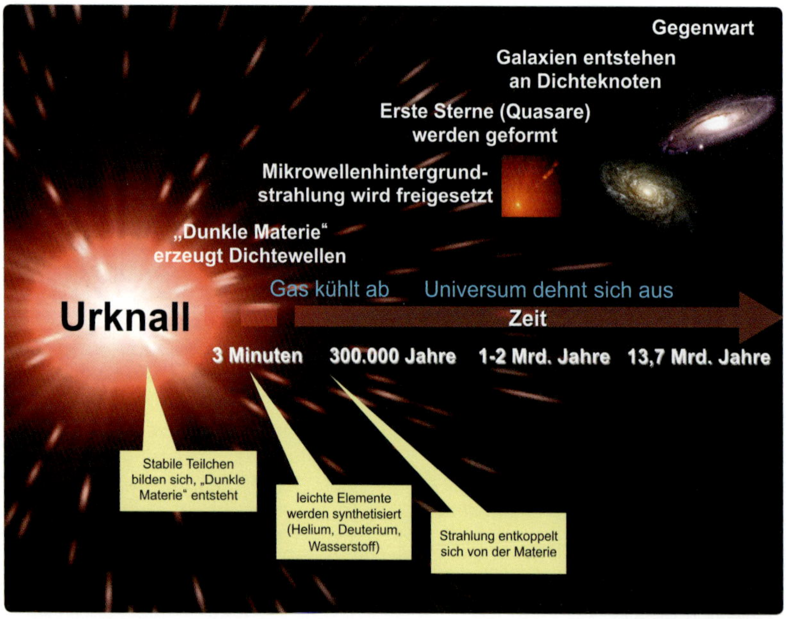

Überspringen wir also die Ursache und gehen davon aus, dass es, warum auch immer, einen Anfang gab. In der Beschreibung dieses Anfangs werden die Formulierungen der Fachliteratur notgedrungen etwas unscharf. Es ist dort von einer „Singularität" die Rede, mit der alles begann. Man findet dort die Aussage, dass sich die Geschichte des Universums bis unmittelbar nach dem „Urknall" rekonstruieren lässt.

Doch gerade diese Sekundenbruchteile sind wichtig. Was „explodierte" da? Wie konnte Materie entstehen? Die Quantentheorie bietet für die gedachten Abläufe bis heute keine Erklärung. Ihr zufolge müssten Materie und Antimaterie in exakt gleichen Teilen entstanden sein und sich unmittelbar wieder gegenseitig unter Freisetzung von Photonen zerstrahlt haben. Ein Knall, ein Blitz, das war's. Warum blieb Materie übrig, um den Kosmos zu bilden? Man behilft sich mit der Hypothese einer „Symmetriebrechung", um den Überschuss von Materie zu begründen, und führt damit ein Konzept ein, das im Widerspruch zum aktuellen Stand der Physik steht.

Wo kommen die kosmischen Strukturen her?

Es soll dann zu einer sehr schnellen Expansion (Ausdehnung) der Urknall-Produkte gekommen sein, um so die Raumzeit aufzuspannen. Chemische Elemente entstanden, die Strahlung entkoppelte sich von der Materie, und unter bestimmten Bedingungen („Dichteknoten") kam es später zur Entstehung von Galaxien, so das Urknall-Szenario.

Berechnungen, die die Masse (und damit auch die Gravitation), die vergangene Zeit und die Expansionsgeschwindigkeit der gebildeten Materie zugrunde legen, lassen uns einen „kosmischen Nebel" erwarten. Die Produkte des Urknalls müssten relativ gleichmäßig, wie ein sehr feiner Nebel, im ganzen Weltall verteilt sein. Offensichtlich kam es anders. Der Kosmos weist ein hohes Maß an Struktur und Ordnung auf. Das stellen wir auf allen Ebenen fest: Die Planeten unseres Sonnensystems sind regelhaft angeordnet (Titius-Bode-Reihe), die Sterne sind in Formationen angeordnet (z. B. als Spiralgalaxie). Die Galaxien wiederum liegen meistens als Anhäufung (Cluster) vor, die ihrerseits wieder gehäuft auftreten (Supercluster). In einer Karte des bekannten Kosmos fallen uns Blasen (Voids, Hubble-Bubbles), Verdichtungen (wie z. B. die „Große Mauer") und eine Bänderung („kosmische Sprossenleiter") auf.

Da die Entstehung dieses strukturierten Kosmos sich nicht mit den verfügbaren Daten rekonstruieren lässt, führt man erneut eine Hypothese ein: CDM – *c*old *d*ark *m*atter – die „dunkle Komponente"; ihre Natur konnte bisher nicht entschlüsselt werden. Sie soll über 95% des Kosmos ausmachen und alle Strukturen erklären können; sie konnte aber bisher noch nicht nachgewiesen werden. Die grundsätzliche Frage „Wie kann Chaos aus sich heraus Ordnung hervorbringen?" bleibt offen.

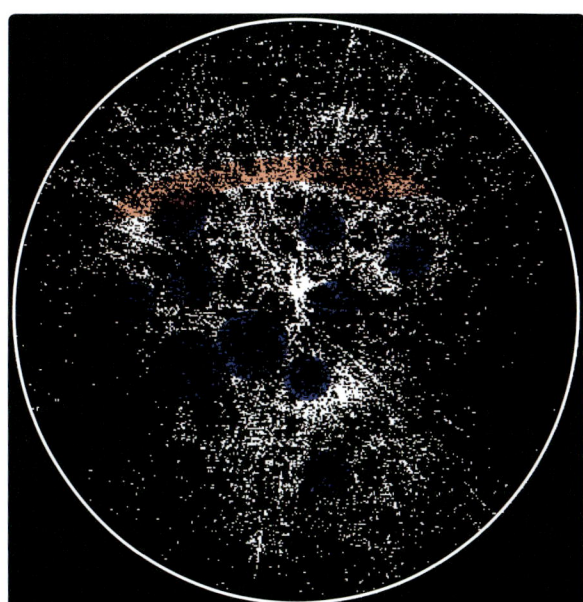

Abb. 290: Eine „Karte des Kosmos". Sie wurde erstellt, indem man die von der Erde aus beobachteten Galaxien in ein Koordinatensystem eintrug. Unser Sonnensystem befindet sich im Zentrum der Projektion. Neue Beobachtungsdaten führen zu einer ständigen Verfeinerung solcher Darstellungen.

Die Galaxien sind nicht homogen im All verteilt. Zu erkennen sind die „Große Mauer" (ein Band von hoher Galaxiendichte, rot eingefärbt) und mehrere „Blasen" (große Leerräume, blau eingefärbt).

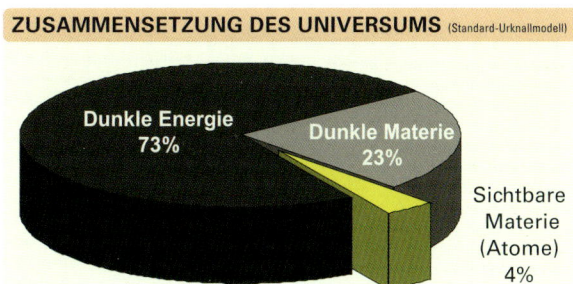

ZUSAMMENSETZUNG DES UNIVERSUMS (Standard-Urknallmodell)

Dunkle Energie 73%
Dunkle Materie 23%
Sichtbare Materie (Atome) 4%

Abb. 292: Um die Beobachtungen der Kosmologie mit der Urknallvorstellung zu verbinden, nimmt man an, dass das Universum zum größten Teil aus „Dunkler Materie" und „Dunkler Energie" besteht. Diese Bestandteile werden aus der Sicht heutiger, beobachteter Datenlage gefordert; ihre Natur ist dagegen bislang spekulativ.

Abb. 291: Der Kosmos weist auf allen Ebenen eine geordnete Struktur auf. Die Maßstäbe verdeutlichen die unterschiedlichen Größenordnungen der abgebildeten Objekte.

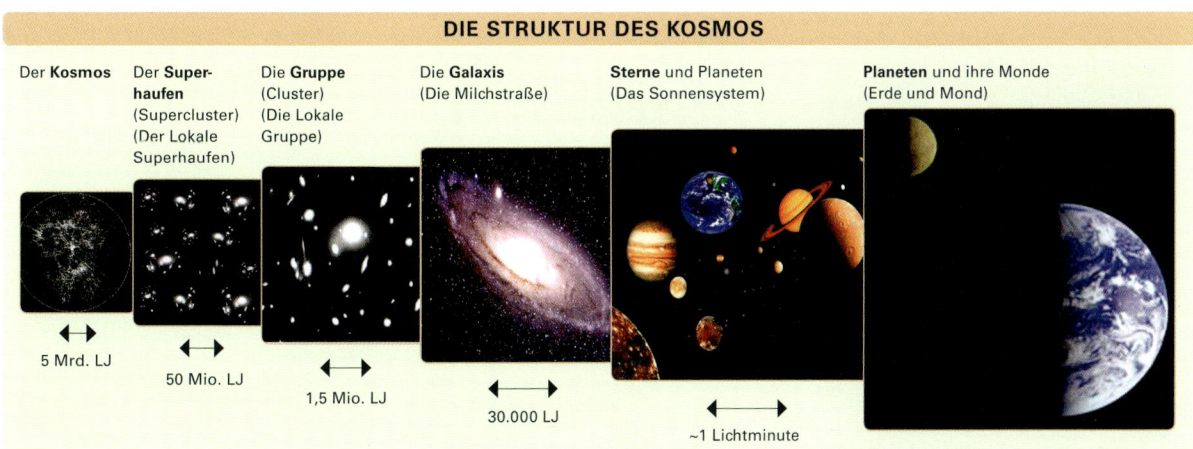

DIE STRUKTUR DES KOSMOS

Der **Kosmos** | Der **Super-haufen** (Supercluster) (Der Lokale Superhaufen) | Die **Gruppe** (Cluster) (Die Lokale Gruppe) | Die **Galaxis** (Die Milchstraße) | **Sterne** und Planeten (Das Sonnensystem) | **Planeten** und ihre Monde (Erde und Mond)

5 Mrd. LJ | 50 Mio. LJ | 1,5 Mio. LJ | 30.000 LJ | ~1 Lichtminute

STERNENLICHTSPEKTREN

Galaxien-gruppe

Rotverschiebung

H+K

Galaxie
Referenz

Virgo — 1.200 km/s — 43 Mio. Lichtjahre

Ursa Major — 15.000 km/s — 560 Mio. Lichtjahre

Bootes — 39.300 km/s — 1,29 Mrd. Lichtjahre

Hydra — 61.200 km/s — 1,96 Mrd. Lichtjahre

Abb. 293: Vier Beispiele für Sternenlichtspektren, in denen eine Rotverschiebung auftritt. Man kann sie an den verschobenen H- und K-Spektrallinien von ionisiertem Kalzium erkennen (grüner Pfeil). Das Ausmaß der Verschiebung korreliert mit der Fluchtgeschwindigkeit und Entfernung der Objekte.

Hinweise auf den Urknall

Warum wird heute fast ausschließlich die Urknallvorstellung vertreten, welche Indizien sprechen dafür?

Im Wesentlichen sind es drei verschiedene Argumente. Das eigentliche Hauptargument ist die Deutung der Rotverschiebung der Sternlichtspektren als Ausdehnung des Universums. Gegen diese Interpretation gibt es allerdings eine Reihe von Kritikpunkten. Trifft sie zu, so stellt sich die Frage: Wie lange können wir die heute beobachtete Ausdehnung in die Vergangenheit zurückrechnen? Führt man den expandierenden Kosmos 13,7 Mrd. Jahre zurück, so landet man beim hypothetischen Ausgangspunkt des Urknalls.

In dem Modell wird außerdem die Existenz eines „Urknallechos" in Form einer Reststrahlung im Universum erwartet. Die Entdeckung der messbaren „3K-Hintergrundstrahlung" wird in diesem Sinn interpretiert. Es hat sich allerdings gezeigt, dass die Mikrowellenhintergrundstrahlung (es gibt noch andere Hintergrundstrahlung) nur geringste Schwankungen zeigt. Die hochgradige Struktur des heute beobachtbaren Kosmos lässt sich daraus nur schwierig ableiten.

Ein weiteres Indiz ist das häufige Vorkommen von Wasserstoff, Helium und Deuterium im Kosmos. Im Urknall-Szenario wird in der frühen Phase die Bildung von großen Mengen dieser leichten Elemente angenommen, sodass der Befund den Erwartungen entspricht.

Welche Schwierigkeiten es mit diesen Indizien über die aufgetretenen Probleme hinaus gibt und wie gut das Urknallmodell insgesamt zu den Daten der modernen Kosmologie passt, sprengt den Rahmen dieser Übersicht und wird auf der beiliegenden DVD ausführlicher behandelt.

Verstehen wir die Entstehung unseres Sonnensystems?

Wenn wir uns mit dem Aufbau des gesamten Kosmos, mit der Verteilung und Entstehung von Sternen und Galaxien usw. befassen, so sprechen wir von Objekten, die uns nicht direkt zugänglich sind. Der nächste Stern (Proxima Centauri) ist 4,2 und die nächste Galaxie (Große Magellan-Wolke) 170.000 Lichtjahre von uns entfernt.

Abb. 294: Die amerikanische WMAP-Raumsonde misst die Hintergrundstrahlung des Weltraums. In der Karte sind die Temperaturunterschiede durch unterschiedliche Farbzuweisungen dargestellt. Die mittlere Temperatur der Hintergrundstrahlung *(CMBR, Cosmic Microwave Background Radiation)* beträgt 2,725 Kelvin. Im Rahmen der Urknalltheorie wurde dieser Strahlungshintergrund erwartet. Er wird als dessen „Echo" interpretiert. Allerdings wären größere Temperaturunterschiede zu erwarten. Die hochgradige Homogenität der Temperatur überrascht und lässt sich nicht unmittelbar zu heute bekannten Strukturen ausziehen, was aber das ehrgeizige Ziel zukünftiger Missionen, z. B. von „Planck", sein wird.

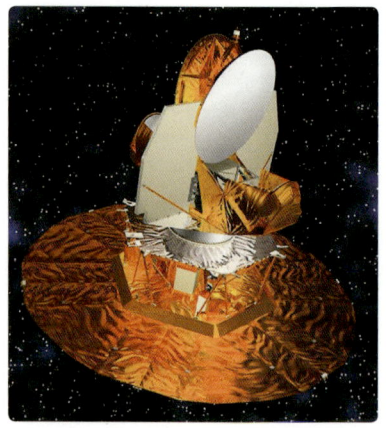

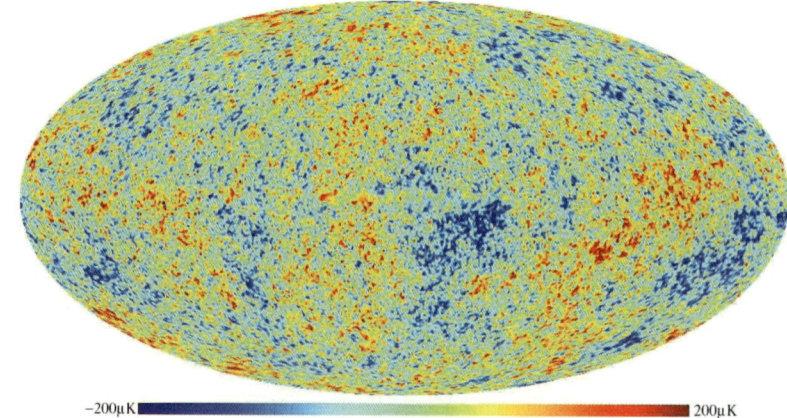

−200µK — 200µK

26

Wir sollten daher annehmen, dass die Objekte in unserer unmittelbaren Nähe, nämlich unser Erdenmond, die Sonne, ihre anderen sieben Planeten und die unzähligen Asteroiden (bis heute sind etwa 220.000 erfasst und katalogisiert, es gibt jedoch Millionen davon) bei der Frage nach dem Anfang weiterhelfen. Von ihnen liegen uns zum großen Teil exakte Messwerte, Fotos und (von Mond und Mars) sogar Materialproben zur Untersuchung vor. Allerdings bleiben zentrale Fragen offen. Die verschiedenen Erklärungsversuche und Theorien zur Herkunft unseres Erdtrabanten sollen die Unsicherheit dieser Modellvorstellungen beispielhaft aufzeigen.

Abb. 295: Modellvorstellung zur Planetenentstehung. In einer rotierenden Wolke aus Gas und Staub *(Protoplanetarische Scheibe)* sollen sich deren Bestandteile durch Gravitation langsam verdichtet haben.

Die Entstehung unseres Mondes

Kein kosmischer Körper ist uns näher als unser Erdenmond. Er ist zugleich das am besten untersuchte Objekt im All. Die Frage nach seiner Herkunft wird seit Jahrhunderten von Gelehrten diskutiert. Bis heute gibt es im Rahmen der kosmischen Evolutionstheorie kein durchweg schlüssiges Modell. Der herkömmlichen Kosmologie zufolge ging unser Sonnensystem aus dem gravitativen Kollaps einer Gaswolke hervor. Man stelle sich also eine riesige intergalaktische Gaswolke vor, in der die vorhandene Materie durch gegenseitige Anziehung (gravitative Wechselwirkung) ins Zentrum stürzt und sich dabei stark verdichtet. In diesem Zentrum soll dann aus dem größten Teil (> 99,8 %) der beteiligten Materie die Sonne entstanden sein. Das übrig gebliebene Material (Gas und Staub) soll sich zu größeren Brocken (Planetesimalen) verdichtet haben, aus denen dann die Planeten entstanden.

Obwohl auch andere Planeten Monde haben (Mars: 2, Jupiter: 63, Saturn: 33, Uranus: 26, Neptun: 13 – soweit bisher bekannt), lässt sich keiner dieser Monde mit unserem Erdenmond vergleichen. Seine ungewöhnlichen Eigenschaften haben bisher jede Theorie zu seiner Entstehung fragwürdig erscheinen lassen:

«ZITAT»

Gebt mir einen Stein vom Mond, und ich werde euch sagen, wie das Sonnensystem entstand.
Harold C. Urey

- Seine außerordentliche **Größe**:
  Für einen Mond ist unser Erdenmond sehr groß. Sein Durchmesser beträgt 3476 km – 27 % des Erddurchmessers.

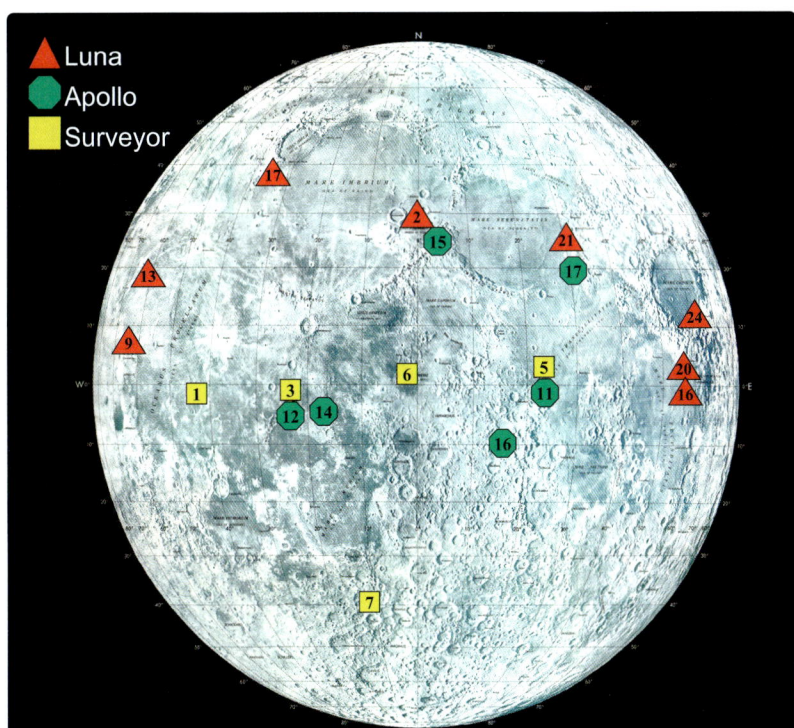

Abb. 296: Unser Erdenmond ist inzwischen ein „alter Bekannter". Auf der Mondkarte sind die Landeplätze der verschiedenen bemannten und unbemannten Missionen eingetragen. Zu den Hauptzielen dieser Unternehmungen gehörte es, Erkenntnisse über die Entstehung von Mond und Sonnensystem zu gewinnen. Die zitierte Einschätzung des Nobelpreisträgers H.C. Urey erwies sich als zu optimistisch. In Bezug auf die angenommene Evolution unseres Sonnensystems gibt es immer noch viele offene Fragen.

26

Abb. 297: Erde und Mond stehen hier in einem maßstabsgerechten Abbildungsverhältnis (sowohl in Bezug auf ihre Größe als auch auf ihren Abstand voneinander). Der Übersichtlichkeit wegen erscheint der Mond in vielen Darstellungen näher und größer.

Abb. 298: Der Mensch auf dem Mond. Astronauten der Apollo-Missionen führten bei ihren Mondlandungen umfangreiche Messungen, Experimente und sogar kleine Erkundungsfahrten durch.

ABSPALTUNGSTHEORIE

1.
2.
3.
4
5. • ·•∘ O
6. • ∘••O
7. O

Abb. 299: Schema zur Abspaltungstheorie. Die heiße Proto-Erde (1) wird durch die Wirkung der Fliehkraft immer stärker abgeplattet (2). Die zunehmende Fliehkraft an der Außenkante bewirkt die Abspaltung eines „Tropfens" (3, 4). Dieser löst sich vollständig von der Proto-Erde und bildet den Proto-Mond (5, 6). Später entwickelten beide Körper ihre heutige Form und wurden zu Erde und Mond.

- Seine **Zusammensetzung**:
  Der Mond hat im Verhältnis zur Erde viel weniger leichtflüchtige Elemente und einen viel geringeren Anteil an Eisen. Seine Dichte ist mit 3,3 g/cm³ viel geringer als die der Erde (5,5 g/cm³).
- Seine **Isotopenverhältnisse**:
  Die Isotopenverhältnisse sind für jeden Himmelskörper sehr spezifisch, gewissermaßen ein „Fingerabdruck" kosmischer Objekte (auf S. 156 wird erklärt, was „Isotope" sind). Erstaunlicherweise hat die Erde mit dem Mond (im Gegensatz zu allen anderen bekannten Objekten) große Ähnlichkeit in Bezug auf die Zusammensetzung ihrer Sauerstoffisotope.
- Seine **Dynamik**:
  Der Drehimpuls des Erde-Mond-Systems ist ungewöhnlich hoch.

Eine Theorie zur Entstehung des Mondes muss diese Befunde plausibel erklären können. Die ersten publizierten Überlegungen dazu stammen von dem französischen Philosophen Descartes und wurden 1664 veröffentlicht. Die modernen Theorien, die seit dem 19. Jahrhundert diskutiert werden, sind folgende:

- **A. Abspaltungstheorie (Fission-Theory):**
  „Von einer heißen, zähflüssigen und schnell rotierenden Proto-Erde schnürt sich ein Tropfen ab und bildet später den Mond." (Die Vorsilbe „Proto" zeigt an, dass es sich in einem Modellkörper um ein Vorläufermodell des späteren Objekts handelt. Eine Proto-Erde kann demzufolge ganz anders als die heutige Erde gedacht werden.) Diese Theorie wurde übrigens von George Howard Darwin (S. 126), einem Sohn von Charles Darwin, 1878 entwickelt. Der Geologe Osmond Fisher ergänzte das Modell später durch die Feststellung, der Pazifische Ozean sei die „Narbe der Erde", von der aus sich der Mond abgerissen habe.
→ Seit die Plattentektonik (Abb. 97) erforscht wurde, ist Fishers Idee ad acta gelegt worden. Der Pazifik kann keinesfalls als „Mondnarbe" betrachtet werden. Der eigentliche Grund für das Scheitern des Modells ist jedoch das Drehmoment des Erde-Mond-Systems. Die Erde hätte sich in diesem Modell rasend schnell drehen müssen. Die Tageslänge hätte etwa 2½ h betragen. Die erste ungelöste Frage wäre: „Warum sollte die Erde so schnell rotiert haben?", und die zweite: „Durch welchen Prozess wurde die Erde seither so stark abgebremst?" Außerdem wäre es höchst unwahrscheinlich, dass sich der Mond nach der Abspaltung exakt in eine Umlaufbahn fügte. Die Wahrscheinlichkeit, dass er auf die Erde zurückgefallen oder ins Weltall entschwunden wäre, ist um ein Vielfaches größer. Außerdem wäre zu erwarten, dass der Mond die Erde in der äquatorialen Ebene umkreist hätte (dort hätte die Abspaltung stattgefunden, weil dort die Fliehkraft am höchsten ist).

- **B. Einfangtheorie (Capture-Theory):**
  „Der Mond hat sich als ein eigenständiges Planetesimal irgendwo anders im Sonnensystem gebildet und wurde auf seiner Wanderschaft von der Erde eingefangen." Diese Theorie wurde erstmals 1909 von dem amerikanischen Astronomen Thomas J.J. See vorgeschlagen.
→ Die erstaunliche Übereinstimmung der Sauerstoffisotope wird durch diese Theorie nicht erklärt. Das ist aber nur ein Schönheitsfehler. Die Theorie scheitert daran, dass bisher in Modellrechnungen nicht plausibel gemacht werden konnte, dass die Erde einen Körper von der Größe des Mondes einfangen, abbremsen und in ihrer Umlaufbahn halten kann.

- **C. Schwesterplanet-Theorie (Co-Creation-Theory):**

  „Erde und Mond entstanden parallel aus einem gemeinsamen Ursprung (Staubnebel)." Diese Theorie wurde 1944 von Carl Friedrich von Weizsäcker entwickelt.

  → Die Umlaufbahn des Mondes sollte bei einem gemeinsamen Ursprung ebenfalls in der Äquatorialebene erwartet werden. Die Theorie scheitert an den großen Unterschieden in der Zusammensetzung (warum sollte der Mond viel weniger leichtflüchtige Elemente und Eisen und eine viel geringere Dichte als die Erde haben, wenn er den gleichen Ursprung hat?) und an dem großen Drehimpuls der Erde (im Vergleich zum Mond).

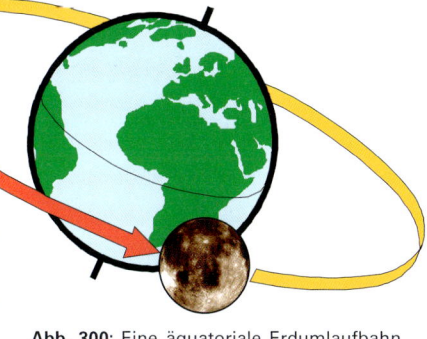

Abb. 300: Eine äquatoriale Erdumlaufbahn verläuft parallel zum Äquator. Sie wäre für Objekte zu erwarten, die von der Erde weggeschleudert worden sind. Am Äquator ist die Zentrifugalbeschleunigung (die Kraft, die infolge der Drehbewegung nach außen zieht) am stärksten. Die tatsächliche Umlaufbahn des Erdmondes liegt in einer anderen Ebene.

- **D. Öpik-Theorie (Oepik-Theory):**

  „Die Proto-Erde war von einem Ringsystem aus Gesteinstrümmern umgeben und heizte sich durch ständige Einschläge auf ca. 2000°C auf. Dabei dampfte viel Materie wieder ab. Die leichteren Elemente wurden vom Sonnenwind ‚weggeblasen', die schwereren kondensierten und bildeten mit Teilen des Ringsystems den Mond." Der Astronom Ernst Julius Öpik publizierte 1955 diese Theorie, die Elemente aus der Abspaltungs- und Schwesterplanet-Theorie verbindet.

  → Die Zusammensetzung des Mondes könnte mit dieser Theorie gut erklärt werden. Man würde ihn aber (wie auch in Modell A und C) in einer äquatorialen Umlaufbahn erwarten. Alle durchgeführten Berechnungen scheiterten außerdem am Impulsproblem.

- **E. Viele-Monde-Theorie (Many-Moons-Theory):**

  „Die Erde fing mehrere (6–10) kleine Monde ein. Durch die Gezeitenwirkung verschoben sich ihre Umlaufbahnen nach außen. Im Lauf von 1 Mrd. Jahren kollidierten sie alle miteinander. Aus den Trümmern bildete sich später der Mond." Thomas Gold und Gordon McDonald schlugen 1962 diese Variation der Einfang-Theorie vor.

  → Die Idee, dass es für die Erde einfacher war, mehrere kleine Monde einzufangen als einen großen, bestach zunächst. Nach der Auswertung der mitgebrachten Mondgesteinsproben von den Apollo-Flügen (insgesamt wurden 380 kg Mondmaterial auf die Erde gebracht) galt die Theorie als widerlegt. Die gemessenen Isotopenverhältnisse sprachen eindeutig dagegen.

Abb. 301: Bei ihrer Rückkehr zur Erde transportierten die verschiedenen Apollo-Flüge insgesamt 380 kg Mondgestein zurück zur Erde. Die Ergebnisse aus der eingehenden Untersuchung dieses Materials führten z. B. dazu, dass die Viele-Monde-Theorie verworfen wurde.

- **F. Kollisionstheorie (Impact-Theory):**

  „Der Mond entstand durch die streifende Kollision eines Mars-großen Körpers mit der Proto-Erde. Große Materialmengen (von der Erde und dem einschlagenden Objekt) wurden in die Erdumlaufbahn geschleudert und bildeten in weniger als 100 Jahren den Proto-Mond, der sich in weiteren 10.000 Jahren zum Mond verdichtete." Diese Theorie wurde von William K. Hartmann und Donald R. Davis 1975 vorgestellt und seitdem ständig weiterentwickelt. Sie ist das aktuelle Modell der Kosmologie zur Entstehung des Mondes.

  → Die meisten Widersprüche der anderen Theorien werden vermieden. Die Zusammensetzung, die Umlaufbahn und die Erdrotation werden in dem Modell berücksichtigt. Was allerdings die mathematische Simulation betrifft, so wird bisher mit starken Vereinfachungen gearbeitet. Die aktuellen Berechnungen setzen voraus, dass ein Impaktkörper von der Größe des Mars (aber von dreifach höherer Dichte) mit einer Geschwindigkeit von unter 14.000 km/h in einem Winkel von 45° auf die Erdoberfläche geknallt ist. Ein konsistentes (d. h. durchgehend berechnetes und widerspruchsfreies) Modell für diese Theorie gibt es allerdings noch nicht. Für alle Simulationsparameter gelten enge Grenzwerte. Sollte der Mond tatsächlich so entstanden sein, hätten wir es mit einem echten „Glückstreffer" zu tun.

26

Abb. 302: Illustration zur Kollisionstheorie. Ein Mars-großer Körper kollidiert mit der Proto-Erde.

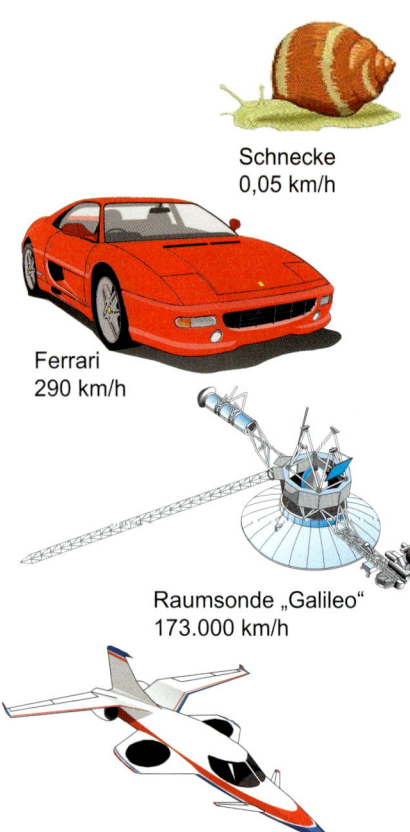

Schnecke
0,05 km/h

Ferrari
290 km/h

Raumsonde „Galileo"
173.000 km/h

Phantasieraumschiff
fast 1.000.000.000 km/h

Abb. 303: Eine Reise mit annähernd Lichtgeschwindigkeit (fast 1.000.000.000 km/h) kann nur in der Fantasie stattfinden. Die höchste Geschwindigkeit, die ein Raumfahrzeug bisher erreichte, betrug 173.000 km/h. Diesen Rekord stellte die Raumsonde „Galileo" (bzw. deren Tochtersonde) auf dem Weg zum Jupiter auf, als sie durch dessen Gravitation enorm beschleunigt wurde. Verglichen mit unserem Phantasieraumschiff (~ 1 Mrd. km/h) war die Sonde dabei noch sehr langsam. Es handelt sich um das gleiche Verhältnis wie beim Vergleich einer Schnecke (0,05 km/h) mit einem Ferrari (290 km/h).

Abb. 304: Der Andromedanebel ist unsere nächste Nachbargalaxie. Bei der fiktiven Reise durch das Universum droht die Vorstellung von den riesigen Entfernungen verloren zu gehen. Ein kleiner Vergleich macht sie anschaulich.

Bitte zuerst dieses Bild in der Mitte mit einer Stecknadel durchstechen, dann das kleine Loch im Andromedanebel gegen das Licht betrachten. Dieses winzige Loch hätte in der realen Galaxie einen Durchmesser von 600 Lichtjahren! Mit dem Phantasieraumschiff wäre man also 600 Jahre unterwegs, wenn man es durchqueren wollte. Unsere „schnellste Raumsonde" würde dafür über 4 Mio. Jahre brauchen und ein Düsenjet 650 Mio. Jahre.

Eine Reise durch das Universum

Das Universum oder der Kosmos (griech. *kosmos*, in der Bibel meist mit „Welt" übersetzt) umfasst die ganze (erfassbare) Schöpfung. An dieser Stelle soll es natürlich nur um den „Makrokosmos" gehen. Wir wollen uns einen kurzen Überblick über den Weltraum, die gigantische Dimension seiner Ausdehnung und die darin befindlichen Objekte, Strukturen und Phänomene verschaffen. (Wir sollten dabei allerdings im Auge behalten, dass wir uns jetzt mit einem theoretischen Modell beschäftigen, das sich evtl. noch stark verändern wird. In der Vergangenheit hat es sich mehrfach gravierend geändert, gerade in den letzten Jahrzehnten.)

Nehmen wir also an: Du brichst vom „Rand des Universums" in einem superschnellen Raumschiff, dessen Reisegeschwindigkeit fast Lichtgeschwindigkeit beträgt, zu einem Ausflug auf den Planeten „Erde" auf. Mit diesen Annahmen verlassen wir schon den Bereich des Vorstellbaren. Es gibt weder so etwas wie den „Rand" des Universums noch sind Reisen mit einer Reisedauer von Milliarden von Jahren und einer Geschwindigkeit von fast 1 Mrd. km/h technisch denkbar – aber egal, du reist trotzdem. Wenn schon nicht vom „Rand des Universums", dann von dem am weitesten entfernten Objekt aus (das bisher beobachtet wurde). Der Weltraum kann heute recht zuverlässig vermessen werden, indem man einen speziellen Typ von Supernovae (IA) als „Standardkerzen" verwendet. Supernovae sind Sternenexplosionen. Mit dieser Methode werden nur Sterne der gleichen Masse (und damit auch der gleichen absoluten Helligkeit) verglichen. Da ihre absolute Helligkeit die gleiche ist, kann man mithilfe der gemessenen Helligkeit die Abnahme der Lichtintensität und daraus ihre Entfernung berechnen. Wegen der enormen Empfindlichkeit des Hubble-Teleskops kann man heute bis zu 12 Mrd. Lichtjahre in den Raum schauen. Wir wären also etwa 12 Mrd. Lichtjahre von der Erde entfernt. Das bedeutet, dass deine Reise länger als 12 Mrd. Jahre dauert, da du ja langsamer als das Licht reisen musst. Was du auf der Reise alles zu sehen bekommst, kann dir bis heute niemand so genau sagen. Wahrscheinlich wird es ziemlich langweilig. Das Bild der Sterne und Galaxien wird sich für einen Beobachter selbst bei dieser hohen Geschwindigkeit nur langsam ändern. Das Universum ist nämlich insgesamt ziemlich leer (obwohl darin die unvorstellbare Anzahl von mindestens 10^{22} Sternen verteilt ist). Zwischen den Ansammlungen von Galaxien reist du häufig Millionen von Jahren durch den fast leeren, dunklen Weltraum.

Endlich kommt der „Lokale Superhaufen" in Sicht, eine gigantische Ansammlung von Galaxienhaufen mit einem Durchmesser von etwa 100 Millionen Lichtjahren. Darin stößt du am Rand irgendwo auf die „Lokale Gruppe". Es handelt sich dabei um eine kleine Ansammlung von Galaxien mit einem Durchmesser von etwa 3 Millionen Lichtjahren. Sie wird beherrscht von zwei schönen, großen Spiralgalaxien, die sich sehr langsam drehen wie

feurige Räder. Ihre Namen sind „Andromeda-Nebel" und „Milchstraße" – Moment mal, Milchstraße! dorthin willst du doch. Also, einschwenken auf die Milchstraße. Übrigens bezeichnete der Begriff „Galaxie" ursprünglich nur die Milchstraße (griech. *gala* = Milch), doch dann stellte man fest, dass das Universum noch viel größer ist und mindestens 100 Mrd. weitere Galaxien umfasst.

Hier ist jetzt alles ein bisschen bekannter. Alle Sterne, die wir von der Erde aus mit bloßem Auge sehen können, gehören zur Milchstraße. Sie enthält 100 Mrd. Sterne und hat einen Durchmesser von 100.000 Lichtjahren – es dauert also immer noch „ein bisschen", bis wir am Ziel sind. Wir müssen zum Glück nicht bis ins Zentrum. Unser Stern, die Sonne, liegt an einem der beiden langen Spiralarme – dem Orionarm – ziemlich am Rand.

So, fast geschafft. Es sind nur noch etwas über 65 Jahre bis zur Erde. Du solltest einmal das Radio anschalten – darin kommen gerade Nachrichten auf Deutsch: „Seit 5.45 Uhr wird jetzt zurückgeschossen!" Mit dieser Meldung begann der Zweite Weltkrieg. Die Radiowellen haben die Reise hinter sich, die dir jetzt noch bevorsteht. Endlich kommt der Proxima Centauri in Sicht, jetzt sind es nur noch 4,4 Lichtjahre bis zum Sonnensystem. Vergiss nicht, rechtzeitig das Bremsmanöver einzuleiten – bei dieser Geschwindigkeit dauert es sogar bei einer kräftigen Verzögerung über 100 Tage, bis die Kiste steht.

Plötzlich begegnet dir das entfernteste menschengemachte Objekt des Universums, die Raumsonde Voyager 1. Sie wurde am 05. September 1977 ins All geschossen und ist heute bereits 13,5 Mrd. km von der Erde entfernt – wenn du nicht so stark bremsen müsstest, wärst du jetzt in etwa 10 Stunden da. Leider bist du auch zu schnell für ein Rendezvous mit der Sonde (die mit 60.000 km/h auch nicht gerade langsam ist), sonst könntest du dir die Schallplatte „The Sounds of Earth" anhören. Sie enthält Botschaften in 55 verschiedenen Sprachen, Musik von Bach und Mozart, Geräusche von Wind, Donner, Tierstimmen usw. – eine kleine Info an interessierte Außerirdische.

Jetzt geht alles sehr schnell. Das planetare Sonnensystem, also die Sonne mit ihren acht Planeten, hat einen Durchmesser von etwa 14 Lichtstunden. Wenn du von außen kommst, ist die Erde der sechste Planet. Du musst vorher noch die Bahnen von Neptun, Uranus, Saturn, Jupiter und Mars kreuzen. Dein Ziel ist nicht zu verfehlen. Die Erde strahlt wie eine blaue Perle. Vorsicht bei der Landung! Herzlich willkommen! Stell das Raumschiff vor den Garagen ab und komm herein, nach solch einer langen Reise wirst du ganz schön k.o. sein.

(Skeptische Kleingeister werden wahrscheinlich jetzt darauf hinweisen, dass dieser Besuch nicht zustande kommen kann, weil nach 12 Mrd. Jahren weder ich noch meine Garagen, noch unser Sonnensystem mehr existieren. Eine Reise durch das Universum ist halt nicht so einfach.)

Abb. 305: Unsere Sonne ist ein Stern mittlerer Größe. Sie ist riesig im Vergleich zur Erde (ihr Durchmesser beträgt das 108-fache des Erddurchmessers) und vereint auf sich 99,8% der Gesamtmasse des Sonnensystems. Astronomen haben eine Lebensdauer von weiteren 6 Mrd. Jahren errechnet. Nach dieser Zeit soll die Sonne ihren Wasserstoffvorrat verbraucht haben, sich zu einem „Roten Riesen" aufblähen und nach mehreren Phasen als ein „Weißer Zwerg" enden.

Abb. 306: Willkommen auf der Erde!

Abb. 307: Die Raumsonde „Voyager 1". Sie ist das am weitesten von der Erde entfernte Raumfahrzeug. An Bord befindet sich die vergoldete Schallplatte „The Sounds of Earth" mit Audiobotschaften und digitalisierten Bildern von der Erde.

Abb. 308: Die Sonne und ihre Planeten. Maßstabsgerecht sind die Durchmesser der Planeten, nicht aber ihre Abstände zueinander.

Neptun Uranus Saturn Jupiter Mars Erde Venus Merkur Sonne

äußere Planeten   innere Planeten

26

Abb. 309: Aufnahme des Hubble-Weltraum-Teleskops (siehe Abb. 08).

Abb. 310: Heimat Erde – der Blaue Planet.

Warum ist das Universum so riesig?

Wenn man nach dieser intergalaktischen Reise in einer klaren Nacht den Sternenhimmel über der Erde betrachtet, wird einem wahrscheinlich auch folgender Gedanke kommen: Nahezu sämtliche Objekte, denen man im Lauf der Reise begegnet ist, können von der Erde aus kaum wahrgenommen werden. Mit bloßem Auge kann man (auf der Nordhalbkugel) eine einzige andere Galaxie (von den ca. 100 Mrd., die es gibt) entdecken, den Andromedanebel. Alle anderen sichtbaren Sterne gehören zur Milchstraße. Es hätte doch völlig ausgereicht, wenn die Milchstraße das gesamte Universum wäre. Sie ist mit ihren 100.000 Lichtjahren Durchmesser bereits so groß, dass wir sie niemals durchqueren können. Warum soll ein Schöpfer sich bloß die Mühe gemacht haben, einen so überdimensionierten Kosmos zu produzieren?

Die Antwort auf diese Frage ist in der Bibel zu finden. Als Gott am vierten Tag die Sonne, den Mond und die Sterne erschuf, machte er deutlich, dass sie alle für die Erde, genauer: für den Menschen, ihre Funktion erfüllen (1Mo 1,14 19). Diese besteht in drei verschiedenen Aufgaben:

1. als Lichter auf die Erde zu scheinen
2. sie sollen Zeichen sein
3. sie sollen zur Bestimmung von Zeiten, Tagen und Jahren dienen.

Während Sonne und Mond vor allem Aufgabe 1 und 3 wahrnehmen, sind die Sterne als „Zeichen" gesetzt: „Die Himmel erzählen die Herrlichkeit Gottes, und die Ausdehnung verkündet seiner Hände Werk. Ein Tag berichtet es dem anderen, und eine Nacht meldet der anderen die Kunde davon. Keine Rede und keine Worte, doch gehört wird ihre Stimme" (Ps 19,2–4). „… denn es unterscheidet sich Stern von Stern an Herrlichkeit" (1Kor 15,41b). Gott zeigt sich als Schöpfer im gewaltigen Makrokosmos den Menschen im 20./21. Jahrhundert deutlicher als je zuvor. Wir sind die „Generation Hubble", die ersten Menschen, denen sich ein so tiefer Blick auf die Größe, Schönheit und Komplexität des Universums auftut.

Die Erde – ein idealer Lebensraum

Unter den Vertretern der Evolutionstheorie wird davon ausgegangen, dass Leben fast zwangsläufig überall dort entsteht, wo einige minimale Grundanforderungen an die Umwelt erfüllt sind. Es sei deshalb im Universum auch mehrmals entstanden.

Schauen wir uns die „Biosphäre" der Erde, also den Raum, in dem Leben vorkommt, einmal genau an, so können wir diese Einschätzung kaum nachvollziehen. Viele einzelne Faktoren, Naturkonstanten und Systemeigenschaften sind exakt auf die Bedürfnisse des Lebens zugeschnitten. Bei vielen davon würden bereits winzige Abweichungen Leben unmöglich machen. Einige sind nachstehend aufgeführt:

→ Die Erde ist der einzige bekannte Ort im Universum, wo *Wasser in flüssiger Form* vorkommt (auf dem Jupitermond Ganymed wird unter dessen Eispanzer ein Ozean vermutet). Wasser ist eine Voraussetzung für Leben. Alle biochemischen Vorgänge spielen sich in wässrigen Lösungen ab.

Abb. 311: Die Himmelsmechanik von Erde, Sonne und Mond schafft einen idealen Rahmen für das Leben auf der Erde.

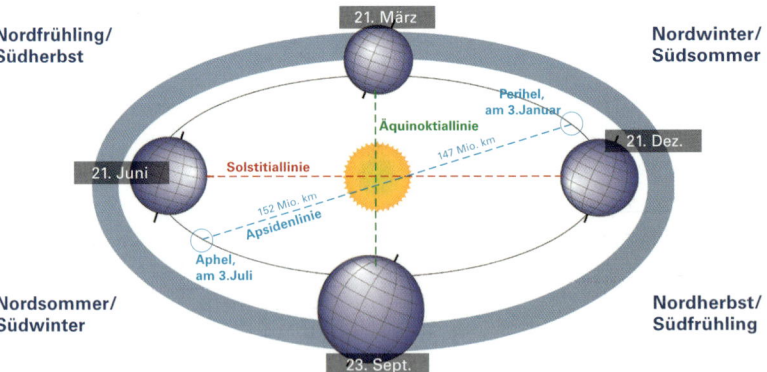

→ Die Tatsache, dass flüssiges Wasser auf der Erde ist, hängt mit ihrer *moderaten Oberflächentemperatur* zusammen.

→ Die moderate Oberflächentemperatur ist wiederum eine Folge verschiedener anderer Faktoren, von denen jeder einzelne wichtig ist: Da ist zunächst der *Abstand zur Sonne*. Er beträgt etwa 150 Mio. km. Wäre der Abstand ein klein wenig geringer, würde die Erde sich derart aufheizen, dass alles Wasser verdampfen würde. Ein etwas größerer Abstand dagegen würde zur vollständigen Vereisung und (durch Reflexion des Sonnenlichts) fortschreitenden Abkühlung führen.

→ Die geringe *Exzentrizität der Umlaufbahn* ist ebenfalls wichtig. Die Bahn der Erde um die Sonne ist fast kreisförmig. Das ist nicht selbstverständlich. Nach den Gesetzen der Astrophysik wäre eine stark elliptische Umlauf- bahn genauso gut möglich. Durch die kreisförmige Bahn bleibt der Abstand annähernd gleich.

→ Die *Umdrehungsgeschwindigkeit der Erde* ist ebenfalls wichtig. Würde sie sich wesentlich langsamer drehen, so hätte das täglich eisige Frostnächte und glühende Mittagshitze zur Folge (ganz abgesehen von starken Stürmen, die dadurch ständig ausgelöst würden). Bei einer schnelleren Umdrehung kämen die meteorologischen Vorgänge, die durch Temperaturunterschiede in Gang gehalten werden, zum Erliegen.

→ Auch die *optimale Neigung der Erdachse* ist erstaunlich. Sie beträgt 23,5°. Dadurch sind auf dem größten Teil der Erdoberfläche gute Lebensbedingungen gewährleistet. Bei einer senkrecht stehenden Erdachse (also 0°) würde es mehr extreme Klimazonen geben. Der Äquator wäre zu heiß und die unbewohnbare Polarregion um ein Vielfaches größer. Läge dagegen die Achse parallel zur Umlaufbahn (also 90°), so hätten wir auf einem großen Teil der Erdoberfläche die Situation der Pole – ein halbes Jahr Tag und ein halbes Jahr Nacht. In der Nähe des Äquators gäbe es zwar einen täglichen Tag-Nacht-Wechsel, aber er wäre mit heftigsten Turbulenzen verbunden.

→ Die ausgeglichenen Temperaturen würden nichts nützen, wenn das Wasser in den Weltraum entweichen könnte. Die Erde hat von allen Planeten des Sonnensystems die größte Dichte. Ihre Masse und Größe sind optimal. Die *Gravitation* reicht gerade aus, um die Atmosphäre (jedenfalls ihre wichtigsten Bestandteile Sauerstoff und Stickstoff) festzuhalten. Eine höhere Gravitation würde alle Bewegungs- und Transportfunktionen negativ beeinträchtigen.

→ Das Wasser wird durch eine „Kältefalle" daran gehindert, in den Weltraum zu entweichen. In der eiskalten *Mesosphäre* gefriert es und sinkt wieder in tiefere Schichten zurück.

→ Die ganze Atmosphäre ist ideal auf das Leben zugeschnitten. Der *Sauerstoffanteil* z. B. beträgt 21 %. Ein wesentlich höherer Anteil würde zur Schädigung der Lebewesen und erhöhter Brandgefahr führen, während bei einem Anteil von unter 10 % kein Feuer auf der Erde brennen würde.

→ Die hochgelegene *Ozonschicht* hält schädliche Strahlung ab, ebenso das *Magnetfeld* der Erde.

→ Der *Mond* hat ebenfalls wichtige Funktionen für die Erde: Durch seine Anziehungskraft bewirkt er die Gezeiten (Ebbe und Flut). Dadurch wird eine ständige Durchmischung der Ozeane gewährleistet. Das ist für eine funktionierende Meeresökologie unverzichtbar. Wäre der Mond wesentlich kleiner, so würde seine Anziehungskraft dazu nicht ausreichen. Ein wesentlich größerer Mond hätte dagegen ständige Überflutung weiter Gebiete zur Folge. In der Biologie beginnt man gerade erst zu verstehen, wie viele Lebensabläufe und -zyklen durch den Mond beeinflusst und gesteuert werden.

→ Um noch ein Beispiel aus dem Sonnensystem anzuführen: Der riesige *Jupiter* dient mit seiner starken Anziehung als „Kometenfalle". Dadurch, dass er die meisten Eindringlinge auf sich zieht, ist die Erde vor solchem kosmischen Beschuss relativ gut geschützt.

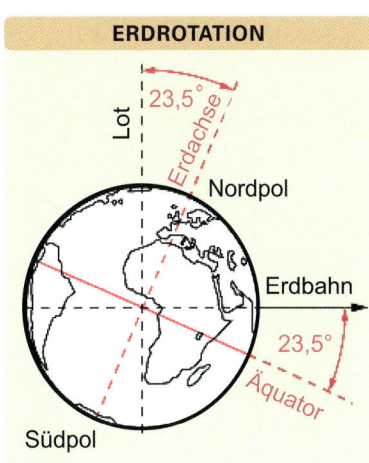

Abb. 312: Die Erde rotiert um eine Achse, die um 23,5° gegenüber dem Lot zur Umlaufbahn geneigt ist.

Abb. 313: Dank der „Wächterfunktion" des Jupiters wird die Erde weitgehend vor dem Einschlag von Kometen geschützt. Im vergrößerten Ausschnitt ist ein besonderes Kennzeichen des Jupiters zu sehen. Sein „Roter Fleck", ein „stationärer Wirbelsturm" aus rotierenden Methangaswolken.

Abb. 314: Satellitenaufnahme vom östlichen Mittelmeer. Am grünen Nildelta lässt sich die überragende Bedeutung von Wasser für das Leben auf der Erde schon vom Weltraum her erkennen. Allerdings sind selbst die braun-gelben Wüstengebiete noch „feucht" genug, um Leben zu ermöglichen – im Gegensatz zu den absolut trockenen Staubwüsten von z. B. Mond und Mars.

26

DIE DRAKE-GLEICHUNG

$$N = R_* \cdot f_p \cdot n_e \cdot f_l \cdot f_i \cdot f_c \cdot L$$

R_* : mittlere Sternentstehungsrate / Jahr
f_p : Anteil an Sternen mit Planetensystem
n_e : Anzahl der Planeten mit Ökosphäre
f_l : Planeten mit Leben
f_i : Planeten mit intelligentem Leben
f_c : Fähigkeiten zur interstellaren Kommunikation
L : Lebensdauer einer technischen Zivilisation

Abb. 315: Mit der Drake-Gleichung (benannt nach Prof. Dr. Frank Drake, oben im Bild) kann die Anzahl außerirdischer Zivilisationen in einer Galaxie abgeschätzt werden. Prof. Drake kam auf eine Anzahl von über 1 Million Zivilisationen in der Milchstraße (später korrigierte er sich auf ca. 10.000). Die bisherigen Forschungen zur Entstehung des Lebens geben allerdings zu dieser Erwartung keinen Anlass.

«Themen-DVD»

- Überraschendes von Sonne und Mond
- Leben auf dem Mars – Science oder Fiction?
- Überraschende Beute bei der Jagd nach fernen Planeten. Planetenbildungstheorien auf dem Prüfstand
- Unverstandene Kometenentstehung?
- Zweifel am Alter des Kosmos?
- Kein Platz für Außerirdische? Die Suche nach Nischen für extraterrestrisches Leben
- Astrobiologie – mit großem Aufwand dem Leben auf der Spur?
- Hinweise auf Lebensspuren im Mars-Meteoriten ALH84001?
- Die Entstehung des Mondes – eine schwere Geburt

«KOMPAKT»

Weder der Ursprung von Raum, Zeit, Materie und Energie noch die Entstehung des Universums, der Galaxien und unseres Sonnensystems können mit den uns heute bekannten Naturgesetzen schlüssig erklärt werden.

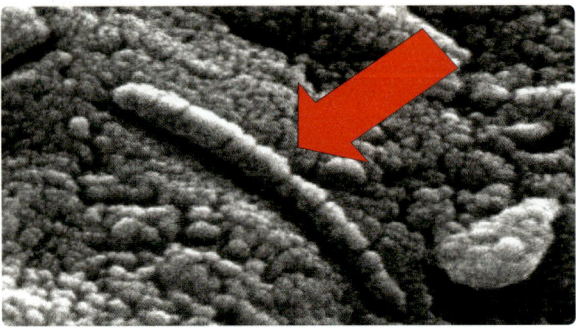

Abb. 316: Vor einigen Jahren (6. August 1996) sorgte der Meteorit ALH84001 (Bild rechts) für großes Aufsehen. Er wiegt etwa 4 Pfund, stammt vom Mars und soll vor 12.000 Jahren auf der Erde gelandet sein. Man hatte ihn 12 Jahre zuvor auf einem Eisfeld am Südpol gefunden. Bei einer mikroskopischen Untersuchung wurden Strukturen entdeckt, die auf den ersten Blick Ähnlichkeit mit Bakterien haben. Dieser Befund wurde zusammen mit dem Nachweis bestimmter organischer Verbindungen (PAKs) als mögliche Spur außerirdischen Lebens interpretiert. Nach eingehenderer Untersuchung wurde diese Interpretation aber später widerrufen. Bis heute gibt es keinen Nachweis von Leben außerhalb der irdischen Biosphäre.

Gibt es Leben auf anderen Planeten?

Der Schöpfungsbericht der Bibel legt nahe, dass mit Lebensentstehung auf anderen Planeten nicht zu rechnen ist. Als Lebensräume werden dort das Festland, die Meere und die Atmosphäre genannt. Natürlich kann man einwenden, dass extreme Lebensräume (Tiefseeböden, tiefe Gesteinsschichten, höhere atmosphärische Schichten) nicht explizit aufgeführt werden, obwohl überall Mikroorganismen nachgewiesen wurden. Warum sollten sie dann nicht genauso gut auf dem Mars leben können (oder gelebt haben)?

Darauf lässt sich erwidern, dass auch die Mikroorganismen an den extremen Standorten in irgendeiner Weise in die ökologischen Kreisläufe der Erde eingebunden sind. Leben auf dem Mars (oder anderswo im All) wäre dagegen durch unüberwindliche Distanzen von der irdischen Biosphäre vollständig isoliert und würde unabhängig davon existieren. Dem steht der Befund entgegen, dass alle Lebewesen, die ganze Biosphäre, ja sogar die ganze Schöpfung auf den Menschen ausgerichtet und ihm unterstellt ist.

Die Suche nach außerirdischem Leben wird hauptsächlich durch die Vorstellung motiviert, dass der Ursprung des Lebens nicht in einem Schöpfungsakt, sondern im Prozess der Evolution zu suchen ist. Wenn das Leben auf der Erde evolutionär entstanden wäre, so hätte es anderswo unter ähnlichen Bedingungen nach den gleichen Gesetzmäßigkeiten ebenfalls entstehen können. Bei der riesigen Anzahl der Sterne im Universum wird die Wahrscheinlichkeit dafür von manchen Wissenschaftlern sogar als recht hoch eingeschätzt. Man sollte aber dabei bedenken, dass die evolutionäre Entstehung des Lebens bisher nicht plausibel gemacht werden konnte (siehe Kap. 20). Nach dem aktuellen Stand der Wissenschaft kann Leben nicht entstehen. Da auch *prinzipielle* Gründe dagegen sprechen (siehe Informationstheorie S. 140), ist auch eine Entstehung unter günstigsten Bedingungen anderswo im All nicht denkbar.

ALH84001,65

Diese atemberaubende Sicht auf unseren Heimatplaneten hatte die Besatzung der Apollo 17, als sie 1972 zum Mond flog. Es ist das erste Mal, dass Astronauten den eisbedeckten Südpol fotografieren konnten. Fast die gesamte Küstenlinie Afrikas ist deutlich erkennbar, ebenso die Arabische Halbinsel. Die Aufnahme wurde zum bekanntesten Foto der Erde und ging unter dem Namen „Blue Marble" (engl. für „Blaue Murmel") in die Geschichte ein (Foto: NASA).

„Wenn man Mond und Erde aus dem Abstand des Weltalls kennenlernt, muß man sich einfach mit dem Schöpfer beschäftigen. –

Wenn man vom Mond auf die Erde schaut,
erscheint sie nicht viel größer als eine blaue Murmel.
Nur schwer konnte ich mir vorstellen,
daß auf diesem blauen Kügelchen meine Frau und meine Kinder
wohnen und weitere 4,5 Milliarden Menschen.

26

Menschen, die sich fast ausschließlich mit sich selbst beschäftigen,
aber kaum nach dem Schöpfer fragen."   James Irwin, Astronaut

Die Entstehung des Menschen 27

Abb. 317: Darstellung vom Urmensch, der gelernt hat, das Feuer zu beherrschen.

EVOLUTIONSVORSTELLUNG

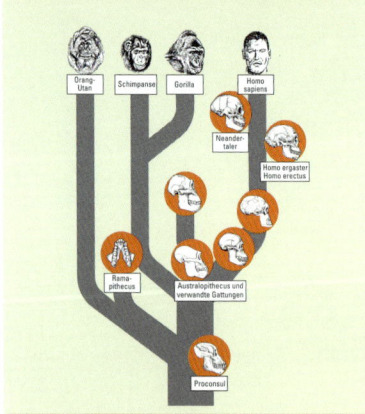

SCHÖPFUNGSVORSTELLUNG

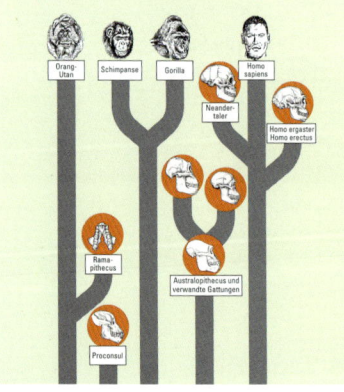

Abb. 318: Zwei verschiedene Stammbaum-Vorstellungen in vereinfachter Darstellung. Während in dem evolutionstheoretisch begründeten Stammbaum (oben) alle Hominiden auf einen gemeinsamen Vorfahren zurückgeführt werden, geht die Schöpfungslehre von der Erschaffung verschiedener Grundtypen aus (unten). Die gesamte Menschheit ist ein einziger Grundtyp. Es gibt weitere Hominidenfossilien, die hier nicht dargestellt sind. Die Australopithecus-Arten gelten für die Mehrheit der Evolutionstheoretiker als passendste Vorfahrenskandidaten des Menschen (aus Junker, 2004).

Richtig spannend wird die Frage nach dem „Woher?", wenn es um die Abstammung des Menschen geht. Nach der Evolutionstheorie hat der Mensch sich aus affenähnlichen Vorfahren entwickelt. Lässt sich der Übergang vom Affen zum Menschen belegen? Welche Befunde werden dazu präsentiert? Wie lassen sie sich im Rahmen der Schöpfung deuten?

Was ist mit den „Urmenschen"?

„Vor rund einer Million Jahren geschah etwas Ungeheures: Als ein Blitz oder ein Vulkanausbruch einen Waldbrand entfacht hatte, trat ein Vorfahr des heutigen Menschen hinzu, überwand seine Furcht, nahm zum ersten Mal einen brennenden Ast in die Hand und eilte mit dem Feuer davon. Mit dieser Tat begann die Zivilisation."

So beginnt ein Sachbuch über den „Urmenschen" *(Was ist was – Der Urmensch*, Tessloff Verlag). Einer verbreiteten Vorstellung der meisten Leute von heute zufolge hat der Mensch sich aus affenähnlichen Vorfahren entwickelt. Diese Affenmenschen sollen kleinwüchsige, grobschlächtige, behaarte Wesen mit kleinem Gehirn und geringer Lebenserwartung gewesen sein, die dann durch die Entwicklung einer Sprache, das Erlernen des aufrechten Ganges, den Gebrauch des Feuers und weitere kulturelle Errungenschaften (Werkzeuggebrauch, Landwirtschaft, Viehhaltung, Arbeitsteilung usw.) in Hunderttausenden von Jahren zu „richtigen Menschen" wurden.

Die Bibel berichtet den Beginn der Menschheit ganz anders. Adam und Eva, die beiden ersten Menschen, waren voll entwickelt. Sie wurden im Bild und nach dem Gleichnis Gottes geschaffen und standen in einer Beziehung zu ihm. Gott schließt den Menschen in sein Urteil über die gesamte Schöpfung ein: „… es war sehr gut!" (1Mo 1,31).

Vermutlich waren die ersten Menschen uns in jeder Hinsicht überlegen – die Schöpfung war anfangs noch nicht durch die Sünde verdorben. Ihre Lebenserwartung war außerordentlich hoch (bis zur Sintflut wurden die in der Bibel erwähnten Menschen durchschnittlich über 900 Jahre alt).

Wie in den Kapiteln 10 und 14 erörtert, verlief auch die kulturelle Entwicklung nach dem Bericht der Bibel ganz anders, als es in den allgemein anerkannten Modellen der Paläanthropologie und Archäologie vertreten wird. Die erste Generation der Menschheit trug bereits Kleidung, gebrauchte das Feuer und betrieb Ackerbau und Viehhaltung. Von Kain, dem ersten Nachkommen, heißt es, dass er eine Stadt gründete. Wenige Generationen später lebten schon Handwerker, die Musikinstrumente herstellen und Metall bearbeiten konnten. Dieser ganze Fortschritt geschah nicht in Hunderttausenden von Jahren, sondern in wenigen Hunderten von Jahren.

Was ist aber mit den Knochen, die man gefunden hat? Gab es den Neandertaler gar nicht? – Doch! Es gab den Neandertaler (und eine Reihe weiterer ausgestorbener menschlicher Formen). Es waren Menschen, die wirklich gelebt haben. Nach dem im Folgenden dargestellten Modell lebten sie nach der Sintflut, also lange nach den ersten Menschen.

Diese Annahme wirft eine Reihe von Fragen auf. Warum benutzten die „Urmenschen" Werkzeuge aus Stein, wenn die Metallbearbeitung bereits etabliert war? Warum lebten sie in Höhlen und einfachen Hütten, wenn es schon richtige Städte gab? Warum sammelten sie wilde Früchte, wenn sie schon von der Landwirtschaft wussten? Warum lebten sie von der Jagd, wenn es schon Haustiere gab? Warum unterschieden sie sich äußerlich von der heutigen Form des *Homo sapiens*?

Steinzeitkulturen sind die Folge von Lebensumständen

Um das Modell nachvollziehen zu können, das Antworten auf diese berechtigten Fragen geben kann, ist ein Umdenken im Blick auf die Steinzeitkultur erforderlich. Diese Kulturform war keine Vorstufe in einer kontinuierlichen Höherentwicklung des Menschen, sie war nicht vor-zivilisatorisch, sondern wahrscheinlich zeitgleich mit anderen Kulturformen, aber unter schwierigen äußeren Bedingungen. Manche kulturellen Errungenschaften waren nicht „noch nicht entwickelt", sondern vermutlich wieder verloren gegangen.

Die „Steinzeit-" Kultur zu dieser frühen Zeit kann als eine Folgeerscheinung der beiden globalen Katastrophen Sintflut und Sprachverwirrung angesehen werden. Durch die Flut wurde die Erde lebensfeindlicher, durch die Sprachverwirrung kam es zu vielen geografischen und kulturellen Trennungen. Man kann sich das Szenario in etwa so ausmalen: Die Menschen verstanden sich auf einmal gegenseitig nicht mehr und zerstreuten sich über die ganze Erde. Durch die Herauslösung aus einer hochzivilisierten und arbeitsteiligen Hochkultur gingen viele Fertigkeiten und Kenntnisse verloren. Aus Familien und Sippen wurden Stämme und Völker. Sie bekämpften einander und teilten die fruchtbarsten Gebiete der Erde unter sich auf. Beim Kampf um die besten Plätze gab es auch Verlierer. Gruppen, die zu klein oder zu schwach waren, wurden vertrieben und abgedrängt. Sie zogen weiter und besiedelten den Rest der Erde. Diese Gebiete waren aber häufig viel schlechter zu bewohnen. Hitze und Trockenheit in der Wüste, gefährliche Tiere, Krankheiten, Parasiten und wuchernde Pflanzen im Dschungel, raues Klima und dichte Wälder im Norden, eisige Kälte und endlose Schneewüsten in den polaren Regionen, Sumpfgebiete und Hochgebirge standen den Auswanderern entgegen. Mitgebrachte Tiere gingen ein, Kulturpflanzen konnten nicht angebaut werden. So ging es mit vielen dieser Volksgruppen abwärts. Sie bekamen oft keine Chance, eine neue Hochkultur aufzubauen, und kämpften ums nackte Überleben. Einige schafften es nicht und starben aus – wie die Neandertaler.

Die Menschheit war in der Vergangenheit wahrscheinlich genetisch vielfältiger. In den Gebieten, wo die Menschen Hochkulturen etablieren konnten, waren sie imstande, die Natur zur Kulturlandschaft umzuwandeln und ihre Umwelt weitgehend zu kontrollieren. Kleine Gruppen waren dazu nicht in der Lage und mussten sich als Wildbeuter durchschlagen. Sie waren den oft harten Umweltbedingungen viel stärker ausgesetzt und passten sich daran an.

Die Hochkulturen umfassten eine viel größere Bevölkerung und standen meistens mit anderen Hochkulturen in Verbindung, ihr Genpool war dadurch sehr viel größer. In einem kleinen Genpool können sich Veränderungen viel schneller durchsetzen. Auch die genetische Verarmung durch Inzucht bewirkt Veränderungen der Morphologie und Anatomie.

Abb. 319: Stammesleute aus dem Volk der „Yellow Leaf" in ihrer typischen Behausung.

Die „Geister der gelben Blätter"

Mlabri (Waldmenschen) nennt sich eine kleine Gruppe von Jägern und Sammlern, die nomadisch in den Bergwäldern Nordthailands umherstreifen.

Weil ihr Geisterglaube sie dazu treibt, die Geister durch einen häufigen Wechsel der Behausung zu verwirren, waren die verlassenen Bambushütten über lange Zeit das Einzige, was die sesshaften Bewohner Thailands von ihnen zu sehen bekamen. Und wegen der welken Blattdächer gaben sie ihnen den Namen „Geister der gelben Blätter" – „Yellow Leaf", unter dem dieses Volk als eines der letzten beiden Wildbeutervölker in Thailand bekannt wurde.

Im Summit-Winter-Einsatz 1998 durfte unser Team während eines dreiwöchigen Arbeitseinsatzes einen Einblick in das Leben dieser Stammesleute nehmen. Es war für mich ein sehr faszinierendes Erlebnis, da ihre Lebensweise sich von der unsrigen wesentlich unterscheidet:

Die Zeit scheint dort spurlos zu verfließen; sie zählen die Jahre nicht (sie kennen nicht einmal „das Jahr" und außerdem auch nur die Zahlen von 1 bis 10), sie sehen den Mond kommen und gehen und haben doch weder für die Monate noch für die Tage einen Namen. Es gibt keine Fest- und Feiertage, nichts, was zyklisch wiederkehrt. Sie halten die Vergangenheit nicht fest (da sie auch weder Bild noch Schrift kennen) und planen nicht in die Zukunft. Sie jagen, sammeln und leben für den Tag – alles ist ein Einerlei.

Es gibt in ihrer Gesellschaft kaum Strukturen: weder Häuptling noch Älteste (obwohl das relative Alter in der Hierarchie schon eine Rolle spielt), weder Priester noch Medizinmann – denn es ist auch kein ausgeprägtes religiöses System da. Sie verehren keine bestimmten Götter, bringen keine Opfer dar und führen keine ausgeprägten Rituale aus. Ihr Glaube an die Geister der Ahnen äußert sich nur in ihrer Angst vor ihnen und der Einhaltung bestimmter Tabus.

Der kleine Stamm lebt ohne festen Verband. Die Familien wandern unabhängig voneinander weiter, verteilt über ein weites Waldgebiet, nur verbunden durch ihre gemeinsame Sprache.

Ihre Familienbande sind locker, und das Wissen um den Bund der Ehe ging ebenso verloren wie die Erkenntnis des Gottes, der sie einsetzte. Daher wechseln die Partnerschaften häufig. Obwohl das Volk nur etwa 200 Leute zählt, heiraten sie nur untereinander und vermischen sich nicht mit anderen Völkern. [...]

(aus einem Reisebericht des Autors, erschienen in „Gehet hin ..." März/April 1998; SUMMIT e.V.)

27

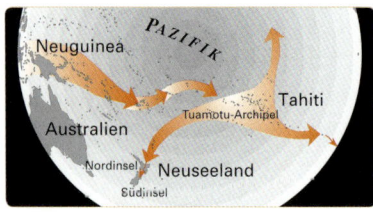

Abb. 320: Die Maori waren mit ihren hochseetüchtigen Schiffen in der Lage, die neuseeländischen Inseln zu erreichen. Sie siedelten sich dort an und breiteten sich aus, konnten aber ihre Agrarkultur unter den veränderten klimatischen Bedingungen nicht weiter betreiben. In dieser Situation war der Wechsel der Kulturform hin zum Wildbeutertum eine sinnvolle Strategie (aus Junker, 2004).

AUSBREITUNGSWELLEN

3. Migrationswelle um 0,1 MrJ
Homo sapiens

2. Migrationswelle um 1 MrJ
Mittelpleistozäne Formen

1. Migrationswelle um 2 MrJ
Homo ergaster/erectus

27

Abb. 321: Die regelhafte Abfolge der verschiedenen Formen von Menschenfossilien in den Erdschichten erfordert eine Erklärung. Einem Modell zufolge ist sie auf zeitlich gestaffelte Ausbreitungswellen zurückzuführen (aus Junker/Scherer, 2013).

„Steinzeit ist jederzeit"

Ein starkes Argument gegen die Überbewertung „primitiver" Werkzeuge und Techniken als Kennzeichen unterentwickelter Formen ergibt sich aus der Untersuchung heutiger Steinzeitkulturen. Verschiedene Sachverhalte sind festzustellen:

1. Es gibt eine Reihe von Belegen dafür, dass Stämme, die heute als Jäger und Sammler auf einer steinzeitlichen Kulturstufe stehen, keine „Überlebenden der Steinzeit" sind, sondern historisch aus einer „höher stehenden" Kulturstufe hervorgegangen sind.

2. Dieser Übergang erfolgte mitunter sehr schnell. Als die Maori Neuseeland besiedelten, konnten sie ihre Agrarkultur klimabedingt nur auf dem nördlichsten Teil der Nordinsel fortsetzen. In den anderen Gebieten wurden sie innerhalb von nur einer Generation (notgedrungen) zu Jägern und Sammlern.

3. Obwohl die Wirtschaftsformen der Landwirtschaft und Viehhaltung ohne Frage effektiver sind als das Wildbeutertum und eine notwendige Voraussetzung für den Aufbau einer Hochkultur darstellen, muss ein Übergang in die einfachere Kulturform nicht generell negativ bewertet werden. Nach dem Völkerkundler Dr. Lothar Käser sind Kulturformen Strategien zur Gestaltung und Bewältigung des Daseins. In manchen Situationen, z. B. wenn eine Volksgruppe durch einschneidende Ereignisse (Naturkatastrophen, Seuchen, Kriege usw.) stark dezimiert wurde oder einen neuen Lebensraum besiedelt (wie die Maori), kann die bisher ausgeübte Kulturform nicht beibehalten werden. Der Wechsel in die Steinzeitkultur kann sich dann als notwendige Strategie erweisen, um unter den gegebenen Umständen zu überleben.

   Der „kulturelle Abstieg" scheint meist eine Einbahnstraße zu sein; der Weg zurück ist innerhalb einer kleinen Gruppe kaum noch möglich. Wenn Kenntnisse, Fertigkeiten und die Zuchtformen von Pflanzen und Tieren einmal verloren gehen, ist es schwierig, sie zurückzugewinnen.

4. Die ausgeübte Kulturform einer Volksgruppe lässt keinen Rückschluss auf ihre Intelligenz zu (siehe S. 103). Es gibt keinen nachweislichen Zusammenhang zwischen unseren verstandesmäßigen Möglichkeiten und dem erreichten kulturellen Niveau. „Primitive Wilde", die gestern noch Steine zurechtklopften, stellen morgen schon Mikrochips her. Das Knowhow, um Wolkenkratzer, Computer und Raumschiffe zu bauen, ist nicht in unseren Genen gespeichert, sondern das angesammelte Ergebnis von vielen Generationen menschlicher Erfahrung, die durch Eltern, Lehrer, Bücher und andere Medien weitergegeben wurde.

5. Die Abfolge von Kulturformen (etwa in der Reihenfolge: Wildbeuterkultur, Nomadenkultur, Bauernkultur, Industriekultur) kann keineswegs als Regel gelten. Die Weltgeschichte der Kulturen zeigt sich als vielfältiges Mosaik, in dem fast immer ein Nebeneinander von einfachen Kulturformen und Hochkulturen bestand. Insofern ist der Ausdruck „Steinzeit ist jederzeit" gerechtfertigt. Man sollte besser von „Steinkultur" statt von „Steinzeitkultur" sprechen. Damit bezieht sich dieser Begriff nicht auf eine bestimmte Erscheinung der menschlichen Frühzeit (Steinzeit), sondern nur auf den bevorzugten und überall verfügbaren Werkstoff (Stein).

Der Stammbaum des Menschen

In Lehr- und Schulbüchern findet man Abbildungen wie die nebenstehende, die den hypothetischen Stammbaum des Menschen zeigen. Es handelt sich hier um eine der letzten Spitzen eines Evolutionsstammbaums, der bis zur ersten lebenden Zelle hinunterreicht (siehe Abb. 232). Es sprengt den Rahmen, auf die vielen ungeklärten Übergänge einzugehen, die in diesem Stammbaum als gegeben angenommen werden. Auch die unmittelbar vorangehende „Ahnenreihe" zum abgebildeten Ausschnitt kann durch Fossilienfunde nicht schlüssig belegt werden. Die Primaten (Herrentiere) sollen von Halbaffen (wie den abgebildeten *Kattas*) abstammen und diese wiederum auf ein insektenfressendes Spitzhörnchen (ähnlich dem abgebildeten *Tupaia*) zurückgehen. Im Folgenden geht es nur um die Formen, die als direkte „Urahnen" des Menschen gehandelt werden, die *Hominoidea* (Menschenähnlichen). Auf welche Daten gründet sich die abgebildete Darstellung?

Eine Merkmalsverzweigungsdarstellung (Kladogramm) ist das Ergebnis der Analyse, in welcher Reihenfolge neue Merkmale auftauchen. Dieses Kladogramm ist die Grundlage für die Erstellung eines Stammbaums (Phylogramm). In die Stammbaumdarstellung fließen auch noch die Datierungen der einzelnen Verzweigungen mit ein.

Hier kann nicht auf die komplizierten Einzelheiten der verschiedenen, in der Fachliteratur publizierten, Stammbäume eingegangen werden. Die Theorien darüber, in welcher Beziehung die einzelnen Formen zueinander stehen, wer von wem abstammt, wer auf einen ausgestorbenen Seitenzweig gestellt werden muss und wer letztendlich in die Ahnenreihe des Menschen passen soll, haben sich immer wieder gravierend geändert und werden sich weiter ändern. Ein widerspruchsfreies Modell für die Evolution der Primaten ist derzeit nicht in Sicht.

KLADOGRAMM UND PHYLOGRAMM IM VERGLEICH

Art 1 Art 2 Art 3 Art 4

Art 1
Art 2
Art 3
Art 4

Zeit [MrJ]

Kladogramm   **Phylogramm**

Abb. 323: Die Abbildung veranschaulicht den Unterschied zwischen einem Kladogramm, das nur die Merkmalsverzweigung darstellt, und einem Phylogramm, das außerdem die Datierung dieser Ereignisse miteinbezieht.

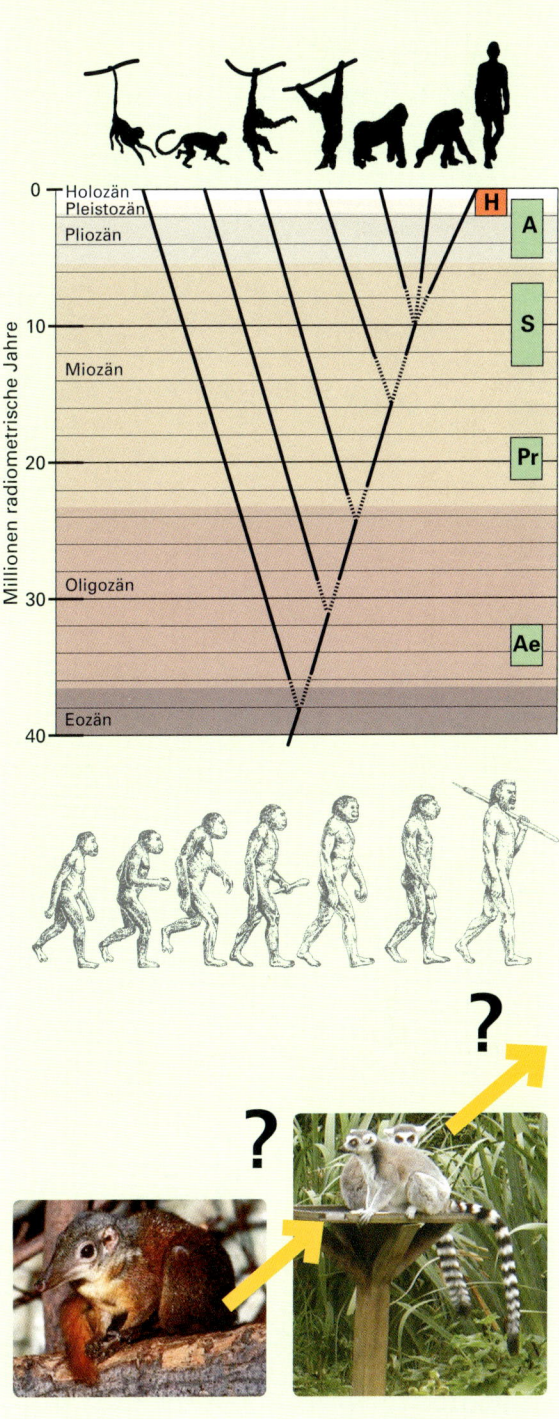

HYPOTETISCHER EVOLUTIONSSTAMMBAUM

Millionen radiometrische Jahre

0 — Holozän / Pleistozän
Pliozän
10
Miozän
20
30 — Oligozän
Eozän
40

H A S Pr Ae

Abb. 322: Der hypothetische Evolutionsstammbaum der heute lebenden Hominiden (vereinfacht). Aus einem insektenfressenden Säugetier, das dem hier abgebildeten Tupaia ähnelt, sollen sich die Halbaffen (das Bild zeigt zwei Kattas, eine Lemurenart) entwickelt haben. Daraus sollen dann die Primaten (Herrentiere) hervorgegangen sein (in der Reihenfolge: Neuweltaffe, Altweltaffe, Gibbon, Orang-Utan, Gorilla, Schimpanse, Mensch). Die Kästchen rechts im Bild stellen verschiedene ausgestorbene Hominiden dar (**Ae** = Aegyptopithecus, **Pr** = Proconsul, **S** = Sivapithecus, **A** = Australopithecus). Der Mensch (**H** = Homo) tritt erst ganz oben (im Pleistozän) auf. Die Datierung ist in MrJ = Millionen radiometrischer Jahre angegeben (nach Junker/Scherer, 2013).

27

MERKMALSMOSAIK DER AUSTRALOPITHECINEN

menschen-ähnliche Merkmale

Form des Darmbeins

intermediäre Merkmale

Proportionen der Extremitäten
relative Gehirngröße
Kieferform

Gehirnstruktur
Schnauze
Brustkorb
Schulterblatt
gekrümmte Finger- und Zehengrundglieder

affenähnliche Merkmale

weder menschen- noch affen- ähnliche Merkmale

Breite des Beckens
große Backenzähne
kleine Schneide-zähne
kräftige Jochbögen
„Hangel-gang"

Abb. 324: Die Gesamtkonstellation der Merkmalsausprägungen der *Australopithecus*-Arten lässt diese als Übergangsform zwischen Affe und Mensch nicht in Frage kommen. Zudem findet sich bei ihnen keines der wesentlichen Kennzeichen des Menschen. Einzelne menschenähnliche Merkmale z. B. bei *Australopithecus sediba* sind isoliert wenig aussagekräftig. Alle *Australopithecus*-Arten sind in ihrem gesamten Merkmalskomplex eindeutig nicht-menschlich.

SKELETTMERKMALE VON AUSTRALOPITHECUS

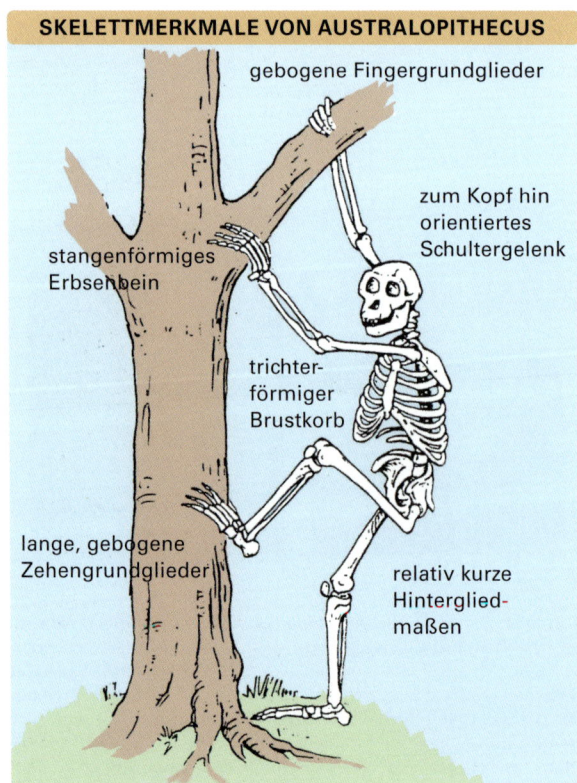

gebogene Fingergrundglieder

zum Kopf hin orientiertes Schultergelenk

stangenförmiges Erbsenbein

trichter-förmiger Brustkorb

lange, gebogene Zehengrundglieder

relativ kurze Hinterglied-maßen

Abb. 325: Die beschriebenen Skelettmerkmale eines *Australopithecus* weisen auf eine hangelnde oder kletternde Fortbewegung hin. Ein aufrechter Gang wie der des Menschen war mit diesem Skelett nicht gut möglich (aus Junker/Scherer, 2013).

Gab es „Affenmenschen"?

Wenn Mensch und Affe gemeinsame Vorfahren hatten, sollte es möglich sein, in den fossilen Funden eine Übergangsform zu finden. Es gibt nach wie vor intensive Diskussionen um die Frage: „Durch welche Übergangsformen sind Mensch und Affe miteinander verbunden?" In den meisten aktuellen Schulbüchern wird diese Übergangsform unter den „Australomorphen" (Sammelbegriff für die Gattung *Australopithecus* und ähnliche Formen) postuliert.

Tatsächlich ist die Ähnlichkeit dieser Arten mit dem Menschen größer als die Ähnlichkeit zwischen dem Menschen und den heute lebenden Menschenaffen. Insofern liegt es nahe, dort nach einer Übergangsform zu suchen. Die Form des australopithecinen Kiefers, seine relative Gehirngröße und die Proportionen seiner Extremitäten liegen zwischen dem Menschen und heutigen Menschenaffen. Es sind sog. „intermediäre Merkmale", wie man sie bei einer Übergangsform erwartet. Gab es also Affenmenschen unter den Australomorphen?

Es wurde jedoch auch eine Reihe von Kennzeichen gefunden, die weder menschen- noch affenähnlich sind (Mosaikform, siehe S. 155). Sie sprechen für eine Sonderstellung der Gattung und machen sie für die Position einer Übergangsform untauglich. Für einen „echten" Affenmenschen sollten zudem auch wenigstens Ansätze „typisch menschlicher" Kennzeichen erwartet werden dürfen.

Was ist „typisch menschlich"?

Bisher wurde keine unumstrittene Übergangsform zwischen Tier und Mensch gefunden, wenn auch immer wieder neue Kandidaten dafür in der Wissenschaft diskutiert werden. Wie ließe sich dieses „Missing Link" überhaupt erkennen?

Für die Bewertung der fossilen Überreste eines Hominiden sind die Merkmale besonders aufschlussreich, die den Menschen (die Gattung „*Homo*") von menschenartigen Affen unterscheiden. Mensch und Tier können dadurch eindeutig voneinander abgegrenzt werden. Drei dieser Merkmale werden hier vorgestellt:

1. Aufrechter Gang

Nur Menschen sind zu echter „Bipedie", einem dauerhaft aufrechten, schreitenden Gang, befähigt und auf diese Fortbewegung spezialisiert. Nicht-menschliche Primaten bevorzugen eher andere Techniken (Klettern, Hangeln, Springen, Laufen). Für sie ist das Gehen auf zwei Beinen anatomisch und energetisch ungünstig und anstrengend. Um diesen Befund an fossilen Überresten festmachen zu können, sind besonders die Knochen der Extremitäten interessant. Die Länge und Krümmung der Finger- und Zehengrundglieder, die Länge der Arme und Beine, die Form des Brustkorbs, der Bau von Schultergürtel, Becken, Knie-

und Fußgelenken sowie die Lage des Hinterhauptlochs liefern Erkenntnisse über die Fortbewegungsweise. Außerdem können Fußabdrücke Aufschluss geben (sofern sie gefunden wurden und eindeutig zugeordnet werden können).

Leider blieben die Knochen der Extremitäten (besonders die interessanten Knochenglieder der Hände und Füße) nur selten erhalten. Von vielen Individuen wurden nur Schädel, Schädelfragmente oder Zähne gefunden. Dadurch ist der Nachweis des aufrechten Ganges, eines wichtigen Menschenkennzeichens, z. T. nicht eindeutig möglich.

2. Werkzeugherstellung

Der Mensch ist das einzige Geschöpf, das mit nennenswertem Aufwand Werkzeuge herstellt und gebraucht. Die mechanische Nutzung von Steinen und Pflanzenteilen, die bei verschiedenen Tierarten beobachtet werden kann, ist davon deutlich unterscheidbar. Wenn keine Hinweise auf die planmäßige und gezielte Bearbeitung und Verwendung natürlicher Materialien als Werkzeuge und Waffen vorliegen, fehlt ein wichtiges Kennzeichen des Menschseins.

3. Sprachvermögen (Gehirngröße und -struktur)

Das große Gehirn eines fossilen Schädels ist ein erster Hinweis auf hohe Intelligenz des Individuums (das Gehirn selbst existiert natürlich nicht mehr, man kann aber durch die Vermessung der Hirnhöhle auf dessen Größe schließen). Allerdings darf man der Größe (Volumen, Gewicht) auch nicht zu viel Bedeutung beimessen. Die Gehirnvolumina heute lebender Menschen variieren sehr stark (900–2100 cm^3), ohne dass ein Einfluss auf die Intelligenz erkennbar wäre. Deshalb hat der westeuropäische Mann (durchschnittliches Gehirngewicht 1375 g) auch keinen Intelligenzvorsprung vor der westeuropäischen Frau (1245 g).

Im Optimalfall kann der Abdruck des Gehirns auf der Innenseite der Schädeldecke untersucht werden. Durch dessen Analyse können Informationen über die Organisation des Gehirns (und damit auch über evtl. vorhandenes Sprachvermögen) gewonnen werden (siehe Abb. 337).

Abb. 326: Die Fußspuren von Laetoli stammen von einem erwachsenen Menschen und einem Kind. Die beiden wanderten durch die frische Asche eines Vulkanausbruchs. Später kreuzten kleine Hirsche ihre Fährte, und es ergoss sich ein kurzer Platzregen darüber, bevor sie von einem weiteren Ausbruch zugedeckt wurde.

Affen sind zu einem dauerhaft aufrechten Gang nicht fähig, wenn sie sich auch, wie das abgebildete Tier, kurzzeitig so fortbewegen können.

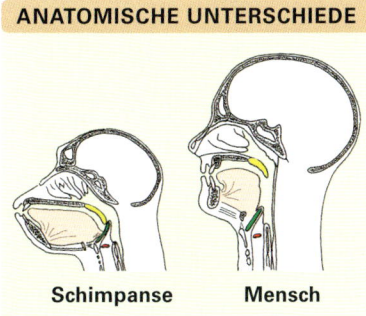

ANATOMISCHE UNTERSCHIEDE

Schimpanse   Mensch

Abb. 328: Ein Schimpanse ist aus anatomischen Gründen nicht in der Lage zu einer menschenähnlichen Lautbildung. Ein wesentlicher Unterschied zur menschlichen Anatomie besteht in dem kurzen Abstand zwischen Gaumensegel (gelb) und Kehldeckel (grün). Der Raum über dem Kehlkopf ist deshalb beim Menschen wesentlich größer. Einen wichtigen Anteil an der Lautbildung haben Zunge (hellrosa) und Stimmbänder (rot), (Abbildung nach Laitman, 1987, aus Brand, 1992).

Abb. 327: Einfache Formen des Werkzeuggebrauchs sind auch bei einigen Tieren bekannt. Fischotter wurden dabei beobachtet, wie sie Steine verwendeten, um Muscheln aufzuklopfen, Affen schlagen hartschalige Früchte und Nüsse mit Knüppeln und Steinen auf und angeln mit geeigneten Stöckchen und Halmen nach Termiten. Der Kaktusfink verwendet dazu einen spitzen Stachel, den er geschickt mit dem Schnabel hält. Werkzeuge werden von Tieren aber nicht präpariert und zweckmäßig bearbeitet.

27

«ZITAT»

Fossilien tragen keine Etiketten.

Peter Schmid, Anthropologe
(pers. Kommentar)

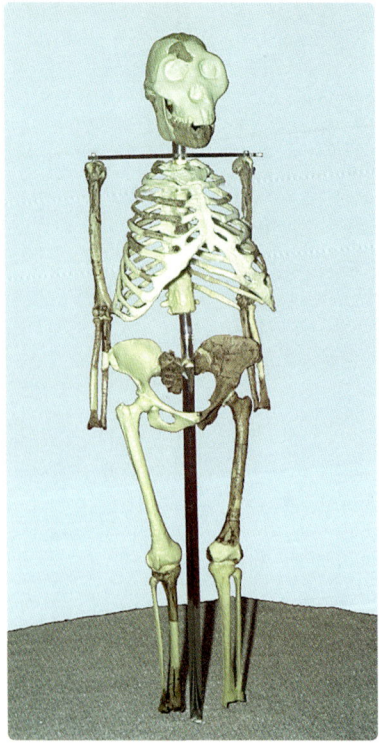

Abb. 329: Dieses Skelett eines weiblichen *Australopithecus afarensis* wurde unter dem Namen „Lucy" berühmt. Von dem Skelett sind 40% erhalten – das ist ungewöhnlich viel. Durch symmetrische Ergänzung kann 70% des Skeletts mit den Fundstücken abgedeckt werden.

Abb. 330: Die Extremitäten-Knochen des Skeletts bestehen aus dem Knochenschaft (*Diaphyse* – A), den Endstücken (*Epiphysen* – B) und den dazwischen liegenden Epiphysenfugen (C). Die Fugen schließen sich erst, wenn das Knochenwachstum abgeschlossen ist. Die Klammern geben das entsprechende Lebensjahr an. Die Nähte der Schädelknochen schließen sich erst recht spät (bei Kleinkindern kann das Zuwachsen der Fontanellen datiert werden).

Auch die Zähne treten zu unterschiedlichen Zeitpunkten aus dem Kiefer hervor (die Angaben für das kindliche Milchgebiss in *Monaten*!). In höherem Alter lassen sich Abnutzungserscheinung und Verkrümmung der Knochen untersuchen. Alle Skelettmerkmale zusammengenommen, lassen einen recht genauen Schluss auf das Lebensalter zu.

Was erzählen die Knochen?

Für den Laien ist es oft kaum nachvollziehbar, wie Wissenschaftler aus wenigen Knochenfragmenten einen ganzen Urmenschen rekonstruieren. Natürlich ist es wahr, dass in die Rekonstruktionen immer die subjektiven Erwartungen, das Vorwissen und die theoretischen Ansätze eines Wissenschaftlers mit einfließen. Doch davon abgesehen ist es ganz erstaunlich, wie viele Daten, also objektive Informationen in ein paar Knochenresten stecken können. Die nebenstehende Abbildung zeigt den Fund AL288-1, der weltweit unter dem Namen „Lucy" bekannt geworden ist. Es handelt sich dabei um ein weitgehend erhalten gebliebenes Skelett eines *Australopithecus afarensis*. – „Weitgehend erhalten"? Die gefundenen Knochen (die abgebildet sind) ergeben zwar nur 40%, aber durch *symmetrische Ergänzung* kommt man immerhin auf über 70% Vollständigkeit. Da der Körper des Menschen spiegelbildlich aufgebaut ist, kann das spiegelbildliche Gegenstück jedes Knochens rekonstruiert werden. Bei den meisten Funden ist sehr viel weniger vorhanden.

Jeder Fund ist ein Stück im großen Puzzle. Der Kiefer und die Bezahnung lassen Rückschlüsse auf die Ernährungsweise zu. Die Konstruktion der Hand lässt u. U. erkennen, welche manuellen Tätigkeiten damit ausgeführt werden konnten. Das ganze Skelett lässt sich daraufhin untersuchen, welches die bevorzugte Haltung und Fortbewegungsweise des Individuums war. Möglicherweise vorhandene Verletzungen lassen mitunter etwas von den Lebensumständen, vielleicht sogar die Todesursache erkennen.

Das Lebensalter des Individuums lässt sich ebenfalls an den Knochen ablesen. Die Zähne (Milchgebiss und bleibende Zähne) brechen zu unterschiedlichen Zeitpunkten aus dem Kiefer hervor, das Wachstum folgt bestimmten Regeln, und die verschiedenen Knochennähte (Epiphysen) schließen sich zu verschiedenen Zeitpunkten (die letzten sind erst nach ca. 40 Jahren vollständig geschlossen). Auch das Geschlecht lässt sich (besonders am Bau des Beckens) erkennen. Manche dieser Analysemethoden stammen nicht aus der Paläanthropologie, sondern aus der Kriminalistik (wo sie z. B. zur Identifikation der Opfer von Gewaltverbrechen angewandt werden).

Natürlich haben die Paläontologen auch ein eigenes, verfeinertes Methodenrepertoire entwickelt, um fossile Skelettfunde auszuwerten. Die verschiedenen Knochen können damit in ihrer Position und Beschaffenheit exakt beschrieben und verglichen werden. Einen sehr guten Einblick in diese Detailarbeit verschaffen die Bücher von M. Brandt, Der Ursprung des aufrechten Ganges sowie Gehirn – Sprache – Artefakte, Hänssler-Verlag.

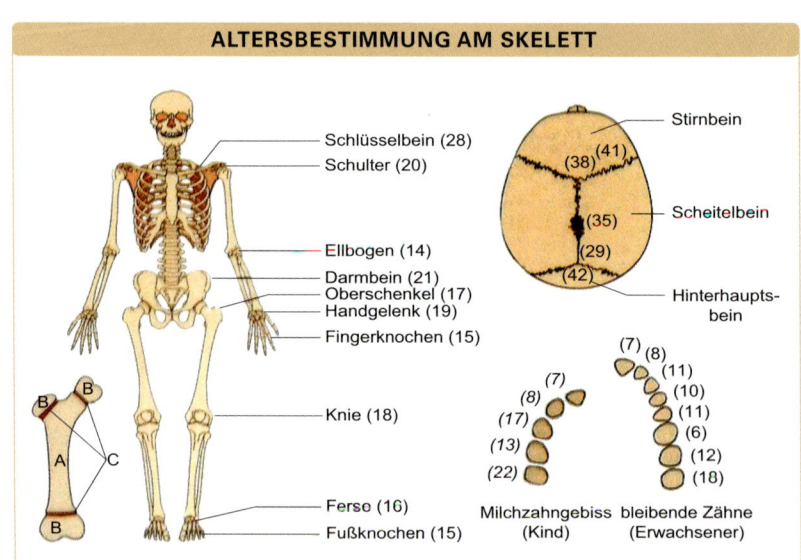

ALTERSBESTIMMUNG AM SKELETT

Schlüsselbein (28)
Schulter (20)
Ellbogen (14)
Darmbein (21)
Oberschenkel (17)
Handgelenk (19)
Fingerknochen (15)
Knie (18)
Ferse (16)
Fußknochen (15)

Stirnbein
(38) (41)
(35)
(29)
(42)
Scheitelbein
Hinterhauptsbein

(7) (8)
(7) (11)
(8) (10)
(17) (11)
(13) (6)
(22) (12)
(18)

Milchzahngebiss (Kind)   bleibende Zähne (Erwachsener)

Es ist im Rahmen dieses Buches nicht möglich, auf die vielen weiteren Methoden zur Analyse fossiler Hominiden einzugehen. Da aber bei allen genannten Verfahren für die meisten Leser immer noch rätselhaft sein wird, wie der Fund einiger Zähne oder eines einzelnen Unterkiefers dazu führen kann, eine neue Art zu benennen, sei noch auf die *Korrelation von Organen* hingewiesen. Die verschiedenen Organe, Knochen und Körperteile eines Organismus sind nicht zufällig zusammengestellt. Es lassen sich bestimmte Merkmalsabstufungen, Abhängigkeiten und Regeln erkennen und beschreiben. Der Kiefer eines Menschen, um bei diesem Beispiel zu bleiben, unterscheidet sich stark von dem eines Affen. Der Affe hat einen U-förmigen, der Mensch einen parabolischen, also eher halbkreisförmigen Kieferbogen. Der Affe hat ausgeprägte, der Mensch hingegen reduzierte Eckzähne usw. Gleichzeitig sind sowohl Affen- als auch Menschenkiefer von den Kiefern aller anderen Lebewesen deutlich zu unterscheiden. Bei einer ausreichend großen Detailkenntnis und Datenbasis gilt diese Eindeutigkeit im Prinzip für jeden Körperteil. Daher kann der Fund eines einzelnen Unterkiefers (wie im Fall des „*Ramapithecus*") sehr wohl zur Benennung einer neuen Art führen.

Was allerdings das äußerliche Erscheinungsbild der früher lebenden Hominiden betrifft, so lässt der Knochenbau weniger sichere Schlüsse zu, als mit entsprechenden Abbildungen häufig suggeriert wird. Die früheren Darstellungen des Neandertalers als eines wüsten Affenmenschen ist ein Beispiel für theoriegeleitete Rekonstruktion. Die auffälligsten äußeren Merkmale, also Augen, Nase, Ohren, Lippen, Gesichtsausdruck, Behaarung, Hautfarbe usw., sind vom Knochen her kaum zu rekonstruieren und bleiben daher ein Stück weit der Phantasie des Wissenschaftlers überlassen.

Warum kommen Menschenfossilien nur in den obersten geologischen Schichten vor?

Die Tatsache, dass fossile Funde menschlicher Knochen und Artefakte (Werkzeuge, Waffen, Unterkünfte u. a.) nur aus den jüngeren Schichten des Quartärs bekannt sind (bis auf umstrittene Ausnahmen), passt gut zu den Erwartungen der Evolutionstheorie und stellt in der Schöpfungsforschung eine Schwierigkeit dar. In den Kapiteln 11 und 22 wird bereits auf dieses Problem eingegangen. In den Modellen der Schöpfungslehre wird von folgenden Voraussetzungen ausgegangen:

- Der Mensch verbreitete sich erst relativ spät über die ganze Erde (anders als die meisten Tierarten).
- Der Mensch mied möglichst Gebiete, in denen mit katastrophischen Ereignissen gerechnet werden musste.
- Der Mensch konnte sich meistens davor schützen (siehe die „Flutwache" bei Hiob, S. 105), in solchen Ereignissen umzukommen und verschüttet zu werden.

Eine ausführliche Untersuchung dieser Fragestellung findet sich in dem Buch: M. Stephan, *Der Mensch und die geologische Zeittafel*, Hänssler-Verlag und auf www.vergessene-archaeologie.info.

Abb. 333: Moderne Rekonstruktion einer Neandertalerin. Darstellungen dieser Art haben die finsteren Affenmenschen heute weitgehend verdrängt. (aus: Cro-Magnons Conquered Europe, but Left Neanderthals Alone. PLoS Biol 2(12): e449, 2004)

«ZITAT»

Es wird immer deutlicher, dass die althergebrachte Vorstellung von der Menschheitsevolution nicht der Realität entspricht. Eine Schritt für Schritt nachvollziehbare Wandlung von einem Affenwesen über immer menschlichere Zwischenstufen bis hin zum modernen Menschen hat vermutlich nicht stattgefunden – zumindest nicht in geordneter Reihenfolge. Stattdessen hat es offenbar anatomische Parallelentwicklungen bei den verschiedenen Linien der Vorfahren gegeben, und das auch noch zu verschiedenen Zeiten. Die Zuordnung neuer Skelettfunde wird für die Experten immer schwieriger.

Henry Gee
(aus Die Zeit, 13/2001)

KIEFERFORMEN

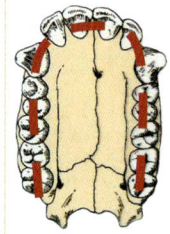

Schimpanse   **Mensch**
(u-förmig)   (parabolisch)

Abb. 331: Die Kiefer von Affe und Mensch unterscheiden sich in der Form des Kieferbogens. Beim Affen verläuft dieser U-förmig, beim Menschen eher parabolisch (fast halbkreisförmig). Auch die Eckzähne sind verschieden. Bei Affen sind sie deutlich stärker ausgeprägt als bei Menschen.

REKONSTRUKTION

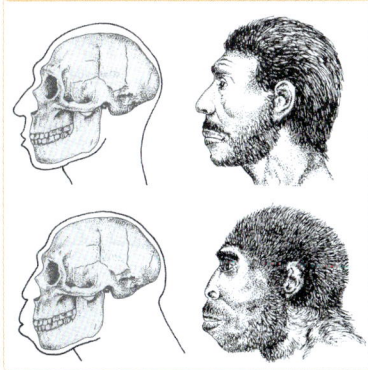

Abb. 332: Derselbe Neandertalerschädel wurde einmal mit einem modernen (oben) und einmal mit einem affenähnlichen Gesicht (unten) rekonstruiert. Für welche Rekonstruktion der Künstler sich entscheidet, hängt auch von seiner Voreinstellung ab (aus Junker, 2004).

27

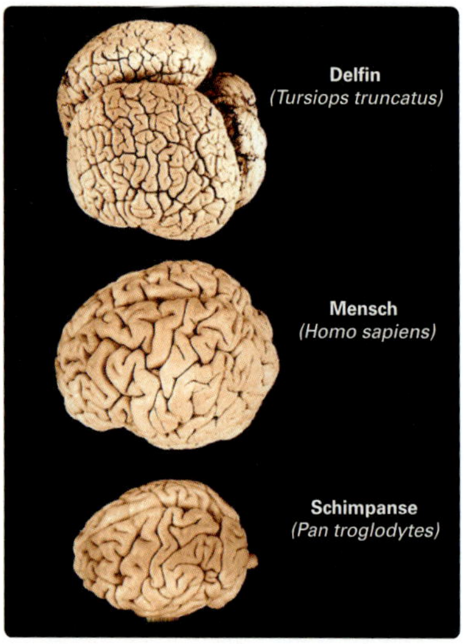

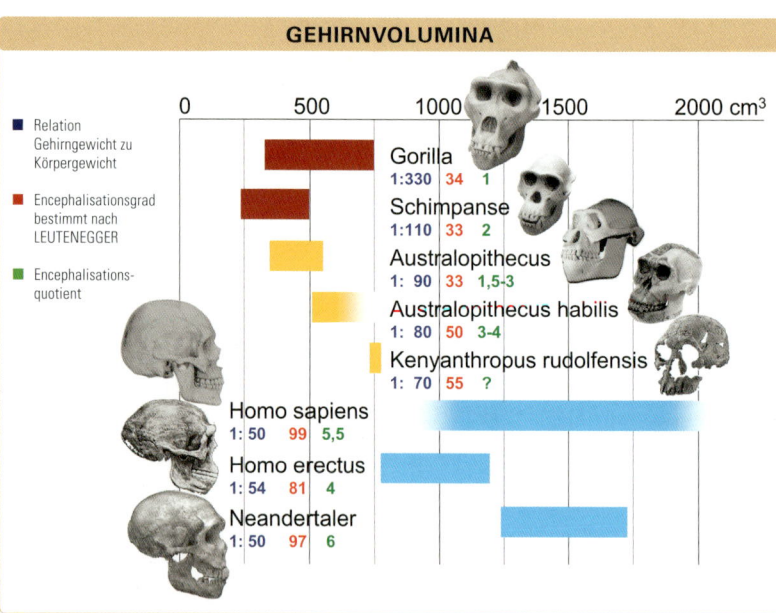

Abb. 334: Weder die absolute Gehirngröße noch die Oberfläche eines Gehirns sind ein sicheres Maß für seine Leistungsfähigkeit. Das Gehirn des Großen Tümmlers (eine Delfinart) ist größer und stärker gefurcht als das menschliche Gehirn. Das größte Gehirn hat der Elefant mit einem Gewicht von ca. 5 kg (Mensch: 1,2–1,5 kg) und einer Oberfläche von über 3000 cm^2 (Mensch [Mittelwert]: 1125 cm^2).

Berücksichtigt man die Relation von Gehirn- zu Körpergewicht, so hat der Mensch unter den angeführten Beispielen das größte Gehirn.

Was besagt die Größe des Gehirns?

Der Mensch zeichnet sich vor den Tieren durch seine geistigen Fähigkeiten aus (*Homo sapiens* = „weiser Mensch"). Vernunft, Urteilsfähigkeit, Gedächtnis, Ideenreichtum, zukunfts- und jenseitsbezogenes Denken, Lern-, Sprach- und Abstraktionsvermögen sowie Phantasie sind hervorragende menschliche Eigenschaften. Auf der biologischen Ebene ist das Gehirn das Organ, das diese Leistungen möglich macht. Demzufolge wird die Vergrößerung des Gehirns in der Entwicklung des Menschen als ein entscheidendes Merkmal betrachtet.

Wie bereits erwähnt, lässt sich die Größe der Gehirne fossiler Formen durch Vermessung der Schädelkapsel bei guter Erhaltung einigermaßen zuverlässig ermitteln. Abbildung 334 zeigt einen Vergleich verschiedener Gehirnvolumina. Wale, Delfine und Elefanten haben größere Gehirne als der Mensch. Aussagekräftiger als die absolute Größe ist jedoch das Verhältnis zwischen Gehirnvolumen und Körpergewicht. Das Körpergewicht wird von der Körpergröße abgeleitet. Das ist bei ausgestorbenen Formen nicht immer ganz unproblematisch. Neben diesem Problem wird diese Vergleichsgröße verzerrt, wenn Lebewesen miteinander verglichen werden, die sich in ihrer Größe stark unterscheiden. Kleine Lebewesen schneiden dann überproportional gut ab. Ihr Gehirn ist in der Relation größer (das ist ein Problem der Vergleichsmethode und hat nichts mit der geistigen Kapazität zu tun. Die verglichene Relation beträgt für einen Klammeraffen [*Ateles*] 1:15!). Eine besser ausgetüftelte Vergleichsgröße ist der *Encephalisationsgrad*, bei dem diese Diskrepanz der Relationen angemessen berücksichtigt wird.

Diese Vergleiche lassen aber noch keinen sicheren Schluss auf die geistigen Fähigkeiten zu. Es bestehen weitere Zusammenhänge, die berücksichtigt werden müssen. Sowohl die Körpergröße des Menschen als auch die Größe menschlicher Gehirne stehen in einem Zusammenhang mit der klimatischen Situation seines Lebensraums (Abb. 338). Das relativ große Gehirn des Neandertalers (der hauptsächlich in kühleren Gebieten lebte) findet daher vielleicht u. a. eine ganz natürliche Erklärung, die nichts mit geistiger Höherentwicklung zu tun hat. Der *Homo erectus* lebte dagegen vorwiegend in heißen Gebieten und weist auch ein deutlich geringeres Gehirnvolumen auf.

Letztendlich ist es auch gar nicht so wichtig, ob sich die Gehirngrößen etwas unterscheiden. Der Fortschritt der Neurologie hat gezeigt, dass die Kenngrößen Masse und Volumen früher stark überbewertet wurden und tatsächlich über die Leistungsfähigkeit des Gehirns nicht sehr viel aussagen.

Abb. 335: Die Gehirnvolumina von Menschen und Menschenaffen im Vergleich. Die Zahlen geben außerdem die Werte für die Relation Gehirnvolumen : Körpergewicht (blau), die relative Schädelkapazität (Encephalisationsgrad, rot) und den EQ (Encephalisationsquotient, grün – nicht zu verwechseln mit dem Intelligenzquotienten „IQ") an.

Wie kann die „Gehirnevolution" erforscht werden?

Wenn die Größe des Gehirns so wenig Rückschlüsse auf seine Leistung zulässt, wie kann dann überhaupt etwas über die Entwicklung der geistigen Fähigkeiten herausgefunden werden?

Es gibt heute in der Wissenschaft drei Wege, die dazu beschritten werden (Abb. 336). Den direkten und aufschlussreichsten Zugang bietet die Paläneurologie. Ihr Forschungsgegenstand sind Schädelkapseln, Schädeldecken (Kalotten) und Schädelinnenausgüsse (Endocasts). Besonders die Schädelinnenausgüsse können die Oberflächenstruktur des Gehirns abbilden und damit Rückschlüsse auf seine Organisation ermöglichen. Solche Innenausgüsse entstehen in seltenen Fällen auf natürlichem Weg (fossile Steinkerne) oder werden künstlich hergestellt (Latex-Abdrücke). Die Analyse der Innenausgüsse ermöglicht Aussagen über Volumen, Form und Proportion des Gehirns. Besonders interessant sind die Abdrücke der Blutgefäße, Hirnwindungen (Gyri) und Hirnfurchen (Sulci). Im Idealfall lassen sich daraus Aussagen über eine mögliche Sprachfähigkeit ableiten. Einzelheiten zu den angewandten Methoden und gewonnenen Daten werden in dem Buch von M. Brandt, *Gehirn – Sprache – Artefakte*, Hänssler-Verlag, dargestellt.

Gibt es heute verschiedene Menschenrassen?

Alle heute lebenden Menschen gehören, biologisch betrachtet, nicht nur einer einzigen Art (*Homo sapiens*), sondern auch einer einzigen Unterart (*Homo sapiens sapiens*) an. Die unterscheidbaren Formen wurden früher gemäß dem System biologischer Namensgebung (taxonomische

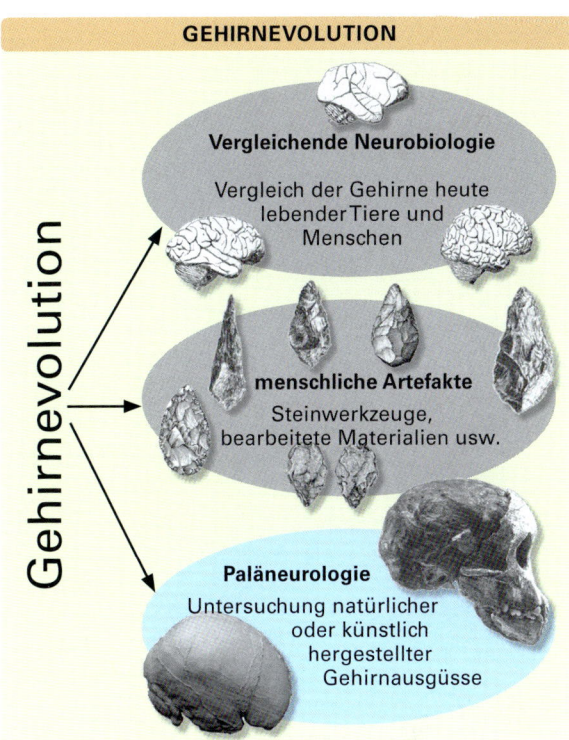

GEHIRNEVOLUTION

Vergleichende Neurobiologie
Vergleich der Gehirne heute lebender Tiere und Menschen

menschliche Artefakte
Steinwerkzeuge, bearbeitete Materialien usw.

Paläneurologie
Untersuchung natürlicher oder künstlich hergestellter Gehirnausgüsse

Abb. 336: Drei verschiedene Herangehensweisen, um etwas über die historische Entwicklung des Gehirns zu erfahren.

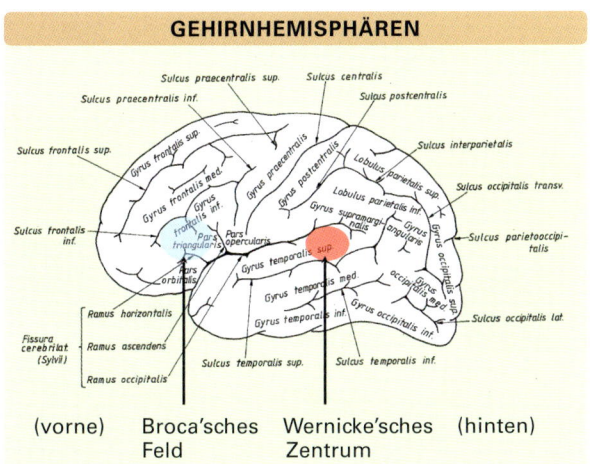

GEHIRNHEMISPHÄREN

(vorne) Broca'sches Feld   Wernicke'sches Zentrum   (hinten)

Abb. 337: Die Abbildung zeigt die Seitenansicht der linken Großhirnhemisphäre des Menschen. Die Namen bezeichnen die Hirnwindungen (Gyri) und die Hirnfurchen (Sulci). Durch die neurologische Forschung konnten viele Gehirnaktivitäten lokalisiert werden. In den markierten Bereichen (Broca'sches Feld und Wernicke'sches Zentrum) laufen Vorgänge der Sprachverarbeitung ab (vgl. MRT, Abb. 356). Die morphologische Untersuchung dieser Bereiche lässt einen Rückschluss auf evtl. vorhandene Sprachfähigkeit zu (M. Brandt 2000, erweitert).

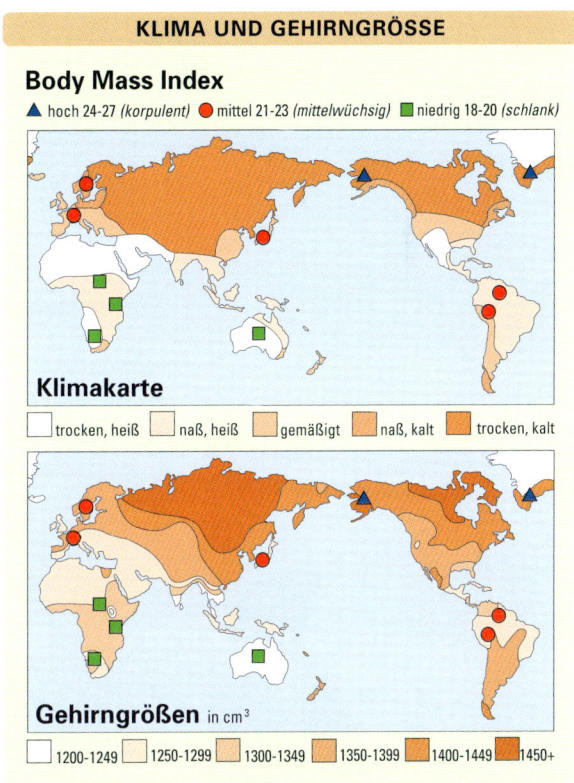

KLIMA UND GEHIRNGRÖSSE

Body Mass Index
▲ hoch 24-27 *(korpulent)*   ● mittel 21-23 *(mittelwüchsig)*   ■ niedrig 18-20 *(schlank)*

Klimakarte
☐ trocken, heiß   ☐ naß, heiß   ☐ gemäßigt   ☐ naß, kalt   ☐ trocken, kalt

Gehirngrößen in cm³
☐ 1200-1249   ☐ 1250-1299   ☐ 1300-1349   ☐ 1350-1399   ☐ 1400-1449   ☐ 1450+

Abb. 338: Die Weltkarte zeigt die Hauptklimazonen. Auf der unteren Karte sind die Gehirngrößen der heutigen Menschheit verzeichnet. In beide Karten sind außerdem der Body Mass Index für einige Volksgruppen eingetragen. Diese Größen korrelieren miteinander, ein Hinweis auf einen Zusammenhang (aus Junker/Scherer, 2001, Beals et al., 1984, verändert).

27

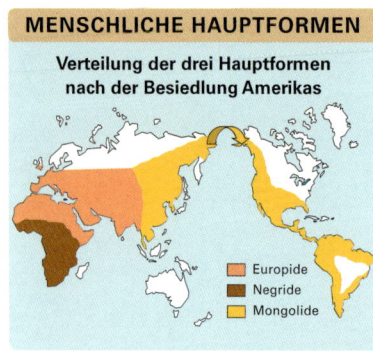

MENSCHLICHE HAUPTFORMEN

Verteilung der drei Hauptformen
nach der Besiedlung Amerikas

- Europide
- Negride
- Mongolide

	Nordzone	Mittelzone	Südzone
Wuchs	groß	groß bis mittel	mittel
Schädel-form	mittelbreit (meso-kephal)	kurz, rund (brachy-kephal)	mittelbreit oder lang-köpfig (meso- oder dolicho-kephal)
Haut-farbe	hell	helle Haut, dunkle Au-gen, Haare	sehr dunkle Haut

Abb. 339: Die Hauptformen des Menschen lassen sich durch typische Merkmalskombi-nationen unterscheiden. Manche Merkmale variieren allerdings in den verschiedenen Klimazonen, wie in der Tabelle beschrieben (nach S. Hartwig-Scherer, 1991).

Nomenklatur) als „Rassen" bezeichnet. Da aber die an sich wertneutrale Be-zeichnung „Rasse" immer wieder missbraucht wurde, um Gruppen von Men-schen zu diskriminieren und „höher entwickelte Rassen" oder „Herrenrassen" gegenüber „Untermenschen" und „Wilden" abzugrenzen, wird diese Bezeich-nung in der Anthropologie vermieden. Wir sprechen im Weiteren einfach von „Formen". Die Bibel zeigt uns, dass alle Menschen einen gemeinsamen Ur-sprung haben und „von Gott abstammen": „Und er hat aus einem Blut jede Nation der Menschen gemacht, damit sie auf dem ganzen Erdboden wohnen, und hat festgesetzte Zeiten und die Grenzen ihrer Wohnung bestimmt. ... Da wir nun Gottes Geschlecht sind ..." (Apg 17,26.29a). Damit wird jeder Form von Rassismus die Grundlage entzogen (was leider nicht verhindert hat, dass auch in der Christenheit und im Namen Christi Rassismus ausgeübt wurde). In der Bibel werden keine unterschiedlichen Formen von Menschen benannt (die Zu-gehörigkeit der Menschen zu Völkern und Stämmen dagegen wird unterschie-den). Gleichwohl gibt es verschiedene Formen. In der Anthropologie werden heute drei Hauptformen unterschieden: Europide, Mongolide und Negride. Die-se Hauptformen sind durch typische Merkmale beim heranwachsenden Men-schen schon im 4. Schwangerschaftsmonat deutlich zu unterscheiden. Es wäre allerdings zu einfach, sie mit den Farben weiß, gelb und schwarz zu charakteri-sieren. Die Hautfarbe ist nur eines von vielen Unterscheidungsmerkmalen, und sie variiert stark in den unterschiedlichen Klimazonen.

Neben den drei Hauptformen gibt es noch eine Reihe von Mischformen („Kontaktrassen"), in denen ein Merkmalsmosaik vorliegt. Die amerikanischen Ureinwohner (Indianiden) z. B. tragen überwiegend mongolide Züge, aber da-neben auch Merkmale der Europiden. Einige Formen lassen sich in diese Drei-teilung kaum einsortieren. Aborigines, Hottentotten und Buschmänner (Khoisa-niden) sind wahrscheinlich schon sehr früh isoliert worden und unterscheiden sich deutlich von anderen Formen.

Auch wenn die verschiedenen Formen des Menschen sich auf den ersten Blick äußerlich z. T. recht stark unterscheiden, machen diese Unterschiede nur einen Bruchteil der genetischen Variation aus. Das Erbgut zweier beliebiger heutiger Menschen unterscheidet sich im Durchschnitt um 0,2%. Davon sind jedoch nur 6% Unterschiede zwischen den verschiedenen Formen (also 0,012% vom Erbgut).

Wie entstanden die verschiedenen Formen der Menschheit?

Die Entstehung der verschiedenen Formen der Menschheit kann als Folge von Flaschenhalsereignissen (siehe S. 80) gedeutet werden. Die Variabilität kann da-bei stark zunehmen. Wenn zusätzlich eine genetische Isolation eintritt (wie nach einer Sprachverwirrung und Völkerzerstreuung zu erwarten ist), kann sich in rela-tiv kurzer Zeit eine beachtliche Vielfalt an Merkmalsausprägungen herausbilden. Nach der Bibel gehen alle heute lebenden Menschen auf Noah bzw. auf seine drei Söhne Sem, Ham und Japhet zurück. Die drei erwähnten Hauptformen der Menschheit können allerdings diesen drei Söhnen nicht zugeordnet werden.

Die Verteilung unterschiedlicher Merkmale ist z. T. eine Folge klimatischer Ein-flüsse. Gut untersucht sind diese Zusammenhänge für Merkmale, bei denen eine Abhängigkeit vom Klima ohnehin nahe lag. So liegt der durchschnittliche Body Mass Index (BMI = Körpergewicht [kg]/Körpergröße [m]) in kühleren Regionen deutlich höher als in wärmeren. Das ist gut nachvollziehbar, weil das Verhältnis zwischen Oberfläche und Volumen bei einem korpulenten Körper den Wärme-verlust verringert, was in einer kühlen Umwelt ein Vorteil ist. Andersherum kann ein schlanker Körper überschüssige Wärme besser abgeben.

Die Hautfarbe hängt mit der Sonneneinstrahlung zusammen. Der entschei-dende Faktor für die Hautfarbe ist die Melaninproduktion der Haut. Melanin ist ein dunkelbraunes Pigment. Es hat die Funktion, UV-Licht zu absorbieren und

27

den Organismus so vor Strahlungsschäden zu schützen. Die große Bedeutung dieses Pigments wurde durch Untersuchungen an Albinos deutlich. Albinos sind Lebewesen, die durch einen genetischen Defekt keine Pigmente bilden können (das ist an einer weißen bis rosigen Haut und roten Augen gut zu erkennen) und äußerst empfindlich auf Sonnenstrahlung reagieren. Eine hohe Melaninproduktion, also eine sehr dunkle Haut, ist daher ein guter Schutz vor starker UV-Strahlung. In einer Gegend mit wenig Sonneneinstrahlung wäre sie dagegen ein Nachteil. Das Sonnenlicht wird im Körper für die Bildung von Vitamin D benötigt. Kann nicht genug Vitamin D gebildet werden, kommt es zu verschiedenen Mangelerscheinungen (u. a. zu einer mangelhaften Knochenbildung: Rachitis). Genetisch festgelegt ist nur das Potential der Melaninproduktion (also die maximal mögliche Menge). Von der tatsächlichen Sonneneinstrahlung hängt dann ab, wie viel von diesem Potential genutzt wird.

Der Mensch ist in viel stärkerem Maß als Tiere in der Lage, die Umwelt nach seinen Bedürfnissen zu wählen und zu verändern (oder sich zumindest eine geschützte Mini-Umwelt zu schaffen). Er unterliegt dadurch auch viel weniger der Wirkung von Umwelteinflüssen (als Selektionsfaktor). Bei den oben beschriebenen Zusammenhängen der Merkmalsverteilung mit dem Klima hat möglicherweise die *Wahl* der Menschen eine größere Rolle gespielt als deren evolutive Veränderung („dunkle Typen mögen es heiß, die hellen zieht es in den kühlen Norden"). Die meisten Merkmale lassen sich nicht so einfach auf Umwelteinflüsse zurückführen. Hier gibt es für die Anthropologen noch viel zu tun, um mögliche Zusammenhänge zu erforschen.

Bevölkerungswachstum, menschliche Spuren und das Alter des Menschen

Den modernen Menschen (*Homo sapiens*) soll es seit mindestens 150.000 Jahren auf der Erde geben. Überlegungen zur Bevölkerungsentwicklung stellen dieses hohe Alter in Frage. Selbst bei niedrigen Wachstumsraten gibt es noch kein plausibles Modell, das die geringe Zunahme der Weltbevölkerung in vorgeschichtlicher Zeit plausibel macht.

Eine verwandte Fragestellung beschäftigt sich mit den zu erwartenden Spuren der vielen verblichenen Generationen. Selbst wenn die Erhaltung der Skelette nur in wenigen Ausnahmefällen zu erwarten wäre, sollte man insgesamt sehr viel mehr menschliche Artefakte finden. Der *Homo sapiens* begrub seine Toten (häufig mit aufwändigen Grabbeigaben). Doch wo sind die Milliarden von Gräbern?

Ist Gott ein schlechter Konstrukteur und der Mensch somit eine Fehlplanung?

Manchmal begegnet man einem erstaunlichen Argument: Menschen, die nicht glauben, dass es einen Schöpfer gibt, haben eine bestimmte Vorstellung davon, wie ein Schöp-

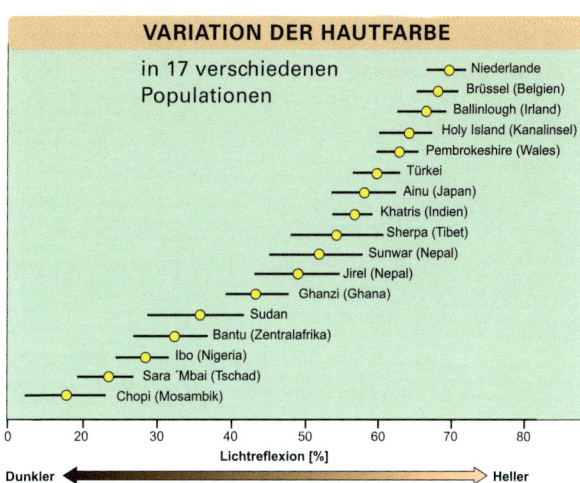

Abb. 340: Die menschliche Hautfarbe variiert in Abhängigkeit von vorherrschender Menschheitsform und Klima. In der Grafik sind die Werte für Variation und Mittelwert der Lichtreflexion der Haut aufgeführt. Der kurzwellige UV-Anteil des Lichts wird nicht reflektiert. Er dringt in die Haut ein und wird dort absorbiert (bei sehr dunklen Menschen fast vollständig vom Pigment Melanin).

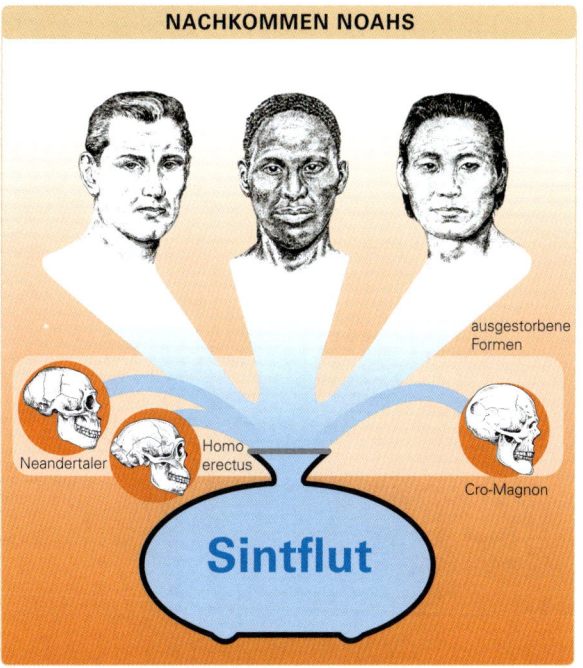

Abb. 341: In den hier vertretenen Schöpfungs- und Flutmodellen werden alle fossilen und heute lebenden Menschen als Nachkommen der Familie Noahs gesehen. Durch lange Zeiten der Isolation konnten sich deutliche Unterschiede zwischen den verschiedenen Hauptformen herausbilden. In den letzten 3–4 Jahrhunderten kam es verstärkt zur Durchmischung. Wenn dieser Trend sich fortsetzt, so haben wir in einigen Jahrhunderten eine relativ homogene „Einheitsrasse", in der überwiegend die dominanten Merkmale ausgeprägt sein werden.

fer Lebewesen konstruiert hätte, wenn es ihn gäbe. Man glaubt Unvollkommenheiten in den Geschöpfen nachweisen zu können und formuliert ein so genanntes „Unvollkommenheitsargument". Als Beleg dafür, dass „der Schöpfer schon ein ziemlicher Stümper gewesen sein müsste", werden dann verschiedene Konstruktionen der Schöpfung genannt, die angeblich sehr mangelhaft ausgeführt sind. In der Evolutionstheorie werden solche Strukturen zumeist als Überbleibsel der Stammesgeschichte des Menschen gedeutet, die heute ihre ursprüngliche Funktion nicht mehr zu erfüllen brauchen. Der auf Seite 49 zitierte Molekularbiologe lässt diese Logik erkennen, wenn er bezüglich der Adrenorezeptoren (das sind die Orte, an denen die Stresshormone ihre Wirkung vermitteln) schreibt: „Ein Schöpfer, der uns in unserem heutigen Zustand gemacht hätte und uns dann solche geradezu schädlichen Rezeptoren mit auf den Weg gibt, müsste ganz schön boshaft sein. Unter Evolutionsgesichtspunkten dagegen liegt die Erklärung nahe: Für unsere Vorfahren war es nützlich, dass sie in dieser Weise auf ‚Flüchten oder Kämpfen' vorbereitet wurden." Es geht jedoch bei diesem Thema nicht vorrangig um „schädliche", sondern meistens einfach um „nutzlose" Konstruktionen. Solche Unvollkommenheiten sollen nicht nur beim Menschen, sondern bei allen Lebewesen zu finden sein. Auf diesen Vorwurf an den Schöpfer lässt sich Verschiedenes sagen:

→ Die Funktionslosigkeit eines Organs kann nicht sicher festgestellt werden. Man kann höchstens feststellen, dass bisher keine Funktion gefunden wurde. In diesem Zusammenhang wird häufig die Liste des deutschen Anatomen Robert Wiedersheim (1848–1932) erwähnt. Er stellte 1895 eine Liste mit über 100 Strukturen auf, die er als Rudimente, also als Körperteile ohne Funktion oder als zurückgebildete Organe mit Restfunktion betrachtete. Von dieser Liste ist heute fast nichts mehr übrig geblieben.

→ Es ist eigentlich nur möglich, eine Konstruktion als unvollkommen zu kritisieren, wenn man zeigen kann, dass es eine bessere Lösung gibt. Das ist im Fall biologischer Konstruktionen fast aussichtslos.

→ Jede Konstruktion ist ein Kompromiss zwischen Material-/Energieaufwand und Notwendigkeit/Überlebensvorteil. Dahinter steckt immer eine komplizierte Kosten-Nutzen-Rechnung, die kein Mensch ganz durchschauen kann.

→ Alles ist aufeinander abgestimmt: Zellen, Gewebe, Organe, Lebewesen, Populationen, Ökosysteme – die ganze Schöpfung. Wer würde sich zutrauen, eine einzelne Konstruktion in so weitreichenden Zusammenhängen sicher und ausgewogen zu beurteilen?

→ Unbestritten gibt es Krankheit, Missbildung, Degeneration, Leid und Tod. Diese Dinge gehören aber nicht zur vollkommenen und ursprünglichen Schöpfung Gottes, sondern kamen durch die Schuld des Menschen (→ Sündenfall, Kap. 9) in die Welt. Man darf nie vergessen, dass alles, was heute in der Natur beobachtet werden kann, Teil einer gefallenen Schöpfung ist, die unter Gottes Gericht steht.

Die Embryonalentwicklung = Evolution im Zeitraffer?

Der Biologe Ernst Haeckel (1834–1919) war ein führender Vertreter der Evolutionstheorie in Deutschland und trug entscheidend dazu bei, dass diese Lehre sich so schnell durchsetzen konnte. Für ihn bestand der wichtigste Beweis für die Abstammungsverwandtschaft aller Lebewesen in einem Lehrsatz, den er 1872 als das „Biogenetische Grundgesetz" vorstellte. Kurz zusammengefasst lautet seine These: „Die Ontogenese repräsentiert die Phylogenese." Die Ontogenese (das ist die Entwicklung der befruchteten Eizelle bis hin zum erwachsenen Tier) soll also etwas davon zeigen, wie die Phylogenese (das ist die Abstammungsgeschichte dieses Tieres) verlaufen ist. Obwohl dieses „Grundgesetz" von Anfang an von vielen Biologen kritisiert und auch schon kurz danach zur „Grundregel" heruntergestuft wurde und obwohl Haeckel als gelegentlicher Fälscher entlarvt wurde (er gab die Fälschungen z. T. selbst zu) und seine Version der Theorie schon Anfang des 20. Jahrhunderts als wissenschaftlich widerlegt galt, tauchen leider bis heute seine Zeichnungen in Schulbüchern auf.

Selbst dort, wo Haeckel kritisch beurteilt wird, räumt man seiner Theorie meistens eine beschränkte Gültigkeit ein. Dabei wird oft nicht erwähnt, dass gerade die „vergleichende Embryologie" heute große Deutungsprobleme im Rahmen der Evolutionstheorie aufwirft. Von Haeckels „Biogenetischem Grundgesetz" bleibt nach kritischer Prüfung kaum etwas übrig; es ist allenfalls z. T. auf einzelne Organe anwendbar – aber auch nur unter Vorgabe eines evolutionären Zusammenhangs. Es gibt auch weder eine „Biogenetische Grundregel" noch eine prinzipielle Analogie.

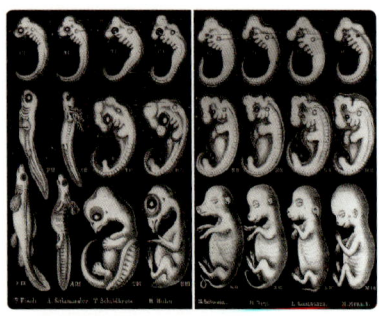

Abb. 342: Eine Tafel aus der Abhandlung „Anthropogenie oder Entwicklungsgeschichte des Menschen" von Ernst Haeckel. Sie zeigt eine vergleichende Gegenüberstellung der Embryonen von sieben Wirbeltierarten und dem Menschen. Die einzelnen Präparate sind vereinfacht, schematisiert und unzulässig verändert dargestellt. Haeckel gestand einige Fälschungen ein. Er gab allerdings an, nur dort manipuliert zu haben, wo „das vorliegende Beobachtungsmaterial so unvollständig oder ungenügend ist, dass man bei der Herstellung einer zusammenhängenden Entwicklungskette gezwungen ist, die Lücken durch Hypothesen aufzufüllen" (Berliner Volkszeitung vom 29. Dezember 1908).

27

Die Differenzierungen und Wachstumsphasen der embryonalen Frühentwicklung lassen sich verstehen, ohne dass man die Evolution der Lebewesen dort hineinlegt. Im Einzelnen sprechen folgende Sachverhalte gegen Haeckels Theorie (und ihre modernen Nachfolger):

- Es besteht keine abgestufte Ähnlichkeit zwischen den Phasen der embryonalen Frühentwicklung verschiedener Lebewesen. Die Vorstellung, dass die Ähnlichkeit zu Beginn der Embryonalentwicklung am größten ist und die verschiedenen Tierarten sich ab dann immer stärker unterscheiden, trifft nicht zu. Von den ersten Teilungsstadien an zeigen sich unterschiedliche Differenzierungsmuster. In vielen Fällen zeigen sogar Tiere, die laut Stammbaum eng verwandt sein sollen, dort große Unterschiede.

- Nicht nur die Anfangsstadien unterscheiden sich. Eine regelhafte Ähnlichkeit besteht für die Embryonen zu keinem Zeitpunkt. Um Einblick in die Einzelheiten der Embryonalentwicklung zu bekommen, ist es nötig, Gewebeschnitte von Embryonen in jeder Entwicklungsphase anzufertigen, mit verschiedenen Techniken einzufärben und mikroskopisch zu vergleichen. Aus diesen Untersuchungen können Modelle (Totalrekonstruktionen) angefertigt werden, an denen man die Entwicklung der verschiedenen Gewebe und Organanlagen nachvollziehen kann.

- Es konnte nicht gezeigt werden, welche Tiere in der Embryonalentwicklung „wiederholt" werden. Die Theorie beschränkt sich auf einige Merkmale, die aber weder in ihrer Reihenfolge noch in ihrem gemeinsamen Auftreten zu den hypothetischen Stammbäumen passen (der menschliche Embryo soll z. B. vorübergehend ein „Vogelherz" haben und später ein Fell ausbilden).

- Mit zunehmender Datenbasis (Untersuchungen von Embryonen vieler verschiedener Tierarten) ist deutlich geworden, dass in puncto Ähnlichkeit kein plausibler Bezug zwischen Embryonalentwicklung und Stammesgeschichte hergestellt werden kann. Auch die zum großen Teil auf diese Vorstellung zurückgehenden Deutungen von Strukturen als Atavismen und Rudimente müssen revidiert werden. Jedes bisher untersuchte Organ übt eine Funktion aus und ist konstruktiv notwendig.

Ziemlich ähnlich oder ganz verschieden?

Haeckel hatte es leicht, sein Publikum von der Ähnlichkeit der dargestellten Embryonen zu überzeugen. Selbst wenn er statt der Zeichnungen echte Farbfotos verwendet hätte, wäre dieser Eindruck leicht zu erwecken. Wenn sich der Vergleich auf eine äußere Untersuchung beschränkt, ähneln Embryonen sich aus verschiedenen Gründen. Die auffälligsten Unterschiede der Tiere fallen dann weg.

- Farbe (embryonale Haut ist dünn, durchscheinend, unbehaart und rosig)
- Größe (Embryos sind klein, die Größenunterschiede sind geringer als zwischen den ausgewachsenen Tieren. Haeckel hat sie in seinen Zeichnungen sogar auf eine einheitliche Größe skaliert)
- Proportionen (der Kopf ist immer überproportional groß)
- Haltung (aus konstruktiven Gründen und wegen des beengten Raumes sind Embryonen mehr oder weniger stark zusammengekrümmt)
- Extremitäten (sie liegen am Anfang erst als Knospen vor, die Unterschiede werden erst spät sichtbar)
- auffällige Merkmale (Haare und Federn fehlen größtenteils oder sind noch fast farblos, ebenso Nägel, Hörner, Schnäbel usw. Auffällige Körperanhänge bilden sich oft erst später aus)

Bei einer äußerlichen Untersuchung führen diese Merkmale zu dem Befund: 1. Alle Embryonen ähneln sich. 2. Je früher man sie vergleicht, desto stärker ist die Ähnlichkeit (ausgenommen die ersten Phasen bis zur sg. „Körpergrundgestalt").

Ontogenese	Phylogenese
(Reifung und Entwicklung vom Ei zum erwachsenen Organismus)	(Stammesgeschichte der Lebewesen unter den Voraussetzungen der Evolutionstheorie)
Ergebnis Erzeugung von prinzipiell identischen Nachkommen durch artgleiche Vorfahren	*Ergebnis* Entstehung der heutigen Artenvielfalt aus anderen Vorgängerarten
Entwicklungsvorgang ständig ablaufend, wiederholbar, beobachtbar, direkt erforschbar	*Entwicklungsvorgang* angenommener, einmaliger, geschichtlicher Prozess, nur indirekt erforschbar
Art der Entwicklung ausgehend von elterlicher Zelle, programmiert, zielgerichtet kontrolliert	*Art der Entwicklung* ausgehend von einer oder mehreren primitiven Urzellen, ohne Ziel, unkontrolliert, richtungslos
Entwicklungsdauer innerhalb der Lebensspanne eines Individuums (Tage bis Monate)	*Entwicklungsdauer* seit es Leben auf der Erde gibt (Annahme: Milliarden von Jahre)
Funktionsmechanismus zeitlich und räumlich abgestimmte genetische und epigenetische Wechselwirkung (zwischen Keim und Umwelt) auf der Grundlage einer bereits festgelegten Informationsverarbeitung	*Funktionsmechanismus* ungerichtete Veränderung vorhandener genetischer und epigenetischer Informationssysteme (Mutationen) und Auslese der fittesten Individuen (Selektion).

Abb. 343: Ontogenese und Phylogenese sind zwei grundlegend verschiedene Vorgänge. Es gibt keinen wissenschaftlichen Grund für die Annahme, dass das eine Rückschlüsse auf das andere zulässt.

Abb. 344: Diese überlebensgroßen Modelle menschlicher Embryonen wurden nach histologischen Schnittserien rekonstruiert. Es handelt sich um einen Teil der „Humanembryologischen Dokumentationssammlung Blechschmidt" der Universität Göttingen.

«ZITATE»

Selten hat eine Behauptung wie die der Haeckel'schen Rekapitulationstheorie – einfach, hübsch und eingängig, weithin ohne kritische Prüfung akzeptiert – der Wissenschaft so viel geschadet.

Sir Gavin de Beer, Zoologe
S.A. Barnett (Hrsg.): A Century of Darwin, 1968

Wer nach den behaupteten Resten [der stammesgeschichtlichen Entwicklung] in der menschlichen Entwicklung sucht, der findet sie nicht. Es gibt sie nämlich nicht. Wer von Relikten spricht und meint, daraus Homologien ableiten zu können, hat nie selbst menschliche Embryonen untersucht.

Prof. Dr. Erich Blechschmidt, Anatom
Die Erhaltung der Individualität, Hänssler-Verlag, 1995, S. 28.

27

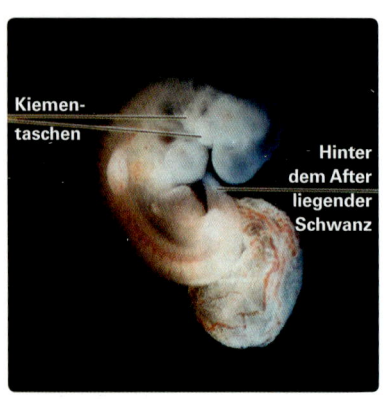

Abb. 345: Die im Text angeführte Darstellung eines vier Wochen alten Embryos, dessen Viszeralbögen als „Kiementaschen" und dessen kaudaler Fortsatz als „Schwanz" bezeichnet werden (aus Campbell, *Biologie*).

«Themen-DVD»

- „Ich danke dir, dass ich wunderbar gemacht bin"
- Moderne Jäger und Sammler: Überlebende einer Steinzeit?
- Übergangsform zwischen „Homo" habilis und Homo erectus?
- Der erste Europäer?
- Fußknochen eines frühen Hominiden – Hinweis auf einen aufrechten Gang?
- „Homo" habilis ab jetzt kein Mensch mehr
- Embryologie: Individualität von Wirbeltierembryonen
- Wie sicher sind Deutungen in der Paläanthropologie? Australopithecus sediba und sein merkwürdiges Merkmalsmosaik
- Das Design-Argument und der Bastler-Lückenbüßer-Gott
- Zankapfel Auge. Ein Paradebeispiel für „Intelligent Design" in der Kritik
- Können Schimpansen wie Menschen Steinwerkzeuge herstellen?

27

Doch genaue mikroskopische, histologische und genetische Untersuchungen haben diesen Befund gründlich widerlegt. Es ist sogar inzwischen so, dass aus der Disziplin der vergleichenden Embryologie heute schwerwiegende Deutungsprobleme für die Evolutionstheorie entstehen. Die herkömmlichen Stammbaummodelle vergleichen nur die ausgewachsenen Formen der Tiere. Wird der Vergleich auf die Embryonalentwicklung ausgedehnt, so treten gravierende Widersprüche auf (weil das Muster der Ähnlichkeiten dann wieder ein ganz anderes Bild ergibt). Wenn bei nahe stehenden Arten ganz verschiedene Entwicklungswege beschritten werden, um in der gleichen Zeit zu einem ähnlichen Ziel zu gelangen, so bleibt auch die Frage offen, welche Selektionsdrücke solche Veränderungen bewirkt haben könnten.

Hat der Mensch vor der Geburt Kiemen, Schwanz und Fell?

Selbst in modernen Biologielehrbüchern, wo nicht mehr mit Haeckels Theorie und ihren Abkömmlingen argumentiert wird, begegnet man häufig irreführenden Benennungen und Deutungen embryonaler Merkmale.

- **Kiemen.** In dem heute wohl einflussreichsten Biologiebuch heißt es: „In diesem frühen Stadium der Entwicklung ist die Verwandtschaft unter den Wirbeltieren unverkennbar. Dieser vier Wochen alte menschliche Embryo besitzt Kiementaschen und einen Schwanz hinter dem After – zwei Kennzeichen aller Wirbeltierembryonen" (Campbell, *Biologie*, Heidelberg 2002, S. 449). Der menschliche Embryo hat weder Kiemen noch Kiementaschen oder Kiemenbögen. Die Fachbezeichnung für diese auffälligen Falten unter dem Kopf lautet *„Viszeralbögen"* oder *„Pharyngealbögen"*. Sie haben weder in ihrer Funktion noch in ihrem Aufbau irgendetwas mit Kiemen zu tun. Die embryonalen Anlagen von Fischkiemen lassen sich davon deutlich unterscheiden. Darüber hinaus ist die Aussage von Campbell falsch, dass diese Struktur ein Kennzeichen aller Wirbeltierembryonen sei. Manche Amphibien (Molche, Frösche) haben keine Pharyngealbögen, bilden aber funktionierende Kiemen aus.

- **Schwanz.** Der menschliche Embryo hat zu keinem Zeitpunkt einen Schwanz. Ein tierischer Schwanz enthält Knochen (Wirbel) und Muskeln, die beide beim Menschen nicht gebildet werden. Die dort vorliegenden Segmente (Somiten) verschmelzen später zum Steißbein. Der Unterschied zwischen einer tierischen Schwanzanlage und dem Körperende des Menschen ist histologisch einwandfrei nachweisbar. Außerdem wäre eine Schwanzanlage beim Menschen auch unter Evolutionsgesichtspunkten unlogisch, denn die angenommenen Vorfahren, die dem Menschen unmittelbar vorangegangen sein sollen, hatten keine Schwänze.

- **Fell.** Der menschliche Embryo bildet ab dem Ende des dritten Schwangerschaftsmonats die *„Lanugobehaarung"* aus. Sie wird im achten Monat wieder abgestoßen. Dabei handelt es sich keineswegs um das Überbleibsel eines tierischen Felles. Die Haare erfüllen verschiedene Aufgaben. Sie werden z. T. später mit dem Fruchtwasser geschluckt und regen so die Darmtätigkeit des Fetus an. Außerdem verbinden sie sich mit der Käseschmiere, die die Haut des Fetus schützt. Der Mensch bildet verschiedene Behaarungsformen aus; zuerst die Lanugo-, dann nach der Geburt die Ersatz- und später, nach der Pubertät, die Terminalbehaarung. Keine dieser Formen entspricht dem tierischen Haarkleid. Die Lanugobehaarung wird übrigens auch bei Affen gebildet. Sie stoßen sie ebenfalls wieder ab; erst dann entwickelt sich ihr Fell.

- **Weitere Merkmale.** Es gibt eine Reihe von weiteren Deutungen embryonaler Strukturen als tierische Relikte. Die Anlagen der Hände werden als „Schwimmhäute", die Blastozystenhöhle als „Dottersack" beschrieben, und selbst die frühkindlichen Verhaltensweisen (Reflexe) werden auf tierische Vorfahren zurückgeführt. In *Evolution – Ein kritisches Lehrbuch* wird auf diese Argumente näher eingegangen.

Ab wann ist der Mensch ein Mensch?

Auf den vorhergehenden Seiten ging es um die Modelle der Evolutionstheorie zur Stammesgeschichte des Menschen. Die Frage nach dem genauen Zeitpunkt, ab wann frühere Hominiden als Menschen anzusprechen sind, ist vor diesem Hintergrund für den heutigen Menschen nur von akademischem Interesse und hat wenig Konsequenzen für die Ethik. Wenn aber die gleiche Frage in Bezug auf die Entwicklung des Menschen im Mutterleib gestellt wird, ist das höchst brisant. Diese Frage lässt die Möglichkeit zu, dass der Mensch nicht während seiner ganzen Entwicklung Mensch ist. So taucht in Debatten um die Forschung an Embryonen, die Gewinnung von Stammzellen und das „Recht auf Abtreibung" immer wieder die These auf, es gebe in der frühen Entwicklung des Embryos noch keine Individualität. Die Ideen, woran man Individualität eigentlich festmachen kann, sind verschieden. In einigen Ländern ist der Beginn des Menschseins auf den 14. Tag festgelegt worden (ab da beginnt sich das Zentralnervensystem zu formen).

Dr. Erich Blechschmidt, Professor für Anatomie, war von 1942 bis 1973 Direktor des Anatomischen Instituts der Universität Göttingen. Er baute dort die „Göttinger Humanembryologische Dokumentationssammlung" auf, die erste vollständige Reihe von Totalrekonstruktionen menschlicher Embryonen (auf der Grundlage der Untersuchung von über 200.000 Einzelpräparaten). Von ihm stammt das „Gesetz zur Erhaltung der Individualität": „Die Individualität eines menschlichen Lebewesens bleibt von der Befruchtung an während der ganzen Dauer der Entwicklung bis zum Tod erhalten, und nur das Erscheinungsbild ändert sich. Das ist heute ein als elementares Prinzip in der Biologie nachgewiesener Sachverhalt. Danach zu suchen, in welchem Entwicklungsstadium ein Mensch aus einem menschlichen Ei hervorgeht, ist schon im Ansatz verfehlt. Denn ein Mensch wird nicht Mensch, sondern ist Mensch von der Befruchtung an. Wir sprechen von menschlicher Entwicklung nicht deshalb, weil aus einem vielleicht zunächst unspezifischen Zellhaufen im Verlauf der Entwicklung allmählich mehr und mehr ein Mensch entstünde, sondern weil sich der Mensch aus einer bereits menschlichen Zelle entwickelt. Es ist daher irreführend, von werdendem Leben zu sprechen. Menschsein ist kein Phänomen, das aus der Embryonalentwicklung resultiert, sondern eine Wirklichkeit, die eine Voraussetzung dafür ist."

Was ist der Mensch?

In der Embryologie, in den Diskussionen über Abtreibung, Sterbehilfe, Intensivmedizin, pränatale Diagnostik, Gentherapie usw. stoßen wir heute immer wieder auf die fundamentale Frage: „Was ist der Mensch?" Man wird feststellen, dass die Wissenschaft diese Frage nicht beantworten kann. Sie kann den Menschen auf verschiedenen Ebenen ausführlich beschreiben. Der Mensch ist …

- eine physikalische Erscheinung, deren innere Vorgänge allesamt den Gesetzen der Physik unterliegen
- eine biochemische Maschine, in der verschiedene Moleküle nach festen Regeln miteinander wechselwirken
- ein biologischer Organismus, eine Einheit aus Zellen, Geweben, Organen und Organsystemen, die ein Individuum bilden, das mit anderen Individuen der eigenen Art und vielen anderen Arten und mit seiner Umwelt in einem komplexen Wirkungsgefüge steht.
- ein Wesen mit sozialen Verhaltensweisen, hochentwickelter Psyche, Kultur, Ethik, Moral und religiösen Bedürfnissen usw.

Weder einer dieser Aspekte für sich genommen noch die Gesamtheit aller wissenschaftlichen Betrachtungsweisen kann auf die Frage „Wer oder was ist der Mensch?" eine erschöpfende Antwort geben. Die Frage ist untrennbar mit der Herkunftsfrage verknüpft, und von der Antwort hängt unser Selbstverständnis, unsere Verantwortung und unsere Ethik ab. Doch das ist das Thema des nächsten Kapitels.

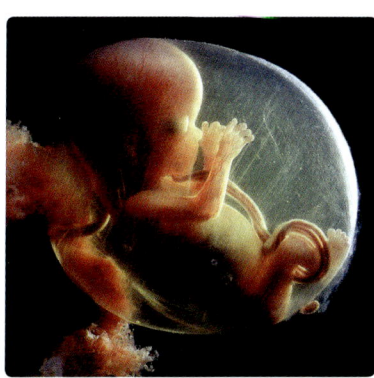

Abb. 346: Ein menschlicher Fetus in der 15. Schwangerschaftswoche. Seine Originalgröße beträgt etwa 7 cm (Lennart Nilsson, *Ein Kind entsteht*, Mosaik-Verlag).

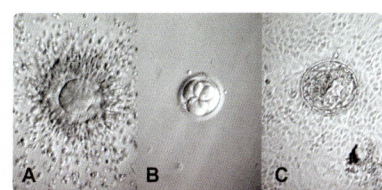

Abb. 347: Der Beginn einer neuen menschlichen Existenz. A: Eine weibliche Eizelle (Oozyte) wird von männlichen Samenzellen (Spermien) bestürmt. Das schnellste Spermium macht das Rennen, sein Genom verschmilzt mit dem der Eizelle zu einer neuen Einheit. B: Die Eizelle beginnt sich kurz nach der Befruchtung zu teilen. Diese Aufnahme zeigt das 4-Zell-Stadium. C: In dieser Phase liegt schon ein ganzer Haufen von Zellen vor (Blastozyste). Bald wird die Keimscheibe sichtbar werden, aus der der Embryo hervorgeht.

«KOMPAKT»

Die fossilen Menschen und Tiere können unterschieden werden. Eine eindeutige Übergangsform, ein „Affenmensch" wurde nie gefunden. Als biologische Art betrachtet lässt der Mensch nicht weniger Variation erkennen als tierische Arten. Er wurde in seiner Geschichte ebenfalls durch Evolutionsfaktoren mitgeformt (Mikroevolution). Dabei war er von Anfang an Mensch. Eine geistige Höherentwicklung lässt sich nicht belegen. Was die körperliche Entwicklung betrifft, so deuten die Befunde eher auf Verarmung hin.

Auch in der vorgeburtlichen Entwicklung des Menschen gilt: Der Mensch ist von der Zeugung an Mensch. Das Erscheinungsbild ändert sich, die Individualität bleibt. Es gibt keine Belege für eine Wiederholung von Merkmalen tierischer Vorfahren in der Entwicklung des Embryos.

27

Evolutionslehre und Ethik

Instrumentale Werte
(Verhaltensweisen):

Liebe, Ehrlichkeit, Mut, Tapferkeit, Unvoreingenommenheit, Offenheit, Vergebungsbereitschaft, Fairness, Ritterlichkeit, Verzichtbereitschaft, Hilfsbereitschaft, Bescheidenheit, Dankbarkeit, Demut, Fleiß,

Terminale Werte
(Ziele oder Zustände):

Frieden, Freiheit, materielle Sicherheit, Gerechtigkeit, ausreichende Ernährung, Lebensfreude, Gesundheit, Überleben, soziale Beziehungen, Familienglück, Eheglück, Ordnung, Unterkunft, Harmonie, Erlösung, Anerkennung

Abb. 348: Eine Aufzählung von Werten, die als „wichtiger Wert in meinem Leben" bei einer Umfrage genannt wurden. Die Rangfolge und Zusammenstellung der genannten Werte weisen zwischen Gruppen verschiedenen Alters, Geschlechts und verschiedener Bildungsvoraussetzung Unterschiede auf.

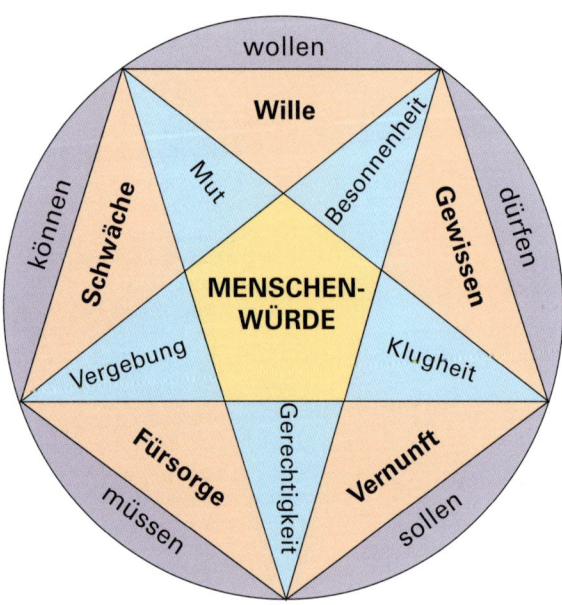

Abb. 349: Schema zu den Faktoren menschlicher Ethik.

Welche Konsequenzen hat die Vorherrschaft des evolutionären Weltbildes auf das Denken und Handeln des Menschen?

Ist die Frage nach dem Ursprung wichtig?

Die Erfahrung zeigt, dass Wissenschaftler sowohl mit dem Glauben an die göttliche Erschaffung als auch mit dem Glauben an die evolutionäre Entstehung aller Dinge fruchtbare Wissenschaft betreiben können. Wenn die Entscheidung, welche der beiden Vorstellungen richtig und welche falsch ist, keine gravierenden Konsequenzen für das wissenschaftliche Arbeiten in der Praxis hat, wofür hat sie dann überhaupt Bedeutung?

Das Thema ist für jeden Menschen von allergrößter Bedeutung. Es hat Auswirkungen auf unser Selbstverständnis als Menschen, unsere Suche nach Erfüllung und Sinn und unser Handeln, ob wir uns als Wesen erkennen, die im Bild und nach dem Gleichnis Gottes erschaffen wurden oder ob wir uns als Zufallsprodukte der Evolution wahrnehmen.

Werte, Moral und Ethik

Die drei Begriffe Werte, Moral und Ethik hängen eng zusammen. Jeder Mensch, der bewusst und verantwortlich handelt, kann sein Handeln mit „Absichten" begründen und diese auf *Werte* zurückführen. Werte sind das, was wir *wollen*. Man unterscheidet zwischen *instrumentalen Werten* (Verhaltensweisen, die wir wollen) und *terminalen Werten* (Ziele oder Zustände, die wir erreichen wollen). In Abbildung 348 sind einige Beispiele dafür angeführt.

Als *Moral* wird das geltende *System sittlicher Grundsätze* bezeichnet. Der Mensch ist auf das Leben in der Gemeinschaft mit anderen Menschen angelegt. Er ist darauf angewiesen, dass das Verhalten seiner Mitmenschen einigermaßen vorhersehbar und berechenbar ist. Jeder Mensch rechnet damit, dass sein Gegenüber ebenfalls in der wertorientierten Gesellschaft verwurzelt ist und die gleichen Grundlinien der Moral anerkennt. Moralische Beliebigkeit wird als verwerflich empfunden.

Als *Ethik* wird die Untersuchung bezeichnet, ob das Wertesystem, das einzelnen Menschen und Gruppen von Menschen als Orientierung dient, richtig ist. Ihr Ziel ist es, die herrschenden Zustände zu bewerten und Leitlinien (Normen) für das menschliche Handeln zu erstellen. Heute erlangt die Auseinandersetzung um ethische Vorgaben besondere Aufmerksamkeit, wenn es darum geht, neue Techniken zu beurteilen, durch die aktuelle Fragen aufgeworfen werden (z. B. Intensivmedizin, Sterbehilfe, Gentechnik, embryonale Stammzellforschung usw.). Ethik fragt nach der Begründung von Moral, sie gibt vor, *wie man handeln soll*.

Keiner der großen Philosophen stellt in Frage, dass der Mensch ein moralisches Wesen ist. Moral, Ethik und ein Minimalkonsens (d. h. eine gewisse Übereinstimmung, ein „kleinster gemeinsamer Nenner") über die anerkannten Werte sind Bedingung für jede Form des gesellschaftlichen Zusammenlebens. So weit die Bedeutung der drei Begriffe, die ihnen in den Geisteswissenschaften heute allgemein zugeordnet wird.

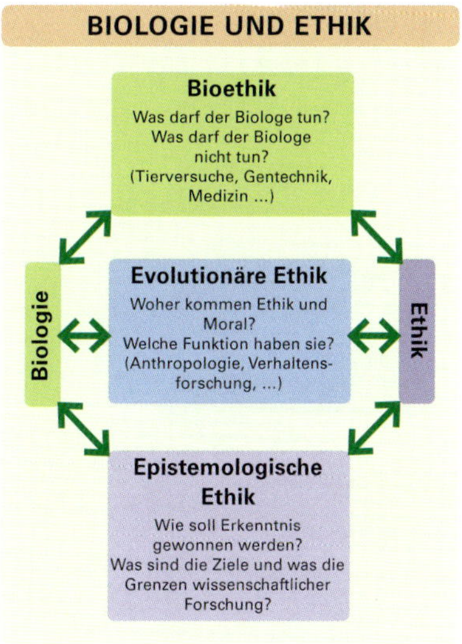

Führt die Evolutionstheorie zu einer bestimmten Ethik?

In Abhandlungen über die Schöpfungslehre stößt man nicht selten auf die These, dass die Evolutionstheorie direkte Voraussetzung und treibende Kraft hinter dem „Raubtierkapitalismus" der Industrialisierung, dem Nationalismus und Militarismus, der zum Ersten Weltkrieg führte, dem marxistischen Kommunismus, dem Rassenwahn der NS-Diktatur, dem zunehmenden Atheismus und dem Wertezerfall der modernen Gesellschaft sei.

Diese Auffassung sollte kritisch geprüft werden. Es muss vorweg festgestellt werden, dass die Evolutionstheorie zunächst einmal „nur" ein System *wissenschaftlicher Theorien* ist. Sie erhebt den Anspruch, Antworten auf die Fragen nach dem Ursprung und der Geschichte der Lebewesen (und in ihrer erweiterten Form auf praktisch alle Ursprungsfragen) zu geben. Ethik und Moral werden als Produkte der Evolution betrachtet, die sich nur durchsetzen konnten, weil sie einen Selektionsvorteil boten. Damit beinhaltet die Evolutionstheorie selbst aber noch *keine bestimmte Ethik*. Das wird auch daran deutlich, dass die Ideologien, die sich auf Evolution berufen, zum Teil ganz unterschiedliche Ausrichtungen haben und verschiedene Ziele verfolgen.

Der Sozialdarwinismus

Was aber zutrifft, ist die Tatsache, dass sich die ideologischen Begründungen und die zugrunde gelegten Philosophien der aufgezählten Systeme sehr wohl auf Darwin und seine Selektionstheorie berufen. Zum Teil sind ihre ethischen Entwürfe konsequente Anwendungen der Schlussfolgerungen, die Darwins Lehre nahe legt. Radikale Ideologen forderten, der evolutionären Selektion unter die Arme zu greifen. Zusammenfassend werden ihre Lehren als „Sozialdarwinismus" bezeichnet. Nachfolgend sind einige Thesen angeführt, die ihm zugeordnet werden:

* *Die eigene „Rasse" soll gestärkt werden, andere, minderwertige Rassen müssen untergehen (Rassismus).*

Auf Seite 192 wurde darauf eingegangen, dass der Rassismus keine wissenschaftliche Grundlage hat. Alle Menschen gehören dem einen Menschengeschlecht an. Eine unterschiedliche Wertigkeit von „Rassen" könnte aber aus der evolutionären Vorstellung einer Entwicklung des Menschen aus tierischen Vorfahren abgeleitet werden. Wenn Tiere weniger „Lebensrecht" haben als Menschen, dann haben „primitive und degenerierte Rassen" (bzw. das, was man dafür hält) ebenfalls weniger Recht auf Leben als höher entwickelte, da erstere den Tieren näher stehen.

Auch Darwin selbst tendierte zum Rassismus. Er äußerte, dass er nichts schlimmer fände als eine Verringerung der Geburtenrate in England, weil das die Zahl der Engländer verringern würde, die die Welt weiter kolonisieren könnten. In der Ideologie der Nationalsozialisten fand dieses Denken einen Höhepunkt, der in der systematischen Vernichtung „minderwertiger Rassen" gipfelte. Wer als lebensunwert anzusehen ist, hängt von der Ideologie ab. Im Marxismus war es die Klasse der „Ausbeuter und Unterdrücker", die verschwinden sollte.

BIOLOGIE UND ETHIK

Bioethik
Was darf der Biologe tun?
Was darf der Biologe
nicht tun?
(Tierversuche, Gentechnik,
Medizin ...)

Biologie

Evolutionäre Ethik
Woher kommen Ethik und
Moral?
Welche Funktion haben sie?
(Anthropologie, Verhaltensforschung, ...)

Ethik

Epistemologische Ethik
Wie soll Erkenntnis
gewonnen werden?
Was sind die Ziele und was die
Grenzen wissenschaftlicher
Forschung?

Abb. 350: Die Evolutionstheorie ist zunächst einmal eine Theorie der Biologie. Was hat Biologie mit Ethik zu tun? An hauptsächlich drei Berührungspunkten überschneiden sich Ethik und Biologie: In der *Bioethik* geht es um die Ethik der Biologen in Bezug auf den Umgang mit Menschen, Tieren und Pflanzen. In der *Evolutionären Ethik* geht es um die Entstehung von Moral und Ethik im Lauf der Evolution (nicht um die Begründung und Festlegung von Ethik). In der *Epistemologischen Ethik* geht es um den Sinn der Forschung und die Grenzen des forschenden Menschen. Keine dieser Disziplinen nimmt für sich in Anspruch, einen universalen ethischen Entwurf zu liefern.

Moderne Ethik beruft sich aber auf eine wissenschaftliche Grundlage, und *da* kommen Biologie und Evolutionstheorie ins Spiel (durch die Vermittlung eines evolutionären Menschenbildes).

Abb. 351: Das Foto mit dem Titel „Selektion an der Rampe" wurde zu einem Symbol für den Holocaust, die Vernichtung von Millionen Menschen, die die Nationalsozialisten als „nicht lebenswert" erachteten. Unter Historikern herrscht Übereinstimmung darüber, dass dieser grauenhafte Massenmord mit keinem anderen Exzess der Menschheitsgeschichte verglichen werden kann.

Die Ausrottung anderer „Rassen" wurde u. a. mit Argumenten der Selektionstheorie begründet. Es greift aber zu kurz, diesen Wahnsinn als direkte Folge einer konsequent angewandten Evolutionslogik zu brandmarken. Völkermord, „ethnische Säuberung" und Auswüchse des Rassismus gab es bereits vor dem Durchbruch der Evolutionstheorie.

28

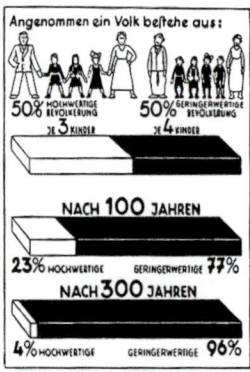

Abb. 352: Illustration zur NS-Rassenkunde aus einem Biologiebuch für Höhere Schulen. Die „genetische Qualität" des deutschen Volkes sollte durch Maßnahmen wie „Rassenhygiene" (Verbot von Mischehen), Euthanasie (Ermordung von Menschen mit Erbkrankheiten) und Zwangssterilisation verbessert werden. „Gesunde Eltern – gesunde Kinder" steht auf dem Propagandaplakat.

«ZITAT»

Wir haben Mittel und Wege, um an Geld zu gelangen, von denen ihr keine Ahnung habt. Das Ölgeschäft gehört uns, und wir haben Geldreserven, mit denen wir jeden bekämpfen, der uns in die Quere kommt.

John D. Rockefeller

Abb. 353: John D. Rockefeller, etwa 1875

- *Das genetische Material soll gezielt verbessert werden (Eugenik).*

Francis Galton, ein Vetter von Charles Darwin (siehe S. 126), war einer der ersten Vertreter dieses Ansatzes. Durch welche Maßnahmen erreicht werden soll, dass die „Guten" sich vermehren, während die „Minderwertigen" von der Fortpflanzung ausgeschlossen sind, bleibt bei ihm offen. Die Nationalsozialisten setzten dieses Konzept durch Zwangssterilisation, die Ermordung von geistig Behinderten und die „Menschenzucht", bei der ausgewählte „Arier" zusammengeführt wurden, grauenhaft in die Praxis um.

Heute gibt es neue Gefahren. Durch die zunehmende Kenntnis des menschlichen Genoms wächst die Versuchung der gezielten Manipulation mithilfe gentechnischer Methoden. Zunächst wird dabei „nur" an die genetische Heilung von erkannten Erbkrankheiten gedacht. Sollte es dahin kommen, wäre der Weg zum „Kind nach Wunsch" nicht mehr weit. Bisher herrscht international Einigkeit darüber, dass Genmanipulationen an Keimzellen verboten bleiben müssen.

- *Das Sterben von Kranken und Schwachen soll nicht aufgehalten, sondern vielmehr beschleunigt werden (Euthanasie, soziale Selektion).*

Es geht nicht „nur" um Sterbehilfe für unheilbar Kranke, sondern auch um die Ermordung Erbkranker und sogar um den Untergang von „sozial schwachen Schichten". Darwin äußerte, es sei verkehrt, die Umstände der Armen zu verbessern, weil dadurch der evolutionäre Kampf ums Dasein aufgehalten werde, schränkte diese Aussage aber an anderer Stelle ein.

- *Das höchste Ziel ist es, Macht zu erlangen und auszuüben.*

Diese These ist ein zentraler Bestandteil der Philosophie Friedrich Nietzsches (1844–1900). Er erfasste den Gegensatz zwischen christlich geprägter Ethik und der Ethik radikaler Selektion sehr scharf (siehe Zitat rechts). Seine Philosophie fand Anklang bei den Ideologen des Nationalsozialismus.

- *Der Krieg ist ein notwendiges Mittel, um das Selektionsprinzip auch zwischen Völkern (als „konkurrierenden Populationen") wirksam werden zu lassen (Militarismus).*

Der deutsche General und Schriftsteller Friedrich von Bernhardi schrieb 1913: „Der Krieg ist in erster Linie eine biologische Notwendigkeit, ein Regulator im Leben der Menschheit. Im Leben der Natur ist der Kampf ums Dasein zugleich die Grundlage aller gesunden Entwicklung." Ein anderer Militarist, der Professor für Geschichte an der Berliner Kriegsakademie, Max Jähns, schrieb 1893: „Wie kein Mensch geboren wird, ohne dass Blut fließt, so tritt auch kein Volk ins Leben, ohne dass der blutige Krieg als Geburtshelfer mitwirkt, und der Krieg ist auch wieder der Todesengel, der die gealterten Völker dahinrafft, damit neue an ihre Stelle treten."

- *In der Wirtschaft soll die Selektion bewirken, dass nur die größten und erfolgreichsten Unternehmen überleben.*

Von Großindustriellen (wie z. B. John Davison Rockefeller (1839–1937)) wurden die Prinzipien der Selektion auf den rücksichtslosen Wettbewerb im Kapitalismus übertragen. Darin gingen nicht nur schwächere Unternehmen, sondern auch soziale Verantwortung und Moral vieler Großunternehmer unter. Durch das erfolgreiche System der „sozialen Marktwirtschaft" schienen die Auswüchse des Kapitalismus gebändigt zu sein. Eine neue Bedrohung erwächst aktuell aus der Globalisierung. Unter den führenden Köpfen der Wirtschaft gibt es nicht wenige, die am liebsten weltweit alle Hindernisse für das „freie Spiel der Kräfte" beseitigt sehen wollen.

- *Ideologien, die dem Selektionsprinzip entgegengesetzt sind, stellen eine Gefahr für die evolutionäre Weiterentwicklung einer Gesellschaft dar.*

Nietzsche erhob diesen Vorwurf gegen das Christentum. Die Ideale der Demut, Fürsorge für die Armen und Aufopferung waren für ihn schädliche Elemente, weil sie dem Prinzip der Selektion entgegenstanden.

Mitunter werden die Gräueltaten des Sozialdarwinismus gegen die Gräueltaten der Christenheit aufgerechnet. Nicht ganz zu Unrecht – die Geschichte der Christenheit ist wahrhaft kein Ruhmesblatt. Der entscheidende Unterschied ist aber dieser: Während die Gräueltaten „im Namen Christi" nicht mit der biblischen Lehre übereinstimmen und mit ihrer Hilfe als falsch erkannt werden können, lassen sich aus der Lehre Darwins keine zwingenden Argumente gegen den Sozialdarwinismus und seine Auswüchse ableiten.

Darwin selbst verstand sein Werk nicht als Aufruf dazu, die Selektion in den Bereichen menschlichen Lebens zu forcieren. Ihm war äußerst unwohl dabei, mitzuerleben, dass radikale Vordenker wie der geniale und wortgewaltige Philosoph Herbert Spencer (1820–1903) für eine konsequente Umsetzung der evolutionären Erkenntnis in Moral und Ethik eintraten. Nach den schrecklichen Geschehnissen im Nationalsozialismus und im Kommunismus begegnen die meisten Wissenschaftler den sozialdarwinistischen Thesen heute ablehnend.

„Die Selektion tut ihr Werk auch ohne menschliche Hilfe"

Viele moderne Ideologen berufen sich ebenfalls auf die Evolutionstheorie, verlassen sich aber auf die „automatische" Wirkung der Selektion auf allen Ebenen. Sie ziehen nicht den Schluss, die Selektion aktiv unterstützen zu müssen. Zu ihren Schlussfolgerungen können folgende Thesen gezählt werden:

- *Die Selektion wirkt auf philosophische Entwürfe, politische Parteien und Systeme und jede Art von Ideologie oder Religion ein.*

Aus diesem Grund sei es hiernach nicht erstrebenswert, eine einengende Norm festzulegen. Im freien Wettbewerb der Ideologien und Religionen würden sich die leistungsstärksten Entwürfe durchsetzen. Ein absoluter Wahrheitsanspruch könne nicht geduldet werden; jede Auffassung müsse offen dafür sein, widerlegt und durch eine bessere ersetzt zu werden.

Eine negative Folge davon ist ein starker Orientierungsverlust (besonders bei Heranwachsenden). Wenn alles gleich gültig ist, wird alles gleichgültig! Glaubens-, Gedanken-, Meinungs-, Forschungs-, Rede- und Pressefreiheit, Toleranz und weitgehende Möglichkeiten des Einzelnen, sich selbst zu verwirklichen, sind optimale Voraussetzungen für die geistige Entfaltung des Menschen. Es ist aber ein Trugschluss, in ihnen die Garanten für den Fortschritt einer geistigen Höherentwicklung zu sehen.

- *Der Mensch muss dafür Sorge tragen, dass seine Art nicht ausstirbt.*

Zu wichtigen Zielen des menschlichen Handelns zähle deshalb Umweltschutz, Ressourcenschonung, Eindämmung der Bevölkerungsexplosion, Weltfrieden, Verständigung der verschiedenen Religionen und Kulturen und eine Angleichung der materiellen Lebensverhältnisse zwischen „Erster" und „Dritter" Welt.

Diese Ziele sollen keineswegs pauschal kritisiert werden. Es geht hier um die Frage, welche Priorität ihnen eingeräumt wird.

Das evolutionäre Menschenbild

Die angeführten Thesen sind vielfältig und widersprechen sich teilweise (z. B. haben „Raubtierkapitalismus" und „Marxismus" gegensätzliche Ideale). Wie kann es sein, dass ihre Vertreter sich trotzdem auf eine gemeinsame ideologische Basis (eben die Selektionstheorie Darwins) berufen?

«ZITAT»

Das erste Gebot der Nächstenliebe ist: Die Schwachen und Unglücklichen müssen zugrunde gehen. Das zweite Gebot ist: Man muss ihnen dabei ein wenig nachhelfen. Die Auslese muss ihr Werk tun! Nur einige Bevorrechtigte werden sich fortpflanzen dürfen; aus ihnen müssen die „Wenigen" wachsen, werden die Koryphäen der Menschheit, die Orchideen auf dem Acker der Geschichte gezüchtet. Sie werden die Argonauten des Geistes sein, die als starke Böcke mit gekrümmten Hörnern über die Herde emporragen werden. Der Mensch ist eine Art Übergang zwischen Affe und Übermensch; eine Brücke, die wir langsam abbrechen müssen, eine gefährliche Krankheit, von der wir erlöst werden müssen. Wenn der Übermensch gekommen ist, wird Nietzsches Ideal in Erfüllung gehen; dann wird die Herrenmoral triumphieren und sich mit Gewalt und Glorie geltend machen. Derselbe Mensch, der jetzt in dem muffigen Kerker des Christentums so streng in Banden gehalten wird, wird dann in Freiheit in den Wald ausgehen und zu der Unschuld des Raubtiers zurückkehren. Die lange gezähmte, lange gebundene blonde Bestie erwacht! Der Übermensch kommt, der Philosoph der Zukunft, der Europäer von übermorgen! Ein neuer Adel lachender Löwen und brüllender Wölfe mit blutigen Messern zwischen den Zähnen. In diesen Tagen wird man über dem Christentum die Totenglocke läuten und sagen: Gott? Gott ist tot! Und wir haben ihn getötet. Also sprach Friedrich Nietzsche.

W.J. Ouweneel
über F. Nietzsche in „Evolution in der Zeitenwende", Hückeswagen, S. 262.

«ZITAT»

Aus einem Briefwechsel:

„Wenn Sie etwas toleranter wären, würden Sie erkennen, dass es weltanschaulich (nicht in der Naturwissenschaft!) viele Wege zum Glück gibt – nämlich so viele, wie Menschen auf der Erde leben. Und nicht nur den ‚richtigen Weg' und den ‚Holzweg'. Ich für meinen Teil empfinde diese Erkenntnis als befreiend und befriedigend."

28

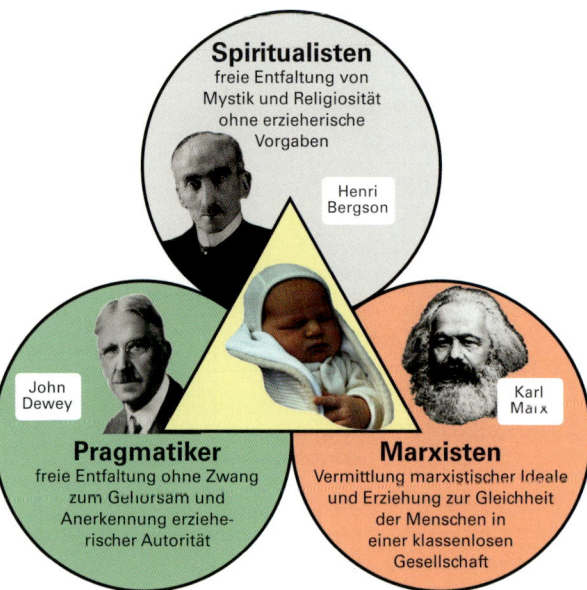

Spiritualisten
freie Entfaltung von
Mystik und Religiosität
ohne erzieherische
Vorgaben

Henri
Bergson

John
Dewey

Karl
Marx

Pragmatiker
freie Entfaltung ohne Zwang
zum Gehorsam und
Anerkennung erziehe-
rischer Autorität

Marxisten
Vermittlung marxistischer Ideale
und Erziehung zur Gleichheit
der Menschen in
einer klassenlosen
Gesellschaft

Abb. 354: Verschiedene Philosophen und Ideologen suchten nach Antworten auf die Frage: „Wie kann die gute Natur des Menschen sich entfalten, ohne durch das Milieu (soziale Umwelt) verdorben zu werden?"
Die Bibel bezeugt dagegen, dass der Mensch keinesfalls von Natur aus gut ist, sondern unter dem Fluch der Sünde steht.

Die Anerkennung des Darwinismus führte zum Durchbruch eines neuen Menschenbildes mit weitreichenden Folgen für Moral und Ethik. Nach diesem Verständnis kann der Mensch gemäß seiner Erkenntnis selbst die Regeln festlegen, nach denen er leben will. Diese können ganz unterschiedlich aussehen, weil auch die menschlichen Gedankengebäude verschieden sind. Die Widersprüche zum biblischen Menschenbild sind fundamental und können nicht aufgelöst werden (siehe Abb. 362). Bezüglich der Natur des Menschen lautet eine häufig vertretene These:

- *Der Mensch ist von Natur aus gut. Erst durch sein Milieu (unter diesem Begriff werden sämtliche sozialen Faktoren zusammengefasst) wird er verdorben.*

Die These von der guten Natur des Menschen wurde schon von Jean-Jacques Rousseau (1712–1778) vertreten. Sie erhielt mit der Evolutionstheorie einen wissenschaftlichen Unterbau. Zu der Frage, wie der schlechte Einfluss des Milieus verhindert werden kann, gibt es verschiedene Lösungsansätze. Die „Pragmatiker" (z. B. John Dewey, 1859–1952) fordern, dass Kinder völlig frei aufwachsen und antiautoritär (ohne Zwang zum Gehorsam) erzogen werden. Auf diese Weise sollen sie sich ganz natürlich entwickeln und ihre Instinkte, Anlagen und Triebe ausleben können.

Die „Spiritualisten" (z. B. Henri Bergson, 1859–1941) wollen durch ihre Erziehung die freie Entfaltung der mystischen und religiösen Vorstellungswelt der Kinder ermöglichen.

Die *Marxisten* (nach Karl Marx, 1818–1883) versuchen im totalitären Kommunismus den Kindern möglichst früh marxistische Ideale zu vermitteln. Die gleichgeschaltete Erziehung sollte auch zu weitgehender Gleichheit der Menschen führen (was eine Voraussetzung für die „klassenlose" Gesellschaft ist).

(Bei der modernen Auseinandersetzung um die Frage, ob der Mensch von Natur aus gut sei, geht es hauptsächlich darum zu klären, was „gut" ist. Die biblische Lehre von der völligen Verdorbenheit des Menschen als Folge des Sündenfalls wird allgemein abgelehnt.)

Das Leib-Seele-Problem

Das Leib-Seele-Problem (auch als Geist-Materie-Problem bezeichnet) bringt das Dilemma des Materialismus auf den Punkt. Der Materialismus versteht das Universum (oder die Universen) als die gesamte Wirklichkeit. Alle ablaufenden Vorgänge sollen durch die Physik prinzipiell beschreibbar sein. Das beinhaltet auch die unbedingte Gültigkeit der Erhaltungssätze. Jedes Mal, wenn eine „Größe" in das System eingreifen würde, um etwas zu bewirken, müsste ein Energiebetrag (aus physikalisch nicht fassbarer Quelle) eingebracht und danach ohne nachweisbare Spuren wieder aus dem System abgeführt werden. Dadurch würden die Erhaltungssätze verletzt (das ist aber nicht möglich). Die Existenz von Geist und Seele des Menschen (als nicht-körperliche oder nicht-materielle Größen) ist in diesem geschlossenen Weltbild nicht denkbar.

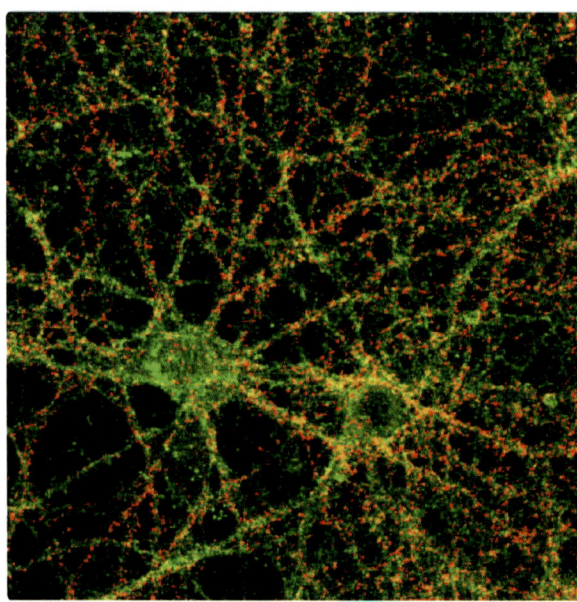

Abb. 355: Aufnahme von Neuronen (Nervenzellen, grün eingefärbt) in einer Zellkultur. Die Funktionen des Gehirns laufen in neuronalen Netzen ab. Die Neuronen sind über ihre Ausläufer mit anderen Neuronen verbunden. Die Signalübertragung an den Verbindungsstellen (Synapsen) verläuft über einen biochemischen Prozess und kann (z. B. durch Drogen) beeinflusst werden. Einige Wissenschaftler vermuten an dieser Stelle auch die „Kontaktaufnahme" eines nicht-materiellen Geistes mit dem Körper (siehe DVD Eccles/Popper: *Modell des Dualistischen Interaktionismus*).
Mit freundlicher Erlaubnis von Karin Pierre, Institut de Physiologie, UNIL, Lausanne.

Neben dem funktionellen Einwand („Wie soll etwas Nichtphysikalisches mit dem Physikalischen wechselwirken?") gibt es den historischen Einwand („Wie soll aus Physikalischem etwas Nichtphysikalisches entstanden sein?"). Wie kann die Entstehung von „Geist" aus Materie erklärt werden? Dieses Problem ist ebenfalls nicht lösbar. Es kann im Materialismus keinen Geist geben (oder den Geist nur als Eigenschaft sehr komplexer Materie, als sog. Epiphänomen).

Diese Schlussfolgerung könnte vielleicht akzeptiert werden, wenn sie nicht verheerende Folgen für das Selbstverständnis des Menschen hätte. Seine Freiheit wäre eine Illusion, er wäre Teil einer Maschine (siehe Zitat). Damit wäre jeder Ethik und Moral die Grundlage entzogen. Wenn der Mensch sein Handeln verantworten soll, muss er auch für sein Handeln *verantwortlich sein*. Von Verantwortung kann man nur sprechen, wenn es jemanden gibt, dem man Rede und Antwort stehen muss – eben *verantwort*-lich. Und verantwortlich ist nur der, der sein Handeln bestimmt. Das setzt willentliche, geistige Freiheit voraus. Die Schlussfolgerung, dass der Mensch nur Materie ist, hätte in der Lebenspraxis verheerende Folgen, obwohl sie von der Naturwissenschaft her (nach materialistischem Verständnis) gefordert wird. Viele Wissenschaftler begnügen sich damit, den Widerspruch einfach als unlösbar (*„ignorabimus"*) stehen zu lassen, als eine „ewige Antinomie". Der Philosoph Immanuel Kant (1724–1804) drückt es so aus, dass wir in zwei verschiedenen Welten leben. Zum einen in der *Welt der Naturwissenschaft* mit allen natürlichen Objekten und Gesetzen und zum anderen in der Welt des *sittlichen Verhaltens*. In dieser gehorchen vernunftbegabte Menschen frei gewählten Gesetzen und handeln nach ihrem Willen und ihrer Verantwortung.

Ein unlösbares Problem in den Naturwissenschaften

Auch die Fachrichtung der Wissenschaft, die alle Aspekte des Lebens und den Menschen als einen ganzheitlichen Organismus zum Gegenstand hat, kann das Leib-Seele-Problem nicht auflösen. In der Biologie wird allgemein angenommen, dass jedem Bewusstseinsvorgang und jeder willentlichen Entscheidung ein neurophysiologischer Vorgang (Gehirnstrom) entspricht. Die meisten Biologen gehen noch weiter und betrachten Bewusstsein, Seele und Geist als Funktionen des Gehirns, als Ergebnisse seiner hochkomplizierten Struktur, als Emergenz (lat. *emergere* = auftauchen; eine neue Systemeigenschaft, die plötzlich auftaucht).

Als wichtigster Beleg dafür gelten die bekannten Wirkungen von Drogen (Alkohol, Nikotin, Halluzinogene usw.), Narkosemitteln und Psychopharmaka (Medikamente gegen psychische Erkrankungen). Diese Substanzen beeinflussen Bewusstsein, Wahrnehmung, Gefühle, Stimmungen und sogar das Denken und das Entscheidungsverhalten (also auch Dinge, die dem „geistigen Bereich" zugeordnet werden). Selbst ein „heiliges" Gefühl wie Liebe (Zuneigung, Sympathie) hat eine Entsprechung in Hormonen und Nerveneffekten. Sollte das alles nicht deutlich zeigen, dass unser Gehirn (und damit auch der Körper, den es steuert) nichts weiter als eine komplexe Maschine ist? Allerdings sind Begleitphänomene keine Ursachen! Die Tatsache, dass man die Abläufe im Gehirn zu manipulieren vermag, bedeutet noch nicht, dass man versteht, wie sie funktionieren, und vor allem, wodurch sie ausgelöst werden.

Aber selbst wenn der Fall in der Biologie klar wäre und der „Dualismus" (Lehre von zwei Naturen, also *Körper* und *Geist*) abgelehnt werden müsste, so vollziehen trotzdem auch Biologen die Unterscheidung in Körper und Geist, in der Regel um der Ethik und der Verantwortung willen.

Ein Biologe und Philosoph formuliert das Dilemma sehr treffend: „Wir stoßen somit auf eine Aporie, auf ein unlösbares Problem. Auf der einen Seite steht die faktisch unbezweifelbare Auffassung von der biologischen Natur des Menschen und unser ungeheuer solide begründetes wissenschaftliches Weltbild, das dem Erhaltungssatz höchste Priorität zubilligt und Kausalität ohne

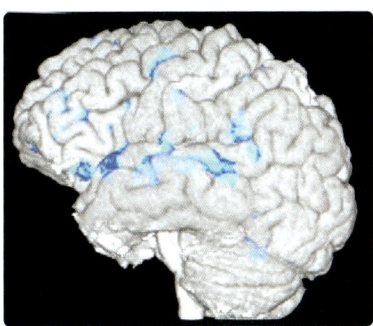

Abb. 356: MRT-Aufnahme eines Gehirns während der (lautlosen) Bildung von Wörtern (vgl. Abb. 337). Die aktiven Bereiche erscheinen blau (ein dunklerer Farbton zeigt eine stärkere Aktivität an). Mit diesem Verfahren (Magnetresonanz-Tomographie) können verschiedenen Hirnaktivitäten typische Aktivitätsmuster zugeordnet werden. Geistige Vorgänge lassen sich also als Gehirnströme beobachten.

Mit freundlicher Erlaubnis von P. Maeder, European DANA Alliance for the Brain.

«ZITAT»

Als Menschen anfingen, so zu denken, gab es keinen Platz mehr für Gott oder für den Menschen als Menschen. Als Psychologie und Soziologie zusammen mit Physik, Astronomie und Chemie zum Teil eines geschlossenen Kausalsystems gemacht wurden, starb nicht nur Gott. Der Mensch starb, und in diesem Rahmen starb auch die Liebe. In einem völlig geschlossenen System von Ursache und Wirkung gibt es für Liebe keinen Platz. In einem völlig geschlossenen System gibt es keinen Platz für moralische Prinzipien. In einem völlig geschlossenen System gibt es keine Freiheit für die Menschen. Der Mensch wird zur Null. Menschen und alles, was sie tun, wird zum Teil der Maschine.

Francis Schaeffer
Wie können wir denn leben?, Hänssler, 2000, S. 143

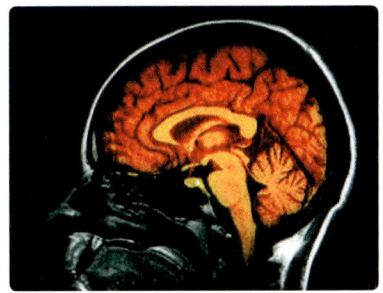

Abb. 357: In dieser bearbeiteten Aufnahme lassen sich die verschiedenen Makrostrukturen des Gehirns gut erkennen. Mit freundlicher Erlaubnis des Centre Hospitalier Universitaire Vaudois (CHUV), Lausanne.

28

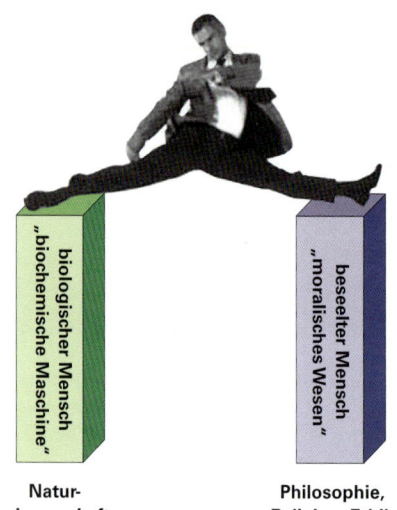

Natur-
wissenschaft

Philosophie,
Religion, Ethik

Abb. 358: Wer die Realität auf messbare Phänomene reduziert, macht einen Spagat zwischen dem wissenschaftlichen Weltbild des Materialismus, das in sich geschlossen ist, und der Annahme eines „Geistes", der in diesem Weltbild nicht fassbar und erklärbar ist.

Abb. 359: Peter Singer, geb. 1946, Laureate Professor, University of Melbourne, Centre for Applied Philosophy and Public Ethics.

«ZITAT»

Aus einem Briefwechsel:

„Es ist nicht Aufgabe der Naturwissenschaft, ethische Maßstäbe (welcher Art auch immer) zu entwickeln. [...] Da wir Menschen aber ethische Maßstäbe brauchen (was wiederum mit der Größe unseres Gehirns und der damit verbundenen Entstehung eines Bewusstseins unserer selbst zu tun hat), brauchen wir außer der Naturwissenschaft – aber nicht als Ersatz für sie – auch Philosophie und Religion, die uns solche Maßstäbe liefern. Und mit dem von Ihnen zitierten Australier wollen Sie mich bitte nicht in einen Topf werfen!!!"

28

Energieübertrag nicht kennt. Es gibt keine wissenschaftlichen Hinweise darauf, dass von der psychischen Seite her Kausalketten in die physische Welt hineinreichen [Anm. d. Autors: Die gibt es schon, siehe DVD: „Popper/Eccles-Modell", sie reichen aber bisher nicht über das Stadium von Spekulationen hinaus, was den Mechanismus anbetrifft].

Auf der anderen Seite glauben wir unerschütterlich an transzendentale Freiheit, an sittliche Verantwortung und Kreativität (und setzen damit eine Intervention des Geistes in den Vorgängen der Materie voraus). Die Aporie erscheint unlösbar; vermutlich ist sie unlösbar. Wir stoßen, so scheint es, an die Grenzen des Erkennens. Ein monistisches Weltbild [Materialismus] erscheint unerreichbar. Für unser Verhalten bedeutet die Unlösbarkeit der Aporie, dass wir als moralische Wesen ‚praktische Dualisten' bleiben, auch wenn wir als Wissenschaftler als ‚theoretische Monisten' argumentieren" (Hans Mohr, *Natur und Moral*, Wissenschaftliche Buchgesellschaft Darmstadt, 1995, S. 17).

„Die Würde des Menschen …

ist unantastbar. Sie zu achten und zu schützen ist Verpflichtung aller staatlichen Gewalt." Mit diesen beiden Sätzen beginnt das deutsche Grundgesetz (GG, Art. 1, Abs. 1). Was ist überhaupt „Würde"?

Kant definiert: „Würde ist alles, was über jeden Preis erhaben ist. Würde ist ein innerer Wert. Grundlage für die Würde des Menschen ist seine Autonomie [Selbstbestimmung]." Wie in den beiden vorhergehenden Abschnitten ausgeführt wurde, lässt sich die Autonomie des Menschen nicht aus der evolutionären Wissenschaft ableiten, sondern scheint sogar im Widerspruch dazu zu stehen. Um die Würde des Menschen zu retten (die eine Voraussetzung für unsere Ethik ist), wird die Autonomie trotzdem als gegeben angenommen. Damit steht die gesamte Ethik, die sich auf diesen Ansatz gründet, auf einem äußerst wackeligen Fundament. In einer biblisch begründeten Ethik hat die Würde des Menschen dagegen ihre Grundlage in seiner Gottesebenbildlichkeit. Wenn diese Basis verlassen wird, verliert die Ethik jeden Halt. Das zeigt das nachfolgende Beispiel.

Peter Singer – ein Philosoph, der zu Ende denkt

Die biblische Ethik hat einen festen Bezugspunkt: Gott und seine Offenbarung, die Bibel. Ein Problem der Ethik im Rahmen der evolutionären Weltanschauung ist das Fehlen eines festen und unveränderlichen Bezugspunktes. Gewöhnlich wird der Mensch als Bezugspunkt verstanden. Aber warum eigentlich? Im evolutionären Weltbild gibt es keinen Grund, den Menschen in einer Sonderrolle zu sehen, er ist letztlich ein Lebewesen wie jedes andere. Der australische Philosoph und Ethiker Peter Singer hat die Konsequenzen der Evolutionstheorie für die Ethik zu Ende gedacht. Er tritt mit dem Anspruch auf, eine universal gültige Moral zu vertreten. Sein ethischer Entwurf beinhaltet folgende Thesen:

- Der Mensch hat keinen Vorrang vor den Tieren. In seinem *„Gleichheitsprinzip"* stellt er Mensch und Tier auf eine Stufe. Das bedeutet zwar nicht, dass sie gleich behandelt werden müssen, wohl aber die *gleiche Berücksichtigung ihrer Interessen*.
- Wie stark die Interessen eines Lebewesens berücksichtigt werden müssen, hängt von dessen *Empfindungsfähigkeit* ab.

Diese These führt zu einer grauenhaften Beurteilung des menschlichen Lebens vor der Geburt. Singer schreibt: „Bei jedem fairen Vergleich moralisch relevanter Eigenschaften wie Rationalität, Selbstbewusstsein, Bewusstsein, Autonomie, Lust- und Schmerzempfindung und so weiter haben das Kalb, das Schwein und das viel verspottete Huhn einen guten Vorsprung vor dem Fetus in jedem Stadium der Schwangerschaft." Die ernsthaften Interessen einer Frau hätten daher jederzeit vor den rudimentären Interessen eines Fetus Vorrang. Es wäre größeres Unrecht, ein Kalb, Schwein oder Huhn umzubringen als ein Neugeborenes.

- Die Interessen eines Lebewesens müssen nach seinen *spezifischen Eigenschaften* beurteilt werden, nicht nach der *Zugehörigkeit zu einer Art*. Der Mensch hat also keine Rechte, nur weil er Mensch ist. Ein geistig Behinderter, der die oben genannten „moralisch relevanten Eigenschaften" nicht erfüllt, darf (schmerzlos) getötet werden, wenn den Interessen gesunder Menschen damit gedient ist.
- Der einzig vertretbare Lebensstil des Menschen ist der konsequente *Veganismus*. Er beinhaltet das Verbot jeder Form von Nutzung, Ausbeutung und Tötung von Tieren für die Ernährung, die Bekleidung oder andere Zwecke. Für Tiere sollen *Tierrechte* gelten, die im Wesentlichen den Menschenrechten entsprechen.
- Kritik an seiner (Singers) Lehre sei hauptsächlich eine Folge der christlichen Lehre, die Menschen und Tiere weit auseinander rücke und dem Menschen eine Sonderstellung zubillige.

Natürlich werden Singers radikale Thesen von den meisten Wissenschaftlern empört zurückgewiesen. Die Kritik wird allerdings nicht von naturwissenschaftlichen Argumenten, sondern von gefühlsmäßigen, historischen und juristischen Einwänden getragen.

Warum gilt heute noch weitgehend eine „christliche Ethik"?

Wenn man sich die fundamentalen Unterschiede des biblischen und des evolutionären Menschenbildes klar macht, erstaunt es, dass heute Moral, Ethik, Recht und Gesetz immer noch in weiten Teilen mit biblischen Grundsätzen vereinbart werden können. Was ist der Grund für die Dominanz der christlich geprägten Ethik, die sich gar nicht mehr direkt auf Bibel und christliche Lehre beruft?

- Rechtssystem, Ethik und Moral sind Teil der Kultur, und die abendländische Kultur hat ihre Wurzeln im Christentum. Auch wenn der Einfluss des Christentums heute stark zurückgeht, lassen sich viele Gegebenheiten im Rechtswesen noch darauf zurückführen.
- Jeder Mensch hat ein Gewissen, ein „inneres Gesetz des Herzens". Paulus erklärt im Blick auf die Heiden: „Wenn nun Menschen, die nicht zum jüdischen Volk gehören und mit dem Gesetz Gottes daher nicht in Berührung gekommen sind, von sich aus so handeln, wie es das Gesetz fordert, dann ist dieses Gesetz, auch wenn sie es nicht kennen, offensichtlich ein Teil von ihnen selbst. Ihr Verhalten beweist, dass das, was das Gesetz fordert, ihnen ins Herz geschrieben ist. Das zeigt sich auch im Urteil ihres Gewissens und am Widerstreit von Anklagen und Rechtfertigungen in ihren Gedanken" (Röm 2,14.15 NGÜ). Das Gewissen kann den Menschen zu einer Unterscheidung von Falsch und Richtig anleiten, es kann allerdings auch übertönt, unterdrückt, abgestumpft und irregeleitet werden.
- Die biblischen Gebote sind keine überflüssigen Zwangsjacken. Sie sind gut für den Menschen und gut für das menschliche Zusammenleben. Der denkende Mensch kann in vielen Fällen durch seine Vernunft und Einsicht zu einer gerechten Gesetzgebung gelangen, die den biblischen Geboten gleicht.
- Die Bibel spricht von einer personalen Kraft, durch die widergöttliche Entwicklungen noch zurückgehalten werden. „Denn schon ist das Geheimnis der Gesetzlosigkeit wirksam, nur ist jetzt der da, der zurückhält, bis er aus dem Weg ist" (2Thes 2,7). Diese Person kann mit dem Heiligen Geist identifiziert werden. Er wirkt durch Christen, die durch ihn zum konservierenden „Salz der Erde" werden (Mt 5,13).

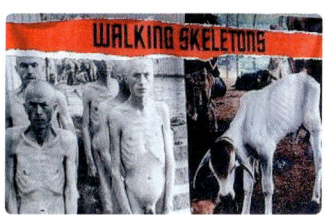

Abb. 360: Die radikale Tierrechtsorganisation PeTA (People for the Ethical Treatment of Animals), die sich u. a. auf die ethischen Entwürfe Singers beruft, verglich in einer Plakatkampagne (März 2004) den Holocaust mit dem Schicksal von Schlachttieren. Auf einem Plakat wird folgende Gegenüberstellung gemacht: „In den sieben Jahren von 1938 bis 1945 kamen 12 Mio. Menschen durch den Holocaust ums Leben. Die gleiche Anzahl Tiere wird in vier Stunden allein in den USA zum Zweck der Nahrungsmittelproduktion getötet."

Die hier abgebildeten Plakate tragen die Slogans „Für Tiere sind alle Menschen Nazis", „Kinderschlächter" und „Wandelnde Skelette". Die Kampagne wurde als Volksverhetzung gerichtlich verurteilt, wird aber von PeTA weiterhin verteidigt. Sie illustriert in erschreckender Weise die fatale Logik der „Gleichstellungs-ethik", die keinen grundsätzlichen Unterschied zwischen Mensch und Tier zulässt.

Abb. 361: Eine Nachbildung der beiden Gesetzestafeln, die Mose nach dem biblischen Bericht auf dem Berg Horeb empfing.

28

Mensch: Produkt des Schöpfers	Mensch: Produkt der Evolution
Der Mensch ist zuerst Gott verantwortlich.	Der Mensch ist sich selbst und seinen Mitmenschen verantwortlich.
Der Mensch ist ein gefallenes Geschöpf.	Der Mensch ist von Natur aus gut.
Der Mensch ist abhängig von Gott.	Der Mensch ist unabhängig (autonom).
Der Mensch benötigt Gottes Offenbarung um einen verlässlichen Maßstab für richtiges Handeln zu haben.	Der Mensch ist in der Lage Ethik und Moralvorstellungen zu definieren und umzusetzen.
Gott hat in der Bibel verbindliche Normen offenbart, die heute noch gelten.	Normen entstehen durch gesellschaftlichen Konsens (Übereinstimmung) und gelten oft nur für eine begrenzte kulturgeschichtliche Epoche.
Bei Gott ist absolute Wahrheit und absolute Moral zu finden.	Es gibt weder absolute Wahrheit noch absolute Moral.

Abb. 362: Gegenüberstellung einzelner Thesen, die aus den Voraussetzungen des menschlichen Ursprungs durch Gottes Schöpfungshandeln oder durch (materialistisch gedachte) Evolution abgeleitet werden.

Was soll der Maßstab für unsere Ethik sein?

Ist es nicht gleichgültig, auf welche Grundlage man sich beruft, solange am Schluss eine gute Ethik dabei herauskommt? Zu diesem Ergebnis könnte man tatsächlich kommen, wenn man bedenkt, dass die Ethik sich in weiten Teilen kaum verändert hat, obwohl die biblische Grundlage weitgehend verlassen wurde. Allerdings darf man sich auch nicht über das Ausmaß der Abweichungen täuschen. Sie betreffen nicht alle Aspekte von Ethik und Recht (z. B. gehört das „Du sollst nicht stehlen" in allen Kulturen, die persönliches Eigentum kennen, automatisch zu den anerkannten Rechtsgrundsätzen). Aber in anderen Bereichen findet der Mensch, auf sich gestellt, keine Orientierung. Besonders deutlich wird das, wenn es um die Grundsätze der Schöpfungsordnung (siehe S. 39) geht. In den Geisteswissenschaften wird sie als „Naturrecht" bezeichnet. Der Begriff ist etwas irreführend, weil es um Dinge geht, die gerade *nicht* aus der Natur abgeleitet werden können.

Die Ehe zwischen Mann und Frau als einzige legitime Form einer geschlechtlichen Beziehung, die Sonderstellung des Menschen als Herrscher über die Schöpfung und die unterschiedliche Stellung von Mann und Frau sind einige Beispiele biblischer Grundsätze, die aus der Beobachtung der Natur nicht erkannt werden können. Wo sie verlassen werden, kann der Mensch höchstens hinterher an den *Folgen* erkennen, dass er irrt.

Nur die Offenbarung des Schöpfers in der Bibel kann die Grundlage einer Ethik sein, die Gott und dem Menschen wirklich gerecht wird. Der erste Schritt dahin ist die Erkenntnis, dass kein Mensch aus eigener Kraft den ethischen Anforderungen Gottes genügen kann.

Schuld oder Schuldgefühl?

Die größte Gefahr des darwinistischen Gedankengebäudes besteht darin, dass die Verantwortung des Menschen vor Gott verschleiert wird. Das geschieht zum einen dadurch, dass die Existenz Gottes seit dem Durchbruch der Evolutionstheorie von vielen Menschen als „unnötige Hypothese" betrachtet und bezweifelt wird.

Zum anderen liefern die modernen Wissenschaften alternative Erklärungen für religiöse Verhaltensweisen, Bedürfnisse und Erfahrungen und besonders für die Empfindung der eigenen Sündhaftigkeit und für die Suche nach Erlösung. In den Geisteswissenschaften wird der Einfluss der evolutionären Entwicklung, der kulturhistorischen Entwicklung, der gesellschaftlichen und erzieherischen Prägung, der Vorbilder, der Erfahrungen, der Kindheitserinnerungen usw. auf das moralische Empfinden des Menschen stark betont. Jedes Fehlverhalten kann letztendlich auf irgendeine Wurzel zurückgeführt werden, die der Betreffende nicht selbst verantworten muss. Wenn es um Fehlverhalten geht, also das Handeln gegen die Grundsätze, die als gut und richtig erkannt wurden, so ist die Rede von Schuldgefühlen, aber fast nie von Schuld.

Schuld hat heute praktisch nur noch dort Bedeutung, wo sie im Zusammenhang mit einem Rechtssystem festgestellt werden kann, also Schuld im juristischen Sinn. Dabei gibt es nach der Bibel auch reale Schuld, ohne dass ein menschliches Rechtssystem diese feststellt. Der Maßstab Gottes geht weit über die Gesetze des Menschen hinaus. Niemand kann davor bestehen. Die Schuld ist real und umso dringlicher ist die Notwendigkeit der Vergebung der Schuld.

Tot – und dann?

In der Evolutionstheorie hat der Tod eine wichtige Funktion. Die begrenzte Lebensspanne einzelner Individuen schafft Platz für neue Generationen und ermöglicht den Fortgang der evolutionären Entwicklung. Die Bibel erklärt den Tod als Folge der Sünde, als ein Gericht Gottes (siehe S. 48). Ganz gleich, was man für richtig hält, sterben muss man so oder so. Aber was kommt danach? Ist mit dem Tod alles aus? Den Erkenntnissen der Physik und Biologie zufolge gibt es keinen Grund dafür, irgendetwas anderes zu glauben.

Genauso wenig wie die Wissenschaft den nichtmateriellen Geist und die nichtmaterielle Seele des Menschen nachweisen kann, ist sie in der Lage, biblische Aussagen über die Wirksamkeit geistiger Mächte, die Auferstehung der Toten und die Existenz von Himmel und Hölle nachzuvollziehen. Ein auf die Möglichkeiten der Wissenschaft fixierter Glaube, ein übersteigertes Vertrauen auf die Leistungsfähigkeit der Wissenschaft bestärken den Zweifel daran.

Der Glaube an Jesus Christus ist untrennbar mit dem Glauben an seine leibliche Auferstehung verbunden. Wenn Jesus Christus nicht aus den Toten auferstanden ist, ist das Christentum nichtig, und die Christen sind die „elendesten von allen Menschen" (1Kor 15). Wenn er aber auferstanden ist, hat er damit den Beweis gegeben, dass er derjenige war, für den er sich ausgab. Es bedeutet auch, dass sein Opfer von Gott angenommen worden ist und die Grundlage der Erlösung bildet. Die Bibel mahnt, dass es dem Menschen gesetzt ist, einmal zu sterben, „danach aber das Gericht" (Heb 9,27). Auch weist sie auf die Möglichkeit zur Umkehr hin: „Wenn wir unsere Sünden bekennen, so ist er treu und gerecht, dass er uns die Sünden vergibt und uns reinigt von aller Ungerechtigkeit" (1Joh 1,9).

Abb. 363: Das leere Grab – Sinnbild der Auferstehungshoffnung der Christen (Felsengrab in Jerusalem).

«ZITAT»

Aus einem Briefwechsel:

„Verschonen Sie mich bitte mit Ihrer Sorge um meine Seele!!! [...] Mit der Angst der Menschen vor dem Tod und der ewigen Verdammnis haben die Christen schon immer ihr Süppchen gekocht, das dann ihren Machthunger befriedigte. Da ist mir eine Weltanschauung, die alle Schönheiten der Natur naturwissenschaftlich (und das heißt ohne Machtansprüche) erklärt, wesentlich lieber! Ich bin froh, dass ich in einer Gesellschaft lebe, in der ich eine solche Weltanschauung ohne Angst vor Repressalien haben kann. Und ich habe keine Probleme mit dem Gedanken, dass auch ich ein Teil dieser Natur bin, der vergänglich ist und irgendwann wie alle Lebewesen vor mir den nachfolgenden Generationen und damit weiterer Evolution Platz machen wird. Wer ein zufriedenes, erfülltes Leben führt und dabei versucht, anständig zu bleiben, hat es nicht nötig, seine Hoffnungen auf ein imaginäres Jenseits zu setzen."

«Themen-DVD»

- Der Mensch und die „Künstliche Intelligenz"
- Evolution: Grundlage für Rassismus?
- Gentechnikdebatte
- Organtransplantationen
- Zufall, Notwendigkeit oder Geist? Die mathematisch-naturgesetzliche Grundordnung der Welt
- Tod - und dann?

«KOMPAKT»

Moral und Ethik werden in der Evolutionstheorie als Produkte der kulturellen Evolution des Menschen aufgefasst. Sie können aber weder aus der Vergangenheit noch aus der Natur abgeleitet oder mit den Methoden und Möglichkeiten der Wissenschaft entwickelt werden. Wohin die ausschließliche Fixierung auf wissenschaftlich Begründbares führt, wurde in der Vergangenheit an den Auswirkungen des Sozialdarwinismus deutlich und kann an radikalen Entwürfen von modernen Philosophen (z. B. Peter Singer) studiert werden.

Ein unveränderlicher und verbindlicher Maßstab muss die tragfähige Grundlage jeder Ethik sein. Der einzige Maßstab, der dafür in Frage kommt, ist Gott. Er hat seine Gedanken in der Bibel offenbart und leitet den Menschen darin zu einem menschenwürdigen Leben an. Außerdem führt er ihm auch seine Verdorbenheit und Sündenschuld vor Augen und zeigt den Weg der Erlösung und Errettung auf.

28

Veränderung der Schöpfung durch Gottes Gericht

	ursprüngliche Schöpfung	nach Sündenfall	nach Sintflut	nach Sprachverwirrung / Kontinentaldrift
Menschen	keine Sünde, Gemeinschaft mit Gott	Mensch ist Sünder, Gemeinschaft mit Gott ist zerstört		
	kein Tod	Tod, aber hohe Lebenserwartung	Tod, Lebenserwartung nimmt an	
	keine Krankheiten und Schmerzen	Krankheit und Schmerz	*wahrscheinlich Zunahme von Erbkrankheiten, frühere Alterserscheinungen*	
	Pflanzen als Nahrung	Nahrungserwerb mit Mühe verbunden	auch Tiere als Nahrung erlaubt	
	Harmonie zwischen Mann und Frau	Konflikte zwischen Mann und Frau		
	Ehe für Mann und Frau (Monogamie)	auch Vielehe (Polygamie), Homosexualität und andere Formen der Perversion		
	zwei Menschen (Adam und Eva)	*wahrscheinlich starkes Bevölkerungs- wachstum (erste Städte)*	*hohe Bevölkerungszahl vor der Flut, danach Neubeginn mit acht Menschen*	*erneut starkes Bevölkerungswachstum, dann regional unterschiedl. Entwicklung*
		eine Form, eine Sprache, eine Kulturstufe		*viele Sprachen, viele Formen, Neben- einander verschiedener Kulturstufen*
Tiere	kein Tod	Tod		
	keine Krankheiten, keine Parasiten	Krankheiten, Parasiten		
	keine Konkurrenz, keine Feinde	*Konkurrenten, Fressfeinde*	auch der Mensch wird Feind	
	Pflanzen als Nahrung	*auch Tiere als Nahrung, Pflanzen wehren sich*		
	geschaffene Arten	*Tierwelt verändert*	Artaufspaltung, Artensterben, Verteilung der Arten auf Lebensräume	Verteilung der Arten auf Kontinente
Pflanzen	geschaffen als Nahrung für Mensch und Tier	*setzen sich zur Wehr (Dornen, Gift usw.), fleischfressende Pflanzen*		
	beste Bedingungen, *Riesenwachstum*	*Pflanzenkrankheiten*	Artaufspaltung, Artensterben, Verteilung der Arten auf verschiedene Lebensräume	Verteilung der Arten auf Kontinente
	Bewässerung durch Tau und Flüsse	*meistens Abhängigkeit vom Regen*		
	geschaffene Arten	Pflanzenwelt verändert		
Erde	gleichmäßiges Klima, keine Jahreszeiten	*Klimazonen, Jahreszeiten, extreme Umweltbedingungen*		
	ideale Lebensbedingungen für Menschen, Tiere, Pflanzen	*totaler Umbruch, neue Ökosysteme*	*feindliche Lebensräume*	
	schützende „Dunstglocke" (= Schutz vor kosmischer Strahlung)?	*harte kosmische Strahlung*		
	Stabilität, Ruhe, Sicherheit	*Katastrophen (Stürme, Vulkane, Erdbeben usw.)*		
	eine Landmasse, ein Meer (und Flachmeere?), flaches Profil	verschiedene Kontinente, Ozeane, Faltengebirge, Flachmeere verschwinden		
Universum	*Elemente im Gleichgewicht?*	*Radioaktivität?*	*Radioaktivität?*	
	Stabilität, Ordnung	*Allgemeiner Zerfall (andere Naturgesetze?)*		

Sachverhalte, die nicht direkt durch die Bibel gelehrt werden, sondern aus einer Modellvorstellung abgeleitet werden können, sind *kursiv* gedruckt. Beispielsweise setzen die angegebenen Veränderungen durch den Sündenfall voraus, dass durch dieses Ereignis der Tod auch in der Tierwelt erstmalig auftrat (vgl. Kap. 9). Diese Auffassung wird nicht von allen Bibelauslegern geteilt.

Die fünf Zustände der Schöpfung

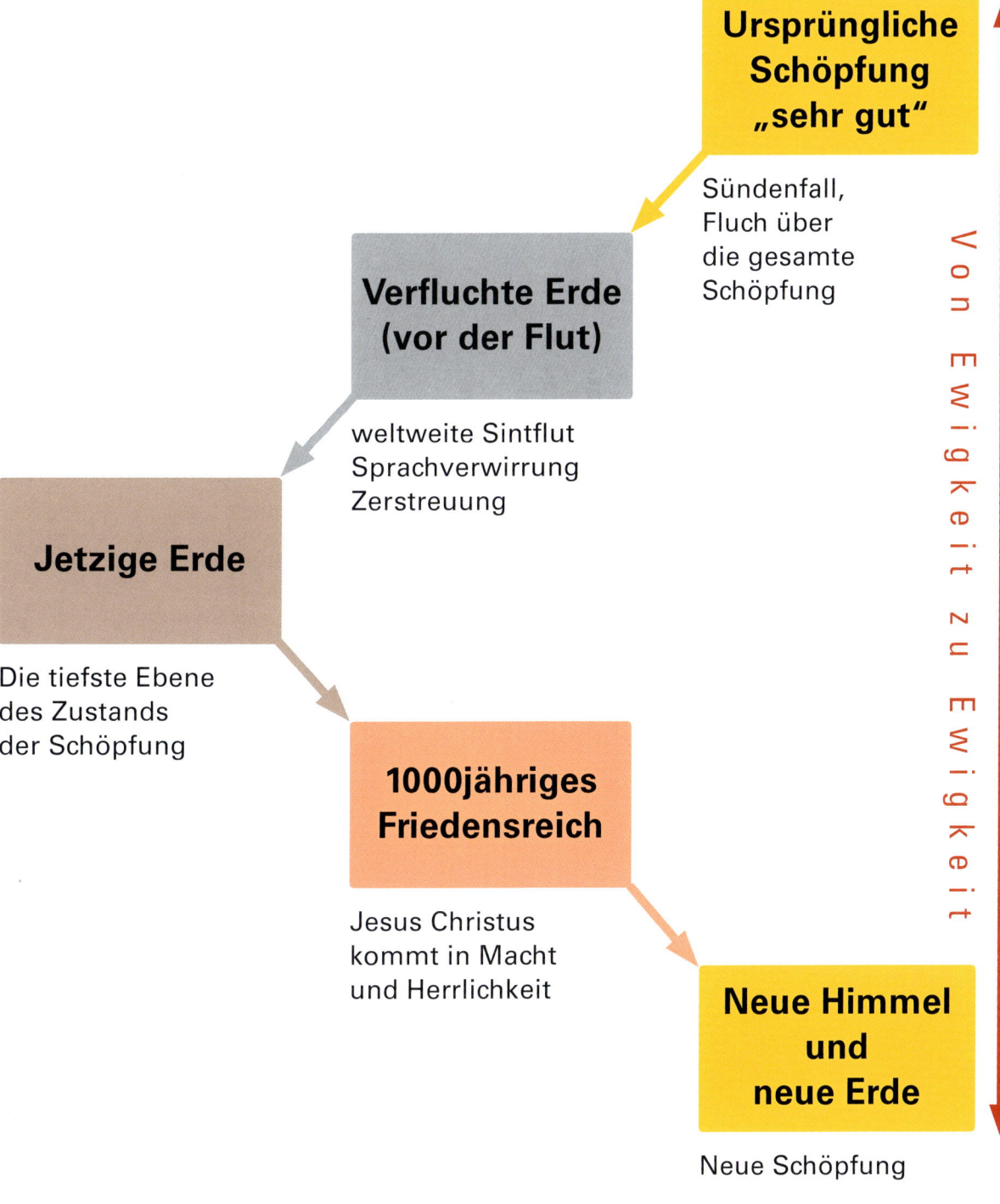

Ursprüngliche Schöpfung „sehr gut"

Sündenfall, Fluch über die gesamte Schöpfung

Verfluchte Erde (vor der Flut)

weltweite Sintflut Sprachverwirrung Zerstreuung

Jetzige Erde

Die tiefste Ebene des Zustands der Schöpfung

1000jähriges Friedensreich

Jesus Christus kommt in Macht und Herrlichkeit

Neue Himmel und neue Erde

Neue Schöpfung

Die alte Erde und die alten Himmel werden aufgelöst

Von Ewigkeit zu Ewigkeit

nach Gian Luca Carigiet

III Chronologie

v.Chr.	Europa	Mesopotamien	Israel	Ägypten	v.Chr.
5000		**Im Anfang schuf Gott Himmel und Erde**	**Adam** 4893–3963		**5000**
4900		**SÜNDENFALL**			4900
4800		Kain *(Ackerbauer)* zieht nach Osten	Abel *(Hirte)* / **Seth** 4763–3851		4800
4700		Hanoch *(erste Stadt)*			4700
4600			**Enos** 4658–3753		4600
4500		Irad	**Kenan** 4568–3658		4500
4400		Mahujael	**Mahalalel** 4498–3603		4400
4300		Methusael	**Jared** 4433–3471		4300
4200		Lamech *(Polygamie)*	**Henoch** 4271–3906		4200
4100		Jubal *(Musikinstrumente)*	**Methusalah** 4206–3238		4100
4000			**Lamech** 4019–3242		**4000**
3900		Jabal *(Nomadentum?)*			3900
3800		Tubal-Kain *(Metallbearbeitung)*	**Noah** 3837–2887		3800
3700					3700
3600	Die **Söhne Japhets** sind: Gomer, Magog, Madai, Jawan, Tubal, Mesech, Tiras. Von ihnen stammen die indogermanischen und nordasiatischen Völker ab.	Die **Söhne Sems** sind: Elam, Assur, Arpaksad, Lud und Aram. Von ihnen stammen die meisten der späteren Völker Mesopotamiens und des Vorderen Orients ab.		Die **Söhne Hams** sind: Kusch (Äthiopier), Mizraim (Ägypter), Put (Libyer), Kanaan (Kanaaniten) = syro-afrikanische Völker	3600
3500					3500
3400				Ham	3400
3300	Japhet		**Sem** 3336–2736		3300
3200	*Paläolithikum* – erste Ausbreitungswelle der Menschheit nach der Flut	Nimrod *(Gewaltherrscher)*	**SINTFLUT 3238** / **Arpaksad** 3236–2798		3200
3100		Babel, Kalne, Erech, Akkad, Ninive, Kala, Resen, Rehobot / **TURMBAU UND SPRACHVERWIRRUNG**	**Kainan** 3101–2641		3100
3000	*Eiszeiten* –	Enmerkar		Thiniten ca. 3000–2700	**3000**
2900	klimatische Turbulenzen mit geographisch unterschiedlichen Auswirkungen. Der Entwicklungsstand sinkt.	Lugalbanda	**Schelach** 2971–2538	1. Dynastie	2900
2800	*Mesolithikum* –	Dumuzi	**Heber** 2841–2337 / Hiob?	2. Dynastie	2800
2700	kurze Perioden zwischen den Eiszeiten, keine größeren Siedlungen möglich	Gilgamesch / Könige von Kisch	**Peleg** 2707–2368	Altes Reich ca. 2700–2150	2700
2600	*Altneolithikum* –	Enmebaragesi 2630–2316 / Könige von Mari ca. 2500	**Reghu** 2577–2238	3. Dynastie 2700–2575	2600
2500	mit dem Rückzug der Eiszeit kommt eine neue Besied-	Ischtupilum / Blütezeit von Ur in Chaldäa	**Serug** 2445–2115	4. Dynastie 2575–2465	2500

Chronologie

Jahr	Beschreibung	Geschichte	Genealogie	Königslinie	Ägyptische Dynastien	Jahr
2400	...ungswelle **Mittelneolithikum –**	*Lagasch 2570–2342* *Könige von Sumer 2432–2316*	**Nahor 2315–2107**		*5. Dynastie 2465–2325*	2400
2300	*Das Klima wird wieder milder, eine schnelle Ausbreitung*	*Urzababa Lugalzagesi* *Könige von Akkad 2334–2154* *Sargon, Naram–Sin*	**Tarah 2236–2091**		*6. Dynastie 2325–2150*	2300
2200	*kann erfolgen.*	*Lagasch 2230–2111*	**Abraham 2166–1991**		*7. Dynastie ca. 2150*	2200
2100	**Jungneolithikum –**	*3. Dyn. von Ur 2112–2004*			*1. Zwischenzeit 2150–2040* *8. Dynastie 2150–2134* *9. u.10. Dynastie 2134–2040* **Mittleres Reich**	2100
2000	*Die verschiedenen Kulturstufen existieren parallel*	*Dyn. von Larsa 2025–1763* *1.Dyn. von Isin 2017–1794*	**Isaak 2066–1886** **Jakob 2006–1859** **Juda** **Perez**			**2000**
1900	*nebeneinander* **Endneolithikum –**	*1.Dyn. von Babylon 1894–1595* *Hammurabi*			*11. Dynastie 2040–1991* *12. Dynastie 1991–1785*	1900
1800	*die Fundstellen zeigen eine Mischung aus allen Steinkulturen*	*Könige von Mari 1800–1760* *Assyrische Könige 1813–1741*	**Hezron**			1800
1700	**Chalkolithikum –**				*Zweite Zwischenzeit (?)* *13. u. 14. Dynastie 1785–1650* *15. Dynastie ?–1544*	1700
1600	*(Kupferzeit) ob Kupfer tatsächlich verwendet wurde, war*	*Kassitische Dyn. 1570–1157*	**Aram** (Mose 1526–1406) **Amminadab**		*16. Dynastie 1650–1550* *17. Dynastie (?)*	1600
1500	*weniger eine Frage des Fortschritts als der Verfügbarkeit*	*Assyrische Könige 1521–1498* *Assyrische Könige 1419–1411*	(Josua) **Nachschon**		*Neues Reich ca. 1551–1306* *18. Dynastie 1551–1306*	1500
1400	*von Kupfererz.* **Bronzezeit –**	*Amenophis III. 1403–1364* *Mittelassyr. Zeit 1365–1134*				1400
1300	*auch in der Bronzezeit gibt es einzelne Völker, die keine*	*Salmanassar I.*	**Salom**		*19. Dynastie 1306–1186*	1300
1200	*Metalle verwenden, während ihre Nachbarn bereits ver-*		**Boas**		*20. Dynastie 1186–1075*	1200
1100	*schiedene Legierungen herstellen und eine hohe Kunstfertigkeit entwickeln.*	*2. Dyn. von Isin 1158–1027* *Nebukadnezar I.* *2. Dyn. d.Seelandes 1026–1006*	**Obed** **Jesse** (Isai) **David**		*3. Zwischenzeit 1075–711* *21. Dynastie 1075–945*	1100
1000	**Urnenfelderzeit –**	*Dyn. von Bazi 1005–986* *Dyn. von Elam 985–980*	**Nathan, Matthat** **Menna, Melea** **Eljakim, Jonan** **Joseph, Juda** **Simeon, Levi** **Mattat, Jorim** **Elieser, Jesus** **Ger, Elmodam** **Kosam, Addi** **Melchi, Neri** **Schealtiel, Serub.** **Resa, Jochanan** **Joda, Josech** **Simei, Matthatias** **Mahat, Naggai** **Esli, Nahum** **Amos, Matthatias** **Josef, Jannai** **Melchi, Levi** **Mattat, Eli, Maria**	Salomo Rehabeam Abija Asa Josaphat Joram Ussija Hiskia Amon Jekonja Serubbabel Abihud Eljakim Azor Zadok Achim Elihud Eleasar Matthan Jakob, Jos.		**1000**
900	*Abschluss der Bronzezeit, archäologisch erkennbar an veränderten Grabkulten.*	*8.Dyn. von Babylon 979–732, Neuassyrische Zeit 911–609*			*22. Dynastie ca.945–715*	900
800	**Hallstattzeit –**	*Salmanassar III.*			*23. Dynastie ca. ?–808*	800
700	*besonderes Kennzeichen sind die reich ausgestatteten*	*9. Dyn. v. Babylon 731–627, Salmanassar V., Sargon II., Sanherib*			*24. Dynastie 724–711* *Spätzeit ca. 715–332*	700
600	*Grabhügel und kunstvolle Keramikverzierungen. Es gibt*	*Chaldäische Dyn. 625–539, Nebukadnezar II., Nabonid*			*25. Dynastie ca. 720–656* *26. Dynastie 664–525*	600
500	*Hinweise auf Verbindungen zu den südlichen Völkern.*	*Kyros 538–331, Darius I.–III.*			*27. Dynastie 525–404*	500
400	**Latenezeit –** *Kelten und Germanen bevölkern den größten Teil*	*Makedonen 330–307, Alexander d. Gr.*			*28. u. 29.Dynastie 404–380* *30. u. 31.Dynastie 380–332* *Alexander d. Gr. 332*	400
300	*Europas. Die chronologische*	*Dyn. d. Seleukiden 311–125, Parther 250–248*			*Ptolemäus I. 323–285*	300
200	*Anbindung ist durch den späteren Kontakt mit Rom*	*Seleukos I.–V., Antiochos I.–XIII.*			*Ptolemäus II. 283–246* *Ptolemäus III.–V. 246–180*	200
100	*möglich.*	*Mithradates II.*			*Griechisch-Römisch* *Kleopatra 51–31*	100
1			**Jesus Christus**			1

Der Aufstellung einer geschlossenen Chronologie und ihrer Verknüpfung mit den babylonischen, ägyptischen und assyrischen Chronologien liegen immer auch Annahmen zugrunde, die aus außerbiblischen Quellen abgeleitet werden. Bisher ist es nicht gelungen, mit den chronologischen Angaben von nur einer Übersetzung (Masoreten, LXX, Samaritanischer Pentateuch) zu einer widerspruchsfreien Chronologie zu kommen. Die dargestellte Chronologie beruht auf einer Ausarbeitung von Martin Obenland. Die absolute Datierung geht auf die Chronologie des Theologen Matthias Krieser zurück, der sie aus einem Vergleich und einer Synthese der drei genannten Textquellen erarbeitete.

IV Geologische Systeme / Radiometrische Altersangaben

Ära	System (Periode)		Serie (Epoche)	Alter MrJ*
Känoziokum	Quartär		Holozän	<0,01
			Pleistozän	>0,01
	Tertiär	Jungtertiär (Neogen)	Ploizän	>1,8
			Miozän	>7
		Alttertiär (Paleogen)	Oligozän	>24
			Eozän	>37
			Paläozän	>58
Mesozoikum	Kreide		Obere Kreide	>65
			Untere Kreide	
	Jura		Oberer Jura	>135
			Mittlerer Jura	
			Unterer Jura	
	Trias		Obere Trias	>205
			Mittlere Trias	
			Untere Trias	
Paläozoikum	Perm		Lopingium	>250
			Guadalupium	
			Cisuralium	
	Karbon		Pennsylvanium	>290
			Missisipum	
	Devon		Oberdevon	>355
			Mitteldevon	
			Unterdevon	
	Silur		Pridolium	>410
			Ludiowium	
			Wenlockium	
			Llandoverium	
	Ordovizium		Oberes Ordovizium	>438
			Mittleres Ordovizium	
			Unteres Ordovizium	
	Kambrium		Oberes Kambrium	>510
			Mittleres Kambrium	
			Unteres Kambrium	
Präkambrium	Proterozoikum			>545
	Archaikum			>2500

*Die Einheit MrJ bedeutet „Millionen radiometrischer Jahre". Nach der Tabelle würde z.B. ein Fossilienfund aus einer Formation der Kreidezeit auf ein Alter von mindestens 65 Mio Jahren datiert werden.

Danke!

Die Idee, den biblischen Schöpfungsbericht vor dem Hintergrund des aktuellen Stands der Wissenschaft in einem einfach gehaltenen Lehrbuch darzustellen, geht auf „Schöpfungs-Seminare" auf dem Freizeitgelände „Reiherhals" (Lychen, Brandenburg, www.reiherhals.de) zurück. Ziel dieser Seminare ist es, die Schöpfungslehre und Urgeschichte mit jungen Leuten aus der Bibel herauszuarbeiten.

Ursprünglich war nur geplant, eine kleine Sammlung von Übersichten zu den einzelnen Themenblöcken zusammenzustellen. Dass nun ein Lehrbuch daraus wurde, ist dem unermüdlichen Einsatz und Ansporn von Klaus Güntzschel zu verdanken. Er brachte das „Creatio-Projekt" ins Rollen, übernahm die Gestaltung der Seiten und führte alle Arbeiten bis hin zur Druckvorbereitung durch. Ich danke ihm für die sehr gute Zusammenarbeit und viel Ermutigung.

Für die Korrektur des Manuskripts und viele hilfreiche Anregungen danke ich ganz besonders Dr. Reinhard Junker, der die Entstehung des Buchs von Anfang an engagiert begleitet hat. Er hat darüber hinaus umfangreiches Material zur Verfügung gestellt.

Einzelne Kapitel wurden von Experten der verschiedenen Fachgebiete durchgesehen und korrigiert. Dafür danke ich Manfred Stephan, Dr. Norbert Pailer, Prof. Dr. Werner Gitt, Dr. Roger Liebi und Dr. Uwe Zerbst.

Für die Gesamtdurchsicht und sprachliche Überarbeitung danke ich Werner und Gudrun Mücher, Michael Schneider, Rainer Imming und Jens Stopp.

Des Weiteren danke ich Theo Focking für seine Hilfe bei der Überarbeitung für die dritte Auflage; Kornelius Iwig und Robert Fibich für die DVD-Zusammenstellung, Johannes vom Stein und Ferdinand Georg für die Erstellung von Grafiken sowie Marcel Haldenwang für nützliche Verbesserungsvorschläge. Vielen weiteren Helfern aus dem Familien- und Freundeskreis danke ich für gute Ratschläge und viel Ermutigung.

Meiner lieben Frau Christiane danke ich von ganzem Herzen. Sie hat mich nicht nur viele Stunden lang für die Arbeit am Buch freigestellt, sondern war auch aktiv daran beteiligt. Von ihr stammen die meisten der gemalten und gezeichneten Illustrationen.

Der größte Dank gehört dem Schöpfer und Erlöser, meinem Herrn Jesus Christus. Er gab die Kraft und Ausdauer zu der Fertigstellung von „Creatio", und Ihn bitte ich, diese Arbeit zu segnen und den Leser dadurch im Glauben zu stärken.

Alexander vom Stein

Bildquellennachweis:

Albert Heim Foundation: 119, 120; Answers in Genesis: 24, 29, 64, 288; Apus Wildlife Foundation: 322; Bergér Museum: 163; Bergische Morgenpost: 229, 239; Centre Hospitalier Universitaire Vaudois: 357; CERN (Genf): 6, 174; DANA Alliance for the Brain: 356; Daniel-Verlag: 9, *16, 17,* 19, 37, 50, 51, 54, 58, 59, 66, 70, 73, 84, 126, *129,* 143, 145, 160, *115,* 186, 194, *143, 200,* 206, 317, 359, 361; Department of Pathology, Universität Washington: 277; ETH Zürich: 264; Freilichtbühne Zons: 180; Georg, Ferdinand: 237; Gitt, Werner: 67, 95, 202, 219; Güntzschel, Klaus: 39, *57;* Helen Keller Birthplace Foundation: 132; Herzog, Volker (Universität Bonn): 245; ideegrafik, Jürgen Benner: Titelbild; Junker, Reinhard / Hartmann, Fred: 65; Junker, Reinhard / Scherer, Siegfried: 2, 76, 101, 111, 121, 221, 227, 271, 272, 325, 338; Junker, Reinhard: 152, 158, 235, 318, 320, 321, 332; Kang, C.H. / Nelson, Ethel: 140; Klerk, Billy de (Albany Museum): 78; Koriozh, Daniel: 157; Kraft, Stefan: 251; Kruhl, J.H. (TU München): 260; Manske, Magnus: 268; Massey Universität, Neuseeland: 326; NASA: *5,* 8, 10, 30, *44,* 80, 96, 104, 81, 127, 146, 148, 151, 155, 165, 166, 170, 193, 197, 201, 211, 233, 282, 289, 290, 291, 293–298, 301, 302, 304, 305–308, 309–316, *181;* Nevada Bureau of Land Management: 241; Nilsson, Lennart: 346; NIST Center for Neutron Research: 198; Papke, Werner: 100; Pascal 2004: 52; Pierre, Karin: 355; Pingstone, Adrian:

322; PloS Biology: 333; SSV: 3; Schulz, Gerhard: 50, 159; Stein, Johannes vom: 72, 247; Thyssen, Malene: 248; Tille, Andreas: 242; Winterhoff, Karl Dietmar: 5, *31*

Angegeben ist die fortlaufende Abbildungsnummer im Buch. Bei den kursiven Zahlen handelt es sich um Seitenangaben für Bilder ohne Abbildungsbeschriftung. Alle anderen Bilder sind eigene Aufnahmen und Grafiken des Autors, Public-Domain-Bilder (lizenzfrei) und ClipArts (Corel Draw).

Viele Grafiken wurden nach Vorlagen entwickelt. Im Einzelnen wurde dabei zurückgegriffen auf Ausarbeitungen von: Answers in Genesis: 72, 161; Boadt, Lawrence: 31; Brandt, Michael: 328, 337; Drüeke, Stefan: 154, 156, 159; Gitt, Werner: 47, 71, 92, 144, 164, 204, 216, 217, 218, 220; Hartmann, Fred: 137; Hartwig-Scherer, Sigrid: 339; Holt, J.W.: 79; Junker, Reinhard / Scherer, Siegfried: 108–110, 112–114, 122–124, 167, 178, 179, 188–190, 228, 236, 250, 275, 276, 281, 322; Junker, Reinhard: 57, 68, 162, 246, 324, 335, 341; Obenland, Martin: Chronologie im Anhang; Pailer, Norbert: 289; Ross, Hugh: 26; Scheven, Joachim: 88; Stephan, Manfred / Fritsche, Thomas: 74; Stephan, Manfred: 79, 83, 86; Wiskin, Richard: 27, 28, 30, 33, 40–42, 44, 48; Young, Davis: 26.

VII Literatur

Die wichtigste verwendete Literatur wird nachfolgend angegeben. Die Titel wurden jeweils dem Kapitel zugewiesen, zu dem der stärkste Bezug besteht (was nicht ausschließt, dass die entsprechende Quelle auch an anderer Stelle verarbeitet wurde). Die Aufstellung enthält nur die verwendete Sekundärliteratur. Angaben zu den zugrunde liegenden Fachpublikationen sind auf der beiliegenden DVD hinterlegt.

Kapitel 2 (Wissenschaftstheorie)
Barrow, JD: *Die Natur der Natur*.
  Heidelberg (Spektrum) 1993
Lennox, J: *Hat die Wissenschaft Gott begraben?*
  Wuppertal (R. Brockhaus) 2003
Vollmer, G: *Was können wir wissen? Band 1: Die Natur der Erkenntnis*. Stuttgart (S. Hirzel) 1988

Kapitel 3 (Grenzen der Erkenntnis)
Dröscher, VB: *Tiere, wie sie sehen, hören, fühlen*.
  Hamburg (Tessloff) 1986
Hofstadter, DR: *Gödel, Escher, Bach – ein endloses, geflochtenes Band*. München (dtv) 1993
Kessler, V & Solymosi, A: *Ohne Glauben kein Wissen*.
  Berneck (Schwengeler) 1995
Kunsch K & Kunsch, S: *Der Mensch in Zahlen*.
  Heidelberg (Spektrum) 2000
Lüke, U: *Evolutionäre Erkenntnistheorie und Theologie*.
  Stuttgart (S. Hirzel) 1990
Vollmer, G: *Was können wir wissen? Band 2: Die Erkenntnis der Natur*. Stuttgart (S. Hirzel) 1988

Kapitel 4 (Die Bibel)
(Verschiedene Autoren): *Die Geschichte der Bibel*.
  Bielefeld (CLV) 1998
Gitt, W: *So steht's geschrieben*.
  Neuhausen (Hänssler) 1993
McDowell, J: *Die Bibel im Test*.
  Neuhausen (Hänssler) 2001
Schick, A (u.a.): *Jesus und die Schriftrollen von Qumran*.
  Berneck (Schwengeler) 1996

Kapitel 6 (Der biblische Schöpfungsbericht)
Gitt, W: *Das biblische Zeugnis der Schöpfung*.
  Neuhausen (Hänssler) 2000
Junker, R (Hrsg.): Genesis, *Schöpfung und Evolution*.
  Holzgerling (SCM) 2015
Kelly, W: *In the Beginning. Oak Park*
  (Bible Truth Publishers) 1970
Mackintosh, CH: *Gedanken zum 1. Buch Mose*.
  Winschoten (H.L. Heijkoop) 1973

Ouweneel, WJ: *Gedanken zum Schöpfungsbericht*.
  Neustadt/Weinstraße (Ernst-Paulus) 1974

Kapitel 7 (Genesis 2)
Keil, CF: *Genesis und Exodus*.
  Gießen (Brunnen) 1983 [1878]

Kapitel 8 (Die Bibel und das Alter der Erde)
Wiskin, R: *Die Bibel und das Alter der Erde*.
  Neuhausen (Hänssler) 1996

Kapitel 9 (Der Sündenfall)
Junker, R: *Leben durch Sterben?*
  Neuhausen (Hänssler) 1994
Junker, R: *Sündenfall und Biologie*.
  Neuhausen (Hänssler) 1997
Mücher, W: *Schöpfung und Sündenfall*.
  Hückeswagen (CSV) 1996

Kapitel 10 (Kain und Abel)
Bellett, JG: *Die Welt vor der Flut und die Patriarchen*.
  Neustadt/Weinstraße (Ernst-Paulus) 1968

Kapitel 11 (Die Sintflut)
Gitt, W: *Das sonderbarste Schiff der Weltgeschichte*.
  Basel (Immanuel) 2000
Stephan, M & Fritsche, T: *Sintflut und Geologie*.
  Neuhausen (Hänssler) 2015
Stephan, M: *Der Mensch und die geologische Zeittafel*.
  Holzgerlingen (Hänssler) 2002
Thenius, E: *Grundzüge der Faunen- und Verbreitungsgeschichte der Säugetiere*. München (Urban&Fischer) 1980
Whitcomb, JC & Morris, HM: *Die Sintflut*.
  Neuhausen (Hänssler) 1975

Kapitel 12 („Nach ihrer Art")
Junker, R: *Wie das Zebra seine Streifen bekam*.
  Neuhausen (Hänssler) 1998
Scherer, S: *Typen des Lebens*.
  Berlin (Pascal) 1993

Kapitel 13 (Sprachverwirrung)
Eliade, M: *Die Schöpfungsmythen*.
  Düsseldorf (Albatros) 2002
Hartmann, F: *Der Turmbau zu Babel – Mythos oder Wirklichkeit?* Neuhausen (Hänssler) 1999
Kang, CH & Nelson, ER: *Erinnerungen an die Genesis*.
  Neuhausen (Hänssler) 1998
Kuckenburg, M: *Wer sprach das erste Wort?*
  Stuttgart (Konrad Theiss) 2004

Liebi, R: *Herkunft und Entwicklung der Sprachen.*
Holzgerlingen (Hänssler) 2003
Scherer, S (Hrsg.): *Die Suche nach Eden.*
Neuhausen (Hänssler) 1991

Kapitel 14 (Das Buch Hiob)
Morris, H: *Der erstaunliche Bericht des Hiob.*
Dillenburg (CV) 1995
Vom Stein, A: *Hiobs Botschaft.*
Lychen (Daniel) 2016

Kapitel 15 (Dinosaurier)
Drüeke, S: *Zurück in die Zeit der Dinosaurier.*
Hückeswagen (CSV) 1994
Wort und Wissen (Hrsg.): *Dinosaurier – Faszinierende
Geschöpfe.* Holzgerlingen (Hänssler) 2001

Kapitel 16 (Schöpfung durch Evolution)
Gitt, W: *Schuf Gott durch Evolution?*
Neuhausen (Hänssler) 1994
Hengstenberg, HE: *Evolution und Schöpfung.*
München (Anton Pustet) 1963
Rohrbach, H: *Schöpfung – Mythos oder Wahrheit?*
Wuppertal (R. Brockhaus) 1990
Teilhard de Chardin, P: *Die Entstehung des Menschen.*
München (C.H. Beck) 1997
Wuketits, FM: *Evolutionstheorie.*
Darmstadt (Wiss. Buchgesellschaft) 1995

Kapitel 17 (Übersicht zur Evolutionstheorie)
Goudie, A: *Mensch und Umwelt.*
Heidelberg (Spektrum) 1994
Jischa, MF: *Herausforderung Zukunft.*
Heidelberg (Spektrum) 1993
Nisbet, EG: *Globale Umweltveränderungen.*
Heidelberg (Spektrum) 1994

**Kapitel 18 (Die Entwicklung des Evolutions-
gedankens)**
Morris, R: *Darwins Erbe. Der Kampf um die Evolution.*
Hamburg (Europa) 2002
Ouweneel, WJ: *Evolution in der Zeitenwende.*
Hückeswagen (CSV) 1985
Weischedel, W: *Die philosophische Hintertreppe.*
München (dtv) 1996

Kapitel 19 (Charles Darwin)
Junker, R: *Jesus, Darwin und die Schöpfung.*
Holzgerlingen (Hänssler) 2004
Stuhlhofer, F: Charles Darwin: *Weltreise zum
Agnostizismus.* Berneck (Schwengeler) 1988
Vom Stein, A: *Was nun, Mr. Darwin?*
Lychen (Daniel) 2009

Kapitel 20 (Entstehung des Lebens)
Brunner, H: *Rechts oder links – In der Natur und
anderswo.* Weinheim (Wiley-VCH) 1999
Bublath, J: *Das Geheimnis des Lebens.*
München (Knaur) 1999
Murphy, MP & O'Neill, LAJ: *Was ist Leben?*
Heidelberg (Spektrum) 1997
Schrödinger, E: *Was ist Leben?*
München (Piper) 1999

**Kapitel 21 (Thermodynamik, Information und
Zufall)**
Gitt, W: *Am Anfang war die Information.*
Holzgerlingen (Hänssler) 2002
Haken, H: *Entstehung von biologischen Information und
Ordnung.* Darmstadt (Wiss. Buchgesellschaft) 1995
Matthew, R: *Und Gott hat doch gewürfelt.*
München (Knaur) 1996
Scherer, S: *Entstehung der Photosynthese.*
Neuhausen (Hänssler) 1996
Tarassow, L: *Wie der Zufall will?*
Heidelberg (Spektrum) 1993

Kapitel 22 (Was zeigen uns die Fossilien?)
Gish, DT: *Fossilien – stumme Zeugen der Vergangenheit.*
Bielefeld (CLV) 1992
Müller, AH: *Lehrbuch der Paläozoologie.*
Band 2: Mollusca. Jena (Gustav Fischer) 1994
Stephan, M: *20 Millionen Jahre geologischer Dauerstill-
stand?* Holzgerling (SCM) 2012
Walker, C & Ward, D: *Fossilien.*
Stuttgart (Urania) 2002

**Kapitel 23 (Evolution ohne Grenzen –
Makroevolution)**
Darwin, C: *Die Entstehung der Arten durch natürliche
Zuchtwahl.* Köln (Parkland) 2000 [1859]
Junker, R: *Ähnlichkeiten – Rudimente – Atavismen.*
Holzgerlingen (Hänssler) 2002
Kuhn, W: *Stolpersteine des Darwinismus.*
Band 2. Berneck (Schwengeler) 1985

Kapitel 24 (Das Alter der Erde)
Vardiman, L: *Radioisotope und das Alter der Erde.*
Holzgerlingen (Hänssler) 2004
Wagner, GA: *Altersbestimmung von jungen Gesteinen
und Artefakten.* Stuttgart (Ferdinand Enke) 1995

Kapitel 25 (Molekularbiologie und Genetik)
Gonick, L & Wheelis, M: *Genetik in Cartoons.*
Berlin (Parey) 2001
Schmid, RD: *Taschenatlas der Biotechnologie und
Gentechnik.* Weinheim (Wiley-VCH) 2002

Stryer, L: *Biochemie.*
Heidelberg (Spektrum) 1999

Kapitel 26 (Kosmische Evolution)

Aczel, AD: *Probability 1.*
Hamburg (Rowohlt) 2001
Blome, HJ & Zaun, H: *Der Urknall.*
München (C.H. Beck) 2004
De Young, DB & Whitcomb, JC: *Der Mond.*
Holzgerlingen (Hänssler) 1982
Gitt, W: *Signale aus dem All.*
Bielefeld (CLV) 1995
Groß, M: *Exzentriker des Lebens.*
Heidelberg (Spektrum) 1997
Hawking, S: *Das Universum in der Nussschale.*
Hamburg (Hoffmann und Campe) 2001
Kleesattel, W: *Überleben in Eis, Wüste und Tiefsee.*
Darmstadt (Wiss. Buchgesellschaft) 1999
Pailer, N: *Faszination Weltraum.*
Neuhausen (Hänssler) 1996
Pailer, N: *Geheimnisvolles Weltall.*
Neuhausen (Hänssler) 1996
Pailer, N: *Neue Horizonte der Planetenerkundung.*
Neuhausen (Hänssler) 1999
Pailer, N & Krabbe, K: *Der vermessene Kosmos.*
Neuhausen (Hänssler) 2006
Wabbel, TD: S.E.T.I. – *Die Suche nach den Außerirdischen.*
München (Beustverlag) 2002
Wurm, G: *Die Geschichte des Universums.*
Zürich (Strom) 1985

Kapitel 27 (Die Entstehung des Menschen)

Blechschmidt, E: *Die Erhaltung der Individualität.*
Neuhausen (Hänssler) 1985
Blüm, V: *Vergleichende Reproduktionsbiologie der Wirbeltiere.* Berlin (Springer) 1985
Brandt, M: *Der Ursprung des aufrechten Ganges.*
Neuhausen (Hänssler) 1995
Brandt, M: *Gehirn – Sprache – Artefakte.*
Holzgerlingen (Hänssler) 2004
Brandt, M: *Vergessene Archäologie.*
Holzgerlingen (Hänssler) 2011
Burenhult, G (Hrsg.): *Menschen der Urzeit.*
Köln (Karl Müller) 2004
Diamond, J: *Der dritte Schimpanse.*
Frankfurt a.M. (S. Fischer) 1994
Junker, R: *Stammt der Mensch von Adam ab?* Neuhausen (Hänssler) 1998
Nagel, T: *Geist und Kosmos.*
Berlin (Suhrkamp) 2013
Oeser, E: *Gehirn, Bewusstsein und Erkenntnis.* Darmstadt (Wiss. Buchgesellschaft) 1995

Kapitel 28 (Evolutionslehre und Ethik)

Beck, HW: *Geist – Wort – Materie.*
Weilheim-Bierbronnen (GSA) 2001
Eccles, JC: *Wie das Selbst sein Gehirn steuert.*
München (Piper) 1996
Grammer, K: *Biologische Grundlagen des Sozialverhaltens.* Darmstadt (Wiss. Buchgesellschaft) 1995
Mohr, H: *Natur und Moral.*
Darmstadt (Wiss. Buchgesellschaft) 1995
Popper, KR & Eccles, JC: *Das Ich und sein Gehirn.*
München (Piper) 1987
Schaeffer, F: *Wie können wir denn leben?*
Neuhausen (Hänssler) 1991
Widter, R: Friedrich Nietzsche: *Der Wille zur Macht.*
Berneck (Schwengeler) 1987

Bücher, die durchgehend verwendet und zitiert wurden:

Beck, HW: *Biblische Universalität und Wissenschaft.*
Neuhausen (Hänssler) 1987
Campbell, NA: *Biologie.*
Heidelberg (Spektrum) 2012
Junker, R & Scherer, S: *Evolution – ein kritisches Lehrbuch.* Gießen (Weyel) 2013
Junker, R: *Leben – woher?*
Dillenburg (CV) 2004
Markl, J (Hrsg.): *Purves Biologie.*
Heidelberg (Spektrum) 2011
Silbernagl, S & Despopoulos, A: *Taschenatlas der Physiologie.* Stuttgart (Thieme) 1991
Wehner, R & Gehring, W: *Zoologie.*
Stuttgart (Thieme) 1990

Allgemeine Bücher zum Thema Schöpfung/ Evolution:

Johnson, PE: *Darwin im Kreuzverhör.*
Bielefeld (CLV) 2003
Junker, R: *Spuren Gottes in der Schöpfung?*
Holzgerlingen (SCM) 2010
Logan, K: *Crashkurs: Schöpfung und Evolution.*
Wuppertal (R. Brockhaus) 2004
MacArthur, JF: *Der Kampf um den Anfang.*
Bielefeld (CLV) 2003
ProGenesis (Hrsg.): *Das Schöpfungs-Modell.*
Berneck (Schwengeler) 2003
Watson, DCC: *Die große Gehirnwäsche.*
Wetzlar (Hermann Schulte) 1977
Wort und Wissen (Hrsg.): *Schöpfung (o)der Evolution?*
Neuhausen (Hänssler) 1990

Stichwortverzeichnis

Erläuterungen:

Großschreibung:	Personen
Großschreibung, *kursiv*:	bibl. Personen
Seitenzahlen *kursiv*:	Bezug auf Bildteil
Seitenzahlen **fett**:	relevante Bezüge: